천하무적
사자성어

천하무적
사자성어

초판 1쇄 인쇄 2022년 4월 11일
초판 1쇄 발행 2022년 4월 15일

지은이 안두규, 안종창
펴낸이 김제구
펴낸곳 리즈앤북
표지 디자인 김민주
인쇄·제본 한영문화사

출판등록 제2002-000447호
주소 04029 서울시 마포구 잔다리로 77 대창빌딩 402호
전화 02-332-4037
팩스 02-332-4031
이메일 ries0730@naver.com

값은 뒤표지에 있습니다.

979-11-90741-27-9 (03100)

天下無敵

천하무적

안두규 · 안종창 편저

사자성어

四字成語

리즈앤북
ries & book

序 ————————————

우리나라는 한문 문화권으로 용어의 70퍼센트 이상이 한자에 뿌리를 두고 있다. 또한 중국은 현재 우리의 제1 교역국으로 한자와 한문을 아는 것이 너무나 중요하다는 것은 새삼 강조할 필요가 없다.

한문을 배우려면 먼저 한자를 익히고 한자로 된 말을 익혀서 한문 문장의 의미를 깊이 음미하고 뜻을 새겨야 한다. 그러나 초학자가 한문을 배우고 익히고 싶어도, 한자가 너무 어렵고 글자가 많아 지레 겁먹고 손을 들어버리는 예가 허다하다. 필자 또한 그런 사람 중의 하나였지만, 수십 년을 넘게 한문 공부를 하다 보니 처음 벽에 부딪쳤을 때에 포기하지 않고 꾸준히 익혀 온 것이 무척이나 다행스럽고 감사한 마음이다.

필자가 겪었던 아득함을 생각하며, 초학자가 한문에 흥미를 가지고 쉽게 접하려면 어떻게 해야 할까 고심하던 중, 사자성어(四字成語)를 통한 익힘이 효과적이지 않을까 싶은 마음이 들었다. 사자성어로 글자와 뜻을 흥미롭게 익히고, 문장의 이해까지 단계적으로 발전해 나가면, 더딘 걸음이지만 정진의 기쁨을 맛볼 수 있을 것이다.

우리 동양은 수천 년 전인 멀고 아득한 요순(堯舜)시대(書經 虞書의 堯典 舜典만 봐도)에 오늘을 사는 우리가 더 보탤 것이 없는 심오한 철학과 지혜, 윤리의 말씀들이 존재했음을 알 수 있다. 옛 현인들의 말씀들

속에서 우리는 현재의 우리들에게 꼭 필요한 지혜와 조언, 그리고 풍자를 발견하며 놀라지 않을 수 없다.

그동안은 개인주의와 부의 추구에 바탕을 둔 성공주의 철학, 즉 서양의 과학과 물질문명이 동서를 지배해 왔다. 그러나 이 같은 서양의 물질문명은 수많은 폐단과 문제점을 야기하여 그 한계점을 드러냈다. 이제 오랜 역사를 통해 실천하고 간직해 온 동양의 심오한 정신문화가 인류의 역사를 주도해 갈 것이다.

부언하자면, 경영 경제 학계에서도 자본주의를 반성하고 창조적 자본주의, 기업의 사회적 책임과 공유가치를 생각하며 나아가고자 하는 상황에서 이 책이 조금이나마 도움이 되기를 바라는 마음이다.

우리는 이제 더 이상 그저 배우기 어렵고 익히기 귀찮다고 한문을 등한시해서는 안 된다. 사실 우리가 알게 모르게 쓰는 한자 말, 특히 고사성어에 녹아 있는 깊고 오묘한 뜻은, 한자를 어느 정도만 익히고 나면 훨씬 쉽게 이해가 되고 그 맛을 음미할 수 있다. 이런 장점들이야말로 지식 탐구에 경제적이고 효과적인 길이 된다고 필자는 믿고 있다. 때론 돌아가는 듯 보이는 길이 거시적으로는 가장 빠른 길이기 때문이다.

그리하여 이 책에서는, 우리가 생활에서 접하고 인구(人口)에 널리 회자(膾炙)되는 성어들을 뽑아 한자와 한문에 흥미를 가지고 이를 익혀 활용할 수 있도록 마음을 썼다. 이 책의 특징은 다음과 같다.

- 사자성어에 나오는 한자의 음(音)과 훈(訓)을 풀이했다.
- 같은 자(字)가 여러 뜻과 음으로 쓰이는 예를 들어 이해가 쉽도록 했다.
- 사자성어를 쉽고 상세하게 풀이하여 이해를 돕고자 했다.
- 사자성어의 출전(出典)을 가능한 밝혔다.
- 같은 뜻의 사자성어와 반대되는 뜻의 사자성어를 제시했다.
- 고전의 문장 대구(對句)를 제시하고 풀이하여 이해를 돕고자 했다.
- 글자의 용례(用例)를 보이기 위해 다소 어려운 자의 성어도 택했다.

한자를 익히고 어휘의 의미를 보다 쉽게 터득하기 위해 이 책을 활용하면 좋은 자료가 되리라 믿는다.

마지막으로 이 책이 출판되도록 도와주신 여러 분께 감사의 마음을 전하고 싶다. 특히 한문 교정을 위해 열정을 보여준 박진희 님과 디자인을 위해 애써 준 아르떼203의 안광욱 실장께 다시 한 번 고마움을 전한다.

2012년 초추(初秋)에 안두규, 子 안종창 삼가 씀

천하무적
사자성어

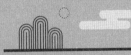

呵呵大笑
가 가 대 소
呵 꾸짖을 가 大 큰 대 笑 웃을 소
큰 소리로 껄껄 웃음. 【전등록傳燈錄】
▶가가(呵呵)는 껄껄 웃는 소리나 모양.

家家戶戶
가 가 호 호
家 집 가 戶 지게 호
집집마다.

駕輕就熟
가 경 취 숙
駕 멍에 가 輕 가벼울 경 就 나아갈 취 熟 익을 숙
가벼운 수레를 타고 낯익은 길을 달림. 즉 하는 일이 익
숙함. 【한유韓愈의 시詩】 =경거숙로(輕車熟路)

家鷄野雉
가 계 야 치
家 집 가 鷄 닭 계 野 들 야 雉 꿩 치
집 닭을 싫어하고 들에 있는 꿩을 좋아함. 본처를 버리
고 첩을 좋아함. 제 것을 두고 남의 것을 탐내고 좋아함
을 비유. =중요경근(重遙輕近)

可高可下
가 고 가 하
可 옳을 가 高 높을 고 下 아래 하
인자(仁者)는 높은 자리에서도 교만하지 않고 낮은 자리
에서도 두려워하거나 움추리지 않음. 【국어國語】

街衢相經
가 구 상 경
街 거리 가 衢 네거리 구 相 서로 상 經 날줄 경
넓은 길이 서로 이어지고 통함. 【장형張衡의 부賦】

家狗裏吠
가 구 이 폐
家 집 가 狗 개 구 裏 속 리(이) 吠 짖을 폐
집에서 기른 개가 주인을 보고 짖음. 즉 은혜를 모른다
는 말.

家給人足
가 급 인 족
家 집 가 給 줄 급 人 사람 인 足 족할 족
집집마다 넉넉하고 사람마다 모두 만족함. 【한서漢書】

可欺以方
가 기 이 방
可 옳을 가 欺 속일 기 以 써 이 方 술법 방
그럴 듯한 말과 방법으로 사람을 속임.

街談巷說
가 담 항 설
街 거리 가 談 말씀 담 巷 거리 항 說 말씀 설
거리에 떠도는 이야기. 뜬소문. 【한서漢書】 =도청도설(道聽
塗說), 유언비어(流言蜚語)

街談巷語
가 담 항 어
街 거리 가　談 말씀 담　巷 거리 항　語 말씀 어
거리에 떠도는 이야기. =가담항설(街談巷說), 가설항담
(街談巷說)

家徒壁立
가 도 벽 립
家 집 가　徒 무리 도　壁 벽 벽　立 설 립
집 안에 살림살이 하나 없이 벽만 둘러 있음. 즉 지극히
가난한 모양을 형용. 【한서漢書】 =가도사벽(家徒四壁)

街童走卒
가 동 주 졸
街 거리 가　童 아이 동　走 달릴 주　卒 하인 졸
길거리에서 노는 아이들과 주견 없이 길거리를 쏘다니
는 무리.
▶주졸(走卒): 남의 심부름을 하러 다니는 하인

嘉遯貞吉
가 둔 정 길
嘉 아름다울 가　遯 숨을 둔　貞 곧을 정　吉 길할 길
훌륭하게 숨어사는 것이 곧아서 길하다. 【역경易經】

苛斂誅求
가 렴 주 구
苛 매울 가　斂 거둘 렴　誅 벨 주　求 구할 구
세금을 가혹하게 거두고 재물 등을 요구하며 백성을 착
취하는 것을 이름. 【맹자孟子】

假弄成眞
가 롱 성 진
假 거짓 가　弄 희롱할 롱　成 이룰 성　眞 참 진
장난삼아 한 말이 진짜가 됨. =농가성진(弄假成眞)

家富族聚
가 부 족 취
家 집 가　富 부자 부　族 겨레 족　聚 모일 취
집이 부하면 멀어졌던 친족들이 모여듦. =가부즉소족취
(家富則疏族聚) 【신자愼子】

葭莩之親
가 부 지 친
葭 갈대 가　莩 갈대청 부　之 갈 지　親 친할 친
촌수가 먼 친척을 이름.

家貧族離
가 빈 족 리
家 집 가　貧 가난할 빈　族 겨레 족　離 떠날 리
집이 가난하면 가까운 친척도 떠남. =가빈즉형제리(家
貧則兄弟離) 【신자愼子】

家常茶飯
가 상 다 반
家 집 가　常 항상 상　茶 차 다　飯 밥 반
집에서 늘 먹는 차와 식사. 일상적인 일을 말함. =항다반
사(恒茶飯事)

家書萬金
가 서 만 금

家 집 가　書 글 서　萬 일만 만　金 쇠 금
집에서 보내온 편지는 만금과 같이 반갑고 소중함. 【두보
杜甫의 시詩】

加膝墜淵
가 슬 추 연

加 더할 가　膝 무릎 슬　墜 떨어질 추　淵 못 연
무릎 위에 올려놓고 사랑하고 못에 밀어 넣을 정도로 미
워함. 즉 사랑하고 미워하고를 제 마음 내키는 대로 하
는 것을 비유. 【예기禮記】

佳兒佳婦
가 아 가 부

佳 아름다울 가　兒 아이 아　婦 며느리 부
훌륭한 아들과 며느리. 【자치통감自治痛鑑】

假我數年
가 아 수 년

假 빌릴 가　我 나 아　數 셀 수　年 해 년
몇 해라도 더 오래 살기를 바람. 【논어論語】

家言邪學
가 언 사 학

家 집 가　言 말씀 언　邪 간사할 사　學 배울 학
편견으로 이루어진 일가(一家)의 학문.

可與祐神
가 여 우 신

可 옳을 가　與 더불 여　祐 도울 우　神 귀신 신
가히 더불어 응대하여야 신을 도울 수 있음. 【역경易經】

假譽馳聲
가 예 치 성

假 거짓 가　譽 기릴 예　馳 달릴 치　聲 소리 성
재능이 없는 사람들이 서로를 치켜세워 명성을 높임.

家諭戶說
가 유 호 세

家 집 가　諭 깨우칠 유　戶 집 호　說 달랠 세
집집마다 깨우쳐서 알아듣게 함.

可以棲遲
가 이 서 지

可 옳을 가　以 써 이　棲 깃들 서　遲 더딜 지
가히 쉴 만함. 【시경詩經】
▶형문지하 가이서지(衡門之下 ----) 필지양양 가이낙기(泌
之洋洋 可以樂飢): 오막살이 집이지만 편히 쉴 수 있고, 샘
물이 졸졸 흐르니 굶주림마저도 즐길 수 있네.
▶서지(棲遲): ①하는 일 없이 느긋하게 돌아다니며 놂. ②
벼슬을 마다 하고 세상을 피하여 시골에서 삶.

佳人薄命
가 인 박 명

佳 아름다울 가　人 사람 인　薄 엷을 박　命 목숨 명
미인은 오래 살지 못함. 미인은 명이 짧음. =미인박명(美
人薄命), 홍안박명(紅顏薄命) 【소식蘇軾의 시詩】

家藏什物
가 장 집 물
家집가 藏감출장 什세간집 物만물물
집 안에 소장된 모든 세간.

軻親斷機
가 친 단 기
軻맹자이름가 親어버이친 斷끊을단 機베틀기
맹자의 어머니가 짜던 베를 자름. 【몽구蒙求】
▶맹자가 배우던 학문을 그만 두고 돌아오자 맹자 어머니
가 짜고 있던 베를 자른 고사에서 비롯된 말.
▶몽구(蒙求): 당(唐) 말기 이한(李翰)이 지은 아동용 교재.

家和常樂
가 화 상 락
家집가 和화할화 常늘상 樂즐길락
가정이 화합하면 항상 즐거움.

可懷以德
가 회 이 덕
可옳을가 懷품을회 以써이 德큰덕
덕으로 사람을 회유할 수 있음.

刻骨難忘
각 골 난 망
刻새길각 骨뼈골 難어려울난 忘잊을망
은혜를 입은 고마움이 마음에 깊이 새겨져 잊혀지지 않
는다는 말. 【후한서後漢書】

刻骨銘心
각 골 명 심
刻새길각 骨뼈골 銘새길명 心마음심
뼈와 마음에 새겨서 잊지 않는다는 말. 【후한서後漢書】

刻骨痛恨
각 골 통 한
刻새길각 骨뼈골 痛아플통 恨한할한
원한이 뼈에 사무침. =각골통상(刻骨痛傷)

恪勤匪懈
각 근 비 해
恪삼갈각 勤부지런할근 匪아닐비 懈게으를해
조심하고 힘써서 게을리하지 아니함.

各其所長
각 기 소 장
各각각각 其그기 所바소 長길장
각기 저마다의 장기나 장점.

却其忠言
각 기 충 언
却물리칠각 其그기 忠충성충 言말씀언
주위를 물리고 하는 충고의 말. 【여씨춘추呂氏春秋】

刻露清秀
각 로 청 수
刻새길각 露이슬로 清맑을청 秀빼어날수
이슬을 새긴 듯 맑고 아름다움. 가을 경치를 형용한 말.

却粒餐霞
각 립 찬 하
却 물리칠 각　粒 낟알 립　餐 먹을 찬　霞 노을 하
낟알을 먹지 않고 노을을 먹음. 즉 신선이 되었다는 말. [제서齊書]

各守其分
각 수 기 분
各 각각 각　守 지킬 수　其 그 기　分 나눌 분
각기 제 분수를 지켜야만 함. [회남자淮南子]

各自圖生
각 자 도 생
各 각각 각　自 스스로 자　圖 꾀할 도　生 날 생
각기 자기가 살아갈 길을 도모함.

角者無齒
각 자 무 치
角 뿔 각　者 사람 자　無 없을 무　齒 이 치
뿔이 있으면 이가 없음. 즉 한 사람이 모든 재주를 다 갖추지는 못함.

各者一家
각 자 일 가
各 각각 각　者 사람 자　一 한 일　家 집 가
각자 자기 분야에 정통함이 있다는 말.

刻章啄句
각 장 탁 구
刻 새길 각　章 글 장　啄 쪼을 탁　句 글귀 구
갈고 닦은 시문(詩文)의 장구(章句).

各從其志
각 종 기 지
各 각각 각　從 좇을 종　其 그 기　志 뜻 지
각자가 제 뜻대로, 제 좋아하는 대로 함. [사기史記]

各從同類
각 종 동 류
各 각각 각　從 좇을 종　同 한가지 동　類 무리 류
모든 것이 서로 좇는, 다 같은 무리(同類)가 있음.

刻舟求劍
각 주 구 검
刻 새길 각　舟 배 주　求 구할 구　劍 칼 검
배에서 검을 떨어뜨리고 그 지점을 뱃전에 표시함. 즉 되지도 않을 짓을 한다는 말. [여씨춘추呂氏春秋] =각선구검 (刻船求劍)

覺跌千里
각 질 천 리
覺 깨달을 각　跌 넘어질 질　千 일천 천　里 마을 리
큰일을 그르치는 자를 깨우치게 하려는 말. [순자荀子]

脚下照考
각 하 조 고
脚 다리 각　下 아래 하　照 비출 조　考 顧돌아볼 고
발밑을 살피어 반성하고 돌아봄. 매순간 자신이 어떻게 처신하고 있는지 돌아보라는 불교의 가르침. =조고각하 (照考脚下)

艱難險阻
간 난 험 조
艱 어려울 간　難 어려울 난　險 험할 험　阻 험할 조
인생살이에 있어서 험하고 어려운 일들.

肝腦塗地
간 뇌 도 지
肝 간 간　腦 뇌 뇌　塗 진흙 도　地 땅 지
간과 뇌가 흙에 범벅이 된다는 말. 전장에서 처참히 죽은 것을 표현한 말. [전국책戰國策]

肝膽相照
간 담 상 조
肝 간 간　膽 쓸개 담　相 서로 상　照 비출 조
마음속이 보일 정도로 서로 가까이 이해하고 친함.

肝膽楚越
간 담 초 월
肝 간 간　膽 쓸개 담　楚 나라이름 초　越 나라이름 월
간과 담은 내장 안에서 서로 가까이 있고, 초와 월도 가까이 있으나 관계가 전혀 다름. 즉 보는 관점에 따라 비슷해 보이는 것이라도 전혀 다르고, 가까운 것이라도 멀수 있다는 말. [장자莊子]

竿頭之勢
간 두 지 세
竿 장대 간　頭 머리 두　之 갈 지　勢 권세 세
장대 끝에 선 것처럼 매우 위태로운 형세.

簡髮而櫛
간 발 이 즐
簡 편지 간　髮 터럭 발　而 말이을 이　櫛 빗 즐
머리털을 한 올씩 세면서 빗음. 즉 쓸데없는 일에 힘을 쏟는 것을 이름. [장자莊子]

間不容髮
간 불 용 발
間 사이 간　不 아닐 불　容 받아들일 용　髮 터럭 발
털 한 올도 들어갈 틈이 없음. 일이 몹시 급하여 여유가 없음을 비유. 또는 치밀하여 빈틈이 없음을 비유.

間不容息
간 불 용 식
間 사이 간　不 아닐 불　容 받아들일 용　息 숨쉴 식
숨쉴 틈도 없음. [사기史記] =간불용발(間不容髮)

姦聲亂色
간 성 난 색
姦 간사할 간　聲 소리 성　亂 어지러울 란(난)　色 빛 색
간사한 소리와 음란한 여색. [예기禮記]

干城之材
간 성 지 재
干 방패 간　城 성 성　之 갈 지　材 재목 재
나라에 방패와 성의 구실을 할 인재. 국방의 책임을 맡을 장수의 재목.

奸臣賊子
간 신 적 자
奸 간사할 간　臣 신하 신　賊 도둑 적　子 아들 자
간사한 신하와 부모를 거역하는 자식.

間於齊楚
간 어 제 초
間 사이 간　於 어조사 어　齊 제나라 제　楚 초나라 초
제나라와 초나라 사이에 있음. 약자가 강자 틈에서 괴로움을 당한다는 말. 【맹자孟子】

看雲步月
간 운 보 월
看 볼 간　雲 구름 운　步 걸음 보　月 달 월
낮엔 구름을 보고 밤엔 달을 보고 걸음. 고향과 가족에 대한 그리움을 형용. 【두보杜甫의 시詩】

干雲蔽日
간 운 폐 일
干 방패 간　雲 구름 운　蔽 가릴 폐　日 해 일
구름을 범하고 해를 가림. 즉 큰 나무를 말함.

諫而剖腹
간 이 부 복
諫 간할 간　而 말이을 이　剖 쪼갤 부　腹 배 복
간(諫)하다가 배가 갈림. 【사기史記】
▶은(殷)의 비간(比干)이 주(紂) 임금에게 간하다가 배를 갈리어 죽임을 당한 고사에서 온 말.

諫而不逆
간 이 불 역
諫 간할 간　而 말이을 이　不 아닐 불　逆 거스를 역
간하기는 하지만 거스르지는 않음.

干將莫耶
간 장 막 야
干 방패 간　將 장수 장　莫 말 막　耶 어조사 야
혼과 정성을 다해 만든 명검을 일컬음. 【오월춘추吳越春秋】 = 오간지검(吳刊之劍)
▶오(吳)의 도공(陶工)인 간장(干將)이 오왕(吳王) 합려(闔閭)의 칼을 만들 때, 자기 아내 막야(莫耶)의 머리털과 손톱을 쇠와 함께 녹여 만들었다는 고사에서 온 말.

諫諍見聽
간 쟁 견 청
諫 간할 간　諍 간할 쟁　見 볼 견　聽 들을 청
바른 말로 간하는 것을 보고 들음. 【한서漢書】

看朱成碧
간 주 성 벽
看 볼 간　朱 붉을 주　成 이룰 성　碧 푸를 벽
붉은색이 푸르게 보임. 마음이 산란하고 어두워 오색(五色)을 분별 못함.

葛巾野服
갈 건 야 복
葛 칡 갈　巾 수건 건　野 들 야　服 옷 복
칡으로 만든 두건과 소박한 옷. 즉 은자(隱者)의 복장.

葛屨履霜
갈 구 이 상
葛 칡 갈　屨 신 구　履 신 리(이)　霜 서리 상
칡으로 만든 신을 서리 오는 겨울에도 신음. 즉 지나치게 검소하거나 지극히 가난함을 비유. 【시경詩經】

17

渴驥奔泉
갈 기 분 천

渴 목마를 갈 驥 천리마 기 奔 달릴 분 泉 샘 천
목마른 천리마가 샘으로 달려감.

竭力盡能
갈 력 진 능

竭 다할 갈 力 힘 력 盡 다할 진 能 능할 능
갖고 있는 힘과 능력을 다함. [예기禮記]

葛藟縈之
갈 루 영 지

葛 칡 갈 藟 등나무 루 縈 얽힐 영 之 갈 지
칡 넝쿨과 등나무 넝쿨이 뒤엉킴. [시경詩經]

葛藟荒之
갈 루 황 지

葛 칡 갈 藟 등나무 루 荒 거칠 황 之 갈 지
칡 넝쿨과 등나무 넝쿨로 뒤덮혀 황폐해짐. [시경詩經]

曷不肅雝
갈 불 숙 옹

曷 어찌 갈 不 아닐 불 肅 공경할 숙 雝 화할 옹
어찌 공경하여 화합하지 않으리오. [시경詩經]

渴心生塵
갈 심 생 진

渴 목마를 갈 心 마음 심 生 날 생 塵 티끌 진
목말라 하는 마음에 먼지만 일어남. 간절히 만나고 싶었
으나 만나지 못함을 비유.

葛以縇之
갈 이 붕 지

葛 칡 갈 以 써 이 縇 감을 붕 之 갈 지
칡 넝쿨이 감아 오름. 칡 넝쿨이 뒤덮음. [묵자墨子]

渴而穿井
갈 이 천 정

渴 목마를 갈 而 말이을 이 穿 뚫을 천 井 우물 정
목이 말라야 샘을 팜. 즉 평소에 아무 생각 없이 있다가
다급하게 되어서야 서두는 것을 이름. [설원說苑]

渴者易飮
갈 자 이 음

渴 목마를 갈 者 사람 자 易 쉬울 이 飮 마실 음
목마른 사람은 무엇이나 쉽게 마시게 할 수 있음. 곤궁
한 사람은 조그만한 은혜에도 감복하기 쉽다는 말. [맹자
孟子]

竭澤而漁
갈 택 이 어

竭 다할 갈 澤 못 택 而 말이을 이 漁 고기잡을 어
못물을 말려 고기를 잡음. 일시적인 욕심 때문에 뒷날의
여지를 남기지 않는다는 말. [회남자淮南子] =갈택분수(竭
澤焚藪) [여씨춘추呂氏春秋]

感慨泣下
감 개 읍 하

感 느낄 감 慨 분개할 개 泣 울 읍 下 아래 하
한탄하며 소리 없이 눈물을 흘림. [당서唐書]

感舊之懷
감 구 지 회

感 느낄 감 舊 옛 구 之 갈 지 懷 품을 회
지난 일을 회상하며 느끼는 회포.

甘棠至愛
감 당 지 애

甘 달 감 棠 팥배나무 당 至 이를 지 愛 사랑 애
선정(善政)한 사람에 대한 사모의 정을 비유. [서경書經]
▶주(周)나라 소공(召公)의 선정에 감동하여 백성들이 그
가 쉬고 갔다는 팥배나무를 소중히 여겼다는 고사에서
비롯된 말.

敢問畸人
감 문 기 인

敢 감히 감 問 물을 문 畸=奇 기이할 기 人 사람 인
기인이란 어떤 사람입니까? [장자莊子]
▶자공(子貢)과 공자(孔子)의 문답.
▶기어인이모어천(綺語人而侔於天): 보통 사람과는 뜻이 통
하지 않지만 하늘과는 뜻이 통하는 사람이다.

敢不生心
감 불 생 심

敢 감히 감 不 아닐 불 生 날 생 心 마음 심
감히 마음먹지 못함. =언감생심(焉敢生心)

敢不受教
감 불 수 교

敢 감히 감 不 아닐 불 受 받을 수 教 가르칠 교
감히 가르침을 받지 않을 수 있겠는가! 가르침을 꼭 받
아야 한다는 말. [침중기沈中記]

減膳撤樂
감 선 철 악

減 덜 감 膳 반찬 선 撤 거둘 철 樂 풍류 악
나라에 변고가 있을 때 임금 밥상의 가짓수를 줄이고 연
악(宴樂)을 폐하던 일을 이름.

甘心首疾
감 심 수 질

甘 달 감 心 마음 심 首 머리 수 疾 아플 질
아픈 머리마저 달콤해지는 마음. [시경詩經]
▶원언사백 감심수질(願言思伯 ----): 오직 내 님 그리운 맘
에 머리 아픈 것마저 달게 느껴지네.

甘心如薺
감 심 여 제

甘 달 감 心 마음 심 如 같을 여 薺 냉이 제
마음이 즐거워 괴로움을 느끼지 않음을 이름. [남사南史]
▶냉이가 연할 때는 단맛과 향기가 남.

鑑於澄水
감 어 징 수

鑑 거울 감 於 어조사 어 澄 맑을 징 水 물 수
물이 잔잔하고 맑아 거울과 같음. [회남자淮南子]

敢言之臣
감 언 지 신

敢 감히 감　言 말씀 언　之 갈 지　臣 신하 신
거리낌 없이 자기의 의견을 말하는 신하. [월절서越絶書]

感而遂通
감 이 수 통

感 느낄 감　而 말이을 이　遂 드디어 수　通 통할 통
감동하여 드디어 통하게 됨.

甘井先竭
감 정 선 갈

甘 달 감　井 우물 정　先 먼저 선　竭 다할 갈
물맛이 단 샘이 먼저 마름. 즉 재능이 뛰어난 사람이 빨리 쇠퇴한다는 말. [묵자墨子]

坎井之蛙
감 정 지 와

坎 구덩이 감　井 우물 정　之 갈 지　蛙 개구리 와
우물 안의 개구리. 견문이 좁은 사람을 비유. [순자荀子]
=정중지와(井中之蛙)

甘酒嗜音
감 주 기 음

甘 달 감　酒 술 주　嗜 즐길 기　音 소리 음
술을 좋아하고 음악을 즐김. [서경書經]

減之又減
감 지 우 감

減 덜 감　之 갈 지　又 또 우
감한 데다가 또 감함.

甘呑苦吐
감 탄 고 토

甘 달 감　呑 삼킬 탄　苦 쓸 고　吐 토할 토
달면 삼키고 쓰면 뱉음. 사리의 옳고 그름이 아니라 자신의 비위에만 맞추는 이기적인 처세를 이르는 말. [이담속찬耳談續纂]

感忽悠闇
감 홀 유 암

感 느낄 감　忽 빠를 홀　悠 멀 유　闇 숨을 암
군대를 빨리 움직여 적이 미처 헤아리지 못하게 함. [순자荀子]

匣劍帷燈
갑 검 유 등

匣 상자 갑　劍 칼 검　帷 휘장 유　燈 등불 등
칼집 속의 칼과 휘장 안의 등불. 즉 감출 수가 없는 것을 말함.

甲骨文字
갑 골 문 자

甲 갑옷 갑　骨 뼈 골　文 글월 문　字 글자 자
거북 껍질(龜甲)과 짐승 뼈에 새긴 상형문자(象形文字). 한자의 가장 오래된 형태. =귀갑문자(龜甲文字)
▶은(殷)의 도읍지였던 하남성 안양현에서 발굴되었다. 쓰여 있는 내용이 복점(卜占)에 관한 것이므로 은허복사(殷墟卜辭)라고도 한다.

20

甲男乙女
갑 남 을 녀
甲 갑옷 갑　男 사내 남　乙 새 을　女 계집 녀
보통의 평범한 남녀를 이름.

强幹弱枝
강 간 약 지
强 굳셀 강　幹 줄기 간　弱 약할 약　枝 가지 지
줄기는 강하게, 가지는 약하게 함. 즉 정치는 중앙을 강하게 하여야 지방을 제어할 수 있다는 말. 〖반고班固의 서도부西都賦〗

慷慨之士
강 개 지 사
慷 강개할 강　慨 분개할 개　之 갈 지　士 선비 사
세상의 비리를 분개하여 한탄하는 선비.

薑桂之性
강 계 지 성
薑 생강 강　桂 계수나무 계　之 갈 지　性 성품 성
생강과 계수나무 껍질은 묵을수록 진한 매운 맛을 냄. 늙을수록 더욱 강직한 사람을 비유.

康衢煙月
강 구 연 월
康 편안할 강　衢 네거리 구　煙 연기 연　月 달 월
태평하고 평화로운 풍경을 형용. =고복격양(鼓腹擊壤)

綱紀四方
강 기 사 방
綱 벼리 강　紀 벼리 기　四 넉 사　方 모 방
사방의 기강(紀綱)을 세움. 〖사기史記〗
▶강기(綱紀): 법대로 다스리는 것.

剛弩之末
강 노 지 말
剛 =强 굳셀 강　弩 쇠뇌 노　之 갈 지　末 끝 말
힘차게 시위를 떠난 화살도 힘이 다하면 저절로 떨어지듯 아무리 강한 것도 끝이 있다는 말. 〖사기史記〗

康樂沈酒
강 락 침 주
康 편안할 강　樂 즐거울 락　沈 잠길 침　酒 술 주
술에 깊이 빠져 편안하고 즐거움. 〖회남자淮南子〗

江望南開
강 망 남 개
江 강 강　望 바라볼 망　南 남녘 남　開 열 개
강이 바라다보이는 남쪽으로 열려 있음. 〖진서晉書〗

降福孔皆
강 복 공 개
降 내릴 강　福 복 복　孔 =空 빌 공　皆 다 개 =嘉 아름다울 가
내리는 복이 아름답기 짝이 없음. 〖시경詩經〗

僵仆煩憒
강 부 번 궤
僵 쓰러질 강　仆 엎드릴 부　煩 번거로울 번　憒 심란할 궤
몸은 쓰러지고 마음은 번거롭고 어지러움.

江山之助
강 산 지 조
江강강 山뫼산 之갈지 助도울조
산수의 아름다움이 시정을 도와 더욱 좋은 시를 짓게 하는 것을 이름. [당서唐書]

僵尸蔽地
강 시 폐 지
僵쓰러질강 尸주검시 蔽덮을폐 地땅지
넘어져 있는 송장이 온 땅을 덮음. [삼국지三國志]

彊禦多懟
강 어 다 대
彊군셀강 禦막을어 多많을다 懟원망할대
굳게 막으면 원망이 더욱 많아짐. [시경詩經]

剛柔兼全
강 유 겸 전
剛군셀강 柔부드러울유 兼겸할겸 全온전할전
강한 면과 부드러운 면을 아울러 갖춤.

剛柔相易
강 유 상 역
剛군셀강 柔부드러울유 相서로상 易바꿀역
굳세고 부드러운 것이 서로 바뀜. 강약이 서로 바뀌는 것을 이름. [역경易經]

絳衣大冠
강 의 대 관
絳진홍강 衣옷의 大큰대 冠갓관
진홍색 옷에 큰 관. 장군의 옷차림을 말함. [후한서後漢書]

剛毅木訥
강 의 목 눌
剛군셀강 毅군셀의 木질박할목 訥말더듬을눌
굳세고 질박하나 말 재주가 없음. [논어論語]

剛而無虐
강 이 무 학
剛군셀강 而말이을이 無없을무 虐사나울학
씩씩하고 굳세나 포학하지는 않음. [서경書經]

彊忍不義
강 인 불 의
彊군셀강 忍참을인 不아닐불 義옳을의
불의 앞에서 굳세게 견뎌냄. [국어國語]

康哉之歌
강 재 지 가
康편안강 哉어조사재 之갈지 歌노래가
천하가 태평함을 구가(謳歌)하는 노래. [삼국지三國志]
▶순(舜)임금이 노래를 지어 잘못된 정사에 대해 신하를 꾸짖었을 때, 고요(皐陶)가 답한 노래.

降此鞠訩
강 차 국 흉
降내릴강 此이차 鞠궁할국 訩어지러울흉
이와 같이 궁하고 어지러운 재난을 내림. [시경詩經]
▶국흉(鞠訩)=궁란(窮亂), 즉 재난(災難)을 뜻함.

降此蟊賊
강 차 모 적
降 내릴 강　此 이 차　蟊 해충 모　賊 벌레 적
집게벌레와 같은 해충을 여기에다 내림. [시경詩經]

强鐵之秋
강 철 지 추
强 굳셀 강　鐵 쇠 철　之 갈 지　秋 가을 추
강철이 간 데는 모두 가을 낙엽처럼 망한다는 말.
▶강철(强鐵)은 전설상의 악독한 용으로, 이 용이 머물다가
　지나간 곳은 몹시 가물어 초록이나 곡식이 다 말라 죽는
　다고 한다.

江湖煙波
강 호 연 파
江 강 강　湖 호수 호　煙 연기 연　波 물결 파
강과 호수에 일어나는 안개와 잔물결.

江湖之氣
강 호 지 기
江 강 강　湖 호수 호　之 갈 지　氣 기운 기
자연에 은거하고 싶어하는 마음.

江湖之士
강 호 지 사
江 강 강　湖 호수 호　之 갈 지　士 선비 사
세상을 등지고 강호에 노니는 선비를 말함. =강해지사
(江海之士), 은거처사(隱居處士)

改過不吝
개 과 불 린
改 고칠 개　過 허물 과　不 아닐 불　吝 주저할 린
허물을 고침에 주저하지 않음. [서경書經]

改過遷善
개 과 천 선
改 고칠 개　過 허물 과　遷 옮길 천　善 착할 선
허물을 고쳐서 선한 길로 옮김. =개과자신(改過自新)

蓋棺事定
개 관 사 정
蓋 덮을 개　棺 널 관　事 일 사　定 정할 정
죽어서 관 뚜껑을 덮어야 그 사람의 업적을 평가할 수가
있음. [두보杜甫의 시詩]

開國承家
개 국 승 가
開 열 개　國 나라 국　承 이을 승　家 집 가
나라를 세우고 인재를 뽑아 제후에 봉하고 벼슬을 주는
일. [역경易經]
▶개국승가 소인물용(---- 小人勿用): 나라를 세우고 인재
　를 뽑아 벼슬을 줌에 소인을 쓰지 말라.

開卷有得
개 권 유 득
開 열 개　卷 책 권　有 있을 유　得 얻을 득
책을 펴면 얻는 것이 있음. [송사宋史]

23

開卷有益
개 권 유 익
開 열 개　卷 책 권　有 있을 유　益 더할 익
책을 펴면 유익함. [송사宋史]

開淘舊河
개 도 구 하
開 열 개　淘 일 도　舊 옛 구　河 물 하
옛 강물에서 일고 열어서 필요한 것을 취함. [송사宋史]
▶도(淘)는 옛 찌꺼기를 일어서 새 것으로 연다는 뜻.

改頭換面
개 두 환 면
改 고칠 개　頭 머리 두　換 바꿀 환　面 낯 면
머리를 고치고 얼굴을 바꿈. 즉 일의 근본 문제는 해결
하지 않고 겉만 다르게 꾸민다는 뜻. [고금풍요古今風謠]

豈樂飲酒
개 락 음 주
豈=愷 즐거워할 개　樂 즐길 락　飲 마실 음　酒 술 주
술을 마시며 즐김. [시경詩經]

開門納賊
개 문 납 적
開 열 개　門 문 문　納 들일 납　賊 도적 적
문을 열고 도적을 들임. 제 스스로 화를 만든다는 말.

開門揖盜
개 문 읍 도
開 열 개　門 문 문　揖 읍할 읍　盜 도둑 도
문을 열고 도둑을 읍하여 맞는 꼴. [삼국지三國志] =개문납
적(開門納賊)

開物成務
개 물 성 무
開 열 개　物 만물 물　成 이룰 성　務 힘쓸 무
만물의 뜻하는 바를 열어 하는 일을 성취함. [주역周易]

皆伏仰首
개 복 앙 수
皆 다 개　伏 엎드릴 복　仰 우러를 앙　首 머리 수
모두가 엎드려 고개를 쳐들고 우러러봄. [사기史記]

開釋無辜
개 석 무 고
開 열 개　釋 풀 석　無 없을 무　辜 허물 고
죄가 없어 풀어 놓아 줌. [서경書經]

開心見誠
개 심 견 성
開 열 개　心 마음 심　見 볼 견　誠 정성 성, 참될 성
마음을 열면 진실이 보임. [후한서後漢書]

慨然而賦
개 연 이 부
慨 분개할 개　然 그러할 연　而 말이을 이　賦 문채 부
분개하고 탄식해서 부(賦)를 지음. [반악潘岳의 부賦]
▶부(賦): 풍영(諷詠 풍자하여 읊음)하는 시.

開源節流
개 원 절 류
開 열 개　源 근원 원　節 절약할 절　流 흐를 류
자원을 개발하여 비용을 아낌. [순자荀子]

皆有典證
개 유 전 증
皆 다 개　有 있을 유　典 법 전　證 증거할 증
모든 것을 법에 정한 문서로 증거할 수 있음. [진서晉書]

愷悌君子
개 제 군 자
愷 즐거울 개　悌 공경할 제　君 임금 군　子 아들 자
백성을 즐겁고 편안하게 하는 군자. [효경孝經]
▶개제군자 민지부모(━━━━ 民之父母): 백성을 즐겁고 편안
하게 하는 군자는 백성들의 부모이다.

客反爲主
객 반 위 주
客 손 객　反 되돌릴 반　爲 할 위　主 주인 주
손님이 도리어 주인 행세를 함. 즉 주객이 바뀜. =주객전
도(主客顚倒)

客隨主便
객 수 주 편
客 손 객　隨 따를 수　主 주인 주　便 편할 편
손님은 주인이 하는 대로만 따름.

客地眠食
객 지 면 식
客 손 객　地 땅 지　眠 잘 면　食 먹을 식
객지에서 자고 먹음. 객지에서 생활하는 것을 말함.

客慚自剄
객 참 자 경
客 손 객　慚 부끄러울 참　自 스스로 자　剄 목벨 경
객에게 부끄러워 스스로 목을 벰. [사기史記]

客窓寒燈
객 창 한 등
客 손 객　窓 창문 창　寒 찰 한　燈 등불 등
나그네 숙소 창문에 비치는 차가운 등불. 객지생활의 외
로움을 비유.

更無道理
갱 무 도 리
更 다시 갱　無 없을 무　道 길 도　理 이치 리
다시 어찌할 도리가 없음.

阮衡閜砢
갱 형 하 라
阮 문 높을 갱　衡 저울대 형　閜 크게 열릴 하　砢 돌
쌓일 라
쭉 곧은 언덕길이 아름답게 열려 있는 모양. [사기史記]

擧擧若親
거 거 약 친
擧 들 거　若 같을 약　親 친할 친, 어버이 친
자애로움이 마치 어버이와 같음. [열녀전列女傳]

擧擧之忠
거 거 지 충
擧 들 거　之 갈 지　忠 충성 충
진실된 마음으로 국가에 충성함. [한서漢書]
▶거거(擧擧): 진실된 마음으로 정성껏 지키는 모양.

25

居敬窮理
거 경 궁 리
居 살 거　敬 공경할 경　窮 다할 궁　理 다스릴 리
마음을 경건하게 하여 이치를 추구하는 것. 주자(朱子)
의 수양 방법. =격물치지(格物致知)
▶거경(居敬)은 내적 수양 방법으로, 반성하고 게을리하지
　않으며 동작을 삼감. 궁리(窮理)는 외적 수양 방법으로,
　사물의 이치를 궁리하여 정확한 지식을 얻는 방법이다.

居徒四壁
거 도 사 벽
居 살 거　徒 맨손 도　四 사방 사　壁 벽 벽
네 벽만 있고 세간이 아무것도 없음. 아주 가난하게 살
아가는 것을 말함. =가도벽립(家徒壁立)

去頭截尾
거 두 절 미
去 갈 거　頭 머리 두　截=絶 끊을 절　尾 꼬리 미
머리와 꼬리 부분을 잘라 버리고 요점만 말함.

拒門不納
거 문 불 납
拒 막을 거　門 문 문　不 아닐 불　納 들일 납
거절하여 문 안에 들이지 않음.

居物致富
거 물 치 부
居 쌓을 거　物 만물 물　致 이를 치　富 넉넉할 부
물품을 쌓아서 부를 이룩함. [한서漢書]

去煩蠲苛
거 번 견 가
去 버릴 거　煩 번거로울 번　蠲 덜 견　苛 가혹할 가
번거롭고 가혹한 정사를 버림.

据法守正
거 법 수 정
据 의거할 거　法 법 법　守 지킬 수　正 바를 정
법에 의거하여 바르게 지켜 감. [시경詩經]

居不重席
거 부 중 석
居 살 거　不 아닐 부　重 거듭 중　席 자리 석
깔개를 포개어 앉지 않음. 즉 검소하고 절약하는 생활을
말함. [춘추좌씨전春秋左氏傳]

擧不失選
거 불 실 선
擧 들 거　不 아닐 불　失 잃을 실　選 가릴 선
사람을 등용하는 데 선택을 잘못해서는 안 됨. [춘추좌씨전
春秋左氏傳]

去邪勿疑
거 사 물 의
去 갈 거　邪 사악할 사　勿 말 물　疑 의심할 의
사악한 자를 내치는 데 주저하지 말라. [서경書經]

擧讐擧子
거 수 거 자
擧 들 거　讐 원수 수　子 아들 자
원수는 미워하나 재능이 있으면 거용(擧用)하고, 자식도
현명하고 재능이 있으면 거용함.

車水馬龍
거 수 마 룡
車 수레 거　水 물 수　馬 말 마　龍 용 룡
수레는 물같이 이어지고 말은 용같이 늘어짐. 거마(車馬)의 왕래가 이어지는 모양을 이름.

據鞍顧盼
거 안 고 반
據 의지할 거　鞍 안장 안　顧 돌아볼 고　盼 볼 반
말안장에 앉아 돌아보며 위세를 부림. 늙어서도 위세가 당당함을 이름. [후한서後漢書]

居安思危
거 안 사 위
居 살 거　安 편안 안　思 생각 사　危 위태할 위
편히 살 때 위험한 일이 닥칠 것을 생각함. [춘추좌씨전春秋左氏傳] =거안여위(居安如危)

擧案齊眉
거 안 제 미
擧 들 거　案 상 안　齊 가지런할 제　眉 눈썹 미
밥상을 눈썹 높이만큼 가지런히 들어올림. 아내가 남편을 지극히 공경하는 것을 비유. [후한서後漢書]

車魚之歎
거 어 지 탄
車 수레 거　魚 물고기 어　之 갈 지　歎 탄식할 탄
욕심은 끝이 없다는 말. [전국책戰國策]
▶전국시대 맹상군(孟嘗君)의 식객 풍환(馮驩)이 칼집을 두드리며 밥상에 생선이 없다고 불평하고, 생선이 나온 뒤에는 타고 다닐 수레가 없음을 한탄하고, 수레가 나오자 집이 없다고 한탄한 고사에서 비롯된 말.

倨傲鮮腆
거 오 선 전
倨 거만할 거　傲 거만할 오　鮮 고울 선　腆 두터울 전
거만하고 무례하게 굶.

去愚就義
거 우 취 의
去 갈 거　愚 어리석을 우　就 나아갈 취　義 옳을 의
어리석음에서 벗어나 올바른 데로 나아감. [후한서後漢書]

据以驕驁
거 이 교 오
据 누를 거　以 써 이　驕 교만할 교　驁=傲 오만할 오
교만과 오만으로 누름. [사기史記]

居以凶矜
거 이 흉 긍
居 살 거　以 써 이　凶 흉할 흉　矜 불쌍히 여길 긍
흉하고 가련할 뿐이다. [시경詩經]

擧一明三
거 일 명 삼
擧 들 거　一 한 일　明 밝을 명　三 석 삼
하나를 거론하면 셋을 이해함. 이해력이 뛰어남을 말함.
=거일반삼(擧一反三)

擧一反三 擧들 거 一한 일 反돌이킬 반 三석 삼
거 일 반 삼 하나를 예로 들면 셋을 알아차림. [논어論語]

擧逸拔才 擧들 거 逸뛰어날 일 拔뽑을 발 才재주 재
거 일 발 재 뛰어난 사람을 천거하고 재주 있는 사람을 뽑아 올
림. [남사南史]

去者勿追 去갈 거 者놈 자 勿말 물 追따를 추
거 자 물 추 가는 사람을 붙잡지 아니함. 이미 간 것은 마음에 두지
말라는 뜻. [춘추공양전春秋公羊傳] =거자막추(去者莫追), 왕
자불추(往者不追)

去者日疎 去갈 거 者놈 자 日날 일 疎멀 소
거 자 일 소 멀리 떠나간 사람과는 정도 나날이 멀어짐. [문선文選]

車載斗量 車수레 거 載실을 재 斗말 두 量헤아릴 량
거 재 두 량 수레에 실어 놓고 말로 잼. 양이 많은 것을 형용하는 말
로, 물건이나 인재가 아주 흔하다는 뜻. [삼국지三國志]

車在馬前 車수레 거 在있을 재 馬말 마 前앞 전
거 재 마 전 경험 없는 말로 수레를 끌게 하려면 먼저 다른 말이 끄
는 수레 뒤에 매달아 따라다니게 하여 길들여야 한다는
말. 사람도 초보적인 경험을 쌓은 다음에 대임을 맡아야
잘할 수 있다는 것을 비유한 말.

籧篨戚施 籧대자리 거 篨대자리 저 戚겨레 척 施베풀 시
거 저 척 시 엎드릴 수도 쳐다볼 수도 없는 병. 오만하여 남을 업신
여기거나 아첨하는 사람을 말함. [국어國語]

擧酒屬客 擧들 거 酒술 주 屬속할 속 客손 객
거 주 속 객 술잔을 들어 손님에게 권함. [소식蘇軾의 시詩]

去住兩難 去갈 거 住살 주 兩두 량(양) 難어려울 난
거 주 양 난 가지도 있지도 못하는 어려운 처지. 이러지도 저러지도
못함. [악곡樂曲]

居之中天 居살 거 之갈 지 中가운데 중 天하늘 천
거 지 중 천 아무것도 없이 텅 빈 공간.

渠幨以守
거 첨 이 수
渠도랑거 幨휘장첨 以써이 守지킬수
도랑에다 휘장을 치고 적을 맞음. [회남자淮南子]

去弊生弊
거 폐 생 폐
去갈거,버릴거 弊헤질폐 生날생
폐해를 없애려다가 다른 폐해가 생김.

去彼取此
거 피 취 차
去버릴거 彼저피 取취할취 此이차
저쪽 것을 버리고 이쪽 것을 취함. [노자老子]

據虛搏影
거 허 박 영
據의지할거 虛빌허 搏칠박 影그림자영
허공에 의지하여 그림자를 침. 적(敵)이 힘을 쓸 수 없게 함을 말함. [관자管子]

擧賢援能
거 현 원 능
擧들거 賢어질현 援도울원 能능할능
현명한 자는 천거하고 능한 자는 도와줌. [예기禮記]

蹇蹇匪躬
건 건 비 궁
蹇절뚝발이건 匪아닐비 躬몸소중할궁
임금에게 충성하며 자신의 이해를 돌보지 않음. [역경易經]
▶건건(蹇蹇): ①괴로워하며 신고(辛苦)하는 모양. ②충성을 다하는 모양.
▶왕신건건 비궁지고(王臣蹇蹇 匪躬之故): 신하는 일신의 이해를 돌보지 않고 임금을 위하여 충성을 다한다.

乾坤一擲
건 곤 일 척
乾하늘건 坤땅곤 一한일 擲던질척
운명과 흥망의 모든 것을 다 걸고 전력을 다해 승부를 겨룸. [한유韓愈의 시詩]

乾坤淸氣
건 곤 청 기
乾하늘건 坤땅곤 淸맑을청 氣기운기
하늘과 땅에 가득한 맑은 기운. =건곤통연(乾坤洞然)

捷鰭掉尾
건 기 도 미
捷세울건 鰭지느러미기 掉흔들도 尾꼬리미
지느러미를 세우고 꼬리를 흔들어댐. 즉 권력을 제멋대로 마구잡이로 휘두름. [한서漢書]

乾端坤倪
건 단 곤 예
乾하늘건 端끝단 坤땅곤 倪끝예
하늘과 땅의 끝. [한유韓愈의 시詩]

乾木水生
건 목 수 생
乾 마를 건　木 나무 목　水 물 수　生 날 생
마른 나무에서 물이 남. 즉 아무것도 없는 사람에게 무리한 요구를 함. =연목구어(緣木求魚)

建安七子
건 안 칠 자
建 세울 건　安 편안 안　七 일곱 칠　子 아들 자
후한(後漢)의 건안(建安) 때 시문으로 세상에 이름을 떨친 칠인(七人)을 이름. 즉 공융(孔融), 진임(陳琳), 왕찬(王粲), 서간(徐幹), 완우(阮瑀), 응창(應瑒), 유정(劉楨).

桀狗吠堯
걸 구 폐 요
桀 횃대 걸　狗 개 구　吠 짖을 폐　堯 요임금 요
걸(桀)왕 같은 포악한 사람이 기르는 개는 요(堯)왕과 같은 성군을 보고도 짖는다는 뜻. 선악을 불문하고 각기 그 주인에게 충성을 다한다는 말. 【사기史記】=걸견폐요(桀狗吠堯), 척구폐요(跖狗吠堯)

乞不竝行
걸 불 병 행
乞 빌 걸　不 아닐 불　竝 나란히 병　行 갈 행
구걸하는 사람은 나란히 같이 다니지 아니함. 청하여 얻을 때는 혼자인 것이 낫다는 말.

乞人憐天
걸 인 연 천
乞 빌 걸　人 사람 인　憐 불쌍히 여길 련(연)　天 하늘 천
거지가 하늘을 불쌍히 여김. 자기의 불운한 처지는 생각지 않고 남을 동정함을 비유하여 말함. 【순오지旬五志】

儉故能廣
검 고 능 광
儉 검소할 검　故 까닭 고　能 능할 능　廣 넓을 광
평소에 검소한 까닭에 궁핍하지 않음. 【노자老子】

劍光如電
검 광 여 전
劍 칼 검　光 빛 광　如 같을 여　電 번개 전
칼빛이 번개같이 빠르고 날카로움.

儉德鬼神
검 덕 귀 신
儉 검소할 검　德 덕 덕　鬼 귀신 귀　神 귀신 신
얼굴이나 옷이 몹시 더러운 사람을 말함.

黔驢之技
검 려 지 기
黔 검을 검　驢 나귀 려　之 갈 지　技 재주 기
재주가 졸렬함을 모르고 덤비다가 큰 욕을 당한다는 말.
=검려기궁(黔驢技窮)
▶나귀가 없던 검주(黔州)에 어떤 사람이 나귀를 데려와 산 밑에 놓아 길렀는데, 나귀를 처음 본 범은 나귀의 몸집을 보고 두려워하다가 나귀가 뒷발질만 하는 한 가지 재주뿐이라는 것을 알고는 잡아먹고 말았다는 고사에서 나온 말.

ㄱ

劍一人敵
검 일 인 적
劍 칼 검 一 한 일 人 사람 인 敵 대적할 적
검은 한 사람을 상대함에 그치는 기술이므로 배울 것이
못 된다. 초왕(楚王) 항우(項羽)가 한 말. [사기史記]

怯勇墮完
겁 용 휴 완
怯 겁낼 겁 勇 용감할 용 墮 무너뜨릴 휴 完 완전할 완
겁쟁이는 용감한 자가 되고 무너진 성은 보수를 하여 완
전하게 됨. 즉 평화가 찾아온 것을 말함.

揭竿爲旗
게 간 위 기
揭 높이 들게 竿 장대 간 爲 할 위 旗 기 기
기를 장대에 높이 달아 들어올림. [한서漢書]

揭斧入淵
게 부 입 연
揭 들게 斧 도끼 부 入 들 입 淵 못 연
도끼를 들고 못으로 들어감. 즉 물건을 제 곳에 쓰지 않
고 엉뚱한 곳에 씀. [회남자淮南子]

格其非心
격 기 비 심
格 격식 격 其 그 기 非 아닐 비 心 마음 심
그릇된 마음을 바로잡음. [서경書經]

擊斷無諱
격 단 무 휘
擊 칠 격 斷 끊을 단 無 없을 무 諱 꺼릴 휘
상대를 치는 것을 꺼리거나 주저하지 않음. [사기史記]

格物致知
격 물 치 지
格 격식 격 物 만물 물 致 이를 치 知 알 지
사물을 통해 이치를 연구하여 온전한 지식에 다달음. 주
자학과 양명학에서 사용하는 용어. [대학大學]

隔世之感
격 세 지 감
隔 사이 뜰 격 世 대 세 之 갈 지 感 느낄 감
세상이 바뀌어 딴 세상 같은 느낌.

檄以馬捶
격 이 마 추
檄 격문 격 以 써 이 馬 말 마 捶 채찍 추
말은 채찍으로 격려함. [장자莊子]

格爾衆庶
격 이 중 서
格 격식 격 爾 너 이 衆 무리 중 庶 무리 서
여러분에게 고합니다. 『서경(書經)』 탕서(湯誓)의 첫마
디 말. [서경書經]
▶왕왈 격이중서 실청짐언(王曰 格爾衆庶 悉聽朕言): 임금님
께서 말씀하시길 "여러분에게 고하겠으니, 모두 내 말을
잘 들으시오."

31

擊節歎賞
격 절 탄 상
擊 칠 격　節 마디 절　歎 탄식할 탄　賞 상줄 상
무릎을 치면서 탄복하고 칭찬함. =격절칭상(擊節稱賞)

激濁揚淸
격 탁 양 청
激 부딪칠 격　濁 흐릴 탁　揚 날릴 양　淸 맑을 청
탁류(濁流)를 물리치고 청파(淸波)를 일게 함. 즉 악을 물리치고 선을 선양(宣揚)함. [당서唐書]

擊風捕影
격 풍 포 영
擊 칠 격　風 바람 풍　捕 잡을 포　影 그림자 영
바람을 치고 그림자를 잡음. 허망한 짓. = [태평광기太平廣記] =풍불가격(風不可擊), 영불가포(影不可捕)

隔穴之臣
격 혈 지 신
隔 틈 격　穴 구멍 혈　之 갈 지　臣 신하 신
군주를 해치려고 틈을 노리는 신하. 또는 적과 내통하는 신하.

隔靴搔痒
격 화 소 양
隔 틈 격　靴 가죽신 화　搔 긁을 소　痒 가려울 양
신을 신고 신등을 긁음. 일하느라 애는 쓰나 정곡을 찌르지 못하고 헛고생만 하는 것을 이름. [속전등록續傳橙錄] =격화파양(隔靴爬癢), 격혜소양(隔鞋搔痒)

隔闊相思
격 활 상 사
隔 틈 격　闊 트일 활　相 서로 상　思 생각 사
멀리 떨어져 있으면서 서로 그리워함. [후한서後漢書]

堅甲利兵
견 갑 이 병
堅 굳을 견　甲 갑옷 갑　利 날카로울 이　兵 무기 병
튼튼한 갑옷과 날카로운 병기. 즉 정예 병력을 말함.

牽強附會
견 강 부 회
牽 끌 견　強 억지로 강　附 붙을 부　會 모을 회
가당치 않은 말을 억지로 끌어대어 조리에 닿도록 꾸밈. [국어國語]

堅強之變
견 강 지 변
堅 굳을 견　強 굳셀 강　之 갈 지　變 변할 변
자기 주장을 강조하기 위해 억지로 끌어대는 변명.

蠲其大德
견 기 대 덕
蠲 밝을 견　其 그 기　大 큰 대　德 덕 덕
큰 덕을 베푼다는 말. [춘추좌씨전春秋左氏傳]

見卵求鷄
견 란 구 계
見 볼 견　卵 알 란　求 구할 구　鷄 닭 계
계란을 보고 새벽을 알리는 닭을 구함. 즉 몹시 급한 성격을 말함. [장자莊子]

遣吏考按
견 리 고 안
遣 보낼 견　吏 아전 리　考 상고할 고　按 누를 안
관리를 보내어 살피고 진정시킴. [한서漢書]

見利思義
견 리 사 의
見 볼 견　利 이로울 리　思 생각 사　義 옳을 의
이익됨을 보거든 그것이 의리에 맞는가를 먼저 생각해야 한다는 말. [논어論語]

肩摩轂擊
견 마 곡 격
肩 어깨 견　摩 갈 마　轂 바퀴통 곡　擊 칠 격
어깨가 서로 닿고 수레바퀴가 서로 부딪침. 사람의 왕래가 많음을 비유. [전국책戰國策]

犬馬之勞
견 마 지 로
犬 개 견　馬 말 마　之 갈 지　勞 일할 로
윗사람을 위해 바치는 자신의 노력을 겸손히 이르는 말.

犬馬之心
견 마 지 심
犬 개 견　馬 말 마　之 갈 지　心 마음 심
개와 말이 주인을 위하는 마음. 즉 임금을 위해 충성을 다하는 마음. [한서漢書]

犬馬之養
견 마 지 양
犬 개 견　馬 말 마　之 갈 지　養 기를 양
부모를 먹이기만 할 뿐, 부모에 대한 공경심은 전혀 없는 효도를 이르는 말. [논어論語]

犬馬之齒
견 마 지 치
犬 개 견　馬 말 마　之 갈 지　齒 이 치, 나이 치
개나 말과 같이 헛되게 먹은 나이. 자기의 나이를 낮춰 이르는 말. [한서漢書]

見蚊拔劍
견 문 발 검
見 볼 견　蚊 모기 문　拔 뺄 발　劍 칼 검
모기를 보고 칼을 빼어듦. 작은 일에 크게 덤비는 것을 비유.

見物生心
견 물 생 심
見 볼 견　物 만물 물　生 날 생　心 마음 심
물건을 보면 갖고 싶은 욕심이 생김.

堅白同異
견 백 동 이
堅 굳을 견　白 흰 백　同 같을 동　異 다를 이
전국시대 공손용(公孫龍)이 주장한 궤변. [순자荀子] =백마비마(白馬非馬)
▶눈으로 보면 흰 것은 인정되나 단단한지는 모르며, 손으로 만지면 단단한 것을 알 수 있으나 흰 것은 알 수 없다. 즉 단단한 돌과 흰 돌이 동시에 성립될 수는 없다고 주장하는 궤변.

33

ㄱ

堅壁淸野
견 벽 청 야
堅군을견 壁벽벽 淸맑을청 野들야
성을 굳게 지키고 들판을 말끔히 함. 물자를 얻지 못하게 하여 적을 괴롭히는 전법. [삼국지三國志]

見父之執
견 부 지 집
見볼견 父아버지부 之갈지 執잡을집
아버지와 연세가 비슷한 어른. [예기禮記] =부집존장(父執尊長) [후한서後漢書]

見事生風
견 사 생 풍
見볼견 事일사 生날생 風바람풍
일을 바람같이 빨리 처리하는 것을 이름.

牽絲之幸
견 사 지 행
牽끌견 絲실사 之갈지 幸다행행
혼인을 정하는 것을 이름. [당서唐書]
▶당(唐)나라 곽원진(郭元振)이 재상 장가정(張嘉貞)의 신임을 얻어 사위가 되어 주기를 청하자 그의 딸 다섯에게 각기 실을 잡고 늘어서게 하여 자기가 당긴 실을 잡은 셋째 딸과 혼인했다는 고사에서 비롯된 말.

見霜知氷
견 상 지 빙
見볼견 霜서리상 知알지 氷얼음빙
서리 내린 것을 보면 얼음이 얼 것을 앎. 어떤 현상의 조짐이 나타나면 반드시 이에 따르는 결과가 오리라는 비유. [회남자淮南子]

犬齧枯骨
견 설 고 골
犬개견 齧물설 枯마를고 骨뼈골
개가 마른 뼈를 물고 다님. 즉 아무 맛이 없음을 말함.

見性成佛
견 성 성 불
見볼견 性성품성 成이룰성 佛부처불
자기의 본성을 확실히 깨달으면 부처님의 경지에 이른다는 뜻.

堅樹在始
견 수 재 시
堅굳을견 樹나무수 在있을재 始처음시
튼튼한 나무로 키우려면 처음부터 잘해야 한다는 말. [국어國語]
▶견수재시 시불고본 종필고락(---- 始不固本 終必橋落): 굳게 자라는 나무는 처음부터 잘해야 한다. 처음 심을 때 뿌리를 제대로 다져주지 않으면 끝내는 시들고 만다.

牽羊悔亡
견 양 회 무
牽끌견 羊양양 悔뉘우칠회 亡없을무
양을 끌더라도 후회는 없으리라. [역경易經]

見危授命
견 위 수 명
見볼견 危위태할위 授줄수 命목숨명
위급한 일을 보거든 자기의 목숨을 내어 주라. [논어論語]
=견위치명(見危致命)

見而不食
견 이 불 식
見볼견 而말이을이 不아닐불 食먹을식
보고도 먹지 못함. 그림의 떡.

堅忍不拔
견 인 불 발
堅굳을견 忍참을인 不아닐불 拔뺄발
굳게 참고 견디어 흔들리지 아니함. [삼국지三國志]

見知之法
견 지 지 법
見볼견 知알지 之갈지 法법법
관리가 백성의 범죄 사실을 알고도 잡지 않았을 때, 그
관리도 범죄자와 같은 죄로 처벌하는 법.

犬兔之爭
견 토 지 쟁
犬개견 兔토끼토 之갈지 爭다툴쟁
무익한 싸움을 말함. 달아나는 토끼와 이를 쫓는 개가
둘 다 지쳐 쓰러지자 지나던 농부가 둘을 잡아 이익을
본다는 말. [전국책戰國策] =휼방지쟁(鷸蚌之爭), 어부지리
(漁夫之利)

見賢思齊
견 현 사 제
見볼견 賢어질현 思생각사 齊가지런할제
현명한 사람을 보고는 자기도 그렇게 되고자 애씀. [논어
論語]

見晛曰消
견 현 왈 소
見볼견 晛햇살현 曰가로왈 消사라질소
햇살만 나면 사라짐. [시경詩經]
▶우설표표 견현왈소(雨雪瀌瀌 ----): 눈비가 펑펑 쏟아져
도 햇살만 나면 금방 사라지네.

鵑血滿胸
견 혈 만 흉
鵑두견새견 血피혈 滿찰만 胸가슴흉
두견새가 피를 토하듯 슬피 울어 가슴에 슬픔이 가득히
찬 것 같다는 뜻. 사모하는 마음이 간절함을 비유.

結跏趺坐
결 가 부 좌
結맺을결 跏책상다리할가 趺책상다리할부 坐
앉을좌
좌우의 발을 서로 반대의 넓적다리 위에 올려놓고 좌선
하는 정좌법.

ㄱ

結軌還轅
결 궤 환 원

結 바로잡을 결　軌 궤도 궤　還 돌아올 환　轅 끌채 원
끌채를 돌이켜 바른 길을 가게 함. 즉 올바르게 행해지
도록 법도를 바로잡음을 말함. [사기史記]

結髮夫妻
결 발 부 처

結 맺을 결　髮 터럭 발　夫 사내 부　妻 아내 처
귀밑머리 풀어 상투 틀고 쪽을 찐 부처(夫妻). 즉 정식으
로 혼인한 부부를 말함. [소식蘇軾의 시詩]

結駟連騎
결 사 연 기

結 맺을 결　駟 사마 사　連 이어질 련(연)　騎 말탈 기
수레와 말의 행렬이 이어짐. [사기史記]

結繩文字
결 승 문 자

結 맺을 결　繩 노끈 승　文 글 문　字 글자 자
노끈으로 매듭지어 그 모양과 수로 의사 표시를 하던 고
대 부호문자.

結繩之政
결 승 지 정

結 맺을 결　繩 노끈 승　之 갈 지　政 정사 정
노끈의 매듭을 정령(政令)의 부호로 삼던 고대의 정치.

結者解之
결 자 해 지

結 맺을 결　者 사람 자　解 풀 해　之 갈 지
맺은 사람이 풀어야 함. 자기가 저지른 일은 자기가 해
결해야 한다는 뜻. [순오지旬五志]

結草報恩
결 초 보 은

結 맺을 결　草 풀 초　報 갚을 보　恩 은혜 은
죽어서도 은혜를 잊지 않고 갚음. [춘추좌씨전春秋左氏傳]
▶진(晉)나라 위무자(魏武子)의 아들 과(顆)는 죽기 직전의
유언이 아니라 평상시 아버지의 유언에 따라 서모(庶母)
를 개가시켜 순장을 면케 했다. 훗날 과가 적국의 장수
두회(杜回)와의 싸움에서 불리하게 되었을 때, 서모 아버
지의 망혼이 나타나 전장의 풀을 잡아매어 두회를 사로
잡게 도움으로써 승리를 거두었다는 고사에서 나온 말.

決河之勢
결 하 지 세

決 결단할 결　河 물 하　之 갈 지　勢 권세 세
둑이 터져 물이 한꺼번에 쏟아지는 기세. 즉 누르거나
막을 수 없는 거센 기세. [회남자淮南子] =파죽지세(破竹之
勢)

謙敬博愛
겸 경 박 애

謙 겸손할 겸　敬 공경할 경　博 넓을 박　愛 사랑 애
겸손하고 공경하며 널리 사랑하는 마음을 가짐. [후한서後
漢書]

36

箝口枯腸
겸 구 고 장
箝 재갈 먹일 겸 口 입 구 枯 마를 고 腸 창자 장
입에 재갈을 물리고 창자를 말림. 즉 궁지에 몰려서 말을 못함.

謙遜靜愨
겸 손 정 각
謙 겸손할 겸 遜 겸손할 손 靜 고요할 정 愨 삼갈 각
남을 높이며 자기를 낮추어 조용한 몸가짐으로 행동을 조심하는 태도. [한서漢書]

兼愛無私
겸 애 무 사
兼 겸할 겸 愛 사랑 애 無 없을 무 私 사사로울 사
널리 사랑하여 사사로움이 없음.

兼弱攻昧
겸 약 공 매
兼 겸할 겸 弱 약할 약 攻 칠 공 昧 새벽 매
쇠약한 나라를 공격하여 합병함. [서경書經]

兼如上典
겸 여 상 전
兼 겸할 겸 如 같을 여 上 위 상 典 법 전
집이 가난하여 종을 못 두고 종의 일까지 하는 양반.

謙以制禮
겸 이 제 례
謙 겸손할 겸 以 써 이 制 마를 제 禮 예절 례
겸손함이 예(禮)를 제재(制裁)함. [역경易經]

謙尊而光
겸 존 이 광
謙 겸손할 겸 尊 높을 존 而 말이을 이 光 빛 광
자기를 낮춤으로써 그 지위와 덕을 높이고 빛나게 함. [역경易經]

兼聽即明
겸 청 즉 명
兼 겸할 겸 聽 들을 청 即 곧 즉 明 밝을 명
양쪽 말을 아울러 들으면 현명해짐. [신당서新唐書]
▶겸청즉명 편청즉암(---- 偏聽即暗): 여러 방면의 의견을 들으면 현명해지고 한쪽 말만 치우쳐 들으면 어두워진다.

輕擧妄動
경 거 망 동
輕 가벼울 경 擧 들 거 妄 망령될 망 動 움직일 동
가볍게 움직이고 함부로 행동함. 일을 깊이 생각하여 처리하지 않고 갈팔질팡함. [경루몽經樓夢]

輕車熟路
경 거 숙 로
輕 가벼울 경 車 수레 거 熟 익숙할 숙 路 길 로
경쾌한 수레로 낯익은 길을 달림. 즉 하는 일이 숙련되어 있음. [한유韓愈의 시詩] =가경취숙(駕輕就熟)

經經山川
경 경 산 천
經 씨날 경 山 뫼 산 川 내 천
산천을 경륜(經綸)하여 다스림. [회남자淮南子]

儆戒無虞
경 계 무 우
儆=警 경계할 경 戒 경계할 계 無 없을 무 虞 염려할 우
걱정이 없을 때 경계하라. [서경書經]

耿光大烈
경 광 대 열
耿 빛날 경 光 빛 광 大 큰 대 烈 세찰 열
성덕(盛德) 대업(大業)을 이룸. [서경書經]

傾筐倒篋
경 광 도 협
傾 기울일 경 筐 대광주리 광 倒 뒤집을 도 篋 대궤짝 협
대광주리와 궤짝을 뒤엎음. 가진 것을 다 내어 극진히 대접함. 자기의 속마음을 숨김없이 다 털어놓음. [세설신어世說新語]

瓊瑰玉佩
경 괴 옥 패
瓊 붉은 옥 경 瑰 구슬이름 괴 玉 구슬 옥 佩 찰 패
아름다운 옥돌과 패옥을 드림. [시경詩經]
▶경괴(瓊瑰): 옥 다음 가는 아름다운 돌. 패옥(佩玉): 허리에 차고 다니는 옥.

輕裘肥馬
경 구 비 마
輕 가벼울 경 裘 갖옷 구 肥 살찔 비 馬 말 마
가볍고 따뜻한 갖옷과 살찐 말. 즉 호화로운 차림새를 비유하여 이르는 말. [논어論語] =경의비마(輕衣肥馬)

輕裘緩帶
경 구 완 대
輕 가벼울 경 裘 갖옷 구 緩 느슨할 완 帶 띠 대
가벼운 갖옷과 느슨한 띠. 여유가 있는 느슨한 태도를 형용한 말. [진서晉書]

經國大業
경 국 대 업
經 날 경 國 나라 국 大 큰 대 業 업 업
나라를 다스리는 데 필요한 큰 사업. [조조曹操의 전론典論]

傾國之色
경 국 지 색
傾 기울어질 경 國 나라 국 之 갈 지 色 빛 색
임금의 마음이 쏠리어 나라가 기우는 것도 모를 만큼 절세의 미인을 말함. [사기史記]

驚弓之鳥
경 궁 지 조
驚 놀랄 경 弓 활 궁 之 갈 지 鳥 새 조
화살에 놀란 새. 즉 한번 놀란 사람은 조그만 일에도 겁을 내고 움추러드는 것을 이름. [진서晉書]

傾困倒廩
경 균 도 름
傾 기울일 경 困 곳집 균 倒 넘어질 도 廩 곳집 름
곳관과 창고를 다 기울이고 털어냄. 즉 모든 재산을 다 내어놓음. 또는 속마음을 다 드러내어 말함.

擎跽曲拳
경 기 곡 권
擎 들 경　跽 꿇어앉을 기　曲 굽을 곡　拳 주먹 권
손은 드리우고, 무릎은 꿇고, 몸은 굽히고, 머리를 숙임.
예를 표하는 모양.

耕當問奴
경 당 문 노
耕 밭 갈 경　當 마땅할 당　問 물을 문　奴 종 노
농삿일은 마땅히 농사짓는 노비에게 물어야 함. 모든 일
은 그 전문가에게 묻는 것이 옳다는 말. 〔송사宋史〕
▶경당문노 직당문비(──── 織當問婢): 농사일은 마땅히 남
　자 노비에게 물어야 하고, 베짜는 것은 마땅히 여자 종에
　게 물어야 한다.

瓊樓玉宇
경 루 옥 우
瓊 옥 경　樓 다락 루　玉 구슬 옥　宇 집 우
달 속에 있다는 궁전을 형용한 말.

耕夫讓畔
경 부 양 반
耕 밭 갈 경　夫 사내 부　讓 사양할 양　畔 두둑 반
농부가 서로 밭고랑을 양보함. 순(舜) 임금의 덕이 백성
에게 미쳐 농부들도 서로 예(禮)를 갖추게 되었다는 말.

驚蛇入草
경 사 입 초
驚 놀랄 경　蛇 뱀 사　入 들 입　草 풀 초
놀란 뱀이 풀 속으로 들어감. 즉 초서체(草書體) 글씨가
뛰어남을 형용하는 말.

耕山釣水
경 산 조 수
耕 밭 갈 경　山 뫼 산　釣 낚시 조　水 물 수
산에 있는 밭을 갈고, 물에서 낚시질을 함. 속세를 떠나
자연에서 사는 생활을 이르는 말.

竟夕不眠
경 석 불 면
竟 다할 경　夕 저녁 석　不 아닐 불　眠 잠잘 면
밤이 다하도록 잠을 못 이룸. 〔후한서後漢書〕
▶경석(竟夕)=종야(終夜): 밤새도록.

經世濟民
경 세 제 민
經 지날 경　世 세상 세　濟 건널 제　民 백성 민
세상을 다스려 백성을 어려움에서 건지는 것.

黥首刖足
경 수 월 족
黥 자자할 경　首 머리 수　刖 벨 월　足 발 족
죄인의 이마에 먹물로 죄명을 찍어 넣고 발을 베는 가혹
한 형벌. 〔후한서後漢書〕

敬順昊天
경 순 호 천
敬 공경 경　順 따를 순　昊 하늘 호　天 하늘 천
하늘의 순리를 공경하고 따라야 한다는 말. 〔사기史記〕

驚心動魄
경 심 동 백

驚 놀랄 경 心 마음 심 動 움직일 동 魄 넋 백
마음과 넋이 다 놀라 움직임. 몹시 놀라는 것을 말함. [시품詩品]

經於溝瀆
경 어 구 독

經 지날 경 於 어조사 어 溝 도랑 구 瀆 도랑 독
스스로 도랑에 처박혀 죽음. [후한서後漢書]

敬而遠之
경 이 원 지

敬 공경할 경 而 말이을 이 遠 멀 원 之 갈 지
겉으로는 공경하는 체하나 속으로는 멀리함. [논어論語]
=경원시(敬遠視)

傾耳而聽
경 이 이 청

傾 기울일 경 耳 귀 이 而 말이을 이 聽 들을 청
귀를 기울여 타인이 하는 말을 잘 들음. [한서漢書]

敬而直內
경 이 직 내

敬 공경 경 而 말이을 이 直 곧을 직 內 안 내
공경함으로써 속(마음)을 바르게 함. [역경易經]

耕者有田
경 자 유 전

耕 밭 갈 경 者 사람 자 有 있을 유 田 밭 전
농사짓는 사람이 땅을 소유해야 한다는 말.

敬長慈幼
경 장 자 유

敬 공경 경 長 어른 장 慈 사랑 자 幼 어릴 유
어른은 존경하고 어린이는 사랑함. [예기禮記]

輕敵必敗
경 적 필 패

輕 가벼울 경 敵 원수 적 必 반드시 필 敗 패할 패
적을 가벼이 보면 반드시 패함. [손자孫子]

耕前鋤後
경 전 서 후

耕 밭 갈 경 前 앞 전 鋤 호미 서 後 뒤 후
앞에서는 밭을 갈고 뒤에서는 호미로 김을 맴. 부부가
서로 극진히 도우며 일하는 것을 말함. [진서晉書]

鯨戰蝦死
경 전 하 사

鯨 고래 경 戰 싸울 전 蝦 새우 하 死 죽을 사
고래 싸움에 새우 등이 터짐. 강자들의 싸움에 약자가
화를 당하는 것을 비유. [순오지旬五志]

輕佻浮薄
경 조 부 박

輕 가벼울 경 佻 방정맞을 조 浮 뜰 부 薄 엷을 박
가볍고 방정맞으며 천박한 태도를 말함.

輕重斂散
경 중 염 산
輕 가벼울 경　重 무거울 중　斂 거둘 렴(염)　散 흩을 산
가을에 곡식이 흔할 때 사들이고 봄에 귀할 때에 흩어서 나누어 줌. 풍년에 사서 비축한 곡식을 방매하는 관자(管子)의 곡가 조절책. [관자管子] =경중지권(輕重之權)

輕則失親
경 즉 실 친
輕 가벼울 경　則 곧 즉　失 잃을 실　親 친할 친
경솔하면 친근감을 잃어버림. [춘추좌씨전春秋左氏傳]

瓊枝玉葉
경 지 옥 엽
瓊 옥 경　枝 가지 지　玉 구슬 옥　葉 잎 엽
왕가의 자손 또는 귀한 집 자손.

驚天動地
경 천 동 지
驚 놀랄 경　天 하늘 천　動 움직일 동　地 땅 지
하늘이 놀라고 땅이 움직이게 함. 즉 세상을 몹시 놀라게 하는 것을 말함. [백거이白居易의 시詩]

敬天愛人
경 천 애 인
敬 공경할 경　天 하늘 천　愛 사랑 애　人 사람 인
하늘을 공경하고 널리 사람을 사랑함.

經天緯地
경 천 위 지
經 날줄 경　天 하늘 천　緯 씨줄 위　地 땅 지
하늘과 땅을 다스림. 천하를 경륜하여 다스림. [국어國語]

京表鄕賦
경 표 향 부
京 서울 경　表 겉 표　鄕 고을 향　賦 구실 부
조선시대 과거시험 방식의 하나. 서울 선비에게는 표(表)를, 시골 선비에게는 부(賦)를 짓게 하던 일을 말함.

鏡花水月
경 화 수 월
鏡 거울 경　花 꽃 화　水 물 수　月 달 월
거울에 비친 꽃과 물에 비친 달. 보기만 하고 잡을 수는 없는 것을 이름. 또는 시가(詩歌) 등이 언외(言外)에 풍기는 맛을 말함.

鷄犬相聞
계 견 상 문
鷄 닭 계　犬 개 견　相 서로 상　聞 들을 문
닭이 울고 개 짖는 소리가 서로 들림. 좁은 땅에 인가가 잇닿아 있음. [노자老子]

計較錙銖
계 교 치 수
計 셀 계　較 견줄 교　錙 저울눈 치　銖 무게단위 수
지극히 작은 이해를 따지는 것을 말함. [안씨가훈顏氏家訓]
▶수(銖)는 1량(量)의 1/24.

鷄群一鶴
계 군 일 학
鷄 닭 계 群 무리 군 一 한 일 鶴 학 학
닭의 무리 속에 한 마리의 학. 즉 다수의 평범한 사람 가운데 뛰어난 한 사람. [진서晉書] =군계일학(群鷄一鶴)

桂櫂蘭槳
계 도 난 장
桂 계수나무 계 櫂 노 도 蘭 난초 난 槳 상앗대 장
계수나무 노와 목란으로 만든 삿대. 노와 삿대를 아름답게 이르는 말. [소식蘇軾의 적벽부赤壁賦]

係遯之厲
계 둔 지 려
係 이을 계 遯 숨을 둔 之 갈 지 厲 갈 려
은둔 생활을 하고자 하나 매어 있어 위태함. [역경易經]
▶계둔지려 유질비야(---- 有疾憊也): 은둔 생활을 하고자 하나, 질병이 생겨 고단함.

鷄卵有骨
계 란 유 골
鷄 닭 계 卵 알 란 有 있을 유 骨 뼈 골
계란에도 뼈가 있음. 아무리 좋은 사람도 속은 있다는 말. [송남잡지宋南雜識]

桂林一枝
계 림 일 지
桂 계수나무 계 林 수풀 림 一 한 일 枝 가지 지
계수나무 숲속에 계수나무 가지 하나.
▶진사에 급제한 진(晉)나라 사람 극선(郤詵)이 이제 자기도 계림 땅 한 가지가 되었다고 겸손으로 한 말에서 비롯된 말. 또는 인물이 맑고 빼어나 범속하지 않다는 뜻도 됨.

鷄鳴狗盜
계 명 구 도
鷄 닭 계 鳴 울 명 狗 개 구 盜 도둑 도
닭 소리를 잘 내는 자와 개를 가장하여 남의 물건을 훔치는 사람. 하찮은 재주도 요긴히 쓰일 때가 있다는 말. [전국책戰國策]
▶춘추시대에 제(齊)의 소왕이 맹상군을 연금하자, 맹상군은 식객 중에서 개짖는 소리를 잘 내는 자와 닭 소리를 잘 내는 자를 이용하여 성문을 열게 하고 빠져나온 고사에서 나온 말.

鷄鳴狗吠
계 명 구 폐
鷄 닭 계 鳴 울 명 狗 개 구 吠 짖을 폐
인가가 인접해 있어 닭 소리와 개 짖는 소리가 들림. [맹자孟子] =계견상문(鷄犬相聞)

鷄鳴之助
계 명 지 조
鷄 닭 계 鳴 울 명 之 갈 지 助 도울 조
닭이 울면 일어나 도움. 현명한 왕비의 내조를 말함.

鷄鶩爭食
계 목 쟁 식
鷄닭 계 鶩집오리 목 爭다툴 쟁 食먹을 식
닭과 오리가 먹을 것을 두고 다툼. 평범한 인간들이 서로 다투는 것을 이름. 【초사楚辭】

啓發誘導
계 발 유 도
啓열 계 發필 발,쏠 발 誘꾈 유 導인도할 도
모르는 것을 깨우쳐 알도록 인도하여 줌.

繫臂之寵
계 비 지 총
繫맬 계 臂팔 비 之갈 지 寵사랑할 총
궁녀가 군주에게 받는 특별한 총애. 【사기史記】
▶진(晉)의 무제가 미녀를 골라 팔뚝에 붉은 천을 매게 한 고사에서 온 말.

鷄棲于塒
계 서 우 시
鷄닭 계 棲깃들 서 于어조사 우 塒홰대 시
군역(부역)에 나간 남편이 돌아오기를 기다리는 아내의 부(賦). 【시경詩經】
▶갈지재 계서우시(曷至哉 ----) 일지석의 양우하래(日之夕矣 羊牛下來): 언제 오시려나. 닭은 둥지 위의 홰대에 오르고 날은 저물어 양과 소는 집으로 돌아오는데.

鷄尸牛從
계 시 우 종
鷄닭 계 尸시동 시,주검 시 牛소 우 從좇을 종
닭 머리가 될지언정 쇠꼬리는 되지 말라는 말. 작더라도 남의 앞에 서야 하며, 남이 크다고 남의 뒤만 따라 다녀서는 안 된다는 뜻. 【전국책戰國策】 =계구우후(鷄口牛後)

戒愼恐懼
계 신 공 구
戒경계할 계 愼삼갈 신 恐두려울 공 懼위협할 구
경계하고 삼가며 두려워하고 위태로워 하는 태도.

桂玉之艱
계 옥 지 간
桂계수나무 계 玉구슬 옥 之갈 지 艱어려울 간
계수나무보다 비싼 장작과 옥보다 비싼 음식을 사는 어려움. 즉 물가가 비싼 도회지 살림살이의 어려움을 비유하는 말. 【전국책戰國策】 =계옥지수(桂玉之愁)

鍥而舍之
계 이 사 지
鍥새길 계 而말이을 이 舍=捨버릴 사 之갈 지
새기다가 중도에 내버려둠. 【순자荀子】

鷄猪酒麪
계 저 주 면
鷄닭 계 猪돼지 저 酒술 주 麪국수 면
한약 복용시에 금하는 닭고기, 돼지고기, 술, 메밀국수를 말함. =계돈주면(鷄豚酒麵)

啓迪後人
계 적 후 인
啓 열 계　迪 나아갈 적　後 뒤 후　人 사람 인
뒷사람이 나아갈 길을 열어 줌. [서경書經]

階前萬里
계 전 만 리
階 계단 계　前 앞 전　萬 일만 만　里 마을 리
만 리나 되는 먼 곳의 일도 계단 앞의 일같이 훤히 내다본다는 뜻. 즉 지방 행정을 천자(天子)가 소상히 알고 있어서 신하가 속일 수 없다는 말. [당서唐書]

契舟求劍
계 주 구 검
契 맺을 계　舟 배 주　求 구할 구　劍 칼 검
강을 건너다 칼을 빠뜨리고 뱃전에 칼을 잃은 곳을 표시해 둠. 즉 아무 효과도 없는 어리석은 행위를 이르는 말.
=각주구검(刻舟求劍)

契酒生面
계 주 생 면
契 맺을 계　酒 술 주　生 날 생　面 낯 면
곗술로 제 낯내기. 남의 술로 생색내기. 즉 뻔뻔한 인간을 이르는 말. [동언해東言解]
▶끽타주 권타인(喫他酒 勸他人) 끽타반 명붕우(喫他飯 命朋友): 남의 술로 타인에게 권하고, 남의 밥을 가지고 친구에게 권한다.

戒之在得
계 지 재 득
戒 경계할 계　之 갈 지　在 있을 재　得 얻을 득
얻는 것을 경계해야 함. [논어論語]
▶늙은 사람은 욕심을 경계해야 한다는 말.

季札掛劍
계 찰 괘 검
季 끝 계　札 패 찰　掛 걸 괘　劍 칼 검
신의를 중히 여긴다는 뜻.
▶오(吳)의 계찰(季札)이 사신으로 서(徐)나라를 지나게 되었는데, 서나라의 왕이 계찰의 칼을 부러워했다. 계찰이 사신의 임무를 마치고 오는 길에 칼을 주려고 서나라에 다시 들렀으나, 이미 왕이 죽어 그 무덤에 칼을 걸고 왔다는 고사에서 비롯된 말.

繼體之君
계 체 지 군
繼 이을 계　體 몸 체　之 갈 지　君 임금 군
임금의 몸을 이을 사람. 즉 왕세자(王世子)를 말함.

啓寵納侮
계 총 납 모
啓 열 계　寵 사랑할 총　納 들일 납　侮 업신여길 모
총애가 심하면 도리어 모멸을 당한다는 말. [서경書經]

鷄蟲得失
계 충 득 실

鷄닭 계 蟲벌레 충 得얻을 득 失잃을 실
닭은 벌레를 잡아 먹고 사람은 닭을 잡아 먹으니, 이런
이치로 보면 서로 간의 이해와 득실이 같다는 말.
▶계충득실 운천변(---- 雲千變): 작은 이해 득실로 사람은
구름처럼 변한다.

繫風捕影
계 풍 포 영

繫맬 계 風바람 풍 捕잡을 포 影그림자 영
바람을 잡아매고 그림자를 사로잡음. 황당무계한 짓을
이르는 말. [소식蘇軾의 시詩]

鷄皮鶴髮
계 피 학 발

鷄닭 계 皮가죽 피 鶴학 학 髮터럭 발
닭의 가죽같이 꺼칠꺼칠한 피부와 학의 깃털같이 하얀
털. 노인의 모습을 형용한 말.

谿壑之慾
계 학 지 욕

谿시내 계 壑산골짜기 학 之갈 지 慾욕심 욕
깊은 골짜기의 물이 마르지 않는 것처럼, 끝없이 이어지
는 인간의 욕심을 말함.

故家大族
고 가 대 족

故예 고 家집 가 大큰 대 族겨레 족
여러 대를 두고 현달(顯達)한 집안. =고가세족(故家世族)

高車駟馬
고 거 사 마

高높을 고 車수레 거 駟네말수레 사 馬말 마
귀현(貴賢)이 타는 수레.
▶고거(高車): 덮개가 있고 서서 탈 수 있는 수레.

高肩弱脊
고 견 약 척

高높을 고 肩어깨 견 弱약할 약 脊등마루 척
높은 어깨와 연약한 등. 즉 공자의 자세를 평한 말.

股肱之力
고 굉 지 력

股넓적다리 고 肱팔꿈치 굉 之갈 지 力힘 력
넓적다리와 팔꿈치의 힘. 즉 가까운 신하의 역량.

股肱之臣
고 굉 지 신

股넓적다리 고 肱팔꿈치 굉 之갈 지 臣신하 신
팔다리와 같이 임금이 믿고 중히 여기는 신하. [사기史記]

羔裘豹褎
고 구 표 수

羔염소 고 裘갖옷 구 豹표범 표 褎소매 수
염소 갖옷에 표범 가죽 소매. 즉 따뜻하게 잘 입은 고관
을 이름. [시경詩經]
▶고구표수 자아인구구(---- 自我人究究): 염소 갖옷에 표
범 가죽 소매 달고 우리 백성을 심하게 부리네.

敲金擊石
고 금 격 석

敲=搞 두드릴 고 金 쇠 금 擊 칠 격 石 돌 석
금석을 두드리는 청아한 소리와 같이 시문의 운율(韻律)
이 매우 아름다운 것을 이름.

高談峻論
고 담 준 론

高 높을 고 談 말씀 담 峻 준엄할 준 論 논의할 론
고상하고 준엄한 이야기.

高臺廣室
고 대 광 실

高 높을 고 臺 돈대 대 廣 넓을 광 室 집 실
굉장히 높고 큰 집.

孤犢觸乳
고 독 촉 유

孤 외로울 고 犢 송아지 독 觸 닿을 촉 乳 젖 유
어미 없는 송아지가 젖을 찾아 헤맴. 즉 의지할 곳 없는
사람이 구원해 줄 사람을 찾는 것을 이르는 말.

膏粱子弟
고 량 자 제

膏 기름 고 粱 좋은 곡식 량 子 아들 자 弟 아우 제
고량을 먹고 자란 자제. 즉 잘사는 귀한 집의 자제.
▶고량(膏粱): 기름진 고기와 좋은 곡식으로 만든 맛있는
   음식. =고량진미(膏粱珍味)

膏粱之性
고 량 지 성

膏 기름 고 粱 좋은 곡식 량 之 갈 지 性 성품 성
기름진 고기와 영양가 있는 알곡식만 먹은 사람의 교만
하고 사치한 성질을 말함.

古老相傳
고 로 상 전

古 예 고 老 늙은이 로 相 서로 상 傳 전할 전
늙은이의 말에 의해 대대로 전해짐.

古壘堅營
고 루 견 영

古 예 고 壘 진루 루 堅 굳을 견 營 경영할 영
오래된 진지를 굳게 지키는 병영. 【사기史記】

孤立無援
고 립 무 원

孤 외로울 고 立 설 립 無 없을 무 援 도울 원
고립되어 도와줄 사람이 없음. = 고립무의(孤立無依)

瞽馬聞鈴
고 마 문 령

瞽 장님 고 馬 말 마 聞 들을 문 鈴 방울 령
눈먼 망아지가 워낭소리 듣고 따라감. 즉 맹목적으로 남
하는 대로 따라하는 것을 이르는 말.

叩馬而諫
고 마 이 간

叩 두드릴 고 馬 말 마 而 말이을 이 諫 간할 간
말을 붙들고 간함. 충신의 간언이란 의미. 【사기史記】
▶백이(伯夷), 숙제(叔齊)의 고사에서 나온 말.

藁網捉虎
고 망 착 호
藁 나무 마를 고 網 그물 망 捉 잡을 착 虎 호랑이 호
썩은 그물로 호랑이 잡기. 어수룩한 계획이나 일에 소홀함을 이르는 말. =고삭포호(藁索捕虎)

古貌古心
고 모 고 심
古 예고 貌 모양 모 心 마음 심
용모와 마음씨에 옛사람의 풍모가 있음.

枯木死灰
고 목 사 회
枯=槁 마를 고 木 나무 목 死 죽을 사 灰 재 회
겉은 마른나무 같고, 속은 불 꺼진 재와 같이 생기 없는 사람. 또는 세상에 버림받은 사람을 비유. [장자莊子]

高文典冊
고 문 전 책
高 높을 고 文 글 문 典 법 전 冊 책 책
임금이 내리는 조칙(詔勅)이나 법령을 적은 책. [서경잡기西京雜記] =고문대책(古文大冊)

古文眞寶
고 문 진 보
古 예고 文 글월 문 眞 참 진 寶 보배 보
송(宋)의 황견(黃堅)이 편찬한 중국의 유명한 시문집.

考槃在阿
고 반 재 아
考 오래 살 고 槃 즐길 반 在 있을 재 阿 언덕 아
울퉁불퉁한 언덕에 움막을 짓고 즐겁게 삶. [시경詩經]

鼓腹擊壤
고 복 격 양
鼓 두드릴 고,북 고 腹 배 복 擊 칠 격 壤 흙 양
배를 두드리고 흙을 침. 태평성대를 구가하는 모습을 형용. [사기史記]
▶요(堯)임금 때 들에서 한 노인이 불룩한 배를 두드리고 땅을 치면서 임금의 덕을 노래했다는 고사에서 온 말.

叩盆之嘆
고 분 지 탄
叩 두드릴 고 盆 동이 분 之 갈 지 嘆 탄식할 탄
아내가 죽은 것을 한탄하는 비유로 쓰이는 말. [장자莊子]
=고분지통(叩盆之痛), 고분이가(叩盆而歌)
▶장자(莊子)가 아내를 잃었을 때 술 사발을 두드리며 노래를 불렀다는 고사에서 나온 말. 아내를 잃은 것이 슬픈 정도를 초월함을 이르는 말.

高飛遠走
고 비 원 주
高 높을 고 飛 날 비 遠 멀 원 走 달릴 주
높이 날고 멀리 달아남.

稿索捕虎
고 삭 포 호

稿볏짚고 索꼴삭 捕잡을포 虎범호
볏짚 새끼줄로 호랑이 잡기. 즉 어설프게 일을 하면 실패하기 좋다는 말. [동언해東言解]

告朔餼羊
고 삭 희 양

告고할고 朔초하루삭 餼보낼희 羊양양
초하루 제사에 바치는 양.
▶제후가 천자에게 책력(冊曆)을 받으면, 매달 초하루에 양을 바치고 종묘에 고한 후 그 달의 책력을 꺼내어 나라 안에 펴던 일. 시간이 지나 이런 일은 없어지고 양을 바치는 습관만 남아 쓸데없는 비용이나 허례(虛禮)의 뜻으로 쓰이게 되었다.

高山景行
고 산 경 행

高높을고 山뫼산 景볼경 行갈행
높은 산과 큰 길. 만인의 우러름을 받고 존경받는 것을 말함. [시경詩經]
▶춘추시대에 퍼진 민요의 한 구절로, 나라를 다스리는 사람들이 높은 산과 큰 길처럼 광명정대한 도덕성을 갖추기를 염원하는 내용.

高山流水
고 산 유 수

高높을고 山뫼산 流흐를류(유) 水물수
높은 산과 흐르는 물. 아름답고 교묘하게 흐르는 음악을 비유.
▶백아(伯牙)는 거문고를 잘 탔고 종자기(鍾子期)는 이를 잘 감상했다. 백아가 높은 산을 형용하여 거문고를 타면 종자기는 '아아(峨峨=높고 높음)한 고산과 같다'고 하였고, 흐르는 물을 형용하면 '양양(洋洋)한 유수와 같다'고 평했다는 고사에서 나온 말.

孤城落日
고 성 낙 일

孤외로울고 城재성 落떨어질락(낙) 日해일
적에 둘러싸인 고립무원한 성에 해만 진다는 뜻. 의지할 곳 없어 불안하고 외로운 상태를 이름. [왕유王維의 시詩]

考省不倦
고 성 불 권

考상고할고 省살필성 不아닐불 倦게으를권
상고하여 살피는 것을 게을리하지 않음. [국어國語]

高世之德
고 세 지 덕

高높을고 世대세 之갈지 德덕덕
세상에서 우뚝 서게 뛰어난 덕. [삼국지三國志]

高世之材
고 세 지 재 高 높을고 世 대세 之 갈지 材=才 재주 재
일세에 뛰어난 재능. [월절서越絶書]

姑息之計
고 식 지 계 姑 시어머니 고 息 아이 식 之 갈지 計 셈할 계
아녀자나 어린아이가 꾸민 계략. 즉 당장 자기와 친하고
이익되는 것만 꾀하는 계략. [예기禮記] =미봉책(彌縫策),
인순고식(因循姑息)

孤臣孼子
고 신 얼 자 孤 외로울고 臣 신하신 孼 서자얼 子 아들 자
임금의 신임을 받지 못하는 신하나 부모의 사랑을 받지
못하는 서자. 즉 처지가 외로운 사람을 이름. [맹자孟子]

孤身隻影
고 신 척 영 孤 외로울고 身 몸신 隻 한마리 척 影 그림자 영
외로운 몸에 따르는 건 그림자 하나뿐.

苦心慘憺
고 심 참 담 苦 쓸고 心 마음심 慘 참혹할참 憺 참담할 담
몹시 애를 태우며 근심 걱정을 함.

高岸深谷
고 안 심 곡 高 높을고 岸 언덕안 深 깊을심 谷 골곡
높은 언덕이 깊은 골짜기로, 깊은 골짜기가 높은 언덕이
됨. 즉 자연의 변화와 같은 인생살이의 변천을 비유한
말. [시경詩經] =상전벽해(桑田碧海)

枯楊生華
고 양 생 화 枯 시들고 楊 버들양 生 날생 華 빛날 화
시든 버들이 꽃을 피움. 즉 늙은 여자가 자기보다 젊은
남편을 얻음. [역경易經] =고양생제(枯楊生稊)

苦言利行
고 언 이 행 苦 쓸고 言 말언 利 이로울이 行 행할 행
쓴소리가 행동에 이로움. 충고하는 말을 받아들여 행동
을 바로잡아야 한다는 말.

孤影蕭然
고 영 소 연 孤 외로울고 影 그림자영 蕭 쓸쓸할소 然 그러할
연
외로운 그림자가 쓸쓸히 있는 모양.

高屋建瓴
고 옥 건 령 高 높을고 屋 집옥 建 세울건 瓴 동이 령
높은 집 지붕에서 동이물을 내리붓듯, 아래로 향한 기세
가 세찬 것을 비유. [사기史記]

49

ㄱ

告往知來　告고할고　往갈왕　知알지　來올래
고 왕 지 래　이미 한 말에 의해 다음 말도 미루어 앎. 즉 하나를 들으면 둘을 안다는 말. [논어論語]

孤危之禍　孤외로울고　危위태할위　之갈지　禍재앙화
고 위 지 화　외롭고 위태로운 신세가 된 재앙.

苦肉之計　苦쓸고　肉고기육　之갈지　計셈할계
고 육 지 계　제 몸을 괴롭히면서까지 적을 속이는 계책. [삼국지三國志]
　　　　　　 =고육지책(苦肉之策)

顧而言他　顧돌아볼고　而말이을이　言말씀언　他다를타
고 이 언 타　응답할 말이 없어 다른 엉뚱한 말을 함. [맹자孟子]

高自標置　高높을고　自스스로자　標높은가지표　置둘치
고 자 표 치　스스로 잘난 체 우쭐거림. 자만하여 남에게 굽히지 않음. [진서晉書] =고자표수(高自標樹)

孤掌難鳴　孤외로울고　掌손바닥장　難어려울난　鳴울명
고 장 난 명　외손바닥은 소리가 나지 않음. 즉 상대가 있어야 시비도 이루어진다는 말. [수호지水滸志]

高才疾足　高높을고　才재주재　疾빠를질　足발족
고 재 질 족　키가 크고 걸음이 빠르다는 뜻. 지와 용을 겸비한 재능이 뛰어난 사람을 이름. [사기史記] =고재일족(高才逸足)

考績幽明　考살필고　績쌓을적　幽그윽할유　明밝을명
고 적 유 명　관리의 공적을 살피어 공이 드러난 사람은 직위를 올리고 모자라면 물러나게 함.

高亭大榭　高높을고　亭정자정　大큰대　榭정자사
고 정 대 사　높은 정자와 큰 누각.

古井無波　古예고　井우물정　無없을무　波물결파
고 정 무 파　물 마른 옛 우물엔 물결이 없음. 굳은 마음으로 정절을 지키는 여자.

高情遠致　高높을고　情뜻정　遠멀원　致이를치
고 정 원 치　높은 정이 먼 곳 까지 이름. [진서晉書]

50

沽酒市脯
고 주 시 포
沽 팔 고 酒 술 주 市 저자 시 脯 말린 고기 포
시장에서 파는 술과 말린 고기. [논어論語]

孤注一擲
고 주 일 척
孤 외로울 고 注 물댈 주 一 한 일 擲 던질 척
노름꾼이 남은 밑천을 다 걸고 덤빔. [송사宋史]

苦中作樂
고 중 작 락
苦 쓸 고 中 가운데 중 作 지을 작 樂 즐거울 락
고생 가운데 즐거움이 있음. [대보적경大寶積經]

苦盡甘來
고 진 감 래
苦 쓸 고 盡 다할 진 甘 달 감 來 올 래
쓴 것이 다하면 단것이 옴. 고통이 다하면 편안함이 온다는 말.

顧瞻周道
고 첨 주 도
顧 돌아볼 고 瞻 바라볼 첨 周 주나라 주 道 길 도
주(周) 나라로 가는 옛길을 돌아보고 살핌. [시경詩經]
▶고첨주도 중심달혜(---- 中心怛兮): 주나라로 가는 옛길을 돌아보니, 마음이 슬퍼지네.

孤雛腐鼠
고 추 부 서
孤 외로울 고 雛 병아리 추 腐 썩을 부 鼠 쥐 서
외로운 병아리와 썩은 쥐. 남의 눈에 천하게 보이고 멸시받는 신세. [후한서後漢書]

孤枕單衾
고 침 단 금
孤 외로울 고 枕 베개 침 單 홑 단 衾 이불 금
한 개의 베개과 한 채의 이불. 즉 젊은 여자가 혼자 외롭게 사는 것을 비유.

高枕短命
고 침 단 명
高 높을 고 枕 베개 침 短 짧을 단 命 목숨 명
베개를 높이 베고 자면 수명이 짧아짐.

高枕安眠
고 침 안 면
高 높을 고 枕 베개 침 安 편안 안 眠 잘 면
베개를 높이 베고 편안히 잠. =고침이와(高枕而臥)

高枕而臥
고 침 이 와
高 높을 고 枕 베개 침 而 말이을 이 臥 누울 와
베개를 높이 베고 편안히 누움. [사기史記]

高下在心
고 하 재 심
高 높을 고 下 아래 하 在 있을 재 心 마음 심
마음먹기에 따라 높아지고 낮아짐.

袴下之辱
고 하 지 욕

袴 바지고 下 아래하 之 갈지 辱 욕될욕

바짓가랑이 밑을 기어가는 치욕. 일시적인 치욕을 참고
견딤을 의미하는 말.

▶한(漢)의 장군 한신(韓信)이 젊었을 때 불한당의 가랑이
밑을 기었던 고사에서 온 말.

孤子單身
고 혈 단 신

孤 외로울고 子 외로울혈 單 홑단 身 몸신

의지할 혈육이 없는 외로운 홀몸 신세. =혈혈단신(子子
單身)

固嫌於危
고 혐 어 위

固 진실로고 嫌 싫을혐 於 어조사어 危 위태할위

정말로 싫어하기만 하면 오히려 위태로워짐. [여씨춘추呂氏
春秋]

膏火自煎
고 화 자 전

膏 기름질고 火 불화 自 스스로자 煎 달일전

기름 등불이 스스로 자기를 태워 없어지는 것같이 재
주있는 사람이 자기 재주로 인해 화를 입음을 비유한
말. [완적阮籍의 시詩]

罟獲陷穽
고 확 함 정

罟 그물고 獲 덫확 陷 빠질함 穽 함정정

그물과 덫과 함정. 동물을 잡는 장치를 말함. [중용中庸]

膏肓之疾
고 황 지 질

膏 기름질고 肓 명치끝황 之 갈지 疾 병질

침이나 약으로 고치기 어려운 난치병. 고치기 어려워진
버릇을 말함.

轂擊肩摩
곡 격 견 마

轂 바퀴통곡 擊 부딪칠격 肩 어깨견 摩 스칠마

수레의 바퀴통들이 부딪치고 사람들의 어깨가 스침. 거
리가 번화한 것을 형용하는 말. [사기史記]

曲高和寡
곡 고 화 과

曲 가락곡 高 높을고 和 화합할화 寡 적을과

곡조가 높을수록 화답하는 사람이 적음. 재능이 뛰어날
수록 추종하는 사람은 적음을 비유.

曲肱之樂
곡 굉 지 락

曲 굽을곡 肱 팔뚝굉 之 갈지 樂 즐길락, 풍류악

청빈(淸貧)한 생활에 만족하며 도(道)를 즐김. [논어論語]

曲突徙薪
곡 돌 사 신

曲 굽을곡 突 굴뚝돌 徙 옮길사 薪 섶신

화재 예방을 위해 굴뚝을 밖으로 굽히고, 땔나무를 옮
김. 재화(災禍)를 미연에 방지한다는 말 [한서漢書]

52

穀腹絲身
곡 복 사 신
穀곡식곡 腹배복 絲실사 身몸신
곡식으로 배를 채우고 천으로 몸을 두름. 즉 먹고 입는 일을 말함.

鵠不浴白
곡 불 욕 백
鵠고니곡 不아닐불 浴목욕할욕 白흰백
고니는 목욕하지 않아도 흰빛. 바탕이 아름다운 것은 꾸미지 않아도 아름답다는 말. [장자莊子]

曲水流觴
곡 수 유 상
曲굽을곡 水물수 流흐를류(유) 觴잔상
옛 삼짇날 문인들이 구비구비 흐르는 물에 술잔을 띄우고 술잔이 자기에게 오기 전에 시를 짓고 술잔을 받아 마시던 풍류놀이. [왕희지王羲之의 난정서蘭亭敍]

哭泣諦號
곡 읍 제 호
哭곡할곡 泣울읍 諦=啼울제 號부르짖을호
소리내어 부르짖으며 우는 것. [순자荀子]

曲而不屈
곡 이 불 굴
曲굽을곡 而말이을이 不아닐불 屈굽을굴
굽어질지라도 굽히지는 않음. 처하는 환경에 따라 지조를 함부로 굽히지 않음. [춘추좌씨전春秋左氏傳]

穀即異室
곡 즉 이 실
穀살곡 即=則곧즉 異다를리(이) 室집실
살아 생전에는 다른 집에서 삶. [시경詩經]
▶곡즉이실 사즉동혈(----死即同穴): 다른 집에 살더라도 죽어서는 같이 묻히리라. 즉 살아서는 부득하여 함께 못 살아도 죽어서는 함께하리란 뜻.

曲暢旁通
곡 창 방 통
曲굽을곡 暢화창할창 旁두루방 通통할통
말과 글이 조리가 있어 널리 통함.

曲學阿世
곡 학 아 세
曲굽을곡 學배울학 阿아양떨아 世대세
학문을 굽혀 세상에 아부함. 즉 학문을 왜곡하여 권력자에게 아부하는 것을 이름.

崑山片玉
곤 산 편 옥
崑산이름곤 山뫼산 片조각편 玉구슬옥
곤륜산에서 나는 옥과 같이 인재를 얻기가 어렵다는 말.

困獸猶鬪
곤 수 유 투
困곤할곤 獸짐승수 猶오히려유 鬪싸울투
곤경에 처한 짐승이 오히려 강적에게 덤빔. 괴로움을 계속 당하면 결국엔 더 참지 못하고 극력 대항하게 됨을 이름. [춘추좌씨전春秋左氏傳] =궁서설묘(窮鼠齧猫)

53

困心衡慮
곤 심 형 려
困 곤할 곤　心 마음 심　衡 저울대 형＝橫 가로 횡　慮 생각할 려
마음에 괴로움이 있어 가슴이 답답함. [맹자孟子]

琨玉秋霜
곤 옥 추 상
琨 옥돌 곤　玉 구슬 옥　秋 가을 추　霜 서리 상
아름다운 옥과 가을 서리. 고상하고 엄숙한 인품을 비유하는 말. [후한서後漢書]

閫外多事
곤 외 다 사
閫 문지방 곤　外 밖 외　多 많을 다　事 일 사
대궐 성문 밖의 군무를 관장하는 일이 바쁨.

閫外之臣
곤 외 지 신
閫 문지방 곤　外 바깥 외　之 갈 지　臣 신하 신
성 밖의 일을 맡긴 장군을 일컬음. [사기史記]

閫外之任
곤 외 지 임
閫 문지방 곤　外 바깥 외　之 갈 지　任 맡길 임
성문 밖의 임무. 군사를 이끌고 출정하는 장군의 소임. [주례周禮]

袞衣繡裳
곤 의 수 상
袞 곤룡포 곤　衣 옷 의　繡 수놓을 수　裳 치마 상
용 그린 웃옷에 수놓은 바지. [시경詩經]

困而學之
곤 이 학 지
困 곤할 곤　而 말이을 이　學 배울 학　之 갈 지
가난에 시달리며 고생하면서 배움. [논어論語]

困在垓心
곤 재 해 심
困 곤할 곤　在 있을 재　垓 지경 해　心 마음 심
매우 어려운 처지를 당함.

困知勉行
곤 지 면 행
困 곤할 곤　知 알 지　勉 힘쓸 면　行 행할 행
애써서 배워서 알고 힘써 행함.

昆蟲闓懌
곤 충 개 역
昆 벌레 곤　蟲 벌레 충　闓＝開 열 개　懌 기뻐할 역
곤충이 밖에 나와 기뻐하며 날뜀. [한서漢書]

鵾弦響絶
곤 현 향 절
鵾 악곡이름 곤　弦 악기줄 현　響 소리 향　絶 끊을 절
거문고의 줄을 끊으면 소리도 끊김. 즉 부부가 이별함을 비유한 말.

骨鯁之臣
골 경 지 신
骨 뼈 골　鯁 생선뼈 경　之 갈 지　臣 신하 신
짐승이나 물고기 뼈와 같이 나라의 중추가 되는 신하. [사기史記]

54

骨騰肉飛
골 등 육 비
骨 뼈 골　騰 오를 등　肉 고기 육　飛 날 비
심신이 뛰는 것을 형용. 미인을 대했을 때의 충동을 비유. 또는 용사가 비호같이 달리는 모양. [수서隋書]

鶻入鴉群
골 입 아 군
鶻 송골매 골　入 들 입　鴉 갈가마귀 아　群 무리 군
송골매가 갈가마귀 떼 속으로 들어감. 쉽게 평정됨을 비유하는 말.

骨直而立
골 직 이 립
骨 뼈 골　直 곧을 직　而 말이을 이　立 설 립
뼈가 곧아야 똑바로 설 수가 있음. 즉 바른 마음이라야 하는 일도 바르다는 뜻. [주례周禮]

攻苦食啖
공 고 식 담
攻 칠 공　苦 쓸 고　食 밥 식　啖 씹을 담
가난과 싸우며 조악한 식사에 만족함. 열악한 환경에 구애받지 않고 학문에 힘쓰는 것을 말함. [사기史記]

空谷跫音
공 곡 공 음
空 빌 공　谷 골 곡　跫 발소리 공　音 소리 음
인적 없는 골짜기에 들리는 발자국 소리. 정적 없는 곳에 반가운 손님이 옴. [장자莊子] =공곡족음(空谷足音)

空谷足音
공 곡 족 음
空 빌 공　谷 골 곡　足 발 족　音 소리 음
텅 빈 골짜기에 들리는 발자국 소리. 즉 예기치 않은 기쁜 일.

恭近於禮
공 근 어 예
恭 공손할 공　近 가까울 근　於 어조사 어　禮 예절 예
공손하면 예에 가까워짐. [논어論語]
▶공근어예 원치욕(---- 遠恥辱): 몸을 공손히 하여 예의에 어긋나지 않으면 치욕이나 지탄을 받지 않는다.

功烈勳勞
공 렬 훈 로
功 공 공　烈 세찰 렬　勳 공 훈　勞 힘쓸 로
공적이 뛰어나도록 힘씀. [예기禮記]

功流萬世
공 류 만 세
功 공 공　流 흐를 류　萬 일만 만　世 대 세
쌓은 공이 만세에 흘러 전해짐. [사기史記]

恭默思道
공 묵 사 도
恭 공경할 공　默 잠잠할 묵　思 생각 사　道 길 도
묵묵히 공경하는 마음으로 도를 생각함. [서경書經]

孔門十哲
공 문 십 철

孔 구멍공 門 문문 十 열십 哲 밝을 철

공자 문하의 학덕이 뛰어난 열 제자.

▶덕행(德行)에는 안연(顔淵), 민자건(閔子騫), 염백우(冉伯牛), 중궁(仲弓). 언어(言語)에는 재아(宰我), 자공(子貢). 정사(政事)에는 염유(冉有), 계로(季路). 문학(文學)에는 자유(子游), 자하(子夏)를 이름.

公先私後
공 선 사 후

公 공변될공 先 먼저선 私 사사로울사 後 뒤후

공적인 것을 먼저 하고 사적인 것을 나중에 함. [맹자孟子]

功成名遂
공 성 명 수

功 공공 成 이룰성 名 이름명 遂 이룰수

훌륭한 공을 이루어 이름을 크게 떨침. =공성명립(功成名立)

攻城略地
공 성 약 지

攻 칠공 城 재성 略 다스릴략(약) 地 땅지

성을 공격하여 빼앗은 땅을 다스림.

攻守同盟
공 수 동 맹

攻 칠공 守 지킬수 同 한가지동 盟 맹서할맹

다른 나라에 대한 공격과 방어를 함께 하자고 나라 사이에 맺은 동맹.

功遂身退
공 수 신 퇴

功 공공 遂 이룰수 身 몸신 退 물러닐퇴

공을 이루고 나면 물러나야 함. [노자老子]

公養之仕
공 양 지 사

公 공변될공 養 기를양 之 갈지 仕 벼슬할사

임금의 우대에 감동하여 벼슬길에 나아감. [맹자孟子]

攻玉以石
공 옥 이 석

攻 칠공 玉 구슬옥 以 써이 石 돌석

돌로써 옥을 갊. 하찮은 것으로 귀한 것의 가치를 빛낸다는 말. [후한서後漢書]

共爲脣齒
공 위 순 치

共 함께공 爲 할위 脣 입술순 齒 이치

입술과 이처럼 서로 의지하고 도움. [삼국지三國志] =보거상의(輔車相依)

功疑惟重
공 의 유 중

功 공공 疑 의심의 惟 생각할유 重 무거울중

공적의 대소를 알 수 없을 때는 상을 크게 주는 것이 좋다는 말. [서경書經]

孔子穿珠
공 자 천 주

孔 성씨 공　子 아들 자　穿 뚫을 천　珠 구슬 주
하찮은 사람에게도 지혜가 있으므로 보고 배워야 한다
는 말.
▶공자(孔子)가 아홉 구비로 구부러진 구슬구멍에 실을 꿰
려다가 이루지 못하였는데, 한 촌부(村婦)에게 개미허리
에 실을 매어 꿰는 비결을 배웠다는 고사에서 나온 말.

公才公望
공 재 공 망

公 공변될 공　才 재주 재　望 바랄 망
정승(政丞)이 될 만한 재능과 명망. [세설신어世說新語]

空前絶後
공 전 절 후

空 빌 공　前 앞 전　絶 끊을 절　後 뒤 후
전에도 없고 후에도 없음. 비교할 만한 것이 없다는 말.

公正無私
공 정 무 사

公 공변될 공　正 바를 정　無 없을 무　私 사사로울 사
공정하고 사심이 없음. [순자荀子]

公主出降
공 주 출 강

公 공변될 공　主 임금 주　出 날 출　降 내릴 강
공주가 신하 집으로 시집을 가는 것. [당서唐書]

空中樓閣
공 중 누 각

空 빌 공　中 가운데 중　樓 다락 루(누)　閣 누각 각
공중에 떠 있는 누각. 즉 현실성이 결여된 사물을 이
름. [몽계필담蒙溪筆談]

空卽是色
공 즉 시 색

空 빌 공　卽 곧 즉　是 이 시, 바를 시　色 빛 색
불교 용어. 우주 만물은 실체가 없는 공허한 것이나 인
연의 상관 관계에 의해 그대로 별개의 존재로써 존재한
다는 뜻. [반야심경般若心經]

公聽竝觀
공 청 병 관

公 공변될 공　聽 들을 청　竝 아우를 병　觀 볼 관
공평하게 듣고 쌍방을 아울러 관찰함.

公平無私
공 평 무 사

公 공변될 공　平 평평할 평　無 없을 무　私 사사로울
사
공평하여 사사로움이 없음. [한시외전韓詩外傳]

貢獻無極
공 헌 무 극

貢 바칠 공　獻 드릴 헌　無 없을 무　極 다할 극
바치고 드리는 정성이 끝없음. [춘추좌씨전春秋左氏傳]

攻乎異端
공 호 이 단

攻 공격할 공 乎 어조사 호 異 다를 이 端 끝 단

이단(異端)을 공격하라. 【논어論語】

▶공호이단 사해야이(---- 斯害也已): 이단을 공격하지 않는 것은 해가 될 뿐이다. 공자가 이단을 배격해야 한다고 제자들에게 한 말.

功虧一簣
공 휴 일 궤

功 공 공 虧 이지러질 휴 一 한 일 簣 삼태기 궤

일이 다 되어 가는데 그만두는 것. 즉 산을 쌓는데 흙 한 삼태기를 게을리 하여 완성을 보지 못하는 것 같은 이치. 【서경書經】

瓜葛之誼
과 갈 지 의

瓜 오이 과 葛 칡 갈 之 갈 지 誼 정 의

오이와 칡의 정의(情誼). 인척(姻戚) 관계로 맺어져 친해진 정.

蝌蚪文字
과 규 문 자

蝌 올챙이 과 蚪 올챙이 규 文 글 문 字 글자 자

전서(篆書)가 생기기 전에 사용한 글자체. 황제(黃帝) 때의 좌사(左史) 창힐(蒼頡)이 창안했다는 고대 글자. 글자 모양이 머리는 굵고 몸체가 가는 올챙이 모양이어서 붙여진 이름. =과두문자(科頭文子)

誇大妄想
과 대 망 상

誇 자랑할 과 大 큰 대 妄 망령될 망 想 생각 상

턱없이 크게 과장하여 망령되게 생각함.

寡廉鮮恥
과 렴 선 치

寡 적을 과 廉 염치 렴 鮮 드물 선 恥 부끄러울 치

염치가 없고 부끄러움이 없음. =후안무치(厚顏無恥)

過目不忘
과 목 불 망

過 지날 과 目 눈 목 不 아닐 불 忘 잊을 망

한 번 본 것은 잊지 않음. =박문강기(博聞强記)

過門不入
과 문 불 입

過 지날 과 門 문 문 不 아닐 불 入 들 입

집 앞을 지나면서도 들어가지 않음. 【열자列子】

▶우(禹)임금이 치수를 할 때 공무에 바빠 3년 동안 자기 집 앞을 지나면서도 들리지 못한 고사에서 비롯된 말.

過勿憚改
과 물 탄 개

過 허물 과 勿 말 물 憚 꺼릴 탄 改 고칠 개

허물이 있으면 거리낌없이 고침. 【논어論語】

寡不衆敵
과 부 중 적

寡적을과 不아닐부 衆무리중 敵원수적
적은 수로는 많은 적을 대적할 수 없음. =중과부적(衆寡不敵) 【맹자孟子】

裹屍馬革
과 시 마 혁

裹쌀과 屍주검시 馬말마 革가죽혁
시체를 말가죽으로 쌈. 전장에서의 죽음을 뜻하는 말. 【후한서後漢書】

果若其言
과 약 기 언

果열매과 若같을약 其그기 言말씀언
과연 그 말과 같음.

過猶不及
과 유 불 급

過지나칠과 猶오히려유 不아닐불 及미칠급
지나친 것은 오히려 미치지 못함과 같다. 중용(中庸)의 중요성을 이르는 말. 【논어論語】

瓜李之嫌
과 리 지 혐

瓜오이과 李오얏나무리 之갈지 嫌싫어할혐
남의 의심이나 혐의를 받음. 【구당서舊唐書】
▶과전불납리 이하부정관(瓜田不納履 李下不正冠): 외밭에서는 신을 고쳐 신지 않고, 오얏나무 밑에서는 갓을 바로잡지 않는다.

跨者不行
과 자 불 행

跨타넘을과 者사람자 不아닐불 行갈행
타넘는 자는 멀리 갈 수가 없음. 무슨 일이든 차근차근 해나가야 한다는 말. 【노자老子】

過庭之訓
과 정 지 훈

過지날과 庭뜰정 之갈지 訓가르칠훈
아버지가 아들에게 사람의 도리를 가르치는 것을 말함. 【사기史記】
▶공자(孔子)가 아들인 리(鯉)가 뜰을 지나갈 때 불러서 시경(詩經)과 서경(書經)을 배우라고 이른 고사에서 온 말.

瓜瓞綿綿
과 질 면 면

瓜오이과 瓞북치질 綿솜면
오이 덩굴 밑 부분에 달린 오이는 작고, 덩굴이 다 자란데 달린 오이는 큼. 즉 자손이 번창한 모습을 비유한 말. 여러 나라가 서로 이어져 있음을 말하는 뜻도 됨.
▶북치는 그루갈이로 열린 작은 오이.

59

ㄱ

過河坼橋
과 하 탁 교
過 지날 과　河 물 하　坼 터질 탁　橋 다리 교
다리를 건너고는 그 다리를 부수어 목재를 훔쳐 감. 은혜를 잊음을 비유하는 것으로, 극도의 이기주의자를 나무라는 말. [원사元史]

過化存神
과 화 존 신
過 지날 과　化 될 화　存 있을 존　神 귀신 신
성인(聖人)이 지나는 곳은 덕으로 감화되고, 성인이 머무는 곳에서는 신과 같은 덕이 존재함. 즉 성인의 한량없는 덕의 감화를 이름.

館閣文字
관 각 문 자
館 집 관　閣 집 각　文 글 문　字 글자 자
홍문관(弘文館), 예문관(藝文館)에서 왕명을 받들어 지은 시와 문장을 말함.

冠蓋相望
관 개 상 망
冠 갓 관　蓋 덮을 개　相 서로 상　望 바랄 망
앞뒤의 수레 덮개가 서로를 바라본다. 즉 사신이 잇달아 파견되는 모양. [전국책戰國策] =관개상속(冠蓋相屬)
▶관개(冠蓋): 수레의 덮개

管磬瑲瑲
관 경 창 창
管 피리 관　磬 경쇠 경　瑲 옥소리 창
피리 소리, 경쇠 소리가 옥이 부딪치는 소리같이 아름답게 들림. 악기 연주하는 소리의 아름다움을 형용하는 말. [순자荀子]

觀過知仁
관 과 지 인
觀 볼 관　過 허물 과　知 알 지　仁 어질 인
과오의 원인을 살피면 어진 점과 어질지 못한 점을 알 수 있음. [논어論語]

觀國之光
관 국 지 광
觀 볼 관　國 나라 국　之 갈 지　光 빛날 광
나라가 크게 잘되는 것을 보는 영광스러움. [역경易經]

觀其苛慝
관 기 가 특
觀 볼 관　其 그 기　苛 가혹할 가　慝 사특할 특
가혹하고 사특하게 보여짐. [국어國語]

冠帶之國
관 대 지 국
冠 갓 관　帶 띠 대　之 갈 지　國 나라 국
관대를 잘 갖추고 지내는 예의가 바른 나라. 이적(夷狄)에 비교되는 중국을 말함. [한비지韓非子]

冠履倒易
관 리 도 역
冠 갓 관　履 신 리　倒 넘어질 도　易 바꿀 역
관과 신발 놓는 자리가 바뀜. 즉 상하가 뒤바뀜.

寬猛相濟
관 맹 상 제
寬 너그러울 관　猛 사나울 맹　相 서로 상　濟 구제할 제
너그러움과 엄함을 동시에 갖추고 백성을 다스림. [공자가어孔子家語]

寬不激怒
관 불 격 노
寬 너그러울 관　不 아닐 불　激 격할 격　怒 성낼 노
너그러우면 어떤 충격에도 노하지 않음. [위료자尉繚子]

冠上加冠
관 상 가 관
冠 갓 관　上 위 상　加 더할 가
관을 쓴 위에 관을 더 씌움. 쓸데없는 벼슬을 더한다는 말. =옥상가옥(屋上架屋)

觀色窺心
관 색 규 심
觀 볼 관　色 빛 색　窺 엿볼 규　心 마음 심
안색을 살피고 마음을 엿봄. [논형論衡]

貫蝨之技
관 슬 지 기
貫 꿸 관　蝨 이 슬　之 어조사 지　技 재주 기
이의 가슴을 꿰뚫는 재주. 궁술이 아주 뛰어남을 이름.
▶기창(紀昌)이란 명궁이 활을 쏘아 이의 가슴을 꿰뚫었다는 고사에서 비롯된 말.

冠纓索絶
관 영 색 절
冠 갓 관　纓 갓끈 영　索 찾을 색　絶 끊을 절
벼슬길에서 밀려나는 것. 연결되었던 모든 연줄이 끊어지는 것을 비유하는 말. [사기史記]

觀往知來
관 왕 지 래
觀 볼 관　往 갈 왕　知 알 지　來 올 래
지난 것을 살핌으로써 미래를 미루어 알 수 있음. =이왕찰래(以往察來)

寬裕多容
관 유 다 용
寬 너그러울 관　裕 넉넉할 유　多 많을 다　容 얼굴 용
너그럽고 도량이 넓어 많은 사람을 포용함. [순자荀子]

冠緌雙止
관 유 쌍 지
冠 갓 관　緌 끈 유　雙 쌍 쌍　止=之 어조사 지
갓끈 두 가닥이 쌍이 되어 드리워짐. [시경詩經]
▶갈구오량 관유쌍지(葛屨五兩 ----): 칡신 다섯 켤레도 모두 짝이 있고 갓끈도 두 가닥이 한 쌍이라.

寬以居之
관 이 거 지
寬너그러울관 以써이 居살거 之갈지
너그러움으로 삶. [역경易經]

▶학이취지 문이변지(學以聚之 問以辨之) 관이거지 인이행
지(---- 仁以行之): 배워서 지식을 모으고, 모르는 것은
물어서 분별하며, 너그러움은 마음으로 사람을 대하고,
어진 마음으로 세상에 베푼다.

觀者如堵
관 자 여 도
觀볼관 者사람자 如같을여 堵담도
구경꾼이 담장같이 늘어서 있음. [예기禮記]

官猪腹痛
관 저 복 통
官관청관 猪돼지저 腹배복 痛아플통
관가의 돼지 배가 아픔. 자기와 아무 관계가 없는 사람
이 겪는 고통을 말함. [순오지旬五志]

關雎之和
관 저 지 화
關빗장관 雎물수리저 之갈지 和화할화
부부가 화목하여 잘 살아감.

冠前絶後
관 전 절 후
冠갓관 前앞전 絶끊을절 後뒤후
전대와 후대를 통틀어 봐도 아주 탁월함. =공전절후(空
前絶後)

官尊民卑
관 존 민 비
官벼슬관 尊높을존 民백성민 卑낮을비
관청 사람은 높고 백성은 낮게 생각함.

管鮑之交
관 포 지 교
管대롱관 鮑말린고기포 之갈지 交사귈교
관중(管中)과 포숙아(鮑叔牙)의 우정. 형편이나 이해관
계에 상관없이 친구를 무조건 위하는 두터운 우정을 일
컬음. [사기史記]

貫革之射
관 혁 지 사
貫꿸관 革과녁혁 之갈지 射쏠사
오직 과녁을 꿰뚫는 재주만을 겨루는 활쏘기. 싸움터에
서 적을 죽이는 것만을 목적으로 한 활쏘기를 말함.

觀形察色
관 형 찰 색
觀볼관 形형상형 察살필찰 色빛색
사물을 자세히 살피는 것.

冠婚喪祭
관 혼 상 제
冠갓관 婚혼인할혼 喪죽을상 祭제사제
관례, 혼례, 상례, 제례의 네 가지 예(禮)를 말함.

寬厚宏博
관 후 굉 박
寬 너그러울 관　厚 두터울 후　宏 클 굉　博 넓을 박
너그럽고 후하며 도량이 큼.

觀釁而動
관 흔 이 동
觀 볼 관　釁 틈 흔　而 말이을 이　動 움직일 동
틈을 보아 군사를 움직임. 적의 동정을 엿보아 헛점을
살펴 용병(用兵)함. 【춘추좌씨전春秋左氏傳】

刮垢摩光
괄 구 마 광
刮 깎을 괄　垢 때 구　摩 갈 마　光 빛 광
때를 깎아 벗기고 갈아서 빛을 냄. 【한유韓愈의 진학해進學解】

刮目相對
괄 목 상 대
刮 깎을 괄, 비빌 괄　目 눈 목　相 서로 상　對 대할 대
눈을 비비고 상대를 대함. 남의 학식이나 지식이 갑자기
크게 늘어난 것을 말함. 【삼국지三國志】

刮腸抉髓
괄 장 결 수
刮 깎을 괄　腸 창자 장　抉 도려낼 결　髓 골수 수
창자를 긁어내고 골수를 도려냄. 즉 죄악을 모조리 들추
어내어 척결함.

刮腸洗胃
괄 장 세 위
刮 깎을 괄　腸 창자 장　洗 씻을 세　胃 밥통 위
칼을 삼키어 창자를 도려내고, 잿물을 마시어 위를 씻어
냄. 즉 마음을 고쳐 새사람이 됨. 【남사南史】

狂談悖說
광 담 패 설
狂 미칠 광　談 말씀 담　悖 거스를 패　說 말씀 설
이치에 맞지 않고 도리에 거스르는 말. =광언망설(狂言
妄說), 광신망설(狂信妄說)

光導弘訓
광 도 홍 훈
光 빛 광　導 이끌 도　弘 넓을 홍　訓 가르칠 훈
빛으로 이끌어 널리 가르침. 【진서晉書】

廣謨從衆
광 모 종 중
廣 넓을 광　謨 꾀 모　從 좇을 종　衆 무리 중
널리 의논하여 다수의 뜻을 따름. 【한서漢書】 =광순박채
(廣詢博採)

曠世英雄
광 세 영 웅
曠 밝을 광　世 대 세　英 꽃부리 영　雄 수컷 웅
세상에 다시 없는 영웅.

曠世之才
광 세 지 재
曠 밝을 광　世 대 세　之 갈 지　才 재주 재
세상에서 보기 드문 재주. 【구양수歐陽修의 취옹정기醉翁亭記】

63

狂言綺語
광 언 기 어

狂 미칠 광　言 말씀 언　綺 비단 기　語 말씀 어
교묘하게 수식한 말이나 글. [백씨문집白氏文集]

光而不耀
광 이 불 요

光 빛 광　而 말이을 이　不 아닐 불　耀 빛날 요
빛나되 번쩍거리지 않음. 현인(賢人)의 처신을 이름. [한
비자韓非子] =진광불휘(眞光不輝)

曠日持久
광 일 지 구

曠 밝을 광　日 날 일　持 버틸 지　久 오랠 구
오랜 시간을 견디어 냄. [삼국지三國志]

匡飭天下
광 칙 천 하

匡 바를 광　飭 신칙할 칙　天 하늘 천　下 아래 하
천하를 바르게 하고자 훈계함. [한서漢書]

光風霽月
광 풍 제 월

光 빛 광　風 바람 풍　霽 비갤 제　月 달 월
비갠 뒤의 맑은 바람과 밝은 달. 아무 거리낌 없이 맑고
밝은 인품을 비유. [송사宋史] =제월광풍(霽月光風)

匡拂天子
광 필 천 자

匡 바를 광　拂=弼 도울 필　天 하늘 천　子 아들 자
천자(天子)를 도와 천하를 바로잡음. [한서漢書]

怪怪奇奇
괴 괴 기 기

怪 괴이할 괴　奇 기이할 기
매우 기이(奇異)함

怪談異說
괴 담 이 설

怪 괴이할 괴　談 말씀 담　異 다를 리(이)　說 말씀 설
괴상하고 이상한 이야기.

怪力亂神
괴 력 난 신

怪 괴이할 괴　力 힘 력　亂 어지러울 란(난)　神 귀신
신
괴상한 힘과 세상을 어지럽히는 귀신. [논어論語]

瑰姿譎起
괴 자 휼 기

瑰 구슬 괴　姿 맵시 자　譎 속일 휼　起 일어날 기
구슬 같은 자태로 속임수를 씀.

虢國夫人
괵 국 부 인

虢 나라이름 괵　國 나라 국　夫 지아비 부　人 사람 인
당(唐) 현종(玄宗)이 양귀비의 둘째언니를 불렀던 이름.
▶양귀비(楊貴妃)에게는 세 언니가 있었는데 모두가 아름
다워 한국부인(韓國夫人), 괵국부인(虢國夫人), 진국부인
(秦國夫人)으로 봉해져 궁중에서 함께 호화 생활을 했다.

특히 괵국부인은 아름다운 얼굴과 자태를 자랑하며 화
장하지 않은 민낯으로 현종을 대했다고 함.

宏才卓識
굉 재 탁 식
宏클 굉 才재주 재 卓높을 탁 識알 식
큰 재능과 탁월한 지식.

觥籌交錯
굉 주 교 착
觥뿔잔 굉 籌산가지 주 交사귈 교 錯섞일 착
벌주 잔을 세는 산가지가 뒤엉켜 섞임. 연회의 성대한
모습을 이름. 자주 잔을 권하며 손님을 접대해서 술자리
가 혼란스러운 모습. [구양수歐陽修의 취옹정기醉翁亭記]

閎中肆外
굉 중 사 외
閎마을문 굉 中가운데 중 肆방자할 사 外밖 외
글을 지을 때 내용은 넓게 형식은 자유롭게 하는 것을
이름. [한유韓愈의 진학해進學解]

矯角殺牛
교 각 살 우
矯바로잡을 교 角뿔 각 殺죽일 살 牛소 우
뿔을 바로잡으려다 소를 죽임. 즉 작은 흠을 바로잡으려
다가 도리어 큰 해를 입는 것을 말함.

驕蹇慢上
교 건 만 상
驕교만할 교 蹇교만할 건 慢거만할 만 上위 상
교만하고 거만하여 윗사람을 업신여김.

交拱之木
교 공 지 목
交사귈 교 拱꺾안을 공 之갈 지 木나무 목
두 팔로 꺾안을 정도의 나무. 즉 마음에 드는 인재를 말
함. [회남자淮南子]

交關強牽
교 관 강 견
交사귈 교 關관계할 관 強굳셀 강 牽끌 견
관리와 백성이 결탁해서 채무자의 재산을 가로채는 것.

巧巧佞佞
교 교 녕 녕
巧공교로울 교 佞아첨할 녕
입에 발린 말로 아첨하는 모양. [북사北史]

皎皎白駒
교 교 백 구
皎깨끗할 교 白흰 백 駒망아지 구
새하얀 망아지. [시경詩經]

驕君無忠
교 군 무 충
驕교만할 교 君임금 군 無없을 무 忠충성 충
교만한 군주에겐 충신이 없음. [회남자淮南子]
▶교일지군 무충신(驕溢之君 無忠臣): 교만이 넘치는 군주
에게는 충신이 없다.

交淡如水
교 담 여 수
交 사귈 교 淡 맑을 담 如 같을 여 水 물 수
물같이 맑은 군자의 교제. 【예기禮記】

蛟龍得水
교 룡 득 수
蛟 교룡 교 龍 용 룡 得 얻을 득 水 물 수
교룡이 물을 만남. 영웅 호걸이 때를 만나 대업을 이룬다는 말. 【북사北史】 =교룡득운(蛟龍得雲)

喬木世家
교 목 세 가
喬 높을 교 木 나무 목 世 대 세 家 집 가
대대로 지체가 높은 집안으로, 나라와 운명을 같이하는 집안.

喬木世臣
교 목 세 신
喬 높을 교 木 나무 목 世 대 세 臣 신하 신
대를 이어 높은 지위에 있어 나라의 운명과 집안의 운명을 같이하는 신하.

咬文嚼字
교 문 작 자
咬 새소리 교 文 글월 문 嚼 씹을 작 字 글자 자
이것저것 되는 대로 지껄임. 즉 아무짝에도 쓸모없는 이론을 장황하게 늘어놓음.

交白卷子
교 백 권 자
交 사귈 교 白 흰 백 卷 책 권 子 아들 자
시험치는 자(受驗者)가 답안지를 백지로 제출하는 것.

交譬歷指
교 비 역 지
交 엇갈릴 교 譬 팔 비 歷 엇걸 력(역) 指 손가락 지
신체가 속박당하여 자유롭지 못한 모양. 【장자莊子】

巧思力索
교 사 역 색
巧 공교할 교 思 생각 사 力 힘 력(역) 索 찾을 색
여러모로 힘써 궁리함.

驕奢淫佚
교 사 음 일
驕 교만할 교 奢 사치할 사 淫 음란할 음 佚=逸 편 안할 일
교만하고 사치스러우며 음란 방탕함. 인간이 지나친 향락, 사치에 빠지는 것을 말함.

教相判釋
교 상 판 석
教 가르칠 교 相 서로 상 判 판단할 판 釋 해석할 석
불교 용어. 석가의 설법과 교리를 각 종파의 입장에서 분류하고 자세히 해석하는 일. =교판(教判)

教鮮卑語
교 선 비 어
教 가르칠 교 鮮 드물 선 卑 낮을 비 語 말씀 어
저속한 말은 조금도 가르치지 말라. 【공자가어孔子家語】

喬松之壽
교 송 지 수
喬 높을 교 松 소나무 송 之 어조사 지 壽 목숨 수
높고 큰 소나무와 같이 오래 삶. 장수(長壽)를 기원하는
말. [전국책戰國策]

咬牙切齒
교 아 절 치
咬 물 교 牙 어금니 아 切 끊을 절 齒 이 치
어금니를 물고 이를 갈면서 분해함.

巧言亂德
교 언 난 덕
巧 공교로울 교 言 말씀 언 亂 어지러울 란(난) 德
큰 덕
교묘한 말은 덕을 어지럽힘. [논어論語]

巧言令色
교 언 영 색
巧 공교로울 교 言 말씀 언 令 하여금 영 色 빛 색
교묘한 말 솜씨와 아양떠는 행동으로 윗사람에게 아첨
하는 것을 이름. [논어論語]
▶교언영색 선의인(---- 鮮矣仁): 교묘한 말과 보기 좋게 꾸
민 얼굴에는 어진 사람이 적다.

巧言爲詐
교 언 위 사
巧 공교로울 교 言 말씀 언 爲 할 위 詐 속일 사
교묘한 말로 속임. [회남자淮南子]

巧言醜詆
교 언 추 저
巧 공교로울 교 言 말씀 언 醜 추할 추 詆 꾸짖을 저
교묘한 말로 추한 행동을 꾸짖음. [한서漢書]

巧言偏辭
교 언 편 사
巧 교묘할 교 言 말씀 언 偏 치우칠 편 辭 말씀 사
교묘한 말로 한쪽 편에 치우쳐서 이롭게 말함. [장자莊子]

敎外別傳
교 외 별 전
敎 가르칠 교 外 바깥 외 別 다를 별 傳 전할 전
경전 이외의 특별한 전승. 즉 언어나 문자를 쓰지 않고
이심전심(以心傳心)으로 석가의 깨달음을 전하는 일.

交遊醜雜
교 유 추 잡
交 사귈 교 遊 놀 유 醜 추할 추 雜 섞일 잡
교유가 지저분하고 잡스러움. [당서唐書]

矯箭控弦
교 전 공 현
矯 바로잡을 교 箭 화살 전 控 당길 공 弦 활시위 현
화살을 바로잡은 후에 활시위를 당김. 즉 자기의 자세를
바로하고 나서 행동해야 한다는 말. [한서漢書]

校正訛謬
교 정 와 류
校=矯 바로잡을 교 正 바를 정 訛 그릇될 와 謬 그
릇될 류
잘못된 것을 바로잡음. [구당서舊唐書]

翹足而待
교 족 이 대
翹 발돋움할교 足 발족 而 말이을이 待 기다릴 대
발돋움하여 기다림. 즉 많은 시간이 걸리지 않음. [사기史記]

翹足而陸
교 족 이 륙
翹 발돋움할교 足 발족 而 말이을이 陸 뭍 륙
발을 들어 뛰기도 함. [장자莊子]

膠柱鼓瑟
교 주 고 슬
膠 아교교 柱 기둥주 鼓 북고 瑟 거문고 슬
거문고 안족(음을 맞추는 다리)을 아교로 붙이고 연주함.
즉 너무 경직되어 융통성이 없다는 말. [사기史記]

交淺言深
교 천 언 심
交 사귈교 淺 얕을천 言 말씀언 深 깊을심
사귄 지는 얼마 안 되나 깊은 말을 나누는 사이가 됨.

膠漆之交
교 칠 지 교
膠 아교교 漆 옻칠 之 갈지 交 가르칠교
아주 친밀해서 뗄 수가 없는 우정을 이름.
▶백거이(白居易)와 원미지(元微之)의 사귐을 이름.

狡兔三穴
교 토 삼 혈
狡 교활할교 兔 토끼토 三 석삼 穴 구멍 혈
교활한 토끼는 세 개의 통로를 가지고 있어 위급할 때에
교묘히 피할 수가 있음. 즉 난을 피하기 위해 미리 대비
하는 것을 말함. [전국책戰國策] =교토삼굴(狡兔三窟)

嚙鞭之馬
교 편 지 마
嚙 깨물교 鞭 채찍편 之 갈지 馬 말마
말이 제 고삐를 씹음. 즉 제 친척을 헐뜯어서, 결국엔 제
게 손해가 돌아갈 일을 한다는 뜻.

橋下叱倅
교 하 질 쉬
橋 다리교 下 아래하 叱 꾸짖을질 倅 수령쉬
다리 아래서 고을 원을 꾸짖음. 맞대고 말은 못하고 뒤
에서 욕하는 것을 이름.

教學相長
교 학 상 장
教 가르칠교 學 배울학 相 서로상 長 길장
가르치는 일과 배우는 일은 모두 학업을 정진하게 한다
는 말. [예기禮記] =효학상장(斅學上長)

口角流沫
구 각 유 말
口 입구 角 뿔각 流 흐를류(유) 沫 물방울 말
입에서 침이 튀는 심한 논쟁. =구각비말(口角飛沫)

口講指畫
구 강 지 화
口 입 구 講 익힐 강 指 손가락 지 畫 그림 화
입으로는 강의하고 손으로는 그림을 그리면서 친절히
가르침. [한유韓愈의 글]

鳩居鵲巢
구 거 작 소
鳩 비둘기 구 居 살 거 鵲 까치 작 巢 둥우리 소
비둘기가 제 스스로 집을 짓지 못하고 까치 둥우리에 들
어가서 사는 것. 즉 셋방살이를 비유하는 말. [시경詩經]
=작소구거(鵲巢鳩居)

璆磬金鼓
구 경 금 고
璆 아름다운 옥 구 磬 경쇠 경 金 쇠 금 鼓 북 고
옥으로 만든 경쇠와 쇠로 만든 북. 즉 귀한 재료로 만든
악기. [한서漢書]

久固則純
구 고 즉 순
久 오랠 구 固 굳을 고 則 곧 즉 純 순박할 순
오랫동안 순수함을 지키고 굳건히 나감. [국어國語]

九曲肝腸
구 곡 간 장
九 아홉 구 曲 굽을 곡 肝 간 간 腸 창자 장
구비구비 꼬인 창자. 즉 근심에 쌓이고 쌓인 마음.

區區之心
구 구 지 심
區 구역 구 之 갈 지 心 마음 심
구구하여 보잘것없는 자기의 마음. 즉 자기의 마음을 겸
손하게 일컫는 말.

九年面壁
구 년 면 벽
九 아홉 구 年 해 년 面 낯 면 壁 벽 벽
양(梁)나라 때 달마대사(達磨大師)가 9년 동안 벽을 향하
여 좌선(坐禪)한 일을 이름.

九年之畜
구 년 지 축
九 아홉 구 年 해 년 之 갈 지 畜 쌓을 축
9년 동안 먹을 수 있는 식량을 모음. [예기禮記]

臼頭深目
구 두 심 목
臼 절구 구 頭 머리 두 深 깊을 심 目 눈 목
장구머리와 움푹 들어간 눈. 여자의 지극히 못생긴 얼굴
을 말함.

臼頭花鈿
구 두 화 전
臼 절구 구 頭 머리 두 花 꽃 화 鈿 비녀 전
장구머리에 꽃비녀. 못생긴 얼굴에 화장한 것을 이
름. [신서新書]

ㄱ

劬勞之感
구 로 지 감
劬 힘쓸 구 勞 일할 로 之 갈 지 感 느낄 감
자기를 낳아 주고 기르신 부모님의 은혜를 생각하는 마음. [시경詩經] =구로지은(劬勞之恩)

甌窶滿篝
구 루 만 구
甌 사발 구 窶 높고 좁은 땅 루 滿 찰 만 篝 대그릇 구
척박한 고지에서 난 곡식의 수확이 많아 대광주리에 가득 참. 즉 대풍작을 표현하는 말. [사기史記]

丘里之言
구 리 지 언
丘 언덕 구 里 마을 리 之 갈 지 言 말씀 언
시골 사람들의 근거 없는 헛된 말. [장자莊子]

狗馬之心
구 마 지 심
狗 개 구 馬 말 마 之 갈 지 心 마음 심
개나 말이 주인에게 하는 충성심. 즉 군주에 대한 충성심을 비유. [한서漢書]

狗猛酒酸
구 맹 주 산
狗 개 구 猛 사나울 맹 酒 술 주 酸 실 산
술집 개가 사나우면 술이 안 팔려 시어짐. [한비자韓非子]

苟命徒生
구 명 도 생
苟 구차할 구 命 목숨 명 徒 헛될 도 生 살 생
구차스럽게 겨우 목숨만 이어감. = 구명도생(苟命圖生)

丘墓之鄉
구 묘 지 향
丘 언덕 구 墓 무덤 묘 之 갈 지 鄉 고을 향
조상의 무덤이 있는 고향. =추향(楸鄉)

苟無飢渴
구 무 기 갈
苟 진실로 구 無 없을 무 飢 주릴 기 渴 목마를 갈
진실로 목마르고 굶주리지 않기를 바람.

口無完人
구 무 완 인
口 입 구 無 없을 무 完 완전할 완 人 사람 인
그 입에 오르면 완전한 사람이 하나도 없음. 남의 허물만 헐뜯는 사람을 비꼬아 하는 말.

口無擇言
구 무 택 언
口 입 구 無 없을 무 擇 가릴 택 言 말씀 언
한마디도 버릴 것이 없음. 하는 말이 모두 착해서 가려서 들을 필요가 없다는 말.

狗尾續貂
구 미 속 초
狗 개 구 尾 꼬리 미 續 잇닿을 속 貂 담비 초
담비꼬리로 장식된 관 뒤에 개꼬리 장식의 관이 잇닿음. 고관 뒤에 졸개가 따라가는 모양을 비유함. [진서晉書]
▶진(晉)나라의 조왕륜(趙王倫) 일당을 이르는 말.

覯閔旣多
구 민 기 다
覯 만날 구　閔=憫 근심할 민　旣 이미 기　多 많을 다
이미 많은 근심을 만남. [시경詩經]

▶구민기다 수모불소: (---- 受侮不少): 근심 걱정 많이 하
고 보니 수모도 적지 않더라.

口密腹劍
구 밀 복 검
口 입 구　密 꿀 밀　腹 배 복　劍 칼 검
말은 달콤하나 뱃속에 칼이 들어 있음. 즉 겉은 다정하
나 속으로는 해칠 생각을 함. [당서唐書]

狗飯橡實
구 반 상 실
狗 개 구　飯 밥 반　橡 상수리 상　實 열매 실
개밥의 도토리. 홀로 고립됨을 비유. [동언해東言解]

求福不回
구 복 불 회
求 구할 구　福 복 복　不 아닐 불　回 돌 회
복을 구함에 있어 정도에서 벗어난 행동을 하지 않
음. [시경詩經]

口腹之計
구 복 지 계
口 입 구　腹 배 복　之 갈 지　計 꾀할 계
먹고 살 방도.=호구지책(糊口之策)

求不得苦
구 부 득 고
求 구할 구　不 아닐 부　得 얻을 득　苦 괴로울 고
불교에서 말하는 8고(苦)의 하나로, 구하여도 얻지 못하
는 괴로움을 이름.

口不絶吟
구 부 절 음
口 입 구　不 아닐 불　絶 끊을 절　吟 읊을 음
입으로 끊임없이 시를 읊조림. [구당서舊唐書]

救焚拯溺
구 분 증 닉
救 구원할 구　焚 불사를 분　拯 건질 증　溺 빠질 닉
불에 타고 물에 빠진 자를 구함.

求不厭寡
구 불 염 과
求 구할 구　不 아닐 불　厭 싫을 염　寡 적을 과
욕구는 적을수록 좋다는 말. [회남자淮南子]

救死不瞻
구 사 불 첨
救 구할 구　死 죽을 사　不 아닐 불　瞻 바라볼 첨
곤란이 워낙 심하여 다른 일은 돌아볼 겨를이 없음.

九死一生
구 사 일 생
九 아홉 구　死 죽을 사　一 한 일　生 날 생
여러 번 죽을 고비를 당하다가 겨우 살아남. [사기史記]

口尚乳臭
구 상 유 취
口 입 구　尚 오히려 상　乳 젖 유　臭 냄새 취
입에서 아직 젖냄새가 남. 경험이 적고 언동이 유치함을
얕잡아 이르는 말. [사기史記]

求善不厭
구 선 불 염
求 구할 구　善 착할 선　不 아닐 불　厭 싫을 염
선을 구하는 데 싫증을 내지 않음.

九世同居
구 세 동 거
九 아홉 구　世 대 세　同 한가지 동　居 살 거
집안이 화목한 것을 이름. [당서唐書]
▶당(唐)의 장공예(張公藝)는 9대가 한 집에서 살았다는 고
사에서 비롯된 말.

救世濟民
구 세 제 민
救 구원할 구　世 대 세　濟 건널 제　民 백성 민
세상과 백성을 어려움에서 구원함. =제세안민(濟世安民)

鳩首會議
구 수 회 의
鳩 비둘기 구　首 머리 수　會 모일 회　議 의논할 의
비둘기처럼 머리를 맞대고 모여 의논함.

衢室之聞
구 실 지 문
衢 네거리 구　室 집 실　之 갈 지　聞 들을 문
임금이 민중의 의견을 직접 듣는 것을 말함. [관자管子]
▶요(堯)임금이 백성의 의견을 직접 들은 데서 비롯된 말.

鉤深致遠
구 심 치 원
鉤 갈고리 구　深 깊을 심　致 이를 치　遠 멀 원
심원한 이치를 끝까지 파악함. [역경易經]
▶탐색색은 구심치원(探賾索隱 ----): 깊숙하고 은밀한 것
을 탐색하여 깊은 데 것은 낚아채고 먼 것은 근지에 이르
도록 함.

九十春光
구 십 춘 광
九 아홉 구　十 열 십　春 봄 춘　光 빛 광
90일 동안의 봄날. 또는 노인의 마음이 청년같이 젊음.

口眼喎斜
구 안 와 사
口 입 구　眼 눈 안　喎 입 비뚤어질 와　斜 비낄 사
입과 눈이 한쪽으로 틀어지는 병. =와사증(喎斜症)

苟安偸生
구 안 투 생
苟 구차할 구　安 편안 안　偸 훔칠 투　生 살 생
일시적인 편안을 탐해 구차하게 살아감.

九野清太
구 야 청 태
九아홉구 野들야 淸맑을청 太클태
구주(九州)의 들이 태평함. 즉 천하가 잘 다스려져 태평함. =천하태평(天下泰平)

口如懸河
구 여 현 하
口입구 如같을여 懸매달현 河물하
흐르는 강물처럼 거침없이 말하는 것을 이름. [한유韓愈의 석고가石鼓歌]
▶현하(懸河)는 쏜살같이 흐르는 강.

九五之尊
구 오 지 존
九아홉구 五다섯오 之갈지 尊높을존
천자의 지극히 높은 자리. [역경易經]

舊雨今雨
구 우 금 우
舊옛구 雨비우=友벗우 今이제금
옛 친구와 지금의 친구. [두보杜甫의 시詩] =구우신우(舊雨新雨)

久雨爲湛
구 우 위 침
久오랠구 雨비우 爲할위 湛잠길침
오랜 비에 모두가 잠겨 버림. [논형論衡]

九牛一毛
구 우 일 모
九아홉구 牛소우 一한일 毛털모
아홉 마리 소 가운데 뽑은 한 오라기 털. 많은 양(量) 중에서 극히 적은 양을 말함. [사기史記]

柩肉未冷
구 육 미 랭
柩관구 肉고기육 未아닐미 冷찰랭
관에 든 시신이 아직 식지 않음. 즉 죽은 지 얼마 안 됨.

鉤膺濯濯
구 응 탁 탁
鉤갈고리구 膺말배띠응 濯씻을탁
말 배띠와 갈고리가 번쩍번쩍 빛이 남. 행차의 차림이 화려한 모양. [시경詩經]
▶사목교교 구응탁탁(四牧蹻蹻 ----): 수레를 끄는 네 필의 말은 다부지고 고리 달린 말의 배띠도 산뜻하다. 임금 행차의 차림이 위엄 있고 화려함을 형용한 말.

摳衣趨隅
구 의 추 우
摳걷을구 衣옷의 趨쫓을추 隅모퉁이우
옷자락을 치켜들고 자리 모퉁이로 빨리 쫓아가서 참석함. [예기禮記]

久而不絶
구 이 부 절
久오랠구 而말이을이 不아닐부 絶끊을절
오래 가고 끊어지지 않음. [소문素問]

73

糗餌粉餈
구 이 분 자
糗 볶은 쌀 구　餌 음식 이　粉 가루 분　餈 인절미 자
양식할 쌀로 인절미를 만들어 먹음. [주례周禮]

口耳之學
구 이 지 학
口 입 구　耳 귀 이　之 갈 지　學 배울 학
귀로 들은 바를 입으로 바로 지껄이는 학문. 즉 자신에
게 이로움이 없는 학문. [순자荀子] =도청도설(道聽塗說)

九夷八蠻
구 이 팔 만
九 아홉 구　夷 오랑캐 이　八 여덟 팔　蠻 오랑캐 만
중국 동쪽의 아홉 오랑캐와 남쪽에 있는 여덟 오랑캐 종
족을 말함.

蚯蚓鑽額
구 인 찬 액
蚯 지렁이 구　蚓 지렁이 인　鑽 끌 찬　額 이마 액
지렁이가 자기의 이마를 송곳 삼아 구멍을 뚫음. 즉 목
적 달성을 위해 몹시 애쓰는 것을 비유.

口者關也
구 자 관 야
口 입 구　者 사람 자　關 빗장 관　也 어조사 야
입은 그 사람의 관문. 입을 함부로 놀려서는 안 된다는
뜻. [설원說苑]

寇敵姦仇
구 적 간 구
寇 도둑 구　敵 원수 적　姦 간사할 간　仇 원수 구
헤아릴 수 없는 도둑과 원수들. 즉 헤아릴 수 없는 적들
을 말함. [서경書經]

寇賊姦宄
구 적 간 귀
寇 도둑 구　賊 도둑 적　姦 간사할 간　宄 도둑 귀
갖은 악행으로 백성을 해치는 자. [서경書經]
▶구(寇)는 떼지어 일어나는 도둑. 적(賊)은 살인하는 도둑.
간(姦)은 밖에서 일어나는 도둑, 귀(宄)는 안에서 일어나
는 도둑.

求田問舍
구 전 문 사
求 구할 구　田 밭 전　問 물을 문　舍 집 사
땅이나 집을 사려고 물음. 즉 이기적인 면에만 눈을 돌
려 원대함을 보지 못함. [삼국지三國志]

口傳政事
구 전 정 사
口 입 구　傳 전할 전　政 정사 정　事 일 사
왕의 구두 명령을 받아 정치하는 것을 뜻함.

求全之毁
구 전 지 훼
求 구할 구　全 온전할 전　之 어조사 지　毁 헐 훼
일을 온전하게 하려다 남에게 듣게 되는 비방. [맹자孟子]

九鼎大呂
구 정 대 려
九 아홉 구 鼎 솥 정 大 큰 대 呂 음률 려, 법 려
아홉 개의 솥과 국가의 음악. 막중한 지위를 나타내는 말로 쓰이기도 함. [사기史記]
▶구정(九鼎)은 중국 전역에서 구리를 바치게 하여 만든 아홉 개의 솥으로 하(夏), 은(殷), 주(周)의 삼대(三代)에 걸쳐 전하는 보물. 대려(大呂)는 주나라 태묘(太廟)의 대종(大鐘)으로, 주요 보물.

求正諸己
구 정 저 기
求 구할 구 正 바를 정 諸 어조사 저 己 자기 기
자기를 바로잡는 일을 스스로 찾고 구함. [예기禮記]

九族旣睦
구 족 기 목
九 아홉 구 族 겨레 족 旣 이미 기 睦 화목할 목
일찍부터 모든 친족이 화목함. [시경詩經]

口中荊棘
구 중 형 극
口 입 구 中 가운데 중 荊 가시 형 棘 가시나무 극
입속에 있는 가시. 남을 중상하는 음험한 험담을 말함. [논어論語]
▶일일부독서 구중생형극(一日不讀書 口中生荊棘): 하루라도 책을 읽지 않으면 입 안에 가시가 돋는다.

求即得之
구 즉 득 지
求 구할 구 即=則 곧 즉 得 얻을 득 之 어조사 지
구하면 얻을 수 있음. [맹자孟子]
▶구즉득지 사즉실지(---- 舍則失之): 구하면 얻고 버려두면 잃는다.

扣之即鳴
구 지 즉 명
扣 두드릴 구 之 어조사 지 即=則 곧 즉 鳴 울 명
두드려야 울림. [진서晉書]

苟且偸安
구 차 투 안
苟 구차할 구 且 또 차 偸 훔칠 투 安 편안 안
구차하게 일시적인 안일만을 탐함.

九合諸侯
구 합 제 후
九 아홉 구 合 합할 합 諸 모을 제 侯 제후 후
모든 제후들을 한데 모아 단합시킴.

扣舷歌之
구 현 가 지
扣 두드릴 구 舷 뱃전 현 歌 노래 가 之 어조사 지
뱃전을 두드리며 노래를 부름. [소식蘇軾의 적벽부赤壁賦]

口血未乾
구 혈 미 간
口 입 구 血 피 혈 未 아닐 미 乾 마를 간
맹세할 때 입술에 묻은 피가 아직 마르지 않음. 【춘추좌씨
전春秋左氏傳】

鳩形鵠面
구 형 곡 면
鳩 비둘기 구 形 형상 형 鵠 고니 곡 面 낯 면
비둘기 형상에, 고니의 얼굴. 즉 굶주려 야윈 모습을 말
함. 【자치통감自治痛鑑】

口慧無信
구 혜 무 신
口 입 구 慧 간교할 혜 無 없을 무 信 믿을 신
말 재주가 있는 사람에게는 믿음이 가지 않음. =혜인무
신(慧人無信) 【회남자淮南子】
▶구혜지인 무필신(口慧之人 無必信): 말만 잘하는 사람은
믿을 수가 없다.

救火揚沸
구 화 양 비
救 구원할 구 火 불 화 揚 떨칠 양 沸 끓을 비
불을 끄려고 끓는 물을 끼얹음. 민심을 수습하려다가 오
히려 민심을 격분케 하는 것을 비유하는 말. 【사기史記】

救火以薪
구 화 이 신
救 구원할 구 火 불 화 以 써 이 薪 섶 신
섶으로써 불을 끄려 함. 해를 막으려다가 해를 더 크게
한다는 뜻. =구화투신(救火投薪) 【등석자鄧析子】

國家柱石
국 가 주 석
國 나라 국 家 집 가 柱 기둥 주 石 돌 석
나라의 기둥과 초석(礎石). 즉 국가의 중요한 임무를 맡
은 고관.

國君含垢
국 군 함 구
國 나라 국 君 임금 군 含 머금을 함 垢 수치 구
임금이 수치를 참고 견디는 것. 【춘추좌씨전春秋左氏傳】

鞠躬屛氣
국 궁 병 기
鞠 굽힐 국 躬 몸 궁 屛 가릴 병 氣 기운 기
몸을 굽히고 숨을 죽임. 즉 두려워 움츠러드는 모양. 【후
한서後漢書】

鞠躬盡力
국 궁 진 력
鞠 굽힐 국 躬 몸소 궁 盡 다할 진 力 힘 력
몸을 굽히고 있는 힘을 다해 노력함.

鞠躬盡瘁
국 궁 진 췌
鞠 굽힐 국 躬 몸 궁 盡 다할 진 瘁 체장 췌
나라가 위급할 때는 온몸이 부서질 때까지 힘을 다한다
는 말. 【제갈량諸葛亮의 후출사표後出師表】

▶국궁진췌 사이후이(---- 死而後已):삼가 저의 몸을 바쳐
수고를 다할지니 죽은 후에나 그칠 것입니다.

國步艱難
국 보 간 난
國 나라 국　步 걸음 보　艱 어려울 간　難 어려울 난
내우와 외환으로 나라가 어렵고 위태로움.

國富人衍
국 부 인 연
國 나라 국　富 부자 부　人 사람 인　衍 넘칠 연
나라가 부유하고 사람들이 넘쳐남.

國士無雙
국 사 무 쌍
國 나라 국　士 선비 사　無 없을 무　雙 둘 쌍
한 나라 안에 둘도 없는 훌륭한 선비. [사기史記]

國色天香
국 색 천 향
國 나라 국　色 빛 색　天 하늘 천　香 향기 향
모란(牧丹)의 별칭. 천하의 미인을 일컬음.
▶천향(天香): 좋은 향기

菊委嚴霜
국 위 엄 상
菊 국화 국　委 맡길 위　嚴 엄할 엄　霜 서리 상
국화가 혹독한 서리에 내맡겨짐. [사조謝朓]

國子祭酒
국 자 좨 주
國 나라 국　子 아들 자　祭 제사 우두머리 좨　酒 술 주
국자학의 우두머리.
▶옛날 국가가 주관하는 회동향연(會同饗讌)에서 연장자가
먼저 술로서 지신에게 제사 지낸 데서 나온 말.

跼天蹐地
국 천 척 지
跼=局 구부릴 국　天 하늘 천　蹐 살금살금 걸을 척
地 땅 지
하늘에 부딪칠까 구부리고 땅이 꺼질까 발소리를 죽이
고 걸음. 즉 세상에 몸을 편히 둘 수 없어 불안해 하는 모
양. [시경詩經]

國泰民安
국 태 민 안
國 나라 국　泰 클 태　民 백성 민　安 편안 안
나라가 태평하여 백성이 편안히 살아감.

軍驚師駭
군 경 사 해
軍 군사 군　驚 놀랄 경　師 군사 사　駭 놀랄 해
군사가 한 번 놀란 일이 있으면 전군이 쉽게 놀라 동요
함. [양웅揚雄의 부賦]

群輕折軸
군 경 절 축
群 무리 군　輕 가벼울 경　折 꺾을 절　軸 굴대 축
가벼운 것도 많이 모이면 수레 축을 부러뜨림. 약한 힘이라도 합치면 강적을 대적할 수가 있다는 것을 비유한 말. [사기史記] =총경절축(叢輕折軸) [한서漢書]

群鷄一鶴
군 계 일 학
群 무리 군　鷄 닭 계　一 한 일　鶴 학 학
닭 무리 중에 한 마리의 학. 많이 모인 중에 빼어난 한 사람. [진서晉書]

君君臣臣
군 군 신 신
君 임금 군　臣 신하 신
임금은 임금으로 신하는 신하로써 자기의 직분과 도리를 다함. [논어論語]

群動咸遂
군 동 함 수
群 무리 군　動 움직일 동　咸 다 함　遂 이룰 수
무리가 한마음으로 일을 함께 이루어 감.

群盲撫象
군 맹 무 상
群 무리 군　盲 장님 맹　撫 어루만질 무　象 코끼리 상
여러 장님들이 제각기 코끼리를 한 부분씩을 만져 보고 생긴 모양을 그 나름대로 평가함. [열반경涅槃經] =군맹평상(群盲評象)

群物皆別
군 물 개 별
群 무리 군　物 만물 물　皆 다 개　別 나눌 별
모든 물건은 모두가 특색이 있어 구별이 됨. [예기禮記]

君射臣決
군 사 신 결
君 임금 군　射 쏠 사　臣 신하 신　決 깍지 결
임금이 활 쏘기를 즐기면 신하는 손가락에 깍지를 낌. 즉 윗사람이 즐기는 일을 아랫사람이 본받음. [순자荀子]

君臣水魚
군 신 수 어
君 임금 군　臣 신하 신　水 물 수　魚 고기 어
임금과 신하는 물과 물고기의 관계와 같이 밀접함.

君臣有義
군 신 유 의
君 임금 군　臣 신하 신　有 있을 유　義 옳을 의
임금과 신하 사이에는 의리가 있어야 한다는 말.

群臣自熹
군 신 자 희
群 무리 군　臣 신하 신　自 스스로 자　熹=喜 기쁠 희
여러 신하들이 스스로 기뻐함. [한서漢書]

群心震搖
군 심 진 요
群 무리 군　心 마음 심　震 벼락 진　搖 흔들릴 요
많은 사람의 마음이 갑자기 크게 흔들림. [당서唐書]

窘若囚拘
군 약 수 구

窘 막힐 군 若 같을 약 囚 가둘 수 拘 구속할 구
막히고 갇혀서 꼼짝할 수가 없음. 【사기史記】

▶우사계속혜 군약수구(愚士系俗兮 ----): 세속에 묶인 어리석은 사람이여, 자신을 죄수처럼 가두는구나.

君辱臣死
군 욕 신 사

君 임금 군 辱 욕될 욕 臣 신하 신 死 죽을 사
임금이 욕을 당하면 신하는 죽음을 무릅씀. 즉 임금과 신하는 생사의 고락을 함께해야 한다는 말. 【국어國語】

群雄割據
군 웅 할 거

群 무리 군 雄 수컷 웅 割 나눌 할 據 의지할 거
많은 영웅들이 각지에서 세력을 다툼.

群疑滿腹
군 의 만 복

群 무리 군 疑 의심 의 滿 찰 만 腹 배 복
여러 사람이 의심을 품음. 【제갈량諸葛亮의 후출사표後出師表】

群蟻附羶
군 의 부 전

群 무리 군 蟻 개미 의 附 붙을 부 羶 누린내 전
누린내 나는 양고기에 많은 개미떼가 달라붙음. 즉 많은 사람들이 이(利)를 보고 몰려드는 것을 비유.

群而不黨
군 이 부 당

群 무리 군 而 말이을 이 不 아닐 부 黨 무리 당
무리를 이루어 화합하나 당파를 만들지 않음. 【논어論語】

君而簟席
군 이 점 석

君 임금 군 而 말이을 이 簟 대자리 점 席 자리 석
임금이 대자리에 앉음. 즉 임금이 상주가 됨을 비유한 말.

君子去仁
군 자 거 인

君 임금 군 子 아들 자 去 갈 거 仁 어질 인
군자가 인을 버림. 【논어論語】

▶군자거인 오호성명(---- 惡乎成名): 군자가 인을 버린다면 어찌 명분을 이루겠는가.

君子固窮
군 자 고 궁

君 임금 군 子 아들 자 固 굳을 고 窮 궁할 궁
군자는 어려울수록 단단해짐. 즉 군자의 절조(節操)를 말함. 【논어論語】

君子恭儉
군 자 공 검

君 임금 군 子 아들 자 恭 공손할 공 儉 검소할 검
군자는 공손하고 검소하여야 함. 【예기禮記】

ㄱ

君子道長
군 자 도 장
君 임군 군　子 아들 자　道 길 도　長 자랄 장
군자의 도는 날로 자라남. [역경易經]
▶군자도장 소인도소(---- 小人道消): 군자의 도는 자라나고, 소인의 도는 사라진다.

君子不黨
군 자 부 당
君 임금 군　子 아들 자　不 아닐 부　黨 무리 당
군자는 당파를 이루지 않음. [논어論語]

君子不器
군 자 불 기
君 임금 군　子 아들 자　不 아닐 불　器 그릇 기
군자는 그릇에 담을 수 없음. 덕이 있는 사람은 온갖 방면에 통함을 이르는 말. [논어論語]

君子三樂
군 자 삼 락
君 임금 군　子 아들 자　三 석 삼　樂 즐거울 락
군자의 세 가지 즐거움. 부모님 살아 계시고 형제 간 탈이 없는 것, 하늘과 땅을 보아도 부끄럼 없는 인생, 천하의 영재를 가르치는 세 가지. [맹자孟子]
▶부모구존 형제무고 일락야(父母俱存 兄弟無故 一樂也), 앙불괴어천 부부작어인 이락야(仰不愧於天 俯不怍於人 二樂也), 득천하영재이교육지 삼락야(得天下英才而教育之 三樂也).

君子成美
군 자 성 미
君 임금 군　子 아들 자　成 이룰 성　美 아름다울 미
군자는 남을 계도하고 도와서 잘되도록 함. [논어論語]

君子約言
군 자 약 언
君 임금 군　子 아들 자　言 말씀 언　約 간략할 약
군자는 말을 간략하게 해야 함. [예기禮記]

君子在憂
군 자 재 우
君 임금 군　子 아들 자　在 있을 재　憂 근심 우
군자에게는 늘 근심이 있음. [여씨춘추呂氏春秋]

君子豹變
군 자 표 변
君 임금 군　子 아들 자　豹 표범 표　變 변할 변
군자는 표범과 같이 변함. 군자가 자기의 잘못을 깨닫고 고치는 것이 표범처럼 민첩함을 말함. [역경易經]

群鳥養羞
군 조 양 수
群 무리 군　鳥 새 조　養 기를 양　羞 음식 수
뭇새들이 겨울의 보양을 위해 먹이를 비축함. [사기史記]
▶양수(養羞): 보양(保養)을 위해 먹이를 비축하는 것.

80

君舟臣水
군 주 신 수

君 임금 군 舟 배 주 臣 신하 신 水 물 수
임금은 배, 신하는 물과 같은 관계. 【순자荀子】

▶군자주야 서인자수야(君者舟也 庶人者水也): 임금은 배이고 백성은 물이다. 물은 배를 띄우지만 때로는 전복(顚覆)시키기도 한다. 백성은 임금을 돕기도 하지만 해칠 수도 있다는 말.

君尊瓦甒
군 준 와 무

君 임금 군 尊=樽 술그릇 준 瓦 기와 와 甒 술단지 무
임금은 술그릇같이, 술단지같이, 모든 것을 다 담고 감싸 안아야 한다는 말. 임금의 금도가 넓어야 한다는 뜻. 【예기禮記】

君唱臣和
군 창 신 화

君 임금 군 唱 노래할 창 臣 신하 신 和 화할 화
임금이 주창(主唱)하고 신하는 화답(和答)하여 정무를 처리함.

群策群力
군 책 군 력

群 무리 군 策 계책 책 力 힘 력
여러 사람이 계책을 짜내고 힘을 한데 합침. 【양자법언揚子法言】

君絀以爵
군 출 이 작

君 임금 군 絀=黜 물리칠 출 以 써 이 爵 벼슬 작
군의 작위에서 물러나게 함. 【예기禮記】

▶불효자 군출이작(不孝者 ----): 불효한 일이 있으면 군의 작위에서 물러나게 한다.

郡縣制度
군 현 제 도

郡 고을 군 縣 고을 현 制 마를 제 度 법도 도
진시황(秦始皇)이 중국을 통일한 뒤에 실시한 제도로, 중앙 정부에서 파견한 관리가 지방을 다스리는 중앙집권제.

屈韣執拊
굴 독 집 부

屈 굽힐 굴 韣 활집 독 執 잡을 집 拊 자루 부
구부려서 활집을 잡는다. 【예기禮記】

▶궁즉이좌수 굴독집부(弓則以左手 ----): 활은 왼손으로 활집을 쥐어서 한가운데를 잡는다.

掘墓鞭屍
굴 묘 편 시

掘 팔 굴 墓 무덤 묘 鞭 채찍 편, 매 편 屍 주검 시
묘를 파서 시체에 채찍질을 함. 가혹한 복수를 일컫는 말. 【사기史記】

屈首受書
굴 수 수 서
屈굽을굴 首머리수 受받을수 書글서
머리를 숙이고 책을 받음. 스승에게 가르침을 받음.

掘若槁木
굴 약 고 목
掘팔굴 若같을약 槁마를고 木나무목
뻣뻣한 것이 마른나무와 같음. [장자莊子]
▶향자선생형체 굴약고목(向者先生形體 ----): 조금 전의
선생님의 형체는 뻣뻣한 것이 마른 나무 같았습니다.

宮車晚駕
궁 거 만 가
宮집궁 車수레거 晚저물만 駕멍에가
궁중의 수레가 저무는 때에 멍에를 매다. 즉 임금이 붕
어(崩御)함을 비유해 하는 말. =궁거안가(宮車晏駕)

窮寇勿遇
궁 구 물 우
窮궁할궁 寇도둑구 勿말물 遇만날우
궁지에 몰린 도둑을 맞닥뜨리지 말라. [장구령張九齡의 글文]
=궁구물추(窮寇勿追)

窮寇勿追
궁 구 물 추
窮궁할궁 寇도둑구 勿말물 追쫓을추
궁지에 몰린 도적을 끝까지 쫓지 말라. =궁구막추(窮寇
莫追), 궁구물박(窮寇勿迫) [손자孫子]

弓裘之業
궁 구 지 업
弓활궁 裘갖옷구 之갈지 業업업
활과 갖옷을 만드는 직업. 즉 대대로 내려오는 가업을
일컬음.

窮極幼眇
궁 극 유 묘
窮다할궁 極가장극 幼아름다울유 眇그윽할묘
그윽한 아름다움을 끝까지 다함. [한서漢書]

窮年累世
궁 년 누 세
窮다할궁 年해년 累거듭루(누) 世대세
본인의 일생과 자손의 대대. [순자荀子]

窮當益堅
궁 당 익 견
窮궁할궁 當마땅당 益더할익 堅굳을견
궁할수록 더욱 마음이 굳어야 함. [후한서後漢書]

窮理盡性
궁 리 진 성
窮다할궁 理다스릴리 盡다할진 性성품성
천지 자연의 이치와 사람의 성정을 궁리함. [역경易經]

窮兵黷武
궁 병 독 무
窮다할궁 兵군사병 黷더럽힐독 武굳셀무
공훈(功勳)이 탐나 병력을 함부로 남용하여 무(武)를 더
럽히는 것.

窮鼠齧狸
궁 서 설 리
窮 궁할궁 鼠 쥐 서 齧 물설 狸 삵 리
궁지에 몰린 쥐가 살쾡이를 물어뜯음. 약자도 궁지에 처
하면 평소에 못할 일도 하게 된다는 뜻. [염철론鹽鐵論] =궁
서설묘(窮鼠齧猫)

宮室已修
궁 실 이 수
宮 궁궐궁 室 집 실 已 이미 이 修 닦을 수
집터를 다져 궁궐이나 집 지을 준비를 함. [예기禮記]

窮餘之策
궁 여 지 책
窮 궁할궁 餘 남을 여 之 어조사지 策 꾀 책
궁박하고 어려운 끝에 짜낸 계책.

窮閭漏屋
궁 염 누 옥
窮 궁할궁 閭 마을염 漏 샐루(누) 屋 집 옥
궁핍한 동네의 비가 새는 집. 즉 매우 가난한 집안의 사
는 모양을 형용하는 말. [순자荀子]

窮而後工
궁 이 후 공
窮 궁할궁 而 말이을이 後 뒤 후 工 장인 공
시인(詩人)은 궁할수록 시문이 더욱 훌륭해짐.

窮人謀事
궁 인 모 사
窮 다할궁,궁할궁 人 사람인 謀 꾀모 事 일사
운수가 궁한 사람이 꾸미는 일은 실패하기 쉽다는 뜻.

窮日之力
궁 일 지 력
窮 다할궁 日 날 일 之 어조사지 力 힘 력
아침부터 저녁까지 힘을 다해 일함. [맹자孟子]

弓折刀盡
궁 절 도 진
弓 활궁 折 꺾일절 刀 칼도 盡 다할진
무기가 다 떨어져 더는 싸울 수 없게 됨. 어떻게 해볼 도
리가 없다는 뜻. =궁절시진(弓折矢盡)

弓旌之召
궁 정 지 소
弓 활궁 旌 기정 之 갈지 召 부를소
임금이 신하를 부르는 수단을 말함. 즉 사(士)는 활(弓),
대부를 초빙할 때는 기(旌)를 써서 신호함. [춘추좌씨전春秋
左氏傳]

窮鳥入懷
궁 조 입 회
窮 궁할궁 鳥 새조 入 들입 懷 품을 회
궁지에 몰린 새가 사람의 품안으로 날아듦. 즉 궁하면
적에게도 의지할 수 있다는 말. 또는 곤궁하여 의탁해
오면 마땅히 도와주어야 함. [안씨가훈顔氏家訓]

窮室熏鼠
궁 질 훈 서
窮=窮 궁할 궁 室 막을 질 熏 연기 훈 鼠 쥐 서
집 안의 구멍을 막고 연기로 그을려 쥐를 잡음. [시경詩經]

窮凶極惡
궁 흉 극 악
窮 다할 궁 凶 흉할 흉 極 다할 극 惡 악할 악
성질이 비길 바 없이 음침하고 흉악함.

拳拳服膺
권 권 복 응
拳 주먹 권 服 옷 복 膺 가슴 응
늘 마음속에 간직하여 잘 지켜 나감. [중용中庸]
▶권권(拳拳): 정성껏 지키는 모양.

勸農綸音
권 농 윤 음
勸 권할 권 農 농사 농 綸 벼리 윤 音 소리 음
농사를 장려하는 임금의 교서(敎書).

權謀術數
권 모 술 수
權 권세 권 謀 꾀할 모 術 재주 술 數 셀 수
목적 달성을 위해 수단과 방법을 가리지 않는 온갖 재주. [순자荀子]

權不十年
권 불 십 년
權 권세 권 不 아닐 불 十 열 십 年 해 년
권세는 10년 가기가 어려움.

勸善懲惡
권 선 징 악
勸 권할 권 善 착할 선 懲 징계할 징 惡 악할 악
선행을 권장하고 악행을 징계함. [춘추좌씨전春秋左氏傳]

捲握之物
권 악 지 물
捲 말 권 握 잡을 악 之 갈 지 物 만물 물
손 안에 말아 잡은 물건. 즉 자기 손아귀에 들어온 물건을 이름. [후한서後漢書]

卷而摶之
권 이 단 지
卷 책 권 而 말이을 이 摶 묶을 단 之 갈 지
책을 한데 모아 정리해 묶음. [주례周禮]

權震天下
권 진 천 하
權 권세 권 震 벼락 진 天 하늘 천 下 아래 하
권세가 천하에 떨침. [한서漢書]

捲土重來
권 토 중 래
捲 말 권 土 흙 토 重 거듭 중 來 올 래
흙먼지를 일으키며 다시 옴. 실패한 뒤 힘을 쌓아 대단한 기세로 다시 오는 것을 이름. [사기史記]

厥角稽首
궐 각 계 수
厥 그 궐 角 뿔 각 稽 조아릴 계 首 머리 수
이마가 땅에 닿도록 머리를 조아림. 공손함을 나타내는 말. [한서漢書]

厥德不回
궐 덕 불 회

厥 그궐 德 덕덕 不 아닐불 回 간사할 회
그 덕이 간사하지 않음. [시경詩經]

▶궐덕불회 이수방국(---- 以受方國): 그 분의 덕이 간사하지 않아 나라를 받드시었네.

厥篚織纊
궐 비 직 광

厥 그궐 篚 대광주리 비 織 짤직 纊 솜 광
그 바구니에는 가늘게 짠 비단과 솜이 들어 있음. [서경書經]

厥篚織文
궐 비 직 문

厥 그궐 篚 대광주리 비 織 짤직 文 무늬 문
그 바구니엔 무늬를 넣어 짠 비단으로 채워져 있음. [서경書經]

蹶然而起
궐 연 이 기

蹶 넘어질 궐 然 그럴 연 而 말이을 이 起 일어날 기
넘어졌다가 다시 일어남. [장자莊子]

厥草惟繇
궐 초 유 요

厥 그궐 草 풀초 惟 오직 유 繇 무성할 요
풀만 자라 올라 무성함. [서경書經]

俏得俏失
궤 득 궤 실

俏 홀연히 궤 得 얻을 득 失 잃을 실
홀연히 얻었다가 홀연히 잃음.

憒眊不明
궤 모 불 명

憒 심란할 궤 眊 흐릴 모 不 아닐 불 明 밝을 명
마음이 흐리고 어지러워 명확하지 않음. [한서漢書]

潰冒衝突
궤 모 충 돌

潰 무너질 궤 冒 무릅쓸 모 衝 찌를 충 突 부딪칠 돌
홍수가 제방을 무너뜨리기도 하고 언덕에 충돌하기도 함. [소식蘇軾의 시詩]

詭辭而出
궤 사 이 출

詭 속일 궤 辭 말씀 사 而 말이을 이 出 날 출
속이는 말이 나옴. 즉 말로써 상대를 속임. [춘추곡량전春秋穀梁傳]

跪而蔽席
궤 이 폐 석

跪 꿇어앉을 궤 而 말이을 이 蔽 덮을 폐 席 자리 석
꿇어앉아 자리를 덮어 감춤. 즉 자기 자신을 감추어 숨기는 것을 말함. [사기史記]

詭銜竊轡
궤 함 절 비

詭 속일 궤 銜 재갈 함 竊 훔칠 절 轡 고삐 비
말이 재갈을 뱉어 내고 고삐를 물어뜯음. 구속이 심하여 벗어나고자 심히 애쓰는 모양을 비유. [장자莊子]

軌函之禍
궤 함 지 화
軌 법도 궤　函 함 함　之 어조사 지　禍 재앙 화
함으로 인해 화를 당함.
▶당(唐)의 측천무후(則天武后)가 관청의 네 귀퉁이에 함을
비치하여 정보를 얻고 투서한 자에게는 상을 내리고 투
서한 내용을 정보로 죄를 엮어 반대파를 처벌한 데서 나
온 말.

歸去來兮
귀 거 래 혜
歸 돌아갈 귀　去 갈 거　來 올 래　兮 어조사 혜
돌아가자! 벼슬을 버리고 고향으로 돌아갈 결의를 나타
낸 말. [도연명陶淵明의 귀거래사歸去來辭]

貴鵠賤鷄
귀 곡 천 계
貴 귀할 귀　鵠 백조 곡　賤 천할 천　鷄 닭 계
백조를 귀히 여기고 닭을 천히 여김. 즉 보기 드문 것은
귀히 여기고 자주 보는 것은 천하게 여기는 사람의 마음
을 비유한 말. =가계야치(家鷄野稚)

鬼哭啾啾
귀 곡 추 추
鬼 귀신 귀　哭 울 곡　啾 작은 소리 추
유령이 서글프게 움. 즉 으스스한 기운이 엄습해 오는
것을 말함.

歸寧父母
귀 녕 부 모
歸 돌아갈 귀　寧 편안할 녕　父 아비 부　母 어미 모
시집 간 여자가 친정집으로 돌아가 부모를 편안히 계신
지 찾아뵙는 것. [시경詩經] =귀성(歸省), 근친(覲親)

歸馬放牛
귀 마 방 우
歸 돌아갈 귀　馬 말 마　放 놓을 방　牛 소 우
말을 돌려보내고 소를 방목함. [사기史記]
▶주(周)의 무왕이 은(殷)을 치고 돌아와 전쟁에 사용한 말
과 소를 화산의 남쪽에 놓아 주면서 다시는 전쟁이 없을
거라는 결의를 보인 고사에서 온 말.

歸命頂禮
귀 명 정 례
歸 돌아갈 귀　命 목숨 명　頂 정수리 정　禮 예절 례
불교에 귀의하여 자기 머리를 부처님 발에 절하는 인도
(印度) 최고 경례.

鬼貌藍色
귀 모 남 색
鬼 귀신 귀　貌 모양 모　藍 쪽 남　色 빛 색
유령과 같은 창백한 얼굴 빛. [당서唐書]

龜毛兎角
귀 모 토 각
龜 거북 귀　毛 털 모　兎 토끼 토　角 뿔 각
거북 등에 털이 나고, 토끼 머리에 뿔이 남. 도저히 있을
수 없는 일을 비유하는 말. [수신기搜神記]

劇目鏡心
귀 목 구 심
劇 상처 입힐 귀 目 눈 목 鏡 끌 구 心 마음 심
눈을 놀라게 하고 마음을 끎. 즉 문장의 구성이 뛰어나 보통 사람의 생각을 벗어남을 이름.

龜文鳥跡
귀 문 조 적
龜 거북 귀 文 무늬 문 鳥 새 조 跡 발자취 적
거북 등의 무늬와 새의 발자국 모양. 즉 문자의 기원을 이름.

龜背刮毛
귀 배 괄 모
龜 거북 귀 背 등 배 刮 깎을 괄 毛 털 모
거북 등에서 털 깎기. 도저히 있을 수 없는 일을 뜻함.

鬼使神差
귀 사 신 차
鬼 귀신 귀 使 부릴 사 神 귀신 신 差 어긋날 차
귀신이 부리어 신이 한 일. 즉 귀신의 소행. 스스로 주제할 수 없는 일이 일어남을 비유.

鬼神避之
귀 신 피 지
鬼 귀신 귀 神 귀신 신 避 피할 피 之 갈 지
귀신도 피함. 아무도 방해하지 않는다는 뜻.

歸獄不解
귀 옥 불 해
歸 돌아갈 귀 獄 옥 옥 不 아닐 불 解 풀 해
감옥에 가두고는 풀어 주지 않음. 【한서漢書】

貴而不舒
귀 이 불 서
貴 귀할 귀 而 말이을 이 不 아닐 불 舒 태만할 서
귀하게 되었으면 태만하지 않아야 함. 【사기史記】
▶부이불교 귀이불서(富而不驕 ----): 부를 얻으면 교만하지 않아야 하고 귀하게 되었으면 태만하지 않아야 한다.

貴耳賤目
귀 이 천 목
貴 귀할 귀 耳 귀 이 賤 천할 천 目 눈 목
듣는 것만 귀히 여기고, 보는 것은 천히 여김. 【장형張衡의 동경부東京賦】 =중요경근(重遙輕近)

貴在求退
귀 재 구 퇴
貴 귀할 귀 在 있을 재 求 구할 구 退 물러갈 퇴
존귀함은 물러남을 구하는 데서 존재함. 【설원說苑】
▶부재지족 귀재구퇴(富在知足 ----): 부유함은 만족할 줄 앎에 존재하고, 존귀함은 물러남을 구하는 데 존재한다.

鬼出電入
귀 출 전 입
鬼 귀신 귀 出 날 출 電 번개 전 入 들 입
귀신같이 나가고 번개같이 들어옴. 출입을 알 수가 없음을 말함. 【회남자淮南子】 =신출귀몰(神出鬼沒)

龜胸龜背
귀 흉 귀 배
龜거북귀 胸가슴흉 背등배
거북 등에 거북 등 같은 가슴. 즉 안팎곱사등이를 말함.

規矩準繩
규 구 준 승
規법규 矩곱자구 準평평할준 繩줄승
목공이 규구와 먹줄을 따름같이 누구나 행동의 기준을
따라야 함. 【맹자孟子】
▶규(規): 원을 그리는 도구. 구(矩): 각을 재는 도구. 준(準):
수평을 재는 도구. 승(繩): 줄을 넣는 먹줄.

窺御激夫
규 어 격 부
窺엿볼규 御말몰어 激부딪칠격 夫사내부
내조의 공을 말함.
▶제(齊)나라 안자(晏子)의 마부의 아내가 남편이 수레 모
는 모습을 엿보고 격려한 고사에서 온 말.

竅如七星
규 여 칠 성
竅구멍규 如같을여 七일곱칠 星별성
지붕의 일곱 구멍에서 별이 비침. 지붕이 헐어 곳곳에서
빛이 새어드는 것을 형용한 말. 즉 몹시 가난함을 비유
해 하는 말.

蹞踽盤桓
규 우 반 환
蹞걷는모양규 踽외로울우 盤소반반 桓머뭇거
릴환
머뭇거리고 억지로 걸어가는 것. 【장형張衡의 서경부西京賦】
▶규우(蹞踽): 八자 걸음걸이.
▶반환(盤桓): ①나아가기 힘든 모양. ②즐기는 모양. ③결
정 짓지 못하는 모양. ④성대한 모양.

窺以重利
규 이 중 리
窺엿볼규 以써이 重무거울중 利이로울리
많은 이익을 미끼로 사람을 꾐. 【사기史記】

珪璋特達
규 장 특 달
珪홀규 璋반쪽홀장 特특별할특 達보낼달
혼약의 예물로 다른 것은 보내지 않고 규장(珪璋)만을
보냄. 덕(德)이 뛰어남을 비유하여 쓰는 말.
▶규장(珪璋=圭璋): 예식 때 장식으로 쓰는 옥.

閨閤之臣
규 합 지 신
閨안방규 閤쪽문합 之어조사지 臣신하신
궁중에서 잠자리를 돌보아 주는 신하. 임금을 가까이에
서 모시는 신하.

規行矩步
규 행 구 보

規 법 규 行 갈 행 矩 법도 구 步 걸음 보

걸음걸이가 법도에 맞음. 즉 옛 법도를 잘 지켜서 품행이 방정함. [진서晉書]

葵花向日
규 화 향 일

葵 해바라기 규 花 꽃 화 向 향할 향 日 해 일

해바라기 꽃은 항상 해를 향함. 신하의 마음은 늘 임금에게로 향함을 비유.=규경향일(葵傾向日)

叫喚地獄
규 환 지 옥

叫 부르짖을 규 喚 부를 환 地 땅 지 獄 옥 옥

뜨거운 불을 견디지 못하여 울며 부르짖는 고통스러운 지옥. [불경佛經] =호규지옥(號叫地獄)

囷窌倉城
균 교 창 성

囷 곳집 균 窌 움집 교 倉 곳집 창 城 재 성

곳집, 움집, 창고가 성곽을 이룸. 집들이 아주 많음을 형용한 말. [주례周禮]

袀服振振
균 복 진 진

袀 군복 균 服 옷 복 振 떨칠 진

군복이 바람에 펄럭임. [한서漢書]

▶균복(袀服): ①갖추어진 의복. ②검은 옷 또는 군복.
▶진진(振振): 펄럭이는 모양.

鈞旋轂轉
균 선 곡 전

鈞 녹로 균 旋 돌 선 轂 바퀴통 곡 轉 구를 전

녹로가 돌고 수레바퀴 통이 구름. 즉 세상이 녹로같이 돌고 돌아 변천함을 말함. [회남자淮南子]

▶녹로(轆轤): 도자기 만들 때 돌리는 판.

橘中之樂
귤 중 지 락

橘 귤나무 귤 中 가운데 중 之 어조사 지 樂 즐길 락

바둑 또는 장기를 두는 즐거움. [유명록幽冥錄]

▶옛날 중국 파공(巴邛)에 사는 사람이 큰 귤을 쪼개 보니 두 노인이 바둑을 두며 즐거워하고 있었다는 고사에서 비롯된 말.

橘化爲枳
귤 화 위 지

橘 귤나무 귤 化 될 화 爲 할 위 枳 탱자나무 지

회수(淮水)의 남쪽에서 자라는 귤나무를 회북(淮北)에 옮겨 심으면 탱자가 됨. 환경에 따라 지니고 있는 본성이 변함을 비유. [주례周禮] =남귤북지(南橘北枳)

ㄱ

掫高后掖
극 고 후 액
掫 칠 극 高 높을 고 后 뒤 후 掖 낄 액
기세가 높은 것은 친 후에 안아 줌. 친 다음 무마함을 말함. [한서漢書]

克寬克仁
극 관 극 인
克 이길 극 寬 너그러울 관 仁 어질 인
너그럽고 인자하게 되도록 힘을 씀. [서경書經]
▶극관극인 창신조민(---- 彰信兆民): 관대하고 어지셔서 만백성의 믿음이 드러나게 되었습니다.

克己復禮
극 기 복 례
克 이길 극 己 자기 기 復 돌아볼 복 禮 예절 례
사사로운 욕심을 누르고 예의와 범절을 따름. [논어論語]

劇談謔語
극 담 학 어
劇 심할 극 談 말씀 담 謔 희롱할 학 語 말씀 어
심한 말로써 상대를 희롱함. [북제서北齊書]

極盛卽敗
극 성 즉 패
極 다할 극 盛 성할 성 卽=則 곧 즉 敗 패할 패
왕성함이 지나치면 패망함. 지극히 성하면 쇠퇴하여 패망함. =극성지패(極盛之敗)

克愛克威
극 애 극 위
克 이길 극 愛 사랑 애 威 위엄 위
위엄과 덕망으로 사람을 복종시킴. [서경書經]

極熱地獄
극 열 지 옥
極 다할 극 熱 더울 열 地 땅 지 獄 옥 옥
불교에서 말하는 8열지옥 중 가장 뜨거운 지옥. =무간지옥(無間地獄), 아비지옥(阿鼻地獄)

棘針刺心
극 침 자 심
棘 가시 극 針 바늘 침 刺 찌를 자 心 마음 심
가시나무로 가슴을 찔러 뜻을 이룸. 지극한 정성으로 하면 뜻이 이루어진다는 말.
▶진(晉)의 고개지(顧愷之)가 사모하는 여인의 초상화를 완성하고 가시나무 가시로 초상화의 가슴을 찔러서 소원을 이루었다는 고사에서 온 말.

根拳土易
근 권 토 역
根 뿌리 근 拳 주먹 권 土 흙 토 易 바꿀 역
뿌리는 주먹같이 뭉치고 흙을 바꿈. 나무를 이식하는 방법이 잘못됨을 이르는 말. [유종원柳宗元의 글]

僅僅得生
근 근 득 생
僅 겨우 근 得 얻을 득 生 날 생
겨우겨우 살아감.

勤勤孜孜
근 근 자 자
勤 부지런할 근 孜 힘쓸 자
부지런하게 사는 모양.

謹毛失貌
근 모 실 모
謹 삼갈 근 毛 털 모 失 잃을 실 貌 모양 모
그림을 그릴 때 조그만 부분에 집착하다가 전체의 모양을 그르치는 것. 즉 소(小)에 치중하다가 대의(大義)를 잃음을 이름.

近墨者黑
근 묵 자 흑
近 가까울 근 墨 먹 묵 者 사람 자 黑 검을 흑
먹을 가까이 하면 검어짐. 나쁜 사람을 가까이 하면 그 자신도 물들기 쉽다는 뜻.

近水樓臺
근 수 누 대
近 가까울 근 水 물 수 樓 다락 루(누) 臺 돈대 대
물가 가까이에 있는 정자. 낮은 자리에 있는 자가 높은 자리에 있는 사람과 가까워지려는 것을 비유.

瑾瑜匿瑕
근 유 익 하
瑾 아름다운 옥 근 瑜 아름다울 유 匿 숨을 익 瑕 티 하
아름다운 옥에도 티가 있음. 성인 군자도 허물이 있으니 그 허물을 허용해야 한다는 말. [춘추좌씨전春秋左氏傳]

勤而無怨
근 이 무 원
勤 부지런할 근 而 말이을 이 無 없을 무 怨 원망할 원
부지런하면 원망이 없어짐. [시경詩經]

近朱者赤
근 주 자 적
近 가까울 근 朱 붉을 주 者 사람 자 赤 붉을 적
붉은 것을 가까이하면 붉어짐. =근묵자흑(近墨者黑)

根塵虛妄
근 진 허 망
根 뿌리 근 塵 티끌 진 虛 빌 허 妄 헛될 망
인간의 육근(눈, 귀, 코, 혀, 몸, 뜻)과 이에 대하는 색(色), 성(聲), 향(香), 미(味), 촉(觸), 법(法)의 육진은 모두가 허망한 것이라는 말. [원각경圓覺經]

近取諸身
근 취 저 신
近 가까울 근 取 취할 취 諸=之+於 어조사 저 身 몸 신
가까이는 몸에서 취함. [역경易經]
▶근취저신 원취저물(---- 遠取諸物): 가깝게는 자기 몸에서 진리를 찾고, 멀리서는 각각의 사물에서 진리를 찾는다.

91

金鼓振天
금 고 진 천
金쇠금 鼓북고 振떨칠진 天하늘천
쇠소리와 북소리가 하늘을 진동함. 적과의 격전(激戰)을 형용한 말.

金谷酒數
금 곡 주 수
金쇠금 谷골짜기곡 酒술주 數헤아릴수
벌주(罰酒)와 벌배(罰杯)를 말함. 【이백李白의 춘야연도리원서春夜宴桃李園序】
▶진(晉)의 부자 석숭(石崇)이 금곡의 별장에 빈객을 초대하여 연회를 베풀고, 시를 짓지 못하는 사람에게는 벌주 3두(斗)를 마시게 한 고사에서 온 말.

禽困覆車
금 곤 복 거
禽새금 困곤할곤 覆뒤집힐복 車수레거
잡혀 있는 새도 궁지에 몰리면 수레를 뒤엎음. 약자도 결사적인 지경이 되면 큰 힘을 낸다는 뜻. 【전국책戰國策】

金科玉條
금 과 옥 조
金쇠금 科과정과 玉구슬옥 條조목조
금옥과 같이 귀중한 법률이나 규정. 【문선文選】

金口木舌
금 구 목 설
金쇠금 口입구 木나무목 舌혀설
교령(敎令)을 내릴 때 청중에게 흔들어서 주의를 환기시키는 큰 종. 학자가 지위를 얻어 가르침을 베푸는 것을 비유한 말.
▶목설(木舌): 종(鐘)의 혀가 나무로 된 것. 교령에 쓰임.

金甌無缺
금 구 무 결
金쇠금 甌사발구 無없을무 缺흠집결
조금도 흠집이 없는 황금 사발. 한 번도 외국으로부터 수모를 당하지 않은 국가를 형용하는 말. 【남사南史】

金甌覆名
금 구 복 명
金쇠금 甌사발구 覆알릴복 名이름명
새로운 재상을 임명하는 일을 말함. 【당서唐書】
▶당(唐) 현종(玄宗)이 재상을 고를 때마다 이름을 쓴 종이를 금사발로 덮어놓고, 신하에게 맞추어 보게 한 후 임명한 고사에서 비롯된 말.

金口閉舌
금 구 폐 설
金=噤 입다물금 口입구 閉닫을폐 舌혀설
입을 다물고 혀를 놀리지 않음. =금설폐구(金舌閉口)

金櫃石室
금 궤 석 실
金쇠금 櫃상자궤 石돌석 室방실
쇠로 만든 상자와 돌로 만든 방. 즉 책을 소중히 간직하는 곳.

金櫃之計
금 궤 지 계
金쇠금 櫃상자궤 之어조사지 計계책계
금궤 속에 은밀히 간직할 만한 계책.

禽犢之行
금 독 지 행
禽새금 犢송아지독 之어조사지 行행실행
금수와 같은 행동. 친족 사이의 음행(淫行). 【한비자韓非子】

金蘭之交
금 란 지 교
金쇠금 蘭난초란 之갈지 交사귈교
쇠같이 굳고 난초같이 향기로운 사귐. 지극히 친한 사이. 【역경易經】

金相玉質
금 상 옥 질
金쇠금 相서로상 玉구슬옥 質바탕질
황금의 질과 주옥의 바탕. 형식과 내용이 모두 아름다움을 이름.

金書鐵券
금 서 철 권
金쇠금 書글서 鐵쇠철 券책권
한대(漢代)에 공신을 봉할 때의 부절(符節). 금으로 상감(象嵌)을 했고 쇠로 표지를 했다(鐵券).

金石絲竹
금 석 사 죽
金쇠금 石돌석 絲실사 竹대죽
악기의 네 가지 재료. 【예기禮記】
▶악기를 만든 재료에 따라 금(金)은 종(鐘), 석(石)은 경(磬), 사(絲)는 거문고나 비파 등의 현악기, 죽(竹)은 퉁소 등의 관악기를 말함.

今昔之感
금 석 지 감
今이제금 昔옛석 之어조사지 感느낄감
현재와 과거를 비교해 볼 때 많은 변화가 있어 느껴지는 감회.

金石之約
금 석 지 약
金쇠금 石돌석 之어조사지 約약속할약
쇠와 돌같이 굳은 언약. =금석지교(金石之交)

金石之言
금 석 지 언
金쇠금 石돌석 之어조사지 言말씀언
교훈이 되는 귀중한 말. 【순자荀子】

金石之典
금 석 지 전
金 쇠금 石 돌석 之 갈지 典 법전
쇠나 돌과 같이 변하지 않는 법전.

金蟬脫殼
금 선 탈 각
金 쇠금 蟬 매미 선 脫 벗을 탈 殼 껍질 각
매미가 허물을 벗는 것같이 몸을 빼서 달아남.

金聲玉振
금 성 옥 진
金 쇠금 聲 소리 성 玉 구슬 옥 振 떨칠 진
금성은 종(鐘) 소리, 옥진은 경(磬) 소리. 사물을 집대성
하는 일을 이름. 【맹자孟子】
▶음악 합주시 시작은 종, 마침에는 경을 친 데서 온 말.

金城湯池
금 성 탕 지
金 쇠금 城 성곽 성 湯 끓을 탕 池 못 지
쇠로 만든 성곽과 끓는 물로 채운 연못. 방비가 튼튼한
성을 이름. 【한서漢書】 =금성철벽(金城鐵壁)

錦繡江山
금 수 강 산
錦 비단 금 繡 수놓을 수 江 강 강 山 뫼 산
비단으로 수를 놓은 것같이 아름다운 강과 산.

琴瑟不調
금 슬 부 조
琴 거문고 금 瑟 비파 슬 不 아닐 부 調 고를 조
거문고 음과 비파의 음이 서로 조화롭지 않음. 부부 간
에 화합하지 못하는 것을 이름.

琴瑟之樂
금 슬 지 락
琴 거문고 금 瑟 비파 슬 之 갈지 樂 즐길 락
부부 간 화합의 즐거움. 또는 일가 화합의 즐거움. 【시경詩
經】

今是昨非
금 시 작 비
今 이제 금 是 옳을 시 昨 어제 작 非 아닐 비
오늘은 옳고, 어제는 그름. 즉 과거의 잘못을 오늘 처음
깨달았다는 말. 【도연명陶淵明의 귀거래사歸去來詞】

錦心繡口
금 심 수 구
錦 비단 금 心 마음 심 繡 수놓을 수 口 입 구
아름다운 마음과 고운 말. 글 재주가 뛰어남을 칭찬하는
말. =금심수장(錦心繡腸)

金押玉鈕
금 압 옥 뉴
金 쇠금 押 누를 압 玉 옥 옥 鈕 인꼭지 뉴
금 도장과 옥 도장을 누름. 천하를 호령하고 다스림을
비유하는 말. 【송사宋史】

衿纓綦屨
금 영 기 구

衿 옷깃 금 纓 갓끈 영 綦 연두빛 비단 기 屨 신 구
향 주머니를 차고 비단 신을 신음. 화려한 차림을 이름.

衾影無慙
금 영 무 참

衾 이불 금 影 그림자 영 無 없을 무 慙 부끄러울 참
이불이나 그림자에게도 부끄러움이 없게 함. 혼자 있을
때도 품위를 잃지 않음. 【송사宋史】

金烏玉兎
금 오 옥 토

金 쇠 금 烏 까마귀 오 玉 구슬 옥 兎 토끼 토
금 까마귀와 옥 토끼. 해와 달을 말함.

金玉君子
금 옥 군 자

金 쇠 금 玉 구슬 옥 君 임금 군 子 아들 자
금옥같이 절개를 굳게 지키는 군자. 【송사宋史】

金玉滿堂
금 옥 만 당

金 쇠 금 玉 구슬 옥 滿 가득할 만 堂 집 당
금과 옥이 집 안에 가득히 참. 어진 신하가 조정에 가득
함을 비유한 말. 【노자老子】

金玉爾音
금 옥 이 음

金 쇠 금 玉 구슬 옥 爾 너 이 音 소리 음
너의 소리를 금옥과 같이 하라는 뜻. 함부로 말하지 않
아야 한다는 말. 【시경詩經】

金玉貯嬌
금 옥 저 교

金 쇠 금 玉 구슬 옥 貯 숨길 저 嬌 아리따울 교
화려하게 꾸며놓고 총애하는 미인을 살게 한다는 말.
▶한(漢)의 무제(武帝)가 미인 아교(阿嬌)를 얻어 금옥으로
  지은 집에 살게 한 고사에서 비롯된 말.

金玉之世
금 옥 지 세

金 쇠 금 玉 구슬 옥 之 어조사 지 世 대 세
태평한 세상을 일컬음. 【논형論衡】

金盌玉杯
금 완 옥 배

金 쇠 금 盌 주발 완 玉 구슬 옥 杯 잔 배
금주발과 옥잔. 고귀하고 높은 자리를 비유하는 말. 또
는 풍수설에서 길상의 땅 모양을 표현할 때 쓰는 말. 【오
대사五代史】

金旺之節
금 왕 지 절

金 쇠 금 旺 왕성할 왕 之 어조사 지 節 계절 절
오행(五行)에서 금(金)이 성하는 계절인 가을 절기를 말
함. =금왕지기(金旺之氣)

金友玉昆
금 우 옥 곤
金쇠금 友벗우 玉구슬옥 昆맏곤
남의 형제를 기리어 일컫는 말.

金衣公子
금 의 공 자
金쇠금 衣옷의 公공변될공 子아들자
꾀꼬리를 달리 지칭하는 이름.
▶금의(金衣): 꾀꼬리 털.

錦衣玉食
금 의 옥 식
錦비단금 衣옷의 玉구슬옥 食밥식
비단옷에 흰 쌀밥. 즉 의식이 아주 사치스럽고 호화로운
생활을 말함. [송사宋史]

錦衣還鄕
금 의 환 향
錦비단금 衣옷의 還돌아올환 鄕고을향
비단 옷을 입고 고향으로 돌아옴. 출세하고 성공하여 고
향으로 돌아옴. [남사南史] =의금환향(衣錦還鄕)

金作贖刑
금 작 속 형
金쇠금,돈금 作지을작 贖속죄할속 刑형벌형
돈을 주어 형벌을 대신함. 즉 돈을 주고 형벌을 면함. [서
경書經]

金章玉句
금 장 옥 구
金쇠금 章글장 玉구슬옥 句글귀구
뛰어나고 훌륭한 시와 문. =월장성구(月章星句)

金殿玉樓
금 전 옥 루
金쇠금 殿대궐전 玉구슬옥 樓누각루
휘황찬란한 궁전의 모양.

金精玉液
금 정 옥 액
金쇠금 精정할정 玉구슬옥 液진액
어떤 증세에 뚜렷한 효과가 있는 선약(仙藥). =금장옥례
(金漿玉醴)

錦鳥雲翔
금 조 운 상
錦비단금 鳥새조 雲구름운 翔날상
비단같이 아름다운 새가 구름 위를 빙빙 돌며 나는 모
양. [양간문제梁簡文帝]

金枝玉葉
금 지 옥 엽
金쇠금 枝가지지 玉구슬옥 葉잎사귀엽
왕가의 일족을 이르는 말. 또는 귀여운 자손.

金針度人
금 침 도 인
金쇠금 針바늘침 度=渡건널도 人사람인
금침을 타인에게 건네 줌. 즉 특별히 간직한 비결을 타
인에게 전수하여 준다는 말.

金革之世
금 혁 지 세

金 쇠 금　革 가죽 혁　之 어조사 지　世 대 세
전란이 끊임없이 계속되는 세상을 말함.
▶금혁(金革): 병기(兵器)를 통틀어 이르는 말.

汲汲忙忙
급 급 망 망

汲 물길을 급　忙 바쁠 망
몹시 바쁜 모양. [논형論衡] =황황급급(遑遑汲汲)

急流勇退
급 류 용 퇴

急 급할 급　流 흐를 류　勇 날랠 용　退 물러날 퇴
급류를 용감하게 건넘. 즉 관직에서 결단성 있게 물러나
는 것을 이름.

急繕其怒
급 선 기 노

急 급할 급　繕 다스릴 선　其 그 기　怒 성낼 노
노한 것을 급히 다스림. 화를 못 내게 급히 진정시킨다
는 말. [예기禮記]

汲黯爲忮
급 암 위 기

汲 물길을 급　黯 어두울 암　爲 할 위　忮 강직할 기
급암의 직간(直諫)으로 해(害)를 입힌다는 말로, 잘못
된 사람은 힙겹게 되나 국가를 위해서는 애국이 된다는
뜻. [한서漢書]
▶급암(汲黯)은 한(漢)의 명신(名臣). 자(字)는 장유(長孺).
　성품이 엄격하고 곧아 직간을 잘해 무제(武帝)가 사직(社
　稷)의 신에 가깝다고 했다.

急轉直下
급 전 직 하

急 급할 급　轉 구를 전　直 곧을 직　下 아래 하
형세가 갑자기 바뀌어 걷잡을 수 없이 내리 박힘.

急竹繁絲
급 죽 번 사

急 급할 급　竹 대 죽　繁 번성할 번　絲 실 사
음악소리가 야단스럽게 남.
▶죽(竹)은 관악기, 사(絲)는 현악기.

其甘如薺
기 감 여 제

其 그 기　甘 달 감　如 같을 여　薺 냉이 제
그 달기가 냉이보다 더하다. [시경詩經]
▶수위도고 기감여제(誰謂荼苦 ----): 누가 씀바귀를 쓰다
　했는가? 냉이보다 더 단 것을.

紀綱之僕
기 강 지 복

紀 벼리 기　綱 벼리 강　之 어조사 지　僕 종 복
재간이 있어 사물을 분간하여 잘 처리할 수 있는 사람.
즉 나라 일을 잘 처리할 만한 신하. [춘추좌씨전春秋左氏傳]

寄居丘亭 寄부칠기 居살거 丘언덕구 亭정자정
기 거 구 정 언덕 위에 있는 정자에 기거함. [한서漢書]

起居動作 起일어날기 居살거 動움직일동 作지을작
기 거 동 작 사람이 살아가는 일상의 움직임. =기거동정(起居動靜)

起居無時 起일어날기 居살거 無없을무 時때시
기 거 무 시 행동함에 일정한 때가 없이 자유로움. 은거하는 자유를
비유. [한유韓愈의 글]

旗鼓相當 旗기기 鼓북고 相서로상 當마땅당
기 고 상 당 적군과 아군의 군세(軍勢)가 비슷함. [후한서後漢書]

旗鼓相望 旗기기 鼓북고 相서로상 望바랄망
기 고 상 망 기와 북 소리가 이어짐. 대군의 행렬이 잇닿은 모양. [자
치통감資治通鑑]

氣貫斗牛 氣기운기 貫꿸관 斗말두 牛소우
기 관 두 우 의기가 북두성과 견우성을 꿰뚫을 정도로 맹렬함. [악비
岳飛의 시詩]

崎嶇坎坷 崎험할기 嶇험할구 坎구덩이감 坷평탄하지않
기 구 감 가 을 가
불우하여 세상살이에 온갖 간난신고(艱難辛苦: 어려움과
쓰라림)를 겪음.

饑求黍稷 饑주릴기 求구할구 黍기장서 稷기장직
기 구 서 직 기아에 견디다 못해 식량을 구함. 즉 게으름을 피우다가
다급해져서야 서두름을 뜻하는 말.

其究爲健 其그기 究연구할구 爲할위 健굳셀건
기 구 위 건 그것을 궁구해 보면 강건하다. [역경易經]

箕裘之業 箕키기 裘갖옷구 之갈지 業업업
기 구 지 업 조상 대대로 전승해 온 가업. [예기禮記]

欺君罔上 欺속일기 君임금군 罔=誷속일망 上위상
기 군 망 상 임금을 속임. 윗사람을 속임.

ㄱ

饑饉仍臻
기 근 잉 진
饑 주릴 기 饉 흉년들 근 仍 인할 잉 臻 이를 진
기근에 이르게 되다. 【한서漢書】

饑饉薦臻
기 근 천 진
饑 주릴 기 饉 흉년 들 근 薦 천거할 천 臻 이를 진
흉년이 거듭하여 닥침. 【시경詩經】

騏驥一毛
기 기 일 모
騏 준마 기 驥 천리마 기 一 한 일 毛 터럭 모
천리마의 한 오라기 털. 몹시 귀중한 것의 한 부분을 말함.

騏驥一躍
기 기 일 약
騏 준마 기 驥 천리마 기 一 한 일 躍 뛸 약
천 리 길도 한 걸음부터라는 뜻. 【순자荀子】
▶기기일약 불능십보(---- 不能十步): 천리마라도 한 번에 열 발짝은 뛰지 못한다.

其難其愼
기 난 기 신
其 그 기 難 어려울 난 愼 삼갈 신
신하가 되어서 하는 일의 어려움을 깨닫고 삼가서 행함.

豈徒順之
기 도 순 지
豈 어찌 기 徒 따를 도 順 따를 순 之 갈 지
어찌 따르기만 하겠는가? 따를 뿐 아니라 다른 일도 하겠다는 말. 【맹자孟子】

豈樂飮酒
기 락 음 주
豈 어찌 기=樂 樂 즐길 락 飮 마실 음 酒 술 주
즐거워하면서 술을 마심. =낙락음주(樂樂飮酒)

騎驢覓驢
기 려 멱 려
騎 말탈 기 驢 나귀 려 覓 찾을 멱
나귀를 타고 나귀를 찾음. 건망증이 심한 모양을 비유해 하는 말. 【황정견黃庭堅의 시詩】

羈旅之臣
기 려 지 신
羈 나그네 기 旅 나그네 려 之 어조사 지 臣 신하 신
다른 나라에서 와서 객원으로 있는 신하. 【사기史記】

其麗不億
기 리 불 억
其 그 기 麗 헤아릴 리,수효 려 不 아닐 불 億 억 억
그 수가 하도 많아 헤아릴 수가 없음. 【시경詩經】

記問之學
기 문 지 학
記 기록할 기 問 물을 문 之 어조사 지 學 배울 학
옛 글을 외워 남의 질문에 답만 해주는 무용의 학문. 즉 옛 글만 외울 뿐 깨달음도 활용도 없는 무용의 학문을 말함. 【예기禮記】 =기송지학(記誦之學)

99

羈縻勿絶
기 미 물 절
羈 굴레 기 縻 고삐 미 勿 말 물 絶 끊을 절
고삐를 놓지 말라. 한 시도 마음을 놓아서는 안 된다는
말. [사기史記]

機變之巧
기 변 지 교
機 베틀 기 變 변할 변 之 어조사 지 巧 공교로울 교
그때 그때 교묘한 수단을 씀. [맹자孟子]

驥服鹽車
기 복 염 거
驥 천리마 기 服 복종할 복 鹽 소금 염 車 수레 거
천리마가 소금 수레를 끄는 것. 유능한 인재가 천한 일
에 종사하여 그 재능을 발휘하지 못함을 비유. [전국책戰國
策] =기마염거(驥馬鹽車)

肌膚刻爛
기 부 각 란
肌 살 기 膚 살갗 부 刻 새길 각 爛 문드러질 란
살이 상처를 입어 찢기고 문드러짐. [삼국지三國志]

器不彫鏤
기 부 조 루
器 그릇 기 不 아닐 부 彫 새길 조 鏤 새길 루
그릇에 새기지 않음. [춘추좌씨전春秋左氏傳]

飢不擇食
기 불 택 식
飢 굶주릴 기 不 아닐 불 擇 가릴 택 食 먹을 식
굶주린 사람이 먹을 것을 가리지 않음. 빈곤한 사람이
사소한 은혜에도 감격하여 잊지 않음을 비유하는 말.

記事本末
기 사 본 말
記 기록할 기 事 일 사 本 근본 본 末 끝 말
사건을 중심으로 역사를 기록하는 방식.

起死回生
기 사 회 생
起 일어날 기 死 죽을 사 回 돌아올 회 生 날 생
다 죽어가다가 다시 살아남. [사기史記]

箕山之志
기 산 지 지
箕 키 기 山 뫼 산 之 어조사 지 志 뜻 지
은거하여 지조를 지킴. [한서漢書]
▶요(堯)임금 때 소보(巢父)와 허유(許由)가 명리(名利)를
피하여 기산에 은거한 고사에서 비롯된 말.

其山之梟
기 산 지 효
其 그 기 山 뫼 산 之 어조사 지 梟 올빼미 효
그 산에 있는 올빼미와 같이 용맹스러움. [관자管子]

氣象萬千
기 상 만 천
氣 기운 기 象 코끼리 상 萬 일만 만 千 일천 천
기후가 천태만상(千態萬象)으로 변함.

掎裳連襼
기 상 연 예
掎 끌 기　裳 치마 상　連 잇닿을 련(연)　襼 소매 예=
袂 소매 메
치마가 끌리고 소매가 연이어 닿음. 사람이 많이 모인
것을 형용하는 말. [반악潘岳의 부賦]

奇想天外
기 상 천 외
奇 기이할 기　想 생각 상　天 하늘 천　外 바깥 외
남이 상상도 못할 기발한 생각.

其生不蕃
기 생 불 번
其 그 기　生 날 생　不 아닐 불　蕃 우거질 번
그 삶이 번창하지 않음.
▶남녀동성 기생불번(男女同姓 ----): 남녀가 같은 성끼리
　만나면 자식이 번성치 못한다.

其生必傷
기 생 필 상
其 그 기　生 살 생　必 반드시 필　傷 상할 상
살려고 하면 반드시 고통이 따른다는 말.
▶상(傷)은 괴롭히다, 고통을 주다의 의미.

羈紲之僕
기 설 지 복
羈 굴레 기　紲 고삐 설　之 어조사 지　僕 종 복
임금의 행차에 말 굴레와 고삐를 쥐고 모시는 종. 권력
자 곁에 붙은 신하를 말함. [춘추좌씨전春秋左氏傳]

其性能寒
기 성 내 한
其 그 기　性 성품 성　能=耐 견딜 내　寒 찰 한
그 성질이 추위를 견딤. [한서漢書]

欺世盜名
기 세 도 명
欺 속일 기　世 대 세　盜 훔칠 도　名 이름 명
세상을 속이고 헛된 명성을 탐냄. [순자荀子]

其勢兩難
기 세 양 난
其 그 기　勢 권세 세　兩 두 량(양)　難 어려울 난
이러지도 저러지도 못하는 어려운 지경을 말함.

己所不欲
기 소 불 욕
己 자기 기　所 바 소　不 아닐 불　欲 바랄 욕
내가 원하지 않는 바. [논어論語]
▶기소불욕 물시어인(---- 勿施於人): 내가 원하지 않는 바
　를 남에게 베풀지 말라.

記誦詞章
기 송 사 장
記 기록할 기　誦 외울 송　詞 말씀 사　章 글 장
시가나 문장을 암기하고 외움. 인격 도야와는 관계가 없
는 학문을 말함. [대학장구서大學章句序]

101

其誰與歸 其그기 誰누구수 與더불여 歸돌아갈귀
기 수 여 귀 누구와 함께 의지하여 돌아갈까?

起承轉結 起일어날기 承이을승 轉구를전 結맺을결
기 승 전 결 한시 절구(絕句)의 구성. 문제를 제시하는 것이 기(起),
전개하는 것이 승(承), 내용을 부연하거나 전환하는 것
이 전(轉), 글 전체를 맺는 것이 결(結)이다.

奇巖怪石 奇기이할기 巖큰바위암 怪괴이할괴 石돌석
기 암 괴 석 기이하고 괴상하게 생긴 바위와 돌.

旣往不咎 旣이미기 往갈왕 不아닐불 咎허물구
기 왕 불 구 이미 지나간 일은 탓하지 않음. 【논어論語】 =기왕지사(旣往
之事), 기왕물구(旣往勿咎)

氣韻生動 氣기운기 韻운치운 生날생 動움직일동
기 운 생 동 문장이나 서화에 나타난 기품과 정취가 생동감이 있음
을 말함. 【철경록輟耕錄】

祇園精舍 祇토지신기 園동산원 精알맹이정 舍집사
기 원 정 사 인도 마갈타(Magadha)국의 수달장자(須達長子)가 석가
모니를 위하여 세운 설법도량(說法道場).
▶정사(精舍)는 수행하는 자가 있는 집이란 뜻.

剞劂銷鋸 剞새김할기 劂도끼월 銷끌소 鋸톱거
기 월 소 거 나무를 다듬는 크고 작은 연장. 즉 작은 칼, 도끼, 끌, 톱
등의 연장. 나무를 조각하고 다듬는 대목의 연장. 【회남자
淮南子】

綺襦紈絝 綺비단기 襦저고리유 紈흰비단환 絝바지고
기 유 환 고 비단 저고리와 비단 바지. 귀한 집안 자제를 말함. 【한서漢
書】 =기환자제(綺紈子帝)

其應如響 其그기 應응할응 如같을여 響울릴향
기 응 여 향 울림이 소리에 응하듯이 즉시 따라서 응함.

譏而不征 譏살필기 而말이을이 不아닐부 征칠정
기 이 부 정 살피기는 하나 치지는 않음. 【맹자孟子】

棄而違之
기 이 위 지
棄버릴 기 而말이을 이 違어긋날 위 之갈 지
제멋대로 버려두어서 도리에 어긋나게 행동하는 것을
이름. [논어論語]

其人如玉
기 인 여 옥
其그 기 人사람 인 如같을 여 玉구슬 옥
옥과 같이 깨끗하고 아름다운 사람.

飢者易食
기 자 이 식
飢주릴 기 者사람 자 易쉬울 이 食먹을 식
굶주린 자에게는 먹이기가 쉬움. [맹자孟子] =갈자이음(渴
者易飮)

旣張之舞
기 장 지 무
旣이미 기 張베풀 장 之갈 지 舞춤출 무
이미 벌어진 춤판. 어차피 시작한 일이니 중간에 그만둘
수 없다는 말.

機杼一家
기 저 일 가
機베틀 기 杼북 저 一한 일 家집 가
베 짜는 사람이 자기의 취향대로 특색 있는 베를 짜듯
스스로 머리를 짜내어 한 유파를 이루는 훌륭한 문장을
지음. =기저성일가(機杼成一家)
▶기저(機杼): ①베틀의 북 ②문사(文辭)의 결구(結構)를 이
르는 말.

其從如雲
기 종 여 운
其그 기 從따를 종 如같을 여 雲구름 운
그를 따르는 이가 구름같이 많음. [시경詩經]
▶제자귀지 기종여운(齊子歸止 ----): 제나라 공주가 시집
가니 따라가는 이가 구름 같네.

嗜酒爲酖
기 주 위 탐
嗜즐길 기 酒술 주 爲할 위 酖탐닉할 탐
술을 즐겨서 술에 탐닉함. [화엄음의華嚴音義]

奇峻嶄巄
기 준 참 롱
奇기이할 기 峻높을 준 嶄높을 참 巄가파를 롱
산이 기이하게 험하고 가파름.

氣盡脈盡
기 진 맥 진
氣기운 기 盡다할 진 脈맥 맥
기력이 다함.

箕帚之妾
기 추 지 첩
箕키 기 帚빗자루 추 之어조사 지 妾첩 첩
쓰레받기와 빗자루를 들고 청소하는 여자. 즉 남의 아내
가 된 것을 겸손하게 이르는 말. [사기史記]

其臭如蘭
기 취 여 란

其 그 기　臭 냄새 취　如 같을 여　蘭 난초 란
그 풍기는 향기가 난초와 같음. [역경易經]
▶동심지언 기여취란(同心之言 ----): 같은 마음에서 나오는 말은 그 향기가 난초와 같다.

旗幟鮮明
기 치 선 명

旗 기 기　幟 기 치　鮮 밝을 선　明 밝을 명
깃발의 빛이 선명함. 즉 자기의 주의와 주장이 뚜렷한 것을 비유하는 말.

旗幟槍劍
기 치 창 검

旗 기 기　幟 기 치　槍 창 창　劍 칼 검
진중에서 쓰는 군기와 창, 칼 등을 통틀어 말함. =기치군물(旗幟軍物), 기치검극(旗幟劍戟)

箕風畢雨
기 풍 필 우

箕 키 기　風 바람 풍　畢 마칠 필　雨 비 우
별에 따라 그 기호를 달리함. 즉 백성이 좋아하고 싫어함이 사람에 따라 다르다는 뜻. [서경書經]
▶기성(箕星)은 바람을 좋아하여 달을 만나면 바람을 일으키고, 필성(畢星)은 비를 좋아하여 달을 만나면 비를 내리게 한다고 함.

蚑行蟯動
기 행 요 동

蚑 길 기　行 갈 행　蟯 요충 요　動 움직일 동
작은 벌레가 기어 다니고 움직임. [회남자淮南子]

跂行喙息
기 행 훼 식

跂 기어다닐 기　行 다닐 행　喙 부리 훼　息 숨쉴 식
기어 다니고 부리로 숨쉼. 벌레나 새를 말함. [사기史記]

騎虎之勢
기 호 지 세

騎 탈 기　虎 호랑이 호　之 갈 지　勢 권세 세
호랑이를 타고 가는 형세. 호랑이에게 먹힐까 무서워 내리지도 못하는 것처럼 시작한 일을 중도에서 멈출수 없음을 비유하는 말.

奇貨可居
기 화 가 거

奇 기이할 기　貨 재화 화　可 옳을 가　居 살 거
진기한 물건을 사두었다가 때를 기다리면 큰 이익이 된다는 말. [사기史記]
▶한(韓)의 여불위(呂不韋)가 조(趙)나라에 인질이 되어 냉대를 받고 있던 진의 왕자 자초(子楚)를 보고 이 기회를 그냥 둘 수 없다 생각하여 그를 물심양면으로 돌보았다. 훗날 자초가 진(秦)에 돌아와 장양왕(莊襄王)이 되자, 여불위는 승상이 되어 불신후(不信侯)에 봉해졌다는 고사에서 비롯된 말.

奇花異草 奇 기이할 기 花 꽃 화 異 다를 리(이) 草 풀 초
기 화 이 초　기이한 꽃과 색다른 풀. =기화요초(琪花瑤草)

其會如林 其 그 기 會 모일 회 如 같을 여 林 수풀 림
기 회 여 림　숲같이 사람이 많이 모임. 【시경詩經】

吉蠲而饎 吉 길할 길 蠲 깨끗할 견 而 말이을 이 饎 주식 치
길 견 이 치　맛있고 깨끗한 술과 밥을 마련함. 【시경詩經】

佶屈聱牙 佶 건장할 길 屈 굽을 굴 聱 듣지 아니할 오 牙 어금
길 굴 오 아　니 아
　　　　　어렵고 까다로워 읽기 힘든 문장을 말함. 【한유韓愈의 진학해
　　　　　進學解】 =힐굴오아(詰屈聱牙)
　　　　▶길굴(佶屈): 답답한 모양, 오아(聱牙): 듣기 힘듦.

吉事有祥 吉 길할 길 事 일 사 有 있을 유 祥 상서로울 상
길 사 유 상　좋은 일이 있을 조짐. 【역경易經】

吉祥善事 吉 길할 길 祥 상서로울 상 善 착할 선 事 일 사
길 상 선 사　매우 기쁘고 상서로운 일. 【전국책戰國策】

吉祥悔過 吉 길할 길 祥 상서로울 상 悔 뉘우칠 회 過 허물 과
길 상 회 과　불교 용어. 풍년을 빌고 재난을 없애기 위해 매년 정월
　　　　　길상천(吉祥天)을 본존으로 하여 행하는 법회(法會).

吉人天相 吉 길할 길 人 사람 인 天 하늘 천 相 도울 상
길 인 천 상　착한 사람은 하늘이 도움. 【통속편通俗編】

喫著不盡 喫 마실 끽 著=着 입을 착 不 아닐 부 盡 다할 진
끽 착 부 진　먹고 입는 데 부족함이 없음. 즉 가진 것이 넉넉함.

羅浮少女 羅 그물 라(나) 浮 뜰 부 少 적을 소 女 계집 녀
나 부 소 녀　미인을 일컫는 말. =나부지몽(羅浮之夢)
　　　　▶나부산(羅浮山) 매화의 혼이 소녀의 모습으로 나타났다
　　　　　는 고사에서 온 말.

懶不自惜 懶 게으를 나 不 아닐 부 自 스스로 자 惜 아낄 석
나 부 자 석　게을러서 자기의 재능을 세상에 보여 줄 일을 하지 않
　　　　　음. 즉 자기 자신을 스스로 버림.

裸壤垂繒
나 양 수 증

裸 벗을 라(나) 壤 흙 양 垂 드리울 수 繒 비단 증
맨땅에 비단을 드리움. 가난한 집에 갑자기 복이 들이닥
침을 비유하는 말. [사혜련謝惠連]

懦耎之蟲
나 연 지 충

懦 연할 나 耎 가냘플 연 之 어조사 지 蟲 벌레 충
나약하고 가냘픈 작은 벌레.

羅雀掘鼠
나 작 굴 서

羅 그물 라(나) 雀 참새 작 掘 팔굴 鼠 쥐 서
그물을 쳐 참새를 잡고, 굴을 파 쥐를 잡음. 궁지에 몰려
온갖 일을 다해 보는 것을 비유하는 말. [당서唐書]

樂極哀生
낙 극 애 생

樂 즐길 락(낙) 極 다할 극 哀 슬플 애 生 날 생
즐거움이 극도에 달하면 슬픔이 생김.

落落難合
낙 락 난 합

落 떨어질 락(낙) 難 어려울 난 合 합할 합
여기저기 떨어져 있어 한자리에 모이기가 어려움. 뜻이
크고 높아 세상 사람들과 마음 맞기가 어려움. [후한서後漢
書]

落木空山
낙 목 공 산

落 떨어질 락(낙) 木 나무 목 空 빌 공 山 뫼 산
나뭇잎이 다 져서 쓸쓸한 빈 산. =낙목한천(落木寒天)

落眉之厄
낙 미 지 액

落 떨어질 락(낙) 眉 눈썹 미 之 갈 지 厄 재앙 액
눈썹에서 떨어진 재앙. 즉 갑자기 닥친 재앙.

落榜擧子
낙 방 거 자

落 떨어질 락(낙) 榜 패 방 擧 들 거 子 아들 자
과거에 떨어진 선비. 즉 일에 실패한 사람. [사기史記]

樂生於憂
낙 생 어 우

樂 즐길 락(낙) 生 날 생 於 어조사 어 憂 근심 우
즐거움은 평소 고생하는 데서 나옴. [명심보감明心寶鑑]

洛陽紙貴
낙 양 지 귀

洛 물 락(나) 陽 볕 양 紙 종이 지 貴 귀할 귀
낙양의 종이가 귀해짐. 저서가 많이 읽힘을 비유한
말. [진서晉書]

絡繹不絶
낙 역 부 절

絡 이을 락(나) 繹 끌어낼 역 不 아닐 부 絶 끊을 절
왕래가 끊이지 않고 이어짐.

樂然後笑
낙 연 후 소
樂 즐길 락(낙) 然 그러할 연 後 뒤 후 笑 웃을 소
진정으로 즐긴 연후에 웃어야 함. [논어論語]

落月屋梁
낙 월 옥 량
落 떨어질 락(낙) 月 달 월 屋 집 옥 梁=樑 들보 량
지는 달이 지붕 위를 비춤. 옛 친구 또는 죽은 사람을 그
리는 마음이 간절함을 뜻함. [두보杜甫의 시詩]

樂以忘憂
낙 이 망 우
樂 즐길 락(낙) 以 써 이 忘 잊을 망 憂 근심 우
도를 행하기 즐겨 가난과 같은 근심을 잊음. [논어論語]

樂而不流
낙 이 불 류
樂 즐길 락(낙) 而 말이을 이 不 아닐 불 流 흐를 류
즐기지만 흐트러지지 않음. 신라의 우륵(于勒)이 자신의
곡을 개작한 제자들의 곡을 듣고 평한 말.
▶낙이불류 애이불비(---- 哀而不悲): 즐겁되 막되지 않고,
슬프되 비탄스럽지 않다.

落者壓鬢
낙 자 압 빈
落 떨어질 락(낙) 者 놈 자 壓 누를 압 鬢 쌀쩍 빈
넘어진 사람 꼭뒤 누르기. 안 되는 사람을 더 안 되게 함.

落穽下石
낙 정 하 석
落 떨어질 락(낙) 穽 함정 정 下 아래 하 石 돌 석
함정에 빠진 사람에게 돌을 던짐. 즉 재난을 구제하기는
커녕 오히려 해를 입힘을 말함. [한유韓愈의 글文] =하정투
석(下穽投石)

落天圖謀
낙 천 도 모
落 떨어질 락(낙) 天 하늘 천 圖 그림 도 謀 꾀 모
잘된 사람에게 자기 때문에 잘된 거라고 사례를 요구함.

樂天知命
낙 천 지 명
樂 즐길 락(낙) 天 하늘 천 知 알 지 命 목숨 명
천명을 깨달아 즐기고 이에 순응함. [역경易經]

落筆點蠅
낙 필 점 승
落 떨어질 락(낙) 筆 붓 필 點 점 점 蠅 파리 승
붓 떨어진 자리에 파리를 그림. 화가의 교묘한 재주를
일컬음. [오록吳錄]
▶오(吳)의 화가인 조불흥(曹不興)이 손권(孫權)의 명으로
병풍에 그림을 그리다가 실수로 붓을 떨어뜨려 붓의 흔
적이 점으로 남았다. 이 점을 파리로 고쳐 그렸는데 손권
이 진짜 파리인 줄 알고 손가락으로 튕겼다는 고사에서
나온 말.

洛花流水
낙 화 유 수

洛 떨어질 락(낙)　花 꽃 화　流 흐를 류(유)　水 물 수
흐르는 물에 떨어지는 꽃. 남녀 간의 그리워하는 마음.
또는 세력이 쇠잔해짐을 비유하는 말로 쓰임. [백거이白居易의 시詩]

闌駕上書
난 가 상 서

闌 가로막을 란(난)　駕 멍에 가　上 위 상　書 글 서
임금의 수레를 가로막고 상소를 올리는 것. [철경록輟耕錄]

難屈以力
난 굴 이 력

難 어려울 난　屈 굽을 굴　以 써 이　力 힘 력
힘으로 사람의 마음을 굴복시키기는 어렵다는 말. [위씨춘추魏氏春秋]

▶가회이덕 난굴이력(可懷以德 ----): 덕으로 회유할 수는
있지만, 힘으로 굴복시키기는 어렵다.

爛其盈門
난 기 영 문

爛 빛날 란(난)　其 그 기　盈 찰 영　門 문 문
찬란함이 문 안에 가득함. [시경詩經]

▶한후고지 난기영문(韓侯顧之 ----): 한(韓)나라 제후를
돌아보니 찬란함이 문 안에 가득하네.

暖暖姝姝
난 난 주 주

暖 따뜻할 란(난)　姝 예쁠 주
마음이 따뜻하고 예뻐서 사물을 거역하지 않고 따름.

亂離瘼矣
난 리 막 의

亂 어지러울 란(난)　離 떠날 리　瘼 병들 막　矣 어조사 의
난리 중에 병까지 들었네. [시경詩經]

▶해기적귀 난리막의(亥歸適歸 ----): 난리 중에 병까지 들
었으니 어디로 돌아가리오?

爛商公論
난 상 공 론

爛 빛날 란(난)　商 헤아릴 상　公 공변될 공　論 의논
할 론
여러 사람이 의견을 내어 잘 의논함. =난상토론(爛商討論), 난상숙의(爛商熟議)

難上之木
난 상 지 목

難 어려울 난　上 위 상　之 갈 지　木 나무 목
올라가기 어려운 나무. [순오지旬五志]

▶난상지목물앙(難上之木勿仰): 못 오를 나무는 처다보지
도 말라.

108

鑾聲噦噦
난 성 홰 홰

鑾 방울 란(난) 聲 소리 성 噦 천천히 가는 모양 홰
수레가 천천히 가니 방울소리도 천천히 울리네. [장형張衡의 동경부東京賦]

亂臣賊子
난 신 적 자

亂 어지러울 란(난) 臣 신하 신 賊 도둑 적 子 아들 자
임금을 시해하는 신하와 부모를 죽이는 아들. 국가와 사회를 어지럽히는 무리를 이름. [맹자孟子]

蘭艾同焚
난 애 동 분

蘭 난초 란(난) 艾 쑥 애 同 한가지 동 焚 불사를 분
난초와 쑥이 함께 불살라짐. 군자와 소인이 구별 없이 재액을 당하는 것을 비유.

爛若披錦
난 약 피 금

爛 빛날 란(난) 若 같을 약 披 펼 피 錦 비단 금
곱기가 찬란한 비단을 펼친 듯함. 문장의 문체가 빛남을 비유하는 말. [세설신어世說新語]

蘭怨桂親
난 원 계 친

蘭 난초 란(난) 怨 원망할 원 桂 계수나무 계 親 친할 친
난초는 원망하고 계수나무는 친함. 사람이 세상에 태어나는 운명에 따라 형세가 다른 것을 비유. [진서晉書]

蘭亭殉葬
난 정 순 장

蘭 난초 란(난) 亭 정자 정 殉 순장할 순 葬 장사 장
물건을 사랑하는 마음이 지극한 것을 비유한 말. [상서고실尙書故實]

▶진(晉)의 명필인 왕희지(王羲之)가 쓴 난정서(蘭亭敍)를 당의 태종(太宗)이 너무나 사랑해 죽을 때 자기 관에 넣어 달라고 한 고사에서 나온 말.

難中之難
난 중 지 난

難 어려울 난 中 가운데 중 之 갈 지
어려운 중에서도 가장 어려운 것.

蘭芷漸滫
난 지 점 수

蘭 난초 란(난) 芷 구릿대 지 漸 적실 점 滫 뜨물 수
난초와 구릿대, 즉 향초(香草)를 오줌에 담금. 착한 사람이 나쁜 데에 물드는 것을 비유. [순자荀子]

蘭摧玉折
난 최 옥 절

蘭 난초 란(난) 摧 꺾일 최 玉 구슬 옥 折 부러질 절
난초가 꺾어지고 옥이 부러짐. 현인(賢人), 가인(佳人)의 죽음을 이르는 말. [세설신화世說新語]

難行苦行
난 행 고 행
難 어려울 난　行 행할 행　苦 쓸 고
불교 용어. 몸과 마음의 어려움을 이겨내려는 몹시 괴로운 수행.

難兄難弟
난 형 난 제
難 어려울 난　兄 형 형　弟 아우 제
누구를 형이라 하기 어렵고 누구를 아우라 하기 어려움. 즉 우열을 가릴 수 없는 경우를 말함. 〔세설신어世說新語〕
=막상막하(莫上莫下)

涅而不緇
날 이 불 치
涅=涅 검은 물을 들일 날　而 말이을 이　不 아닐 불
緇 검은 비단 치
검게 물들여도 검게 되지 않음. 어질고 현명한 사람은 나쁜 환경에 있어도 쉽게 주위의 나쁜 물이 들지 않는다는 말. 〔순자荀子〕

南柯一夢
남 가 일 몽
南 남녘 남　柯 가지 가　一 한 일　夢 꿈 몽
한때의 헛된 부귀를 이르는 말. 〔장자莊子〕=일장춘몽(一場春夢)
▶당(唐)의 순우분(淳于棼)이 느티나무의 남쪽 가지 밑에서 잠들어, 꿈에 괴안국의 공주를 아내로 삼고 남가군 태수(太守)가 되어 부귀를 누리다가 깨어 보니 꿈이었다는 고사에서 나온 말.

男角女羈
남 각 여 기
男 사내 남　角 뿔 각　女 계집 녀(여)　羈 굴레 기
남자는 총각머리, 여자는 매듭머리. 〔예기禮記〕

南梗北頑
남 경 북 완
南 남녘 남　梗 난폭할 경　北 북녘 북　頑 사나울 완
난폭한 일본 왜구와 사나운 북쪽 오랑캐를 말함.

南橘北枳
남 귤 북 지
南 남녘 남　橘 귤나무 귤　北 북녘 북　枳 탱자 지
양자강 남쪽의 귤을 강의 북쪽에 옮겨 심으면 탱자가 열림. 사람도 주위의 환경에 따라 바뀐다는 말. 〔전국책戰國策〕=귤화위지(橘化爲枳) 〔주례周禮〕

南極老人
남 극 노 인
南 남녘 남　極 가장 극　老 늙을 로(노)　人 사람 인
남극성(南極星)을 말함.

南金東箭
남 금 동 전
南 남녘 남 金 쇠 금 東 동녘 동 箭 화살 전
남쪽 화산(華山)의 금석(金石)과 동쪽 회계(會稽)의 죽전(竹箭). 아름답고 값진 물건을 이름.

南箕北斗
남 기 북 두
南 남녘 남 箕 키 기 北 북녘 북 斗 말 두
키(箕)로는 곡식을 까불고 말(斗)로는 곡식을 되지만, 남기성으로는 곡식을 까불지 못하고, 북두성으로는 곡식을 되지 못함. 실용 가치가 없음을 이름.

南能北秀
남 능 북 수
南 남녘 남 能 능할 능 北 북녘 북 秀 빼어날 수
남조(南宗) 선(禪)의 개조(開祖)인 혜능(慧能)과 북종(北宗) 선(禪)의 개조인 신수(神秀)를 일컫는 말.

南頓北漸
남 돈 북 점
南 남녘 남 頓 조아릴 돈 北 북녘 북 漸 점점 점
중국 선종(禪宗)의 남과 북의 종풍(宗風)이 서로 다른 것을 말함. 즉 혜능(慧能)이 전한 남종은 돈오(頓悟)를, 신수(神秀)가 전한 북종은 점수(漸修)를 종풍으로 한 것을 뜻함.

南樓之會
남 루 지 회
南 남녘 남 樓 다락 루 之 어조사 지 會 모일 회
가을 달맞이를 위한 모임. [진서晉書]
▶진(晉)의 유양(庾亮)이 무창(武昌)의 남루에 올라가 가을 밤에 사람들과 담론하며 시를 읊은 고사에서 온 말.

南蠻北狄
남 만 북 적
南 남녘 남 蠻 오랑캐 만 北 북녘 북 狄 오랑캐 적
남쪽 오랑캐와 북쪽 오랑캐.
▶중국 한족(漢族)은 주변의 국가들을 사이(四夷)라 하여 동이(東夷), 서융(西戎), 남만(南蠻), 북적(北狄)이라고 낮춰 부르고 자기 나라는 높여 중화(中華)라고 함.

南面百城
남 면 백 성
南 남녘 남 面 낯 면 百 일백 백 城 성 성
임금의 자리와 성이 백 개나 되는 넓은 국토.
▶남면(南面): 제왕의 자리. 언제나 남쪽을 향해 앉으므로 붙여진 이름.

南面之賊
남 면 지 적
南 남녘 남 面 낯 면 之 갈 지 賊 도둑 적
임금을 해치려는 자를 일컫는 말. [장자莊子]

南面稱孤
남 면 칭 고

南 남녘 남　面 낯 면　稱 일컬을 칭　孤 외로울 고
군주가 됨을 일컫는 말.
▶고(孤): 왕공(王公)의 겸칭.

南無三寶
남 무 삼 보

南 남녘 남　無 없을 무　三 석 삼　寶 보배 보
불교 용어. 삼보(三寶)에 귀의합니다.
▶남무(南無)는 중생들이 불교에 귀의하여 의지한다는 뜻으로, 믿고 받들어 순종함을 의미한다. 삼보(三寶)는 불(佛 부처의 깨달음), 법(法 부처의 설법), 승(僧 수행과 화합)을 이름.

攬髮而拯
남 발 이 증

攬 잡아당길 람(남)　髮 터럭 발　而 말이을 이　拯 건질 증
물에 빠진 사람의 머리카락을 잡아당겨 건짐. 즉 위급할 때는 사소한 예의를 차리지 않음을 일컬음.

南方之强
남 방 지 강

南 남녘 남　方 모 방　之 갈 지　强 굳셀 강
중국 남쪽 사람들의 강인함. 즉 관용(寬容)과 인내(忍耐)로 타인을 이겨내는 힘을 이름. [중용中庸]

男負女戴
남 부 여 대

男 사내 남　負 질 부　女 계집 녀(여)　戴 일 대
남자는 어깨에 지고 여자는 머리에 임. 전란에 피난하는 사람들을 형용하는 말.

攬轡澄清
남 비 징 청

攬 잡을 람(남)　轡 고삐 비　澄 맑을 징　清 맑을 청
말의 고삐를 잡고 천하를 깨끗이 함. 즉 천하의 정치를 바로잡을 큰 뜻을 품고 부임함. 누구나 처음 관직에 나갈 때는 어지러운 정치를 바로잡아 깨끗이 하겠다는 마음을 품는다는 말. [후한서後漢書]

南山可移
남 산 가 이

南 남녘 남　山 뫼 산　可 옳을 가　移 옮길 이
남산을 옮김. [구당서舊唐書]
▶남산가이 판불가요(---- 判不可搖): 남산은 옮길 수 있더라도 이미 결정된 것은 절대 변경할 수 없다. 남산은 종남산(終南山)을 일컬음.

南山之壽
남 산 지 수

南 남녘 남　山 뫼 산　之 갈 지　壽 목숨 수
종남산이 무너지지 않듯이 집안이 끊임없이, 영원히 계승해 갈 것을 축원하는 말. [시경詩經]
▶종남산(終南山)은 섬서성(陝西省)에 있는 산 이름.

南船北馬
남 선 북 마
南 남녘 남 船 배 선 北 북녘 북 馬 말 마
중국 남쪽은 강이 많아 배를, 북쪽은 지형 관계로 교통에 말을 많이 이용함. [회남자淮南子]

南巡童子
남 순 동 자
南 남녘 남 巡 돌 순 童 아이 동 子 아들 자
불교 용어. 관세음보살의 왼쪽에 있는 보처불(補處佛).

南洋大臣
남 양 대 신
南 남녘 남 洋 바다 양 大 큰 대 臣 신하 신
청(淸)나라 함풍(咸豊) 10년에 설치한 관직. 강소총독(江蘇總督)이 겸무했으며 장강 연안의 각 항구 및 절강(浙江), 복건(福建), 광동(廣東)의 중외교섭을 맡았다.

男女貿功
남 녀 무 공
男 사내 남 女 계집 녀 貿 바꿀 무 功 공 공
남녀가 각각 다른 일을 하여 서로 도움.

男女有別
남 녀 유 별
男 사내 남 女 계집 녀 有 있을 유 別 다를 별
남녀는 서로 구별이 있어야 한다는 말.

嵐影湖光
남 영 호 광
嵐 남기 람(남) 影 그림자 영 湖 호수 호 光 빛 광
산수의 아름다운 경치를 말함.
▶남기(嵐氣): 산속에 생기는 아지랑이 같은 기운.

南倭北虜
남 왜 북 로
南 남녘 남 倭 왜나라 왜 北 북녘 북 虜 오랑캐 로
15~18세기에 명(明)을 괴롭힌 남의 왜구와 북의 몽골.

南轅北轍
남 원 북 철
南 남녘 남 轅 끌채 원 北 북녘 북 轍 바퀴자국 철
수레의 끌채는 남쪽으로 향하고 바퀴는 북쪽으로 굴러감. 즉 행동과 마음이 일치하지 않는 것을 말함. [신악부新樂府]

藍田生玉
남 전 생 옥
藍 쪽 람(남) 田 밭 전 生 날 생 玉 구슬 옥
남전에서 미옥(美玉)이 남. 즉 명문가에서 현명한 후손이 남. [삼국지三國志]
▶남전(藍田): 장안 근교의 산으로 품질 좋은 옥이 나는 곳.

男尊女卑
남 존 여 비
男 사내 남 尊 높을 존 女 계집 녀(여) 卑 낮을 비
남자는 높고 여자는 낮다고 여기는 사상.

男左女右
남 좌 여 우
男 사내 남　左 왼 좌　女 계집 녀(여)　右 오른 우
남자는 왼쪽, 여자는 오른쪽으로 단추를 끼움.

南酒北餠
남 주 북 병
南 남녘 남　酒 술 주　北 북녘 북　餠 떡 병
남쪽엔 술이 좋고, 북쪽엔 떡이 좋다.

南窓寄傲
남 창 기 오
南 남녘 남　窓 창문 창　寄 부칠 기　傲 거만할 오
남창에 기대어 아무 거리낌 없이 유유자적하는 것. [도연
명陶淵明의 귀거래사歸去來辭]

男唱女隨
남 창 여 수
男 사내 남　唱 부를 창　女 계집 녀(여)　隨 따를 수
남자가 부르면 여자가 따라 부름. [공총자孔叢子] =부창부
수(夫唱婦隨)

南風不競
남 풍 불 경
南 남녘 남　風 바람 풍　不 아닐 불　競 다툴 경
남쪽 음악은 음조가 미약하고 활기가 없어 경쟁이 안
됨. 남쪽 나라의 힘이 미약하여 떨치지 못함을 비유하는
말. [춘추좌씨전春秋左氏傳]

南行北走
남 행 북 주
南 남녘 남　行 갈 행　北 북녘 북　走 달릴 주
남으로 갔다가 북으로 달림. 몹시 바쁘게 돌아다니는 것
을 말함.

南華之悔
남 화 지 회
南 남녘 남　華 빛날 화　之 갈 지　悔 뉘우칠 회
상관의 비위를 거슬러서 과거에 급제하지 못한 일.
▶당(唐)의 온정균(溫庭筠)의 고사에서 나온 말.

臘尾春頭
납 미 춘 두
臘 섣달 납, 납향 납　尾 꼬리 미　春 봄 춘　頭 머리 두
연말(年末)과 세수(歲首). [동국세시기東國歲時記]
▶납향(臘享): 동짓날부터 셋째 무일(戊日)에 선조와 백신
(百神)에게 그 해 농사가 잘되기를 기원하고 아뢰는 제사
를 납향제(臘享祭) 또는 납평제라고 하였다.
춘두(春頭): 새해의 첫날.

狼多肉少
낭 다 육 소
狼 이리 랑(낭)　多 많을 다　肉 고기 육　少 적을 소
이리는 많은 데 먹을 고기는 적음. 재화(財貨)는 적은데
원하는 사람은 많음.

廊廟之器
낭 묘 지 기

廊 복도 랑(낭) 廟 사당묘 之 갈지 器 그릇 기
묘당(廟堂)에서 천하를 다스릴 만한 인재. 즉 재상의 재목이 될 사람. [삼국지三國志] =묘당지량(廟堂之量)

囊沙之計
낭 사 지 계

囊 주머니 낭 沙 모래사 之 갈지 計 셈할 계
모래주머니로 둑을 쌓았다가 터서 적군을 익사시킨 계략을 일컫는 말. [사기史記]

狼子野心
낭 자 야 심

狼 이리 랑(낭) 子 아들자 野 들야 心 마음 심
이리 새끼는 마음이 늘 야산에 있어 도저히 길들일 수 없음. 즉 흉포하여 교화할 수 없는 사람을 이를 때 쓰는 말. [춘추좌씨전春秋左氏傳]

囊中之錐
낭 중 지 추

囊 주머니 낭 中 가운데중 之 갈지 錐 송곳 추
주머니 안에 넣어 둔 송곳. 끝이 언젠가는 밖으로 나오듯이 재능이 뛰어난 사람은 숨어도 눈에 띈다는 뜻. [사기史記]

囊中取物
낭 중 취 물

囊 주머니 낭 中 가운데중 取 취할취 物 만물 물
주머니 속의 것을 꺼내어 가짐. 쉽게 가질 수 있는 물건을 말함. [삼국지三國志]

郎廳坐起
낭 청 좌 기

郎 사내 랑(낭) 廳 관청청 坐 앉을좌 起 일어날 기
낮은 벼슬인 낭청이 관아에서 제일 높은 벼슬에 있는 사람인 듯 일을 시작한다는 뜻. 아랫사람이 하는 처사가 윗사람보다 더 지독하고 심함을 이르는 말.
▶좌기(坐起): 관청의 으뜸 벼슬에 있는 사람이 출근하여 일을 시작함.

閬風瑤池
낭 풍 요 지

閬 솟을대문 랑(낭) 風 바람풍 瑤 옥요 池 연못 지
낭풍원(閬風苑)과 요지(瑤池). 신선이 사는 아름다운 곳. 둘 다 곤륜산에 있다고 함.

乃見狂且
내 견 광 차

乃 이에 내 見 볼견 狂 미칠광 且 또 차
실제 보니 미치광이일세. [시경詩經]
▶산유부소 습유하화(山有扶蘇 隰有荷華) 불견자도 내견광차(不見子都 ----): 만산에는 부소나무, 늪에는 연꽃, 보기 전에 미남이라더니 실제 보니 미치광이일세.
▶자도(子都)는 미남을 말함.

耐老輕身
내 로 경 신
耐 견딜 내 老 늙을 로 輕 가벼울 경 身 몸 신
늙음을 견뎌내고 몸을 가볍게 함. 늙지 않고 몸이 탄탄해짐.

乃武乃文
내 무 내 문
乃 이어 내 武 굳셀 무 文 글 문
문무(文武)를 모두 갖추었다는 뜻으로, 임금이 덕이 있다고 칭송하는 말. [서경書經] =윤문윤무(允文允武)

來不知去
내 부 지 거
來 올 래(내) 不 아닐 부 知 알 지 去 갈 거
올 때는 갈 때의 일을 모름. 와서는 갈 줄 모름. [열자列子]

內省不疚
내 성 불 구
內 안 내 省 살필 성 不 아닐 불 疚 부끄러워할 구
안으로 반성해서 부끄러움이 없음. [논어論語]

內聖外王
내 성 외 왕
內 안 내 聖 성스러울 성 外 밖 외 王 임금 왕
안으로는 성인, 밖으로는 왕의 덕을 갖춘 사람. 학술과 덕행을 갖춘 사람. [장자莊子]

內視反聽
내 시 반 청
內 안 내 視 볼 시 反 되돌릴 반 聽 들을 청
자기 자신을 살피고, 남을 꾸짖지 않음. [후한서後漢書]

乃心王室
내 심 왕 실
乃 이에 내 心 마음 심 王 임금 왕 室 집 실
그 마음이 왕실을 향해 있음. 즉 나라에 충성하는 마음. [서경書經]

內外寂謐
내 외 적 밀
內 안 내 外 밖 외 寂 고요할 적 謐 고요할 밀
안에서나 밖에서나 행동이 고요해야 함. [한무제내전漢武帝內傳]

內憂外患
내 우 외 환
內 안 내 憂 근심 우 外 밖 외 患 근심 환
나라 안의 걱정, 나라 밖에서 오는 근심. 즉 나라 안팎의 어려운 사태를 이르는 말. [국어國語]

迺爲雷霆
내 위 뇌 정
迺 이에 내 爲 할 위 雷 우레 뢰(뇌) 霆 천둥소리 정
이에 번개가 치고 천둥이 침.

迺有飛語
내 유 비 어
迺 이에 내 有 있을 유 飛 날 비 語 말씀 어
이에 말들이 날아다님. 즉 소문이 있음. [한서漢書]

内柔外剛
내 유 외 강
内안내 柔부드러울유 外밖외 剛굳셀강
안으로는 부드러우나 겉으로는 굳셈. [역경易經]

内潤外朗
내 윤 외 랑
内안내 潤두터울윤 外밖외 朗밝을랑
인물의 재(才)와 덕(德). 즉 안으로는 윤택하고, 밖으로는 밝게 빛나는 인품을 말함. [세설신어世說新語]
▶옥(玉)의 광택이 안에 함축된 것을 내윤(內潤)이라 하고, 밖으로 나타난 것을 외랑(外郎)이라 함.

來者可追
내 자 가 추
來올래(내) 者사람자 可옳을가 追미룰추
오는 일은 미루어 개선할 수 있음. 실패를 되풀이하지 않을 수 있다는 말. [시경詩經] =내자물금(來者勿禁) [장자莊子]
▶이왕불간 내자가추(已往不諫 ----): 이미 지나간 일은 어쩔 수 없으나 앞으로의 일은 가히 따라잡을 수 있다.

來者不拒
내 자 불 거
來올래(내) 者사람자 不아닐불 拒막을거
오는 사람을 거절하지 못함. [맹자孟子]
▶내자불거 거자불추(---- 去者不追): 오는 사람 막지 않고 가는 사람 잡지 않는다.

内重外輕
내 중 외 경
内안내 重무거울중 外밖외 輕가벼울경
경관(京官)의 세력은 무겁고 외관(外官)의 세력은 가벼움. 내직(內職)을 선호하고 외직(外職)을 경시한다는 말. [송사宋史]

冷暖自知
냉 난 자 지
冷찰랭(냉) 暖따뜻할난 自스스로자 知알지
물이 차고 따뜻한 것은 마셔 보는 자만이 안다는 뜻. 깨달음은 자신이 직접 터득하는 것 외에 다른 방도가 없음을 비유하는 말.

冷水淨淘
냉 수 정 도
冷찰랭(냉) 水물수 淨깨끗할정 淘일도
찬물에 깨끗이 일어 몹쓸 것을 가려냄. [제민요술齊民要術]

冷而寒鐵
냉 이 한 철
冷찰랭(냉) 而말이을이 寒찰한 鐵쇠철
공정하고 강직하여 쇠같이 냉철해 권세를 두려워하지 않음.

ㄴ

勞謙君子
노 겸 군 자
勞 힘쓸 로(노) 謙 겸손할 겸 君 임금 군 子 아들 자
공로(功勞)가 있으면서도 겸손한 군자. [역경易經]
▶노겸군자 만민복야(---- 萬民服也): 공로가 있으면서도
겸손한 군자에겐 만민이 복종한다.

老嫗能解
노 구 능 해
老 늙을 로(노) 嫗 할머니 구 能 능할 능 解 풀 해
늙은 할머니도 이해할 수 있게 쉽게 쓴 글.
▶당(唐)의 백거이(白居易)는 시를 지을 때마다 한 노파에게
읽어 주어 노파가 이해해야 비로소 기록하였다는 고사에
서 온 말.

盧弓盧矢
노 궁 노 시
盧 검을 로(노) 弓 활 궁 矢 화살 시
검은 칠을 한 활과 화살. 즉 좋은 활과 화살. [서경書經]

勞筋勞骨
노 근 노 골
勞 힘쓸 로(노) 筋 힘줄 근 骨 뼈 골
몸을 아끼지 않고 일을 함 [맹자孟子].

老驥伏櫪
노 기 복 력
老 늙을 로(노) 驥 천리마 기 伏 엎드릴 복 櫪 말구
유 력
늙은 천리마가 말 구유에 엎드림. [삼국지三國志]
▶노기복력 지재천리(---- 志在千里): 늙은 천리마가 세상
에 쓰이지 못하고 마구간에 누워 있으나, 아직 천리를 달
릴 뜻을 버리지 않음. 어질고 현명한 사람은 늙어서도 여
전히 큰 뜻을 품고 있음을 비유한 말.

怒氣相加
노 기 상 가
怒 성낼 노 氣 기운 기 相 서로 상 加 더할 가
다투는 사이에 성난 기운이 점점 더해 감. [소학小學]

怒氣衝天
노 기 충 천
怒 성낼 노 氣 기운 기 衝=沖 찌를 충 天 하늘 충
노기가 하늘을 찌름.

勞農勤民
노 농 근 민
勞 힘쓸 로(노) 農 농사 농 勤 부지런할 근 民 백성
민
농사에 힘쓰는 부지런한 백성. [여씨춘추呂氏春秋]

老當益壯
노 당 익 장
老 늙을 로(노) 當 마땅 당 益 더할 익 壯 씩씩할 장
늙어서도 더욱 씩씩해짐. 늙어도 기세가 꺾이지 않음.
=노익장(老益壯) [후한서後漢書]

118

路柳墙花
노 류 장 화
路 길 로(노) 柳 버들 류 墙 담 장 花 꽃 화
길가의 버들과 담 밑의 꽃. 즉 누구나 쉽게 꺾을 수 있다
는 뜻으로, 기생이나 창부를 말함.

駑馬十駕
노 마 십 가
駑 둔할 로(노) 馬 말 마 十 열 십 駕 멍에 가
둔한 말도 열흘만 수레를 끌면 익숙해짐. 즉 재주가 없
는 사람도 태만하지 않고 노력하면 재주 있는 사람처럼
될 수 있다는 뜻. 〔순자荀子〕
▶노마십가 공재불사(駑馬十駕 功在不舍): 둔한 말이 천 리
를 가는 것은 쉬지 않은 공로이다.
▶일가(一駕): 수레로 하루를 달리는 것. 십가(十駕): 열흘
을 달리는 것.

老馬之智
노 마 지 지
老 늙을 로(노) 馬 말 마 之 어조사 지 智 지혜 지
늙은 말의 지혜. 아무리 하찮은 것일지라도 저마다 장점
이 있음을 이르는 말. 〔한비자韓非子〕 =노마지도(老馬識道)
▶제(齊)나라 환공(桓公)이 정벌을 마치고 군사들을 이끌고
귀국하던 중 혹한 속에 길을 잃었는데, 관중(管衆)이 늙
은 말을 풀어 길을 찾았다는 고사에서 온 말.

鹵莽滅烈
노 무 멸 렬
鹵 소금 로(노) 莽 거칠 무, 거칠 망 滅 멸할 멸 烈
세찰 렬
거칠고 조잡함. 일을 되는대로 처리함. 〔장자莊子〕

魯盤之巧
노 반 지 교
魯 노나라 노 盤 소반 반 之 갈 지 巧 공교로울 교
노(魯)나라 공수반(公輸班)의 재주. 손재주가 있어 무엇
이나 잘 만드는 것을 이르는 말. 〔맹자孟子〕

怒髮衝冠
노 발 충 관
怒 성낼 노 髮 머리칼 발 衝 찌를 충 冠 갓 관
성내 일어선 머리카락이 갓을 밀어 올림. 매우 성난 모
양. 〔사기史記〕 =노발상충(怒髮上衝)

老蚌生珠
노 방 생 주
老 늙을 로 蚌 방합 방 生 날 생 珠 구슬 주
오래된 조개가 진주를 낳음. 만년에 아들을 얻은 것을
축하하는 말. 〔서언고사書言故事〕 =노방출주(老蚌出珠)

魯邦所詹
노 방 소 첨
魯 노나라 노 邦 나라 방 所 바 소 詹=瞻 볼 첨
노나라 어디에서나 보이네. 〔시경詩經〕
▶태산엄엄 노방소첨(泰山嚴嚴 -----): 태산은 높고 높아
노나라 어디에서나 보이네.

路不拾遺
노 불 습 유

路 길로(노)　不 아닐 불　拾 주울 습　遺 남길 유

길에 떨어진 물건이 있어도 주워 가는 사람이 없음. 나라가 안정되어 국민이 매우 정직한 모양. [구당서舊唐書]

勞思逸淫
노 사 일 음

勞 일할 로(노)　思 생각 사　逸 편안할 일　淫 음란할 음

일을 해야 좋은 생각을 하지, 안일만 추구하면 방탕해지고 나쁜 마음이 생긴다는 말.

老生常譚
노 생 상 담

老 늙을 로(노)　生 날 생　常 늘 상　譚 이야기 담

늙은이가 늘 하는 이야기. 노학자의 묵은 이론을 말함. [위서魏書] =노유상어(老儒常語)

盧生之夢
노 생 지 몽

盧 성 노　生 날 생　之 갈 지　夢 꿈 몽

노생의 꿈. 인생은 꿈과 같이 헛되고 덧없음을 이름. [침중기枕中記] =한단지몽(邯鄲之夢)

▶노생이 한단(邯鄲)에서 도사 여옹(呂翁)이 주는 베개를 베고 잠이 들어 부귀와 영화에 빠진 꿈을 꾼 고사에서 나온 말.

老少不定
노 소 부 정

老 늙을 로(노)　少 젊을 소　不 아닐 부　定 정할 정

죽음에는 늙은이와 젊은이의 순서가 정해지지 않았다는 말. [관심략요집觀心略要集]

怒蠅拔劍
노 승 발 검

怒 성낼 노　蠅 파리 승　拔 뺄 발　劍 칼 검

파리에게 성이 나서 칼을 뺌. 사소한 일에 격노하는 것을 말함.

勞身焦思
노 신 초 사

勞 고달플 로(노)　身 몸 신　焦 그스를 초　思 생각 사

몸을 고달프게 하고 속을 태움. [사기史記]

怒室色市
노 실 색 시

怒 성낼 노　室 집 실　色 빛 색　市 저자 시

방에서 노한 것을 저자에서 화를 냄. 성난 것을 엉뚱한 곳에 화풀이 한다는 말.

勞心焦思
노 심 초 사

勞 애쓸 로(노)　心 마음 심　焦 태울 초　思 생각할 사

마음으로 애쓰고 속을 태움. [맹자孟子]

奴顔婢膝
노 안 비 슬
奴종노 顔얼굴안 婢여종비 膝무릎슬
사내종의 얼굴빛과 계집종의 무릎. 즉 노비같이 사람 앞
에서 굽신거리는 비굴한 태도. [포박자抱朴子]

魯陽之戈
노 양 지 과
魯노나라노 陽볕양 之갈지 戈창과
위세가 대단함을 말할 때 쓰는 말. [회남자淮南子]

▶ 전국시대 초(楚)의 노양공(魯陽公)이 한(韓)나라와 한창
격전 중일 때, 해가 서산에 넘어가려 하자 창을 들어서
해를 멈추게 했다는 고사에서 온 말.

魯魚之謬
노 어 지 류
魯노나라노 魚고기어 之갈지 謬그릇될류
魯자와 魚자를 잘못 쓰는 것을 말함. 두 자가 비슷해서
잘못 적기가 쉬움. [사문유취事文類聚] =노어지오(魯魚之誤),
노어해시(魯魚亥豕) [공자가어孔子家語]

勞燕分飛
노 연 분 비
勞일할로(노) 燕제비연 分나눌분 飛날비
백로(白露=勞)와 제비가 나누어 날아감. 사람이 이별함
을 비유하는 말.

老牛舐犢
노 우 지 독
老늙을로(노) 牛소우 舐핥을지 犢송아지독
늙은 소가 송아지를 핥음. 누구나 제 자식을 사랑함을
비유. [후한서後漢書] =연독지정(吮犢之情)

勞而無功
노 이 무 공
勞수고로(노) 而말이을이 無없을무 功공공
수고는 하나 보람이 없음. [장자莊子]

勞而不怨
노 이 불 원
勞노고로(노) 而말이을이 怨원망할원
효자는 어떤 노고에도 부모를 원망치 않음. [논어論語]

路人口碑
노 인 구 비
路길로(노) 人사람인 口입구 碑비석비
길 가는 사람들의 입은 비석과 같아서 말을 전한다는
뜻.

老莊之學
노 장 지 학
老늙을로(노) 莊장중할장 之갈지 學배울학
노자(老子) 장자(莊子)의 학설. 즉 도가(道家)의 학설을
말함.

老婆心切
노 파 심 절
老늙을로(노) 婆할미파 心마음심 切끊을절
남의 일을 지나치게 걱정하는 마음을 이름. =노파심(老
婆心) [전등록傳燈錄]

老革荒悖
노 혁 황 패

老 늙을 로(노)　革 가죽 혁　荒 거칠 황　悖 나쁠 패
노인의 살갗은 거칠고 나쁨. [삼국지三國志]

勞形者長
노 형 자 장

勞 일할 로(노)　形 형상 형　者 사람 자　長 길 장
일하는 사람이 장수한다. [구양수歐陽脩의 시詩]

轆轤轉關
녹 로 전 관

轆 도르래 록(녹)　轤 도르래 로　轉 구를 전　關 빗장 관
외장(外章) 눈병의 하나로, 눈알이 제멋대로 움직이는
증상. 즉 윗사람과 아랫사람의 화합과 협력이 잘 되지
않는 것을 비유.

碌碌之輩
녹 록 지 배

碌 용렬할 록(녹)　之 갈 지　輩 무리 배
용렬(庸劣)한 무리. [후한서後漢書]

▶녹록(碌碌): ①보잘것없음. ②만만하고 호락호락함.

綠髮紅顏
녹 발 홍 안

綠 검은빛 록(녹)　髮 터럭 발　紅 붉을 홍　顏 얼굴 안
윤이 나는 검은 머리와 붉은 빛의 얼굴. 곱고 예쁜 젊은
여자를 이름.

祿不期侈
녹 불 기 치

祿 복 녹　不 아닐 불　期 기약할 기　侈 사치할 치
후한 녹을 받으면 자기도 모르게 사치하게 된다는 말.

鹿死誰手
녹 사 수 수

鹿 사슴 록(녹)　死 죽을 사　誰 누구 수　手 손 수
사슴이 누구의 손에 죽을 것인가? 즉, '천하가 누구의 손
에 돌아 갈 것인가?'와 같은 말. [진서晉書]

綠葉成陰
녹 엽 성 음

綠 푸를 록(녹)　葉 잎사귀 엽　成 이룰 성　陰 그늘 음
푸른 잎이 그늘을 짙게 드리움. 혼인한 여자가 자녀를
많이 둔 것을 비유하는 말.

綠葉紫裏
녹 엽 자 리

綠 푸를 록(녹)　葉 잎사귀 엽　紫 붉을 자　裏 속 리
붉은 색이 푸른 잎을 쌈. 즉 푸른 잎에 붉은 꽃이 만발한
모양. [송옥宋玉의 고당시高唐詩]

綠衣使者
녹 의 사 자

綠 푸를 록(녹)　衣 옷 의　使 하여금 사　者 사람 자
푸른 옷을 입은 사자(使者). 즉 앵무새를 말함.

綠衣紅裳
녹 의 홍 상

綠 푸를 록(녹)　衣 옷 의　紅 붉을 홍　裳 치마 상
녹색 저고리와 다홍 치마. 젊은 여자의 고운 옷차림.

綠衣黃裳
녹 의 황 상
綠 푸를록(녹) 衣 옷의 黃 누루를황 裳 치마상
녹색 저고리에 황색 치마. 귀천이 뒤바뀜을 비유한
말. [시경詩經]

綠鬢紅顔
녹 환 홍 안
綠 검은빛록(녹) 鬢 쪽진머리환 紅 붉을홍 顔 얼
굴안
쪽진 머리에 붉은 얼굴. 여자의 아름다운 모습을 형용.

論功行賞
논 공 행 상
論 의논할론(논) 功 공공 行 갈행 賞 상줄상
공로를 조사하고 의논하여 상을 줌. [삼국지三國志]

論道經邦
논 도 경 방
論 의논할론(논) 道 길도 經 지날경 邦 나라방
나라 다스릴 길을 의논하여 국가를 경륜(經綸)해 나
감. [서경書經]

弄假成眞
농 가 성 진
弄 희롱할롱(농) 假 거짓가 成 이룰성 眞 참진
장난삼아 한 것이 진짜가 됨. =농과성진(弄過成眞)

弄巧成拙
농 교 성 졸
弄 희롱할롱(농) 巧 공교로울교 成 이룰성 拙 졸
할졸
기교를 너무 부리다가 도리어 졸렬해짐.

聾盲跛蹇
농 맹 파 건
聾 귀먹을롱(농) 盲 소경맹 跛 절름발이파 蹇 절
뚝발이건
귀먹은 사람, 눈먼 사람, 저는 사람 등 신체 장애자를 지
칭하는 말. [장자莊子]

農民歸利
농 민 귀 리
農 농사농 民 백성민 歸 돌아갈귀 利 이로울리
농민의 마음은 이익 있는 데로 쏠림. [일주서逸周書]

弄瓦之慶
농 와 지 경
弄 가지고놀롱(농) 瓦 실패와 之 갈지 慶 경사경
실패를 가지고 놀 경사. 딸 낳은 기쁨을 이름. [시경詩經]
=농와지희(弄瓦之喜)
▶옛날 중국에서는 딸을 낳으면 장난감으로 실패를 준 데
서 온 말.

農爲國本
농 위 국 본
農 농사농 爲 할위 國 나라국 本 근본본
농업은 국가의 근본.

123

弄璋之慶
농 장 지 경

弄 가지고놀 롱(농) 璋 구슬 장 之 갈 지 慶 경사 경
구슬을 가지고 놀 경사. 아들을 낳은 기쁨을 이름. [시경詩經] =농장지희(弄璋之喜)
▶옛날 중국에서는 아들을 낳으면 장난감으로 구슬을 준 데서 온 말.

籠鳥戀雲
농 조 연 운

籠 대그릇 롱(농) 鳥 새 조 戀 그리워할 연 雲 구름 운
새장에 갇힌 새가 구름을 그리워함. 속박되어 있는 사람이 자유를 그리워함을 비유. [할관자鶡冠子]

雷擊牆壓
뇌 격 장 압

雷 우레 뢰(뇌) 擊 칠 격 牆 담 장 壓 누를 압
우레가 치고 담장이 누름. 형벌이 극렬함을 비유한 말. [한시외전韓詩外傳]

雷動電爍
뇌 동 전 표

雷 우레 뢰(뇌) 動 움직일 동 電 번개 전 爍 빠를 표
우레처럼 움직이고 번개처럼 빠름. 행동이 민첩하고 신속함을 비유.

雷厲風飛
뇌 려 풍 비

雷 우레 뢰(뇌) 厲 갈 려 風 바람 풍 飛 날 비
일 솜씨가 날래고 빠름. 또는 모든 명령이 아주 엄격함. [당서唐書]

礧礧落落
뇌 뢰 낙 락

礧 돌 굴러내릴 뢰(뇌) 落 떨어질 락(낙)
마음이 고명(高明) 정대(正大)한 모양. [진서晉書]

雷逢電別
뇌 봉 전 별

雷 우레 뢰(뇌) 逢 만날 봉 電 번개 전 別 헤어질 별
우레같이 만났다가 번개같이 헤어짐. 금방 만나 금방 헤어지는 것을 이름.

牢不可破
뇌 불 가 파

牢 굳을 뇌 不 아닐 불 可 옳을 가 破 깨뜨릴 파
단단해서 절대로 깨지지 않음. [한유韓愈의 글]

誄詞悽愴
뇌 사 처 창

誄 뇌사 뢰(뇌) 詞 말씀 사 悽 슬퍼할 처 愴 슬플 창
죽은 이의 공덕을 기려 조상하는 말이 매우 슬픔.
▶뇌사(誄詞): 조상(弔喪)하는 말.

雷聲大名
뇌 성 대 명

雷 우레 뢰(뇌) 聲 소리 성 大 큰 대 名 이름 명
세상에 널리 알려진 이름. 또는 남의 명성을 높여서 하는 말. [육기陸機의 부賦]

雷霆霹靂
뇌 정 벽 력

雷 우레 뢰(뇌) 霆 천둥소리 정 霹 벼락 벽 靂 벼락
력

격렬한 천둥소리와 벼락. =뇌성벽력(雷聲霹靂)

雷陳膠漆
뇌 진 교 칠

雷 우레 뢰(뇌) 陳 베풀 진 膠 아교 교 漆 옷 칠

교분이 아주 두터움. 【후한서後漢書】=교칠지교(膠漆之交)

▶뇌진(雷陳)은 후한(後漢)의 뇌의(雷義)와 진중(陳重)을 일
컬음. 두 사람은 아교로 붙이고 옻을 칠한 것같이 아주
가까웠다.

螻蛄之才
누 고 지 재

螻 땅강아지 루(누) 蛄 땅강아지 고 之 어조사 지
才 재주 재

땅강아지의 재주같이 아무 소용 없는 재주와 지혜. 무엇
이든 잘 다루어 다재다능해 보이나 실제로는 미숙함을
비유한 말.

累卵之危
누 란 지 위

累 거듭 루(누) 卵 알 란 之 갈 지 危 위태로울 위

알을 쌓아 놓은 것처럼 위태로움. 【사기史記】=누란지세
(累卵之勢), 백천간두(百尺竿頭)

纍纍衆塚
누 루 중 총

纍 덩굴풀 루(누) 衆 무리 중 塚 무덤 총

다닥다닥 무덤이 모이고 붙은 것.

鏤月裁雲
누 월 재 운

鏤 새길 루(누) 月 달 월 裁 마를 재 雲 구름 운

달을 새기고(조각함), 구름을 마름(재단함). 세공의 교묘
하고 아름다운 솜씨를 형용한 말.

螻蟻得志
누 의 득 지

螻 땅강아지 루(누) 蟻 개미 의 得 얻을 득 志 뜻 지

땅강아지와 개미가 뜻을 얻음. 즉 소인이 득세하여 날뛰
는 것을 이르는 말. 【회남자淮南子】

螻蟻以潰
누 의 이 궤

螻 땅강아지 루(누) 蟻 개미 의 以 써 이 潰 무너질
궤

땅강아지나 개미 때문에 제방이 무너짐. 【노자老子】

▶천장지제 이루의지 혈이궤(千丈之堤 以螻蟻之 穴而潰): 천
길이나 되는 제방도 땅강아지와 개미구멍으로 인하여 무
너진다.

螻蟻之誠
누 의 지 성
螻 땅강아지 루(누) 蟻 개미 의 之 갈 지 誠 정성 성
땅강아지나 개미같이 작은 것들의 작은 정성. 자기의 정
성을 겸손하게 일컫는 말. [한비자韓非子] =누의지력(螻蟻
之力)

鏤塵吹影
누 진 취 영
鏤 새길 루(누) 塵 티끌 진 吹 불 취 影 그림자 영
먼지에 새기고 그림자를 입으로 붊. 헛수고를 말함.

漏脯充饑
누 포 충 기
漏 샐 루(누) 脯 포 포 充 채울 충 饑 주릴 기
상한 고기로 주린 배를 채움. 우선 눈앞에 닥친 일만 알
고 뒷일은 생각지 않는 것을 비유하는 말. [포박자抱朴子]

訥言敏行
눌 언 민 행
訥 말 더듬거릴 눌 言 말씀 언 敏 민첩할 민 行 갈 행
말은 둔하더라도 행동은 민첩하게 함. 즉 군자는 말보다
실천이 앞서야 한다는 말. [논어論語]

勒兵安陳
늑 병 안 진
勒 굴레 륵(늑) 兵 군사 병 安 편안 안 陳 진 칠 진
군사를 잘 정돈하여 군진을 안정시킴. [위지魏志]

陵谷易處
능 곡 역 처
陵 언덕 릉(능) 谷 골 곡 易 바꿀 역 處 곳 처
언덕과 골짜기가 서로 바뀜. 존비(尊卑)와 고하(高下)가
서로 뒤바뀌는 것을 말함. [한서漢書]

陵谷之變
능 곡 지 변
陵 언덕 릉(능) 谷 골 곡 之 갈 지 變 변할 변
구릉이 계곡이 되고 계곡이 구릉이 되는, 세상의 큰 변
화를 말함. [시경詩經] =상창지변(桑滄之變)

能克終者
능 극 종 자
能 능할 능 克 이길 극 終 마침 종 者 사람 자
끝마무리를 잘하는 사람이 이김. [정관정요貞觀政要]
▶유선시자실번(有善始者實繁) 능극종자개과(能克終者蓋
寡): 처음 시작을 잘하는 사람은 많지만, 좋은 결과를 가
져오는 사람은 매우 적다.

陵厲雄健
능 려 웅 건
陵 언덕 릉(능) 厲 갈 려 雄 수컷 웅 健 굳셀 건
높게 빼어나 웅대하고 건장함.

凌霄之志
능 소 지 지
凌 능가할 능 霄 하늘 소 之 갈 지 志 뜻 지
하늘을 능가할 큰 뜻. [진서晉書]

126

凌雲之志
능 운 지 지
凌 능가할 능 　雲 구름 운 　之 갈 지 　志 뜻 지
속세를 떠나 살고자 하는 마음. [후한서後漢書]

能者多勞
능 자 다 로
能 능할 능 　者 놈 자 　多 많을 다 　勞 일할 로, 힘쓸 로
재주가 많으면 고생을 많이 한다는 말. [장자莊子]

陵遲處斬
능 지 처 참
陵 언덕 릉(능) 　遲 더딜 지 　處 곳 처 　斬 벨 참
머리, 몸, 손발 등을 토막 내서 죽이던 극형.
▶ 능지(陵遲): 죄인을 죽인 뒤 시신의 사지를 토막 내어 각
지에 돌려 보이는 형벌. 처참(處斬): 목을 베어 죽이는 형
벌.

多岐亡羊
다 기 망 양
多 많을 다 　岐 갈림길 기 　亡 잃을 망 　羊 양 양
갈림길이 많아 양을 잃음. 학문의 갈래가 너무 많아 진
리를 찾기 어려움을 비유. [열자列子]

多能鄙事
다 능 비 사
多 많을 다 　能 능할 능 　鄙 비루할 비 　事 일 사
자질구레한 일에 재능이 많음. [논어論語]

多多益辨
다 다 익 변
多 많을 다 　益 더할 익 　辨 분별할 변
많을수록 잘 분별하여 처리함. [한서漢書]

多多益善
다 다 익 선
多 많을 다 　益 더할 익 　善 착할 선
많을수록 좋음. [사기史記]

多慢生亂
다 만 생 란
多 많을 다 　慢 오만할 만 　生 날 생 　亂 어지러울 란
오만함이 많으면 어지러움이 일어남. [삼국지三國志]

多聞博識
다 문 박 식
多 많을 다 　聞 들을 문 　博 넓을 박 　識 알 식
보고 들은 것이 많아 넓게 앎.

多發將吏
다 발 장 리
多 많을 다 　發 필 발 　將 장수 장 　吏 벼슬아치 리
수령이 죄인을 잡으려고 포교를 많이 풀어놓음.

多發刑吏
다 발 형 리
多 많을 다 　發 필 발 　刑 형벌 형 　吏 아전 리
죄인을 잡기 위해 형리를 많이 내보냄.

多事多難
다 사 다 난
多 많을 다 　事 일 사 　難 어려울 난
일도 많고 어려움도 많음.

127

多事多端
다 사 다 단
多 많을 다　事 일 사　端 단서 단
일도 많고 이유도 많음.

多士濟濟
다 사 제 제
多 많을 다　士 신비 사　濟 건널 제
쟁쟁하게 뛰어난 인재가 많음. [시경詩經]
▶제제(濟濟): 위의(威儀)가 있는 모양.

多陽則萎
다 양 즉 위
多 많을 다　陽 볕 양　則 곧 즉　萎 시들 위
볕이 많이 나면 시들게 됨. [여씨춘추呂氏春秋]

多言數窮
다 언 삭 궁
多 많을 다　言 말씀 언　數 자주 삭　窮 궁할 궁
말을 많이 하다 보면 자주 궁지에 몰림. [노자老子]

多言或中
다 언 혹 중
多 많을 다　言 말씀 언　或 혹시 혹　中 맞힐 중
말이 많으면 간혹 맞는 말도 있음.

多藏厚亡
다 장 후 망
多 많을 다　藏 감출 장　厚 두터울 후　亡 망할 망
많이 가진 자는 크게 잃을 수 있음. [노자老子]

多才多能
다 재 다 능
多 많을 다　才 재주 재　能 능할 능
재주도 많고 능력도 많음.

多錢善賈
다 전 선 고
多 많을 다　錢 돈 전　善 착할 선　賈 장사 고
자본이 많은 사람이 장사도 잘함. [한비자韓非子]

多情多感
다 정 다 감
多 많을 다　情 뜻 정　感 느낄 감
생각과 느끼는 것이 많음. =다정불심(多情佛心)

多情多恨
다 정 다 한
多 많을 다　情 뜻 정　恨 한할 한
사물에 대한 정이 많아서, 마음 아픈 일 또한 많음.

多情佛心
다 정 불 심
多 많을 다　情 뜻 정　佛 부처 불　心 마음 심
정도 많고 자비심도 많음.

多知多雜
다 지 다 잡
多 많을 다　知 알 지　雜 섞일 잡
너무 많이 알면 도리어 어지러움.

多賤寡貴
다 천 과 귀
多 많을 다　賤 천할 천　寡 적을 과　貴 귀할 귀
많으면 천해지고, 적으면 귀함. 즉 모든 물건이 많고 적음에 따라 가격이 정해진다는 말. [관자管子]

多嘴多話
다 취 다 화
多 많을 다　嘴 부리 취　多 많을 다　話 말씀 화
입(부리)이 많으면 말도 많음.

多烘先生
다 홍 선 생
多 많을 다　烘 화톳불 홍　先 먼저 선　生 날 생
진부(陳腐)한 사상을 가져서 시류에 통하지 않는 시골의 훈장.

短褐不完
단 갈 불 완
短 짧을 단　褐 털옷 갈　不 아닐 불　完 완전할 완
짧은 털옷도 없음. 가난하여 제대로 갖춰 입지 못함. [순자荀子]

斷金之契
단 금 지 계
斷 끊을 단　金 쇠 금　之 갈 지　契 맺을 계
쇠붙이를 자를 만큼 굳은 약속. 매우 친한 사이의 굳은 약속. [역경易經] =단금지교(斷金之交)

斷機之戒
단 기 지 계
斷 끊을 단　機 베틀 기　之 갈 지　戒 경계할 계
짜던 베를 끊어 자식을 훈계함. 학업을 중도에 포기해서는 안 됨을 이르는 말. [후한서後漢書] =단기지훈(斷機之訓), 맹모단기(孟母斷機)
▶맹자가 학업을 중단하고 돌아왔을 때, 맹자의 어머니가 짜던 베를 칼로 끊어서 훈계했다는 고사에서 온 말.

單騎馳騁
단 기 치 빙
單 홑 단　騎 말탈 기　馳 말 달릴 치　騁 말 달릴 빙
홀로 말을 타고 싸움터를 달림.

斷斷無他
단 단 무 타
斷 끊을 단　無 없을 무　他 다를 타
결코 다른 뜻이 없음.
▶단단(斷斷): 성실하고 전일(專一)한 모양.

單刀直入
단 도 직 입
單 홑 단　刀 칼 도　直 곧을 직　入 들 입
단독으로 칼을 휘두르며 적진에 쳐들어감. 또는 말을 할 때 서두는 빼고 요점을 바로 말하는 것. [전등록傳燈錄]

斷爛朝報
단 란 조 보
斷끊을 단 爛빛날 란 朝조정 조 報알릴 보
여러 조각이 난 조정의 기록. 일관성이 없는 관보, 또는
단편적이고 틀에 박힌 보도 내용. [송사宋史]

單文孤證
단 문 고 증
單홀 단 文글 문 孤외로울 고 證증거 증
짧은 문서, 또는 한 개의 증거. 불충분하고 박약한 증거
를 말함.

斷不容貸
단 불 용 대
斷끊을 단 不아닐 불 容용납할 용 貸빌릴 대
절대로 용서하지 않음.

簞食豆羹
단 사 두 갱
簞대광주리 단 食밥 사 豆그릇 두 羹국 갱
대그릇에 담은 밥과 그릇에 담은 국. [맹자孟子]
▶두갱(豆羹): 제기에 담은 국. 작은 양의 국.

簞食瓢飲
단 사 표 음
簞대광주리 단 食밥 사 瓢표주박 표 飲마실 음
대그릇에 담은 밥과 표주박에 담은 물. 청빈하고 소박한
생활을 비유. [논어論語]

簞食壺漿
단 사 호 장
簞대광주리 단 食밥 사 壺항아리 호 漿음료 장
대그릇에 담은 밥과 항아리에 담은 음료. 즉 음식물을
준비하여 군대를 환영함. [맹자孟子]

袒裼裸裎
단 석 나 정
袒웃통 벗을 단 裼웃통 벗을 석 裸벗을 라(나) 裎
벌거숭이 정
웃옷을 벗어 어깨를 드러내고 벌거벗음. 무례한 행위를
일컬음. [맹자孟子]

袒裼暴虎
단 석 포 호
袒웃통 벗을 단 裼웃통 벗을 석 暴사나울 포 虎범
호
웃통을 벗고 맨손으로 범을 때려 잡음. 용감무쌍함. [시경
詩經]

腶脩蚳醯
단 수 지 해
腶약포 단 脩닦을 수 蚳개미알 지 醯젓갈 해
생강, 계피를 바른 육포와 개미알의 젓갈. 즉 아주 별나
고 희귀한 음식. [예기禮記]

丹脣皓齒
단 순 호 치
丹붉을 단 脣입술 순 皓흴 호 齒이 치
붉은 입술과 하얀 이. 여자의 아름다운 얼굴을 형용. =주
순호치(朱脣皓齒)

斷崖靑壁
단 애 청 벽

斷 끊을 단 崖 벼랑 애 靑 푸를 청 壁 벽 벽
깎아세운 듯한 낭떠러지와 푸른 빛의 석벽이 높고 아름
다움. 군자의 인품이 고상한 것을 비유.

斷長補短
단 장 보 단

斷 끊을 단 長 길 장 補 기울 보 短 짧을 단
긴 것을 끊어 짧은 것을 기움. 장점을 취하여 단점을 보
충함. [맹자孟子] =채장보단(採長補短)

斷章取義
단 장 취 의

斷 끊을 단 章 글 장 取 취할 취 義 뜻 의
문장의 일부를 떼어 그 뜻을 취함. 원작의 의도와는 상
관없이 자기가 필요한 부분을 떼어내 마음대로 해석하
는 것. [춘추좌씨전春秋左氏傳]

斷齏劃粥
단 제 획 죽

斷 끊을 단 齏 냉이 제 劃 그을 획 粥 죽 죽
냉이로 죽을 쑤어 잘라 먹음. 가난을 견디면서 학문 연
마에 전력을 다함을 비유. [송사宋史]
▶송(宋)의 범중엄(范仲淹)이 어린시절 집이 구차하여 냉이
로 죽을 쑤어 엉키게 해 잘라 먹었다는 고사에서 온 말.

簞瓢陋巷
단 표 누 항

簞 대광주리 단 瓢 표주박 표 陋 누추할 루(누) 巷 거
리 항
대그릇의 밥과 표주박 물, 누추한 거리. 소박한 시골살
림을 이름. [논어論語]

斷港絶潢
단 항 절 황

斷 끊을 단 港 도랑 항 絶 끊을 절 潢 못 황
막다른 지류(支流). 또는 이어짐이 없는 못. 사람으로 부
터 연락이 끊어진 것을 비유.

短後之服
단 후 지 복

短 짧을 단 後 뒤 후 之 갈 지 服 옷 복
뒷자락을 짧게 만든 옷. 작업복이나 무사의 복장을 말
함.

獺多魚擾
달 다 어 요

獺 수달 달 多 많을 다 魚 고기 어 擾 시끄러울 요
수달이 많으면 물고기가 동요하여 어지러워짐. 관리가
많아서 설치면 백성이 고생한다는 뜻. [포박자抱朴子]

達不離道
달 불 이 도

達 이를 달 不 아닐 불 離 떠날 리(이) 道 길 도
아무리 높은 자리에 도달해도 도리에 벗어나는 일은 하
지 않음. [맹자孟子]

達人大觀
달 인 대 관

達 통할 달　人 사람 인　大 큰 대　觀 볼 관
도리에 통달한 사람은 모든 사물을 높은 관점에서 내려
다봄. 공명 정대한 판단을 내린다는 말.

潭根毋伐
담 근 무 벌

潭 못 담　根 뿌리 근　毋 말 무　伐 칠 벌
샘솟는 물에 쉽게 무너짐. 〔관자管子〕

膽大心小
담 대 심 소

膽 쓸개 담　大 큰 대　心 마음 심　小 작을 소
대담하면서도 세심하게 주의함. 담은 커서 무슨 일이든
두려워하지 않고, 마음은 세밀하여 무슨 일이든 소홀히
하지 않음을 이르는 말.

膽大於身
담 대 어 신

膽 쓸개 담　大 큰 대　於 어조사 어　身 몸 신
쓸개가 몸뚱이보다 큼. 담력이 크다는 뜻 〔당서唐書〕

覃思著述
담 사 저 술

覃 깊을 담　思 생각 사　著 나타날 저　述 지을 술
깊이 생각하여 저술함. 〔후한서後漢書〕
▶담사(潭思=覃思): 깊은 못같이 깊게 생각함.

儋石之儲
담 석 지 저

儋 멜 담　石 섬 석　之 갈 지　儲 쌓을 저
어깨에 멜 정도의 얼마되지 않는 곡식. 즉 얼마되지 않
는 저축. 〔한서漢書〕
▶담석(儋石): 한두 섬. 한 섬은 열 말.

談笑自若
담 소 자 약

談 말씀 담　笑 웃을 소　自 스스로 자　若 같을 약
어렵거나 놀라운 일을 당해도 태연히 이야기를 나눔. 〔삼
국지三國志〕

談言微中
담 언 미 중

談 말씀 담　言 말씀 언　微 가늘 미　中 가운데 중
완곡히 상대의 급소를 찔러 이야기함. 모나지 않고 부드
러운 말로 허를 찌름. 〔사기史記〕

膽如斗大
담 여 두 대

膽 쓸개 담　如 같을 여　斗 말 두　大 큰 대
배짱이 말(斗)처럼 큼. 배짱이 두둑한 것. 〔삼국지三國志〕

淡而不厭
담 이 불 염

淡 묽을 담　而 말이을 이　不 아닐 불　厭 싫어할 염
묽으나 싫지는 않음. 군자의 도는 밋밋해 보이나 싫증나
지는 않는다는 뜻. 〔중용中庸〕

淡粧濃抹
담 장 농 말
淡 맑을 담 粧 단장할 장 濃 짙을 농 抹 물거품 말
엷고 짙은 부녀자의 화장. 또는 비가 오거나 개인 후에
변하는 엷고 짙은 풍경.

談天雕龍
담 천 조 룡
談 말씀 담 天 하늘 천 雕 새길 조 龍 용 룡
하늘을 말하며 용을 조각함. 변론이 넓고 원대함을 비유
한 말. 【사기史記】

幢竿支柱
당 간 지 주
幢 기 당 竿 장대 간 支 가를 지 柱 기둥 주
절의 깃대를 받쳐 세우기 위한 돌 기둥.

黨錮之禍
당 고 지 화
黨 무리 당 錮 땜질할 고 之 갈 지 禍 재앙 화
우국지사가 화를 당하는 것. 【후한서後漢書】
▶후한(後漢)의 환제(桓帝) 때 환관들이 발호(跋扈)하자 진
번(陳蕃), 이응(李膺) 등의 우국지사들이 이들을 심히 공
격했다. 이에 환관들은 이들을 조정에 반대하는 당인이
라 하여 종신 금고의 형에 처했다.

堂構之樂
당 구 지 락
堂 집 당 構 얽을 구 之 갈 지 樂 즐거울 락
아버지의 업을 아들이 계승하는 즐거움.

堂狗風月
당 구 풍 월
堂 집 당 狗 개 구 風 바람 풍 月 달 월
서당 개가 풍월을 읊음.
▶당구삼년 폐풍월(堂狗三年 吠風月): 서당개 3년이면 풍월
을 읊는다.

當局苦迷
당 국 고 미
當 마땅 당 局 판 국 苦 쓸 고 迷 미혹할 미
당사자가 방관자보다 사리 판단이 어두움을 이르는
말. 【송사宋史】 =당국자미(堂局者迷)

堂堂之陳
당 당 지 진
堂 집 당 之 갈 지 陳 베풀 진
당당한 군진. 잘 정돈된 군진.

黨同伐異
당 동 벌 이
黨 무리 당 同 한가지 동 伐 칠 벌 異 다를 이
자기와 같은 무리는 한데 뭉쳐 돕고, 다른 무리는 물리
치는 일. 【후한서後漢書】

螳螂拒轍
당 랑 거 철

螳 사마귀 당 螂 사마귀 랑 拒 물리칠 거 轍 바퀴자국 철

사마귀가 수레바퀴를 버티어 막음. 제 힘을 헤아리지도 않고, 비교도 안 되는 힘센 상대에 맞서 대적하는 것을 말함. 〔회남자淮南子〕

▶제(齊)의 장공(莊公)이 사냥을 나가는데 사마귀(버마재비)가 앞발을 들고 수레를 막아섰다는 고사에서 나온 말.

螳螂窺蟬
당 랑 규 선

螳 사마귀 당 螂 사마귀 랑 窺 엿볼 규 蟬 매미 선

사마귀(버마재비)가 매미를 잡으려고 엿봄. 옆에서 다른 놈이 자기를 엿보는 것도 모르고 제 욕심에만 눈이 팔려 있음을 말함. 즉 자기 목전의 이익만 탐하고 제 몸에 닥칠 위험을 알지 못함. =당랑재후(螳螂在後), 당랑포선(螳螂捕蟬)

螳螂之力
당 랑 지 력

螳 사마귀 당 螂 사마귀 랑 之 갈 지 力 힘 력

미약한 힘을 말함.

螳螂之斧
당 랑 지 부

螳 사마귀 당 螂 사마귀 랑 之 갈 지 斧 도끼 부

사마귀(버마재비)가 앞발을 도끼같이 세우고 덤벼듦. 도저히 이길 수 없는 상대에게 덤비는 것을 말함. 〔한시외전韓詩外傳〕

當來導師
당 래 도 사

當 마땅 당 來 올 래 導 이끌 도 師 스승 사

내세에 출현하는 도사. 미륵보살(彌勒菩薩)을 말함.

當面錯過
당 면 착 과

當 마땅 당 面 낯 면 錯 섞일 착 過 허물 과

앞의 일을 뻔히 보면서 잘못을 저지름. 뻔히 알면서 하는 실수. =당면차과(當面蹉過) 〔수호전水滸傳〕

螳臂當車
당 비 당 거

螳 사마귀 당 臂 팔 비 當 마땅 당 車 수레 거

사마귀가 수레에 맞서는 것같이 자기 형편은 생각지 않고 영웅호걸을 흉내내거나 도저히 당할 수 없는 힘에 대항하는 무모함을 비유하는 말. 〔회남자淮南子〕 =당랑거철(螳螂拒轍)

當意卽妙
당 의 즉 묘

當 마땅 당 意 뜻 의 卽 곧 즉 妙 묘할 묘

자리에 잘 적응하고 재빠르게 재치를 발휘하는 모양. 임기응변에 능한 것을 이름.

撞鐘舞女
당 종 무 녀
撞칠당 鐘종종 舞춤출무 女계집녀
종을 치고 여자들을 춤추게 함. 호화로운 생활에 젖은
모습을 비유.

當取不取
당 취 불 취
當마땅당 取취할취 不아닐불
마땅히 취해야 할 때는 취해야 함.
▶당취불취 과후막회(---- 過後莫悔): 취해야 할 때 취해야
지, 지난 뒤 후회해도 소용이 없다.

當恢逗撓
당 회 두 뇨
當마땅당 恢넓을회 逗머무를두 撓꺾일뇨(요)
두려움에 용기가 꺾여 나아가지 못함. [한서漢書]

大姦似忠
대 간 사 충
大큰대 姦간사할간 似같을사 忠충성충
극악한 사람이 도리어 충실해 보임. [송사宋史]

大喝一聲
대 갈 일 성
大큰대 喝꾸짖을갈 一한일 聲소리성
한마디 큰 소리로 꾸짖음. [수호지水滸誌]

大羹不和
대 갱 불 화
大큰대 羹국갱 不아닐불 和화할화
제사에 쓰는 고깃국에는 양념을 하지 않음. 구복(口腹)
의 욕심만 차리지 말고 질소(質素)한 정을 기르라는
뜻. [예기禮記]
▶대갱(大羹): 고깃국.

大驚失色
대 경 실 색
大큰대 驚놀랄경 失잃을실 色빛색
크게 놀라 얼굴 빛이 변함. =대경망극(大驚罔極)

大公無私
대 공 무 사
大큰대 公공변될공 無없을무 私사사로울사
대의를 위해 사사로움을 잊고, 일을 공정히 처리함. [십팔
사략十八史略] =공평무사(公平無私) [한시외전韓詩外傳]

大巧若拙
대 교 약 졸
大큰대 巧공교로울교 若같을약 拙졸열할졸
아주 교묘한 재주는 오히려 서툰 것같이 보임. [노자老子]

大圭不琢
대 규 불 탁
大큰대 圭서옥규 不아닐불 琢쪼을탁
큰 서옥(瑞玉)은 조각하여 꾸미지 않음. [예기禮記]
▶대규불탁 대갱불화(---- 大羹不和): 큰 서옥(瑞玉)은 조
각하지 않고, 큰 제사에 쓰는 국은 양념을 하지 않는다.

大衾長枕
대 금 장 침
大 큰 대　衾 이불 금　長 긴 장　枕 베개 침
큰 이불에 긴 베개. 함께 자기에 무관한 사이. 즉 아주 친한 사이. [노자老子]

大器晩成
대 기 만 성
大 큰 대　器 그릇 기　晩 늦을 만　成 이룰 성
큰 그릇은 천천히 이루어짐. 큰 인물은 늦게 두각을 나타내어 성공한다는 말. [노자老子]

大器小用
대 기 소 용
大 큰 대　器 그릇 기　小 작을 소　用 쓸 용
큰 그릇을 작은 일에 씀. 뛰어난 인재를 작은 일에 쓰는 것을 말함. [후한서後漢書] =대재소용(大才小用)

大膽無雙
대 담 무 쌍
大 큰 대　膽 쓸개 담　無 없을 무　雙 견줄 쌍
배짱이 커서 견줄 이가 없음.

大道莫容
대 도 막 용
大 큰 대　道 길 도　莫 드넓을 막　容 받아들일 용
공자(孔子)의 도는 지극히 커서 세상을 다 받아들일 수 있다는 말.

大同團結
대 동 단 결
大 큰 대　同 한가지 동　團 둥글 단　結 맺을 결
큰 목적을 위해 다른 당파끼리 뭉쳐서 힘을 합침.

大同小異
대 동 소 이
大 큰 대　同 한가지 동　小 작을 소　異 다를 이
조금 차이는 있으나 거의 같음. [장자莊子]

大同之患
대 동 지 환
大 큰 대　同 한가지 동　之 갈 지　患 근심 환
모든 사람이 다 같이 당하는 환란.

帶礪之誓
대 려 지 서
帶 띠 대　礪 숫돌 려　之 갈 지　誓 맹서할 서
황하가 띠같이 좁아지고, 태산이 숫돌같이 작아져도 영원히 변치 않고 지키겠다는 맹서(盟誓). 또는 공신 집안을 영원히 단절시키지 않겠다는 약속.

大命不摯
대 명 부 지
大 큰 대　命 목숨 명　不 아닐 부　摯 잡을 지
대명은 손에 잡히지 않음. [서경書經]

大辯若訥
대 변 약 눌
大 큰 대　辯 판별할 변　若 같을 약　訥 말더듬을 눌
말을 아주 잘하는 사람은 오히려 어눌해 보임. [노자老子]

大福不再
대 복 부 재
大 큰 대　福 복복　不 아닐 부　再 두 재
큰 복은 두 번 다시 오지 않음.

大富由命
대 부 유 명
大 큰 대　富 부자 부　由 말미암을 유　命 목숨 명
큰 부자는 천명(天命)에 의한 것임.
▶대부유명 소부유근(---- 小富由勤): 큰 부자는 천명으로
말미암고 작은 부자는 부지런함으로 말미암는다.

戴盆望天
대 분 망 천
戴 일 대　盆 동이 분　望 바랄 망　天 하늘 천
동이를 이고 하늘을 볼 수 없음. 동시에 두 가지 일을 할
수가 없다는 말. [한서漢書]

大成若缺
대 성 약 결
大 큰 대　成 이룰 성　若 같을 약　缺 이지러질 결
크게 완성된 물건은 오히려 결함이 있어 보임. [노자老子]

戴星而往
대 성 이 왕
戴 일 대　星 별 성　而 말이을 이　往 갈 왕
별을 이고 감. 이른 아침에 집을 나선다는 말. [여씨춘추呂氏
春秋]

大聲痛哭
대 성 통 곡
大 큰 대　聲 소리 성　痛 아플 통　哭 울 곡
큰 소리를 내며 슬피 우는 것.

大醇小疵
대 순 소 자
大 큰 대　醇 순수할 순　小 작을 소　疵 흠 자
가장 순수한 것도 약간의 흠은 있음.

大乘佛教
대 승 불 교
大 큰 대　乘 탈 승　佛 부처 불　教 가르칠 교
널리 인간의 전반적인 구제를 목표로 하는 불교의 교파.
개인적인 해탈을 위한 교법을 주장하는 소승불교와 함
께 불교의 2대 교파를 이룸.

大失所望
대 실 소 망
大 큰 대　失 잃을 실　所 바소　望 바랄 망
바라던 것이 모두 허사가 됨.

大雅之人
대 아 지 인
大 큰 대　雅 바를 아　之 어조사 지　人 사람 인
바르고 품격이 높은 사람. 즉 군자를 이름.

對岸之火
대 안 지 화
對 대할 대　岸 언덕 안　之 어조사 지　火 불 화
강 건너 언덕의 불. 즉 자기와 아무 관계가 없는 일.

大言不慙 大큰대 言말씀언 不아닐불 慙부끄러울참
대 언 불 참　큰소리만 치고 실천을 못하면서도 부끄러워할 줄 모른
　　　　　　　다는 말. [논어論語]

大言壯語 大큰대 言말씀언 壯장할장 語말씀어
대 언 장 어　자기의 형편을 살피지 않고 과장된 말로 큰소리치는 것.
　　　　　　　=대언장담(大言壯淡)

大逆無道 大큰대 逆거스를역 無없을무 道길도
대 역 무 도　인륜을 크게 거스르고 인간의 도리를 무시하는 행위. [사
　　　　　　　기史記] =대역부도(大逆不道)

玳筵銀燭 玳대모대 筵자리연 銀은은 燭촛불촉
대 연 은 촉　대모(玳瑁)로 꾸민 자리와 은 촛대. 밤에 열린 화려한 연
　　　　　　　회를 말함.
　　　　　　　▶대모=대모갑(玳瑁甲): 바다거북의 등딱지

大勇不忮 大큰대 勇용기용 不아닐불 忮해칠기
대 용 불 기　참된 용기가 있는 자는 함부로 남을 해치지 않음. [장자莊
　　　　　　　子]

大勇若怯 大큰대 勇용기용 若같을약 怯겁겁
대 용 약 겁　진정한 용기가 있는 자는 오히려 겁쟁이로 보임.

對牛彈琴 對대할대 牛소우 彈튕길탄 琴거문고금
대 우 탄 금　소 앞에서 거문고를 연주함. 어리석은 자에게 도리를
　　　　　　　설명하나 조금도 깨닫지 못함을 비유하는 말. [조정사원祖
　　　　　　　庭事苑] =우이독경(牛耳讀經)

戴圓履方 戴일대 圓둥글원 履밟을리(이) 方모방
대 원 이 방　둥근 것은 머리에 이고 모난 것은 밟음. 기초가 똑바르
　　　　　　　고 처세가 원만한 것을 비유하는 말. [회남자淮南子]

大音希聲 大큰대 音소리음 希=稀드물희 聲소리성
대 음 희 성　큰 소리는 도리어 들리지 않는 것 같음. [노자老子]
　　　　　　　▶대방무우 대기만성(大方無隅 大器晩成) 대음희성 대상무
　　　　　　　　형(---- 大象無刑): 큰 사각형은 모서리가 없는 것 같으
　　　　　　　　며, 큰 그릇은 늦게 만들어지고, 큰 소리는 그 소리가 희
　　　　　　　　미하며, 큰 모습은 그 형체가 없다.

大義滅親
대 의 멸 친
大 큰 대 義 옳을의 滅 멸할 멸 親 친할 친
대의를 위해서는 친족도 멸함. 즉 대의를 위해 사사로운
정을 버린다는 뜻. [춘추좌씨전春秋左氏傳]

大義名分
대 의 명 분
大 큰 대 義 옳을의 名 이름 명 分 나눌 분
인류의 대의와 올바른 명분.

大人君子
대 인 군 자
大 큰 대 人 사람 인 君 임금 군 子 아들 자
크고 훌륭한 인품을 갖춘 사람.

對人靄然
대 인 애 연
對 대할 대 人 사람 인 靄 아지랑이 애 然 그러할 연
사람을 대할 때는 평화로운 마음으로 만나야 함.

大人虎變
대 인 호 변
大 큰 대 人 사람 인 虎 범 호 變 변할 변
큰 덕이 있는 사람이 위정자가 되면 천하를 위해 제도를
크게 개혁함. [역경易經]

大日如來
대 일 여 래
大 큰 대 日 날 일 如 같을 여 來 올 래
불교 용어. 진언밀교(眞言密敎)의 본존(本尊). 세상의 만
물을 기르는 자모(慈母)와 같은 이지(理智)의 본체(本體)
를 말함.

大慈大悲
대 자 대 비
大 큰 대 慈 사랑 자 悲 슬플 비
부처님의 무한한 자비. [법화경法華經]

大長公主
대 장 공 주
大 큰 대 長 긴 장 公 공변될 공 主 임금 주
임금의 고모를 이르는 명칭.

大匠不斲
대 장 불 착
大 큰 대 匠 장인 장 不 아닐 불 斲 깎을 착
큰 목수는 깎아 보지 않고도 그 나무의 곡직을 앎. 도
(道)를 아는 자는 행하기 전에 그 득실을 안다는 말. [여씨
춘추呂氏春秋]

大杖卽走
대 장 즉 주
大 큰 대 杖 몽둥이 장 卽 곧 즉 走 달릴 주
아버지가 크게 화가 나 몽둥이로 죽이려 할 때는 일단
달아나서 아버지가 불의를 저지르지 않게 해야 한다는
말. [논어論語]

大衆供養
대 중 공 양
大 큰 대　衆 무리 중　供 바칠 공　養 기를 양
불교에서 여러 신자들이 스님에게 음식을 대접하는 일.

大智不智
대 지 부 지
大 큰 대　智 지혜 지　不 아닐 부
큰 지혜를 가진 자는 작은 지혜를 쓰지 않음. [노자老子]

大智如愚
대 지 여 우
大 큰 대　智 지혜 지　如 같을 여　愚 어리석을 우
큰 지혜를 가진 자는 함부로 영리함을 드러내지 않아 오히려 어리석어 보인다는 말. =대지약우(大智若愚)

大志遠望
대 지 원 망
大 큰 대　志 뜻 지　遠 멀 원　望 바랄 망
큰 뜻을 품고 멀리 바라봄.

大直若掘
대 직 약 굴
大 큰 대　直 곧을 직　若 같을 약　掘 굽을 굴
크게 곧은 사람은 곧지 않은 듯이 보임. 대의를 위하는 자는 작은 것에 구애되지 않으므로 언뜻 보기에는 곧은 듯이 보이지 않는다는 뜻. [노자老子]

帶妻食肉
대 처 식 육
帶 띠 대　妻 아내 처　食 먹을 식　肉 고기 육
중이 아내를 두고 고기를 먹음.

戴天之讐
대 천 지 수
戴 일 대　天 하늘 천　之 어조사 지　讐 원수 수
하늘을 같이 일 수 없는 원수. 즉 부모를 죽인 원수. [예기禮記] =불구대천지수(不具戴天之讐)

大椿之壽
대 춘 지 수
大 큰 대　椿 참죽나무 춘　之 어조사 지　壽 목숨 수
오래오래 장수하는 것을 이름. [장자莊子]
▶상고(上古)에 대춘(大椿)이란 사람이 장수하였다는 데서 나온 말.

大廈棟樑
대 하 동 량
大 큰 대　廈 큰집 하　棟 마룻대 동　樑 들보 량
큰 집을 지을 때 쓰는 기둥과 들보. 즉 국가의 대임을 맡은 인재. [회남자淮南子]

大寒索裘
대 한 색 구
大 큰 대　寒 찰 한　索 찾을 색　裘 갖옷 구
대한 추위가 되어서야 갖옷을 찾음. 일을 당하고 나서야 그 일에 대비하는 것을 이름. [양자법언揚子法言] =만시지탄(晩時之歎)

大海一滴
대 해 일 적

大큰대 海바다해 一한일 滴물방울적
큰 바다에 한 방울의 물. =창해일속(滄海一粟), 구우일모
(九牛一毛)

大化有四
대 화 유 사

大큰대 化될화 有있을유 四녁사
사람은 일생 동안 네 번 변화함. 유년기, 소장기, 노년기,
그리고 죽음을 맞을 때. [열자列子]

德無常師
덕 무 상 사

德큰덕 無없을무 常늘상 師스승사
덕을 닦는 데는 정해진 스승이 따로 없음. [서경書經]

德薄位尊
덕 박 위 존

德덕덕 薄엷을박 位자리위 尊높을존
덕은 엷으면서도 자리는 높음. [역경易經]

德博以化
덕 박 이 화

德큰덕 博넓을박 以써이 化될화
덕을 널리 베풀어 백성을 교화함. [역경易經]

德爲人表
덕 위 인 표

德큰덕 爲할위 人사람인 表겉표
덕망이 높아 세상 사람들의 사표(師表)가 됨.

德輶如毛
덕 유 여 모

德큰덕 輶가벼울유 如같을여 毛털모
덕을 행하는 것은 터럭과 같이 가볍고 용이함. [시경詩經]
=덕경여모(德輕如毛)

德音孔膠
덕 음 공 교

德덕덕 音소리음 孔매우공 膠굳을교
굳게 사랑을 언약함. [시경詩經]
▶덕음(德音): 사랑을 언약하는 말. 공교(孔膠): 굳고 굳음.

德音無良
덕 음 무 량

德큰덕 音소리음 無없을무 良어질량
유덕하다는 소문뿐이고, 실 내용이 없음. [시경詩經]

德音是茂
덕 음 시 무

德큰덕 音소리음 是이시 茂무성할무
훌륭하다고 명성이 자자함. [시경詩經]

德蕩乎名
덕 탕 호 명

德큰덕 蕩쓸탕 乎어조사호 名이름명
덕 있는 자가 명예를 추구하면 덕이 허물어짐. [장자莊子]

德行所貴
덕 행 소 귀

德큰덕 行갈행 所바소 貴귀할귀
덕행은 사람들이 귀히 여기는 바.

德厚流光
덕 후 유 광
德큰덕 厚두터울후 流흐를류(유) 光빛광
덕이 두터우면 자손이 번성함. 【춘추곡량전春秋穀梁傳】

塗歌里抃
도 가 이 변
塗=道=途길도 歌노래가 里마을리(이) 抃손뼉칠변
길가는 사람이 노래 부르고, 마을 사람들이 같이 장단을 맞춰 손뼉을 침. 백성 모두가 태평을 구가함을 비유.

刀鋸鼎鑊
도 거 정 확
刀칼도 鋸톱거 鼎솥정 鑊가마솥확
칼(궁형宮刑), 톱(월형刖刑), 가마솥(팽형烹刑) 등 옛날 죄인을 다루던 형구(刑具). 참혹한 형벌(刑罰)을 이름.

刀鋸之餘
도 거 지 여
刀칼도 鋸도끼거 之갈지 餘남을여
궁형(宮刑 거세하는 형), 월형(刖刑 뒤꿈치를 자르는 형)을 받은 사람. 즉 형벌을 받아 불구자로 사는 사람.

塗車芻靈
도 거 추 령
塗진흙도 車수레거 芻짚추 靈신령령
진흙으로 만든 수레, 짚으로 만든 인형. 사자(死者)를 종위(從衛)하는 명기(明器). 【사기史記】
▶도거(塗車)와 추영(芻靈)은 죽은 자와 함께 묻은 부장품.

道見桑婦
도 견 상 부
道길도 見볼견 桑뽕나무상 婦아내부
길에서 뽕 따는 여자를 보고 이야기를 함. 일시적인 충동으로 제멋대로 이익을 탐하다가 모든 것을 잃는다는 말. 【열자列子】

陶犬瓦鷄
도 견 와 계
陶질그릇도 犬개견 瓦기와와 鷄닭계
도자기로 만든 개와 기와로 만든 닭. 쓸모없는 물건을 말함. 【금루자金樓子】 =무용지물(無用之物)

道高魔盛
도 고 마 성
道깨달을도 高높을고 魔마귀마 盛성할성
도(道)가 높아질수록 마(魔)도 성해짐.

道高益安
도 고 익 안
道깨달을도 高높을고 益더할익 安편안안
도를 높이 쌓을수록 더욱 편안해짐.

142

韜光養晦
도 광 양 회
韜 감출 도 光 빛 광 養 기를 양 晦 그믐 회
빛을 감추어 드러내지 않고 덕을 기른다는 뜻.
▶도광(韜光)은 빛을 감추어 밖으로 드러내지 않는 것. 즉
재덕을 감추는 것을 이름. 양회(養晦)는 캄캄해지기를 기
다린다는 말로, 은거하여 덕을 기르는 것을 말함.

跿跔科頭
도 구 과 두
跿 뛸 도 跔 곱을 구 科 과정 과 頭 머리 두
맨발, 맨머리의 병사. 용감한 병사를 비유하는 말.
▶도구(跿跔): 맨발. 과두(科頭): 맨머리.

道殣相望
도 근 상 망
道 길 도 殣 굶어죽을 근 相 서로 상 望 바라볼 망
길에 굶어 죽은 사람이 많음. [춘추좌씨전春秋左氏傳]

圖南鵬翼
도 남 붕 익
圖 꾀할 도 南 남녘 남 鵬 붕새 붕 翼 날개 익
대붕이 날개를 펴고 남쪽으로 옮겨 가려 함. 대업 또는
원정을 계획한다는 뜻. [장자莊子]

度德量力
도 덕 양 력
度 법도 도 德 큰 덕 量 헤아릴 량(양) 力 힘 력
자신의 덕과 역량을 헤아림.

屠毒筆墨
도 독 필 묵
屠 잡을 도 毒 독 독 筆 붓 필 墨 먹 묵
읽으면 해가 되고 독이 되는 글과 책.

道得酒中
도 득 주 중
道 길 도 得 얻을 득 酒 술 주 中 가운데 중
술자리에서 도덕 군자를 만남. [채근담菜根譚]

跳梁跋扈
도 량 발 호
跳 뛸 도 梁=樑 들보 량 跋 밟을 발 扈 뒤따를 호
악인이 제멋대로 날뛰는 행동이 만연하는 것. 악한 자들
이 제멋대로 세력을 떨침.

徒勞無功
도 로 무 공
徒 무리 도 勞 힘쓸 로 無 없을 무 功 공 공
헛수고만 하고 공들인 보람이 없음.

徒勞無益
도 로 무 익
徒 무리 도 勞 힘쓸 로 無 없을 무 益 더할 익
헛수고만 하고 아무 이익이 없음.

道路以目
도 로 이 목
道길도 路길로 以써이 目눈목
말은 못하고 길에서 만나는 사람끼리 불만의 눈길을 주고 받음. 감시가 심한 것을 비유. [삼국지三國志] =도로측목 (道路側目)

屠龍之技
도 룡 지 기
屠잡을도 龍용룡 之어조사지 技재주기
용을 잡는 기술. 기술이 아무리 교묘해도 실용적 가치가 없으면 아무 소용이 없다는 말. [장자莊子]

桃林處士
도 림 처 사
桃복숭아도 林수풀림 處곳처 士선비사
소를 일컫는 말. [사기史記]

塗抹詩書
도 말 시 서
塗진흙도 抹바를말 詩시시 書글서
중요한 책에 마구 먹칠을 함. 철없는 어린이의 행동을 말함. [노동盧소의 시詩]

道謀是用
도 모 시 용
道길도 謀꾀할모 是이시 用쓸용
길 옆에 집을 지으면서 길 가는 사람의 의견을 듣고 상의함. 주견 없이 남의 말만 쫓는 것을 비유. [시경詩經]

屠門戒殺
도 문 계 살
屠죽일도 門문문 戒경계할계 殺죽일살
푸줏간 문 앞에서 살생치 말라고 설법함. 즉 말과 행동이 주위와 맞지 않음을 일컬음. [순오지旬五志] =도문담불 (屠門談佛)

道傍苦李
도 방 고 리
道길도 傍곁방 苦쓸고 李오얏리
길가의 쓴 오얏 열매. 즉 버림받은 물건이나 무용지물을 의미. [세설신어世說新語]

道法者治
도 법 자 치
道길도 法법법 者사람자 治다스릴치
법을 따르면 다스려짐. [한비자韓非子]

塗不拾遺
도 불 습 유
塗=道=途길도 不아닐불 拾주울습 遺버릴유
길에 떨어진 것을 주워가지 않음. 나라가 잘 다스려지고 있음을 비유. [공자가어孔子家語] =노불습유(路不拾遺)

徒費脣舌
도 비 순 설
徒무리도 費쓸비 脣입술순 舌혀설
입술과 혀만 수고롭게 함. 부질없이 말만 많고 아무 보람이 없음.

144

道私者亂 道길도 私사사로울사 者사람자 亂어지러울란
도 사 자 란　사사로움을 따르면 어지러워짐. [한비자韓非子]

刀山劍樹 刀칼도 山뫼산 劍칼검 樹심을수
도 산 검 수　칼을 거꾸로 세우고 그 위를 걷게 하는 혹독한 형벌. [송
　　　　　　사宋史]

桃三李四 桃복숭아도 三석삼 李오얏리(이) 四넉사
도 삼 이 사　복숭아는 심은 지 3년, 오얏은 4년 만에 열림. 무슨 일이
　　　　　　든 그에 상응하는 시간이 필요하다는 뜻.

掉三寸舌 掉흔들도 三석삼 寸마디촌 舌혀설
도 삼 촌 설　세 치 혀를 흔듦. 웅변을 함. [사기史記]

徒跣扱衽 徒걸음도 跣맨발선 扱미칠급 衽옷깃임
도 선 급 임　맨발로 다니면서 옷깃은 여밈. [예기禮記]

屠所之羊 屠잡을도 所바소 之갈지 羊양양
도 소 지 양　푸줏간에 끌려가는 양. 죽음이 목전에 닥친 사람. 또는
　　　　　　무상한 인생을 비유.

徒御無繹 徒걸음도 御말몰어 無없을무 繹싫을역
도 어 무 역　맨발로 걷는 이와 수레 모는 이가 기꺼이 따름. [시경詩經]

盜言孔甘 盜도적도 言말씀언 孔구멍공=巧공교로울교 甘
도 언 공 감　달감
　　　　　　소인의 말은 아주 달콤함. [시경詩經]
　　　　▶도언공감 난시용담(---- 亂是用餤): 소인의 말은 달콤하
　　　　　니 어지러움은 더해만 가네
　　　　▶도(盜)는 소인(小人), 참인(讒人)을 이름.

盜亦有道 盜도둑도 亦또역 有있을유 道길도
도 역 유 도　도둑 사이에도 도(道)가 있음. [장자莊子]
　　　　▶도둑의 도: ① 성(聖): 귀중품이 어디 있는가 알아냄. ②
　　　　　용(勇): 훔칠 때 앞장섬. ③ 의(義): 훔쳐서는 뒤늦게 나옴.
　　　　　④ 지(知): 훔칠 때의 적절한 때와 가부를 앎. ⑤ 인(仁):
　　　　　훔친 것을 골고루 분배함.

145

桃夭之化
도 요 지 화
桃복숭아도 夭어릴요 之갈지 化될화
혼례(婚禮)를 일컫는 말.

蹈于湯火
도 우 탕 화
蹈밟을도 于어조사우 湯끓을탕 火불화
끓는 물과 타오르는 불을 밟음. 위험한 곳에 뛰어드는
것을 비유.

桃園結義
도 원 결 의
桃복숭아도 園동산원 結맺을결 義옳을의
유비(劉備)가 관우(關羽), 장비(張飛)와 도원에서 의형제
를 맺은 고사에서 비롯된 말. [삼국지三國志]

道遠知驥
도 원 지 기
道길도 遠멀원 知알지 驥천리마기
먼 길을 달리고 나서야 천리마의 능력을 알게 됨. 난세
를 만나야 그 인물됨을 알게 된다는 말.

都俞吁咈
도 유 우 불
都도읍도 俞나을유 吁탄식할우 咈어길불
도유는 찬성, 우불은 반대의 뜻.
▶요(堯) 임금이 신하와 회의할 때 쓴 말. 도(都)와 유(俞)는
찬성, 우(吁)와 불(咈)은 반대를 나타내는 감탄사. 도유와
우불은 요의 관직이름이기도 하다.

倒履相迎
도 리 상 영
倒거꾸로도 履신리 相서로상 迎맞을영
신발을 거꾸로 신고 손님을 맞음. 손님을 반갑게 맞음을
형용. [한서漢書]

道掌曰字
도 장 왈 자
道길도 掌손바닥장 曰가로왈 字글자자
손바닥에 쓴 '曰'자(日자도 되고 曰자도 됨). 무슨 일에도
나서서 제멋대로 잘난 체하는 것을 말함.

蹈節死義
도 절 사 의
蹈밟을도 節마디절 死죽을사 義옳을의
절조를 지키고 의를 위해 죽음. [진서晉書]

陶朱猗頓
도 주 의 돈
陶질그릇도 朱붉을주 猗아름다울의 頓조아릴
돈
도주와 의돈은 고대 중국의 큰 부자. =도주지부(陶朱之富)

陶朱之富
도 주 지 부
陶질그릇도 朱붉을주 之갈지 富부자부
재산이 아주 많은 사람을 말함. [사기史記]

146

▶월(越)왕 구천(句踐)은 오(吳)를 멸하고 남방의 패자가 되었는데 상장군인 범려(范蠡)의 공로였다. 범려는 자기의 할 일이 끝나자 제(齊)나라로 가서 무역으로 큰 부를 모았다. 19년간 두 번이나 백성에게 자기 재산을 나눠 주고, 마지막에는 자기 자손에게 나눠 주어 큰 부를 이루게 했다. 범려를 도주공(陶朱公)이라 했는데, 이후로 재산 많은 사람을 말할 때는 '도주지부'라고 하게 되었다.

盜憎主人
도 증 주 인

盜 도둑 도　憎 미워할 증　主 임금 주　人 사람 인

주인이 지키고 있어 훔칠 수가 없으므로 도리어 도둑이 주인을 미워한다는 말. 【춘추좌씨전春秋左氏傳】

倒持泰阿
도 지 태 아

倒 거꾸로 도　持 가질 지　泰 클 태　阿 언덕 아

명검을 거꾸로 잡음. 남을 이롭게 하고 자기는 해를 입음. 【한서漢書】

▶태아(泰阿): 전설상의 명검.

道聽塗說
도 청 도 설

道 길 도　聽 들을 청　塗 길 도　說 말씀 설

길에서 들은 것을 길에서 만난 사람에게 바로 옮겨 말함. 즉 자기가 들은 것을 새기지 못하고, 자랑삼아 떠들고 다니는 덕 없고 천박한 태도를 말함. 또는 아무 근거도 없는 허황된 소문을 이르기도 함. 【순자荀子】

倒置干戈
도 치 간 과

倒 거꾸로 도　置 둘 치　干 방패 간　戈 창 과

병기를 거꾸로 세움. 세상에 평화가 왔음을 뜻함. 【사기史記】 =도재간과(倒載干戈)

塗炭之苦
도 탄 지 고

塗 진흙 도　炭 숯 탄　之 갈 지　苦 쓸 고

진흙과 숯의 고통. 군주가 포악하여 백성들의 삶이 극히 고통스러움을 말함. 【서경書經】

道泰身否
도 태 신 부

道 길 도　泰 클 태　身 몸 신　否 아닐 부

행하는 바는 바르나 입신출세하지 못함.

道學先生
도 학 선 생

道 길 도　學 배울 학　先 먼저 선　生 날 생

도를 닦는 학자. 또는 도덕만 알고 세상 물정을 몰라 융통성이 없는 학자.

倒行逆施
도 행 역 시
倒 거꾸로 도　行 갈 행　逆 거스를 역　施 베풀 시
차례를 바꾸어 일을 시행함. 상도(常道)에 어그러진 짓을 말함.

桃弧棘矢
도 호 극 시
桃 복숭아 도　弧 활 호　棘 가시 극　矢 화살 시
복숭아나무 활과 가시나무 화살. 재앙을 쫓는 데 사용.

獨脚火王
독 각 화 왕
獨 홀로 독　脚 다리 각　火 불 화　王 임금 왕
제멋대로 쏘다니는 귀신. 말썽 많은 사람을 일컬음.

禿巾微行
독 건 미 행
禿 대머리 독　巾 수건 건　微 몰래 살필 미　行 갈 행
맨머리로 뒤를 밟음. 【후한서後漢書】
▶독건(禿巾): 맨 머리.

獨不將軍
독 불 장 군
獨 홀로 독　不 아닐 불　將 장수 장　軍 군사 군
사람들에게 따돌림을 받는 외톨이. 또는 무슨 일이든 혼자서 처리하는 사람.

讀書亡羊
독 서 망 양
讀 읽을 독　書 글 서　亡 잃을 망　羊 양 양
글을 읽다가 양을 잃음. 다른 데 신경을 쓰다가 본질을 잃음. 【장자莊子】

讀書三到
독 서 삼 도
讀 읽을 독　書 글 서　三 석 삼　到 이를 도
송(宋)의 주희(朱熹)가 말한 독서의 세 가지 방법. 즉 심도(心到), 목도(目到), 구도(口到)을 말함. 【주희朱熹의 글】

讀書三昧
독 서 삼 매
讀 읽을 독　書 글 서　三 석 삼　昧 새벽 매
책 읽기에만 빠져듦.

讀書三餘
독 서 삼 여
讀 읽을 독　書 글 서　三 석 삼　餘 남을 여
독서하기 좋은 세 여가. 겨울, 밤, 비올 때. 【삼국지三國志】

讀書尙友
독 서 상 우
讀 읽을 독　書 글 서　尙 숭상할 상　友 벗 우
책을 읽어 옛 성현을 벗하고 숭상함. 【맹자孟子】

讀書種子
독 서 종 자
讀 읽을 독　書 글 서　種 씨앗 종　子 아들 자
학문을 좋아하는 사람과 그 자손을 이르는 말.

獨善其身
독 선 기 신

獨홀로독 善착할선 其그기 身몸신
자기 혼자 착한 일을 함. 남이야 어떻든 자기 처신을 올바르게 하는 것을 이름. [맹자孟子]

獨守空房
독 수 공 방

獨홀로독 守지킬수 空빌공 房방방
부부가 별거하여 여자 혼자 빈 방을 지킴. =독숙공방(獨宿空房)

瀆于祭禮
독 우 제 례

瀆더럽힐독 于어조사우 祭제사제 禮예절례
제례를 더럽힘. [서경書經]

▶독우제례 시위불흠(---- 是謂不欽): 제례를 더럽힘은 공경치 않음이 원인이다.

獨掌不鳴
독 장 불 명

獨홀로독 掌손바닥장 不아닐불 鳴울명
외 손바닥은 소리를 내지 못함. 혼자 힘으로는 일하기 어려움. 또는 혼자는 싸움이 안 됨. [순오지旬五志] =독장난명(獨掌難鳴), 고장난명(孤掌難鳴)

獨行踽踽
독 행 우 우

獨홀로독 行갈행 踽홀로갈우
고독하여 아무에게도 의지할 곳이 없음. [시경詩經]

▶우우(踽踽): 홀로 가는 모양.

敦懞純固
돈 몽 순 고

敦도타울돈 懞후할몽 純순박할순 固굳을고
어둠이 두터울수록 순박함이 더함. 백성의 지혜가 깨이지 않을수록 순박함은 더함. [관자管子]

▶돈몽순고 이비화란(---- 以備禍亂): 돈후하고 순박하며 전일함으로 화란을 대비함.

頓不顧見
돈 불 고 견

頓조아릴돈 不아닐불 顧돌아볼고 見볼견
전혀 살피거나 돌아보지 않음.

豚魚之信
돈 어 지 신

豚돼지돈 魚물고기어 之갈지 信믿을신
돼지와 물고기에게까지 미치는 신의. 지극하고 정성이 어린 신의를 일컫는 말.

頓悟漸修
돈 오 점 수

頓조아릴돈 悟깨달을오 漸점점점 修닦을수
선가(禪家) 수행 방법의 하나. 갑자기 깨달아 점진적으로 닦아 나아감.

豚蹄盂酒
돈 제 우 주

豚 돼지 돈　蹄 발굽 제　盂 사발 우　酒 술 주
돼지 발굽 하나에 한 잔의 술. 적은 제수(祭需)로 풍년을 빈다는 뜻. 주는 것은 적으면서 바라는 것은 많음을 비유하는 말. [사기史記] =돈제양전(豚蹄禳田)

咄咄怪事
돌 돌 괴 사

咄 꾸짖을 돌　怪 괴이할 괴　事 일 사
대단히 괴이한 일이어서 크게 놀람. [진서晉書]
▶돌돌(咄咄): 의외의 일에 놀라서 지르는 소리.

咄咄逼人
돌 돌 핍 인

咄 꾸짖을 돌　逼 닥칠 핍　人 사람 인
기예나 서화(書畵)가 보통 사람의 경지를 넘는 솜씨라고 경탄하는 말.

東家之丘
동 가 지 구

東 동녘 동　家 집 가　之 갈 지　丘 언덕 구
가까이 있는 인물을 몰라본다는 말. [공자가어孔子家語]
▶어리석은 이웃 사람들이 공자가 성인인 줄 모르고, 동쪽 집에 사는 사람이라 하여 '동쪽 집의 구(丘)'라고 부른 고사에서 온 말. 구(丘)는 공자의 이름.

同價紅裳
동 가 홍 상

同 한가지 동　價 값 가　紅 붉을 홍　裳 치마 상
같은 값이면 다홍치마. 같은 값이면 빛이 맘에 드는 물건을 가진다는 뜻.

同苦同樂
동 고 동 락

同 한가지 동　苦 쓸 고　樂 즐길 락
고락을 같이함.

同工異曲
동 공 이 곡

同 한가지 동　工 장인 공　異 다를 이　曲 굽을 곡
재능은 같으나 표현 방식이 다름. [한유韓愈의 진학해進學解]

同功一體
동 공 일 체

同 한가지 동　功 공 공　一 한 일　體 몸 체
공훈과 지위가 같음. [사기史記]

冬裘夏葛
동 구 하 갈

冬 겨울 동　裘 갖옷 구　夏 여름 하　葛 갈포 갈
겨울엔 따뜻한 갖옷, 여름엔 시원한 갈포 옷을 입음. 즉 격에 맞는 행동을 이름.

同歸殊途
동 귀 수 도

同 한가지 동　歸 돌아갈 귀　殊 다를 수　途=道 길 도
돌아가는 곳(歸着点)은 같으나 가는 길은 다름. [역경易經]

150

同氣相求
동 기 상 구
同 한가지 동　氣 기운 기　相 서로 상　求 구할 구
의기가 투합하는 사람끼리 서로 찾고 모임. [역경易經]

同己爲是
동 기 위 시
同 같을 동　己 몸 기　爲 할 위　是 옳을 시
진리 여하를 따지지 않고 자기 의견과 같으면 옳다고 여
긴다는 말.

同道爲朋
동 도 위 붕
同 한가지 동　道 길 도　爲 할 위　朋 벗 붕
도를 함께 함으로써 벗을 만듦. [구양수歐陽脩의 붕당론朋黨論]
▶군자여군자 이동도위붕(君子與君子 而同道爲朋): 군자와
　군자는 도를 함께 함으로써 벗을 만든다.

洞洞屬屬
동 동 촉 촉
洞 마을 동　屬 이을 촉
깊은 사랑을 가지고 동경함. [예기禮記]
▶洞洞(동동): 성실한 모양. 屬屬(촉촉): 전일(專一)한 마음.

銅頭鐵額
동 두 철 액
銅 구리 동　頭 머리 두　鐵 쇠 철　額 이마 액
구리 머리에 쇠 이마. 성질이 모질고 포악함을 나타내는
말. [사기史記]

棟梁之臣
동 량 지 신
棟 마룻대 동　梁 들보 량　之 갈 지　臣 신하 신
나라의 기둥과 들보가 되는 신하. =동량지재(棟梁之材)

棟樑之材
동 량 지 재
棟 마룻대 동　樑 들보 량　之 갈 지　材 재목 재
나라를 버티는 기둥이 될 만한 인재.

同力度德
동 력 탁 덕
同 한가지 동　力 힘 력　度 헤아릴 탁　德 큰 덕
군사의 힘이 같으면 덕의 우열을 헤아려 승부를 예측할
수 있다는 말. [서경書經]

同流合汚
동 류 합 오
同 한가지 동　流 흐를 류　合 합할 합　汚 더러울 오
세속(世俗)에 따라 처신함. 나쁜 습속에 휩쓸려 세상을
어지럽힘. [맹자孟子]
▶합오(合汚)는 행실을 속세에 맞추어 가는 일.

東籬君子
동 리 군 자
東 동녘 동　籬 울타리 리　君 임금 군　子 아들 자
동쪽 울타리 밑의 군자. 국화를 말함.

同利相死
동 리 상 사
同 한가지 동 利 이로울 리 相 서로 상 死 죽을 사
이해(利害)를 같이 하면 서로가 사력을 다하게 된다는
말.【회남자淮南子】

同利爲朋
동 리 위 붕
同 한가지 동 利 이로울 리 爲 할 위 朋 벗 붕
이익을 함께 함으로써 벗을 만듦.【구양수歐陽脩의 붕당론朋黨論】
▶소인여소인 즉동리위붕(小人與小人 則同利爲朋): 소인과
소인은 이익을 함께 함으로써 벗을 만든다.

童蒙求我
동 몽 구 아
童 아이 동 蒙 어리석을 몽 求 구할 구 我 나 아
어리고 어리석은 사람이 내게 배우기를 청함.【역경易經】

動無違事
동 무 위 사
動 움직일 동 無 없을 무 違 어길 위 事 일 사
행동이 정당하여 어그러짐이 없음.【춘추좌씨전春秋左氏傳】

同文同軌
동 문 동 궤
同 한가지 동 文 글 문 軌 수레바퀴 궤
같은 문자를 쓰고, 수레 만드는 방법이 같음. 즉 한 임금
을 따르는 통일된 나라, 같은 풍속의 백성.【중용中庸】

東問西答
동 문 서 답
東 동녘 동 問 물을 문 西 서녘 서 答 대답 답
물음에 대해 전혀 당치 않은 엉뚱한 대답을 하는 것.【송
남잡지宋南雜識】

同門異戶
동 문 이 호
同 한가지 동 門 문 문 異 다를 이 戶 지게 호
같은 스승 밑에서 배웠으나 견해가 다름.【법언法言】

東方未晞
동 방 미 희
東 동녘 동 方 모 방 未 아닐 미 晞 밝을 희
동방이 아직 밝아오지 않음.【시경詩經】

洞房華燭
동 방 화 촉
洞 마을 동 房 방 방 華 빛날 화 燭 촛불 촉
신부 방에 불빛이 밝음. 결혼날 밤 또는 혼인을 의미
함.【유신庾新의 시詩】

動魄悅魂
동 백 열 혼
動 움직일 동 魄 넋 백 悅 기쁠 열 魂 넋 혼
정신을 감동시키고 혼을 기쁘게 함.

同病相憐
동 병 상 련
同 한가지 동　病 병들 병　相 서로 상　憐 불쌍히 여길 련
같은 병을 앓는 사람끼리 서로 불쌍히 여김. 같은 처지의 사람끼리 쉽게 가까워짐을 비유. [오월춘추吳越春秋]

同服同儀
동 복 동 의
同 한가지 동　服 옷 복　儀 거동 의
비슷한 옷을 입으면 행동(풍속)도 같아짐. [순자荀子]

東奔西走
동 분 서 주
東 동녘 동　奔 달릴 분　西 서녘 서　走 달릴 주
사방으로 바쁘게 돌아다님.

動不失時
동 불 실 시
動 움직일 동　不 아닐 불　失 잃을 실　時 때 시
움직일 시기를 잃지 않아야 함. 적당한 때를 알아야 한다는 말. [회남자淮南子]

冬不衣絮
동 불 의 서
冬 겨울 동　不 아닐 불　衣 옷 의　絮 솜 서
겨울에 솜옷을 입지 아니함. [효자전孝子傳]

同朋相照
동 붕 상 조
同 한가지 동　朋 벗 붕　相 서로 상　照 비출 조
같은 종류끼리 서로 따름.

冬氷可折
동 빙 가 절
冬 겨울 동　氷 얼음 빙　可 옳을 가　折 꺾을 절
흐르는 물도 겨울에 얼음이 되면 쉽게 부서짐. 사물도 때를 얻으면 쉽게 처리할 수 있는데, 그 때를 얻기가 어렵다는 말. 또는 사람의 성격도 때에 따라 변한다는 말. [문중자文仲子]

▶동빙가절 하목가결(---- 夏木可結): 겨울 얼음은 잘 부서지고 여름 나무는 잘 영근다.

凍氷寒雪
동 빙 한 설
凍 얼 동　氷 얼음 빙　寒 찰 한　雪 눈 설
언 얼음과 차가운 눈. 심한 추위를 말함.

同牀各夢
동 상 각 몽
同 한가지 동　牀 침상 상　各 각각 각　夢 꿈 몽
같은 침상에서 각자 다른 꿈을 꿈. =동상이몽(同床異夢)

同床異夢
동 상 이 몽
同 한가지 동　床 평상 상　異 다를 리(이)　夢 꿈 몽
같은 침상에 자면서도 서로 다른 꿈을 꿈. 같이 행동하면서 서로 딴 생각을 함.

東西不辨
동 서 불 변
東 동녘 동　西 서녘 서　不 아닐 불　辨 분별할 변
동서를 분별하지 못함. 어리석어 사리를 분별 못함. =불
분동서(不分東西)

冬扇夏爐
동 선 하 로
冬 겨울 동　扇 부채 선　夏 여름 하　爐 화로 로
겨울 부채와 여름의 화로. 즉 필요가 없는 물건, 버려진
신세를 말함. [논형論衡]

東閃西忽
동 섬 서 홀
東 동녘 동　閃 번쩍일 섬　西 서녘 서　忽 갑자기 홀
동에 번쩍, 서에 번쩍함.

同聲相應
동 성 상 응
同 한가지 동　聲 소리 성　相 서로 상　應 응할 응
같은 소리는 서로가 어울림. 뜻을 같이하는 사람끼리 서
로 친해지는 것을 이름. [역경易經] =동기상구(同氣相求)

同聲異俗
동 성 이 속
同 한가지 동　聲 소리 성　異 다를 리(이)　俗 풍속 속
태어난 아이의 울음소리는 같지만 성장하며 익힌 습속
은 서로 다르다는 말. 즉 교육 환경에 따라서 다르게 변
화한다는 의미. [순자荀子]

同室操戈
동 실 조 과
同 한가지 동　室 집 실　操 잡을 조　戈 창 과
한집 식구끼리 창을 잡음. 집안, 형제, 동지 등 가까운 사
람끼리의 싸움을 말함.

同心合力
동 심 합 력
同 한가지 동　心 마음 심　合 합할 합　力 힘 력
마음을 같이하고 힘을 합침.

動心駭目
동 심 해 목
動 움직일 동　心 마음 심　駭 놀랄 해　目 눈 목
깜짝 놀라서 마음이 움직임.

同惡相助
동 악 상 조
同 한가지 동　惡 악할 악　相 서로 상　助 도울 조
악한 사람끼리 서로 도움. [사기史記]

同業相仇
동 업 상 구
同 한가지 동　業 업 업　相 서로 상　仇 원수 구
동업자가 이해 관계로 인해 서로 원수가 됨. [소서素書]

東湧西沒
동 용 서 몰
東 동녘 동　湧 솟을 용　西 서녘 서　沒 가라앉을 몰
동에서 솟아서 서쪽으로 가라앉음. 행동이 자유자재하
며 신속함.

童牛角馬
동 우 각 마
童아이동 牛소우 角뿔각 馬말마
뿔 없는 송아지와 뿔 있는 말. 즉 실제에 어긋나는 사물.
도리에 어긋남을 나타내기도 함.

同憂相求
동 우 상 구
同한가지동 憂근심우 相서로상 求구할구
근심이 같은 사람끼리 서로 구해 줌. [오월춘추吳越春秋]

童牛之梏
동 우 지 곡
童아이동 牛소우 之갈지 梏우리곡
외양간에 갇힌 송아지. 자유가 없는 것을 비유. [역경易經]

冬月無被
동 월 무 피
冬겨울동 月달월 無없을무 被입을피
겨울이 되어도 입을 옷이 없음. 몹시 가난함.

動肉含氣
동 육 함 기
動움직일동 肉고기육 含머금을함 氣기운기
몸뚱이만 살아서 겨우 숨만 쉼. 아무 의미 없이 살아 있
음을 탄식하는 말.

動而不括
동 이 불 괄
動움직일동 而말이을이 不아닐불 括묶을괄
움직여서 묶어 둘 수가 없음. [역경易經]

同而不和
동 이 불 화
同한가지동 而말이을이 不아닐불 和화할화
부화뇌동할 뿐 동화가 되지 않음. 소인(小人)의 사귐을
이르는 말. [논어論語] =화이부동(和而不同)

冬日之日
동 일 지 일
冬겨울동 日날일 之갈지
겨울날의 따뜻한 햇볕. 화기에 넘치고 사랑이 가득한 모
양. [춘추좌씨전春秋左氏傳]

同藏無間
동 장 무 간
同한가지동 藏감출장 無없을무 間사이간
남녀가 의복을 한 장에 넣고 따로 두지 않음. 남녀가 같
은 방에 거처함을 이르는 말. [예기禮記]

棟折榱崩
동 절 최 붕
棟마룻대동 折꺾을절 榱서까래최 崩무너질붕
마룻대가 부러지면 서까래도 무너져 내림. 윗사람이 망
하면 아랫사람도 해를 입음을 비유. [춘추좌씨전春秋左氏傳]

東漸西被
동 점 서 피
東동녘동 漸점점점 西서녘서 被입을피
차차 동쪽에서 서쪽으로 옮겨 나아감.

同情相成
동 정 상 성
同 한가지동 情 뜻정 相 서로상 成 이룰성
같은 마음을 가지고 그 일의 완성을 위해 서로 힘을 다함. [회남자淮南子] =동욕상추(同欲相趨)

東征西伐
동 정 서 벌
東 동녘동 征 칠정 西 서녘서 伐 칠벌
동서로 정벌함. 여러 나라를 쳐서 굴복시킴.

動靜云爲
동 정 운 위
動 움직일동 靜 고요할정 云 이를운 爲 할위
사람의 언어나 행동.
▶운위(云爲)=언행(言行)

凍足放尿
동 족 방 뇨
凍 얼동 足 발족 放 놓을방 尿 오줌뇨
언 발에 오줌 누기. 잠시의 급함을 임시로 구할 뿐 나쁜 결과를 가져옴을 비유. [순오지旬五志]

同舟相救
동 주 상 구
同 한가지동 舟 배주 相 서로상 救 구할구
같은 배를 탄 사람이 서로를 구조함. 즉 이해 관계와 처지가 같은 사람은 위급할 때 서로 구한다는 말. [손자孫子]

同舟濟江
동 주 제 강
同 한가지동 舟 배주 濟 건널제 江 강강
같은 배를 타고 강을 건넘. 즉 동고동락(同苦同樂)함.

動卽思禮
동 즉 사 례
動 움직일동 卽 곧즉 思 생각사 禮 예절례
행동할 때는 늘 예를 생각함. [춘추좌씨전春秋左氏傳]

洞天福地
동 천 복 지
洞 마을동 天 하늘천 福 복복 地 땅지
선인(仙人)이 산다는 36동천(洞天)과 72복지(福地). 천하의 명산과 승지를 말함.

動輒得咎
동 첩 득 구
動 움직일동 輒 번번이첩 得 얻을득 咎 허물구
행동하는 것마다 남에게 욕을 먹음.

動輒得謗
동 첩 득 방
動 움직일동 輒 번번이첩 得 얻을득 謗 비방할방
행동하는 것마다 걸핏하면 비방만 당함.

東取西貸
동 취 서 대
東 동녘동 取 취할취 西 서녘서 貸 빌릴대
여러 사람에게서 빚을 진다는 말.

東頹西圮
동 퇴 서 비

東동녘동 頹무너질퇴 西서녘서 圮무너질비
동쪽이 무너지고 서쪽도 무너짐. 사람이나 물건이 이리
저리 쓰러지거나 쏠림.

東敗西喪
동 패 서 상

東동녘동 敗패할패 西서녘서 喪죽을상
동에서 패하고 서에서 죽음. 가는 곳마다 실패함.

凍解氷釋
동 해 빙 석

凍얼동 解풀해 氷얼음빙 釋풀석
얼음이 풀리듯이 의문이 풀림.

東海揚塵
동 해 양 진

東동녘동 海바다해 揚날릴양 塵티끌진
동쪽 바다의 티끌이 날려서 올라옴. 즉 바다가 육지로
변함. =상전벽해(桑田碧海)

同好相趨
동 호 상 추

同한가지동 好좋을호 相서로상 趨쫓을추
취미가 같은 사람끼리 서로 도와 나감.

董狐之筆
동 호 지 필

董굳을동 狐여우호 之갈지 筆붓필
권세에 굴하지 않고 있는 사실을 그대로 써서 역사에 남
김. [진서晉書]

▶동호(董狐)는 진(晉)의 사관으로서 조돈(趙盾)이 그의 임
금 영공(靈公)을 시살(弑殺)한 사실을 그대로 쓴 데서 나
온 말이다.

冬烘先生
동 홍 선 생

冬겨울동 烘화톳불홍 先먼저선 生날생
낡은 지식밖에 없는 시골 훈장을 말함.

杜口裹足
두 구 과 족

杜막을두 口입구 裹쌀과 足발족
입을 막고 발을 쌈. 즉 마음속에 반감이 있으면서도 표
현을 하지 않고, 좋게도 따르지 않는 태도. [사기史記]

蠹國病民
두 국 병 민

蠹좀두 國나라국 病병들병 民백성민
나라를 좀먹고 백성에게 해를 끼침.

頭童齒豁
두 동 치 활

頭머리두 童아이동 齒이치 豁뚫린골활=闊넓
을 활
머리가 벗겨지고 이가 빠짐. 노인이 되는 것을 말함. [한
유韓愈의 진학해進學解]

▶동(童): 산에 초목이 없음. 활(豁): 이가 빠져 구멍이 보임.

157

肚裏淚落　肚배두　裏속리　淚눈물루(누)　落떨어질락
두 리 누 락　마음속으로 우는 것.

杜門不出　杜막을두　門문문　不아닐불　出날출
두 문 불 출　문을 닫고 나오지 않음.

頭髮上指　頭머리두　髮터럭발　上위상　指가리킬지
두 발 상 지　머리털이 위로 곤두섬. 초(楚)의 항우(項羽)가 격노한 모
습을 표현한 말. [사기史記]

豆剖瓜分　豆콩두　剖쪼갤부　瓜오이과　分나눌분
두 부 과 분　콩과 오이가 쪼개지듯 나누어짐. 국토가 손쉽게 분할됨.

頭上安頭　頭머리두　上위상　安편안할안　頭머리두
두 상 안 두　머리 위에 머리가 있음. 사물이 쓸데없이 중복되어 있음
을 말함. 또는 물건을 여유 있게 마련해 둠을 의미.

斗筲之人　斗말두　筲대그릇소　之갈지　人사람인
두 소 지 인　국량(局量)이 작은 사람. 변변치 못한 사람. [논어論語]

頭痒搔跟　頭머리두　痒가려울양　搔긁을소　跟발뒤꿈치근
두 양 소 근　머리가 가려운데 발뒤꿈치를 긁음. 무익한 일을 한다는
말. [역림易林] =격화소양(隔靴搔痒)

頭如蓬葆　頭머리두　如같을여　蓬쑥봉　葆더부룩할보
두 여 봉 보　머리털이 쑥대같이 더부룩함. [한서漢書]

杜漸防萌　杜막을두　漸점점점　防막을방　萌싹맹
두 점 방 맹　싹트는 처음을 막아 후환이 없게 함. [후한서後漢書]

頭足異處　頭머리두　足발족　異다를이　處곳처
두 족 이 처　참수를 당하여 머리와 발이 따로 떨어짐. [사기史記]

斗酒百篇　斗말두　酒술주　百일백백　篇책편
두 주 백 편　한 말 술을 마시는 동안 시 백 편을 지음.

斗酒不辭　斗말두　酒술주　不아닐불　辭사양할사
두 주 불 사　말 술도 사양하지 않음. 주량이 매우 세다는 말. [사기史記]

斗酒隻鷄
두 주 척 계
斗 말 두　酒 술 주　隻 하나 척　鷄 닭 계
술 한 말과 닭 한 마리. [삼국지三國志]
▶위(魏)의 조조(曹操)가 지기인 교현(橋玄)의 묘에 참배하면서 한 말. 벗을 생각하는 그리운 정을 말함.

頭寒足熱
두 한 족 열
頭 머리 두　寒 찰 한　足 발 족　熱 더울 열
머리는 차게 발은 따뜻하게 하는 건강법.

頭會箕斂
두 회 기 렴
頭 머리 두　會 모을 회　箕 키 기　斂 거둘 렴
사람 머릿수로 곡식을 내게 하고 키로 거두어들임. 즉 가혹한 세금 징수를 말함. [사기史記]
▶기렴(箕斂): 키에 담듯이 많은 것을 탐함을 이름.

鈍筆勝聰
둔 필 승 총
鈍 무딜 둔　筆 붓 필　勝 나을 승　聰 총명할 총
무딘 붓이 총명한 것보다 나음. 서툰 글씨라도 기록하는 것이 기억에만 의존하는 것보다 낫다는 말.

鈍學累功
둔 학 누 공
鈍 둔할 둔　學 배울 학　累 여러 루(누)　功 공 공
재주가 둔한 사람이라도 꾸준히 노력하여 학문의 공을 쌓음. [안씨가훈顔氏家訓]

得匣還珠
득 갑 환 주
得 얻을 득　匣 갑 갑　還 돌이킬 환　珠 구슬 주
구슬을 담은 갑만 갖고 구슬은 돌려줌. 즉 겉모양에 현혹되어 내용을 살피지 않음. 쓸데없는 일에 힘을 쏟고 정작 중요한 일은 잊음을 비유한 말. [한비자韓非子] =매궤환주(買櫃還珠)
▶정(鄭)나라 사람이 구슬을 사는데, 갑(匣)의 모양에 취해 속에 든 구슬은 돌려주었다는 고사에서 비롯된 말.

得隴望蜀
득 롱 망 촉
得 얻을 득　隴 땅이름 롱　望 바랄 망　蜀 촉나라 촉
사람의 욕심이 끝이 없음을 비유한 말. [후한서後漢書]
▶후한(後漢)의 광무제(光武帝)가 농(隴)의 땅을 평정한 뒤에 촉(蜀)을 치려고 바라보았다는 고사에서 생긴 말.

得斧喪斧
득 부 상 부
得 얻을 득　斧 도끼 부　喪 잃을 상
얻은 도끼와 잃은 도끼. 즉 득실이 같다는 말. =득부실부(得斧失斧)

159

得漁忘筌
득 어 망 전

得 얻을 득　漁 고기잡을 어　忘 잊을 망　筌 통발 전
물고기를 잡자 통발을 잊어버림. 즉 바라던 목적을 달성하자 요긴하게 쓰였던 것을 잊어버림. 사소한 일에 얽매여 큰일을 놓치지 말아야 한다는 뜻. 【장자莊子】

得意淡然
득 의 담 연

得 얻을 득　意 뜻 의　淡 맑을 담　然 그러할 연
뜻을 얻었을 때는 담담하라.

得意之人
득 의 지 인

得 얻을 득　意 뜻 의　之 갈 지　人 사람 인
마음에 드는 사람.

得一忘十
득 일 망 십

得 얻을 득　一 한 일　忘 잊을 망　十 열 십
하나를 알면 열을 잊음. 기억력이 없음을 비유.

得雋之句
득 전 지 구

得 얻을 득　雋 살찐고기 전　之 갈 지　句 글귀 구
문장에서 멋이 있고 빛이 나는 구절.

得精亡麤
득 정 망 추

得 얻을 득　精 정할 정　亡 망할 망　麤 거칠 추
도의 정수를 깨닫고 그 자취를 생각하지 않음. =득추망정(得麤忘精) 【열자列子】

得正而斃
득 정 이 폐

得 얻을 득　正 바를 정　而 말이을 이　斃 죽을 폐
바른 도(道)를 얻고 나서 죽음.

得衆得國
득 중 득 국

得 얻을 득　衆 무리 중　國 나라 국
백성의 마음을 얻으면 나라도 얻게 됨. 【대학大學】

得麤忘精
득 추 망 정

得 얻을 득　麤 거칠 추　忘 잊을 망　精 정할 정
대강은 이해하나 중요한 내용을 터득치 못하고 있음.

得親順親
득 친 순 친

得 얻을 득　親 어버이 친　順 따를 순
부모의 마음에 들고, 부모의 뜻에 따라 순종함. 효자의 행실을 말함. 【맹자孟子】

得兎忘蹄
득 토 망 제

得 얻을 득　兎 토끼 토　忘 잊을 망　蹄 올무 제
토끼를 잡고는 잡을 때 쓴 올무는 잊음. =득어망전(得漁忘筌) 【장자莊子】

登高而招 登 오를 등　高 높을 고　而 말이을 이　招 부를 초
등 고 이 초　높은 곳에 올라 사람을 부름. 즉 효과가 좋은 방법을 이
　　　　　용해야 한다는 뜻. [순자荀子]

登高自卑 登 오를 등　高 높을 고　自 부터 자　卑 낮을 비
등 고 자 비　높은 곳에 오를 때는 반드시 낮은 데서부터 시작해야
　　　　　함. 모든 일은 순서가 있음을 이르는 말. 또는 지위가 높
　　　　　을수록 스스로를 낮춘다는 뜻으로도 쓰임. [중용中庸]

登高必賦 登 오를 등　高 높을 고　必 반드시 필　賦 읊을 부
등 고 필 부　군자가 높은 산에 오르면 반드시 시를 읊음. [한시외전韓詩
　　　　　外傳]

騰蛟起鳳 騰 오를 등　蛟 교룡 교　起 일어날 기　鳳 새 봉
등 교 기 봉　뛰어오르는 교룡과 날아오르는 봉황. 사람의 재주가 아
　　　　　주 뛰어남을 말함.

登樓去梯 登 오를 등　樓 다락 루　去 갈 거　梯 사다리 제
등 루 거 제　다락에 오르게 하고는 사다리를 치움. 즉 사람을 유인하
　　　　　여 곤경에 밀어 넣음을 말함. [송남잡지宋南雜識]

燈下不明 燈 등잔 등　下 아래 하　不 아닐 불　明 밝을 명
등 하 불 명　등잔 밑이 어두움. 먼 데의 일보다 가까운 곳의 일을 잘
　　　　　알지 못한다는 말. [동언해東言解]

燈火可親 燈 등불 등　火 불 화　可 옳을 가　親 친할 친
등 화 가 친　등불을 가까이 하기에 좋음. 가을은 시원하므로 책 읽기
　　　　　에 좋다는 말. [한유韓愈의 글]

燈火之喜 燈 등잔 등　火 불 화　之 갈 지　喜 기쁠 희
등 화 지 희　등화가 생기면 길사가 있을 조짐이라며 기뻐한다는
　　　　　말. [한서漢書]
　　　　　▶등화(燈火): 불심지 끝이 타서 맺히는 불똥.

橙黃橘綠 橙 등나무 등　黃 누를 황　橘 귤나무 귤　綠 푸를 록
등 황 귤 록　초겨울의 경치. 등나무 잎이 누렇게 되고, 귤은 파랗게
　　　　　열려 있는 풍경을 말함. [소식蘇軾의 시詩]

馬脚露出
마 각 노 출
馬 말 마　脚 다리 각　露 드러날 로(노)　出 날 출
말의 다리가 드러남. 간사하게 숨겼던 생각을 부지중 드러냄. [원곡元曲]

摩乾軋坤
마 건 알 곤
摩 갈 마　乾 하늘 건　軋 삐걱거릴 알　坤 땅 곤
천지에 가까이 접근함.

馬驚車敗
마 경 거 패
馬 말 마　驚 놀랄 경　車 수레 거　敗 패할 패
말이 놀라면 수레가 뒤집힘. [사기史記]

麻姑搔痒
마 고 소 양
麻 삼 마　姑 할미 고　搔 긁을 소　痒 가려울 양
일이 뜻대로 됨을 형언할 때 쓰는 말. [신선전神仙傳]
▶후한(後漢)의 채경(蔡經)이 마고의 긴 손톱을 보고 가려운 곳이면 어딘다 다 긁을 수 있겠다고 생각했다는 고사에서 비롯된 말. 마고(麻姑)는 손톱이 길다는 선녀.

摩拳擦掌
마 권 찰 장
摩 갈 마　拳 주먹 권　擦 비빌 찰　掌 손바닥 장
주먹과 손바닥을 비빔. 즉 기운을 모아 나아갈 태세를 갖추고 기회를 엿봄.

馬頭出令
마 두 출 령
馬 말 마　頭 머리 두　出 날 출　令 하여금 령
말머리에서 명을 내림. 갑자기 내리는 명령을 말함.

摩壘而還
마 루 이 환
摩 문지를 마　壘 진루 루　而 말이을 이　還 돌아올 환
적의 진지를 살피고 돌아옴. 적의 진지가 가까움을 비유. [춘추좌씨전春秋左氏傳]
▶마루(摩壘): 적의 진지에 육박함.

馬不停蹄
마 부 정 제
馬 말 마　不 아닐 부　停 머무를 정　蹄 굽 제
말이 발을 멈추지 않음. 즉 쉬지 않고 전진한다는 뜻.

馬上得之
마 상 득 지
馬 말 마　上 위 상　得 얻을 득　之 갈 지
말을 타고 싸워서 천하를 얻음. =마상득천하(馬上得天下) [사기史記]

馬首視瞻
마 수 시 첨
馬 말 마　首 머리 수　視 볼 시　瞻 바라볼 첨
말머리를 살핌. 전쟁터에서 장수가 탄 말머리를 따라서 병사들이 이리저리로 움직이듯 한 사람의 의사를 좇아서 일사불란하게 행동하는 것을 이름.

馬牛襟裾
마 우 금 거
馬 말 마　牛 소 우　襟 옷깃 금　裾 옷자락 거
사람이 입는 의복을 걸쳤으나 마소와 다름이 없음. 학식과 예의가 없는 인간을 이름. [한유韓愈의 시詩]

馬耳東風
마 이 동 풍
馬 말 마　耳 귀 이　東 동녘 동　風 바람 풍
말 귀에 부는 동쪽 바람. 즉 남의 말을 귀담아 듣지 않고 흘려버림. [이백李白의 시詩]

馬逸不止
마 일 부 지
馬 말 마　逸 달아날 일　不 아닐 부　止 멈출 지
말이 달아나면 멈추기가 힘듦. [국어國語]

磨杵作針
마 저 작 침
磨 갈 마　杵 공이 저　作 지을 작　針 바늘 침
공이를 갈아 바늘을 만듦. 한 번 일을 시작하면 중단하지 않고 끝까지 노력함. =마부위침(磨斧爲針)

摩頂放踵
마 정 방 종
摩 갈 마　頂 정수리 정　放 놓을 방　踵 발꿈치 종
정수리부터 발꿈치까지 갈아서 닳게 함. 자기를 돌보지 않고 남을 위해 사랑하고 희생함. [맹자孟子]

馬蹄咬千
마 제 교 천
馬 말 마　蹄 굽 제　咬 물 교　千 일천 천
말의 입자국과 굽자국이 천 개도 넘음. [한서漢書]

馬蹄蠶頭
마 제 잠 두
馬 말 마　蹄 굽 제　蠶 누에 잠　頭 머리 두
서예에서 한 일(一) 자를 쓸 때 시작은 말굽 모양, 끝은 누에 머리 모양으로 써야 한다는 필법을 말함.

麻中之蓬
마 중 지 봉
麻 삼 마　中 가운데 중　之 갈 지　蓬 쑥 봉
삼밭에 난 쑥. 곧게 자라는 삼을 따라 쑥이 곧게 자라는 것같이 사람도 환경이 좋으면 선인(善人)으로 자랄 수 있음을 비유한 말. [순자荀子]

磨穿鐵硯
마 천 철 연
磨 갈 마　穿 뚫을 천　鐵 쇠 철　硯 벼루 연
쇠 벼루를 갈아서 뚫음. 딴 데 마음 쓰지 않고 학문에 정진함. [오대사五代史]

馬革裹尸
마 혁 과 시
馬 말 마　革 가죽 혁　裹 쌀 과　尸 주검 시
말가죽으로 시체를 쌈. 전쟁터에서 싸우다 죽겠다는 용장의 각오를 말함. [후한서後漢書]

ㅁ

馬好替乘
마 호 체 승
馬말마 好좋을호 替바꿀체 乘탈승
말은 바꿔 타는 것이 좋음. 옛것을 새것으로 고쳐 보는
것도 즐거운 일이라는 말. [동언해東言解]

莫見乎隱
막 견 호 은
莫말막 見볼견 乎어조사호 隱숨을은
숨을수록 더 잘 보임. 남 모르게 하면 오히려 더 잘 드러
난다는 뜻.

藐姑射山
막 고 야 산
藐아득할막 姑할미고 射산이름야 山뫼산
옥황상제가 산다는 산. 즉 인간 세상과는 별천지를 말
함. [열자列子]

莫無可奈
막 무 가 내
莫없을막 無없을무 可옳을가 奈어찌내
어찌 할 도리가 없음.

莫不竊視
막 부 절 시
莫없을막 不아닐부 竊훔칠절 視볼시
몰래 숨어서 훔쳐보지 말라. 남을 몰래 엿보지 말라는
말. [한서漢書]

莫逆之交
막 역 지 교
莫없을막 逆거스를역 之갈지 交사귈교
마음속에 거스릴 것이 없는 사귐. 서로 마음이 맞는 사
귐. =막역지우(莫逆之友) [장자莊子]

莫往莫來
막 왕 막 래
莫없을막 往갈왕 來올래
서로 왕래가 끊어짐.

莫知東西
막 지 동 서
莫없을막 知알지 東동녘동 西서녘서
동서를 분간치 못함. 즉 사리를 분별 못하는 어리석음.

莫此爲甚
막 차 위 심
莫없을막 此이차 爲할위 甚심할심
더할 수 없이 매우 심함.

幕天席地
막 천 석 지
幕장막막 天하늘천 席자리석 地땅지
하늘을 이불(장막), 땅을 자리로 삼음. 지닌 의기가 호방
함을 뜻함. [유령劉伶의 주덕송酒德頌]

寞天寂地
막 천 적 지
寞쓸쓸할막 天하늘천 寂고요할적 地땅지
쓸쓸한 하늘과 고요한 땅. 몹시 외롭고 쓸쓸함을 비유.

莫顯乎微
막 현 호 미
莫 없을 막　顯 나타날 현　乎 어조사 호　微 가늘 미
눈에 보이지 않는 미세한 것이 도리어 밝게 나타남.

萬頃蒼波
만 경 창 파
萬 일만 만　頃 이랑 경　蒼 푸를 창　波 물결 파
만 이랑의 푸른 물결. 한없이 넓고 푸른 바다.

萬古不易
만 고 불 역
萬 일만 만　古 예 고　不 아닐 불　易 바꿀 역
오랜 세월을 두고 변하거나 바뀌지 않음. =만고불변(萬古不變)

萬古千秋
만 고 천 추
萬 일만 만　古 예 고　千 일천 천　秋 가을 추
천년만년의 기나긴 세월. 과거와 미래에 걸친 오랜 세월.

萬古風霜
만 고 풍 상
萬 일만 만　古 예 고　風 바람 풍　霜 서리 상
오랫동안 맞은 바람과 서리. 사는 동안 겪어 온 수많은 고생.

萬口成碑
만 구 성 비
萬 일만 만　口 입 구　成 이룰 성　碑 돌기둥 비
여러 사람이 입으로 기리는 것은 송덕비(頌德碑)를 세운 것과 같다는 말.

萬口一談
만 구 일 담
萬 일만 만　口 입 구　一 한 일　談 말씀 담
많은 사람의 의견이 일치함. =이구동성(異口同聲)

萬國咸寧
만 국 함 령
萬 일만 만　國 나라 국　咸 다 함　寧 편안할 령
모든 나라가 다 같이 편안함. [역경易經]

萬騎屈橋
만 기 굴 교
萬 일만 만　騎 말 달릴 기　屈 굽힐 굴　橋 다리 교
수많은 기병이 다리 아래서 굴복하여 항복함. [한서漢書]

萬端無方
만 단 무 방
萬 일만 만　端 끝 단　無 없을 무　方 모 방
가지각색이어서 일정한 규정이 없음. 규칙 없이 제멋대로인 사람을 이름. [회남자淮南子]

滿諫誣天
만 간 무 천
滿 가득할 만　諫 헐뜯을 간　誣 속일 무　天 하늘 천
헐뜯는 말을 많이 하여 하늘을 속임. 즉 헐뜯는 말로 간하여 임금을 속임. [한서漢書]

萬里同風
만 리 동 풍
萬 일만 만　里 마을 리　同 한가지 동　風 바람 풍
넓은 지역에 같은 바람이 붊. 즉 천하가 통일되어 온 세상이 풍속을 같이함. [한서漢書]

萬里之望
만 리 지 망
萬 일만 만　里 마을 리　之 갈 지　望 바랄 망
먼 곳을 바라봄. 입신 출세하려는 희망.

萬里之任
만 리 지 임
萬 일만 만　里 마을 리　之 갈 지　任 맡길 임
멀리 떨어진 국토를 지키는 임무.

曼理皓齒
만 리 호 치
曼 고울 만　理 나뭇결 리　皓 흴 호　齒 이 치
고운 살결과 하얀 이. 미인을 형용하는 말.
▶만리(曼理): 곱고 흰 살결. 호치(皓齒): 희고 깨끗한 이.

滿目荒凉
만 목 황 량
滿 가득할 만　目 눈 목　荒 거칠 황　凉 쓸쓸할 량
눈에 띄는 것이 모두가 거칠고 쓸쓸함.

萬無一失
만 무 일 실
萬 일만 만　無 없을 무　一 한 일　失 잃을 실
만에 하나도 잃지 않음. 실수할 염려가 전혀 없음.

萬物乃纏
만 물 내 전
萬 일만 만　物 만물 물　乃 이어 내　纏 얽힐 전
만물은 서로가 얽혀 있음. [태현경太玄經]

萬物之靈
만 물 지 령
萬 일만 만　物 만물 물　之 어조사 지　靈 영묘할 령
만물 중 가장 훌륭한 존재. 인간을 말함. [태극도설太極圖說]

萬物之祖
만 물 지 조
萬 일만 만　物 만물 물　之 어조사 지　祖 조상 조
만물의 시조. 하늘을 이르는 말. [춘추번로春秋繁露]

滿盤珍羞
만 반 진 수
滿 가득할 만　盤 소반 반　珍 보배 진　羞 음식 수
상에 가득히 차린 진귀하고 맛있는 음식.

萬夫一望
만 부 일 망
萬 일만 만　夫 사내 부　一 한 일　望 바랄 망
만인이 우러러 사모하는 사람. 또는 일. =만부지망(萬夫之望) [역경易經]

萬不一失
만 불 일 실
萬 일만 만　不 아닐 불　一 한 일　失 잃을 실
만에 한 가지도 틀리는 것이 없음. [사기史記] =만무일실(萬無一失)

166

萬死無惜
만 사 무 석
萬 일만 만　死 죽을 사　無 없을 무　惜 아낄 석
죄가 너무 커서 만 번 죽어도 아깝지 않음. =만륙유경(萬
戮猶輕)

萬事瓦解
만 사 와 해
萬 일만 만　事 일 사　瓦 기와 와　解 풀 해
기왓장이 무너지듯 모든 일이 다 틀려 버림.

萬事一生
만 사 일 생
萬 일만 만　事 일 사　一 한 일　生 날 생
만 번 죽었다 살아남. 생명이 매우 위태로움을 이르는
말. [후한서後漢書]

萬事亨通
만 사 형 통
萬 일만 만　事 일 사　亨 형통할 형　通 통할 통
모든 일이 순탄하게 풀려 감. [역경易經]

滿山遍野
만 산 편 야
滿 가득할 만　山 뫼 산　遍 두루 편　野 들 야
산과 들에 가득히 덮임.

滿山紅葉
만 산 홍 엽
滿 가득할 만　山 뫼 산　紅 붉을 홍　葉 잎사귀 엽
온 산이 단풍으로 뒤덮임.

滿城風雨
만 성 풍 우
滿 가득할 만　城 성 성　風 바람 풍　雨 비 우
성 안에 비바람이 가득함. 소문과 여론이 가득함. 어떤
사건이 널리 알려짐을 비유한 말. [냉제야화冷齊夜話]

萬世不朽
만 세 불 후
萬 일만 만　世 대 세　不 아닐 불　朽 썩을 후
영원히 썩지 않음. =만고불후(萬古不朽)

萬歲永賴
만 세 영 뢰
萬 일만 만　歲 해 세　永 길 영　賴 의지할 뢰
영원히 의지함. 오랫동안 힘을 입고 의지함. [서경書經]

萬世一時
만 세 일 시
萬 일만 만　世 대 세　一 한 일　時 때 시
오랜 세월 가운데 단 한 번의 기회. [삼국지三國志]

萬世之名
만 세 지 명
萬 일만 만　世 대 세　之 갈 지　名 이름 명
만세 후까지 남을 이름.

萬壽無疆
만 수 무 강
萬 일만 만　壽 목숨 수　無 없을 무　疆 끝 강
만 년을 살아도 끝이 없음. 즉 오래 살기를 빌 때 쓰는
말. [시경詩經]

萬壽無期
만 수 무 기
萬 일만 만　壽 목숨 수　無 없을 무　期 기약할 기
끝이 없이 오래 삶. =만수무강(萬壽無疆)

萬乘之國
만 승 지 국
萬 일만 만　乘 탈 승　之 갈 지　國 나라 국
만 대의 전차를 갖춘 큰 나라. [맹자孟子]

萬乘之尊
만 승 지 존
萬 일만 만　乘 탈 승　之 갈 지　尊 높을 존
천자의 지위.

晚時之歎
만 시 지 탄
晚 늦을 만　時 때 시　之 갈 지　歎 한탄할 탄
때 늦은 후회. 기회를 놓친 것을 탄식함.

晚食當肉
만 식 당 육
晚 늦을 만　食 먹을 식　當 필적할 당　肉 고기 육
시장할 때 먹는 음식은 고기에 필적함. [전국책戰國策]
▶만식(晚食): 시장할 때 먹는 식사.

滿身是膽
만 신 시 담
滿 가득할 만　身 몸 신　是 이 시　膽 쓸개 담
몸 안이 쓸개로 가득히 차 있음. 담이 매우 큰 것을 이름. [삼국지三國志]

滿身瘡痍
만 신 창 이
滿 가득할 만　身 몸 신　瘡 부스럼 창　痍 상처 이
온몸이 상처투성이. 성한 데가 하나도 없을 만큼 상처가 많다는 뜻.

萬有樂推
만 유 낙 추
萬 일만 만　有 있을 유　樂 즐거울 락(낙)　推 옮길 추
만인에게 즐거움이 옮겨짐. [양서梁書]

慢而侮人
만 이 모 인
慢 거만할 만　而 말이을 이　侮 업신여길 모　人 사람 인
교만하여 사람을 업신여김. [사기史記]

滿而不溢
만 이 불 일
滿 가득할 만　而 말이을 이　不 아닐 불　溢 넘칠 일
가득 차더라도 넘치지는 않음. [효경孝經]

蠻夷戎狄
만 이 융 적
蠻 오랑캐 만　夷 오랑캐 이　戎 되 융　狄 오랑캐 적
중국 사방의 야만족.
▶한족은 자신들을 중화(中華)라 하고, 남쪽 오랑캐를 남만(南蠻), 북쪽 오랑캐를 북적(北狄), 동쪽 오랑캐를 동이(東夷), 서쪽 오랑캐를 서융(西戎)이라 불렀다.

蠻夷猾夏
만 이 활 하

蠻 오랑캐 만　夷 오랑캐 이　猾 교활할 활　夏 여름 하
오랑캐들이 중국을 교활하게 넘보고 괴롭힘. [시경詩經]
▶하(夏)는 한족(漢族)의 중화(中華)를 칭하는 말.

萬人之上
만 인 지 상

萬 일만 만　人 사람 인　之 갈 지　上 위 상
신하로서는 최고의 지위. 즉 영의정(領議政)을 지칭.
▶일인지하 만인지상(一人之下 ----): 한 사람 밑이고 모든
백성의 위.

萬紫千紅
만 자 천 홍

萬 일만 만　紫 붉을 자　千 일천 천　紅 붉을 홍
온갖 색깔의 아름다운 꽃.

慢藏誨盜
만 장 회 도

慢 게으를 만　藏 곳집 장　誨 가르칠 회　盜 도적 도
문단속을 게을리 함은 도적들에게 도둑질을 가르치는
것과 같음. [역경易經]
▶만장회도 야용회음(---- 冶容誨淫): 문단속을 게을리하
는 것은 도둑질을 가르치는 것이요, 얼굴에 모양을 내는
것은 음탕함을 가르치는 것이다.

萬全之計
만 전 지 계

萬 일만 만　全 온전 전　之 갈 지　計 셈할 계
아주 완전한 계책. [후한서後漢書] =만전지책(萬全之策)

萬折必東
만 절 필 동

萬 일만 만　折 꺾을 절　必 반드시 필　東 동녘 동
황하의 구비가 아무리 많아도 반드시 동쪽 바다로 흘러
간다는 뜻. 꺾지 못하는 충신의 굳은 절개를 비유하는
말. [순자荀子]

滿朝百官
만 조 백 관

滿 가득할 만　朝 조정 조　百 일백 백　官 벼슬 관
조정의 여러 신하. 모든 벼슬아치. =만정제신(滿廷諸臣)

萬鍾之祿
만 종 지 록

萬 일만 만　鍾 술병 종　之 갈 지　祿 복록
매우 후한 녹봉.

滿則慮嗛
만 즉 여 겸

滿 가득할 만　則 곧 즉　慮 생각할 려(여)　嗛 모자랄
겸
가득한 듯하나 생각하기엔 모자람. [순자荀子]

滿紙長書
만 지 장 서

滿 가득할 만　紙 종이 지　長 긴 장　書 글서
사연이 가득 담긴 긴 편지.

169

萬疊靑山
만 첩 청 산
萬 일만 만　疊 겹쳐질 첩　靑 푸를 청　山 뫼 산
사방이 첩첩이 둘러싸인 산.

蔓草寒煙
만 초 한 연
蔓 덩굴 만　草 풀 초　寒 찰 한　煙 연기 연
우거진 풀과 쓸쓸하고 차가운 연기. 폐허의 황량한 분위기를 말함. 【오융吳融의 추색시秋色詩】

蠻觸之爭
만 촉 지 쟁
蠻 오랑캐 만　觸 닿을 촉　之 갈 지　爭 다툴 쟁
작은 나라끼리의 싸움. 하찮은 일로 다투는 것을 이르는 말. 【장자莊子】
▶달팽이의 왼쪽 뿔에 만(蠻) 씨와 오른쪽의 촉(觸) 씨가 싸웠다는 고사에서 비롯된 말.

晩秋佳景
만 추 가 경
晩 늦을 만　秋 가을 추　佳 아름다울 가　景 볼 경
늦가을의 아름다운 경치.

萬波息笛
만 파 식 적
萬 일만 만　波 물결 파　息 쉴 식　笛 피리 적
온갖 풍파를 잠재우는 피리.
▶신라 문무왕이 동해에 갔다가 용이 바친 대나무로 피리를 만들었는데, 이 피리를 불면 쳐들어왔던 적병이 돌아가고 파도가 가라앉았다는 고사에서 온 말.

萬壑千峯
만 학 천 봉
萬 일만 만　壑 골짜기 학　千 일천 천　峯 봉우리 봉
수많은 골짜기와 봉우리.

萬化方暢
만 화 방 창
萬 일만 만　化 될 화　方 모 방　暢 화창할 창
봄이 되어 만물이 화창함.

萬彙群象
만 휘 군 상
萬 일만 만　彙 무리 휘　群 무리 군　象 코끼리 상
세상의 온갖 일과 물건. =삼라만상(森羅萬象)

末大必折
말 대 필 절
末 끝 말　大 큰 대　必 반드시 필　折 꺾을 절
가지가 너무 커지면 부러짐. 지손(支孫)이 강대해지면 종가(宗家)가 망함을 비유. 【춘추좌씨전春秋左氏傳】

秣馬利兵
말 마 이 병
秣 꼴 말　馬 말 마　利 날카로울 이　兵 군사 병
말에게 꼴을 먹이고 병기를 날카롭게 함. 즉 출병의 준비를 단단히 함. 【춘추좌씨전春秋左氏傳】

末如之何
말 여 지 하

末끝 말 如같을 여 之갈 지 何어찌 하
엉망이 되어 어쩔 도리가 없음.

末由也已
말 유 야 이

末끝 말 由말미암을 유 也어조사 야 已어조사 이
따를 길이 없음. 어찌할 방도가 없음. [논어論語]

網開三面
망 개 삼 면

網그물 망 開열 개 三석 삼 面낯 면
그물의 삼면을 열어 금수를 도망치게 한 탕(湯) 임금의
고사에서 나온 말. 어진 왕의 은덕이 금수에게도 미침을
말함. [사기史記]

亡國之臣
망 국 지 신

亡망할 망 國나라 국 之갈 지 臣신하 신
망한 나라의 신하. 또는 나라를 망하게 한 신하.

亡國之音
망 국 지 음

亡망할 망 國나라 국 之갈 지 音소리 음
망해 가는 나라의 음악. 슬프고 원망에 차 있고, 노여움
으로 떨리는 음란한 음악을 일컬음. =망국지성(亡國之
聲) [한비자韓非子]

亡戟得矛
망 극 득 모

亡잃을 망 戟창 극 得얻을 득 矛창 모
끝이 두 가닥인 창을 잃고 자루가 긴 창을 얻음. 이득과
손실을 두 가지로 해석할 수 있다는 뜻. [여씨춘추呂氏春秋]

罔極之恩
망 극 지 은

罔없을 망 極다할 극 之갈 지 恩은혜 은
한없고 끝없는 은혜. 부모님의 은혜를 말함. [시경詩經]

罔極之痛
망 극 지 통

罔없을 망 極다할 극 之갈 지 痛슬플 통
끝없는 슬픔. 임금이나 부모를 잃었을 때 쓰는 말.

忘年之友
망 년 지 우

忘잊을 망 年나이 년 之갈 지 友벗 우
상대의 학식과 학문이 좋아서 나이와 상관치 않고 사귀
는 벗. [진서晉書]

魍魎量稅
망 량 양 세

魍도깨비 망 魎도깨비 량 量헤아릴 량(양) 稅세
금 세
도깨비에게 세금 매기기. 허망한 수입을 바라는 것. [순오
지旬五志]

171

網漏吞舟
망 루 탄 주

網그물 망 漏샐 루 吞삼킬 탄 舟배 주
큰 죄를 지은 자가 법망에 걸리지 않음을 비유. 〔사기史記〕
▶망루어 탄주지어(網漏於 吞舟之魚): 배를 삼킬 만한 큰 고
기는 그물을 던져 잡지 못한다.

忙裏偸閑
망 리 투 한

忙바쁠 망 裏속 리 偸훔칠 투 閑한가할 한
바쁜 가운데서도 틈을 타서 노는 것.

茫茫大海
망 망 대 해

茫망망할 망 大큰 대 海바다 해
아득하며 끝없이 넓은 바다.

望梅止渴
망 매 지 갈

望바랄 망 梅매실 매 止그칠 지 渴목마를 갈
매실을 생각하고 갈증이 멎음. 〔삼국지三國志〕 =망매해갈
(望梅解渴)
▶조조가 목마른 병사에게 매실 이야기를 해주자 입에 침
이 고여 갈증을 풀었다는 고사에서 온 말.

亡命圖生
망 명 도 생

亡도망칠 망 命목숨 명 圖꾀할 도 生살 생
도망하여 살기를 꾀함.

網目不疎
망 목 불 소

網그물 망 目눈 목 不아닐 불 疎성길 소
그물코가 성기지 않음. 법망이 엉성하지 않음을 비유하
는 말. 〔세설신어世說新語〕

茫無頭緒
망 무 두 서

茫아득할 망 無없을 무 頭머리 두 緖실마리 서
정신이 흐려서 두서가 없음.

望聞問切
망 문 문 절

望바랄 망 聞들을 문 問물을 문 切끊을 절
한의학에서 쓰는 네 가지 진찰 방법. 즉 안색 살피기
(望), 병세 듣기(聞), 병증 질문(問), 맥 짚어 보기(切).

望文生義
망 문 생 의

望바랄 망 文글 문 生날 생 義뜻 의
자구의 의미는 검토해 보지 않고, 글자만 쳐다보고 대강
의 뜻을 해석하는 것. =망문생훈(望文生訓)

罔赦之罪
망 사 지 죄

罔없을 망 赦용서할 사 之갈 지 罪허물 죄
용서할 수 없는 큰 죄.

妄想之繩
망 상 지 승
妄 망령될 망　想 생각 상　之 갈 지　繩 노끈 승
망상의 끈. 몸을 얽매는 미혹(迷惑)을 말함.

望舒彌轡
망 서 미 비
望 보름 망　舒 펼 서　彌 두루 미　轡 고삐 비
고삐를 잡고 달을 이끄는 어자(馭者). 달밤에 길을 가는
사람을 비유하는 말. 【한서漢書】
▶어자(馭者): 말이나 수레를 모는 사람.

忘先者衆
망 선 자 중
忘 잊을 망　先 먼저 선　者 사람 자　衆 무리 중
조상을 잊은 자들이 많음. 【한서漢書】

罔水行舟
망 수 행 주
罔 없을 망　水 물 수　行 갈 행　舟 배 주
물이 없는 곳에서 배를 띄움. 어거지와 행패가 아주 심
한 행동을 이름. 【서경書經】

忙食噎喉
망 식 열 후
忙 바쁠 망　食 먹을 식　噎 목 멜 열　喉 목구멍 후
급히 먹은 밥에 목이 메임. 모든 일은 급히 서두를수록
실패하기 쉽다는 말. 【순오지旬五志】

忘身忘家
망 신 망 가
忘 잊을 망　身 몸 신　忘 잊을 망　家 집 가
몸도, 가정도 다 잊음. 사사로움을 잊고 오직 나라와 공
적인 일을 위해 헌신한다는 말. 【한서漢書】

望眼成穿
망 안 성 천
望 바라볼 망　眼 눈 안　成 이룰 성　穿 뚫을 천
상대를 뚫어지게 바라봄.

亡羊得牛
망 양 득 우
亡 잃을 망　羊 양 양　得 얻을 득　牛 소 우
양을 잃고 소를 얻음. 작은 것을 잃고 큰 것을 얻음을 비
유. 【회남자淮南子】

亡羊補牢
망 양 보 뢰
亡 잃을 망　羊 양 양　補 고칠 보　牢 우리 뢰
양을 잃고 우리를 고침. 【전국책戰國策】 =망우보뢰(亡牛補
牢)

亡羊之歎
망 양 지 탄
亡 잃을 망　羊 양 양　之 갈 지　歎 탄식할 탄
갈림길이 많아 양을 잃고 찾지 못함을 한탄함. 【열자列子】

望洋興嘆
망 양 흥 탄
望바랄 망 洋큰바다 양 興흥겨울 흥 嘆탄식할 탄
넓은 바다를 보고 감탄함. 위대한 인물, 심원한 학문을
대해 보아야 자신의 보잘것없음을 안다는 말. =망향지
탄(望洋之歎) 【장자莊子】

望雲之情
망 운 지 정
望바랄 망 雲구름 운 之갈 지 情뜻 정
자식이 객지에서 부모를 그리워하는 마음. =망운지회
(望雲之懷) 【구당서舊唐書】

罔有擇言
망 유 택 언
罔=網그물 망 有있을 유 擇가릴 택 言말씀 언
말이 모두 법에 맞아 가려낼 것이 없음. 【서경書經】

芒刺在背
망 자 재 배
芒깔끄라기 망 刺찌를 자 在있을 재 背등 배
껄끄러운 것을 등에 지고 있음. 늘 두려워하는 일이 있
어 마음이 편하지 않은 것을 이름. 【한서漢書】

妄自尊大
망 자 존 대
妄망령될 망 自스스로 자 尊높을 존 大큰 대
망령되게 자기를 높이고 남을 업신여김. 【후한서後漢書】

忙中有閑
망 중 유 한
忙바쁠 망 中가운데 중 有있을 유 閑한가할 한
바쁜 중에도 한가한 틈이 있음. =망중한(忙中閑)

罔知所措
망 지 소 조
罔없을 망 知알 지 所바 소 措둘 조
어찌할 바를 몰라 허둥지둥함. =망지유조(罔知猶措)

網之一目
망 지 일 목
網그물 망 之갈 지 一한 일 目눈 목
새는 그물의 한 코에 걸려서 잡히지만, 그물을 한 코만
만들어 쳐서는 잡히지 않는다는 말. 【회남자淮南子】

望塵莫及
망 진 막 급
望바랄 망 塵티끌 진 莫말 막 及미칠 급
속도가 너무 빨라 미치지 못하고, 일어나는 먼지만 바라
봄. 【후한서後漢書】

望風而靡
망 풍 이 미
望바랄 망 風바람 풍 而말이을 이 靡어루만질 미
멀리서 적의 기세를 보고 놀라 싸우지도 못하고 풀이 죽
어 항복한다는 말. 【한서漢書】

賣劍買犢
매 검 매 독
賣팔 매 劍칼 검 買살 매 犢송아지 독
칼을 팔아 송아지를 삼. 전쟁을 그만두고 농사에 종사한
다는 뜻. 【한서漢書】 =매검매우(賣劍買牛)

每多掣肘
매 다 설 주

每 매양 매　多 많을 다　掣 손에 들 설　肘 팔꿈치 주
항시 남의 일에 간섭하고 방해를 함. 남의 팔을 비틀어 못하게 하는 것을 말함.

買櫝還珠
매 독 환 주

買 살 매　櫝 상자 독　還 돌아올 환　珠 구슬 주
상자를 사고 구슬을 돌려줌. 【한비자韓非子】
▶초(楚)나라 사람이 목란(木蘭)상자에 찬란한 장식을 하여 그 속에 값진 구슬을 넣어 정(鄭)나라 사람에게 팔았더니 상자는 가지고 구슬은 돌려주었다는 고사에서 온 말. 귀한 것을 천히 여기고 천한 것을 도리어 귀히 여기는 것을 비유하는 말이 되었다.

埋頭沒身
매 두 몰 신

埋 묻을 매　頭 머리 두　沒 빠질 몰　身 몸 신
머리와 몸이 묻히고 깊이 빠져듦. 일에 빠져 헤어나지 못함을 비유.

罵詈雜言
매 리 잡 언

罵 욕할 매　詈 꾸짖을 리　雜 섞일 잡　言 말씀 언
욕을 늘어놓으며 상대를 꾸짖는 문구나 말.

梅林止渴
매 림 지 갈

梅 매화나무 매　林 수풀 림　止 그칠 지　渴 목마를 갈
매실 숲이 있다고 하니 갈증이 그침. 순발력 있는 기지로 문제를 해결함을 이름. 【세설신어世說新語】 =망매지갈 (望梅止渴), 매산지갈(梅酸止渴)
▶위(魏)나라의 조조(曹操)가 행군중 병사들이 갈증을 호소하자 "저 앞에 매실이 풍성하게 달린 숲이 있다"고 외치자 병사들의 입 안에 침이 돌아 갈증이 멎었다는 고사에서 나온 말.

賣名天下
매 명 천 하

賣 팔 매　名 이름 명　天 하늘 천　下 아래 하
자기 이름을 세상에 퍼뜨리려고 애를 씀. 【장자莊子】

賣文爲活
매 문 위 활

賣 팔 매　文 글 문　爲 할 위　活 살 활
글을 팔아 생활을 함.

每事可堪
매 사 가 감

每 매양 매　事 일 사　可 옳을 가　堪 견딜 감
매사를 감당할 만함.

口

買死馬骨
매 사 마 골

買살 매 死죽을 사 馬말 마 骨뼈 골

죽은 말의 뼈를 삼. 쓸모 없는 것에 투자하여 값진 수확을 거두는 것을 이르는 말. [전국책戰國策]

▶옛 임금이 천리마를 구하고자 했으나 사방을 해매도 못 구하고 천리마의 죽은 뼈를 500금을 주고 샀다. 이 소문이 퍼지자 천리마를 가진 자들이 몰려와서 쉽게 천리마를 구하게 되었다는 말. 즉 우자(愚者)를 우대해 주면 현자(賢者)가 모여들기 마련이란 뜻. 곽외(郭隗)가 연(燕)의 소왕(昭王)을 설득할 때 인용한 이야기이다.

每事不成
매 사 불 성

每매양 매 事일 사 不아닐 불 成이룰 성

매사에 실패하고 이루지 못함.

每事盡善
매 사 진 선

每매양 매 事일 사 盡다할 진 善착할 선

모든 일에 최선을 다함.

賣鹽逢雨
매 염 봉 우

賣팔 매 鹽소금 염 逢맞이할 봉 雨비 우

소금을 팔다가 비를 만남. 하는 일이 예기치 않은 장애에 부딪히는 것을 이름. [송남잡지宋南雜識]

梅妻鶴子
매 처 학 자

梅매화나무 매 妻아내 처 鶴학 학 子아들 자

매화를 아내 삼고, 학을 아들 삼음. [시화총구詩話總龜]

▶속세를 떠나 은일(隱逸)한 생활을 즐긴 송(宋)나라 임포(林逋)의 고사에서 온 말.

麥秀之歌
맥 수 지 가

麥보리 맥 秀자랄 수 之갈 지 歌노래 가

은(殷)나라가 망한 뒤 기자(箕子)가 폐허가 된 은의 도읍지를 지나다가 그 폐허에 자란 보리를 보고 지었다는 노래를 말함.

麥秀之嘆
맥 수 지 탄

麥보리 맥 秀자랄 수 之갈 지 嘆탄식할 탄

보리 이삭이 무성함을 탄식함. 나라는 망해도 보리는 잘 자람을 한탄함. [사기史記] =맥수지가(麥秀之歌)

盲龜浮木
맹 귀 부 목

盲장님 맹 龜거북 귀 浮뜰 부 木나무 목

눈 먼 거북이 우연히 떠 있는 나무를 잡음. 어려운 때에 우연히 행운을 만남을 이름. [아함경阿含經] =천재일우(千載一遇)

孟母斷機
맹 모 단 기
孟 맏 맹　母 어미 모　斷 끊을 단　機 베틀 기
맹자 어머니가 베틀의 날실을 끊음. 【열녀전列女傳】 =단기지계(斷機之戒)
▶맹자가 학업을 중단하고 돌아왔을 때 그의 어머니가 짜던 베를 끊고 엄하게 훈계하여 학업을 계속해 대성케 한 고사에서 온 말.

孟母三遷
맹 모 삼 천
孟 맏 맹　母 어미 모　三 석 삼　遷 옮길 천
맹자의 어머니가 맹자의 교육을 위해 집을 공동묘지, 시장, 글방 옆으로 세 번이나 이사한 것을 이름. 즉 환경의 영향을 말할 때 자주 인용하는 말.

盟塞沙鳥
맹 색 사 조
盟 맹서할 맹　塞 막을 색　沙 모래 사　鳥 새 조
갈매기와 함께 은거하여 살려고 맹세하였다가 다시 벼슬길로 나아감.

猛獸不據
맹 수 불 거
猛 사나울 맹　獸 짐승 수　不 아닐 불　據 의지할 거
맹수는 서로 의지하지 않음. 【노자老子】

盲人摸象
맹 인 모 상
盲 장님 맹　人 사람 인　摸 찾을 모　象 코끼리 상
장님이 코끼리 만지기. 문제를 전체적으로 관찰하지 못하고 단편적으로 보는 것을 말함. 【열반경涅槃經】

盲人食醬
맹 인 식 장
盲 장님 맹　人 사람 인　食 먹을 식　醬 간장 장
장님 장 떠 먹듯이 함. 보이지 않아 장을 많이 떴다가 적게 떴다가 하듯 대중이 없음을 말함. 【동언해東言解】

盲人眼疾
맹 인 안 질
盲 장님 맹　人 사람 인　眼 눈 안　疾 병 질
맹인의 눈병. 즉 있어도 없어도 상관 없는 일.

盲人瞎馬
맹 인 할 마
盲 장님 맹　人 사람 인　瞎 애꾸눈 할　馬 말 마
장님이 외눈박이 말을 탐. 매우 위험한 것을 이름. 【세설신어世說新語】
▶맹인기할마 야반임심지(盲人騎瞎馬 夜半臨深池): 맹인이 외눈박이 말을 타고 캄캄한 밤에 깊은 연못에 간다.

盲者丹靑
맹 자 단 청
盲 소경 맹　者 사람 자　丹 붉을 단　靑 푸를 청
소경의 단청 구경. 보아도 알지 못하면서 아는 체 하는 것을 말함. =맹완단청(盲玩丹靑) 【순오지旬五志】

盲者失杖
맹 자 실 장
盲 소경 맹　者 사람 자　失 잃을 실　杖 지팡이 장
맹인이 지팡이를 잃음. 즉 의지할 곳을 잃음. 【진동보집陳同甫集】

孟仲叔季
맹 중 숙 계
孟 맏 맹　仲 버금 중　叔 아재비 숙　季 끝 계
맏이, 둘째, 셋째, 넷째. 즉 형제자매를 이름. =백중숙계 (伯仲叔季)

猛虎伏草
맹 호 복 초
猛 사나울 맹　虎 범 호　伏 엎드릴 복　草 풀 초
맹호가 풀 속에 엎드려 있음. 영웅은 숨어 있다가 때가 되면 나타난다는 뜻.

猛虎爲鼠
맹 호 위 서
猛 사나울 맹　虎 범 호　爲 될 위　鼠 쥐 서
사나운 범도 위엄을 잃으면 쥐같이 힘없어짐. 군주도 권위를 잃으면 신하에게 제압당한다는 말. 【이백李白의 시詩】

汨羅之鬼
멱 라 지 귀
汨 강이름 멱　羅 그물 라　之 갈 지　鬼 귀신 귀
멱라의 귀신이 됨. 물에 빠져 죽은 귀신을 이르는 말. 【초사楚辭】
▶초(楚)나라 대부였던 굴원(屈原)이 멱라에 투신하여 죽은 고사에서, 물에 빠져 죽은 사람을 이르는 말이 됨.

偭規越矩
면 규 월 구
偭 등질 면　規 법 규　越 넘을 월　矩 법 구
지켜야 할 규칙에 반대됨. 즉 법도에 위배됨.
▶규(規): 원을 그리는 목수의 도구. 구(矩): 각을 재는 도구.

眠琴綠陰
면 금 녹 음
眠 잠들 면　琴 거문고 금　綠 푸를 록(녹)　陰 그늘 음
거문고 소리가 멎으니 녹음이 짙어짐. 【사공도司空圖】

緜絡天地
면 락 천 지
緜=綿 이을 면　絡 묶을 락　天 하늘 천　地 땅 지
하늘과 땅이 서로 이어지고 묶인 것과 같음. 【한서漢書】

綿裏藏針
면 리 장 침
綿 솜 면　裏 속 리　藏 감출 장　針 바늘 침
솜 속에 바늘을 감추어 꽂음. 겉으로는 부드러우나 마음 속에는 깊이 품은 바가 있음. 【소식蘇軾의 시詩】

綿綿千里
면 면 천 리
綿 이어질 면　千 일천 천　里 마을 리
땅이 이어지고 이어져 천 리에 이름. 【춘추곡량전春秋穀梁傳】

面目可憎 面 낯 면　目 눈 목　可 옳을 가　憎 미울 증
면 목 가 증　얼굴이 추하고 불결함.

面縛輿櫬 面 낯 면　縛 묶을 박　輿 짐질 여　櫬 널 츤
면 박 여 츤　스스로 손을 뒤로 묶고, 관을 짊어지고 가서 사죄하는
모양. 【춘추좌씨전春秋左氏傳】

面壁九年 面 낯 면　壁 벽 벽　九 아홉 구　年 해 년
면 벽 구 년　9년 면벽. 즉 목적하는 하나의 일에 오랜 세월 마음을 기
울임. 【전등록傳燈錄】
　　▶면벽은 벽을 향해 좌선을 하는 것. 선종의 기틀을 연 달
　　마대사가 소림사에서 벽을 마주하고 9년간 좌선을 해서
　　도를 깨우친 고사에서 온 말.

俛首帖耳 俛 구부릴 면　首 멀 수　帖 표제 첩　耳 귀 이
면 수 첩 이　머리를 깊숙이 구부리고, 귀를 드리우고 엎드림. 높은
사람 앞에서 최대의 경의를 표하는 모양.

麪市鹽車 麪 밀가루 면　市 저자 시　鹽 소금 염　車 수레 거
면 시 염 거　밀가루 파는 저자와 소금 수레. 눈(雪)이 많이 쌓인 것을
형용하는 말.

眠羊臥鹿 眠 잠들 면　羊 양 양　臥 누울 와　鹿 사슴 록
면 양 와 록　양은 잠이 들고, 사슴은 누워 있음. 한가롭고 평화로운
산속의 경치를 말함. 【송사宋史】

面譽不忠 面 낯 면　譽 기릴 예　不 아닐 불　忠 충성 충
면 예 불 충　면전에 대고 칭찬하는 것은 진실성이 없는 행동임.

面折廷爭 面 낯 면　折 끊을 절　廷 조정 정　爭 다툴 쟁
면 절 정 쟁　조정에서 임금의 덕행이나 바른 정사를 위해 논쟁하는
것. 직간하는 강직한 신하들의 논쟁. 【사기史記】

面從腹背 面 낯 면　從 좇을 종　腹 배 복　背 등 배
면 종 복 배　보는 앞에서는 따르는 척하나 속으로는 배신함.

面從後言 面 낯 면　從 좇을 종　後 뒤 후　言 말씀 언
면 종 후 언　면전에서는 따르고 돌아서서는 험담을 함. 【서경書經】

綿地千里
면 지 천 리
綿 이어질 면　地 땅 지　千 일천 천　里 마을 리
땅이 이어져 천 리에 이름. [춘추곡량전春秋穀梁傳]

面向不背
면 향 불 배
面 낯 면　向 향할 향　不 아닐 불　背 등 배
겉과 속(안)이 다르지 않음.

滅倫敗常
멸 륜 패 상
滅 멸할 멸　倫 인륜 륜　敗 패할 패　常 늘 상
오륜(五倫)과 오상(五常)을 함부로 짓밟고 유린함.

滅此朝食
멸 차 조 식
滅 멸할 멸　此 이 차　朝 아침 조　食 밥 식
적을 섬멸한 후에 아침식사를 하겠다는 각오. 원수를 멸하겠다는 굳은 결의를 비유. [춘추좌씨전春秋左氏傳]

鳴角收兵
명 각 수 병
鳴 울 명　角 뿔 각　收 거둘 수　兵 군사 병
철수하는 병사가 뿔나팔을 소리 내어 울림. 퇴각하면서도 야단스레 행동함. [북사北史]

名繮利鎖
명 강 이 쇄
名 이름 명　繮 고삐 강　利 이로울 이　鎖 쇠사슬 쇄
공명의 오랏줄과 이익의 쇠사슬. 사람이 공명심과 이익에 사로잡히는 것을 비유한 말. [한서漢書]

明見萬里
명 견 만 리
明 밝을 명　見 볼 견　萬 일만 만　里 마을 리
현명함으로 만 리 밖까지 내다본다는 뜻. 관찰력이나 판단력이 뛰어나고 정확함을 말함. [후한서後漢書]

明鏡止水
명 경 지 수
明 밝을 명　鏡 거울 경　止 그칠 지　水 물 수
맑은 거울과 조용한 물. 가식이 없고 깨끗한 마음을 말함. [장자莊子]

命輕鴻毛
명 경 홍 모
命 목숨 명　輕 가벼울 경　鴻 기러기 홍　毛 터럭 모
목숨을 기러기 털보다 가볍게 여김. 나라를 위해서는 목숨을 아끼지 않는다는 뜻.

鳴鼓而攻
명 고 이 공
鳴 울 명　鼓 북 고　而 말이을 이　攻 칠 공
북을 울리며 공격함. 허물이나 과오를 여럿이 공박하는 것. [논어論語]

名過其實
명 과 기 실
名 이름 명　過 지나칠 과　其 그 기　實 열매 실
실상보다 과장되어 알려진 이름.

銘肌鏤骨
명 기 누 골

銘 새길 명　肌 살 기　鏤 새길 루(누)　骨 뼈 골
살과 뼈에 새김. 명심하여 잊지 않음을 비유. [안씨가훈顔氏家訓] =명심불망(銘心不亡)

名論卓說
명 론 탁 설

名 이름 명　論 의논할 론　卓 높을 탁　說 말씀 설
훌륭하고 뛰어난 학설이나 논설.

銘誄尙實
명 뢰 상 실

銘 새길 명　誄 제문 뢰　尙 숭상할 상　實 열매 실
비에 새긴 글과 제문의 내용이 같아야 한다는 뜻.

名流於世
명 류 어 세

名 이름 명　流 흐를 류　於 어조사 어　世 대 세
이름이 세상에 흘러넘침. [한서漢書]

明明白白
명 명 백 백

明 밝을 명　白 흰 백
의심할 여지가 없이 확실함.

明命使賦
명 명 사 포

明 밝을 명　命 명할 명　使 하여금 사　賦=布 펼 포
황제의 명을 세상에 널리 알리고 폄. [시경詩經]

▶명명(明命): 천자(天子)의 명.

冥冥之志
명 명 지 지

冥 어두울 명　之 갈 지　志 뜻 지
아무도 모르는 곳에서 뜻을 굽히지 않고 부지런히 힘씀. [순자荀子]

明明赫赫
명 명 혁 혁

明 밝을 명　赫 빛날 혁
밝게 빛나는 모양. [시경詩經]

明眸皓齒
명 모 호 치

明 밝을 명　眸 눈동자 모　皓 흴 호　齒 이 치
밝은 눈동자와 하얀 이. 미인을 이름. [두보杜甫의 시詩]

明目張膽
명 목 장 담

明 밝을 명　目 눈 목　張 베풀 장　膽 쓸개 담
눈을 밝게 하고 담을 크게 함. 두려워하지 않고 용기를 내어 일을 해나감. [당서唐書]

名聞天下
명 문 천 하

名 이름 명　聞 들을 문　天 하늘 천　下 아래 하
이름이 천하에 드러남. =명망천하(名望天下)

ㅁ

名不虛傳
명 불 허 전
名이름명 不아닐불 虛빌허 傳전할전
이름은 공연히 전해진 것이 아님. 명성이 높은 것은 그럴 만한 실력이나 가치가 있다는 말. [삼국지三國志]

名士古佛
명 사 고 불
名이름명 士선비사 古예고 佛부처불
문과에 급제한 사람의 아버지를 이름.

名士夙儒
명 사 숙 유
名이름명 士선비사 夙일찍숙 儒선비유
재주와 덕이 뛰어난 저명 인사.
▶숙유(夙儒=宿儒): 노련한 대학자.

名士風流
명 사 풍 류
名이름명 士선비사 風바람풍 流흐를류
훌륭한 인물의 뛰어난 품격. [세설신어世說新語]

鳴蟬潔飢
명 선 결 기
鳴울명 蟬매미선 潔깨끗할결 飢주릴기
매미는 굶더라도 깨끗함을 취하고 더러운 것은 먹지 않음. [포박자抱朴子]

命世之英
명 세 지 영
命목숨명 世대세 之갈지 英꽃부리영
일세에 뛰어난 영웅. =명세지웅(命世之雄)

命市納賈
명 시 납 가
命명할명 市저자시 納들일납 賈=價값가
저자의 물가를 조사하여 보고케 함. [예기禮記]

銘心鏤骨
명 심 누 골
銘새길명 心마음심 鏤새길루(누) 骨뼈골
마음속에 간직하고 뼛속에 새김. 은덕 입은 것을 잊지 않음. [서언고사書言故事] =명심불망(銘心不忘)

明若觀火
명 약 관 화
明밝을명 若같을약 觀볼관 火불화
불을 보듯이 명백함. [서경書經]

命緣義輕
명 연 의 경
命목숨명 緣연줄연 義옳을의 輕가벼울경
의를 위해서는 목숨도 아끼지 않음. [후한서後漢書]

明月爲燭
명 월 위 촉
明밝을명 月달월 爲할위 燭촛불촉
밝은 달을 등불 삼음. [당서唐書]

名字比丘
명 자 비 구
名이름명 字글자자 比견줄비 丘언덕구
이름만 비구(比丘)일 뿐 계(戒)를 받지 않은 중.

鳴將駭人
명 장 해 인
鳴 울 명　將 장군 장　駭 놀랄 해　人 사람 인
장수가 울어 사람들이 놀람. 장차 큰일을 이룰 것이라는
말. [여씨춘추呂氏春秋]

命在頃刻
명 재 경 각
命 목숨 명　在 있을 재　頃 잠깐 경　刻 새길 각
목숨이 끊어질 지경에 이름. 매우 위태로운 지경.

名詮自性
명 전 자 성
名 이름 명　詮 설명할 전　自 스스로 자　性 성품 성
이름은 그 사람의 성품을 나타낸다는 불교의 말.

名正言順
명 정 언 순
名 이름 명　正 바를 정　言 말씀 언　順 순할 순
명분이 바르고 하는 말이 사리에 맞음. [논어論語]

名存實無
명 존 실 무
名 이름 명　存 있을 존　實 열매 실　無 없을 무
이름만 있고 실속이 없는 것.

明珠暗投
명 주 암 투
明 밝을 명　珠 구슬 주　暗 어두울 암　投 던질 투
밝게 빛나는 구슬을 어둠 속에서 던짐. 아무리 좋은 선
물도 예를 갖추어 전하지 않으면 도리어 원망을 산다는
말. [사기史記]

明珠彈雀
명 주 탄 작
明 밝을 명　珠 구슬 주　彈 탄알 탄　雀 참새 작
참새를 잡는 데 구슬을 씀. 작은 것을 얻으려고 큰 밑천
을 투자함. [태현경太玄經]

明察秋毫
명 찰 추 호
明 밝을 명　察 살필 찰　秋 가을 추　毫 가는 털 호
가을에 돋는 가는 털도 밝게 살필 수 있음. 시력이 좋은
것을 비유하는 말. [맹자孟子]

明窓淨几
명 창 정 궤
明 밝을 명　窓 창문 창　淨 깨끗할 정　几 책상 궤
밝은 창 밑의 깨끗한 책상. 검박하게 꾸민 깨끗한 방. 차
분하게 공부할 수 있는 환경을 이름.

明哲保身
명 철 보 신
明 밝을 명　哲 밝을 철　保 보전할 보　身 몸 신
밝고 지혜롭게 일을 처리하여 몸을 온전히 함. 세태와
사리에 밝아 스스로를 위험에 빠트리지 않음. [시경詩經]

ㅁ

冥行擿埴
명 행 적 식
冥어두울명 行갈행 擿들출적 埴진흙식
학문하는 방도를 몰라 애쓰는 것을 이름. [법언法言]
▶명행(冥行): 어두운 길을 가는 것. 적식(擿埴): 장님이 지팡이로 길을 더듬는 것.

毛骨竦然
모 골 송 연
毛터럭모 骨뼈골 竦삼갈송 然그러할연
끔찍하고 무시무시하여 머리끝이 곤두섬.

矛戟劍撥
모 극 검 발
矛창모 戟방패극 劍칼검 撥다스릴발, 방패발
각종 병기를 잘 다스리고 관리함. 또는 각종 병기를 일컫는 말. [사기史記]

謀及婦人
모 급 부 인
謀꾀모 及미칠급 婦아내부 人사람인
부인과 일을 꾀함. 여자와 일을 꾀하면 비밀이 샐 염려가 많다는 뜻. [춘추좌씨전春秋左氏傳]

侮慢自賢
모 만 자 현
侮업신여길모 慢게으를만 自스스로자 賢어질현
남을 업신여기고 깔보면서 저만 잘난 체함. [서경書經]

毛遂自薦
모 수 자 천
毛털모 遂드디어수 自스스로자 薦천거할천
모수(毛遂)가 자기를 천거함. 재주와 인품이 있으나 천거해 주는 이가 없어 스스로 천거함을 이름. [사기史記]

暮夜無知
모 야 무 지
暮저물모 夜밤야 無없을무 知알지
밤이라서 아무도 아는 사람이 없다는 말. 뇌물이나 선물을 몰래 줄 때 하는 말. [후한서後漢書]

冒於貨賂
모 어 화 뢰
冒무릅쓸모 於어조사어 貨재물화 賂뇌물뢰
(관리들이) 재화와 뇌물에만 무릅쓰고 덤빔. [춘추좌씨전春秋左氏傳]

毛羽未成
모 우 미 성
毛털모 羽깃우 未아닐미 成이룰성
날갯죽지의 깃이 아직 나지 않음. 사람이 아직 어린 것을 비유하는 말.

冒雨翦韭
모 우 전 구
冒무릅쓸모 雨비우 翦짜를전 韭부추구
쏟아지는 비를 무릅쓰고 부추를 잘라서 손님을 접대한다는 뜻. 즉 두터운 우정을 말함. [곽임郭林의 종별전宗別傳]

184

暮雲春愁
모 운 춘 수

暮 저물 모　雲 구름 운　春 봄 춘　愁 근심 수
저무는 하늘의 구름과 잎이 돋고 꽃이 피는 봄을 보고
친구 생각이 간절하게 나는 것을 말함. [두보杜甫의 시詩]

母以子貴
모 이 자 귀

母 어미 모　以 써 이　子 아들 자　貴 귀할 귀
어머니는 자식이 귀하게 됨에 따라 자신도 귀하게
됨. [춘추공양전春秋公羊傳]

眸子眊焉
모 자 모 언

眸 눈동자 모　子 아들 자　眊 흐릴 모　焉 어찌 언
눈동자가 흐림. [맹자孟子]

▶흉중부정즉 모자모언(胸中不正則 ----): 마음이 바르지
않으면 눈동자가 흐려진다.

茅茨不翦
모 자 부 전

茅 띠 모　茨 가시나무 자　不 아닐 부　翦 끊을 전
띠로 지붕을 잇고 그 끝을 끊어 가지런하지 않음. 매우
검소하게 사는 것을 형용한 말. [태평어람太平御覽]

蟊賊内訌
모 적 내 홍

蟊 해충 모　賊 해칠 적　内 안 내　訌 무너질 홍
해충이 일어 곡식을 해치듯 내란으로 나라가 무너짐. [시
경詩經]

▶모(蟊): 벼의 뿌리를 갉아먹는 벌레. 적(賊): 줄기를 갉아
먹는 벌레. 모적(蟊賊): 탐관오리를 이름.

貌情之華
모 정 지 화

貌 모양 모　情 뜻 정　之 갈 지　華 빛날 화
용모는 감정이 어리어 나타나는 바탕이 됨. [국어國語]

毛皮之附
모 피 지 부

毛 털 모　皮 가죽 피　之 갈 지　附 붙을 부
가죽도 없는데 털을 붙임. 근본을 해결하지 않고 지엽적
인 것만 처리하려고 힘씀을 비유하는 말. [진서晉書] =무피
지부(無皮之附)

貌合心離
모 합 심 리

貌 모양 모　合 합할 합　心 마음 심　離 떠날 리
겉으로는 친한 척하나 속마음은 딴 데 있음. 즉 표정과
속마음이 전혀 다름.

木梗之患
목 경 지 환

木 나무 목　梗 줄기 경　之 갈 지　患 근심 환
타향에서 객사하여 고향에 돌아가지 못하거나, 본래의
모습으로 돌아가지 못함을 이르는 말. [설원說苑]

目光如炬 目눈목 光빛광 如같을여 炬횃불거
목 광 여 거 눈빛이 횃불같이 빛남. 몹시 화가 나서 노려보는 눈빛을
말함.

目挑心招 目눈목 挑꼬드길도 心마음심 招부를초
목 도 심 초 눈으로 집적이고 마음으로 부름. 창녀가 유혹하는 모양
을 비유. [사기史記]

木本水源 木나무목 本근본본 水물수 源물근원원
목 본 수 원 나무의 밑둥과 물의 근원. 자식된 자는 자기 몸의 근원
인 부모를 생각해야 한다는 말. [춘추좌씨전春秋左氏傳]

目不識丁 目눈목 不아닐불 識알식 丁넷째천간정
목 불 식 정 고무레를 보고도 정(丁)자인 줄 모르는 무식자. 즉 낫놓
고 기역(ㄱ)자도 모르는 문맹자. [송남잡지宋南雜識]

目不忍見 目눈목 不아닐불 忍참을인 見볼견
목 불 인 견 차마 눈뜨고 볼 수 없는 참상이나 꼴불견.

木石難傅 木나무목 石돌석 難어려울난 傅스승부
목 석 난 부 나무에게도 돌에게도 물을 데가 없음. 가난하고 외로워
의지할 곳이 없는 처지를 말함. =목석불부(木石不傅)

木石爲徒 木나무목 石돌석 爲할위 徒무리도
목 석 위 도 나무와 돌을 친구로 삼음. 산중에 은거함을 의미.

目食耳見 目눈목 食먹을식 耳귀이 見볼견
목 식 이 견 눈으로 먹고, 귀로 봄. 겉치레에만 치중하는 것을 한탄
하는 말. [사마광司馬光의 우서迂書]

睦如清風 睦화목할목 如같을여 清맑을청 風바람풍
목 여 청 풍 화목함이 맑은 바람과 같음. [시경詩經]

木旺之節 木나무목 旺성할왕 之갈지 節마디절
목 왕 지 절 나무의 기(木氣)가 왕성한 계절. 즉 봄을 이름.

沐浴齋戒 沐머리감을목 浴몸씻을욕 齋재계할재 戒경계
목 욕 재 계 할계
제사를 지내거나 신성한 일을 할 때, 몸을 깨끗이 해서
부정을 피함.

186

牧牛流馬
목 우 유 마
牧 칠목 牛 소우 流 흐를 류(유) 馬 말마
말과 소 모양의 군량(軍糧) 운반차로, 제갈량(諸葛亮)이
창안함. [삼국지三國志]

木偶人衣
목 우 인 의
木 나무목 偶 짝우 人 사람인 衣 옷의
나무로 만든 인형에게 옷을 입힘. 즉 아무런 필요가 없
는 일을 함. [사기史記]

沐雨櫛風
목 우 즐 풍
沐 머리 감을 목 雨 비우 櫛 빗질할 즐 風 바람 풍
비로 머리 감고, 바람으로 빗질함. 객지에서 고생하며
일에 골몰하는 것을 비유. [회남자淮南子] =즐풍목우(櫛風
沐雨) [당서唐書]
▶중국 순(舜) 임금 시절 우(禹)가 치수(治水) 사업을 하며
고생한 고사에서 생긴 말.

目擩耳染
목 유 이 염
目 눈목 擩 담글 유 耳 귀이 染 물들 염
눈에 젖고 귀에 물듦. 즉 차차 이해가 되어감.

木人石心
목 인 석 심
木 나무목 人 사람인 石 돌석 心 마음심
나무로 된 몸뚱이에 돌과 같은 마음. 목석 같은 사람을
이름. [진서晉書]

目眥盡裂
목 자 진 열
目 눈목 眥 흘길 자 盡 다할 진 裂 찢을 열
눈을 부릅뜨고 흘겨보는 것. [사기史記]

牧猪奴戲
목 저 노 희
牧 칠목 猪 돼지 저 奴 종노 戲 놀 희
돼지 치는 자의 천한 놀이. 도박(賭博)을 비하하는 말.

木從繩正
목 종 승 정
木 나무목 從 따를 종 繩 먹줄 승 正 바를 정
굽은 나무도 먹줄을 따라 깎으면 바르게 됨. 충고를 따
르면 훌륭한 사람이 됨을 비유한 말. [서경書經]

木指氣使
목 지 기 사
木 나무목 指 손가락 지 氣 기운 기 使 하여금 사
손짓과 기색으로 부림. 아랫사람을 마구 부리는 것을 말
함. [한서漢書]

木支百世
목 지 백 세
木 나무목 支 가를 지 百 일백 백 世 대 세
근본에서 갈려 나간 것이 백 세를 이어짐. [시경詩經]
▶지(支): 종가에서 분가한 자손을 뜻함. =지손(支孫)

目睫之間
목 첩 지 간
目 눈 목 睫 속눈썹 첩 之 갈 지 間 사이 간
눈과 속눈썹 사이. 즉 아주 가까운 것. 또는 지나치게 사물에 빠지면 판단이 흐려짐을 뜻하는 말. [후한서後漢書]

沐猴而冠
목 후 이 관
沐 머리 감을 목 猴 원숭이 후 而 말이을 이 冠 갓 관
목욕한 원숭이가 갓을 씀. 의관은 훌륭하나 생각과 언행이 사람답지 못함을 이르는 말. [사기史記]

沒沒求活
몰 몰 구 활
沒 빠질 몰 沒 구할 구 活 살 활
구차하게 오래 살려고 함. [남사南史]

▶몰몰(沒沒): 구차한 모양.

沒滑瀎潏
몰 활 말 흘
沒 빠질 몰 滑 미끄러울 활 瀎 빨리 흐르는 모양 말
潏 물 흐르는 모양 흘
물이 빠지고 미끄러지며 빨리 흐르는 모양. [장형張衡의 부賦]

蒙網捉魚
몽 망 착 어
蒙 쓸 몽 網 그물 망 捉 잡을 착 魚 물고기 어
그물을 머리에 쓰고 물고기를 잡음. 되지도 않을 짓을 말함. [순오지旬五志]

夢寐難忘
몽 매 난 망
夢 꿈 몽 寐 잠잘 매 難 어려울 난 忘 잊을 망
꿈에도 잊지 못함.

夢爲胡蝶
몽 위 호 접
夢 꿈 몽 爲 할 위 胡 오랑캐 호 蝶 나비 접
꿈 속에서 나비가 되어 날아다님. 물아일체(物我一體)의 경지, 또는 인생의 무상함을 이름. =호접지몽(胡蝶之夢) [장자莊子]

▶호접(胡蝶): 나비.

夢中相尋
몽 중 상 심
夢 꿈 몽 中 가운데 중 相 서로 상 尋 찾을 심
꿈 가운데서 서로를 찾음. 정이 아주 깊음을 이르는 말. [서언고사書言故事]

夢中占夢
몽 중 점 몽
夢 꿈 몽 中 가운데 중 占 점칠 점
꿈 속에서 자기가 꾸고 있는 꿈의 길흉을 점침. 인생이 꿈같이 덧없음을 말함. [장자莊子] =몽중우점기몽(夢中又占其夢)

夢幻泡影 夢꿈몽 幻변할환 泡거품포 影그림자영
몽 환 포 영 꿈, 환상, 물거품, 그림자. 즉 인생의 덧없음을 표현하는
말. [금강경金剛經] =몽환포말(夢幻泡沫)

廟堂之量 廟사당묘 堂집당 之갈지 量헤아릴량
묘 당 지 량 천하의 정령(政令)을 잡을 만한 기량(器量). =낭묘지기
(廊廟之器)

墓木已拱 墓무덤묘 木나무목 已이미이 拱한아름공
묘 목 이 공 묘 둘레에 있는 나무가 벌써 한아름이 됨. 죽은 지 오랜
세월이 흘렀다는 말. [춘추좌씨전春秋左氏傳]

眇眇忽忽 眇아득할묘 忽어두운 모양홀
묘 묘 홀 홀 아득하여 사물을 분간키 어려운 모양.

猫鼠同處 猫고양이묘 鼠쥐서 同한가지동 處곳처
묘 서 동 처 고양이와 쥐가 같은 곳에서 삶. 즉 도둑을 잡는 자가 도
둑과 결탁하는 것을 비유. 또는 상하가 함께 부정을 행
하는 것을 이름. [당서唐書] =묘서동면(猫鼠同眠)

眇視跛履 眇아득할묘 視볼시 跛절뚝발이파 履신리
묘 시 파 리 애꾸눈이 잘 보려 하고, 절름발이가 멀리 가려 함. 능력
이 부족한 사람이 억지로 분에 넘치는 일을 하여, 오히
려 화를 자초함. [역경易經]

廟垣之鼠 廟사당묘 垣담원 之갈지 鼠쥐서
묘 원 지 서 종묘 담 안의 쥐. 조정 안에 있는 간신을 말함. [당서唐書]

苗而不秀 苗싹묘 而말이을이 不아닐불 秀자랄수
묘 이 불 수 모가 말라죽음. 즉 젊은 사람이 요절함. [논어論語]

廟庭配享 廟사당묘 庭뜰정 配짝배 享누릴향
묘 정 배 향 덕과 공로가 있어서 죽은 뒤에 종묘에 부제(祔祭)하는
인물.

猫項懸鈴 猫고양이묘 項목항 懸달현 鈴방울령
묘 항 현 령 고양이 목에 방울 달기. 이룰 수 없는 일은 아예 시작도
하지 말라는 말. =묘두현령(猫頭懸鈴) [순오지旬五志]

妙畵通靈
묘 화 통 령
妙 묘할 묘　畵 그림 화　通 통할 통　靈 신령 령
정묘한 그림은 신령과도 통함. [세설신어世說新語]

無可奈何
무 가 내 하
無 없을 무　可 옳을 가　奈 어찌 내　何 어찌 하
어찌할 도리가 없음. =막무가내(莫無可奈) [사기史記]

無間地獄
무 간 지 옥
無 없을 무　間 사이 간　地 땅 지　獄 감옥 옥
불교에서 말하는 팔열지옥(八熱地獄)의 하나. 오역죄(五逆罪)를 지은 사람이 저승에 가서 끊임없이 고통을 받는다는 지옥.

無敢寇攘
무 감 구 양
無 없을 무=毋 말 무　敢 감히 감　寇 겁탈할 구　攘 도적질할 양
감히 약탈이나 도적질을 하지 말라. [서경書經]

無敢不逮
무 감 불 체
無 없을 무　敢 감히 감　不 아닐 불　逮 미칠 체
감히 미치지 못함이 없게 하라. [시경詩經]
▶치내구량 무감불체(峙乃糗糧 ----): 먹을 것을 충분히 갖추어 감히 미치지 못함이 없게 하라.
▶치(峙): 쌓을 치. 구(糗): 미숫가루 구.

無敢馳驅
무 감 치 구
無 없을 무=毋 말 무　敢 감히 감　馳 달릴 치　驅 몰 구
감히 제멋대로 행동하지 말라. [시경詩經]

無稽之言
무 계 지 언
無 없을 무　稽 상고할 계　之 갈 지　言 말씀 언
상고하여 비교할 근거가 없는 말. 엉터리 이야기를 비유하는 말. [서경書經]

無告之民
무 고 지 민
無 없을 무　告 고할 고　之 갈 지　民 백성 민
아무 데도 호소할 곳이 없는 백성. 의지할 곳이 없는 늙은이나 어린아이를 말함. [맹자孟子]

无咎无譽
무 구 무 예
无 없을 무　咎 허물 구　譽 기릴 예
허물도 없고 기릴 만한 것도 없음. [후한서後漢書]

無拳無勇
무 권 무 용
無 없을 무　拳 주먹 권　勇 날랠 용
힘도 용기도 없음. [시경詩經]

190

戊己校尉
무 기 교 위

戊 다섯째 천간 무 己 몸 기 校 학교 교 尉 지킬 위
한(漢)나라 때의 벼슬 이름. 서역에 주둔하여 여러 나라를 진무(鎭撫)하던 무관을 이르던 말.

無棄蕉萃
무 기 초 췌

無 없을 무 棄 버릴 기 蕉 파초 초 萃 모을 췌
버려 두지 않으면 마르고 파리하게 시듦. 자연 그대로 두어야지 자꾸 손을 대면 오히려 해가 된다는 말. 【춘추좌씨전春秋左氏傳】

無念無想
무 념 무 상

無 없을 무 念 생각할 념 想 생각할 상
무아의 경지에 들어 모든 번뇌에서 벗어남.

武斷鄕曲
무 단 향 곡

武 굳셀 무 斷 끊을 단 鄕 시골 향 曲 굽을 곡
지위와 세력이 있는 사람이 향토의 사람들을 힘과 위엄으로 억지로 내리누르는 것.

無頭無尾
무 두 무 미

無 없을 무 頭 머리 두 尾 꼬리 미
머리도 꼬리도 없음. 밑도 끝도 없음.

無量無邊
무 량 무 변

無 없을 무 量 헤아릴 량 邊 가 변
한없이 많고 넓음. 헤아릴 수 없음. 【법화경法華經】

無累之人
무 루 지 인

無 없을 무 累 묶을 루 之 갈 지 人 사람 인
모든 일에 관심을 버리고 모든 물욕에도 초월한 사람을 말함. 【회남자淮南子】

武陵桃源
무 릉 도 원

武 굳셀 무 陵 언덕 릉 桃 복숭아 도 源 물근원 원
무릉의 복숭아 밭. 별천지를 일컫는 말. 【도연명陶淵明의 도화원기桃花源記】
▶진(晉)나라 때 무릉의 한 어부가 복숭아 꽃잎이 떠내려오는 것을 보고 배를 저어 가보니 경치 좋은 마을이 나타났다. 진(秦)나라 때 난리를 피해 들어온 그들은 수백 년의 변천을 전혀 모르고 평화롭게 살더라는 이야기.

無立錐地
무 립 추 지

無 없을 무 立 설 립 錐 송곳 추 地 땅 지
송곳 세울 땅도 없음. 몹시 가난함을 이르는 말.

舞馬之災
무 마 지 재
舞 춤출 무 馬 말 마 之 갈 지 災 재앙 재
진(晉)나라 황평(黃平)이 말이 춤추는 꿈을 꾼 다음 불이
났다는 고사에서 온 말로, 화재의 징후를 말함. [진서晉書]

毋望之福
무 망 지 복
毋 말 무 望 바랄 망 之 갈 지 福 복 복
뜻하지 않은 복. 또는 갑자기 얻게 된 행복. [사기史記] =무
망지복(無望之福)

毋望之人
무 망 지 인
毋 말 무 望 바랄 망 之 갈 지 人 사람 인
절박한 상황에 처했을 때 생각지도 않았는데 구하러 와
준 사람. 또는 반드시 나를 도와줄 사람. [사기史記]

无望之災
무 망 지 재
无=無 없을 무 望 바랄 망 之 갈 지 災 재앙 재
생각지도 않은 재난. 뜻밖의 재난. [역경易經]

无妄之疾
무 망 지 질
无 없을 무 妄 망령될 망 之 갈 지 疾 병 질
예측하지 않았던 병. 예기치 않은 변고를 비유하는
말. [역경易經]

▶무망지질 물약유길(---- 勿藥有吉): 예기치 않았던 병이
니 약을 쓰지 말라. 그러면 길함이 있으리라는 괘.

毋望之禍
무 망 지 화
毋 말 무 望 바랄 망 之 갈 지 禍 재앙 화
뜻하지 않은 화. [사기史記]

無木不萎
무 목 불 위
無 없을 무 木 나무 목 不 아닐 불 萎 시들 위
시들지 않는 나무가 없음. [시경詩經]

▶무초불사 무목불위(無草不死 ----): 죽지 않는 풀이 없
고, 시들지 않는 나무가 없음. 흉년과 기근을 표현한 말.

毋憮毋傲
무 무 무 오
毋 말 무 憮 업신여길 무 傲 거만할 오
남을 업신여기지도 말고, 남에게 거만하지도 말라. [예기
禮記]

舞文弄法
무 문 농 법
舞 춤출 무 文 글 문 弄 희롱할 롱(농) 法 법 법
법률의 조문을 마음대로 해석하여 법을 남용함. [사기史
記] =무문농필(舞文弄筆)

無物不長
무 물 부 장
無 없을 무 物 만물 물 不 아닐 부 長 자랄 장
자라지 않는 것이 없음. 모든 것은 다 변화함. [맹자孟子]

無法天地
무 법 천 지

無 없을 무　法 법 법　天 하늘 천　地 땅 지
법이 없는 세상. 약육강식하고 폭력이 난무하는 무질서한 사회.

無病自灸
무 병 자 구

無 없을 무　病 병 병　自 스스로 자　灸 뜸 구
병도 없는데 뜸질을 함. 즉 쓸데없는 노력. [장자莊子]

無服之喪
무 복 지 상

無 없을 무　服 옷 복　之 갈 지　喪 죽을 상
상복 없는 장례. 형식은 갖추지 않았으나 마음으로 애통해 함. [예기禮記]

無服之殤
무 복 지 상

無 없을 무　服 옷 복　之 갈 지　殤 일찍 죽을 상
복(상복)을 입을 사람이 없는 어린아이의 죽음.

無父無君
무 부 무 군

無 없을 무　父 아비 부　君 임금 군
아비와 임금도 안중에 없이 마구 행동함을 이르는 말.

無不通知
무 불 통 지

無 없을 무　不 아닐 불　通 통할 통　知 알 지
두루 통하여 모르는 것이 없음. =무소부지(無所不至)

霧鬢風髮
무 빈 풍 발

霧 안개 무　鬢 터럭 빈　風 바람 풍　髮 터럭 발
안개에 나부끼는 머리를 바람이 빗질함. 머리털이 아름답게 나부끼는 모양을 형용함.

無憑可考
무 빙 가 고

無 없을 무　憑 기댈 빙　可 옳을 가　考 상고할 고
사실을 증명할 근거를 대어 상고할 만한 것이 없음.

無私無偏
무 사 무 편

無 없을 무　私 사사로울 사　偏 치우칠 편
사심이 없고 한쪽으로 치우치지 않음. 즉 지극히 공정함. [문중자文仲子]

亡思不服
무 사 불 복

亡=無 없을 무　思 생각 사　不 아닐 불　服 복종할 복
덕을 사모해 복종치 않는 자가 없음. [시경詩經]

無事澄然
무 사 징 연

無 없을 무　事 일 사　澄 맑을 징　然 그러할 연
일이 없을 때는 맑고 고요한 마음을 가져라.

巫山之夢
무 산 지 몽

巫 무당 무 山 뫼 산 之 갈 지 夢 꿈 몽

무산의 꿈. 남녀 간의 밀회나 정교를 이르는 말. 【송옥宋玉의 고당부高唐賦】

▶초(楚)나라 회(懷)왕이 고당(高唐)이란 곳을 유람할 때, 꿈에 무산의 신녀(神女)와 만나 침식을 함께하며 즐겼는데, 신녀가 떠나며 자기는 무산의 높은 언덕에 살며, 아침에는 구름, 저녁엔 비가 된다고 했다. 잠에서 깬 회왕이 사당을 세우고 신녀를 위로했다는 고사에서 온 말. 이후 남녀의 사귀는 정을 무산지몽(巫山之夢), 또는 운우지정(雲雨之情)이라 하게 되었다.

无喪无得
무 상 무 득

无 없을 무 喪 잃을 상 得 얻을 득

잃는 것도 없고 얻을 것도 없음. 【역경易經】 =무해무득(無害無得)

無狀而狀
무 상 이 상

無 없을 무 狀 형상 상 而 말이을 이

형상이 없으면서 형상이 있는 것을 말함. 【노자老子】

無聲無臭
무 성 무 취

無 없을 무 聲 소리 성 臭 냄새 취

소리도 없고 냄새도 없음. 은거하여 나타나지 않음을 비유한 말. 【시경詩經】

無聲之聲
무 성 지 성

無 없을 무 聲 소리 성 之 갈 지

소리 없는 가운데 있는 소리. 【회남자淮南子】

無所不能
무 소 불 능

無 없을 무 所 바 소 不 아닐 불 能 능할 능

하지 못하는 것이 없음.

貿首之讐
무 수 지 수

貿 바꿀 무 首 머리 수 之 갈 지 讐 원수 수

목을 바꿔 벨 만한 원수. 자기의 머리를 베일지라도 상대의 머리를 얻고자 하는 원수를 말함. 한 하늘 밑에서는 같이 살 수 없는 원수. 【전국책戰國策】

無始無邊
무 시 무 변

無 없을 면 始 처음 시 邊 가 변

처음도 없고 가장자리도 없음. 【제서齊書】

無始無終
무 시 무 종

無 없을 무 始 처음 시 終 마침 종

처음도 끝도 없음. 불교에서 말하는 윤회(輪廻)의 무한성. 【장자莊子】

務實力行 務 힘쓸 무 實 열매 실 力 힘 력(역) 行 갈 행
무 실 역 행　참되고 실속 있도록 힘써 실행함.

無心道人 無 없을 무 心 마음 심 道 길 도 人 사람 인
무 심 도 인　도를 깊이 닦아 세속의 번뇌에서 벗어난 사람.

撫我畜我 撫 어루만질 무 我 나 아 畜 기를 휵
무 아 휵 아　나를 어루만지며 기름. 【후한서後漢書】

無言居士 無 없을 무 言 말씀 언 居 살 거 士 선비 사
무 언 거 사　수양을 쌓아 말이 없는 사람을 칭찬하는 말. 또는 말 주
변이 없는 사람을 비꼬는 말.

無厭之慾 無 없을 무 厭 싫어할 염 之 갈 지 慾 욕심 욕
무 염 지 욕　싫증을 모르는 끝없는 욕심. 만족이 없는 한없는 욕심.

蕪穢不治 蕪 거칠 무 穢 더러울 예 不 아닐 불 治 다스릴 치
무 예 불 치　전원(田園)이 거칠고 더러운데도 조금도 손질하지 않음.
즉 사물이 정리되지 않고 흐트러진 상태.

武藝六技 武 굳셀 무 藝 재주 예 六 여섯 육 技 재주 기
무 예 육 기　중국 무예의 여섯 가지 기법.

無用之用 無 없을 무 用 쓸 용 之 갈 지 用 쓸 용
무 용 지 용　쓸모없을 것 같은 것이 도리어 요긴하게 쓰임. 【장자莊子】

舞雩歸詠 舞 춤출 무 雩 땅이름 우 歸 돌아갈 귀 詠 읊을 영
무 우 귀 영　무우에서 놀다가 시를 읊으며 돌아옴. 자연을 즐기는 즐
거움을 이르는 말. 【논어論語】 =무우영귀(舞雩詠歸)
▶무우(舞雩): 언덕 이름. 기우제의 제단.

無怨無德 無 없을 무 怨 원망할 원 德 큰 덕
무 원 무 덕　원한을 사지도 않고 은덕을 입은 것도 없음. 【춘추좌씨전春
秋左氏傳】

無爲徒食 無 없을 무 爲 할 위 徒 무리 도 食 먹을 식
무 위 도 식　하는 일 없이 놀고 먹기만 함.

毋爲戎首
무 위 융 수

毋 말 무　爲 할 위　戎 되 융　首 머리 수

적의 괴수가 되지 않음. 【예기禮記】

▶무위융수 불역선호(---- 不亦善乎): 적의 괴수가 되지 않
았으니 다행한 일 아닌가.

無爲而治
무 위 이 치

無 없을 무　爲 할 위　而 말이을 이　治 다스릴 치

인덕이 있는 위정자가 인재를 적재적소에 두어 능력을
발휘하게 하여 다스림. 노자의 무위이화(無爲而化)와는
다름. 【논어論語】

無爲而化
무 위 이 화

無 없을 무　爲 할 위　而 말이을 이　化 될 화

애쓰지 않아도 저절로 되어감. 【노자老子】

▶성인의 덕이 크면 아무것도 하지 않아도 백성이 저절로
따르고 감화된다는 노자의 사상.

毋爲禍梯
무 위 화 제

毋 말 무　爲 할 위　禍 재앙 화　梯 사다리 제

재화의 사다리 역할은 하지 말라. 【사기史記】

撫育之道
무 육 지 도

撫 어루만질 무　育 기를 육　之 어조사 지　道 길 도

어루만져 기르는 도리.

撫育之恩
무 육 지 은

撫 어루만질 무　育 기를 육　之 어조사 지　恩 은혜 은

어루만져 길러 준 은혜. 즉 잘 보살펴 준 은혜.

無衣無褐
무 의 무 갈

無 없을 무　衣 옷 의　褐 털옷 갈

입을 것이 전혀 없음. 【시경詩經】

▶무의무갈 하이졸세(---- 何以卒歲): 입을 것이 전혀 없는
데 어찌 이 해를 보낼 것인가.

無依無托
무 의 무 탁

無 없을 무　依 의지할 의　托 맡길 탁

몸을 의탁할 곳이 전혀 없음. 몹시 고독함을 뜻함.

無而渡江
무 이 도 강

無 없을 무　而 말이을 이　渡 건널 도　江 강 강

일에 실패하여 고향에 돌아갈 면목이 없음. 【사기史記】

▶초(楚)의 항우(項羽)가 유방(劉邦)과의 싸움에서 패하고
오강(烏江)에 이르렀을 때, 정장(亭長)이 고향으로 돌아
가 권토중래(捲土重來)할 것을 권하자 항우가 답한 말.

無貳無虞
무 이 무 우
無 없을 무　貳 두 이　虞 근심 우, 헤아릴 우
딴 마음 갖지도 말고 달리 생각하지도 말라. [시경詩經]

無翼而飛
무 익 이 비
無 없을 무　翼 날개 익　而 말이을 이　飛 날 비
날개 없이도 날아감. 돈이나 말은 날개가 없이도 날아
가고 퍼져 나감을 비유한 말.

無人之境
무 인 지 경
無 없을 무　人 사람 인　之 갈 지　境 지경 경
사람이 살지 않는 외진 곳. 거칠 것이 없는 지경을 이르
기도 함.

無日不惕
무 일 불 척
無 없을 무　日 날 일　不 아닐 불　惕 두려울 척
두려워하지 않은 날이 없음. [춘추좌씨전春秋左氏傳]

無腸公子
무 장 공 자
無 없을 무　腸 창자 장　公 공변될 공　子 아들 자
창자 없는 공자. 즉 게(蟹)의 별칭. 또는 기력이 없는 사
람, 담력이나 기개가 없는 사람. [포박자抱朴子]

無財剛直
무 재 강 직
無 없을 무　財 재물 재　剛 굳셀 강　直 곧을 직
재물이 없으면 거짓말을 못하고 강직한 성품이 됨.

無財無妻
무 재 무 처
無 없을 무　財 재물 재　妻 아내 처
재물이 없으면 아내도 없음.

無財謂貧
무 재 위 빈
無 없을 무　財 재물 재　謂 일컬을 위　貧 가난할 빈
재물이 없는 것을 일컬어 가난하다고 함. [장자莊子]

無適無莫
무 적 무 막
無 없을 무　適 맞을 적　莫 말 막
치우치지 않고 평등하게 대함. 좋을 것도 나쁠 것도 없
음. [논어論語]

無酒酤我
무 주 고 아
無 없을 무　酒 술 주　酤 술 살 고　我 나 아
술이 없으면 사오라. [시경詩經]
▶유주서아 무주고아(有酒湑我 ----): 술이 있으면 거르고
술이 없으면 사오라. 서(湑)는 술을 거른다는 의미.

無主空山
무 주 공 산
無 없을 무　主 임금 주　空 빌 공　山 뫼 산
인가도 인기척도 없는 쓸쓸한 산. 또는 임자가 없는 산.

無知妄作 　無 없을 무　知 알 지　妄 망령될 망　作 지을 작
무 지 망 작　아무것도 모르고 제멋대로 행동함.

無知沒覺 　無 없을 무　知 알 지　沒 빠질 몰　覺 깨달을 각
무 지 몰 각　아는 것도 깨달은 것도 없음.

無出其右 　無 없을 무　出 날 출　其 그 기　右 높을 우=上 위 상
무 출 기 우　너무 뛰어나서 따를 사람이 없음.

無恥之恥 　無 없을 무　恥 부끄러울 치　之 갈 지
무 치 지 치　부끄러워할 것이 없는 부끄러움. 즉 아무것도 부끄러워
할 것이 없다는 말. [맹자孟子]

無偏無黨 　無 없을 무　偏 치우칠 편　黨 무리 당
무 편 무 당　어느 편에도 치우치지 않고 어느 무리에도 속하지 않
음. [서경西京] =불편부당(不偏不黨)

無下箸處 　無 없을 무　下 아래 하　箸 젓가락 저　處 곳 처
무 하 저 처　젓가락으로 집을 것이 없음. 즉 먹을 것이 전혀 없음. [진
서晉書]

無虐煢獨 　無=毋 말 무　虐 학대할 학　煢 외로울 경　獨 홀로 독
무 학 경 독　의지할 곳 없이 외로운 사람을 학대 말라. [서경書經]
▶무학경독 이외고명(---- 而畏高明): 의지할 곳 없는 외로
운 사람을 학대 말고, 지체 높은 사람을 두려워 말라.

無汗不勝 　無 없을 무　汗 땀 한　不 아닐 불　勝 이길 승
무 한 불 승　땀 흘리지 않으면 남을 이길 수 없음. [한서漢書]

無形無迹 　無 없을 무　形 형상 형　迹 자취 적
무 형 무 적　아무런 형적을 찾을 수 없음. 흔적을 찾을 길이 없는 것.

無毁無譽 　無 없을 무　毁 헐 훼　譽 기릴 예
무 훼 무 예　나무랄 것도, 칭찬할 것도 없음.

墨突不黔 　墨 먹 묵　突 굴뚝 돌　不 아닐 불　黔 검을 검
묵 돌 불 검　너무 바빠서 한자리에 머물 수가 없음. [한유韓愈의 시詩]
=공석불난(孔席不暖)
▶묵적(墨翟)이 자기의 도를 전하기 위해 천하를 동분서주

하여 집에 있지 않아 굴뚝이 검어질 사이가 없었다는 고
사에서 온 말.

墨色淋漓
묵 색 임 리
墨 먹 묵 色 빛 색 淋 물 뿌릴 림(임) 漓 스며들 리
먹빛이 윤이 남. 잘 쓴 글씨, 잘 그린 그림을 말함. =묵색
창윤(墨色蒼潤)

墨守成規
묵 수 성 규
墨 먹 묵 守 지킬 수 成 이룰 성 規 법 규
낡은 틀에 얽매임. 즉 낡은 규칙을 고수하는 것. 【묵자墨
子】 =묵적지수(墨翟之守)

默識心通
묵 식 심 통
默 잠잠할 묵 識 알 식 心 마음 심 通 통할 통
암묵 가운데 깨달아 서로 마음이 통함. =이심전심(以心
傳心)

墨子泣絲
묵 자 읍 사
墨 먹 묵 子 아들 자 泣 울 읍 絲 실 사
사람이 환경에 따라 변함을 비유한 말. =묵자비염(墨子
悲染) 【회남자淮南子】

▶묵자가 흰실이 물드는 것을 보고 울었다는 고사에서 온
말.

刎頸之交
문 경 지 교
刎 목 벨 문 頸 목 경 之 갈 지 交 사귈 교
목을 베어 줄 수 있을 정도의 사귐. 목을 베일 지경의 위
험에서도 생사를 같이하는 절친한 사이. 【사기史記】

文過其實
문 과 기 실
文 꾸밀 문 過 지나칠 과 其 그 기 實 열매 실
꾸밈이 실제보다 더함. 문식(文飾)이 지나침을 이르는
말. 【후한서後漢書】

文過遂非
문 과 수 비
文 꾸밀 문 過 허물 과 遂 이룰 수 非 아닐 비
허물을 어물어물 숨기며 조금도 뉘우치지 않음.

文過飾非
문 과 식 비
文 꾸밀 문 過 허물 과 飾 꾸밀 식 非 아닐 비
허물을 숨겨서 꾸미고 겉으로 잘난 체함.

文恬武嬉
문 념 무 희
文 글 문 恬 편안할 념 武 굳셀 무 嬉 즐길 희
(세상이 태평하여) 문관과 무관이 모두 안일하게 지냄. 또
는 모든 관리가 자기의 직분을 지키지 않아 정치가 퇴폐
(頹廢)함. 【한유韓愈의 글】

199

文當學遷
문 당 학 천
文글문 當마땅당 學배울학 遷옮길천
문장은 마땅히 사마천에게 배워야 함. [사문유취事類聚]
▶사마천(司馬遷): 한(漢)나라 때의 사가(史家). 고대의 역사를 기술하여 『사기(史記)』를 저술함.

問道於盲
문 도 어 맹
問물을문 道길도 於어조사어 盲장님맹
장님에게 길을 물음. 알지도 못하는 사람에게 사태의 추이를 묻는 어리석음을 비유하는 말. [한유韓愈의 글]

問東答西
문 동 답 서
問물을문 東동녘동 答대답답 西서녘서
물음에 전혀 관계 없는 엉뚱한 대답. =동문서답(東問西答)

問柳尋花
문 류 심 화
問물을문 柳버들류 尋찾을심 花꽃화
버들 있는 곳을 묻고, 꽃을 찾음.

蚊蝱之勞
문 맹 지 로
蚊모기문 蝱등에맹 之갈지 勞힘쓸로
모기와 등에의 노고. 아주 작은 지능이나 사소한 재주를 이르는 말. [장자莊子]

門無雜賓
문 무 잡 빈
門문문 無없을무 雜섞일잡 賓손빈
잡스러운 사람은 찾아오지 않음. 사람을 가리어 사귐을 이르는 말. [진서晉書]

文墨從事
문 묵 종 사
文글문 墨먹묵 從따를종 事일사
글과 글씨로 일을 삼음.

文房四友
문 방 사 우
文글문 房방방 四넉사 友벗우
종이, 붓, 벼루, 먹을 말함. =문방사보(文房四寶)

文炳彫龍
문 병 조 룡
文글문 炳밝을병 彫새길조 龍용룡
글이 용을 새긴 듯 빛남. 아주 잘지어 빛이 나는 문장을 이름. [위서魏書]

門不停賓
문 부 정 빈
門문문 不아닐부 停머무를정 賓손빈
손님을 문 앞에서 기다리게 하지 않고 즉시 맞아들임.

文不加點
문 불 가 점
文글문 不아닐불 加더할가 點점점
한 자도 고치거나 가필할 것이 없음. 즉 완전무결한 문장을 말함. [통속편通俗編]

門不夜關
문 불 야 관
門문문 不아닐불 夜밤야 關빗장관
밤에도 대문의 빗장을 잠그지 않음. 세상이 태평하여 도둑의 걱정이 없다는 말.

刎首決腹
문 수 결 복
刎목벨문 首머리수 決가를결 腹배복
목을 베고, 배를 가르는 형벌.

問安視膳
문 안 시 선
問물을문 安편안안 視볼시 膳반찬선
안부를 묻고 맛있는 반찬을 챙김. 즉 어른을 잘 섬기고 받드는 덕을 이름. [자치통감自治痛鑑]

文如春華
문 여 춘 화
文글문 如같을여 春봄춘 華빛날화
문장이 화려한 봄 경치와 같음.

蚊蚋負山
문 예 부 산
蚊모기문 蚋독충예 負질부 山뫼산
모기가 산을 짊어짐. 역량에 비해 맡은 일이 너무 과중함을 비유한 말. [장자莊子]

文有三宥
문 유 삼 유
文글월문 有있을유 三석삼 宥용서할유
문신에게는 세 번을 용서하는 너그러움이 있어야 함. [관자管子]
▶문유삼유 무무일사(---- 武無一赦): 글을 공부한 사람은 세 번의 용서가 있으나 무를 공부한 사람에게는 한 번의 용서도 없어야 한다.

文人相輕
문 인 상 경
文글문 人사람인 相서로상 輕가벼울경
문인은 서로를 경멸함. 문인은 교만한 기운이 많아서 남을 깔보는 버릇이 있다는 말. [전론典論]

問一得三
문 일 득 삼
問물을문 一한일 得얻을득 三석삼
묻는 것은 적으나 얻을 것은 많음. 적은 노력으로 많은 이익을 본다는 말. [논어論語]

聞一知十
문 일 지 십
聞들을문 一한일 知알지 十열십
하나를 들으면 열을 앎. [논어論語]

文章三易
문 장 삼 이
文글문 章글장 三석삼 易쉬울이
문장이 갖추어야 할 세 가지 정도. 문장은 보기 쉽게, 알기 쉽게, 읽기 쉽게 지어야 한다는 말.

門前乞食
문 전 걸 식
門문문 前앞전 乞빌걸 食밥식
남의 집을 찾아다니며 먹을 것을 구걸함.

門前沃畓
문 전 옥 답
門문문 前앞전 沃물댈옥 畓논답
집 앞에 있는 기름진 논. 많은 재산을 일컫는 말. =문전
옥토(門前沃土)

門前雀羅
문 전 작 라
門문문 前앞전 雀참새작 羅그물라
문 앞에 참새 그물을 쳐놓아도 될 만큼 방문객이 없어
쓸쓸한 모양을 이르는 말. [사기史記]

門絶賓遊
문 절 빈 유
門문문 絶끊을절 賓손빈 遊놀유
문을 막아 빈객이 떠돌게 함. [진서晉書]

門庭若市
문 정 약 시
門문문 庭뜰정 若같을약 市저자시
사람이 많이 모여 대문 앞이 저잣거리 같음. [전국책戰國
策] =문전성시(門前成市) [한서漢書]

文鳥之夢
문 조 지 몽
文글문 鳥새조 之갈지 夢꿈몽
깃털이 아름다운 새가 입 안으로 날아드는 꿈. [진사晉史]
▶진(晉)의 나함(羅含)이 이 꿈을 꾼 뒤에 문장을 지을 때
생각이 풍부해졌다는 고사에서 온 말.

問罪之師
문 죄 지 사
問물을문 罪허물죄 之갈지 師군대사
죄를 묻기 위해 출동하는 군대. 역적을 치는 군대.

文質彬彬
문 질 빈 빈
文글문 質바탕질 彬빛날빈
겉과 속의 아름다움이 서로 잘 어울린 모양. [논어論語]

文筆盜賊
문 필 도 적
文글문 筆붓필 盜도둑도 賊도둑적
남의 글이나 글씨를 제 것인 양 함.

文行忠信
문 행 충 신
文글문 行갈행 忠충성충 信믿을신
공자가 교육의 근본으로 삼은 네 가지 덕. 시서예악(詩
書藝樂), 실천궁행(實踐躬行), 충성(忠誠), 신실(信實) 즉
문학, 덕행, 충성, 신실을 말함. [논어論語]

物各有疇
물 각 유 주
物 만물 물　各 각각 각　有 있을 유　疇 밭두덕 주
물건에는 제각기 경계(두둑)가 있음. 【전국책戰國策】 =물각기주(物各其主)

物各有主
물 각 유 주
物 만물 물　各 각각 각　有 있을 유　主 임금 주
물건에는 각기 임자가 따로 있음. 물건이라도 되는 대로 주워지는 것이 아니라는 말 【전국책戰國策】

勿輕小事
물 경 소 사
勿 말 물　輕 가벼울 경　小 작을 소　事 일 사
작은 일이라고 가벼이 넘기지 말라. 【관윤자關尹子】

物久即神
물 구 즉 신
物 만물 물　久 오랠 구　即 곧 즉　神 귀신 신
물건이 오래되면 변괴가 생김. 예로 잉어가 오래 묵으면 용이 되고 개를 오래 먹이면 상서롭지 못하게 된다는 것 따위를 이르는 말.

物極即反
물 극 즉 반
物 만물 물　極 다할 극　即=則 곧 즉　反 되돌릴 반
모든 사물은 극에 달하면 다시 처음으로 되돌아감. 【할관자鶡冠子】 =물극필반(物極必反)

勿談人短
물 담 인 단
勿 말 물　談 말씀 담　人 사람 인　短 짧을 단
남의 단점을 말하지 말라. 【주자가훈朱子家訓】 =막담타단(莫談他短)

勿忘在莒
물 망 재 거
勿 말 물　忘 잊을 망　在 있을 재　莒 감자 거
부귀영달한 때일수록 교만하지 말고 과거의 고난 겪던 일을 잊지 말아야 함. 【사기史記】
▶재거(在莒): 감자와 같은 거친 음식을 먹던 시절.

物微之信
물 미 지 신
物 만물 물　微 가늘 미　之 갈 지　信 믿을 신
미물에게도 신의가 있음. 【후한서後漢書】

物薄厚情
물 박 후 정
物 만물 물　薄 엷을 박　厚 두터울 후　情 뜻 정
물질로 대접은 못하지만 정만은 두터움.

物腐蟲生
물 부 충 생
物 만물 물　腐 썩을 부　蟲 벌레 충　生 날 생
물건이 썩으면 벌레가 생김. 남을 의심하거나 비방, 소문을 들으면 믿게 됨을 이르는 말. 【순자荀子】

物索比類
물 색 비 류
物 만물 물　索 찾을 색　比 견줄 비　類 무리 류
많은 물건을 비교해서 목적한 것을 찾아냄. [예기禮記]

物盛則衰
물 성 즉 쇠
物 만물 물　盛 성할 성　則 곧 즉　衰 쇠할 쇠
모든 사물은 왕성하면 반드시 쇠함. [전국책戰國策]

物外閑人
물 외 한 인
物 만물 물　外 밖 외　閑 한가할 한　人 사람 인
세상을 벗어나 한가하게 지내는 사람.

物有本末
물 유 본 말
物 만물 물　有 있을 유　本 근본 본　末 끝 말
만물에는 근본과 끝이 있음. 즉 질서가 있음.

物以類聚
물 이 유 취
物 만물 물　以 써 이　類 무리 류(유)　聚 모일 취
같은 종류끼리 모임. 악한 무리끼리 모여 흉계를 꾸밈.

勿剪勿拜
물 전 물 배
勿 말 물　剪 벨 전　拜 절할 배
자르지도 말고 절하지도 말라. [시경詩經]

勿剪勿捌
물 전 물 팔
勿 말 물　剪 벨 전　捌 깨뜨릴 팔
베지도 말고 깨뜨리지도 말라. [왕응린王應麟의 시詩]

物情騷然
물 정 소 연
物 만물 물　情 뜻 정　騷 시끄러울 소　然 그러할 연
세상의 물정이 어수선함.

勿照之明
물 조 지 명
勿 말 물　照 비출 조　之 갈 지　明 밝을 명
비추지 않아도 밝음. 애써 비추는 것이 아니라 자연스레
비치는 광명.

物重地大
물 중 지 대
物 만물 물　重 많을 중　地 땅 지　大 큰 대
생산물이 풍부하고 땅이 넓음.

勿出朝報
물 출 조 보
勿 말 물　出 날 출　朝 조정 조　報 알릴 보
조정의 비밀을 함부로 발표하지 않음.

勿奪其時
물 탈 기 시
勿 말 물　奪 빼앗을 탈　其 그 기　時 때 시
그 시기를 빼앗지 말라. [맹자孟子]

勿許還退
물 허 환 퇴
勿 말물 許 허락할 허 還 돌이킬 환 退 물러갈 퇴
2년 기한으로 그 후는 노비가 도망가도 대금의 반환을 요구할 수 없다는 말. 조선시대 노비 매매에 쓰던 용어.

物換星移
물 환 성 이
物 만물 물 換 바꿀 환 星 별 성 移 옮길 이
물건은 바뀌고 별은 이동함. 세상이 변화함을 이름.

眉開眼笑
미 개 안 소
眉 눈썹 미 開 열 개 眼 눈 안 笑 웃을 소
눈썹이 열리고 눈으로 웃음. 밝고 명랑한 표정.

美景良辰
미 경 양 신
美 아름다울 미 景 빛 경 良 어질 양 辰 때 신
좋은 경치에 좋은 절후. 【진서晉書】

微官末職
미 관 말 직
微 가늘 미 官 벼슬 관 末 끝 말 職 직책 직
지위가 아주 낮아 보잘것없는 벼슬.

未能免俗
미 능 면 속
未 아닐 미 能 능할 능 免 면할 면 俗 속될 속
속세와의 인연을 아직 끊지 못함. 즉 한번 물든 속된 기운은 씻기가 어려움. 【진서晉書】

尾大不掉
미 대 부 도
尾 꼬리 미 大 큰 대 不 아닐 부 掉 흔들 도
꼬리가 크면 흔들지 못함. 신하의 세력이 너무 강하면 임금이 제어하지 못한다는 뜻. 【춘추좌씨전春秋左氏傳】 =미대난도(尾大難掉)

迷途知返
미 도 지 반
迷 미혹할 미 途 길 도 知 알 지 返 돌이킬 반
길을 잘못 든 것을 알고 돌아섬. 잘못 택한 길을 뉘우치고 제자리로 돌아감. 【양서梁書】

未得詣前
미 득 예 전
未 아닐 미 得 얻을 득 詣 이를 예 前 앞 전
예의 경지까지 아직 이르지 못함. 【한서漢書】
▶예(詣): 학문이 깊은 경지에 이름.

麋爛其民
미 란 기 민
麋 죽 미 爛 문드러질 란 其 그 기 民 백성 민
미천하여 보잘것없는 백성. 【맹자孟子】
▶미란(麋爛): 썩거나 헐어서 문드러짐.

ㅁ

205

未來永劫 未아닐미 來올래 永길영 劫위협할겁
미래영겁 앞으로 닥쳐 오는 영원한 세월. [불경佛經]
▶일겁(一劫)은 4억3천2백만 년을 말함.

麋鹿性情 麋큰사슴미 鹿사슴록 性성품성 情뜻정
미록성정 고라니와 사슴의 성격. 시골에서 배우지 못하고 자라 함
부로 행동하는 성격을 비유하는 말. =미록지자(麋鹿之
姿) [주자朱子의 글文]
▶미록(麋鹿): ①고라니와 사슴. ②촌스러운 행동의 비유.

麋鹿食薦 麋큰사슴미 鹿사슴록 食먹을식 薦천거할천
미록식천 고라니와 사슴에게 풀을 주어 먹게 함. [장자莊子]

眉目盼兮 眉눈썹미 目눈목 盼눈예쁠반 兮어조사혜
미목반혜 검은 자위와 흰 자위가 분명하여 아름다운 눈을 말함.
미인의 아름다운 모습을 형용하는 말.

眉目秀麗 眉눈썹미 目눈목 秀빼어날수 麗고울려
미목수려 용모가 빼어나게 아름다움. [시경詩經]

眉目如畫 眉눈썹미 目눈목 如같을여 畫그림화
미목여화 눈썹과 눈이 그린 것같이 용모가 아름다움. [후한서後漢書]

微妙玄通 微가늘미 妙묘할묘 玄검을현 通통할통
미묘현통 앎의 의식 작용이 미묘하여 깊은 곳까지 깨달음. [노자老
子]

美味腐腹 美아름다울미 味맛미 腐썩을부 腹배복
미미부복 맛있는 음식을 먹으면 뱃속이 썩음.

美味腐腸 美아름다울미 味맛미 腐썩을부 腸창자장
미미부장 맛이 좋은 것은 창자를 썩게 함. [논어論語]

未辨東西 未아닐미 辨분별할변 東동녘동 西서녘서
미변동서 동과 서를 분별 못함.

迷復之凶 迷미혹할미 復다시복 之갈지 凶흉할흉
미복지흉 돌아오는 길을 잃었으니 흉하리라는 괘. [역경易經]
▶지(之): 가다, 가는 길을 뜻함.

彌縫漫患
미 봉 만 환
彌 두루 미 縫 꿰맬 봉 漫 게으를 만 患 근심 환
그때그때 대충 맞췄던 일이 돌이킬 수 없을 만큼 얽히고
설킨 것을 이르는 말.

靡不用極
미 불 용 극
靡 쓰러질 미 不 아닐 불 用 쓸 용 極 다할 극
마음과 힘을 다해서 함.

麋沸蟻動
미 비 의 동
麋 죽 미 沸 끓을 비 蟻=蟻 개미 의 動 움직일 동
죽이 끓고 개미가 들끓는 것 같은 소동. 천하가 어지러
움을 비유하는 말. [회남자淮南子]

美辭麗句
미 사 여 구
美 아름다울 미 辭 말씀 사 麗 고울 려(여) 句 글귀
구
아름다운 말로 꾸민 글귀. 겉만을 보기 좋게 꾸민 성의
없는 글을 비유.

尾生之信
미 생 지 신
尾 꼬리 미 生 날 생 之 갈 지 信 믿을 신
미생의 믿음. 굳고 우직하게 신의를 잘 지킴. 융통성 없
는 사람을 지칭하는 말로도 쓰임. [사기史記]
▶노(魯)나라 미생이 여자와 다리 밑에서 만나기로 했으나
　밤이 되어도 오지 않아 계속 기다리다가, 물이 크게 불어
　나 다리 기둥을 붙잡고 빠져 죽었다는 고사에서 생긴 말.

未成一簣
미 성 일 궤
未 아닐 미 成 이룰 성 一 한 일 簣 삼태기 궤
마지막 한 삼태기를 올리지 않아 산이 완성되지 못
함. [논어論語]

微小妄想
미 소 망 상
微 작을 미 小 작을 소 妄 망령될 망 想 생각 상
자기 자신을 과소평가하는 잘못된 생각.

靡所止疑
미 소 지 의
靡 아닐 미 所 바 소 止 멈출 지 疑 의심 의
머물러 있을 곳이 없음. [시경詩經]

媚顔秋波
미 안 추 파
媚 아첨할 미 顔 얼굴 안 秋 가을 추 波 물결 파
은근한 정을 나타내는 미인의 고운 눈매.

美如冠玉
미 여 관 옥
美 아름다울 미 如 같을 여 冠 관 관 玉 구슬 옥
아름답기가 관에 달린 옥 같음. 즉 겉만 번지르르하고
속이 빔. 또는 재주만 있고 덕이 없음. [사기史記]

味如嚼蠟
미 여 작 랍
味 맛 미　如 같을 여　嚼 씹을 작　蠟 초 랍
초를 씹는 것같이 아무 맛도 느끼지 못함. 재미가 없음
을 비유하는 말.

未雨綢繆
미 우 주 무
未 아닐 미　雨 비 우　綢 얽을 주　繆 얽을 무
화가 싹트기 전에 미리 방지한다는 뜻. 올빼미가 비오기
전에 둥지문을 얽어매는 데서 비롯된 말. [시경詩經]

微吟緩步
미 음 완 보
微 작을 미　吟 읊을 음　緩 느릴 완　步 걸음 보
작은 소리로 읊으며 천천히 거닒.

美意延年
미 의 연 년
美 아름다울 미　意 뜻 의　延 끌 연　年 해 년
즐거운 마음으로 살아가면 오래 살게 됨. [순자荀子]

靡衣玉食
미 의 옥 식
靡=美 아름다울 미　衣 옷 의　玉 구슬 옥　食 먹을 식
아름답고 좋은 의복과 값비싼 음식.

靡衣婾食
미 의 유 식
靡=美 아름다울 미　衣 옷 의　婾 즐길 유　食 먹을 식
아름다운 의복과 맛있는 음식만을 즐기는, 원대한 계획
이 없는 사람.

采入其阻
미 입 기 조
采 깊을 미　入 들 입　其 그 기　阻 험할 조
그 험한 곳까지 깊숙이 들어감. [시경詩經]
▶미입기조 부형지려(---- 裒荊之旅): 그 험한 곳까지 깊이
　들어가 초나라 군사들을 사로잡다.

米珠薪桂
미 주 신 계
米 쌀 미　珠 구슬 주　薪 섶 신　桂 계수나무 계
쌀은 구슬 값같이 비싸고 땔나무는 계수나무같이 귀함.
생활 필수품의 값이 아주 비싸 살아가기 어려움을 비유
한 말. [전국책戰國策]

未知所寄
미 지 소 기
未 아닐 미　知 알 지　所 바 소　寄 의지할 기
백성이 의지할 곳이 어디인가를 알지 못함. [후한서後漢書]

未測深淺
미 측 심 천
未 아닐 미　測 잴 측　深 깊을 심　淺 얕을 천
깊은지 얕은지 알지 못함. 아직 사정이나 자질을 잘 알
지 못함. [북사北史]

208

美風良俗 美 아름다울 미　風 바람 풍　良 어질 양　俗 풍속 속
미 풍 양 속　아름답고 좋은 풍속.

微顯闡幽 微 가늘 미　顯=現 나타날 현　闡 열 천　幽 그윽할 유
미 현 천 유　아무도 알지 못하는 원리를 뚜렷하게 헤치고 밝힘. 또
는 명백하지 못한 일을 명료하게 밝혀 여러 사람이 알게
함. 【역경易經】

民膏民脂 民 백성 민　膏 기름 고　脂 기름 지
민 고 민 지　백성의 피와 땀. 백성들에게 과중하게 거둔 조세.

民免無恥 民 백성 민　免 면할 면　無 없을 무　恥 부끄러울 치
민 면 무 치　백성이 부끄러움을 잊게 됨. 【논어論語】

民靡有黎 民 백성 민　靡 쓰러질 미　有 있을 유　黎 검을 려
민 미 유 려　백성들의 수가 헤아릴 수 없이 많음. 【시경詩經】

民不堪命 民 백성 민　不 아닐 불　堪 견딜 감　命 목숨 명
민 불 감 명　백성이 국가의 세금, 부역, 징집 등의 요구를 견디지 못
한다는 말. 【춘추좌씨전春秋左氏傳】

民不謗怨 民 백성 민　不 아닐 불　謗 헐뜯을 방　怨 원망할 원
민 불 방 원　백성이 헐뜯거나 원망하지 않아야 함. 【신서新書】

民不畏威 民 백성 민　不 아닐 불　畏 두려울 외　威 위엄 위
민 불 외 위　백성이 위엄과 위세를 두려워하지 않음. 【노자老子】

民生於三 民 백성 민　生 날 생　於 어조사 어　三 석 삼
민 생 어 삼　인간은 임금(君)과 스승(師)과 부(父)의 덕에 의해 살아
감. 【국어國語】

民俗懁急 民 백성 민　俗 풍속 속　懁 성급할 환　急 급할 급
민 속 환 급　백성의 풍습이 성급한 쪽을 따라감. 【사기史記】

民心無常 民 백성 민　心 마음 심　無 없을 무　常 늘 상
민 심 무 상　민심은 한결같지 않음. 즉 정치를 어떻게 하느냐에 따라
선하게도 악하게도 된다는 뜻. 【서경書經】

民人離落
민 인 이 락

民 백성 민　人 사람 인　離 떠날 리(이)　落 떨어질 락
백성된 사람이 떨어져 나가 배반함.

民族懬忮
민 족 기 기

民 백성 민　族 겨레 족　懬 강직할 기　忮 해칠 기
백성의 강직한 뜻을 해침. [한서漢書]

民志無厭
민 지 무 염

民 백성 민　志 뜻 지　無 없을 무　厭 싫을 염
백성이 마음속으로 싫어하지 않음. [국어國語]

民之秉彛
민 지 병 이

民 백성 민　之 갈 지　秉 지킬 병　彛 떳떳할 이
백성이 일정한 도리(常道)를 지님. [시경詩經]

民之譌言
민 지 와 언

民 백성 민　之 갈 지　譌=訛 거짓 와　言 말씀 언
백성들이 잘못 전하는 이야기. 뜬소문. [시경詩經] =유언
비어(流言蜚語)
▶민지와언 영막지징(---- 寧莫之懲): 백성의 유언비어를
어찌 막을 수 있으리오.

敏捷慧黠
민 첩 혜 힐

敏 빠를 민　捷 이길 첩　慧 지혜 혜　黠 약을 힐
눈치가 빠르고 약삭빠름. =기민혜힐(機敏慧黠)

密雲不雨
밀 운 불 우

密 빽빽할 밀　雲 구름 운　不 아닐 불　雨 비 우
구름이 짙게 끼었으나 비는 오지 않음. 즉 어떤 조짐만
보이고 일은 일어나지 않음. 또는 은혜가 아래까지 미치
지 못함. [역경易經]

謐爾無虞
밀 이 무 우

謐 고요할 밀　爾 어조사 이　無 없을 무　虞 생각할 우
고요할 때 생각이 없어서는 안 됨. [최연崔駰의 북순송北巡頌]

搏擊豪强
박 격 호 강

搏 칠 박　擊 칠 격　豪 호걸 호　强 군셀 강
굳고 강한 적을 쳐서 깨뜨림. [한서漢書]

博古知今
박 고 지 금

博 넓을 박　古 예 고　知 알 지　今 이제 금
옛것을 널리 알면 오늘의 일도 알게 됨.

博覽强記
박 람 강 기

博 넓을 박　覽 볼 람　强 군셀 강　記 기록할 기
많은 글을 읽고 기억을 잘함. =박문강기(博聞强記)

博聞彊志 博 넓을 박　聞 들을 문　彊=剛 굳셀 강　志 뜻 지
박 문 강 지　널리 들어서 뜻을 굳게 세움. [후한서後漢書]

博文約禮 博 넓을 박　文 글 문　約 맺을 약　禮 예절 례
박 문 약 례　널리 학문을 닦고 사리를 깨달은 뒤에 예절을 지킴. [논어論語]

博物君子 博 넓을 박　物 만물 물　君 임금 군　子 아들 자
박 물 군 자　사물에 대해 널리 아는 사람. =박식가(博識家)

薄物細故 薄 엷을 박　物 만물 물　細 가늘 세　故 예 고
박 물 세 고　자질구레한 옛날 사물들.

博訪遺書 博 넓을 박　訪 찾을 방　遺 남길 유　書 글 서
박 방 유 서　널리 찾아다니며 좋은 글을 남김. [진서晉書]

薄氷如臨 薄 엷을 박　氷 얼음 빙　如 같을 여　臨 임할 림
박 빙 여 림　살얼음을 밟는 것처럼 매우 위태로운 상태. =여리박빙
(如履薄氷)

博士命婦 博 넓을 박　士 선비 사　命 목숨 명　婦 아내 부
박 사 명 부　옛날의 여관(女官). 후궁에서 문사와 기록을 맡음.

撲朔迷離 撲 칠 박　朔 초하루 삭　迷 미혹할 미　離 떠날 리
박 삭 미 리　남녀의 구별이 안 됨. 사물이 뒤섞여 갈피를 못잡는 것
을 말함. [목란종군木蘭從軍]

剝牀以辨 剝 벗길 박　牀 상 상　以 써 이　辨 상허리 변
박 상 이 변　좀벌레가 상(牀)의 중간 허리부터 갉아 먹음. [역경易經]

剝牀以足 剝 벗길 박　牀 책상 상　以 써 이　足 발 족
박 상 이 족　좀벌레가 상을 갉아 먹을 때는 다리부터 시작한다는 말.
곧고 바른 마음이 없으면 해를 입는다는 뜻. [역경易經]

博碩肥腯 博 넓을 박　碩 클 석　肥 살찔 비　腯 살찔 돌
박 석 비 돌　가축 따위가 지나치게 크고 살이 찜.

博施於民 博 넓을 박　施 베풀 시　於 어조사 어　民 백성 민
박 시 어 민　백성에게 널리 베풂. [논어論語]

博施濟衆
박 시 제 중
博넓을박 施베풀시 濟구제할제 衆무리중
널리 베풀어 뭇사람을 구제함. [논어論語]

搏心揖志
박 심 읍 지
搏잡을박 心마음심 揖읍할읍, 모을집 志뜻지
마음을 잡고 뜻을 모음. 마음을 다잡아 먹음. [사기史記]

璞玉渾金
박 옥 혼 금
璞옥돌박 玉구슬옥 渾흐릴혼 金쇠금
갈지 않은 옥과 재련하지 않은 금. 순박하고 때묻지 않
은 사람. 또는 바탕이 좋아 겉을 꾸미지 않음을 비유. [진
서晉書]

博而寡要
박 이 과 요
博넓을박 而말이을이 寡적을과 要중요할요
널리 알고 있으나 학문하는 요령이 부족함. [사기史記]

博而不精
박 이 부 정
博넓을박 而말이을이 不아닐부 精정할정
널리 알고 있으나 정밀하게는 알지 못함.

朴而不文
박 이 불 문
朴소박할박 而말이을이 不아닐불 文꾸밀문
소박하고 꾸밈이 없음. 겉치레가 없음. [예기禮記]

搏而躍之
박 이 약 지
搏칠박 而말이을이 躍뛸약 之갈지
물을 세게 쳐서 튀어오르게 함. [맹자孟子]

博引旁證
박 인 방 증
博넓을박 引끌인 旁곁방 證증거증
사물을 설명하는데 널리 인용하고 증거를 많이 대어 논
함. =고증해박(考證該博)

博者不知
박 자 부 지
博넓을박 者사람자 不아닐부 知알지
널리 안다고 생각하는 사람은 한 가지에도 정통하지 못
하므로 오히려 아무것도 모른다는 뜻. [노자老子]

薄志弱行
박 지 약 행
薄엷을박 志뜻지 弱약할약 行갈행
의지가 약하여 실행력이 없음.

縛之打之
박 지 타 지
縛묶을박 之갈지 打칠타
몸을 묶어 놓고 마구 때림.

樸椎少文
박 추 소 문
樸통나무박 椎방망이추 少적을소 文꾸밀문
통나무 방망이같이 꾸밈이 적음. 소박하며 무디고 꾀가
없다는 말. [한서漢書]

博學廣覽
박 학 광 람
博 넓을 박　學 배울 학　廣 넓을 광　覽 볼 람
학식과 견문이 넓고 풍부함. =박학다문(博學多聞)

博學無方
박 학 무 방
博 넓을 박　學 배울 학　無 없을 무　方 모 방
배운 학문이 넓고 처세가 모나지 않음. 【순자荀子】

博學審問
박 학 심 문
博 넓을 박　學 배울 학　審 살필 심　問 물을 문
널리 배우고 자세히 물음.『중용』에 서술되어 있는 학문
연구 방법. 【중용中庸】

薄澣我衣
박 한 아 의
薄 엷을 박　澣 빨 한=浣 빨 완　我 나 아　衣 옷 의
평복을 빨고 예복도 빨려고 함. 【시경詩經】
▶박한아의 귀녕부모(---- 歸寧父母): 평복도 빨고 예복도
빨아, 고향의 부모님 문안 드리고자 하네.

半間不界
반 간 불 계
半 반 반　間 사이 간　不 아닐 불　界 경계 계
일을 끝까지 못하고 중간에서 멈춤.

盤溪曲徑
반 계 곡 경
盤 굽을 반　溪 시내 계　曲 굽을 곡　徑 지름길 경
계곡의 꾸불꾸불한 지름길. 일을 순리대로 하지 않고 옳
지 않은 방법으로 하는 것을 이름. =방기곡경(旁岐曲徑)

反裘負薪
반 구 부 신
反 되돌릴 반　裘 갖옷 구　負 질 부　薪 섶나무 신
갖옷을 뒤집어 입고 땔나무를 짐. 털을 아끼다가 도리어
가죽이 상하는 것을 비웃는 말. 즉 하나는 알고 둘은 모
르는 처사. 【염철론鹽鐵論】

反求諸己
반 구 저 기
反 되돌릴 반　求 구할 구　諸=之+於 어조사 저　己
몸 기
자기 자신을 되돌아보고 생각함. 즉 허물을 자신에게서
구함. 【중용中庸】

盤根錯節
반 근 착 절
盤 서릴 반　根 뿌리 근　錯 섞일 착　節 마디 절
서린 뿌리와 얽힌 마디. 복잡하게 얽혀 처리하기 매우
어려운 사건. 【후한서後漢書】

返老還童
반 로 환 동
返 돌이킬 반　老 늙을 로　還 돌아올 환　童 아이 동
다시 아이같이 젊어짐. =반로환동(反老還童)

半塗而廢
반 도 이 폐

半 반반 塗=道=途 길 도 而 말이을 이 廢 폐할 폐
일을 하다가 중간에서 그침. 【후한서後漢書】 =중도이폐(中
道而廢)

飯來開口
반 래 개 구

飯 밥반 來 올래 開 열개 口 입구
밥이 와야 입을 벌림. 지극히 게으른 것을 비유. 또는 지
극히 말이 없음을 비유. 【통속편通俗編】

攀龍附鳳
반 룡 부 봉

攀 매달릴 반 龍 용룡 附 붙을 부 鳳 새봉
용에게 매달리고 봉황을 붙듦. 훌륭한 인물을 붙잡고 의
지함. 【한서漢書】

反面教師
반 면 교 사

反 되돌릴 반 面 낯면 教 가르칠 교 師 스승 사
행동이 좋지 못한 사람을 보고 그와 같이 되지 않도록
반성하여 본보기로 삼음. 다른 사람의 부정적인 측면에
서 가르침을 얻는다는 뜻.

半面之分
반 면 지 분

半 반반 面 낯면 之 갈지 分 나눌 분
일면식도 못 되는 사이. 얼굴이 익지 않아 서로 친하지
않은 사이. 극히 얕은 교분을 이름. =반면지식(半面之識)

反袂拭面
반 메 식 면

反 돌이킬 반 袂 소매 메 拭 닦을 식 面 낯면
소매를 뒤집어 얼굴을 닦음. 일을 그때그때 임시변통으
로 처리하는 것을 말함. 【춘추공양전春秋公羊傳】

班門弄斧
반 문 농 부

班 나눌 반 門 문문 弄 희롱할 롱(농) 斧 도끼부
노(魯)나라 명공 반수(班輸)의 대문 앞에서 도끼를 가지
고 자기의 솜씨를 자랑함. 분수를 모르고 제 실력을 자
랑함을 나무라는 말. 【사기史記】

斑駁之嘆
반 박 지 탄

斑 아롱질 반 駁 얼룩말 박 之 갈지 嘆 탄식할 탄
얼룩말의 탄식. 편파적이고 불공정한 대우에 대한 한탄.

半壁江山
반 벽 강 산

半 반반 壁 벽벽 江 강강 山 뫼산
절벽에 둘러싸인 산수.

反覆小人
반 복 소 인

反 되돌릴 반 覆 뒤집힐 복 小 작을 소 人 사람 인
이랬다저랬다 하여 마음을 헤아릴 수 없는 옹졸한 사람
을 말함.

反本成末
반 본 성 말
反뒤집을반 本근본본 成이룰성 末끝말
근본에 반(反)하여 끝을 마무리함. [순자荀子]

半死半生
반 사 반 생
半반반 死죽을사 生살생
반은 죽고 반은 살아 있음. 죽을지 살지 알 수 없는 혼수
상태를 말함.

半生半熟
반 생 반 숙
半반반 生날생 熟익을숙
반은 설고 반은 익음. 기예(技藝)가 아직 미숙함. [부장록拊
掌錄]

盤石之安
반 석 지 안
盤소반반 石돌석 之갈지 安편안안
바탕이 매우 견고하여 안정이 됨.

反受其咎
반 수 기 구
反돌이킬반 受받을수 其그기 咎허물구
도리어 그 허물을 되돌려받음. [사기史記]
▶천여불취 반수기구(天與不取 ----): 하늘이 주는 복을 받
지 않으면 도리어 화를 입게 된다.

半睡半醒
반 수 반 성
半반반 睡졸수 醒깰성
반은 잠들고 반은 깬 상태. 즉 깊이 잠들지 않은 상태.

反首拔舍
반 수 발 사
反되돌릴반 首머리수 拔뺄발 舍집사
머리털이 헝클어진 가련한 신세가 되어 야숙(野宿)
함. [춘추좌씨전春秋左氏傳]

反水不水
반 수 불 수
反되돌릴반 水물수 不아닐불
쏟아진 물은 다시 담을 수 없음. 한번 저지른 실수는 바
로잡거나 돌이킬 수 없다는 말. [후한서後漢書]

班輸之巧
반 수 지 교
班나눌반 輸옮길수 之갈지 巧재주교
반수의 교묘한 솜씨. 기술과 손재주가 뛰어남을 이름.
▶반수(班輸): 노(魯)나라의 유명한 공인(工人).

半僧半俗
반 승 반 속
半반반 僧중승 俗속될속
반은 중이고 반은 속인. 이것도 아니고 저것도 아닌 상
태를 이름. =비승비속(非僧非俗)

伴食宰相
반 식 재 상
伴 짝 반 食 밥 식 宰 재상 재 相 서로 상
자리만 차지하여 무위도식하는 재상. =상반대신(相伴大臣) [당서唐書]

半信半疑
반 신 반 의
半 반 반 信 믿을 신 疑 의심 의
반은 믿고 반은 의심함. 판단이 불확실한 상태를 말함.

半身不隨
반 신 불 수
半 절반 반 身 몸 신 不 아닐 불 隨 따를 수
몸의 한쪽을 잘 쓰지 못함.

反掖之寇
반 액 지 구
反 되돌릴 반 掖 겨드랑이 액 之 갈 지 寇 도둑 구
겨드랑이 밑에서 반역하는 적. 즉 내란을 이름. =소장지화(蕭牆之禍)

潘楊之好
반 양 지 호
潘 뜨물 반 楊 버들 양 之 갈 지 好 좋을 호
인척 관계로 있는 오래된 친숙한 교분.
▶진(晉)의 반악(潘岳)의 아버지와 양중무(楊仲武)의 조부 사이에 친교가 있은 지 오래되었고, 반악의 아내는 중무의 고모였기 때문에 두 사람은 더욱 친밀했다는 고사에서 비롯된 말.

攀轅臥轍
반 원 와 철
攀 매달릴 반 轅 끌채 원 臥 누울 와 轍 수레바퀴 철
수레를 잡고 매달리고, 수레바퀴 밑에 드러누움. 지방관의 유임을 간절히 원하는 것을 형용한 말. [한서漢書]

斑衣之戲
반 의 지 희
斑 얼룩 반 衣 옷 의 之 갈 지 戲 놀 희
마음을 다하여 부모를 봉양함. [몽구蒙求]
▶중국의 노래자(老萊者)가 일흔 살에 부모 앞에서 알록달록한 옷을 입고 춤을 추어 부모를 기쁘게 한 데서 온 말.

畔者君討
반 자 군 토
畔=叛 배반할 반 者 사람 자 君 임금 군 討 칠 토
배반한 자를 임금이 토벌함. [예기禮記]

半字不成
반 자 불 성
半 반 반 字 글자 자 不 아닐 불 成 이룰 성
글자를 쓰다가 중도에 그만둠. 일을 중간에서 그치면 아무 소용이 없다는 말.

半子之名
반 자 지 명
半 반 반 子 아들 자 之 갈 지 名 이름 명
사위를 아들과 같이 여긴다는 뜻.

半在江中
반 재 강 중
半반반 在있을재 江강강 中가운데중
몸의 반은 강중에 있음. 지독히 재수가 없는 상황이나 위험스러운 상태를 벗어나지 못하는 것을 말함.

半晴半曇
반 청 반 담
半반반 晴개일청 曇흐릴담
반은 개고 반은 흐림. 날씨가 개었다 흐렸다 함. =반청반음(半晴半陰)

半靑半黃
반 청 반 황
半반반 靑푸를청 黃누를황
반은 푸르고 반은 누름. 성숙치 않은 것을 말함.

反哺之孝
반 포 지 효
反되돌릴반 哺먹일포 之갈지 孝효도효
까마귀 새끼가 다 자란 후에 제 늙은 어미에게 먹이를 물어다 주는 효성. 즉 자식이 부모를 극진히 봉양함. [진정표陳情表]

班荊道故
반 형 도 고
班나눌반 荊가시형 道말할도 故예고
옛 친구를 만나 허물없이 정을 토로함. [춘추좌씨전春秋左氏傳]

飯後之鐘
반 후 지 종
飯밥반 後뒤후 之갈지 鐘쇠북종
시간, 기한이 지났음을 비유하는 말.
▶당(唐)의 왕파(王播)가 양주의 혜소사에서 식객으로 있을 때, 중이 왕파를 미워해서 식사시간을 알리는 종을 일부러 늦게 쳐서 왕파에게는 시간이 지났다며 밥을 주지 않은 고사에서 온 말.

拔角脫距
발 각 탈 거
拔뺄발 角뿔각 脫벗을탈 距떨어질거
짐승의 뿔을 뽑고 닭의 발톱을 벗김. 적의 이기(利器)를 탈취하는 것을 비유한 말.

發姦摘伏
발 간 적 복
發필발 姦간사할간 摘들출적 伏엎드릴복
숨기는 일이나 바르지 못한 일을 들추어냄. [한서漢書]

拔群出類
발 군 출 류
拔뺄발 群무리군 出날출 類무리류
무리 중에서 아주 뛰어남. [안씨가훈顔氏家訓]

髮短心長
발 단 심 장
髮터럭발 短짧을단 心마음심 長긴장
늙어서 머리털은 짧아지고 빠졌으나 마음은 길고 큼. 나이는 먹었으나 슬기는 있음. [춘추좌씨전春秋左氏傳]

217

撥亂反正
발 란 반 정

撥 다스릴 발　亂 어지러울 란　反 돌이킬 반　正 바를
정

어지러운 세상을 다스리어 바른 세상으로 되돌림. [후한
서後漢書]

拔來報往
발 래 보 왕

拔 뺄 발　來 올 래　報 갚을 보　往 갈 왕

빨리 왔다가 빨리 감. [예기禮記]

發菩提心
발 보 리 심

發 필 발　菩 보살 보　提 보살 리　心 마음 심

불교 용어. 자비심을 일으키는 일을 말함.

拔本塞源
발 본 색 원

拔 뺄 발　本 근본 본　塞 막을 색　源 물근원 원

뿌리를 뽑아 일의 근원을 막음. 원인을 철저히 다스려
다시는 일이 일어나지 않게 함. [춘추좌씨전春秋左氏傳]

發憤圖强
발 분 도 강

發 필 발　憤 분할 분　圖 꾀할 도　强 군셀 강

스스로 강해지기 위해 분발함. [송사宋史]

▶발분(發憤): 분통한 심정을 토로하거나, 스스로 부족함을
느껴 분발함.

發憤忘食
발 분 망 식

發 필 발　憤 불할 분　忘 잊을 망　食 먹을 식

먹는 것도 잊고 학문에 분발함. [논어論語]

拔山蓋世
발 산 개 세

拔 뽑을 발　山 뫼 산　蓋 덮을 개　世 인간 세

기운이 산을 뽑아 올리고 의기는 세상을 뒤덮음. 기력이
세고 웅대함. 항우의 센 기운을 표현한 말. [사기史記]

拔山擧鼎
발 산 거 정

拔 뽑을 발　山 뫼 산　擧 들 거　鼎 솥 정

산을 뽑아 올리고, 솥을 들어 올림. 힘이 아주 센 것을 말
함. =발산개세(拔山蓋世)

茇涉至此
발 섭 지 차

茇 풀뿌리 발　涉 건널 섭　至 이를 지　此 이 차

여러 곳을 두루 돌아다니다 여기에 이름. [자치통감資治通鑑]

發縱指示
발 종 지 시

發 필 발　縱 세로 종　指 손가락 지　示 보일 시

사냥개를 풀어 짐승을 찾아 잡게 함. 즉 싸움을 지시하
는 사람을 말함. [사기史記]

▶발종(發縱): 개의 줄을 풀어주는 것. 지시(指示): 사냥감
을 손으로 가리키는 것.

拔萃抄錄
발 췌 초 록

拔 뺄 발　萃 모일 췌　抄 뽑을 초　錄 기록할 록
여럿 가운데서 필요한 것을 뽑아 모아 기록함.

跋胡疐尾
발 호 치 미

跋 밟을 발　胡 턱밑살 호　疐 발끝 채일 치　尾 꼬리
미
늙은 이리가 앞으로 나가려니 턱밑살을 밟겠고 물러나
려니 꼬리가 걸림. 즉 이러지도 저러지도 못하는 경우를
말함. 【시경詩經】

放倒則寢
방 도 즉 침

放 놓을 방　倒 넘어질 도　則 곧 즉　寢 잘 침
식사가 끝나기 바쁘게 쓰러져 잠. 【통속편通俗編】

房杜姚宋
방 두 요 송

房 방 방　杜 막을 두　姚 예쁠 요　宋 성씨 송
당(唐)의 네 명신. 방현령(房玄齡), 두여회(杜如晦)는 태
종 때의 재상. 요숭(姚崇), 송경(宋璟)은 현종 때의 재
상. 【신당서新唐書】

旁得香氣
방 득 향 기

旁 곁 방　得 얻을 득　香 향기 향　氣 기운 기
한 사람이 가진 향에 의해 곁의 사람도 향기를 느낌.

房謀杜斷
방 모 두 단

房 방 방　謀 꾀 모　杜 막을 두　斷 끊을 단
당(唐) 태종 때의 명신 방현령(房玄齡)의 꾀와 두여회(杜
如晦)의 결단력. 각자의 특성을 잘 조화하여 원만한 성
과를 내는 것을 이름. 【구당서舊唐書】

尨眉皓髮
방 미 호 발

尨 삽살개 방　眉 눈썹 미　皓 흴 호　髮 터럭 발
반백(斑白)의 눈썹과 흰머리의 노인을 말함.

放飯流歠
방 반 유 철

放 놓을 방　飯 밥 반　流 흐를 류(유)　歠 마실 철
한꺼번에 들이붓듯 밥과 국을 마구 먹어치움. 예절 없이
음식을 함부로 먹는 것을 형용하는 말. 【맹자孟子】

坊坊曲曲
방 방 곡 곡

坊 동네 방　曲 굽을 곡
한 군데도 빠짐없이. 곳곳마다. =도처(到處)

傍若無人
방 약 무 인

傍 곁 방　若 같을 약　無 없을 무　人 사람 인
곁에 아무도 없는 것같이 행동함. 주위 사람을 의식하지
않고 제멋대로 행동하는 것을 이름. 【사기史記】

219

魴魚赬尾
방 어 정 미
魴 방어 방　魚 물고기 어　赬 붉을 정　尾 꼬리 미
방어의 꼬리는 흰색이나 피로하면 붉은색이 됨. 즉 피로
하여 초췌해진 사람을 보고 하는 말. [시경詩經]

放言高論
방 언 고 론
放 놓을 방　言 말씀 언　高 높을 고　論 논의할 론
거리낌 없이 드러내놓고 떠듦.

方枘圓鑿
방 예 원 조
方 모 방　枘 자루 예　圓 둥글 원　鑿 구멍 조
모난 자루에 둥근 구멍. 즉 사물이 서로 맞지 않는 것을
비유하는 말. [사기史記]

房外犯色
방 외 범 색
房 방 방　外 밖 외　犯 범할 범　色 빛 색
아내 외의 여자와 육체적 관계를 맺는 것.

方圓可施
방 원 가 시
方 모 방　圓 둥글 원　可 옳을 가　施 베풀 시
모난 형에나 둥근형에나 다 들어맞음. 여러 가지 재능이
있어서 무슨 일이든 다 잘한다는 말.

方而不割
방 이 불 할
方 모 방　而 말이을 이　不 아닐 불　割 벨 할
바르면서도 남을 책망하지 않음.

方長不折
방 장 부 절
方 모 방　長 길 장　不 아닐 부　折 꺾을 절
한창 자라고 있는 나무는 꺾지 않음. 즉 전도가 양양한
사람의 앞길을 가로막지 않음.

傍墻不立
방 장 불 립
傍 곁 방　墻 담 장　不 아닐 불　立 설 립
기울어진 담 옆에 서 있어서는 안 됨. [회남자淮南子]

方底圓蓋
방 저 원 개
方 모 방　底 밑 저　圓 둥글 원　蓋 덮을 개
네모난 그릇인데 뚜껑은 둥긂. 일이 어긋나거나 서로
맞지 않음을 비유한 말. [안씨가훈顏氏家訓]

方寸已亂
방 촌 이 란
方 모 방　寸 마디 촌　已 이미 이　亂 어지러울 란
마음이 흔들리는 상태에선 어떤 일도 할 수 없다는 말.

方寸之地
방 촌 지 지
方 모 방　寸 마디 촌　之 갈 지　地 땅 지
사람의 마음은 한 뼘 정도의 작은 것이라는 뜻.=촌지(寸
志) [백거이白居易의 시詩]

220

芳風永傳
방 풍 영 전
芳 꽃다울 방　風 바람 풍　永 길 영　傳 전할 전
아름다운 풍습이 길이 전해짐. [송서宋書]

防患未然
방 환 미 연
防 막을 방　患 근심 환　未 아닐 미　然 그러할 연
재앙과 화를 당하기 전에 미리 막음.

蚌鷸之爭
방 휼 지 쟁
蚌 방합 방　鷸 도요새 휼　之 갈 지　爭 다툴 쟁
방합조개와 도요새가 서로 물고 다투다가 지나던 어부에게 잡혀서 이익을 내주는 것. =방휼지세(蚌鷸之勢) [전국책戰國策]

排難解粉
배 난 해 분
排 물리칠 배　難 어려울 난　解 풀 해　粉 가루 분
어려움을 물리치고 분쟁을 풂. 즉 남을 위해 분쟁을 해결해 줌. [전국책戰國策]

排闥直入
배 달 직 입
排 밀 배　闥 문 달　直 곧을 직　入 들 입
주인의 허락도 없이 문을 밀고 바로 들어감.

倍道兼行
배 도 겸 행
倍 곱 배　道 길 도　兼 겸할 겸　行 갈 행
이틀에 갈 길을 하루에 감. 배나 빨리 감.

配藜四施
배 려 사 시
配 나눌 배　藜 명아주 려　四 넉 사　施 베풀 시
장수(長壽)의 상징인 명아주 지팡이를 세상 노인들에게 널리 나누어줌. [양웅揚雄의 글文]

杯盤狼藉
배 반 낭 자
杯=盃 잔 배　盤 소반 반　狼 이리 랑(낭)　藉 깔개 자
술잔과 쟁반이 제멋대로 흩어짐. 술 먹은 뒷자리의 어지러운 모양을 형용한 말. [적벽부赤壁賦]

排沙簡金
배 사 간 금
排 밀칠 배　沙 모래 사　簡 편지 간　金 쇠 금
모래를 헤쳐 금을 찾아냄. 문장의 좋은 구절을 평할 때 쓰는 말. [세설신화世說新話]

排山壓卵
배 산 압 란
排 물리칠 배　山 뫼 산　壓 누를 압　卵 알 란
산을 무너뜨려 알을 누름. 큰 힘을 가지고 작은 것을 가볍게 물리침. 즉 매우 쉬워 보이는 일. [진서晉書]

背城借一
배 성 차 일
背 등 배　城 재 성　借 빌릴 차　一 한 일
목숨을 바쳐서 끝까지 싸우겠다는 결심을 비유한 말. [춘추좌씨전春秋左氏傳]

杯水車薪
배 수 거 신
杯잔배 水물수 車수레거 薪섶신
한 잔의 물로 수레 가득 실린 땔나무에 붙은 불을 끄려
함. 혼자 힘으로 엄청난 일을 감당하려고 나섬. [맹자孟子]

背水之陣
배 수 지 진
背등배 水물수 之갈지 陣군진진
물을 등지고 진을 침. 결사의 각오로 싸움에 임하는 자
세를 일컬음. =배수일진(背水一陣) [사기史記]

背恩忘養
배 은 망 양
背배반할배 恩은혜은 忘잊을망 養기를양
길러준 은혜를 잊고 배반함. [한서漢書]

排沮正論
배 저 정 론
排물리칠배 沮막을저 正바를정 論의논할론
정론을 물리치고 막음. [송사宋史]

杯中蛇影
배 중 사 영
杯잔배 中가운데중 蛇뱀사 影그림자영
공연한 일을 가지고 쓸데없는 고민을 함. [풍속통의風俗通
儀] =배궁사영(杯弓蛇影)

▶옛날 낙광(樂廣)의 친구가 벽에 걸린 활의 그림자가 술잔
에 비친 것을 뱀을 삼켰다고 고민하다가 병이 났는데, 낙
광이 그렇지 않았음을 자세히 말해 주니 병이 깨끗이 나
았다는 고사에서 비롯된 말.

倍稱之息
배 칭 지 식
倍갑절배 稱일컬을칭 之갈지 息숨쉴식
이자가 본전의 갑절이나 됨. 비싼 이자를 말함. [한서漢書]

百家爭鳴
백 가 쟁 명
百일백백 家집가 爭다툴쟁 鳴울명
학문상의 의견이나 이론을 여러 학자나 문인들이 다투
어 발표함.

白骨難忘
백 골 난 망
白흰백 骨뼈골 難어려울난 忘잊을망
백골이 되어도 은혜를 잊지 못함. 은혜나 덕을 입었을
때 감사의 뜻을 전하는 말. [춘추좌씨전春秋左氏傳]

百孔千瘡
백 공 천 창
百일백백 孔구멍공 千일천천 瘡부스럼창
백 개의 구멍과 천 개의 상처. 즉 수많은 단점, 또는 상처
투성이.

百官得序
백 관 득 서
百일백백 官벼슬관 得얻을득 序차례서
모든 관리에게는 서열이 있음. [순자荀子]

白駒空谷
백 구 공 곡

白흰백 駒망아지구 空빌공 谷골곡
흰 망아지가 텅 빈 골짜기에 있음. 현인이 초야에 묻혀
있음을 비유하는 말. [시경詩經]

百鬼夜行
백 귀 야 행

百일백백 鬼귀신귀 夜밤야 行갈행
온갖 귀신이 밤에 나와 다님. 악인들이 때를 만나 제멋
대로 날뜀을 이르는 말.

白圭鑿隣
백 규 학 린

白흰백 圭홀규 鑿골학 隣이웃린
남에게 피해 주는 일을 함부로 함. [맹자孟子]

▶백규가 자기 나라에 둑을 쌓아 수해를 면하게 하면서 그
물을 이웃 나라에 흐르게 하여 수해를 입게 한 고사에서
나온 말.

百金之士
백 금 지 사

百일백백 金쇠금 之갈지 士선비사
백금같이 귀하고 어진 선비. 또는 매우 큰 공을 세운 무
사를 이름.

百年佳約
백 년 가 약

百일백백 年해년 佳아름다울가 約맺을약
평생을 같이 살자는 약속. 즉 결혼을 말함.

百年之客
백 년 지 객

百일백백 年해년 之갈지 客손객
백 년의 손님. 사위를 지칭함. =백년가객(百年佳客)

百年之計
백 년 지 계

百일백백 年해년 之갈지 計셈할계
먼 장래를 내다본 계획. 인재를 기르는 교육을 말함. =백
년대계(百年大計)

百年河清
백 년 하 청

百일백백 年해년 河물하 清맑을청
백 년 동안 황하가 맑아지기를 기다림. 즉 아무리 기다
려도 나아질 가망성이 없는 일. [춘추좌씨전春秋左氏傳]

百年偕樂
백 년 해 락

百일백백 年해년 偕함께해 樂즐거울락
부부가 평생 동안 화락하게 보냄.=백년해로(百年偕老)

百年行樂
백 년 행 락

百일백백 年해년 行갈행 樂즐거울락
백 년 동안 즐거이 보냄. 즉 한평생 잘 놀고 즐겁게 지냄.

百代之親
백 대 지 친

百 일백 백　代 대신할 대　之 갈 지　親 친할 친
같은 성씨(姓氏), 즉 일가(一家)를 말함.

白頭如新
백 두 여 신

白 흰 백　頭 머리 두　如 같을 여　新 새 신
머리가 희도록 사귀어도 서로의 마음을 이해 못하면 새
로 사귀는 벗과 같음. 【사기史記】

▶백두여신 경개여고(---- 傾蓋如古): 머리가 셀 때까지 사
귀어도 서로를 이해하지 못하면 새로 사귄 벗과 같고, 서
로 마음이 통하면 길에서 처음 만나 인사하여도 오랜 벗
과 같다.

伯樂一顧
백 락 일 고

伯 맏 백　樂 즐거울 락　一 한 일　顧 돌아볼 고
명마는 백락(伯樂)이 한번 돌아보아야 가치를 인정받음.
즉 재능을 알아보는 사람을 만나야 재능을 인정받을 수
있다는 말. 【전국책戰國策】

▶백락(伯樂): 말을 잘 보고 가리는 고대의 명인.

百伶百利
백 령 백 리

百 일백 백　伶 영리할 령　利 날카로울 리
여러 가지 일에 매우 총명하고 날카로움.

百里負米
백 리 부 미

百 일백 백　里 마을 리　負 질 부　米 쌀 미
백 리를 쌀을 지고 감. 가난한 중에도 부모 봉양을 위해
온 힘을 다함. 【공자가어孔子家語】

▶공자의 제자인 자로(子路)가 부모님을 봉양하기 위해 쌀
을 지고 백 리를 간 고사에서 온 말.

白面書生
백 면 서 생

白 흰 백　面 낯 면　書 글서 서　生 날 생
글만 읽고 세상일에는 전혀 경험이 없는 사람. 【송서宋書】

百無一失
백 무 일 실

百 일백 백　無 없을 무　一 한 일　失 잃을 실
백 중에 하나도 잃을 것이 없음. 즉 조금의 실수도 없음.

百物皆化
백 물 개 화

百 일백 백　物 만물 물　皆 다 개　化 될 화
모든 물건은 변화함. 【예기禮記】

百發百中
백 발 백 중

百 일백 백　發 필 발　中 가운데 중
백 번 쏘아 백 번을 다 맞춤. 사술(射術)이 지극히 뛰어
남. 또는 모든 일이 계획대로 들어맞음. 【사기史記】

白髮還黑
백 발 환 흑
白 흰 백　髮 터럭 발　還 돌아올 환　黑 검을 흑
백발이 다시 검어짐. 즉 다시 젊어짐.

百拜謝禮
백 배 사 례
百 일백 백　拜 절 배　謝 사례할 사　禮 예절 례
수없이 머리 숙여 고마워함. =백배돈수(百拜頓首)

白璧微瑕
백 벽 미 하
白 흰 백　璧 구슬 벽　微 작을 미　瑕 티 하
흰 구슬에 있는 작은 티. 훌륭한 인물의 작은 결점을 비유하는 말.

百夫之防
백 부 지 방
百 일백 백　夫 지아비 부　之 갈 지　防 막을 방
홀로 백 사람을 막아 낼 사람. [시경詩經]

百夫之特
백 부 지 특
百 일백 백　夫 지아비 부　之 갈 지　特 수컷 특
백 사람 몫을 당해 낼 사람. [시경詩經]
▶이때의 특(特)은 당하다(當)는 의미.

白賁无咎
백 분 무 구
白 흰 백　賁=墳 무덤 분　无=無 없을 무　咎 허물 구
꾸미지 않은 무덤엔 허물이 없음. [역경易經]
▶백분(白賁): 꾸미지 않은 무덤.

百不猶人
백 불 유 인
百 일백 백　不 아닐 불　猶 오히려 유　人 사람 인
모든 것이 남만 못함.

百事可做
백 사 가 주
百 일백 백　事 일 사　可 옳을 가　做 지을 주
무슨 일이든 다 이루어 낼 수 있음. [채근담菜根譚]

百事乃遂
백 사 내 수
百 일백 백　事 일 사　乃 이에 내　遂 이룰 수
이에 모든 일을 이룸. [예기禮記]

百死一生
백 사 일 생
百 일백 백　死 죽을 사　一 한 일　生 날 생
백 번을 죽었다가 살아남. 위험한 고비를 수없이 넘기고 겨우 살아남. =구사일생(九死一生)

百舍重繭
백 사 중 견
百 일백 백　舍 집 사　重 무거울 중　繭 누에고치 견
먼 길을 걸어 발이 누에고치 모양이 됨. [회남자淮南子]
▶백사(百舍): 백 리를 걷고 하루를 쉼.

白沙青松
백 사 청 송

白 흰 백 沙 모래 사 靑 푸를 청 松 솔 송
흰 모래사장의 푸른 소나무. 물가의 아름다운 경치.

白雪亂舞
백 설 난 무

白 흰 백 雪 눈 설 亂 어지러울 란(난) 舞 춤출 무
흰 눈이 춤추듯 어지러이 날림.

百姓窮悴
백 성 궁 췌

百 일백 백 姓 성 성 窮 궁할 궁 悴 파리할 췌
백성이 궁핍하여 초췌함. [위서魏書]

百世之利
백 세 지 리

百 일백 백 世 대 세 之 갈 지 利 이로울 리
영원한 이익. [사기史記]

百世之師
백 세 지 사

百 일백 백 世 대 세 之 갈 지 師 스승 사
백 세 후라도 길이 후손에게 사표가 될 사람. [맹자孟子]

百歲之後
백 세 지 후

百 일백 백 歲 해 세 之 갈 지 後 뒤 후
죽은 뒤의 일. 남의 사후를 높여 이르는 말. [사기史記]
▶백세지후 귀후기거(---- 歸後其居): 백세 후라도 그가 묻
힌 곳에 함께 묻히리라.

白手乾達
백 수 건 달

白 흰 백 手 손 수 乾 하늘 건 達 통할 달
아무것도 가진 것이 없으면서 무위도식하는 사람.

白首北面
백 수 북 면

白 흰 백 首 머리 수 北 북녘 북 面 낯 면
재주와 덕이 없는 사람은 늙어도 스승의 가르침을 받아
야 함. [문중자文仲子]

百獸率舞
백 수 솔 무

百 일백 백 獸 짐승 수 率 거느릴 솔 舞 춤출 무
모든 짐승들도 다 같이 춤을 춤. [서경書經]
▶여격석부석 백수솔무(予擊石拊石 ----): 내가 경석을 치
고 두드리니 모든 짐승들도 다 함께 춤을 추네.

百獸慴伏
백 수 습 복

百 일백 백 獸 짐승 수 慴 두려워할 습 伏 엎드릴 복
온갖 짐승이 두려워 엎드림.

226

白水眞人
백 수 진 인

白 흰 백　水 물 수　眞 참 진　人 사람 인
돈의 다른 명칭.
▶한(漢)나라 왕망 때 돈을 화천(貨泉)이라 했다. 천(泉)을
파자하면 백(白)과 수(水)가 되고, 화(貨)를 파자하면 인
(人)과 진(眞)이 나온다.

伯牙絶絃
백 아 절 현

伯 맏 백　牙 어금니 아　絶 끊을 절　絃 악기줄 현
백아(伯牙)가 거문고의 줄을 끊음. 지기(知己)의 죽음을
슬퍼할 때 쓰는 말. [사기史記]
▶백아의 거문고 소리를 친구인 종자기(鍾子期)가 잘 듣고
알아주었는데, 친구가 죽자 백아가 거문고 줄을 끊고 타
지 않았다는 고사에서 온 말.

百惡具備
백 악 구 비

百 일백 백　惡 악할 악　具 갖출 구　備 갖출 비
온갖 나쁜 악을 다 갖추고 있음.

百藥無效
백 약 무 효

百 일백 백　藥 약 약　無 없을 무　效 효과 효
모든 약이 효험이 없음. 좋다는 약을 다 써도 병이 낫지
않음을 이르는 말.

百藥之長
백 약 지 장

百 일백 백　藥 약 약　之 갈 지　長 우두머리 장
모든 약 중에서 제일. 술을 기리어 한 말. [한서漢書]
▶왕망(王莽)이 전매 수익을 올리기 위해 술을 '백약지장'이
라 선전했다.

白魚入舟
백 어 입 주

白 흰 백　魚 물고기 어　入 들 입　舟 배 주
흰 물고기가 배 안에 뛰어듦. 적이 항복하여 복종함을
비유한 말. [사기史記]
▶주(周)의 무왕(武王)이 은(殷)의 주왕(紂王)을 치려고 강
을 건널 때 백어(白魚)가 배 안으로 뛰어들었는데, 이를
은이 항복할 조짐이라고 본 고사에서 온 말. 백(白)은 은
나라를 상징하는 색.

白玉不彫
백 옥 부 조

白 흰 백　玉 구슬 옥　不 아닐 불　彫 새길 조
백옥은 아무런 새김이 없어도 아름다움. [설원說苑]

百羽爲專
백 우 위 전

百 일백 백　羽 깃 우　爲 할 위　專 오로지 전, 둥글 단
온 깃털을 한데 뭉침. 많은 사람이 단결함을 말함.

227

白雲孤飛
백 운 고 비
白흰백 雲구름운 孤외로울고 飛날비
외로이 뜬 흰 구름. 자식이 객지에서 부모를 그리는 마음을 형용. [당서唐書]

白衣使者
백 의 사 자
白흰백 衣옷의 使하여금사 者사람자
술을 들고 온 심부름꾼.
▶진(晉)의 도연명(陶淵明)이 중양절(九月九日) 아침에 마침 술이 떨어졌는데 강주(江州) 자사인 왕홍(王弘)이 이를 알고 사람을 보내 술을 선물한 고사에서 온 말.
▶중국에서는 우리의 추석과 같이 중양절(重陽節)을 명절로 친다.

白衣宰相
백 의 재 상
白흰백 衣옷의 宰재상재 相서로상
야인이면서 재상의 대우를 받음. 또는 유생에서 단번에 재상 자리에 오른 사람. [남사南史]

白衣從軍
백 의 종 군
白흰백 衣옷의 從따를종 軍군사군
계급 없이 군대를 따라 전장에 감.

白衣蒼狗
백 의 창 구
白흰백 衣옷의 蒼푸를창 狗개구
구름이 흰옷 모양이 되었다가 파란색의 강아지 모양이 되었다 함. 세상 일이 예상 못하게 변하는 것을 이름. [두보杜甫의 시詩]

百爾君子
백 이 군 자
百일백백 爾어조사이 君임금군 子아들자
관직에 있는 모든 사람을 말함. [시경詩經]

伯夷守餓
백 이 수 아
伯맏백 夷오랑캐이 守지킬수 餓주릴아
백이(伯夷)가 굶주림을 지켜 감. [후한서後漢書]

伯夷叔齊
백 이 숙 제
伯맏백 夷오랑캐이 叔아저씨숙 齊엄숙할제
백이와 숙제. 충신의 대명사로 쓰임. [사기史記]
▶은(殷)나라 말 고죽국(孤竹國)의 두 왕자인 백이와 숙제는 서로에게 왕위를 양보하고, 후에 주(周)의 무왕(武王)이 은(殷)을 치려고 할 때는 말 고삐를 잡고 만류했으나 듣지 않자, 수양산(首陽山)에 들어가 고사리를 꺾어 먹다가 굶어 죽었다.

228

白刃可蹈
백 인 가 도
白 흰 백　刃 칼날 인　可 옳을 가　蹈 밟을 도
흰 칼날을 밟을 수 있는 용기가 있음. 마음이 아주 강직함을 형용. [중용中庸]

白刃交前
백 인 교 전
白 흰 백　刃 칼날 인　交 사귈 교　前 앞 전
눈앞에서 칼날이 번쩍이는 다급함. [송서宋書]

百人浮抗
백 인 부 항
百 일백 백　人 사람 인　浮 뜰 부　抗 건널 항
모든 사람이 강물에 떠서 건넘. [회남자淮南子]

伯因由我
백 인 유 아
伯 맏 백　因 인할 인　由 말미암을 유　我 나 아
백인(伯人)이 나로 말미암아 죽다. 백인을 내가 죽이지는 않았지만 그 사람이 죽은 것에 책임이 있기 때문에 죄책감을 느낀다는 말. =백인유아이사(伯因由我以死) [진서晉書]

白日西斜
백 일 서 사
白 흰 백　日 해 일　西 서녘 서　斜 비낄 사
해가 서산에 기욺. 인생이 끝나감을 비유. [남사南史]

白日昇天
백 일 승 천
白 흰 백　日 날 일　昇 오를 승　天 하늘 천
도(道)를 극진히 닦아 육신을 가진 채 대낮에 신선이 되어 하늘로 올라감.

百戰老將
백 전 노 장
百 일백 백　戰 싸울 전　老 늙을 로(노)　將 장수 장
수없이 많은 전투를 치른 노련한 장수. 세상의 온갖 풍파를 다 겪은 사람을 이름.

百戰百勝
백 전 백 승
百 일백 백　戰 싸울 전　勝 이길 승
싸울 때마다 모두 이김. [손자孫子]

百折不屈
백 절 불 굴
百 일백 백　折 꺾일 절　不 아닐 불　屈 굽힐 굴
수없이 꺾여도 굽히지 않음. [후한서後漢書] =백절불요(百折不撓)

栢舟之操
백 주 지 조
栢 잣 백　舟 배 주　之 갈 지　操 잡을 조
잣나무 배의 절개. 과부가 절개를 지켜 개가하지 않음을 이르는 말. [시경詩經]

229

伯仲之勢
백 중 지 세

伯 맏 백　仲 버금 중　之 갈 지　勢 권세 세
우열을 가릴 수 없는 형세. [조비曹操의 전론典論]

白地曖昧
백 지 애 매

白 흰 백　地 땅 지　曖 희미할 애　昧 어둠새벽 매
까닭 없이 누명을 쓰고 화를 당함.

百尺竿頭
백 척 간 두

百 일백 백　尺 자 척　竿 장대 간　頭 머리 두
백 척이나 되는 장대 위. 매우 위태로운 지경을 말함. [무문관無門關]

百川灌河
백 천 관 하

百 일백 백　川 내 천　灌 물댈 관　河 물 하
모든 시내가 큰 물줄기로 흘러감. [장자莊子]

百川學海
백 천 학 해

百 일백 백　川 내 천　學 배울 학　海 바다 해
모든 냇물이 배우러 가듯 바다로 감. 쉬지 않고 부지런히 배우면 성인군자의 지위까지 도달할 수 있다는 말. [양자揚子]

▶백천학해 이지우해(---- 而至于海): 천하의 모든 냇물이 바다로 가는 것을 배워서 밤낮으로 쉬지 않고 흘러 마침내 바다에 이른다.

百八煩惱
백 팔 번 뇌

百 일백 백　八 여덟 팔　煩 괴로워할 번　惱 괴로워할 뇌
불교에서 말하는 중생의 과거, 현재, 미래의 일체 번뇌.

百弊俱興
백 폐 구 흥

百 일백 백　弊 해질 폐　俱 함께 구　興 흥할 흥
쇠폐했던 것들이 함께 다시 일어남.

百骸俱痛
백 해 구 통

百 일백 백　骸 뼈 해　俱 함께 구　痛 아플 통
온갖 뼈가 모두 아픔.

百害無益
백 해 무 익

百 일백 백　害 해로울 해　無 없을 무　益 더할 익
해롭기만 할 뿐 이로울 것이 없음.

白虎張牙
백 호 장 아

白 흰 백　虎 범 호　張 뽐낼 장　牙 어금니 아
흰 호랑이가 어금니를 뽐냄. [역림易林]

白虹貫日
백 홍 관 일
白 흰 백　虹 무지개 홍　貫 꿸 관　日 해 일
흰 무지개가 해를 꿰뚫음. 정성이 하늘에 감응됨. 또는
임금의 신상에 좋지 못할 조짐이라고도 함. [사기史記]

百花爛漫
백 화 난 만
百 일백 백　花 꽃 화　爛 빛날 란(난)　漫 질펀할 만
온갖 꽃들이 흐드러지게 핌. =백화요란(百花燎亂)

百卉含英
백 훼 함 영
百 일백 백　卉 풀 훼　含 머금을 함　英 꽃부리 영
온갖 꽃들이 아름답게 피어남. =백화난만(百花爛漫)

墦間之餘
번 간 지 여
墦 무덤 번　間 사이 간　之 갈 지　餘 남을 여
무덤가에서 남은 음식을 구걸함. 부귀영화만을 추구하
는 사람들의 비굴하고 속된 행실을 비유한 말. [맹자孟子]
=번간주육(墦間酒肉)

藩決不羸
번 결 불 리
藩 울타리 번　決 결단할 결　不 아닐 불　羸 파리할 리
막힌 것이 없어 왕래가 자유로워짐을 비유. [역경易經]

燔燎羶薌
번 료 전 향
燔 구울 번　燎 화톳불 료　羶 누린내 전　薌 곡식 냄새
향
제사 지낼 때, 짐승의 기름을 불에 태워 곡식 냄새와 함
께 그 기운을 위로 올라가게 하는 것. [예기禮記]

藩籬之鷃
번 리 지 안
藩 울타리 번　籬 울타리 리　之 갈 지　鷃 메추라기 안
울타리에 앉은 메추라기. 견식이 좁은 소인을 이름.

繁文縟禮
번 문 욕 례
繁 많을 번　文 무늬 문　縟 무늬 욕　禮 예절 례
쓸데없이 복잡한 허례나 번잡한 규칙 따위를 이르는 말.

幡幡瓠葉
번 번 호 엽
幡 나부낄 번　瓠 박 호　葉 잎사귀 엽
팔랑거리는 박 잎. 경솔한 모양을 비유하는 말. [시경詩經]

飜覆無常
번 복 무 상
飜 뒤집을 번　覆 엎을 복　無 없을 무　常 늘 상
변화가 매우 심함. =번운복우(翻雲覆雨)

翻雲覆雨
번 운 복 우
翻 날 번　雲 구름 운　覆 뒤집을 복　雨 비 우
인간의 마음이 쉽게 변하는 것을 비유. [두보杜甫의 시詩]
▶번수작운 복수우(翻手作雲 覆手雨): 손을 뒤집으면 구름
이 되고, 손을 엎으면 비가 됨.

繁絃急管
번 현 급 관
繁 많을 번　絃 악기줄 현　急 급할 급　管 대롱 관
빠른 가락의 관현악. 음악의 박자가 빠른 것을 이름.

伐謀先兆
벌 모 선 조
伐 칠 벌　謀 꾀 모　先 먼저 선　兆 조짐 조
계략은 그 조짐이 싹트기 전에 깨뜨림.

伐木之契
벌 목 지 계
伐 칠 벌　木 나무 목　之 갈 지　契 맺을 계
벌목하는 소리에 새가 서로 벗을 찾아 헤맴. 매우 친밀
하고 친애하는 정을 말함. 〔시경詩經〕

伐木許許
벌 목 호 호
伐 칠 벌　木 나무 목　許 어영차 호
나무 베는 소리. 또는 일할 때 기운을 돋우려고 함께 지
르는 소리. 〔시경詩經〕

伐性損恩
벌 성 손 은
伐 칠 벌　性 성품 성　損 덜 손　恩 은혜 은
본성을 그르치고 은애(恩愛)의 정을 손상함. =벌성상사
(伐性傷思)

伐性之斧
벌 성 지 부
伐 칠 벌　性 성품 성　之 갈 지　斧 도끼 부
여색을 탐하고 요행을 바라는 것은 목숨을 끊는 도끼와
같음. 남자의 마음을 녹이고 어지럽히는 여색을 도끼에
비유함. 〔여씨춘추呂氏春秋〕

伐齊爲名
벌 제 위 명
伐 칠 벌　齊 엄숙할 제　爲 할 위　名 이름 명
어떤 일을 하는 체하면서 속으로는 딴짓을 하는 것을 비
유하는 말. 〔전국책戰國策〕
▶전국시대 연(燕)의 장수 낙의(樂毅)가 제(齊)를 치는 것을
보고, 제의 장수 전단(田單)이 "낙의가 제를 친 후 제의
왕이 되려고 한다."고 이간하니, 연왕이 낙의를 불러들였
다는 고사에서 온 말.

凡謀之道
범 모 지 도
凡 무릇 범　謀 꾀할 모　之 갈 지　道 길 도
무릇 꾀하는 도. 〔육도삼략六韜三略〕
▶범모지도 주밀위보(---- 周密爲寶): 무릇 꾀하는 도는 주
밀함이 보배.

帆腹飽滿
범 복 포 만
帆 돛 범　腹 배 복　飽 배부를 포　滿 가득할 만
돛폭이 바람을 세게 받아 불룩해진 모양.

梵我一如
범 아 일 여
梵 범어 범　我 나 아　一 한 일　如 같을 여
우주의 근본 원리인 브라만(梵)과 개인의 중심인 아트만(我)이 동일하다는 설. 범신론(汎神論)을 말함.

汎愛兼利
범 애 겸 리
汎 넘칠 범　愛 사랑 애　兼 겸할 겸　利 이로울 리
모든 사람들이 두루 사랑하고 이익을 같이함. 묵자(墨子)가 제창한 학설. 【장자莊子】

犯而不報
범 이 불 보
犯 범할 범　而 말이을 이　不 아닐 불　報 갚을 보
남이 자기를 업신여기더라도 보복할 생각을 품지 않음.
=범이불교(犯而不校) 【논어論語】

法久弊生
법 구 폐 생
法 법 법　久 오랠 구　弊 폐단 폐　生 날 생
좋은 법도 오래되면 폐단이 생김.

法語之言
법 어 지 언
法 법 법　語 말씀 어　之 갈 지　言 말씀 언
정면에서 충고하는 바른 말. 올바른 말로 사람들을 가르치는 것. 【논어論語】

法遠拳近
법 원 권 근
法 법 법　遠 멀 원　拳 주먹 권　近 가까울 근
법은 멀고 주먹은 가까움. 일이 급박할 때는 법보다는 완력에 호소하게 되기 쉽다는 말.

法華三昧
법 화 삼 매
法 법 법　華 빛날 화　三 석 삼　昧 새벽 매
불교 용어. 법화경(法華經)을 꾸준히 탐독하여 묘리를 깨닫고자 노력하는 수행법.

霹靂閃電
벽 력 섬 전
霹 벼락 벽　靂 벼락 력　閃 번쩍일 섬　電 번개 전
벼락과 번쩍이는 번개. 몹시 빠른 것을 말함.

擗踊哭泣
벽 용 곡 읍
擗 가슴칠 벽　踊 뛸 용　哭 울 곡　泣 울 읍
슬픔에 겨워 가슴을 두드리고 땅을 치며 통곡함. 부모의 상사를 당해 애통하는 모습을 형용하는 말.

劈破門閥
벽 파 문 벌
劈 쪼갤 벽　破 깰 파　門 문 문　閥 문벌 벌
인재 등용시 문벌을 가리지 않음.

辯口致殃
변 구 치 앙
辯 말 잘할 변　口 입 구　致 이를 치　殃 재앙 앙
달변은 오히려 재앙을 부름. 【왕충王充의 글】

ㅂ

233

籩豆有踐
변 두 유 천
籩 제기이름 변 豆 제기 두 有 있을 유 踐 밟을 천
예를 갖추어 성혼하는 것을 표현하는 말. [시경詩經]

駢拇枝指
변 무 지 지
駢 나란할 병 拇 엄지무 枝 가지 지 指 손가락 지
네 발가락과 여섯 손가락. 수족이 보통 사람과 다른 것
을 말하며 '무용지물'을 뜻함. [장자莊子]

拚飛維鳥
변 비 유 조
拚 날 변 飛 날 비 維 얽을 유 鳥 새 조
새들이 떼지어 잇대고 날아다님. [시경詩經]

變成男子
변 성 남 자
變 변할 변 成 이룰 성 男 사내 남 子 아들 자
불교 용어. 여자가 장차 부처가 되기 위하여 성(性)을 바
꾸어 남자가 되는 것을 말함.

辨是與非
변 시 여 비
辨 분별할 변 是 옳을 시 與 더불어 여 非 아닐 비
옳고 그름을 분별함. [역경易經]

變易生死
변 역 생 사
變 변할 변 易 바꿀 역 生 날 생 死 죽을 사
삶(生)이 바뀌어 죽음(死)이 됨.
▶분단생사(分段生死)와 상대말. 변역(變易)은 변하여 교체
되는 것이니, 원인이 달라지면 결과가 바뀌는 것을 말함.

辯者不善
변 자 불 선
辯 말 잘할 변 者 사람 자 不 아닐 불 善 착할 선
달변가는 선하지 않음. =변이부덕(辯而不德) [노자老子]

辯足飾非
변 족 식 비
辯 분별할 변 足 발 족 飾 꾸밀 식 非 아닐 비
교묘한 말로 둘러대어 제 잘못을 덮음.

變徵之聲
변 치 지 성
變 변할 변 徵 음이름 치 之 갈 지 聲 소리 성
변치조의 악곡. 몹시 비장한 곡조를 말함. [사기史記]

別開生面
별 개 생 면
別 다를 별 開 열 개 生 날 생 面 낯 면
따로따로 새로운 분야를 개척함. 남달리 기예가 뛰어
남. [두보杜甫의 시詩]

別無長物
별 무 장 물
別 다를 별 無 없을 무 長 길 장 物 만물 물
오래된 물건이 따로 없음. 귀한 물건이 없다는 뜻으로,
검소한 생활을 말함. [세설신어世說新語]

別有天地
별 유 천 지
別 다를 별　有 있을 유　天 하늘 천　地 땅 지
속세가 아닌 별천지. [이백李白의 시詩]

別而聽之
별 이 청 지
別 다를 별　而 말이을 이　聽 들을 청　之 갈 지
한 사람 한 사람 이야기를 따로 들음. [관자管子] =별이청지(別異聽之)

兵家常事
병 가 상 사
兵 군사 병　家 집 가　常 늘 상　事 일 사
전쟁에 승패는 늘 있는 일이니 낙심하지 말라는 말.

病間多鬼
병 간 다 귀
病 병 병　間 사이 간　多 많을 다　鬼 귀신 귀
병든 사람에게는 악귀가 많음.

兵彊卽滅
병 강 즉 멸
兵 군사 병　彊 굳셀 강　卽=則 곧 즉　滅 멸할 멸
군대가 강하면 결국 나라가 망함. 군대가 강하면 전쟁을 자주 하게 되므로, 결국에는 국력이 피폐하여 나라가 망하게 된다는 말. [열자列子]

兵車蹂蹴
병 거 유 축
兵 군사 병　車 수레 거　蹂 밟을 유　蹴 찰 축
전쟁에 쓰는 수레가 모든 것을 짓밟고 지나감.

兵車之會
병 거 지 회
兵 군사 병　車 수레 거　之 갈 지　會 모일 회
병거를 거느리고 무력으로 제후를 회합시킴.

兵勁城固
병 경 성 고
兵 군사 병　勁 굳셀 경　城 성 성　固 굳을 고
군사들이 강하여 성을 굳게 지킴. [순자荀子]

兵貴迅速
병 귀 신 속
兵 군사 병　貴 귀할 귀　迅 빠를 신　速 빠를 속
군대의 지휘는 신속한 것이 중요함. [삼국지三國志]

丙吉牛喘
병 길 우 천
丙 둘째 천간 병　吉 길할 길　牛 소 우　喘 헐떡일 천
한(漢)의 관리인 병길(丙吉)이 소가 헐떡이는 것을 보고 시후(時候)가 조화를 잃은 것을 깨닫고 정치를 유념해서 잘하려고 노력했다는 고사에서 온 말. [몽구蒙求]
▶몽구(蒙求): 어린 학도를 위해 당(唐)의 이한(李翰)이 지은 수신서. 『천자문(千字文)』, 『동몽선습(童蒙先習)』, 『소학(小學)』, 『통감(通鑑)』을 읽는 것이 순서였는데, 이에 병행해서 『몽구(蒙求)』를 읽었다.

兵馬倥傯
병 마 공 총　兵 군사 병　馬 말 마　倥 괴로울 공　傯 바쁠 총
전쟁으로 인하여 일이 바쁘고 고단함.

兵馬之權
병 마 지 권　兵 군사 병　馬 말 마　之 갈 지　權 권세 권
군사를 다스리는 권한.

兵無常勢
병 무 상 세　兵 군사 병　無 없을 무　常 늘 상　勢 기세 세
전세는 적의 형세에 따라 변하므로 일정한 형세가 있는
것이 아님. 【손자孫子】

兵無血刀
병 무 혈 도　兵 군사 병　無 없을 무　血 피 혈　刀 칼 도
병장기에 피를 묻히지 않고 승리함. 【순자荀子】

兵不厭詐
병 불 염 사　兵 군사 병　不 아닐 불　厭 싫을 염　詐 속일 사
병사(兵事)에 있어서는 승리가 목적이므로 속임수도 마
다 하지 않음. 【손자孫子】

駢四儷六
병 사 여 육　駢 나란할 병　四 넉 사　儷 짝 려(여)　六 여섯 육
네 자와 여섯 자를 대구(對句)로 이어 놓은 화려한 문장.
=사륙병려체(四六駢儷體) 【유종원柳宗元의 걸교문乞巧文】

兵死地也
병 사 지 야　兵 군사 병　死 죽을 사　地 땅 지　也 어조사 야
전쟁(兵)은 죽느냐 사느냐가 걸린 일. 목숨을 걸고 싸워
야 한다는 말. 【사기史記】

兵常迅速
병 상 신 속　兵 군사 병　常 늘 상　迅 빠를 신　速 빠를 속
용병은 신속을 중히 여겨야 함. =병귀신속(兵貴神速) 【삼
국지三國志】

病上添病
병 상 첨 병　病 병 병　上 위 상　添 더할 첨
앓고 있는 중에 또 다른 병이 일어남.

秉心塞淵
병 심 색 연　秉 잡을 병　心 마음 심　塞 진실할 색　淵 깊을 연
마음가짐이 성실하고 사려가 깊음. 【시경詩經】
▶비직야인 병심색연(匪直也人 ----): 저 곧은 사람은 마음
　가짐이 성실하고 사려가 깊네.
▶비(匪)=피(彼): 저.

236

幷容徧覆
병 용 편 부
幷 아우를 병　容 얼굴 용　徧 치우칠 편　覆 덮을 부
한결같이 감싸고 편들어 보호함.

病入膏肓
병 입 고 황
病 병 병　入 들 입　膏 기름 고　肓 명치끝 황
병이 깊어 치료할 수 없게 됨. 병이 깊이 듦. 【춘추좌씨전春秋
左氏傳】 ＝병입골수(病入骨髓)

兵者詭道
병 자 궤 도
兵 군사 병　者 사람 자　詭 속일 궤　道 길 도
전쟁에서는 속임수나 적을 미혹(迷惑)하는 꾀를 써야 한
다는 말. 【손자孫子】

兵者凶器
병 자 흉 기
兵 군사 병　者 사람 자　凶 흉할 흉　器 그릇 기
무기는 흉한 도구. 전쟁은 사람을 해치는 흉한 일이라는
말. 【손자孫子】＝병자불상지기(兵者不祥之器)

病從口入
병 종 구 입
病 병 병　從 따를 종　口 입 구　入 들 입
병은 입을 따라 들어옴. 음식을 조심해야 한다는 뜻.
▶병종구입 화종구출(――― 禍從口出): 병은 음식을 조심하
지 않는 데서 오며, 화는 말을 조심하지 않는 데서 온다.

幷州之情
병 주 지 정
幷 아우를 병　州 고을 주　之 갈 지　情 뜻 정
오래 산 타향을 제 2의 고향으로 그리워하는 것을 이름.
▶당(唐)의 시인 가도(賈島)가 병주(幷州)에서 오래 살다가
떠난 후 시를 지으며 그리워한 데서 나온 말.

炳燭夜遊
병 촉 야 유
炳 밝을 병　燭 촛불 촉　夜 밤 야　遊 놀 유
세월이 흐르기 전에 낮은 물론 밤에도 촛불을 밝히고 유
연(遊宴)하겠다는 말.

秉燭夜遊
병 촉 야 유
秉 잡을 병　燭 촛불 촉　夜 밤 야　遊 놀 유
촛불을 밝히고 밤 늦도록 노는 것. 【문선文選】

秉燭夜行
병 촉 야 행
秉 잡을 병　燭 촛불 촉　夜 밤 야　行 갈 행
촛불을 들고 밤길을 감. 늦은 시간을 비유. 【안씨가훈顏氏家
訓】

瓶沈簪折
병 침 잠 절
瓶 병 병　沈 잠길 침　簪 비녀 잠　折 부러질 절
병(瓶)이 물 속에 가라앉고 비녀가 부러짐. 부부가 이별
하여 다시 만날 수 없음을 말함.

幷編敞敎
병 편 창 교

幷 아우를 병　編 엮을 편　敞 높을 창　敎 가르칠 교
책을 아우르고 엮어 높은 지식을 가르침. [한서漢書]

病風傷暑
병 풍 상 서

病 병 병　風 바람 풍　傷 상할 상　暑 더울 서
바람에 병들고 더위에 상함. 세상살이에 쪼들리는 것을
말함.

病風喪性
병 풍 상 성

病 병 병　風 바람 풍　喪 잃을 상　性 성품 성
병으로 인하여 본성을 잃음.

兵革之强
병 혁 지 강

兵 군사 병　革 가죽 혁　之 갈 지　强 굳셀 강
군사와 무기가 강함. [전국책戰國策]

輔車相依
보 거 상 의

輔 도울 보　車 수레 거　相 서로 상　依 의지할 의
수레의 덧방나무와 바퀴처럼 밀접한 관계로, 서로 돕고
의지하는 사이를 말함. [춘추좌씨전春秋左氏傳]

補過拾遺
보 과 습 유

補 채울 보　過 허물 과　拾 주울 습　遺 잃을 유
허물을 보충하고 잃은 것을 수습함. 임금의 허물을 기
워 보충하는 것. 아랫사람이 윗사람을 잘 보필함을 말
함. [한서漢書]

輔國安民
보 국 안 민

輔 도울 보　國 나라 국　安 편안 안　民 백성 민
국가의 정치를 잘 보필하여 백성을 편안하게 함.

菩提薩墡
보 리 살 타

菩 보살 보　提 보살 리　薩 보살 살　墡 보살 타
널리 중생을 제도하려고 발심해서 불도에 들어가, 지혜
를 요견하는 사람. 줄여서 '보살'이라 함.

報本反始
보 본 반 시

報 갚을 보　本 근본 본　反 되돌릴 반　始=祖 처음 시
근본을 갚고 시초로 돌아감. 조상과 자연의 은혜에 보답
한다는 뜻. [예기禮記]

報生以死
보 생 이 사

報 갚을 보　生 살 생　以 써 이　死 죽을 사
삶의 은인인 군사부(君師父)에 대해 죽음으로 보답
함. [국어國語]

輔時求難
보 시 구 난

輔 도울 보　時 때 시　求 구할 구　難 어려울 난
시대를 도와서 환란을 구함. 잘못된 것을 바로잡고 미치
지 못하는 곳을 보살핌. [삼국유사三國遺事]

鴇羽之嗟
보 우 지 차
鴇 능에 보　羽 깃 우　之 갈 지　嗟 탄식할 차
날아다니는 능에처럼 집에 들지 못하고, 전역에 종사하느라 가정에 들어 부모님을 봉양치 못함을 탄식하는 말. [시경詩經]

報怨以德
보 원 이 덕
報 갚을 보　怨 원망할 원　以 써 이　德 큰 덕
원한을 은덕으로 갚음. [노자老子]

報以國士
보 이 국 사
報 갚을 보　以 써 이　國 나라 국　士 선비 사
상대를 국사로 대접하면 자기도 국사의 대접을 받는다는 말. 또는 지기(知己)의 은혜에 감동함을 이르는 말. [사기史記] =국사보지(國士報之)

報以庶訧
보 이 서 우
報 알릴 보　以 써 이　庶 여러 서　訧 허물 우
여러 사람의 허물을 널리 알림. [주서周書]

補天浴日
보 천 욕 일
補 기울 보　天 하늘 천　浴 목욕할 욕　日 날 일
하늘을 깁고 해를 목욕시켰다는 전설에서 나온 말. 국가를 위해 큰 공훈이 있음을 말함.

普天之下
보 천 지 하
普 두루 보　天 하늘 천　之 갈 지　下 아래 하
하늘 아래의 모두. 온 천하를 말함. [시경詩經]
▶보천지하 솔토지빈(---- 率土之濱): 하늘이 두루 덮고 있는 밑과 육지가 연속해 있는 끄트머리.

寶貨難售
보 화 난 수
寶 보배 보　貨 재화 화　難 어려울 난　售 팔 수
보물은 값이 비싸 잘 팔리지 않음. 훌륭한 인물은 기량(器量)이 크기 때문에 남에게 쓰이기가 쉽지 않다는 말. [논형論衡]

福輕乎羽
복 경 호 우
福 복 복　輕 가벼울 경　乎 어조사 호　羽 깃 우
복은 새의 깃털같이 가벼움. 즉 자기의 마음 먹기에 따라 행복해질 수도 불행해질 수도 있다는 말. [장자莊子]

腹高如山
복 고 여 산
腹 배 복　高 높을 고　如 같을 여　山 뫼 산
배가 산처럼 높음. 부자의 교만함을 비유하는 말.

福過災生
복 과 재 생
福 복 복　過 지날 과　災 재앙 재　生 날 생
복이 지나치면 도리어 재앙이 생김. [진서晉書]

ㅂ

福祿如茨
복 록 여 자

福복복 祿복록 如같을여 茨덮을자
복록이 지붕이 덮이듯 내려 덮임. [시경詩經]

伏龍鳳雛
복 룡 봉 추

伏엎드릴복 龍용룡 鳳봉황봉 雛병아리추
엎드려 있는 용과 봉황의 새끼. 숨어 있는 인재를 비유하는 말. [삼국지三國志]

▶복룡은 제갈량(諸葛亮), 봉추는 방통(龐統)을 말함.

腹背擊之
복 배 격 지

腹배복 背등배 擊칠격 之갈지
앞과 뒤의 적을 공격함. [진서晉書]

覆背善詈
복 배 선 리

覆도리어복 背등배 善잘할선 詈매도할리
등만 돌리면 욕을 잘함. [시경詩經]

▶양왈불가 복배선리(諒曰不可 ----): 정말로 해서는 안 된다 해놓고는, 등뒤에서는 욕을 잘 해대네.

腹背之毛
복 배 지 모

腹배복 背등배 之갈지 毛터럭모
배와 등에 난 털. 아무 소용이 없는 것을 말함.

覆杯之水
복 배 지 수

覆엎어질복 杯잔배 之갈지 水물수
엎질러진 물. 일을 다시 수습 못할 때 쓰는 말. =복배지수(覆背之水). [송남잡지宋南雜識]

▶복수불반분(覆水不返盆): 엎지른 물은 다시 동이에 담을 수 없다.

伏兵遮擊
복 병 차 격

伏엎드릴복 兵군사병 遮막을차 擊칠격
병사를 숨겼다가 적을 막아서 침. [후한서後漢書]

福不享盡
복 불 향 진

福복복 不아닐불 享누릴향 盡다할진
복은 다 누리지 말아야 함. [풍몽룡馮夢龍]

濮上之音
복 상 지 음

濮강이름복 上위상 之갈지 音소리음
음란한 망국의 노래. [예기禮記]

▶위(衛)의 영공(靈公)이 복수(濮水)에서 이 곡을 듣고 평공(平公) 앞에서 연주했더니 사광(師曠)이 망한 나라의 음악이라 하여 중지시켰다는 고사에서 나온 말.

▶복수(濮水): 하남성(河南省)에 있는 강으로 황하의 줄기.

福生於微
복 생 어 미
福복복 生날생 於어조사어 微작을미
복은 아주 작은 데서 생김. [설원說苑]

覆巢破卵
복 소 파 란
覆엎어질복 巢둥지소 破깰파 卵알란
둥지가 뒤집히면 알이 깨짐. 근본이 망하면 지엽도 따라서 망함. 즉 부모가 재난을 당하면 자식도 따라서 화를 입는다는 말. =복소위란(覆巢危卵)

覆水難水
복 수 난 수
覆엎어질복 水물수 難어려울난
물이 쏟아지면 다시 담을 수가 없음.

腹心之疾
복 심 지 질
腹배복 心마음심 之갈지 疾병질
뱃속에 병이 있음. 중병을 앓고 있다는 말. [사기史記]

復言中諾
복 언 중 락
復돌아올복 言말씀언 中가운데중 諾대답할락
약속을 이행하고 승락하는 것을 중히 여김.

覆雨翻雲
복 우 번 운
覆엎어질복 雨비우 翻뒤집을번 雲구름운
손을 엎으면 비가 되고 뒤집으면 구름이 됨. 소인들의 우정이 쉽게 변하고 변덕스러움을 비유하는 말. [두보杜甫의 시詩]

覆舟斛尋
복 주 곡 심
覆엎어질복 舟배주 斛휘곡 尋찾을심
배가 뒤집어졌는데, 쏟아진 곡식을 찾음. 때가 지났는데 쓸데없이 허둥거리는 것을 말함. [초사楚辭]
▶휘(斛)는 열 말의 용량.

卜晝卜夜
복 주 복 야
卜점칠복 晝낮주 夜밤야
밤과 낮의 길흉을 점침. 밤낮 놀기만 하는 사람을 일컫는 말. [춘추좌씨전春秋左氏傳]

服之無斁
복 지 무 역
服복종할복 之갈지 無없을무 斁싫어할역
싫어하는 기색 없이 복종함. [시경詩經]

福至心靈
복 지 심 령
福복복 至이를지 心마음심 靈영묘할령
행복이 찾아올 때는 정신도 영명(靈明)해짐.

覆出爲惡
복 출 위 악

覆 도리어 복　出 날 출　爲 할 위　惡 악할 악
도리어 악해짐. 【시경詩經】

▶서왈식장 복출위악(庶曰式臧 ----): 선해지기를 바라지만, 도리어 악해지는구나.

▶서(庶): 바라다. 식(式): 어조사. 장(臧): 착하다.

本來面目
본 래 면 목

本 근본 본　來 올 래　面 낯 면　目 눈 목
본디 지니고 있는 그대로의 모습. 【전습록傳習錄】

本非我物
본 비 아 물

本 근본 본　非 아닐 비　我 나 아　物 만물 물
본래 내 물건이 아님. 뜻밖에 얻은 물건은 잃어도 서운할 것이 없음을 이르는 말.

本入道生
본 입 도 생

本 근본 본　入 들 입　道 길 도　生 날 생
근본이 바로 서면 도는 저절로 생겨남.

本支百世
본 지 백 세

本 근본 본　支=枝 가지 지　百 일백 백　世 대 세
종손과 지손의 집안이 길이 번성함. 【시경詩經】

泛駕之馬
봉 가 지 마

泛 엎을 봉　駕 멍에 가　之 갈 지　馬 말 마
수레를 뒤엎은 말. 상도(常道)를 좇지 않는 영웅을 말함.
【한서漢書】

封庫罷職
봉 고 파 직

封 봉할 봉　庫 창고 고　罷 방면할 파　職 직책 직
암행어사가 못된 고을 원을 파직하고 관가의 창고를 봉해 잠그는 일. =봉고파출(封庫罷黜)

蓬頭垢面
봉 두 구 면

蓬 쑥 봉　頭 머리 두　垢 때 구　面 낯 면
쑥처럼 흐트러진 머리털과 때 묻은 얼굴. 외모를 돌보지 않는 것을 이름. 【안씨가훈顏氏家訓】

蓬頭亂髮
봉 두 난 발

蓬 쑥 봉　頭 머리 두　亂 어지러울 란(난)　髮 터럭 발
쑥처럼 어지러이 헝크러진 머리칼. 쑥대머리.

奉頭鼠竄
봉 두 서 찬

奉 받들 봉　頭 머리 두　鼠 쥐 서　竄 숨을 찬
머리를 싸매고 쥐같이 살금살금 숨음. 【송사宋史】

ㅂ

蓬萊弱水
봉 래 약 수
蓬 쑥 봉　萊 명아주 래　弱 약할 약　水 물 수
봉래산은 신선이 사는 곳으로서 약수(弱手)라는 곳과는 아주 멀리 떨어져 있음. 즉 서로가 아주 멀리 떨어져 있음을 비유한 말. [태평광기太平廣記]

鳳麟芝蘭
봉 린 지 란
鳳 봉황 봉　麟 기린 린　芝 지초 지　蘭 난초 란
봉황이나 기린 같은 남자와 지초나 난초 같은 아름다운 여자. 훌륭하고 아름다운 남녀를 형용하는 말.

鳳鳴朝陽
봉 명 조 양
鳳 봉황 봉　鳴 울 명　朝 아침 조　陽 볕 양
봉황이 동쪽에서 욺. 천하가 태평할 상서로운 조짐. [시경詩經]

▶조양(朝陽)은 동쪽을 의미함.

鳳毛麟角
봉 모 인 각
鳳 봉황 봉　毛 털 모　麟 기린 린(인)　角 뿔 각
봉황의 털과 기린의 뿔. 뛰어난 인재를 칭찬하여 이르는 말. [남사南史]

蜂目豺聲
봉 목 시 성
蜂 벌 봉　目 눈 목　豺 승냥이 시　聲 소리 성
벌 같은 눈에 승냥이 같은 목소리. 흉악한 인상을 이름. [사기史記]

鋒發韻流
봉 발 운 류
鋒 칼끝 봉　發 필 발　韻 운 운　流 흐를 류
문장이 예리하고 흐름이 유창함.

捧腹絶倒
봉 복 절 도
捧 받쳐들 봉　腹 배 복　絶 끊을 절　倒 넘어질 도
참을 수 없어 배를 움켜 쥐고 웃음. =포복절도(抱腹絶倒) [사기史記]

捧訃哀號
봉 부 애 호
捧 받들 봉　訃 부고 부　哀 슬플 애　號 부를 호
부고를 받들고 슬피 울부짖음. [유종원柳宗元의 글文]

蓬生麻中
봉 생 마 중
蓬 쑥 봉　生 날 생　麻 삼 마　中 가운데 중
곧게 자라는 삼 속에서 자라면 그 영향으로 쑥도 곧게 자란다는 뜻. 환경의 영향을 받게 됨을 비유한 말. [순자荀子] =마중지봉(麻中之蓬), 봉생시중(蓬生矢中)

▶봉생마중 불부이직(---- 不扶而直): 쑥이 삼 속에서 자라니, 붙잡지 않아도 곧게 자라네.

ㅂ

243

奉帥天子　奉 받들 봉　帥 장수 수　天 하늘 천　子 아들 자
봉 수 천 자　장수를 받들어 천자로 모심. [예기禮記]

封豕長蛇　封 봉할 봉　豕 돼지 시　長 길 장　蛇 뱀 사
봉 시 장 사　돼지같이 탐욕스럽고 뱀같이 잔인함. [춘추좌씨전春秋左氏傳]

鳳友鸞交　鳳 봉황 봉　友 벗 우　鸞 난새 란(난)　交 사귈 교
봉 우 난 교　남녀 간의 정교(情交)를 의미함.

縫衣淺帶　縫 꿰맬 봉　衣 옷 의　淺 엷을 천　帶 띠 대
봉 의 천 대　도포와 엷은 띠. 학자와 문인을 말함.

逢場作戲　逢 만날 봉　場 마당 장　作 지을 작　戲 희롱할 희
봉 장 작 희　맞닥뜨린 장면에서 미봉책으로 그 자리를 피해 감.

鳳鳥不至　鳳 봉황 봉　鳥 새 조　不 아닐 부　至 이를 지
봉 조 부 지　성군이 나면 봉황이 나타난다는 전설에서 온 말. 성군이
　　　　　나타나지 않음을 비유. [논어論語]

逢天僤怒　逢 만날 봉　天 하늘 천　僤 세찰 탄　怒 성낼 노
봉 천 탄 노　하늘의 크나큰 노여움을 만남. [시경詩經]
　　　　　▶아생부진 봉천탄노(我生不辰 ----): 나의 삶은 때를 못 만
　　　　　　나고, 하늘의 크나큰 노여움을 만났네.

蓬華生輝　蓬 쑥 봉　華 콩 필　生 날 생　輝 빛날 휘
봉 필 생 휘　쑥과 콩에 빛이 남. 가난한 집에 고귀한 손님이 찾아오
　　　　　니 영광스럽다는 인사말.

蓬蒿滿宅　蓬 쑥 봉　蒿 쑥 호　滿 가득할 만　宅 집 택
봉 호 만 택　쑥이 집 안에 가득히 자람. 세상 돌아가는 일에 전혀 개
　　　　　의치 않음을 이름. [세설신어世說新語]

蓬戶甕牖　蓬 쑥 봉　戶 지게 호　甕 옹기 옹　牖 창 유
봉 호 옹 유　쑥대로 만든 문과 항아리 주둥이로 만든 창문. 지극히
　　　　　가난하게 사는 집을 이름. [회남자淮南子]

鳳凰來儀　鳳 봉황 봉　凰 봉황 황　來 올 래(내)　儀 거동 의
봉 황 내 의　봉황이 날아와서 춤추는데 그 용의(容儀)가 의젓함. [서경
　　　　　書經]

鳳凰于飛
봉 황 우 비
鳳봉황봉 凰봉황봉 于어조사우 飛날비
봉황이 이어서 낢. 한 자웅인 봉황이 짝지어 난다는 뜻
으로 부부 간에 화목함을 비유하는 말. 남의 혼인을 축
하하는 말로도 쓰임. 【춘추좌씨전春秋左氏傳】

鳳凰在笯
봉 황 재 노
鳳봉황봉 凰봉황황 在있을재 笯새장노
봉황이 새장에 갇혀 있음. 즉 현인이 그 지위를 잃음을
비유하는 말. 【초사楚辭】

鳳凰銜書
봉 황 함 서
鳳봉황봉 凰봉황황 銜물함 書글서
봉황이 서신을 물고 옴. 천자의 사신이 칙서를 가지고
옴을 이르는 말.

浮家泛宅
부 가 범 택
浮뜰부 家집가 泛뜰범 宅집택
배 안에서 거주하는 것. 【당서唐書】

剖棺斬屍
부 관 참 시
剖쪼갤부 棺널관 斬끊을참 屍주검시
죽은 후 죄가 드러나면 관을 쪼개고 시체의 목을 베는
극형을 추서함.

富國强兵
부 국 강 병
富부자부 國나라국 强굳셀강 兵군사병
나라를 부유하게 하고 국방을 튼튼히 함. 【전국책戰國策】

富貴浮雲
부 귀 부 운
富부자부 貴귀할귀 浮뜰부 雲구름운
부귀는 뜬구름과 같음. 【논어論語】

▶불의이부차귀 어아여부운(不義而富且貴 於我如浮雲): 의
롭지 못하게 부하고 귀함이 내게는 뜬구름과 같느니라.

富貴在天
부 귀 재 천
富부자부 貴귀할귀 在있을재 天하늘천
부귀는 하늘에 맡김. 즉 부귀는 바란다고 마음대로 주어
지는 것이 아님을 이름.

夫貴妻榮
부 귀 처 영
夫사내부 貴귀할귀 妻아내처 榮영화영
남편이 부귀해지면 아내도 따라서 영화를 입음.

富貴逼人
부 귀 핍 인
富부자부 貴귀할귀 逼닥칠핍 人사람인
사람이 스스로 노력하면 부귀가 찾아옴. 【북사北史】

ㅂ

否極反泰 否아닐부 極가장극 反되돌릴반 泰클태
부 극 반 태　비운이 극에 달하면 행운이 돌아옴.

負笈從師 負질부 笈상자급 從따를종 師스승사
부 급 종 사　책 상자를 지고 스승을 따름. 먼 곳에 있는 스승을 찾아
가 유학하며 학문을 닦는 것을 말함. 【포박자抱朴子】

附驥攀鴻 附붙을부 驥천리마기 攀매달릴반 鴻기러기홍
부 기 반 홍　모기나 등에도 천리마 꼬리에 붙든지, 기러기 날개에 매
달리면 천 리도 가고 사해도 날아갈 수 있다는 말. 즉 남
의 세력 밑에 붙어다니며 사는 일. 【사기史記】

不達時變 不아닐부 達통할달 時때시 變변할변
부 달 시 변　시대의 변화에 따르지 못함. 완고하여 융통성이 없음.

不黨不偏 不아닐부 黨무리당 不아닐불 偏치우칠편
부 당 불 편　무리도 만들지 않고 치우치지도 않음. 【서경書經】
　　　　　▶부당불편 왕도편편(---- 王道便便): 무리도 짓지 않고 치
　　　　　우치지도 않으면 왕도가 편안하고 편안하다.

不戴其情 不아닐부 戴실을대 其그기 情뜻정
부 대 기 정　정을 마음속에 실어 두지 아니함. 【회남자淮南子】

不同戴天 不아닐부 同한가지동 戴실을대 天하늘천
부 동 대 천　하늘을 함께 일 수 없음. 즉 부모를 죽인 원수와 이 세상
에서 함께 살 수가 없음. 【춘추공양전春秋公羊傳】 =불구대천
(不俱戴天)

不同鄕黨 不아닐부 同한가지동 鄕고을향 黨마을당
부 동 향 당　구족(九族)의 원수와는 향당을 함께하지 않음.
　　　　　▶향(鄕): 12,500집. 당(黨): 500집.

不得其位 不아닐부 得얻을득 其그기 位자리위
부 득 기 위　자기의 실력을 펼 자리를 얻지 못함.

負糧捷步 負질부 糧양식량 捷빠를첩 步걸음보
부 량 첩 보　양식을 등에 지고(굶고 있는 가족 생각에) 걸음이 더욱 빨
라짐. 【후한서後漢書】

父母孔邇
부 모 공 이
父 아비 부　母 어미 모　孔 심할 공　邇 가까울 이
부모님이 계시어 가까운 데서 멀리로 떠나지 않음. [시경詩經]

剖腹藏珠
부 복 장 주
剖 쪼갤 부　腹 배 복　藏 감출 장　珠 구슬 주
배를 가르고 뱃속에 구슬을 감춤. 재물 때문에 몸을 해치는 일을 이름. [당서唐書]

夫婦有別
부 부 유 별
夫 사내 부　婦 아내 부　有 있을 유　別 다를 별
남편과 아내는 구별이 있음.

婦不三去
부 불 삼 거
婦 며느리 부　不 아닐 불　三 석 삼　去 갈 거
며느리를 쫓아내지 못하는 세 가지. [공자孔子]
▶①유소취무소귀(有所取無所歸): 그 행실에 취할 점이 있고 돌아갈 곳이 없으면 버리지 못하고, ②여경삼년상(與更三年喪): 부모의 3년상을 함께하였으면 못 버리고, ③전빈천후부귀(前貧賤後富貴): 가난했던 집이 며느리와 함께하여 부유해지고 지위가 높아졌으면 못 버린다.

富不如貧
부 불 여 빈
富 부할 부　不 아닐 불　如 같을 여　貧 가난할 빈
부유함이 가난함보다 못함.

俘不于盟
부 불 우 맹
俘 포로 부　不 아닐 불　于 어조사 우　盟 맹세 맹
포로가 동맹을 방해해서는 안 됨.

附不治者
부 불 치 자
附 붙을 부　不 아닐 불　治 다스릴 치　者 사람 자
따르는 사람을 잘 이끌지 못함. [사마표司馬彪의 글]
▶부불치자 의부족야(---- 義不足也): 따르는 사람을 잘 이끌지 못함은 의가 부족하기 때문이다.

拊拂瀑沫
부 불 폭 말
拊 어루만질 부　拂 떨칠 불　瀑 폭포 폭　沫 거품 말
힘차게 떨어져 내리는 폭포의 거품. [곽박郭璞의 강부 江賦]

婦喪其茀
부 상 기 불
婦 아내 부　喪 잃을 상　其 그 기　茀 머리꾸미개 불
신부가 면사포를 잃어버림. 물축(勿逐)이라도 칠일(七日)이면 득(得)이라(쫓지 않아도 7일 후에는 되찾는다는 괘). [역경易經]

膚色脂澤
부 색 지 택
膚 살 부　色 빛 색　脂 기름 지　澤 윤택할 택
살빛이 기름과 같이 윤택함. [열자列子]

浮生若夢
부 생 약 몽
浮 뜰 부　生 날 생　若 같을 약　夢 꿈 몽
꿈과 같이 덧없는 인생. [이백李白의 시詩]

腐鼠在壇
부 서 재 단
腐 썩을 부　鼠 쥐 서　在 있을 재　壇 단 단
단을 관리할 사람이 없어 쥐가 제단에서 썩음. 제단이
황폐함을 말함. [회남자淮南子]

負石赴河
부 석 부 하
負 질 부　石 돌 석　赴 다다를 부　河 물 하=황하
돌을 지고 황하에 뛰어드는 자살 행위. [한시외전韓詩外傳]
=부석입해(負石入海) [사기史記]

浮石枕木
부 석 침 목
浮 뜰 부　石 돌 석　枕 잠길 침　木 나무 목
돌이 뜨고 나무가 가라앉음. 선악이 뒤바뀜을 비유하는
말. [신어新語]

負俗之累
부 속 지 루
負 질 부　俗 속될 속　之 갈 지　累 묶을 루
지조가 높아 세속에 벗어남으로써 세인의 비난을 받는
어려움을 이름. [한서漢書]

膚受之愬
부 수 지 소
膚 살갗 부　受 받을 수　之 갈 지　愬 하소연할 소
살을 찌르는 듯한 통절한 하소연. 또는 깨닫지 못하는
사이에 남을 여러 번 헐뜯어서 곧이듣도록 참소하는
것. [논어論語]

膚受之言
부 수 지 언
膚 살갗 부　受 받을 수　之 갈 지　言 말씀 언
겉만을 핥아 말하는 것으로 참뜻을 알 수 없다는 말. [후
한서後漢書]

俯首帖耳
부 수 첩 이
俯 구부릴 부　首 머리 수　帖 휘장 첩　耳 귀 이
고개를 숙이고 귀를 늘어뜨림. 지나치게 아첨하는 모양
을 이름. =면수첩이(俛首帖耳)

俯首聽令
부 수 청 령
俯 구부릴 부　首 머리 수　聽 들을 청　令 하여금 령
윗사람 앞에서 고개를 숙이고 명령을 들음. [한서漢書]

拊循其民
부 순 기 민

拊 어루만질 부 循 따를 순 其 그 기 民 백성 민
백성을 어루만지고 백성의 뜻을 따라서 좇음.

扶植綱常
부 식 강 상

扶 바로잡을 부 植 심을 식 綱 벼리 강 常 늘 상
인륜(人倫)의 길(=紀綱)을 바로 세움.

負薪之憂
부 신 지 우

負 질 부 薪 섶 신 之 갈 지 憂 근심 우
땔나무를 등에 졌던 피로 때문에 난 병. 자기의 병을 겸
손하게 이르는 말. [맹자孟子]

負薪之資
부 신 지 자

負 질 부 薪 섶 신 之 갈 지 資 바탕 자
나뭇짐이나 지고 다닐 자질. 즉 천하고 못난 자질. 자기
의 재주를 겸손하게 말하는 경우에도 쓰임.

負薪之才
부 신 지 재

負 질 부 薪 섶 신 之 갈 지 才 재주 재
나뭇짐이나 질 천한 재주. 소인의 재능. [후한서後漢書] =부
신지자(負薪之資)

拊我畜我
부 아 휵 아

拊 어루만질 부 我 나 아 畜 기를 휵
나를 어루만지고 나를 길러줌. [시경詩經]

俯仰無愧
부 앙 무 괴

俯 구부릴 부 仰 우러를 앙 無 없을 무 愧 부끄러울
괴
양심에 거리낌이 없어 어떤 행동에도 부끄러움이 없음.
=부앙불괴천지(俯仰不愧天地) [맹자孟子]

俯仰異體
부 앙 이 체

俯 구부릴 부 仰 우러를 앙 異 다를 리(이) 體 몸 체
구부리고 우러르는 데 따라 그때그때 행동이 달라짐. 아
랫사람에게는 가혹하고 윗사람에게는 아양을 떠는 것
을 비유.

浮言流說
부 언 유 설

浮 뜰 부 言 말씀 언 流 흐를 류(유) 說 말씀 설
떠돌아다니는 근거 없는 소문. =유언비어(流言蜚語), 부
언낭설(浮言浪說)

簿言震之
부 언 진 지

簿 장부 부 言 말씀 언 震 벼락 진 之 갈 지
벼락 같은 말로 두렵게 만든다는 말. [시경詩經]
▶막불진첩 부언진지(莫不震疊 ----): 여러 번 벼락 칠 것
  없이 말로 한 번 벼락 치니 모두 두려워하네.
▶이때 부(簿)는 어조사.

ㅂ

膚如凝脂
부 여 응 지
膚 살갗 부 如 같을 여 凝 엉킬 응 脂 기름 지
피부가 굳은 기름같이 희고 윤이 남. 미인의 고운 살결을 형용한 말. [시경詩經]

鳧燕難明
부 연 난 명
鳧 오리 부 燕 제비 연 難 어려울 난 明 밝을 명
날아가는 오리와 제비를 구별하기 어려움. 진실을 분별하기 어렵다는 뜻.
▶높이 나는 새를 보고 어떤 이는 오리라고 하고 어떤 이는 제비라고 한다는 데서 온 말.

附炎棄寒
부 염 기 한
附 붙을 부 炎 불꽃 염 棄 버릴 기 寒 찰 한
따뜻하면 붙고 추우면 버림. 즉 권세를 떨치면 달라붙고 권세가 쇠하면 버리고 떠남.

婦五不取
부 오 불 취
婦 며느리 부 五 다섯 오 不 아닐 불 取 취할 취
며느리로 취하지 않아야 할 다섯 가지 경우. [공자孔子]
▶①역가자불취(逆家子不取): 역적자 자식은 취하지 않고, ②난가자불취(亂家子不取): 어지러운 집 자식을 취하지 않으며, ③세유형자불취(世有刑子不取): 그 집에 형벌 받은 자가 있으면 취하지 않고, ④세유악질불취(世有惡疾不取): 그 집에 나쁜 병이 있으면 취하지 않으며, ⑤상부장자불취(喪父長子不取): 아버지를 잃은 집 맏딸은 취하지 않는다.

負墉南面
부 용 남 면
負 질 부 墉 담 용 南 남녘 남 面 낯 면
임금이 담을 등지고 남쪽을 향해 정좌함. 임금의 앉는 위치. [예기禮記]

芙蓉出水
부 용 출 수
芙 연꽃 부 蓉 연꽃 용 出 날 출 水 물 수
연꽃이 물 위로 피는 모양. 문장이 청아하고 수려함을 비유한 말.

浮雲驚龍
부 운 경 룡
浮 뜰 부 雲 구름 운 驚 놀랄 경 龍 용 룡
필세가 매우 자유로운 모양. [진서晉書]

浮雲翳日
부 운 예 일
浮 뜰 부 雲 구름 운 翳 가릴 예 日 날 일
뜬구름이 해를 가림. 간신이 임금의 총명을 가리어 어둡게 하는 것을 비유.

浮雲朝露 浮뜰부 雲구름운 朝아침조 露이슬로
부 운 조 로 뜬구름과 아침 이슬. 인생의 덧없음을 비유.

浮雲之志 浮뜰부 雲구름운 之갈지 志뜻지
부 운 지 지 뜬구름 같은 불의(不義)의 부귀를 바라고 뜻하는 마음.

斧鉞當前 斧도끼부 鉞도끼월 當마땅당 前앞전
부 월 당 전 중형(重刑)을 받아 죽음을 앞둔 사람을 말함.

斧鉞之下 斧도끼부 鉞도끼월 之갈지 下아래하
부 월 지 하 도끼는 중국 임금의 권위를 나타냄. 천자의 위엄을 말함.

父爲子隱 父아비부 爲할위 子아들자 隱숨길은
부 위 자 은 아비가 자식의 죄를 숨기는 것은 인지상정. 【논어論語】

蜉蝣掘閱 蜉하루살이부 蝣하루살이유 掘팔굴 閱볼열
부 유 굴 열 하루살이처럼 한꺼번에 쏟아짐. 【시경詩經】
　　▶부유굴열 마의여설(---- 麻衣如雪): 하루살이 쏟아질 때 같이, 베옷이 눈 같구나.

夫猶鄙我 夫발어사부 猶오히려유 鄙부끄러워할비 我나아
부 유 비 아 오히려 자기를 부끄러이 여김. 【춘추좌씨전春秋左氏傳】

蜉蝣之命 蜉하루살이부 蝣하루살이유 之갈지 命목숨명
부 유 지 명 하루살이의 목숨. 인생이 짧음을 비유한 말. 【시경詩經】
　　=부유일생(蜉蝣一生)

蜉蝣之羽 蜉하루살이부 蝣하루살이유 之갈지 羽날개우
부 유 지 우 하루살이의 날개. 가벼운 옷차림을 이름. =부유지익(蜉蝣之翼) 【시경詩經】

婦有七去 婦며느리부 有있을유 七일곱칠 去갈거
부 유 칠 거 며느리를 쫓는 일곱 가지 죄. =칠거지악(七去之惡) 【공자孔子】
　　▶①불순부모거(不順父母去): 부모에게 순종치 않으면 보내고, ②무자거(無子去): 자식을 못 낳으면 보내고, ③음거(淫去): 음탕하면 보내고, ④투거(妬去): 질투하면 보내고,

251

⑤유악질거(有惡疾去): 좋지 못한 병이 있으면 보내고, ⑥ 다언거(多言去): 말이 많으면 보내고, ⑦절도거(竊盜去): 훔치는 버릇이 있으면 보낸다.

富而無驕
부 이 무 교

富 부자 부　而 말이을 이　無 없을 무　驕 교만할 교
부자이면서도 교만하지 않음. [논어論語]

婦人之仁
부 인 지 인

婦 아내 부　人 사람 인　之 갈 지　仁 어질 인
여자의 자애심. 조그맣고 하찮은 인정을 이름. [사기史記]

婦孕不育
부 잉 불 육

婦 아내 부　孕 아이 밸 잉　不 아닐 불　育 기를 육
아내가 아이를 낳았지만 키우지 못함. [역경易經]

不自量力
부 자 양 력

不 아닐 부　自 스스로 자　量 헤아릴 량(양)　力 힘력
자기의 힘을 헤아리지 않고 섣불리 행동하는 것을 이름. [춘추좌씨전春秋左氏傳]

父子有親
부 자 유 친

父 아비 부　子 아들 자　有 있을 유　親 친할 친
오륜의 하나. 부자의 도리는 친애함에 있음. 즉 부모는 자애로, 자식은 효행으로 친애함.

夫子自道
부 자 자 도

夫 사내 부　子 아들 자　自 스스로 자　道 말할 도
공자가 자기 자신에 대해서 말함. [논어論語]
▶부자(夫子)는 공자를 높여 부르는 말.

父慈子孝
부 자 자 효

父 아비 부　慈 사랑 자　子 아들 자　孝 효도 효
부모는 자애롭고 자식은 효행을 다함. [예기禮記]

腐腸之藥
부 장 지 약

腐 썩을 부　腸 창자 장　之 갈 지　藥 약 약
창자를 썩히는 약. 술을 말함.

富在知足
부 재 지 족

富 부자 부　在 있을 재　知 알 지　足 만족할 족
부귀는 만족을 아는 데 있음. 만족할 줄 아는 사람이 부자라는 말. [설원說苑] =지족자부(知足者富)

不專不聽
부 전 불 청

不 아닐 부　專 오로지 전, 모일 단　不 아닐 불　聽 들을 청
죽고 사는 것이 서로 얽혀 있음. 또는 모이지도 않고 듣지도 않음. [관자管子]

不絶如縷 不아닐부 絶끊을절 如같을여 縷실루
부 절 여 루 　실같이 끊어지지 않고 이어짐. 겨우 지탱하고 있는 것을
　　　　　　이름. 지극히 위태롭다는 말.

不正名色 不아닐부 正바를정 名이름명 色빛색
부 정 명 색 　정당하게 얻지 못한 명성이나 재물.

父精母血 父아비부 精정할정 母어미모 血피혈
부 정 모 혈 　아버지의 정수(精髓)와 어머니의 피. 부모의 뼈와 피를
　　　　　　물려받은 자식이란 말.

不除則蕪 不아닐부 除덜제 則곧즉 蕪우거질무
부 제 즉 무 　없애지 않으면 우거지리라. [여씨춘추呂氏春秋]

拊譟踊躍 拊(악기)탈부 譟시끄러울조 踊뛸용 躍뛸약
부 조 용 약 　악기를 타면서 시끄럽게 날뜀. [마융馬融]

不足掛齒 不아닐부 足족할족 掛걸괘 齒이치
부 족 괘 치 　더불어 입을 벌릴 가치조차 없음.

釜中生魚 釜솥부 中가운데중 生살생 魚물고기어
부 중 생 어 　오래 밥을 짓지 않아 솥에 물고기가 산다는 말. 지극히
　　　　　　가난함. 또는 솥 속의 물고기라는 뜻으로, 곧 죽을 것
　　　　　　도 모르고 헤엄을 친다는 말. 즉 위험한 일이 닥침을 이
　　　　　　름. [자치통감資治通鑑]

富則多事 富부자부 則곧즉 多많을다 事일사
부 즉 다 사 　재물이 많으면 복잡한 일도 많이 생김. 재물이 많으면
　　　　　　그만큼 걱정거리도 많다는 말. [장자莊子]

不卽不離 不아닐부 卽곧즉 不아닐불 離떠날리
부 즉 불 리 　붙지도 떨어지지도 않음. 찬성도 아니고 반대도 아니라
　　　　　　는 말. [원각경圓覺經]

不拯其隨 不아닐부 拯건질증 其그기 隨따를수
부 증 기 수 　그를 따르는 무리를 구제하지 못함. [역경易經]

253

不增不減
부 증 불 멸
不아닐부 增더할증 滅멸할멸
불교 용어. 모든 법은 공(空)이므로 증(增)과 감(減=減)이 있을 수 없다는 말.

不知甘苦
부 지 감 고
不아닐부 知알지 甘달감 苦쓸고
단것과 쓴것을 알지 못함. 아주 쉬운 이치도 모른다는 말. [묵자墨子]

不知去處
부 지 거 처
不아닐부 知알지 去갈거 處곳처
간 곳을 알지 못함.

不知輕重
부 지 경 중
不아닐부 知알지 輕가벼울경 重무거울중
가볍고 무거운 것을 모름. 즉 판단을 그르침. [진서晉書]

不知端倪
부 지 단 예
不아닐부 知알지 端끝단 倪가예
산의 끝인지 물가인지 모름. 일의 본말과 시종을 알 수 없다는 말. [장자莊子]
▶단(端): 산의 끝. 예(倪): 물가.

不知肉味
부 지 육 미
不아닐부 知알지 肉고기육 味맛미
고기 맛을 모름. 일에 몰두하여 다른 일에는 신경을 못 쓴다는 말. [논어論語]

不脂之戶
부 지 지 호
不아닐부 脂기름지 之갈지 戶지게호
기름을 바르지 않은 문. 말이 걸려 잘 나오지 않고 말수가 적음을 비유. [회남자淮南子]

不知痛痒
부 지 통 양
不아닐부 知알지 痛아플통 痒가려울양
아픔도 가려움도 모름. 아무 감각도 없음. 아무런 이해 관계가 없는 것을 이름.

不殄心憂
부 진 심 우
不아닐부 殄다할진 心마음심 憂근심우
끊임없이 마음이 상하여 근심이 더욱 많음. [시경詩經]

父執尊長
부 집 존 장
父아비부 執잡을집 尊높을존 長어른장
아버지의 친구. 아버지와 나이가 같은 어른. [후한서後漢書]

夫唱婦隨
부 창 부 수
夫 지아비 부　唱=倡 부를 창　婦 아내 부　隨 따를 수
남편이 부르면 아내도 따라서 부름. 남편이 주장하면 아내가 따르는 것이 부부의 도리라는 말. =금슬상화(琴瑟相和) 【관윤자關尹子】

夫妻相冒
부 처 상 모
夫 지아비 부　妻 아내 처　相 서로 상　冒=媢 시새울 모
아내와 첩들이 서로 시기함. 【여씨춘추呂氏春秋】

鳧雛離褷
부 추 이 시
鳧 오리 부　雛 병아리 추　離 떠날 리(이)　褷 털 처음 날 시
오리 새끼가 털이 처음 나는 귀여운 모습을 형용한 말. 【목화해적木華海賦】

鳧趨雀躍
부 추 작 약
鳧 오리 부　趨 달릴 추　雀 참새 작　躍 뛸 약
오리가 달리고 참새가 뜀. 기뻐서 뛰고 춤추는 모양.

附贅懸疣
부 췌 현 우
附 붙을 부　贅 혹 췌　懸=縣 매달 현　疣 사마귀 우
혹이 붙고 사마귀가 달림. 즉 쓸데없는 물건을 비유하는 말. 【장자莊子】

浮湛隨行
부 침 수 행
浮 뜰 부　湛 잠길 침　隨 따를 수　行 갈 행
떴다 잠겼다 하면서 따라감. 【한서漢書】

赴湯蹈火
부 탕 도 화
赴 다다를 부　湯 끓을 탕　蹈 밟을 도　火 불 화
끓는 물, 타는 불에 들어감. 즉 어떤 괴로움에도 사양치 않고 나아감. 【한서漢書】 =부탕모화(赴湯冒火)

浮萍轉蓬
부 평 전 봉
浮 뜰 부　萍 부평초 평　轉 구를 전　蓬 쑥 봉
부평초나 쑥처럼 바람부는 대로 떠다니는 신세. 살 곳도 없이 떠도는 신세를 말함.

俯闞海湄
부 함 해 미
俯 구부릴 부　闞 범 소리 함　海 바다 해　湄 물가 미
범의 소리처럼 파도소리 요란한 바닷가를 구부리고 바라봄. 【혜강嵇康의 금부琴賦】

ㅂ

膚革充盈
부 혁 충 영

膚살부　革가죽혁　充채울충　盈찰영
근육이 풍부하고 피부에 탄력이 있음. [예기禮記]
▶부혁충영 인지비야(---- 人之肥也): 근육이 풍부하고 피
부에 탄력이 있으면 충분히 살찐 사람이다.

裒刑之旅
부 형 지 여

裒모을부　刑형벌형　之갈지　旅군사여
군사들을 모아 형벌함. [시경詩經]
▶여기서 여(旅)는 초(楚)나라의 군사들을 말함.

附和雷同
부 화 뇌 동

附붙을부　和화할화　雷우레뢰　同한가지동
일정한 견식도 없이, 상대의 의견에 이유도 모른 채 찬
동하고 같이 행동함. [예기禮記]

北寇覘邊
북 구 처 변

北북녘북　寇도적구　覘엿볼처　邊가변
북쪽 도적 떼가 변두리에서 엿봄. [당서唐書]

北道主人
북 도 주 인

北북녘북　道길도　主임금주　人사람인
주인이면서 손의 시중을 들거나 길을 인도하는 사람.

北邙山川
북 망 산 천

北북녘북　邙산이름망　山뫼산　川내천
사람이 죽어 묻히는 곳.
▶북망산(北邙山): 낙양(洛陽) 북쪽에 있는 망산의 묘지.

北門鎖鑰
북 문 쇄 약

北북녘북　門문문　鎖쇠사슬쇄　鑰자물쇠약
북문의 자물쇠와 열쇠. 북방 방어를 뜻하는 말.

北門之嘆
북 문 지 탄

北북녘북　門문문　之갈지　嘆탄식할탄
벼슬길에 나섰으나 성공치 못한 사람의 탄식. [세설신어世
說新語]

北方之强
북 방 지 강

北북녘북　方모방　之갈지　强굳셀강
북방 사람의 강인함. 시리여하를 불문하고 용감하게 밀
고 나가는 사람을 이름. [중용中庸]

北山之感
북 산 지 감

北북녘북　山뫼산　之갈지　感느낄감
북산에서의 느낌. 나랏일에 얽매어 부모를 봉양치 못함
을 이르는 말. [시경詩經]

北轅適楚
북 원 적 초
北 북녘 북　轅 끌채 원　適 맞을 적　楚 나라이름 초
수레는 북으로 향해 놓고 초나라로 가려 함. 뜻과 행동
이 상반됨을 이르는 말. =북행지초(北行至楚)

北窓三友
북 창 삼 우
北 북녘 북　窓 창문 창　三 석 삼　友 벗 우
거문고, 시, 술의 세 가지 벗을 말함. [백거이白居易의 시詩]

粉骨碎身
분 골 쇄 신
粉 가루 분　骨 뼈 골　碎 부술 쇄　身 몸 신
뼈가 가루가 되도록 몸을 부숨. 자기 몸을 사리지 않고
전력을 다한다는 말. 또는 처참한 죽음을 이름. [선림류찬禪
林類纂]

奔君之將
분 군 지 장
奔 달릴 분　君 임금 군　之 갈 지　將 장수 장
임금을 측근에서 따르는 장수. 임금을 지키는 장수. [공자
가어孔子家語]

賁軍之將
분 군 지 장
賁 달릴 분　軍 군사 군　之 갈 지　將 장수 장
패배한 군대(도망치는 군대)의 장수. [예기禮記]

憤氣撑天
분 기 탱 천
憤 분할 분　氣 기운 기　撑 버틸 탱　天 하늘 천
분한 기운이 하늘을 치받음. =분기충천(憤氣衝天)

分段同居
분 단 동 거
分 나눌 분　段 구분 단　同 한가지 동　居 살 거
불교 용어. 부처나 보살이 중생을 교화하기 위하여 분단
생사(分段生死)의 사바세계에 와서 중생과 함께 살고 있
는 것을 말함. 분단생사와 변역생사(變易生死)를 함께 이
르는 말이기도 함.

分段三道
분 단 삼 도
分 나눌 분　段 구분 단　三 석 삼　道 길 도
불교 용어. 분단생사(分段生死)의 세계. 미계(迷界)의 삼
도(三道)인 혹도(惑道), 업도(業道), 고도(苦道)를 말함.

分道揚鑣
분 도 양 표
分 나눌 분　道 길 도　揚 날릴 양　鑣 성할 표
뜻과 목적이 달라 가는 길이 다름. 각자 자기의 자리를
차지하고 있음을 비유한 말. [북사北史]

墳墓不培
분 묘 불 배
墳 무덤 분　墓 무덤 묘　不 아닐 불　培 북을 돋울 배
분묘는 북을 돋우지 아니함. [예기禮記]

墳墓之地 墳무덤분 墓무덤묘 之갈지 地땅지
분 묘 지 지　무덤이 있는 땅. 조상의 무덤이 있는 고향. [관자管子]

分門裂戶 分나눌분 門문문 裂찢을열 戶지게호
분 문 열 호　같은 문중이나 무리가 서로 나누어짐.

粉白黛綠 粉가루분 白흰백 黛눈썹먹대 綠푸를록
분 백 대 록　흰 분을 바르고 푸른 먹을 눈썹에 칠함. 얼굴에 고운 화
　　　　　　장을 함.

粉白黛黑 粉가루분 白흰백 黛눈썹먹대 黑검을흑
분 백 대 흑　흰 분을 바르고 눈썹을 검게 칠함. [전국책戰國策]

粉壁紗窓 粉가루분 壁벽벽 紗깁사 窓창문창
분 벽 사 창　흰 벽과 비단으로 바른 창. 아름답게 꾸민 방을 이름.

紛紛擾擾 紛어지러워질분 擾어지러울요
분 분 요 요　어지러운 모양.

分崩離析 分나눌분 崩무너질붕 離떠날리(이) 析쪼갤석
분 붕 이 석　조각조각 깨지고 산산이 흩어짐. [논어論語]

分貧振窮 分나눌분 貧가난할빈 振떨칠진 窮궁할궁
분 빈 진 궁　가난한 사람에게 재물을 나누어 주고 궁한 사람을 구제
　　　　　　함. [춘추좌씨전春秋左氏傳]

分司押事 分나눌분 司맡을사 押단속할갑 事일사
분 사 갑 사　일을 나누어 맡아 단속함. [당서唐書]

焚書坑儒 焚탈분 書책서 坑빠질갱 儒선비유
분 서 갱 유　책을 태우고 선비를 구덩이에 묻어 죽임. 학문과 사상을
　　　　　　탄압한 것을 말함. [사기史記]
　　　　　　▶진(秦)나라 시황(始皇)이 학자들의 정치 비판을 막기 위
　　　　　　해 사서육경(詩書六經)을 태우고 유학자 460명을 구덩이
　　　　　　에 묻어 죽인 사건에서 온 말.

分袖相別 分나눌분 袖소매수 相서로상 別다를별
분 수 상 별　서로 소매를 나누고 헤어짐.

粉愁香怨
분 수 향 원
粉 가루 분　愁 근심 수　香 향기 향　怨 원망할 원
남편 없는 여자가 수심에 잠겨 신세를 원망함.

豶豕之牙
분 시 지 아
豶 불간 돼지 분　豕 돼지 시　之 갈 지　牙 어금니 아
어금니를 제거한 돼지에게 이가 나면 길(吉)하다는 괘
(卦). 【역경易經】

粉身麋骨
분 신 미 골
粉 가루 분　身 몸 신　麋 부서질 미　骨 뼈 골
몸이 가루가 되고 뼈가 부서짐. 즉 온갖 정성과 노력을
다함. 【삼국지三國志】 =분골쇄신(粉骨碎身)

粉楡同契
분 유 동 계
粉 가루 분　楡 느릅나무 유　同 한가지 동　契 맺을 계
같은 고향 사람을 말함.

糞土之牆
분 토 지 장
糞 거름 분, 똥 분　土 흙 토　之 갈 지　牆=墻 담 장
썩은 흙으로 쌓은 담. 게을러서 가르쳐도 소용이 없는
사람을 이름. 【논어論語】
▶분토지장 불가오야(---- 不可杇也): 썩은 흙으로 쌓은 담
은 흙손으로 바를 수 없다.

分形連氣
분 형 연 기
分 나눌 분　形 형상 형　連 이어질 련(연)　氣 기운 기
형제는 같은 부모에게서 나왔으므로, 몸은 나누어져 있
으나 기맥은 이어져 있음. 【안씨가훈顔氏家訓】

不可救藥
불 가 구 약
不 아닐 불　可 옳을 가　救 구원할 구　藥 약 약
도저히 구해 낼 수가 없음. 나쁜 습관과 악에 물든 사람
은 구제할 약이 없음. 【시경詩經】

弗可赦也
불 가 사 야
弗=不 아닐 불　可 옳을 가　赦 용서할 사　也 어조사
야
용서할 수 없음. 천벌을 받을 수 있음. 【춘추좌씨전春秋左氏
傳】

不可思議
불 가 사 의
不 아닐 불　可 옳을 가　思 생각 사　議 의논할 의
사람의 생각으로는 도저히 알 수 없는 이상한 일.

不可疾貞
불 가 질 정
不 아닐 불　可 옳을 가　疾 급히 질　貞 곧을 정
갑자기 (사람의 마음이) 곧아질 수는 없음. 【역경易經】

259

不覺技癢
불 각 기 양

不 아닐 불　覺 깨달을 각　技 재주 기　癢 가려울 양
자신의 재주를 보이고 싶어 안달하는 것을 비유. 【풍속통
의風俗通儀】

▶전국시대 연(燕)의 고점리는 축(筑)의 명수. 친구인 형가
(荊軻)가 진시황 저격에 실패하자 몸을 숨겼는데, 피신처
의 주인이 축을 타라고 하자 참지 못하고 연주하여 은신
처가 탄로 났다는 고사에서 온 말.

不刊之書
불 간 지 서

不 아닐 불　刊 새길 간　之 갈 지　書 글 서
없어지지 않고 오랫동안 전해질 양서(良書). 또는 펴내
지 못한 책을 이름.

不敢憑河
불 감 빙 하

不 아닐 부　敢 감히 감　憑 탈 빙　河 물 하
감히 걸어서 황하를 건너가지 못함. 【시경詩經】 =포호빙하
(暴虎憑河)

▶불감포호 불감빙하(不敢暴虎 ----): 감히 맨손으로는 호
랑이를 못 잡고, 걸어서는 황하를 건너지 못한다.

不敢生心
불 감 생 심

不 아닐 불　敢 감히 감　生 날 생　心 마음 심
힘이 부치어 감히 엄두도 못냄. =불감생의(不敢生意)

不敢睇視
불 감 제 시

不 아닐 불　敢 감히 감　睇 흘겨볼 제　視 볼 시
감히 흘겨보아서는 안 됨. 【예기禮記】

▶재부모구고지소 불감제시(在父母舅姑之所 ----): 부모와
시부모가 계신 곳을 감히 흘겨보아서는 안 된다.

不敢毁傷
불 감 훼 상

不 아닐 불　敢 감히 감　毁 헐 훼　傷 상할 상
감히 헐거나 상하게 할 수 없음. 【효경孝經】

▶신체발부 수지부모(身體髮膚 受之父母) 불감훼상 효지시
야(---- 孝之始也): 몸과 머리칼, 피부는 부모가 준 것이
니, 감히 헐거나 상하지 않게 하는 것이 효의 시작이다.

不騫不崩
불 건 불 붕

不 아닐 불　騫 이지러질 건　崩 무너질 붕
이지러지지도 않고, 무너지지도 않음. 남산이 영원함을
이름. 【시경詩經】

不見子充
불 견 자 충

不 아닐 불　見 볼 견　子 아들 자　充 가득할 충
만나기 전에는 호남. [시경詩經]
▶불견자충 내견교동(---- 乃見狡童): 만나기 전에는 호남
이라더니 만난 뒤에 보니 교활한 녀석이구나.
▶자충(子充)=자도(子都): 호남. 교동(狡童): 교활한 녀석.

不經之談
불 경 지 담

不 아닐 불　經 지날 경　之 갈 지　談 말씀 담
실없고 간사한 말. 도리에 어긋나는 말을 이름.

不繫之舟
불 계 지 주

不 아닐 불　繫 맬 계　之 갈 지　舟 배 주
매어 놓지 않은 배. 정처 없이 방황하는 사람을 비유. [장
자莊子]

不顧廉恥
불 고 염 치

不 아닐 불　顧 돌아볼 고　廉 청렴할 렴(염)　恥 부끄
러울 치
염치를 돌아보지 아니함.

不愧屋漏
불 괴 옥 루

不 아닐 불　愧 부끄러울 괴　屋 집 옥　漏 샐 루
남이 보지 않는 데서도 행동을 신중히 하여 부끄러움이
없다는 뜻. =불기암실(不欺闇室)
▶옥루(屋漏): 방의 서북쪽 구석으로 제일 어두운 곳.

不敎而誅
불 교 이 주

不 아닐 불　敎 가르칠 교　而 말이을 이　誅 벨 주
가르치지 않고, 죄를 지으면 죽이기부터 함. [논어論語]

不求聞達
불 구 문 달

不 아닐 불　求 구할 구　聞 들을 문　達 통할 달
명성이 세상에 널리 알려지기를 바라지 않음.

不拘文法
불 구 문 법

不 아닐 불　拘 거리낄 구　文 글문 문　法 법 법
문법에 구애받지 아니함. [사기史記]

不拘小節
불 구 소 절

不 아닐 불　拘 잡을 구　小 작을 소　節 마디 절
자잘구레한 예절 따위에 얽매이지 않음.

不求甚解
불 구 심 해

不 아닐 불　求 구할 구　甚 심할 심　解 풀 해
깊이 깨치지 못하고 겉만 이해함. [도연명陶淵明의 오류선생전
五柳先生傳]

不軌常道 不아닐불 軌길궤 常늘상 道길도
불 궤 상 도 　항상 지켜야 할 도리를 벗어나지 않음. [후한서後漢書]

不根持論 不아닐불 根뿌리근 持주장할지 論논의할론
불 근 지 론 　근거 없는 주장과 논리.

不禁自禁 不아닐불 禁금할금 自스스로자
불 금 자 금 　금하지 않아도 자신이 스스로 하지 않음.

不及馬腹 不아닐불 及미칠급 馬말마 腹배복
불 급 마 복 　채찍이 말 배에 닿지 않음. 사람의 힘이 닿지 않는 곳이
　　　　　　 있다는 뜻. [춘추좌씨전春秋左氏傳]

不急之察 不아닐불 急급할급 之갈지 察살필찰
불 급 지 찰 　급하지 않은 일을 함. 필요 없는 성찰. [순자荀子]

不矜細行 不아닐불 矜삼갈긍 細가늘세 行갈행
불 긍 세 행 　자질구레한 행동을 삼가지 않음. [서경書經]
　▶불긍세행 종루대덕(---- 終累大德): 자질구레한 행동을
　　삼가지 않으면 끝내는 큰 덕에 누를 끼칠 것이다.

不欺闇室 不아닐불 欺속일기 闇닫힌문암 室집실
불 기 암 실 　닫혀 있는 방 안에서도 속이지 않음. =불모암실(不侮暗
　　室) [세설신어世說新語]

不期而會 不아닐불 期기약할기 而말이을이 會모일회
불 기 이 회 　생각지 않았는데 우연히 만남.

不吉之兆 不아닐불 吉길할길 之갈지 兆조짐조
불 길 지 조 　불길한 일이 일어날 징조. =불상지조(不祥之兆)

不戁不竦 不아닐불 戁두려워할난 竦움츠릴송
불 난 불 송 　두려워하거나 겁내지 않음. [시경詩經]
　▶불난불송 백록시총(---- 百祿是總): 두려워하거나 겁내
　　지 않으니 모든 복록이 이에 모여드네.

不戁不悚 不아닐불 戁두려워할난 悚송구스러울송
불 난 불 송 　두려워하거나 송구해 하지 않음. [공자가어孔子家語]

262

不念舊惡
불 념 구 악
不아닐불 念생각할념 舊옛구 惡악할악
예전에 남이 저지른 좋지 못한 일은 염두에 두지 아니
함. [논어論語]

不老長生
불 로 장 생
不아닐불 老늙을로 長길장 生살생
늙지 않고 오래 삶.

不能捄之
불 능 구 지
不아닐불 能능할능 捄건질구 之갈지
건져낼 수가 없음. 구할 수가 없음. [대학大學]

佛頭著糞
불 두 착 분
佛부처불 頭머리두 著붙일착 糞똥분
부처님 머리에 오물을 묻힘. 무지한 소인이 군자를 헐뜯
어도 군자는 개의치 않는다는 말. 또는 명저에 붙은 졸
렬한 서문을 말함. =불두방분(佛頭放糞) [전등록傳燈錄]

不來不去
불 래 불 거
不아닐불 來올래 去갈거
불교 용어로, 오는 일도 없고 가는 일도 없는 것이 인생
이란 뜻.

不逞鮮人
불 령 선 인
不아닐불 逞쾌할령 鮮밝을선 人사람인
불평 불만을 품은 조선인. 독립 운동가를 지칭하는 말.
▶불령(不逞): 불평불만을 품고 국가의 구속에서 벗어나 행
동함.

不逞之徒
불 령 지 도
不아닐불 逞쾌할령 之갈지 徒무리도
나라에 불평을 품은 무리.

不立文字
불 립 문 자
不아닐불 立설립 文글문 字글자자
문자에 의해 배우는 것이 아니라, 뜻으로 깨닫고 마음으
로 전한다는 말. [전등록傳燈錄]

不買金玉
불 매 금 옥
不아닐불 買살매 金쇠금 玉구슬옥
금옥을 돈으로 사려 하지 말라. [한서漢書]
▶불매금옥 충신위보(---- 忠信爲寶): 금옥을 사려 하지 마
라. 충과 신이 보배이다.

不眠不休
불 면 불 휴
不아닐불 眠잠잘면 休쉴휴
자지도 않고 쉬지도 않음.

ㅂ

不蔑民功
불 멸 민 공

不 아닐 불　蔑 업신여길 멸　民 백성 민　功 공 공
백성의 공을 업신여기지 않음. 【국어國語】

不毛之地
불 모 지 지

不 아닐 불　毛 터럭 모　之 갈 지　地 땅 지
곡식이 생산되지 않는 메마른 땅. 【춘추공양전春秋公羊傳】

不侮鰥寡
불 모 환 과

不 아닐 불　侮 업신여길 모　鰥 홀아비 환　寡 홀어미 과

홀아비와 홀어미를 업신여겨서는 안 됨. 【춘추좌씨전春秋左氏傳】

不牧之民
불 목 지 민

不 아닐 불　牧 칠 목　之 갈 지　民 백성 민
지배당하지 않는 백성. 【한서漢書】

不問可知
불 문 가 지

不 아닐 불　問 물을 문　可 옳을 가　知 알 지
묻지 않아도 알 수 있음.

不問曲直
불 문 곡 직

不 아닐 불　問 물을 문　曲 굽을 곡　直 곧을 직
옳고 그른 것을 묻지도 않고 함부로 함.

不伐己長
불 벌 기 장

不 아닐 불　伐 자랑할 벌　己 자기 기　長 길 장
자기의 장점을 자랑하지 않음.

不憤不啓
불 분 불 계

不 아닐 불　憤 분발할 분　啓 열 계
분발하지 않으면 계도하지 않음. 즉 스스로 터득하고자 애쓰는 사람이라야 가르치는 스승의 미묘한 경지에 통달할 수 있다는 말. 【논어論語】

不蜚不鳴
불 비 불 명

不 아닐 불　蜚 날 비　鳴 울 명
날지도 않고 울지도 않음. 즉 큰일을 위해 오랫동안 기다림. 【사기史記】

不悱不發
불 비 불 발

不 아닐 불　悱 표현 못할 비　發 드러낼 발
표현도 못하고 드러내지도 못함. 【논어論語】

不費之惠
불 비 지 혜

不 아닐 불　費 쓸 비　之 갈 지　惠 은혜 혜
자기에게 손해가 될 것 없이 남에게 이익을 베푸는 은혜.

不賓之士
불 빈 지 사

不 아닐 불　賓 복종할 빈　之 갈 지　士 선비 사
임금에게 복종하지 않는 선비. 간관(諫官)과 쟁신(爭臣)을 말함. [후한서後漢書]

不赦不詳
불 사 불 상

不 아닐 불　赦 용서할 사　詳=祥 상서로울 상
용서하는 마음이 없으면 상서롭지 못함. [춘추공양전春秋公羊傳]

不死永生
불 사 영 생

不 아닐 불　死 죽을 사　永 길 영　生 살 생
죽지 않고 영원히 삶.

不事二君
불 사 이 군

不 아닐 불　事 섬길 사　二 두 이　君 임금 군
두 임금을 섬기지 않음. [사기史記]

不舍晝夜
불 사 주 야

不 아닐 불　舍=捨 쉴 사, 버릴 사　晝 낮 주　夜 밤 야
밤낮으로 쉬지 않음. [논어論語]

不生不滅
불 생 불 멸

不 아닐 불　生 날 생　滅 멸망할 멸
불교 용어. 생겨나지도 없어지지도 않고 항상 그대로 있는 것. 또는 불생불사(不生不死)를 이름.

不惜身命
불 석 신 명

不 아닐 불　惜 아낄 석　身 몸 신　命 목숨 명
불도 수행을 위해 몸과 마음을 아끼지 않는 것. 즉 생명을 바치는 것. [법화경法華經]

不先不後
불 선 불 후

不 아닐 불　先 먼저 선　後 뒤 후
앞도 없고 뒤도 없음. 공교롭게 좋지 않은 때를 당함.

不屑敎誨
불 설 교 회

不 아닐 불　屑 달갑게 여길 설　敎 가르칠 교　誨 가르칠 회
개의(介意)치 않고 돌보지도 않으면서 분기시켜 스스로 깨닫게 하는 가르침.

不涉不獗
불 섭 불 궐

不 아닐 불　涉 건널 섭　獗 칠 궐
건너지 않고는 칠 수가 없음. [예기禮記]

不成就日
불 성 취 일

不 아닐 불　成 이룰 성　就 나아갈 취　日 날 일
음양가에서 꺼리는 날. 즉 부정일(不淨日).

265

不召之臣
불 소 지 신
不아닐불 召부를소 之갈지 臣신하신
앉아서 부르지 못하고 예의를 갖춰 모셔야 하는 덕이 높은 신하. 【맹자孟子】

不須多言
불 수 다 언
不아닐불 須모름지기수 多많을다 言말씀언
여러 말이 필요 없음.

不狩不獵
불 수 불 렵
不아닐불 狩사냥할수 獵사냥할렵
사냥을 하지 않음. 【시경詩經】

▶불수불렵 호첨이정 유현특혜(---- 胡瞻爾庭 有縣特兮): 사냥을 하지 않았다지만, 어찌하여 그대 집 뜰에 큰 짐승들이 걸렸는가?

不勝之任
불 승 지 임
不아닐불 勝이길승 之갈지 任맡길임
견디고 감당할 수 없는 임무. 즉 중차대한 임무. 【회남자淮南子】

不識不知
불 식 부 지
不아닐불 識알식 不아닐부 知알지
생각지도 못한 사이. =부지불식간(不知不識間) 【시경詩經】

不識丁字
불 식 정 자
不아닐불 識알식 丁고무레정 字글자자
고무레를 놓고도 정(丁)자를 모름. 즉 낫 놓고도 ㄱ자를 모름.

不息則久
불 식 즉 구
不아닐불 息쉴식 則곧즉 久오랠구
쉬지 않고 노력해야 오래 감. 【중용中庸】

不息之工
불 식 지 공
不아닐불 息쉴식 之갈지 工장인공
느리지만 쉬지 않고 꾸준히 하는 일.

不食之報
불 식 지 보
不아닐불 食먹을식 之갈지 報갚을보
조상의 은덕으로 자손이 부귀를 누리고 잘되는 보응(報應)을 뜻함.

不言之敎
불 언 지 교
不아닐불 言말씀언 之갈지 敎가르칠교
말이 아니라 자연이 주는 감화로 하는 교육. 특히 도교에서 주장하는 무위자연(無爲自然)의 교훈. 【노자老子】

266

不言之聽
불 언 지 청
不 아닐 불　言 말씀 언　之 갈 지　聽 들을 청
말로써 하는 것 외의 자연의 감화. [여씨춘추呂氏春秋]

不言之花
불 언 지 화
不 아닐 불　言 말씀 언　之 갈 지　花 꽃 화
말을 하지 않는 꽃. 도화(桃花)와 이화(李花)의 별칭. [사기史記]

不易之典
불 역 지 전
不 아닐 불　易 바꿀 역　之 갈 지　典 법 전
변경할 수 없는 법 규정.

怫然作色
불 연 작 색
怫 발끈할 불　然 그러할 연　作 지을 작　色 빛 색
성을 발끈 내어 얼굴 빛이 변함. [장자莊子]

不盈傾筐
불 영 경 광
不 아닐 불　盈 찰 영　傾 기우릴 경　筐 대광주리 광
기울어진 광주리에도 채울 수가 없네. [시경詩經]

不豫則廢
불 예 즉 폐
不 아닐 불　豫 미리 예　則 곧 즉　廢 폐할 폐
미리 준비하지 않으면 실패함. [중용中庸]

不枉法贓
불 왕 법 장
不 아닐 불　枉 굽은 나무 왕　法 법 법　贓 장물 장
부하를 오로지 법에 따라 처벌함.
▶옛 중국의 감문(監門) 수령이 뇌물을 받고도 법에 따라
　처벌한 고사에서 나온 말.

不畏不怒
불 외 불 노
不 아닐 불　畏 두려워할 외　怒 성낼 노
두려워하지도 않고 성내지도 않음. [열자列子]

不偎不愛
불 외 불 애
不 아닐 불　偎 가까이할 외, 친숙해질 외　愛 사랑 애
친근감이 없으면 사랑을 할 수 없음.

不撓不屈
불 요 불 굴
不 아닐 불　撓 꺾일 요　屈 굽힐 굴
곤란에 처해도 꺾이거나 굽히지 않음.

不要不急
불 요 불 급
不 아닐 불　要 중요할 요　急 급할 급
필요하지도 급하지도 않음.

不辱君命
불 욕 군 명
不 아닐 불　辱 욕될 욕　君 임금 군　命 목숨 명
임금의 명을 욕되게 하지 않음. 사신으로 가서 사명을
완수함을 이름. [논어論語]

不遠千里
불 원 천 리
不아닐 불 遠멀 원 千일천 천 里마을 리
천 리 길도 멀다 하지 않음. [맹자孟子]

不違農時
불 위 농 시
不아닐 불 違어긋날 위 農농사 농 時때 시
농사지을 때를 어기지 않음. 적절한 시기에 적절한 일을
꼭 행함을 비유. [맹자孟子]

不威不懲
불 위 부 징
不아닐 불 威위엄 위 不아닐 부 懲혼낼 징
위압하지 않고는 징계할 수가 없음. [역경易經]

不誘於人
불 유 어 인
不아닐 불 誘꾈 유 於어조사 어 人사람 인
남의 꾀임이 빠지지 말라. [회남자淮南子]

不遺餘力
불 유 여 력
不아닐 불 遺남길 유 餘남을 여 力힘 력
힘을 남기지 않고 전력 투구함. [전국책戰國策]

拂衣從之
불 의 종 지
拂걷어올릴 불 衣옷 의 從따를 종 之갈 지
옷을 걷어올리며 따름. [춘추좌씨전春秋左氏傳]

不義之財
불 의 지 재
不아닐 불 義옳을 의 之갈 지 財재물 재
옳지 못한 방법으로 모은 재산.

不二法門
불 이 법 문
不아닐 불 二두 이 法법 법 門문 문
불교 용어. 언어로 표현할 수 없는 절대 경지를 이름. 분
별, 대립, 차별, 언어를 떠난 경지. 또는 그 경지에 대한
가르침을 뜻함.

不翼而飛
불 익 이 비
不아닐 불 翼날개 익 而말이을 이 飛날 비
날개 없이도 난다는 뜻. 소문이 빨리 퍼짐. 또는 물건이
감쪽같이 없어지는 것을 일컬음.

不因人熱
불 인 인 열
不아닐 불 因인할 인 人사람 인 熱더울 열
남의 힘을 빌리지 않음. 남에게 은혜 입음을 떳떳하게
여기지 않는다는 말. [세설신화世說新話]

不忍之心
불 인 지 심
不아닐 불 忍참을 인 之갈 지 心마음 심
차마 그렇게 할 수 없는 마음. 남의 불행을 차마 모른 척
지나칠 수 없는 마음을 이름. [맹자孟子]

不忍之政 不아닐불 忍참을인 之갈지 政다스릴정
불 인 지 정　아주 가혹한 정치.

不次之位 不아닐불 次버금차 之갈지 位자리위
불 차 지 위　차례를 지키지 않고 발탁한 자리.

不撤晝夜 不아닐불 撤거둘철 晝낮주 夜밤야
불 철 주 야　일하는 데 밤과 낮을 가리지 않음.

不測之淵 不아닐불 測잴측 之갈지 淵못연
불 측 지 연　깊이를 헤아릴 수 없는 못. 위험한 곳, 또는 불안한 곳의
비유. [사기史記]

不齒人類 不아닐불 齒동류로삼을치 人사람인 類무리류
불 치 인 류　사람의 축에 들지 못함. [예기禮記]

不恥下問 不아닐불 恥부끄러울치 下아래하 問물을문
불 치 하 문　아랫사람에게 묻는 것을 부끄러워하지 않음. [논어論語]

不坼不副 不아닐불 坼터질탁 副쪼갤복
불 탁 불 복　터지거나 찢어지지 않음. [시경詩經]

▶불탁불복 무재무해(---- 無災無害): 터지거나 찢어지지도
않고, 재앙이나 해도 입지 않네.

不度時宜 不아닐불 度헤아릴탁 時때시 宜마땅할의
불 탁 시 의　때의 적합 여부를 헤아리지 않음. [한서漢書]

不通水火 不아닐불 通통할통 水물수 火불화
불 통 수 화　물과 불이 통하지 않음. 이웃간 왕래가 끊김. [한서漢書]

不通寢席 不아닐불 通통할통 寢잘침 席자리석
불 통 침 석　잠자리를 함께하지 않음. [예기禮記]

不偏不黨 不아닐불 偏치우칠편 不아닐부 黨무리당
불 편 부 당　어느 편에도 치우치지 않음. [서경書經]

不蔽風雨 不아닐불 蔽가릴폐 風바람풍 雨비우
불 폐 풍 우　집이 무너져 비바람을 가리지 못함. 비바람을 피하지 않
고 일을 함. =불피풍우(不避風雨)

不避死傷
불 피 사 상
不아닐불 避=辟피할피 死죽을사 傷상할상
죽고 다치는 것을 피할 수 없음. [순자荀子]

不避湯火
불 피 탕 화
不아닐불 避피할피 湯끓을탕 火불화
끓는 물, 타는 불을 피하지 않고 나아감. 물불 안 가림.

不避風雨
불 피 풍 우
不아닐불 避피할피 風바람풍 雨비우
바람과 비를 피하지 않고 일을 함.

不下一杖
불 하 일 장
不아닐불 下아래하 一한일 杖몽둥이장
매를 한 대도 치지 않음. 맞기 전에 순순히 죄를 자백하는 것을 이름.

不學亡術
불 학 무 술
不아닐불 學배울학 亡=無없을무 術꾀술
배운 학식도 없고 배운 기술도 없음. 학문 예술에 소양이 없음. [한서漢書]

不寒而慄
불 한 이 율
不아닐불 寒찰한 而말이을이 慄두려워할율
춥지도 않은데 공포에 떪. 폭정이 심해서 저절로 몸이 떨리는 것을 이르는 말. [사기史記]

不解衣帶
불 해 의 대
不아닐불 解풀해 衣옷의 帶띠대
옷을 벗거나 허리띠를 풀지 않음. 잠잘 겨를이 없음을 뜻함. [한서漢書]

不顯其光
불 현 기 광
不아닐불 顯나타날현 其그기 光빛광
그 빛이 크게 밝았네. [시경詩經]
▶조주위량 불현기광(造舟爲梁 ----): 배를 만들고 다리를 놓으니 그 빛이 크게 밝았네.
▶현(顯): 밝음. 불현(不顯): 크게 밝음. 不=조 : 크다의 뜻.

不見賢良
불 현 현 량
不아닐불 見=現나타날현 賢어질현 良어질량
어진 사람이 나타나지 않음. [순자荀子]

不惑之年
불 혹 지 년
不아닐불 惑미혹할혹 之갈지 年해년
40세 나이를 말함. [논어論語]
▶공자는 마흔이 되어서야 세상일에 미혹되지 않는다 하였다.

270

不患無位
불 환 무 위

不아닐 불　患근심 환　無없을 무　位자리 위
자기의 자리가 없음을 걱정치 않음. 군자는 벼슬자리에
마음을 두지 않는다는 말. [논어論語]

不遑啓處
불 황 계 처

不아닐 불　遑여유로울 황　啓열 계　處곳 처
집 안에서 편히 쉴 겨를이 없음. [시경詩經]

不孝有三
불 효 유 삼

不아닐 불　孝효도 효　有있을 유　三석 삼
세 가지 불효. [맹자孟子]

▶①부모에게 영합하여 부모를 불의에 빠지게 하는 일. ②
집이 가난하고 부모가 늙어도 벼슬하지 않는 일. ③후사
가 없는 일.

不朽之芳
불 후 지 방

不아닐 불　朽썩을 후　之갈 지　芳꽃다울 방
썩지 않을 아름다운 이름. 영원히 남을 명성을 이름.

不虧不崩
불 휴 불 붕

不아닐 불　虧이지러질 휴　崩무너질 붕
이지러지지도 않고 무너지지도 않음. 나라가 잘 다스려
짐을 형용한 말. [시경詩經]

▶불휴불붕 부진불등(---- 不震不騰): 이지러지지도 무너
지지도 않으며, 떨치지도 솟구쳐 오르지도 않으리라.

朋友相衛
붕 우 상 위

朋벗 붕　友벗 우　相서로 상　衛두를 위
벗들이 서로 얼싸안음. 친구 간에 서로 지켜 주는 것을
말함. [춘추 좌씨전春秋 左氏傳]

朋友攸攝
붕 우 유 섭

朋벗 붕　友벗 우　攸바 유　攝당길 섭
벗 사이엔 서로 당기고 끌리는 바가 있음. [시경詩經]

朋友有信
붕 우 유 신

朋벗 붕　友벗 우　有있을 유　信믿을 신
벗 사이에는 믿음이 있어야 함. 오륜(五倫)의 하나.

鵬程萬里
붕 정 만 리

鵬새 붕　程헤아릴 정　萬일만 만　里마을 리
붕새를 타고 만 리를 낢. 즉 앞날이 양양함. [장자莊子]

悲歌慷慨
비 가 강 개

悲슬플 비　歌노래 가　慷강개할 강　慨분개할 개
슬퍼하고 탄식하며 노래를 부름. [사기史記]

B

比肩隨踵
비 견 수 종

比 견줄 비　肩 어깨 견　隨 따를 수　踵 발꿈치 종
어깨를 나란히 하고 발뒤꿈치를 따름. 끊이지 않고 연달아 이어지는 것을 말함. [한비자韓非子]

卑高以陳
비 고 이 진

卑 낮을 비　高 높을 고　以 써 이　陳 늘어놓을 진
낮은 것과 높은 것을 차례로 늘어놓음. [역경易經]

飛蝗滿野
비 공 만 야

飛 날 비　蝗 메뚜기 공　滿 가득할 만　野 들 야
메뚜기 떼가 들에 가득함. 농작물의 피해가 극심함을 비유. [회남자淮南子]

閟宮有侐
비 궁 유 혁

閟 문 닫을 비　宮 궁궐 궁　有 있을 유　侐 고요할 혁
비궁이 고요함. [시경詩經]

▶비궁유혁 실실매매(---- 實實枚枚): 임금 조상 혼령을 모신 사당이 고요하고, 튼튼하고 빈틈 없이 지었네.
▶비궁(閟宮): 임금 조상의 혼령을 모신 사당.

匪躬之節
비 궁 지 절

匪 아닐 비　躬 몸소 궁　之 갈 지　節 마디 절
자신의 이익을 생각하지 않고 국가를 위해 정성을 다함. [역경易經]

飛禽走獸
비 금 주 수

飛 날 비　禽 새 금　走 달릴 주　獸 짐승 수
날아가는 새와 달려가는 짐승. 생동감이 넘치는 자연의 모습을 표현하는 말.

匪飢匪渴
비 기 비 갈

匪 아닐 비　飢 주릴 기　渴 목 마를 갈
배가 고프지도 목이 마르지도 않음. [시경詩經]

鼻頭出火
비 두 출 화

鼻 코 비　頭 머리 두　出 날 출　火 불 화
콧구멍에서 불을 뿜음. 기운이 펄펄 나는 모양을 이름. [남사南史]

非驢非馬
비 려 비 마

非 아닐 비　驢 나귀 려　馬 말 마
나귀도 아니고 말도 아님. 어느 것과도 같지 않음을 비유한 말. [한서漢書]

非禮勿動
비 례 물 동

非 아닐 비　禮 예절 례　勿 말 물　動 움직일 동
예가 아니거든 움직이지 말라. [논어論語]

非禮勿視
비 례 물 시

非 아닐 비 禮 예절 례 勿 말 물 視 볼 시

예가 아니거든 보지 말라. [논어論語]

非禮勿言
비 례 물 언

非 아닐 비 禮 예절 례 勿 말 물 言 말씀 언

예가 아니거든 말하지 말라. [논어論語]

非禮勿聽
비 례 물 청

非 아닐 비 禮 예절 례 勿 말 물 聽 들을 청

예가 아니면 듣지 말라. [논어論語]

非禮之禮
비 례 지 례

非 아닐 비 禮 예절 례 之 갈 지

예의에 맞는 듯하나 실제로는 어긋나는 예. [맹자孟子]

飛龍在天
비 룡 재 천

飛 날 비 龍 용 룡 在 있을 재 天 하늘 천

성인이 천자의 자리에 앉아 있음을 비유한 말. [역경易經]

=용비어천(龍飛御天)

非理曲直
비 리 곡 직

非 아닐 비 理 다스릴 리 曲 굽을 곡 直 곧을 직

그르고 옳고, 굽고 곧음. =시비곡직(是非曲直)

非命橫死
비 명 횡 사

非 아닐 비 命 목숨 명 橫 가로 횡 死 죽을 사

뜻밖의 변고로 제 명대로 살지 못하고 갑자기 죽음. =비명참사(非命慘死)

非夢似夢
비 몽 사 몽

非 아닐 비 夢 꿈 몽 似 같을 사

잠이 들락말락하여 꿈인지 생시인지 분간이 안 됨.

俾民不迷
비 민 불 미

俾 따를 비 民 백성 민 不 아닐 불 迷 미혹할 미

따르는 백성을 미혹하지 않음. [시경詩經]

▶천자시비 비민불미(天子是毗 ----): 천자를 보좌하여 따르는 백성을 미혹하지 않는다.

誹謗之木
비 방 지 목

誹 헐뜯을 비 謗 헐뜯을 방 之 갈 지 木 나무 목

헐뜯는 나무. 임금에게 올리는 간언을 글로 써서 붙이는 나무. 백성의 마음을 파악하여 올바른 정치를 하는 것을 말함. [사기史記]

▶순(舜)임금 때 임금이 잘못하는 정치를 써서 다리 위에 세운 나무에 붙이게 한 고사에서 나온 말.

飛蓬隨風
비 봉 수 풍

飛 날 비　蓬 쑥 봉　隨 따를 수　風 바람 풍
마른 쑥이 바람 따라 날아다님. 일정한 주견이 없이 되는 대로 행동하는 것을 말함. [후한서後漢書]

蜚蜉撼樹
비 부 감 수

蜚 왕개미 비　蜉 하루살이 부　撼 흔들 감　樹 나무 수
왕개미와 하루살이가 나무를 흔들려 함. 제 능력이나 분수를 모르고 스스로를 과대 평가함을 비웃는 말.

秘不發喪
비 불 발 상

秘 숨길 비　不 아닐 불　發 밝힐 발　喪 죽을 상
죽은 것을 알리지 않고 숨김. [십팔사략十八史略]

臂不外曲
비 불 외 곡

臂 팔 비　不 아닐 불　外 밖 외　曲 굽을 곡
팔이 안으로 굽지, 바깥으로 굽지 않음. 자기와 가까운 사람에게로 마음이 쏠리기 마련이라는 뜻.

卑辭厚幣
비 사 후 폐

卑 낮출 비　辭 말씀 사　厚 두터울 후　幣 예물 폐
말을 정중히 하고 예물을 후하게 함. 어진 인재를 초빙하거나 큰 나라를 섬기는 예의를 말함.

備嘗艱苦
비 상 간 고

備 갖출 비　嘗 맛볼 상　艱 어려울 간　苦 쓸 고
온갖 고통을 골고루 맛봄.

非常之人
비 상 지 인

非 아닐 비　常 늘 상　之 갈 지　人 사람 인
보통 사람과 다른 뛰어난 인물.

匪石之心
비 석 지 심

匪 아닐 비　石 돌 석　之 갈 지　心 마음 심
마음은 돌이 아니므로 굴려서 바꾸지 못한다는 뜻으로, 단단하며 굳은 마음을 이름. [시경詩經]

鼻聲如雷
비 성 여 뢰

鼻 코 비　聲 소리 성　如 같을 여　雷 우레 뢰
코고는 소리가 우레같이 큼. [전국책戰國策]

菲繐菅屨
비 세 관 구

菲 엷을 비　繐 베 세　菅 골풀 관　屨 신 구
엷고 성긴 베옷에 골풀로 만든 신. 즉 시원한 여름 옷차림을 이름. [순자荀子]

匪紹匪遊
비 소 비 유

匪 아닐 비　紹 이을 소　遊 놀 유
천천히 편안하게 행진하나 노는 것이 아님. [시경詩經]

▶왕서보작 비소비유(王舒保作 ----): 임금의 군대가 천천히 행진하지만 놀며 가는 것이 아니다.

毘首羯磨
비 수 갈 마
毘 도울 비 首 머리 수 羯 불깐 양 갈 磨 갈 마
불교 용어. 범어 비사칼만(Visakarman)의 음역. 조각과
건축을 맡은 천신(天神).

泌水樂饑
비 수 낙 기
泌 샘물 흐를 비 水 물 수 樂 즐거울 락(낙) 饑 주릴
기
산수에 은거하여 배고픔을 잊고 즐거워함.

匪兕匪虎
비 시 비 호
匪 아닐 비 兕 외뿔소 시 匪 범 호
외뿔소도 범도 아닌데 쫓기는 신세. 현인이 재액을 만나
그 불행을 탄식하는 말. [시경詩經]

▶비시비호 솔피광야(---- 率彼曠野): 외뿔소도 범도 아닌
데, 광야를 헤맨다. 공자가 진(陳)과 채(蔡)나라 사이의 광
야에서 쫓기고 있을 때 한탄한 말.

飛蛾赴火
비 아 부 화
飛 날 비 蛾 나방 아 赴 다다를 부 火 불 화
나방이 불을 보고 날아듦. 위험한 일에 자진해서 뛰어드
는 것을 비유. [양서梁書]

飛揚跋扈
비 양 발 호
飛 날 비 揚 날릴 양 跋 밟을 발 扈 따를 호
새가 날아오르고 물고기가 날뜀. 신하가 제멋대로 날뛰
는 것. 또는 모반하는 일. [북사北史]

▶발호(跋扈): 제멋대로 날뛰며 행동하는 것.

斐然成章
비 연 성 장
斐 아름다울 비 然 그러할 연 成 이룰 성 章 글 장
학문이나 수양이 성취되어 훌륭함. [논어論語]

誹譽在俗
비 예 재 속
誹 헐뜯을 비 譽 기릴 예 在 있을 재 俗 속될 속
비방과 칭찬은 다 세속에 미루고 자기의 본분을 지켜내
겠다는 뜻. [회남자淮南子]

比屋可封
비 옥 가 봉
比 견줄 비 屋 집 옥 可 옳을 가 封 봉할 봉
요순(堯舜)시대의 사람들은 모두 착하여 집집마다 표창
할 만했다는 말. 태성성대를 이름. [논형論衡]

飛冤駕害
비 원 가 해
飛 날 비 冤 원통할 원 駕 멍에 가 害 해할 해
터무니없이 허물을 조작하여 모함함.

脾胃難定
비 위 난 정

脾 지라 비　胃 밥통 위　難 어려울 난　定 정할 정
비위가 뒤집혀 가라앉지 않음. 밉살스러운 꼴을 보고 속
마음이 뒤집힌다는 말.

非有非無
비 유 비 무

非 아닐 비　有 있을 유　無 없을 무
불교 용어. 모든 법의 실상은 있지도 없지도 않음. 즉 유
(有)와 무(無)의 중도(中道)라는 뜻.

肥肉大酒
비 육 대 주

肥 살찔 비　肉 고기 육　大 큰 대　酒 술 주
살찐 고기와 맛있는 술. 호화로운 고급 요리를 이름.

髀肉復生
비 육 부 생

髀 넓적다리 비　肉 고기 육　復 다시 부　生 날 생
넓적다리에 다시 살이 오름. 무료하게 허송 세월하는 것
을 말함. =비육지탄(髀肉之嘆) 【삼국지三國志】

非肉不飽
비 육 불 포

非 아닐 비　肉 고기 육　不 아닐 불　飽 배부를 포
고기를 먹지 않고는 배부르지 않음. 일흔이 된 노인이
쇠약해진 것을 형용한 말. 【맹자孟子】

髀肉之嘆
비 육 지 탄

髀 넓적다리 비　肉 고기 육　之 갈 지　嘆 한탄할 탄
넓적다리가 굵어졌음을 한탄함. 능력을 발휘하여 보람
있는 일을 하지 못하고 헛되이 세월만 보내는 것을 한탄
하는 말. 【삼국지三國志】
▶촉한(蜀漢)의 유비(劉備)가 오랫동안 편안히 생활해 넓적
다리가 굵게 살이 찐 것을 한탄한 고사에서 비롯된 말.

飛鷹走狗
비 응 주 구

飛 날 비　鷹 매 응　走 달릴 주　狗 개 구
매를 날리고 개를 달리게 함. 사냥을 말함. 【후한서後漢書】

非意相干
비 의 상 간

非 아닐 비　意 뜻 의　相 서로 상　干 방패 간
본의가 아니게 남을 해침. 【진서晉書】

鼻劓盈篝
비 의 영 루

鼻 코 비　劓 코 벨 의　盈 찰 영　篝 삼태기 루
코를 베어 담은 것이 삼태기에 가득함. 【염철론鹽鐵論】

非義之義
비 의 지 의

非 아닐 비　義 옳을 의　之 갈 지
옳은 것 같으나 실은 옳지 않음. 【맹자孟子】

276

匪夷所思
비 이 소 사

匪 아닐 비　夷 오랑캐 이　所 바 소　思 생각 사
보통 사람은 미치지 못하는 생각. 즉 평범치 않은 생각. [역경易經]

飛耳長目
비 이 장 목

飛 날 비　耳 귀 이　長 길 장　目 눈 목
먼 곳을 능히 바라보고 듣는 눈과 귀. 사물을 예민하게 관찰하고, 널리 정보를 수집함을 비유. [관자管子]

比翼連理
비 익 연 리

比 견줄 비　翼 날개 익　連 잇닿을 련(연)　理 다스릴 리
비익조와 연리지. 부부의 애정이 대단히 깊거나 남녀 간의 애정이 깊음을 비유하는 말. [백거이白居易의 장한가長恨歌]
▶비익조(比翼鳥): 암수의 눈과 날개가 하나여서 짝을 짓지 않고는 날지 못하는 새. 연리지(連理枝): 나뭇가지가 서로 붙은 나무.

飛潛同置
비 잠 동 치

飛 날 비　潛 잠길 잠　同 한가지 동　置 놓을 치
날고 잠기는 표현이 한 작품에 놓여 있음. 좋은 시를 짓기 위한 기본적인 수사법.

飛將數奇
비 장 수 기

飛 날 비　將 장수 장　數 헤아릴 수　奇 기이할 기
재주 있는 사람일수록 불행에 처하는 일이 많음을 비유하는 말.

非錢不行
비 전 불 행

非 아닐 비　錢 돈 전　不 아닐 불　行 갈 행
돈을 쓰지 않고는 안 됨. 뇌물 없이는 되지 않음을 탄식하는 말.

非戰之罪
비 전 지 죄

非 아닐 비　戰 싸울 전　之 갈 지　罪 허물 죄
싸우지 못한 죄. 힘을 다했으나 운이 없어 성공치 못함을 탄식하는 말. [사기史記]
▶항우가 해하(垓下)에서 유방에게 패하고 탄식한 말.

卑節下意
비 절 하 의

卑 낮을 비　節 마디 절　下 아래 하　意 뜻 의
절조를 버리고 뜻을 굽힘. [한서漢書]

飛鳥驚蛇
비 조 경 사

飛 날 비　鳥 새 조　驚 놀랄 경　蛇 뱀 사
새가 날고 뱀이 놀람. 글씨체가 활달하고 생동감이 넘침을 말함. [법서원法書院]

ㅂ

誹俊疑傑
비 준 의 걸
誹 헐뜯을 비　俊 뛰어날 준　疑 의심할 의　傑 뛰어날 걸
뛰어난 사람을 헐뜯으며 의심함. [사기史記]

非池中物
비 지 중 물
非 아닐 비　池 못 지　中 가운데 중　物 만물 물
용이 때를 만나면 솟아오름. 영웅이 때를 만나면 세상에 나와 품은 뜻을 편다는 말. [삼국지三國志]
▶오(吳)의 주유(周瑜)가 촉(蜀)의 유비(劉備)를 평한 말.

翡翠珠被
비 취 주 피
翡 비취옥 비　翠 푸를 취　珠 구슬 주　被 입을 피
아름답게 빛나는 차림. [초사楚辭]

琵琶別抱
비 파 별 포
琵 비파 비　琶 비파 파　別 나눌 별　抱 안을 포
비파를 따로 안음. 즉 여자가 재혼함. [백거이白居易의 시詩]

悲風慘雨
비 풍 참 우
悲 슬플 비　風 바람 풍　慘 슬플 참　雨 비 우
슬픔을 자아내는 바람과 비. 매우 서글프고 비참한 처지를 비유.

鼻下政事
비 하 정 사
鼻 코 비　下 아래 하　政 다스릴 정　事 일 사
코밑에 닥치는 일만 처리하기에 급급한 정치. 또는 겨우 먹고 사는 데만 매달리는 정치.

飛黃騰達
비 황 등 달
飛 날 비　黃 누를 황　騰 오를 등　達 통할 달
갑자기 운이 닿아 벼슬에 오르거나 귀하게 됨을 비유하는 말. [한유韓愈의 글文]

賓客闐門
빈 객 전 문
賓 손 빈　客 손 객　闐 가득할 전　門 문 문
손님이 문 앞에 가득 모여듦. [사기史記]

牝鷄司晨
빈 계 사 신
牝 암컷 빈　鷄 닭 계　司 맡을 사　晨 새벽 신
암탉이 울어 때를 알림. 음양의 이치가 바뀌어 집안이 망할 징조라는 말. 또는 후비가 국정을 휘두르거나 처첩이 가정을 마음대로 휘두름을 비유하는 말. [서경書經]

牝鷄之晨
빈 계 지 신
牝 암컷 빈　鷄 닭 계　之 갈 지　晨 새벽 신
새벽에 암탉이 우는 것. 여자가 집안에서 세력을 부리면 집안이 망한다는 말. =빈계사신(牝鷄司晨)

牝馬之德
빈 마 지 덕

牝 암컷 빈　馬 말 마　之 갈 지　德 큰 덕

암말의 유순한 덕. 즉 유순한 덕으로 힘든 일을 잘 참아 성공함. =빈마지정(牝馬之貞) 【역경易經】

擯不與言
빈 불 여 언

擯 물리칠 빈　不 아닐 불　與 더불 여　言 말씀 언

물리친 다음 상대하여 말도 하지 않음.

貧而樂道
빈 이 낙 도

貧 가난할 빈　而 말이을 이　樂 즐길 락(낙)　道 길 도

가난해도 도를 즐김. 【논어論語】

貧而無諂
빈 이 무 첨

貧 가난할 빈　而 말이을 이　無 없을 무　諂 아첨할 첨

가난하나 아첨하지 않음. 【논어論語】

貧而不怨
빈 이 불 원

貧 가난할 빈　而 말이을 이　不 아닐 불　怨 원망할 원

가난해도 남을 원망하지 않음. 【논어論語】

貧者一燈
빈 자 일 등

貧 가난할 빈　者 사람 자　一 한 일　燈 등불 등

물질의 많고 적음보다 정성이 소중하다는 것을 강조한 말. 불교의 '부자의 만 등보다 빈자의 한 등이 낫다'는 말에서 옴. 【현우경賢愚經】

賓至如歸
빈 지 여 귀

賓 손 빈　至 이를 지　如 같을 여　歸 돌아갈 귀

손으로 왔으나 자기 집같이 아무 불편 없이 지냄. 【춘추좌씨전春秋左氏傳】

賓之初筵
빈 지 초 연

賓 손 빈　之 갈 지　初 처음 초　筵 잔치 연

손님을 모시고 잔치를 시작함. 【시경詩經】

▶빈지초연 좌우질질(―――― 左右秩秩): 손님을 모시고 잔치를 시작하니, 좌우 모두 질서가 있네.

貧賤弗竭
빈 천 불 걸

貧 가난할 빈　賤 천할 천　弗=不 아닐 불　竭 갈 걸

가난하고 천함이 떠나지 않음. =부귀불취(富貴弗就) 【여씨춘추呂氏春秋】

貧賤不移
빈 천 불 이

貧 가난할 빈　賤 천할 천　不 아닐 불　移 옮길 이

가난하고 천해도 옮기지 않음. 【맹자孟子】

▶빈천불능이(貧賤不能移): 바른 길을 걷는 사람은 아무리 가난하여도 그 지조를 꺾지 않는다.

貧賤之交
빈 천 지 교

貧 가난할 빈　賤 천할 천　之 갈 지　交 사귈 교
가난하고 천했던 시절의 사귐. [후한서後漢書]

▶빈천지교 불가망(---- 不可忘): 가난하고 천했던 시절의
사귄 정을 잊어서는 안 된다.

賓饗贈餞
빈 향 증 전

賓 손 빈　饗 잔치 향　贈 줄 증　餞 전별할 전
손님에게 잔치를 베풀고 전별금을 줌. [국어國語]

氷甌雪椀
빙 구 설 완

氷 얼음 빙　甌 사발 구　雪 눈 설　椀 주발 완
얼음으로 만든 단지와 눈으로 만든 주발. 청아한 문방제
구를 말함.

氷肌玉骨
빙 기 옥 골

氷 얼음 빙　肌 살 기　玉 구슬 옥　骨 뼈 골
얼음 같은 살결과 옥 같은 뼈대. 매화의 고결한 자태를
형용한 말. 또는 살결이 깨끗하고 맑은 미인을 말함. [장
자莊子] =빙자옥질(氷姿玉質)

氷消霧散
빙 소 무 산

氷 얼음 빙　消 꺼질 소　霧 안개 무　散 흩어질 산
얼음이 녹고 안개가 흩어지듯 흔적도 없이 사라지는 것.

氷消瓦解
빙 소 와 해

氷 얼음 빙　消 꺼질 소　瓦 기와 와　解 풀어질 해
얼음이 녹는 듯, 기와가 깨지듯 없어짐.

馮夷幽宮
빙 이 유 궁

馮 탈 빙　夷 오랑캐 이　幽 그윽할 유　宮 궁궐 궁
수신(水神)이 사는 깊숙하고 그윽한 궁전. 깊은 계곡에
흐르는 냇물을 말함.

▶빙이(馮夷): 수신(水神) 또는 우사(雨師).

氷淸玉潔
빙 청 옥 결

氷 얼음 빙　淸 맑을 청　玉 구슬 옥　潔 깨끗할 결
얼음같이 맑고, 옥같이 깨끗함. [진서晉書] =빙청옥수(氷淸
玉粹)

氷淸玉潤
빙 청 옥 윤

氷 얼음 빙　淸 맑을 청　玉 구슬 옥　潤 윤택할 윤
훌륭한 장인과 사위를 이르는 말. [진서晉書]

氷炭相愛
빙 탄 상 애

氷 얼음 빙　炭 숯 탄　相 서로 상　愛 사랑 애
얼음과 숯이 서로 사랑함. 불가능한 경우를 이를 때 쓰는 말. 얼음과 숯이 각각의 본질을 조절한다는 뜻도 되어, 친구 간에 서로 충고하여 나감을 의미하기도 함. [회남자淮南子] =빙탄지간(氷炭之間)

氷壺秋月
빙 호 추 월

氷 얼음 빙　壺 항아리 호　秋 가을 추　月 달 월
얼음 담은 항아리와 가을 달. 청렴결백한 마음을 비유.

徙家忘妻
사 가 망 처

徙 옮길 사　家 집 가　忘 잊을 망　妻 아내 처
이사갈 때 아내를 잊고 감. 사물을 잘 잊어버리는 사람을 이르는 말. [공자가어孔子家語]

舍車而走
사 거 이 주

舍=捨 버릴 사　車 수레 거　而 말이을 이　走 달릴 주
수레를 버리고 맨발로 달려감. 불의(不義)한 지위를 버리고 청빈(淸貧)에 만족하는 것을 이름. [역경易經] =사거이도(舍車而徒)

使鷄司夜
사 계 사 야

使 하여금 사　鷄 닭 계　司 맡을 사　夜 밤 야
닭에게 밤 시각을 알리는 일을 맡게 함. 적재적소의 인재 등용을 비유. [한비자韓非子]

四顧無親
사 고 무 친

四 넉 사　顧 돌아볼 고　無 없을 무　親 친할 친
의지할 만한 사람이 전혀 없는 외로운 사람. =사궁지민(四窮之民), 사고무인(四顧無人)

四苦八苦
사 고 팔 고

四 넉 사　苦 쓸 고　八 여덟 팔
불교 용어. 온갖 쓰라린 고통. 생노병사(生老病死)의 사고(四苦)에 애별이고(愛別離苦), 원증회고(怨憎會苦), 구부득고(求不得苦), 오성음고(五盛陰苦)를 합해 여덟 가지 고통이라고 함.

司空見慣
사 공 견 관

司 맡을 사　空 빌 공　見 볼 견　慣 버릇 관
자주 보아 신기하지 않음. 아주 평범함. [당송유사唐宋遺史]

射空中鵠
사 공 중 곡

射 쏠 사　空 빌 공　中 가운데 중　鵠 고니 곡
공중을 향해 쏜 것이 괘를 맞춤. 우연히 들어맞아 성공한 경우를 말함. [순오지旬五志]

281

四光反照
사 광 반 조
四 넉 사　光 빛 광　反 되돌릴 반　照 비칠 조
도가(道家) 수련법의 하나. 회고하고 반성하여 수도하는
것.

師曠之聰
사 광 지 총
師 스승 사　曠 밝을 광　之 갈 지　聰 귀 밝을 총
뛰어난 청력을 가진 사람을 말함. [맹자孟子]
▶사광(師曠)은 진(晉)나라의 음악가. 장님이었으나 귀가 밝
아, 음조를 듣고 길흉을 알아맞췄다고 한다.

四窮之民
사 궁 지 민
四 넉 사　窮 궁할 궁　之 갈 지　民 백성 민
네 부류의 외로운 백성. =사고지민(四顧之民)
▶①환(鰥): 아내 없는 홀아비. ②과(寡): 남편 없는 과부.
③독(獨): 자식 없는 노인. ④고(孤): 부모 없는 고아.

事貴神速
사 귀 신 속
事 일 사　貴 귀할 귀　迅 빠를 신　速 빠를 속
일은 빠를수록 좋음.

捨近取遠
사 근 취 원
捨 버릴 사　近 가까울 근　取 취할 취　遠 멀 원
가까운 것을 버리고 먼 것을 취함.

肆其靖地
사 기 정 지
肆 마침내 사　其 그 기　靖 편안할 정　之 갈 지
마침내 편안해지다. [시경詩經]

舍己從人
사 기 종 인
舍=捨 버릴 사　己 몸 기　從 따를 종　人 사람 인
자기 자신을 버리고 남을 따름. 즉 자기의 주관을 버리
고 맹목적으로 남의 의견에 따라감. [서경書經]

舍其坐遷
사 기 좌 천
舍=捨 버릴 사　其 그 기　坐 앉을 좌　遷 옮길 천
그 자리를 떠나 옮겨 다님. [시경詩經]

使驥捕鼠
사 기 포 서
使 하여금 사　驥 천리마 기　捕 잡을 포　鼠 쥐 서
천리마에게 쥐를 잡게 함. 유능한 인재에게 하찮은 일을
시킨다는 뜻. [장자莊子]

舍短取長
사 단 취 장
舍=捨 버릴 사　短 짧을 단　取 취할 취　長 길 장
나쁜 점은 버리고 좋은 점은 취함. [한서漢書]

四端七情
사 단 칠 정

四 녁 사　端 바를 단　七 일곱 칠　情 뜻 정
사단과 칠정. [맹자孟子]
▶사단(四端): 사람의 본성인 인(仁), 의(義), 예(禮), 지(智)
에서 우러난 측은지심(惻隱之心), 수오지심(羞惡之心), 사
양지심(辭讓之心), 시비지심(是非之心). 칠정(七情): 희(喜),
노(怒), 애(哀), 락(樂), 애(哀), 오(惡), 욕(欲).

沙羅雙樹
사 라 쌍 수

沙 모래 사　羅 비단 라　雙 쌍 쌍　樹 나무 수
석가가 사라수 숲에서 열반(涅槃)에 들 때 사방에 서 있
던 한 쌍씩의 나무를 말함. 석가가 입멸한 뒤에 이 나무
가 하얗게 변했다고 함.

絲來線去
사 래 선 거

絲 실 사　來 올 래　線 줄 선　去 갈 거
실이 오고 감. 일이 얽히어 복잡함을 이르는 말.

捨糧沈船
사 량 침 선

捨 버릴 사　糧 양식 량　沈 잠길 침　船 배 선
군량미를 버리고 타고 간 배를 가라앉힘. 결사항전의 태
세를 갖추고 마음을 굳게 다지는 것을 이름. [사기史記]

思慮分別
사 려 분 별

思 생각 사　慮 생각할 려　分 나눌 분　別 다를 별
여러 가지로 생각을 짜내어 신중히 판단함.

紗籠中人
사 롱 중 인

紗 깁 사　籠 등롱 롱　中 가운데 중　人 사람 인
사롱(紗籠) 가운데 있는 사람. 즉 재상이 될 운명을 타고
난 사람.
▶재상은 저승에서 그 상을 세우고 사롱을 들고 보호한다
는 이야기에서 나온 말. 사롱(紗籠)은 여러 빛깔의 깁으
로 거죽을 씌운 등롱.

四馬驚馳
사 마 무 치

四 녁 사　馬 말 마　驚 달릴 무　馳 달릴 치
네 마리 말이 끄는 수레를 빨리 몰아쳐 달림. [한서漢書]

駟馬不追
사 마 불 추

駟 사마 사　馬 말 마　不 아닐 불　追 따를 추
네 마리 말이 끄는 빠른 수레도 따라잡지 못할 정도로
입 밖에 낸 말은 빨리 퍼져 나간다는 뜻. [설원說苑]

四面楚歌
사 면 초 가

四 녁 사　面 낯 면　楚 나라이름 초　歌 노래 가
사방에서 들려오는 초나라의 노래. 적에게 포위되거나
몹시 어려운 지경에 빠져 있음을 비유하는 말. [사기史記]

四面春風 四넉사 面낯면 春봄춘 風바람풍
사 면 춘 풍 사방에 봄바람. 항상 부드러운 얼굴로 남을 대해 호감을
사는 것을 이름. 또는 무사 태평하고 만사가 순조로움을
가리키는 말. [동언해東言解]

思慕諒闇 思생각사 慕그리울모 諒믿을 량(양) 闇문닫을
사 모 양 암 암
임금이 양암(諒闇)에서 홀로 거처하며 돌아가신 부모님
을 사모함. [사기史記]
▶양암(諒闇): 임금이 부모님 상을 당했을 때 홀로 거처하
는 방.

徙木之信 徙옮길사 木나무목 之갈지 信믿을신
사 목 지 신 나무를 옮겨 신용을 얻음. 백성에게 신의를 밝힘. [사기史
記]
▶진(秦)나라 때 상앙(商鞅)이 법률을 변경하여 부강을 도
모하려 하였으나, 백성이 그를 믿지 못할까 염려되었다.
그는 수도의 남문에 나무를 심고 나무를 옮기는 자에게
상금을 주겠다고 하였다. 괴상하게 여긴 백성들은 아무
도 실행하지 않았으나 마침내 한 사람이 나무를 옮겼고,
그에게 곧 상금을 주어 자신의 말이 거짓이 아님을 밝혔
다는 고사에서 온 말.

四牧項領 四넉사 牧칠목 項클항 領목령
사 목 항 령 네 마리 말의 목이 굵기도 하네. [시경詩經]
▶가피사목 사목항령(駕彼四牧 ----): 사마 수레를 타서 보
니 말의 목이 굵기도 하네.

四無量心 四넉사 無없을무 量헤아릴량 心마음심
사 무 량 심 불교 용어. 보살이 가지는 네 가지 무량심.
▶①무한한 자애심인 자무량심(慈無量心). ②일체의 괴로움
에서 벗어나는 비무량심(悲無量心). ③만인의 기쁨을 자
기의 기쁨으로 하는 희무량심(喜無量心). ④모든 증오심
과 원한을 버리는 사무량심(捨無量心).

事無常師 事일사 無없을무 常늘상 師스승사
사 무 상 사 일에는 일정 불변의 표준이 없다는 말. [귀곡자鬼谷子]

284

死無餘恨
사 무 여 한
死죽을사 無없을무 餘남을여 恨한할한
죽어도 한이 없음.

事無二成
사 무 이 성
事일사 無없을무 二두이 成이룰성
두 가지 일을 동시에 모두 성공할 수는 없음. [춘추좌씨전春秋左氏傳]

斯文亂賊
사 문 난 적
斯이사 文글문 亂어지러울란(난) 賊도적적
유교의 교리에 어긋나는 행동을 말함. [논어論語]
▶사문(斯文): 유교의 교리.

使蚊負山
사 문 부 산
使하여금사 蚊모기문 負질부 山뫼산
모기에게 산을 지게 함. 힘은 적은데 과도한 임무를 맡기는 것을 비유한 말. [장자莊子]

射麋脚麟
사 미 각 린
射쏠사 麋큰사슴미 脚다리각 麟기린린
사슴이라고 쏘았으나 기린의 다리에 맞음. 목표는 작았으나 이룬 성과는 의외로 큰 것을 말함. [사기史記]

使民以時
사 민 이 시
使부릴사 民백성민 以써이 時때시
임금은 때를 봐서 백성을 부려야 함. [논어論語]

事半功倍
사 반 공 배
事일사 半반반 功공공 倍갑절배
일은 반(半)을 했는데도 공은 배가 됨. 작은 힘을 기울였는데도 성과가 큼을 말함. [맹자孟子]

沙鉢農事
사 발 농 사
沙모래사 鉢주발발 農농사농 事일사
사발로 농사를 지음. 사발을 들고 다니며 밥을 구걸하는 거지를 비유하는 말.

沙鉢通文
사 발 통 문
沙모래사 鉢주발발 通통할통 文글문
주모자가 누구인지 모르게 관계자의 이름을 둥글게 적은 통문.

四方之志
사 방 지 지
四넉사 方모방 之갈지 志뜻지
천하를 경영하려는 큰 뜻. 또는 모든 나라의 역사 기록.

四百四病
사 백 사 병
四넉사 百일백백 病병병
인간이 걸리는 모든 병. [지론智論]

四分五裂
사 분 오 열
四 넉 사　分 나눌 분　五 다섯 오　裂 찢을 열
여러 갈래로 갈기갈기 찢어짐. 【사기史記】

駟不及舌
사 불 급 설
駟 네 말 수레 사　不 아닐 불　及 미칠 급　舌 혀 설
네 말이 끄는 빠른 수레도 혀에는 못 미침. 소문의 빠름을 비유한 말. 【논어論語】 =사불급추(駟不及追)

死不瞑目
사 불 명 목
死 죽을 사　不 아닐 불　瞑 눈감을 명　目 눈 목
한이 많아 죽어도 눈을 못 감음.

邪不犯正
사 불 범 정
邪 거짓 사　不 아닐 불　犯 범할 범　正 바를 정
바르지 못한 자는 바른 자를 범하지 못함. 정의가 반드시 이긴다는 말. 【태평광기太平廣記】

事不如意
사 불 여 의
事 일 사　不 아닐 불　如 같을 여　意 뜻 의
일이 뜻대로 되지 않음.

使臂使指
사 비 사 지
使 하여금 사　臂 팔 비　指 손가락 지
팔과 손가락으로 자유자재로 지시하고 명령함. 유능한 지도자를 말함. 【한서漢書】

仕非爲貧
사 비 위 빈
仕 벼슬 사　非 아닐 비　爲 할 위　貧 가난할 빈
벼슬은 가난하여 하는 것이 아님. 관리는 녹을 타 먹기 위해서가 아니라 덕을 베풀기 위해 노력해야 한다는 말. 【맹자孟子】

四鄙八堡
사 비 팔 보
四 넉 사　鄙 성 밖 비　八 여덟 팔　堡=保 작은 성 보
전란을 피하여 사방의 백성들이 성 안으로 들어옴. 【예기禮記】

事事無成
사 사 무 성
事 일 사　無 없을 무　成 이룰 성
하는 일마다 이루어지지 않음. 되는 일이 하나도 없음.

沙上樓閣
사 상 누 각
沙 모래 사　上 위 상　樓 다락 루(누)　閣 집 각
모래 위에 지은 집. 기초가 없어 곧 무너짐. 또는 헛된 것을 이름.

四象醫學
사 상 의 학
四 녁 사　象 코끼리 상　醫 의원 의　學 배울 학
이제마가 창안한 의료법. 주역의 태극설을 따라 인체를 네 가지 상으로 나눈 뒤 그 체질에 따른 치료를 해야 한다는 의학설.

泗上弟子
사 상 제 자
泗 물이름 사　上 위 상　弟 아우 제　子 아들 자
사수(泗水)에서 배운 공자의 제자를 말함. =수사제자(洙泗弟子) [사기史記]
▶사수(泗水): 중국 산동성을 흐르는 강으로, 공자의 고향인 곡부와 가깝다.

辭尙體要
사 상 체 요
辭 말씀 사　尙 숭상할 상　體 몸 체　要 중요할 요
말을 할 때는 구체적이고 간결하게 하라. [서경書經]
▶정귀유항 사상체요(政貴有恒 ----): 정사는 일정하게 하는 것이 귀하고, 말은 구체적이고 간결히 함을 숭상하라.

四塞之國
사 색 지 국
四 녁 사　塞 막힐 색　之 갈 지　國 나라 국
국경의 사방이 산과 강으로 둘러싸인 나라.

死生契闊
사 생 계 활
死 죽을 사　生 살 생　契 맺을 계　闊 넓을 활
죽고 살기를 같이하기로 약속하고 동고동락함. [시경詩經]

死生關頭
사 생 관 두
死 죽을 사　生 살 생　關 빗장 관　頭 머리 두
죽느냐 사느냐의 위험한 고비.

死生相摎
사 생 상 규
死 죽을 사　生 살 생　相 서로 상　摎 맬 규
죽음과 삶의 인과가 서로 얽매임. [태현경太玄經]

死生有命
사 생 유 명
死 죽을 사　生 살 생　有 있을 유　命 목숨 명
죽고 사는 것은 천명에 달림. [논어論語]

死生之地
사 생 지 지
死 죽을 사　生 살 생　之 갈 지　地 땅 지
죽느냐 사느냐의 갈림길. [손자孫子]

捨生取義
사 생 취 의
捨 버릴 사　生 살 생　取 취할 취　義 옳을 의
목숨을 버리고 의(義)을 취함. [맹자孟子]

射石飮羽
사 석 음 우

射 쏠 사 石 돌 석 飮 마실 음 羽 깃 우

열성을 다하면 무슨 일이나 성취할 수 있다는 말. [여씨춘
추呂氏春秋]

▶한(漢)의 이광(李廣)이 돌을 범인 줄 착각하여 화살을 쏘
았더니 돌에 화살의 깃까지 박혔다는 고사에서 온 말.

似續妣祖
사 속 비 조

似 이을 사 續 이을 속 妣 죽은어미 비 祖 조상 조

조상의 발자취를 이음. [시경詩經] =승기조무(繩其祖武)

泗水浮磬
사 수 부 경

泗 물이름 사 水 물 수 浮 뜰 부 磬 경쇠 경

사수(泗水)에서 나는, 경(磬)을 만드는 돌.

使水逆流
사 수 역 류

使 하여금 사 水 물 수 逆 거스릴 역 流 흐를 류

물을 거슬러 흐르게 함. 자연의 도리에 어긋나는 일을
말함. [관자管子]

死僧習杖
사 승 습 장

死 죽을 사 僧 중 승 習 익힐 습 杖 지팡이 장

죽은 중의 볼기 치기. 대항할 힘이 없는 사람에게 폭행
을 가하거나 행패를 부리는 것을 비유한 말.

似是而非
사 시 이 비

似 같을 사 是 바를 시 而 말이을 이 非 아닐 비

옳은 것 같으나 사실은 틀림. 비슷해 보이나 실은 다
름. [논형論衡]

四時之序
사 시 지 서

四 넉 사 時 때 시 之 갈 지 序 차례 서

공을 이루고 명성을 얻은 자는, 계절이 바뀌듯 그 자리
를 후진에게 아낌없이 물려주어야 한다는 말. [사기史記]

▶사시지서 성공자거(---- 成功者去): 춘하추동은 각기 할
일을 마치면 가버리듯, 사람도 성공하면 물러나야 한다.

私臣不忠
사 신 불 충

私 사사로울 사 臣 신하 신 不 아닐 불 忠 충성 충

사사로운 신하는 충성심이 부족함. [후한서後漢書]

蛇心佛口
사 심 불 구

蛇 뱀 사 心 마음 심 佛 부처 불 口 입 구

마음은 뱀같이 악독하면서도 겉(입)으로는 부처님같이
후덕한 체함.

288

使羊將狼
사 양 장 랑
使 하여금 사　羊 양 양　將 장수 장　狼 이리 랑
양에게 이리 떼의 대장이 되게 함. 즉 약자에게 강자를 거느리도록 맡김. [사기史記]

辭讓之心
사 양 지 심
辭 사양할 사　讓 양보할 양　之 갈 지　心 마음 심
남에게 양보하고 물러서는 마음. [맹자孟子]

師嚴道尊
사 엄 도 존
師 스승 사　嚴 엄할 엄　道 길 도　尊 높을 존
스승이 엄하면 가르치는 도도 존엄해짐. [예기禮記]

事業捷成
사 업 첩 성
事 일 사　業 업 업　捷 빠를 첩　成 이룰 성
하는 사업을 빨리 이룸. [순자荀子]

事豫則立
사 예 즉 립
事 일 사　豫 미리 예　則 곧 즉　立 설 립
모든 일은 미리 준비되어 있으면 성공함. [중용中庸]
▶사예즉립 불예즉폐(---- 不豫則廢): 미리 준비가 되어 있
　으면 일이 성공하고, 준비가 없으면 실패한다.

死爲酒壺
사 위 주 호
死 죽을 사　爲 할 위　酒 술 주　壺 항아리 호
죽어 술병이 되겠다는 말. 술을 아주 좋아하는 것을 뜻
함. [세설신어世說新語]

史有三長
사 유 삼 장
史 역사 사　有 있을 유　三 석 삼　長 길 장
역사를 기록하는 사관은 재(才), 학(學), 식(識)의 세 가
지 장점을 지녀야 한다는 말. [당서唐書]

死有餘辜
사 유 여 고
死 죽을 사　有 있을 유　餘 남을 여　辜 죄 고
죽어도 죄가 남음. 죽음으로도 그 죄를 갚을 수 없음. [한
서漢書]

事有終始
사 유 종 시
事 일 사　有 있을 유　終 마칠 종　始 처음 시
일의 시작과 끝. 일을 이루기 위해서는 중요한 순서를
구별해야 한다는 뜻. [대학大學]

絲恩髮怨
사 은 발 원
絲 실 사　恩 은혜 은　髮 터럭 발　怨 원망할 원
실과 머리칼 같은 작은 은혜와 원한. [자치통감自治痛鑑]

舍爾介狄
사 이 개 적
舍=捨 버릴 사　爾 너 이　介 낄 개　狄 오랑캐 적
오랑캐 걱정은 버림. 나라의 큰 걱정을 버려 둠. [시경詩經]

　▶사이개적 유여서기(---- 維予胥忌): 나라의 큰 걱정을 버려 두고, 우리끼리 서로 투기하고 있네.

舍易求難
사 이 구 난
舍=捨 버릴 사　易 쉬울 이　求 구할 구　難 어려울 난
쉬운 일을 버리고 어려운 일을 구함.

死而無悔
사 이 무 회
死 죽을 사　而 말이을 이　無 없을 무　悔 뉘우칠 회
죽어도 후회하지 않음. [논어論語]

事以密成
사 이 밀 성
事 일 사　以 써 이　密 빽빽할 밀　成 이룰 성
일은 치밀하게 해나가야 성공함. [한비자韓非子]

死而不亡
사 이 불 무
死 죽을 사　而 말이을 이　不 아닐 불　亡=無 없을 무
사람은 죽어도 남긴 도(道)는 없어지지 않음. [노자老子]

事已至此
사 이 지 차
事 일 사　已 이미 이　至 이를 지　此 이 차
일이 이미 이 지경에 이름. 후회해도 소용이 없다는 말.

死而後已
사 이 후 이
死 죽을 사　而 말이을 이　後 뒤 후　已 그칠 이
죽어야 그만 둠. 죽을 때까지 노력을 계속함. =폐이후이 (斃而後已) [논어論語]

使人大慚
사 인 대 참
使 하여금 사　人 사람 인　大 큰 대　慚 부끄러울 참
하는 짓이 옆에서 보아도 크게 부끄러움.

使人覘之
사 인 점 지
使 하여금 사　人 사람 인　覘 엿볼 점　之 갈 지
사람을 시켜서 몰래 엿보게 함. [공자가어孔子家語]

獅子奮迅
사 자 분 신
獅 사자 사　子 아들 자　奮 떨칠 분　迅 빠를 신
불교 용어. 사자처럼 분기하여 질주하는 기세. 부처의 위맹을 일컫는 말. =사자분신지세(獅子奮迅之勢)

使錢如水
사 전 여 수
使 하여금 사　錢 돈 전　如 같을 여　水 물 수
돈을 물 쓰듯이 함. [학림옥로鶴林玉露] =용전여수(用錢如水)

謝絕賓客
사 절 빈 객

謝 사례할 사 絕 끊을 절 賓 손 빈 客 손 객
빈객(손님)을 사절함. 【사기史記】

乍存乍亡
사 존 사 무

乍 잠깐 사 存 있을 존 亡=無 없을 무
금방 있다가 금방 사라짐. 【사기史記】

死中求活
사 중 구 활

死 죽을 사 中 가운데 중 求 구할 구 活 살 활
죽을 고비에서 살 길을 찾음. 곤궁에 빠져서도 만회할
계획을 찾는다는 말. 【후한서後漢書】 =사중구생(死中求生)

沙中偶語
사 중 우 어

沙 모래 사 中 가운데 중 偶 짝 우 語 말씀 어
신하가 비밀리에 모반을 의논한다는 뜻. 【사기史記】
▶한(漢) 고조(高祖)가 공신 20여 명에게 벼슬을 주자, 이에
서 제외된 제장들이 모래땅에 모여서 모반을 모의한 고
사에서 온 말.

使之聞之
사 지 문 지

使 부릴 사 之 갈 지 聞 들을 문
자기의 의사를 다른 사람을 시켜서 전달하는 것.

死之五等
사 지 오 등

死 죽을 사 之 갈 지 五 다섯 오 等 등급 등
죽음의 명칭 다섯 가지. 임금은 붕(崩), 제후는 훙(薨), 대
부는 졸(卒), 선비(士)는 불록(不祿), 서인은 사(死)라고
함. 【예기禮記】

社稷爲墟
사 직 위 허

社 모일 사 稷 기장 직 爲 할 위 墟 터 허
사직의 터. 【회남자淮南子】
▶사(社)는 지신(地神)을 제사 지내는 곳. 직(稷)은 곡신(穀
神)을 제사 지내는 곳.

社稷之器
사 직 지 기

社 모일 사 稷 기장 직 之 갈 지 器 그릇 기
국가 정치의 중임을 맡을 만한 인재.

社稷之臣
사 직 지 신

社 모일 사 稷 기장 직 之 갈 지 臣 신하 신
국가의 안위(安威)를 맡은 중신.

巳進申退
사 진 신 퇴

巳 뱀 사 進 나아갈 진 申 펼 신 退 물러갈 퇴
사(巳)시에 등청하고, 신(申)시에 퇴청함. 일찍 등청하여
늦게 퇴청함을 이름.

死且不避
사 차 불 피
死죽을사 且또차 不아닐불 避피할피
죽음도 피하지 않는데 다른 것은 말할 것도 없음. 【춘추좌
씨전春秋左氏傳】

駟驖孔阜
사 철 공 부
駟사마사 驖구렁말철 孔클공 阜언덕부
밤색 털빛의 사마 수레가 큰 언덕을 오름. 【시경詩經】

事充政重
사 충 정 중
事일사 充채울충 政다스릴정 重무거울중
맡은 일에 충실해야 다스림이 신중해짐. 【춘추좌씨전春秋左
氏傳】

四通五達
사 통 오 달
四넉사 通통할통 五다섯오 達통할달
온 사방으로 통함.

四通八達
사 통 팔 달
四넉사 通통할통 八여덟팔 達통할달
길이 사방으로 통함. 지식이 풍부해서 다방면에 막힘없
이 통함을 말함.

斜風細雨
사 풍 세 우
斜비낄사 風바람풍 細가늘세 雨비우
비껴 부는 바람과 가늘게 내리는 비.

辭豊意雄
사 풍 의 웅
辭말씀사 豊풍년풍 意뜻의 雄수컷웅
문사(文辭 문장을 이룬 말)가 풍부하고 의지가 웅건함.

事必歸正
사 필 귀 정
事일사 必반드시필 歸돌아갈귀 正바를정
일이 결국은 올바르게 돌아감.

四海困窮
사 해 곤 궁
四넉사 海바다해 困곤할곤 窮궁할궁
온 백성이 살기가 곤궁함. 【서경書經】

四海承風
사 해 승 풍
四넉사 海바다해 承이을승 風바람풍
천하가 다 그 교화를 입음. 【공자가어孔子家語】

四海爲家
사 해 위 가
四넉사 海바다해 爲할위 家집가
천하를 한 집안같이 만듦. 제왕의 광대한 뜻을 이르는
말. 또는 일정한 주거가 없는 것을 이름. 【사기史記】

四海兄弟
사 해 형 제
四넉사 海바다해 兄형형 弟아우제
온 천하 사람과 형제같이 지냄. 【논어論語】

292

死灰復燃
사 회 부 연
死죽을사 灰재회 復다시부 燃불탈연
사그러진 재에서 불이 다시 살아남. 세력을 잃었다가 다시 득세하는 것을 말함. [사기史記]

事後承諾
사 후 승 낙
事일사 後뒤후 承이을승 諾대답할낙
일이 끝난 다음에 승낙을 받음. 급한 경우에 우선 일을 처리한 다음 관계자에게 승낙을 받는 일.

朔旦冬至
삭 단 동 지
朔초하루삭 旦아침단 冬겨울동 至이를지
음력 11월 초하루에 드는 동지. 20년마다 한 번 있고, 옛부터 이 날을 축하했다고 한다.
▶음 11월 갑자(甲子) 삭단(朔旦) 동지는 달력을 만드는 기원이 됨.

鑠絶竽瑟
삭 절 우 슬
鑠녹일삭 絶끊을절 竽피리우 瑟거문고슬
피리와 거문고의 곡(曲)으로 간장을 녹임. [장자莊子]

削株掘根
삭 주 굴 근
削깎을삭 株줄기주 掘팔굴 根뿌리근
줄기를 깎고 뿌리를 파냄. 즉 화근을 없앰. [전국책戰國策]

削奪官職
삭 탈 관 직
削깎을삭 奪빼앗을탈 官벼슬관 職직책직
죄를 범한 자의 벼슬을 빼앗고 이름을 지워 버림.

數忔飮食
삭 흘 음 식
數자주삭 忔기쁠흘 飮마실음 食먹을식
음식을 자주 즐기면서 기뻐함. [사기史記]

山歌野唱
산 가 야 창
山뫼산 歌노래가 野들야 唱부를창
시골 사람들이 부르는 속된 노래.

山鷄野鶩
산 계 야 목
山뫼산 鷄닭계 野들야 鶩오리목
산닭과 들오리. 성질이 사납고 거칠어 길들이기 어렵다는 뜻. 자기 마음대로 하고 남의 말을 듣지 않는 사람을 비유하는 말.

山高水長
산 고 수 장
山뫼산 高높을고 水물수 長길장
인품이 고결하고 절조가 있음을 높은 산과 긴 강에 비유하여 칭찬하는 말. [범중엄范仲淹]

入

293

山陵毀掘
산 릉 훼 굴
山 뫼 산　陵 언덕 릉　毀 헐 훼　掘 팔 굴
산 언덕이 헐리어 파헤쳐짐. [진서晉書]

山多蟲螟
산 다 충 명
山 뫼 산　多 많을 다　蟲 벌레 충　螟 멸구 명
산에 해충이 많음. [관자管子]

山厲河帶
산 려 하 대
山 뫼 산　厲 갈 려　河 물 하=황하　帶 띠 대
맹세할 때 쓰는 말. 산이 숫돌같이 닳고, 황하가 띠같이
좁게 되는 한이 있더라도 맹세는 변함이 없으리라는 뜻.

山溜穿石
산 류 천 석
山 뫼 산　溜 물방울 류　穿 뚫을 천　石 돌 석
방울져 떨어지는 물에 돌이 뚫림. 무슨 일이든 꾸준하게
열심히 계속하면 이룰 수 있다는 뜻. [설원說苑] =수적천
석(水滴穿石)

山林之士
산 림 지 사
山 뫼 산　林 수풀 림　之 갈 지　士 선비 사
산림 속에 은거한 선비. [한서漢書]

山林處士
산 림 처 사
山 뫼 산　林 수풀 림　處 곳 처　士 선비 사
산속에서 글을 읽는 선비. 세속을 멀리하는 사람을 이
름. =산림학사(山林學士)

山鳴谷應
산 명 곡 응
山 뫼 산　鳴 울 명　谷 골 곡　應 응할 응
산이 울면 골짜기가 응함. 소리가 골짜기에 울려 퍼진다
는 말.

算無遺策
산 무 유 책
算 셈할 산　無 없을 무　遺 남을 유　策 꾀할 책
빈틈없이 꾸민 계략. [진서晉書]

山無蹊隧
산 무 혜 수
山 뫼 산　無 없을 무　蹊 지름길 혜　隧 길 수
산에 지름길 하나 없음. [장자莊子]

山上有山
산 상 유 산
山 뫼 산　上 위 상　有 있을 유
출(出)자를 일컫는 말. 산 위에 산이 있는 글자.

山藪藏疾
산 수 장 질
山 뫼 산　藪 늪 수　藏 감출 장　疾 병 질
산이나 늪에서 병을 감추고 살아감. [춘추좌씨전春秋左氏傳]

人

山容水態 山 뫼 산　容 얼굴 용　水 물 수　態 태도 태
산 용 수 태　산이 생긴 모양과 물이 흐르는 모양. 즉 산수의 풍경.

山紫水明 山 뫼 산　紫 자줏빛 자　水 물 수　明 밝을 명
산 자 수 명　산은 자줏빛이고, 물은 맑음. 즉 산수의 경치가 아름다
　　　　　움.

山長水遠 山 뫼 산　長 길 장　水 물 수　遠 멀 원
산 장 수 원　산수가 멀리까지 이어짐.

山底貴杵 山 뫼 산　底 밑 저　貴 귀할 귀　杵 공이 저
산 저 귀 저　산 밑에 절구공이가 귀함. 생산되는 곳에 오히려 그 물
　　　　　건이 귀하다는 말. [순오지旬五志]

山岨水厓 山 뫼 산　岨 돌산 저　水 물 수　厓 언덕 애
산 저 수 애　산의 험한 곳과 강의 험한 곳. 속세에서 멀리 떨어진 곳
　　　　　을 뜻함.

山戰水戰 山 뫼 산　戰 싸울 전　水 물 수
산 전 수 전　온갖 세상의 풍상을 다 겪음.

山節藻棁 山 뫼 산　節 마디 절　藻 마름 조　棁 동자기둥 절
산 절 조 절　두공(枓栱 큰 기둥)에 산을 새기고, 동자기둥(작은 기둥)
　　　　　에 마름(水藻)을 새김. 천자의 기둥 장식을 말함. 즉 화려
　　　　　하게 지은 건물.

山靜日長 山 뫼 산　靜 고요할 정　日 날 일　長 길 장
산 정 일 장　산은 고요하고 해는 긺. 산속의 고요한 생활을 이름.

山峻水急 山 뫼 산　峻 높을 준　水 물 수　急 급할 급
산 준 수 급　산은 높고 물살은 빠름.

山中宰相 山 뫼 산　中 가운데 중　宰 재상 재　相 도울 상
산 중 재 상　재상의 재목이면서 산속에 은거하는 사람. 또는 국정에
　　　　　참여하는 재야의 현인을 일컫는 말. [남사南史]

山中豪傑 山 뫼 산　中 가운데 중　豪 호걸 호　傑 호걸 걸
산 중 호 걸　산속에 있는 범을 말함.

山盡水窮
산 진 수 궁
山뫼산 盡다할진 水물수 窮다할궁
산이 다하고, 물이 막힘. 즉 막다른 지경이 되어 피할 수가 없음.

山珍海錯
산 진 해 착
山뫼산 珍보배진 海바다해 錯섞일착
산과 바다에서 나는 진기한 성찬. =산해진미(山海珍味)

山川相繆
산 천 상 무
山뫼산 川내천 相서로상 繆얽을무
산과 내가 서로 얽힘.

山川草木
산 천 초 목
山뫼산 川내천 草풀초 木나무목
산과 내, 풀과 나무. 자연을 말함.

山啄木鳥
산 탁 목 조
山뫼산 啄쪼을탁 木나무목 鳥새조
산에서 나무를 쪼아대는 새. 딱따구리를 말함.

山頹木壞
산 퇴 목 괴
山뫼산 頹무너질퇴 木나무목 壞무너질괴
태산이 허물어지고 들보가 무너짐. 공자가 죽었을 때를 말함. 즉 성인의 죽음을 형용하는 말. [예기禮記]

山河襟帶
산 하 금 대
山뫼산 河물하 襟옷깃금 帶띠대
산과 강이 옷깃과 띠같이 둘러쳐짐. 자연의 요새(要塞)를 말함.

山海珍味
산 해 진 미
山뫼산 海바다해 珍보배진 味맛미
산과 바다에서 나는 진귀하고 맛있는 음식.

山肴野蔌
산 효 야 속
山뫼산 肴안주효 野들야 蔌반찬속
산과 들에서 나는 안주와 반찬.

殺生之柄
살 생 지 병
殺죽일살 生날생 之갈지 柄자루병
살리고 죽이는 권한을 잡음. 즉 형벌의 권한을 손에 쥠. [삼국지三國志]

殺身成仁
살 신 성 인
殺죽일살 身몸신 成이룰성 仁어질인
자기의 몸을 희생하여 인(仁)을 이룸. [논어論語]

殺之無惜
살 지 무 석
殺죽일살 之갈지 無없을무 惜아낄석
죽여도 아깝지 않음. 죄악이 매우 무거움을 이름.

三綱五倫
삼 강 오 륜

三 석 삼　綱 벼리 강　五 다섯 오　倫 인륜 륜

유교 도덕의 바탕이 되는 세 가지 강령과 다섯 가지 인륜. 【동중서董仲舒의 글귀】

▶벼리(綱)란 그물의 코를 꿰어 그물을 잡아당길 수 있게 한 동아줄.

▶삼강(三綱): ①군위신강(君爲臣綱) 임금은 신하의 벼리, ②부위자강(父爲子綱) 아버지는 아들의 벼리, ③부위부강(夫爲婦綱) 남편은 아내의 벼리.

▶오륜(五倫): ①군신유의(君臣有義) 임금과 신하 사이에는 의리가 있어야 하고, ②부자유친(父子有親) 아버지와 아들은 친함이 있어야 하고, ③부부유별(夫婦有別) 부부 사이에는 분별이 있어야 하고, ④장유유서(長幼有序) 나이가 많고 적음에 순서가 있어야 하고, ⑤붕우유신(朋友有信) 벗 사이에는 믿음이 있어야 함.

三綱五常
삼 강 오 상

三 석 삼　綱 벼리 강　五 다섯 오　常 늘 상

삼강(三綱)과 오상(五常). 【동중서董仲舒의 글귀】

▶삼강(三綱): 군위신강(君爲臣綱), 부위자강(父爲子綱), 부위부강(夫爲婦綱).

▶오상(五常): 인(仁), 의(義), 예(禮), 지(智), 신(信).

三顧草廬
삼 고 초 려

三 석 삼　顧 돌아볼 고　草 풀 초　廬 초막 려

초막 집으로 세 번을 찾아감. 【삼국지三國志】

▶유비(劉備)가 제갈량(諸葛亮)의 초막을 세 번이나 찾아간 고사에서 나온 말.

三頭八臂
삼 두 팔 비

三 석 삼　頭 머리 두　八 여덟 팔　臂 팔 비

머리가 셋에 팔이 여덟 개. 재능이 많아 만사를 참견하는 사람. 교활하기 그지없는 사람을 비유하기도 함.

森羅萬象
삼 라 만 상

森 수풀 삼　羅 벌일 라　萬 일만 만　象 코끼리 상

우주 만물 사이의 온갖 현상.

三令五申
삼 령 오 신

三 석 삼　令 하여금 령　五 다섯 오　申 펼 신

세 번 호령하고 다섯 번 거듭 말함. 군대에서 되풀이해서 자세히 명령하는 것. 또는 성의를 다하여 타이름을 이르는 말. 【사기史記】

三面六臂
삼 면 육 비
三 석삼 面 낯면 六 여섯육 臂 팔비
세 개의 얼굴과 여섯 개의 팔. 한 사람이 여러 사람 몫의
일을 한다는 말. [장자莊子]

三北之恥
삼 배 지 치
三 석삼 北 달아날배 之 갈지 恥 부끄러울치
세 번 싸워 세 번 패배한 수치. 번번이 싸움에 지는 부끄
러움.

三釜之養
삼 부 지 양
三 석삼 釜 솥부 之 갈지 養 봉양할양
박봉으로 부모를 봉양함. [장자莊子]
▶삼부(三釜)는 여섯 말 넉 되로, 얼마 안 되는 녹을 이름.

三分鼎足
삼 분 정 족
三 석삼 分 나눌분 鼎 솥정 足 발족
천하를 셋으로 나누어 서로 대립함. =삼분정립(三分鼎
立)

三思而行
삼 사 이 행
三 석삼 思 생각사 而 말이을이 行 갈행
세 번 생각하고 행동함. 즉 심사숙고한 다음 실천하라는
말. [논어論語]

三思一言
삼 사 일 언
三 석삼 思 생각사 一 한일 言 말씀언
세 번을 생각한 다음 말을 하라는 뜻.

三省吾身
삼 성 오 신
三 석삼 省 살필성 吾 나오 身 몸신
자신의 행동을 세 번 반성함. 언제나 자신의 생각이나
행동을 반성해 본다는 말. [논어論語]

三歲不覿
삼 세 부 적
三 석삼 歲 해세 不 아닐부 覿 볼적
3년이 되어도 보이지 않음. 흉(凶)괘. [역경易經]

三旬九食
삼 순 구 식
三 석삼 旬 열흘순 九 아홉구 食 밥식
한 달에 아홉 끼씩만 먹는 집안. 즉 몹시 가난한 집안.

三十六計
삼 십 육 계
三 석삼 十 열십 六 여섯육 計 셈할계
불리할 때는 도망가는 것이 제일 좋은 계책이라는
말. [제서齊書]
▶송(宋)의 명장 단도제(檀道齊)가 북위(北魏)와 싸울 때
자주 달아났기 때문에 생긴 말. 三十六은 많다는 뜻.

三五而盈
삼 오 이 영
三석삼 五다섯오 而말이을이 盈찰영
(달은) 삼오에 찬다. 즉 보름에 찬다. [예기禮記]
▶삼오이영 삼오이궐(---- 三五而闕): 달은 삼오(15일)에 차고 삼오일 후면 사라진다.

三五之隆
삼 오 지 륭
三석삼 五다섯오 之갈지 隆높을륭
삼황오제(三皇五帝) 시대의 융성했던 세상. [한서漢書]

三王之佐
삼 왕 지 좌
三석삼 王임금왕 之갈지 佐도울좌
하(夏), 은(殷), 주(周)의 세 왕조를 도왔던 어진 신하들.

三浴三薰
삼 욕 삼 훈
三석삼 浴목욕할욕 薰향기훈
목욕을 자주하고 향수를 자주 발라 깨끗이 함.

三揖一辭
삼 읍 일 사
三석삼 揖읍할읍 辭사양할사
세 번 읍하고 나아가고 한 번 물러남. 군자는 벼슬길을 나아가는 데는 신중히 하고, 물러나는 데는 간단히 함을 이르는 말. [예기禮記]

三人成虎
삼 인 성 호
三석삼 人사람인 成이룰성 虎범호
세 사람이 입을 모으면 호랑이도 만듦. 거짓말도 여럿이 하면 참말이 된다는 말. [전국책戰國策]

三從四德
삼 종 사 덕
三석삼 從따를종 四넉사 德큰덕
현부(賢婦)의 덕을 말함. [논어論語]
▶삼종(三從): 어려서는 부모를, 시집 가서는 남편을, 늙어서는 맏자식을 따름.
▶사덕(四德): 부언(婦言), 부덕(婦德), 부용(婦容), 부공(婦工).

三旨相公
삼 지 상 공
三석삼 旨성지지 相서로상 公공변될공
무능하고 아첨만 하는 재상을 일컫는 말.
▶송(宋)나라 신종(神宗) 때의 재상인 왕규(王珪)가 임금의 말끝마다 성지(聖旨)란 말을 쓴 것에서 나온 말.

三尺童子
삼 척 동 자
三석삼 尺자척 童아이동 子아들자
키가 석 자밖에 안 되는 어린이. [맹자孟子]

三遷之教
삼 천 지 교
三 석삼 遷 옮길천 之 갈지 教 가르칠교
맹자의 어머니가 맹자에게 나쁜 영향을 주는 환경을 피해 세 번 이사한 것을 말함.

三草二木
삼 초 이 목
三 석삼 草 풀초 二 두이 木 나무목
온갖 초목이 부처님의 자비로운 비로 혜택을 받는 것같이 모든 중생이 부처님의 가르침을 받을 수 있다는 말.

三寸不律
삼 촌 불 률
三 석삼 寸 마디촌 不 아닐불 律 법률
세 치의 붓. 짧은 붓.
▶불률(不律)은 붓의 딴 이름.

三聚淨戒
삼 취 정 계
三 석삼 聚 모을취 淨 깨끗할정 戒 경계할계
악을 끊는 섭률의계(攝律儀戒), 선을 닦는 섭선법계(攝善法戒), 남을 구제하는 섭중생계(攝衆生戒)를 말함.

衫布一裁
삼 포 일 재
衫 적삼삼 布 베포 一 한일 裁 마를재
베를 끊어 적삼을 단번에 재단함. 즉 어려운 일을 수월하게 처리함. [당서唐書]

三風十愆
삼 풍 십 건
三 석삼 風 바람풍 十 열십 愆 허물건
세 가지 나쁜 풍습과 열 가지 허물.
▶삼풍(三風): ①무풍(巫風), ②음풍(淫風), ③난풍(亂風).
▶십건(十愆): ①항무(恒舞): 춤추기만 즐기고, ②감가(酣歌): 노래하기만 즐기고, ③순화(殉貨): 돈과 재물만 탐내고, ④순색(殉色): 색을 탐내고, ⑤항유(恒遊): 놀이에 빠지고, ⑥항전(恒畋): 사냥에 몰두하고, ⑦모성언(侮聖言): 성인의 말씀을 업신여기고, ⑧역충직(逆忠直): 충성, 정직을 거스르고, ⑨원기덕(遠耆德): 덕을 싫어하고 멀리하며, ⑩비완동(比頑童): 행동이 완악한 어린애 같음.

三戶亡秦
삼 호 망 진
三 석삼 戶 지게호 亡 망할망 秦 나라진
세 집만으로 진(秦)나라를 망칠 수 있음. 내부적으로 곪아터지면 작은 힘으로도 쉽게 무너진다는 말. [사기史記]

三皇五帝
삼 황 오 제
三 석삼 皇 임금황 五 다섯오 帝 임금제
중국 고대의 복희(伏羲), 신농(神農), 수인(燧人)의 삼황(三皇)과 황제(黃帝), 전욱(顓頊), 제곡(帝嚳), 요(堯), 순(舜)의 오제(五帝)를 이름.

喪家之狗
상 가 지 구
喪죽을상 家집가 之갈지 狗개구
상갓집의 개. 주인과 집이 없는 개로 천대받는 신세를
이름. 또는 몹시 초라하고 야윈 사람을 빗대어 말하기도
함. [사기史記] [공자가어孔子家語]

桑間濮上
상 간 복 상
桑뽕나무상 間사이간 濮물이름복 上위상
음란한 음악을 이름.
▶은(殷)의 주왕(紂王)이 사연(師延)에게 음란한 음악을 짓
게 하여 이로 인해 나라가 망하자, 사연은 복수(濮水)에
몸을 던져 죽음.
▶상간(桑間)은 복수가의 뽕나무 숲.

商鑑不遠
상 감 불 원
商헤아릴상 鑑거울감 不아닐불 遠멀원
상(商)나라가 거울로 삼아 경계해야 할 선례(先例)는 먼
데 있는 것이 아니라 가까이에 있다는 말.
▶상(商)은 은(殷)나라를 말함.

相驚伯有
상 경 백 유
相서로상 驚놀랄경 伯맏백 有있을유
있지도 않은 일에 놀라고 두려워서 어쩔 줄 몰라 하는
것. [춘추좌씨전春秋左氏傳]

上告下布
상 고 하 포
上위상 告아뢸고 下아래하 布펼포
나라에 중요한 일이 있을 때는, 종묘에 아뢰고 국민에게
널리 공포하던 일.

傷弓之鳥
상 궁 지 조
傷상할상 弓활궁 之갈지 鳥새조
화살에 다친 새. 한번 큰일을 겪은 사람은 작은 일에도
꺼리고 경계한다는 뜻. [전국책戰國策]

傷肌犯骨
상 기 범 골
傷상할상 肌살기 犯범할범 骨뼈골
살이 상하고 뼈까지 해를 입음. 형벌의 가혹함을 형용한
말.

賞奇析疑
상 기 석 의
賞상줄상 奇기이할기 析쪼갤석 疑의심의
기이한 문장을 감상하여 의심을 풀어 나감. [도연명陶淵明의
글文]

人

象寄鞮譯
상 기 제 역
象코끼리 상　寄부칠 기　鞮가죽신 제　譯통변할 역
통역관을 말함. 동방의 통역자를 기(寄), 남방의 통역자
를 상(象), 서방의 통역자를 적제(狄鞮), 북방의 통역자
를 역(譯)이라 함. [예기禮記]

霜氣橫秋
상 기 횡 추
霜서리 상　氣기운 기　橫가로 횡　秋가을 추
서리 같은 기운이 가을 하늘을 가로지름. 엄숙한 기상을
이름.

償多不愁
상 다 불 수
償갚을 상　多많을 다　不아닐 불　愁근심 수
빚이 아무리 많아도 걱정을 하지 아니함.

上德不德
상 덕 부 덕
上위 상　德큰덕　不아닐 부
최상의 덕을 갖춘 사람은 그 덕을 자랑하지 않음. 참된
덕은 저절로 드러난다는 뜻. [노자老子]

喪亂蔑資
상 란 멸 자
喪죽을 상　亂어지러울 란　蔑없을 멸　資재물 자
상고를 당해 어지러운 중에 물자마저 부족함. [시경詩經]

傷良曰讒
상 량 왈 참
傷상할 상　良어질 량　曰가로 왈　讒참소할 참
어진 사람을 헤치는 것이 참소이다. [순자荀子]

上樑下宇
상 량 하 우
上위 상　樑마룻대 량　下아래 하　宇집 우
마룻대를 올리고 나서 서까래를 얹고 집을 지음. 모든
일에는 순서가 있다는 말.

喪禮之凡
상 례 지 범
喪잃을 상　禮예의 례　之갈 지　凡무릇 범
상례의 모든 범절. [순자荀子]

上漏下濕
상 루 하 습
上위 상　漏샐 루　下아래 하　濕젖을 습
위는 새고 아래는 습기로 젖음. 허술한 집. 또는 가난하
게 사는 것을 비유하는 말. [장자莊子]

常鱗凡介
상 린 범 개
常늘 상　鱗비늘 린　凡무릇 범　介낄 개
흔한 물고기와 조개. 즉 평범한 인물.

桑麻之交
상 마 지 교
桑뽕나무 상　麻삼 마　之갈 지　交사귈 교
뽕나무와 삼나무를 벗하여 지냄. 전원에 은거하여 농사
꾼들과 사귀며 지내는 것을 이름. [두보杜甫의 시詩]

相望之地
상 망 지 지
相 서로 상　望 바랄 망　之 갈 지　地 땅 지
서로 바라다보이는 가까운 곳.

尚寐無聰
상 매 무 총
尚 숭상할 상　寐 잠잘 매　無 없을 무　聰 귀 밝을 총
잠이나 푹 들어 세상일 모두를 듣지 않았으면 좋겠다는
말. [시경詩經]

喪明之痛
상 명 지 통
喪 잃을 상　明 밝을 명　之 갈 지　痛 아플 통
너무 슬퍼하여 눈이 머는 고통. 아들을 잃은 슬픔을 말
할 때 씀.
▶공자의 제자 자하(子夏)가 아들을 잃고 상심하여 밤낮을
울다가 눈이 멀었다는 고사에서 온 말.

尚武精神
상 무 정 신
尚 숭상할 상　武 호반 무　精 정할 정　神 귀신 신
무(武)를 높이 숭상하는 정신.

上文右武
상 문 우 무
上 위 상　文 글 문　右 오른 우　武 호반 무
문(文)과 무(武)를 모두 숭상함.

賞罰無章
상 벌 무 장
賞 상줄 상　罰 벌할 벌　無 없을 무　章 글 장
상벌이 명백치 못함. 상벌이 공평치 않음. [춘추좌씨전春秋左
氏傳]

賞罰踰時
상 벌 유 시
賞 상줄 상　罰 벌할 벌　踰 넘을 유　時 때 시
상벌은 때를 늦추어서는 안 됨.

桑蓬之志
상 봉 지 지
桑 뽕나무 상　蓬 쑥 봉　之 갈 지　志 뜻 지
뽕나무와 쑥에 담긴 뜻. 천하를 위하여 공명을 세우고자
하는 뜻을 이름. [예기禮記]
▶고대 중국에서 남자아이를 낳으면 뽕나무 활로 쑥대 화
살을 천지 사방에 쏘아 아이의 성공을 축원했다. 이에 큰
뜻을 가지고 웅비하라는 말이 되었다.

上奉下率
상 봉 하 솔
上 위 상　奉 받들 봉　下 아래 하　率 거느릴 솔
위로는 부모를 봉양하고, 아래로는 처자를 거느림.

嘗糞之徒
상 분 지 도
嘗 맛볼 상　糞 똥 분　之 갈 지　徒 무리 도
윗사람의 배설물까지 맛보며 아부하는 무리. 지나치게
아부하는 무리를 이름.

ㅅ

常山蛇勢
상 산 사 세
常늘상 山뫼산 蛇뱀사 勢기세세
상산 뱀의 기세. 【손자孫子】

▶전설 속 상산 양두(兩頭)의 뱀. 머리를 치면 꼬리가, 꼬리를 치면 머리가 덤비며, 중간을 치면 머리와 꼬리가 합세해 대든다. 적의 내습이 있을 시, 서로 합세하여 도우는 진법을 말함.

商山四皓
상 산 사 호
商헤아릴상 山뫼산 四넉사 皓흴호
진(秦)나라 때 어지러움을 피하여 상산(商山 섬서성 상현의 동쪽에 있는 산)에 숨었다는 네 사람의 백발노인. 동국공(東國公), 공황공(貢黃公), 녹리선생(角里先生), 기리계(綺里季)을 말함. 【진서晉書】

象山學派
상 산 학 파
象코끼리상 山뫼산 學배울학 派갈래파
송(宋)나라 육구연(陸九淵), 상산(象山)의 학파. 주자학이 공리공론의 풍조에 흐르는데 반해 실천궁행(實踐躬行)을 주장하여 후에 양명학(陽明學)의 선구가 됨.

牀上施牀
상 상 시 상
牀평상상 上위상 施베풀시
아무런 새로움이 없이 먼저 사람의 것을 답습함. 무의미한 일을 되풀이함. 【안씨가훈顏氏家訓】

象犀珠玉
상 서 주 옥
象코끼리상 犀무소서 珠구슬주 玉구슬옥
상아(象牙), 서각(犀角), 진주(珍珠), 백옥(白玉). 즉 귀하고 진기한 보배들.

上樹拔梯
상 수 발 제
上위상 樹나무수 拔뺄발 梯사다리제
나무에 오르게 하고 사다리를 치움. 남을 유인하여 궁지에 몰아넣음을 비유하는 말.

相勝相負
상 승 상 부
相서로상 勝이길승 負질부
서로가 이기고 짐. 승패가 비슷함.

嘗試言之
상 시 언 지
嘗시험할상 試시험할시 言말씀언 之갈지
시험삼아 말해 본 것임. 【장자莊子】

商羊鼓舞
상 양 고 무
商헤아릴상 羊양양 鼓북고 舞춤출무
상양(전설의 새)이 춤추어 수해가 있을 것을 미리 알림. 【공자가어孔子家語】

▶상양(商羊)이란 새가 날면 큰 비가 온다는 전설이 있음.

304

詳言正色
상 언 정 색
詳 자세할 상　言 말씀 언　正 바를 정　色 빛 색
실제의 상황을 자세히 말함. [후한서後漢書]

上莞下簟
상 완 하 점
上 위 상　莞 왕골 완　下 아래 하　簟 대자리 점
윗사람(임금)은 왕골로 짠 자리에 앉고, 아랫사람은 대
자리에 앉음. [시경詩經]

上雨旁風
상 우 방 풍
上 위 상　雨 비 우　旁 곁 방　風 바람 풍
위로는 비가 새고 옆으로는 비바람이 들이침. 낡고 허술
한 집에서 가난하게 삶.

上援下推
상 원 하 추
上 위 상　援 도울 원　下 아래 하　推 밀 추
윗사람은 아랫사람을 끌어올리고 아랫사람은 윗사람을
추대함. 상하가 서로 도움을 이름. [예기禮記]

上潤溽暑
상 윤 욕 서
上 위 상　潤 윤택할 윤　溽 젖을 욕　暑 더울 서
날이 덥고 물기가 많아 토지가 윤택함. [예기禮記]

賞一勸百
상 일 권 백
賞 상줄 상　一 한 일　勸 권할 권　百 일백 백
한 사람의 선행을 기리어 많은 사람에게 선행을 권장함.

桑梓之鄕
상 재 지 향
桑 뽕나무 상　梓 가래나무 재　之 갈 지　鄕 시골 향
조상의 무덤이 있는 시골. 고향을 일컫는 말.

常寂光土
상 적 광 토
常 늘 상　寂 고요할 적　光 빛 광　土 흙 토
불교 용어. 항상 변하지 않는 광명의 세계. 즉 부처님 처
소, 또는 빛나는 마음의 세계.

桑田碧海
상 전 벽 해
桑 뽕나무 상　田 밭 전　碧 푸를 벽　海 바다 해
뽕나무 밭이 푸른 바다가 됨. 세상이 덧없이 변하는 것
을 한탄하는 말. [유정지劉廷芝의 시詩]

常調擧生
상 조 거 생
常 늘 상　調 고를 조　擧 들 거　生 날 생
관리 등용 시험에 응하는 보통 사람들.
▶상조(常調)는 이미 벼슬아치가 된 사람. 거생(擧生)은 과
거시험을 치려고 하는 사람.

常住坐臥
상 주 좌 와
常 늘 상　住 살 주　坐 앉을 좌　臥 누울 와
앉으나 누우나 항상 같은 생각임.

桑中之喜
상 중 지 희

桑 뽕나무 상　中 가운데 중　之 갈 지　喜 기쁠 희
남녀 간의 음란한 쾌락. =상중지기(桑中之期) 【시경詩經】
▶위(魏)의 궁실이 음탕하여 뽕나무 밭에서 정을 통하였다
는 고사에서 온 말.

桑樞甕牖
상 추 옹 유

桑 뽕나무 상　樞 지도리 추　甕 독 옹　牖 창 유
뽕나무로 얽은 지게문과 헌 독 주둥이로 만든 봉창. 매
우 궁핍하게 사는 모양. 【장자莊子】

象齒焚身
상 치 분 신

象 코끼리 상　齒 이 치　焚 탈 분　身 몸 신
코끼리가 상아 때문에 죽임을 당하듯, 재물이 많으면 화
를 입기 쉽다는 말. 【춘추좌씨전春秋左氏傳】

上浸之源
상 침 지 원

上 위 상　浸 잠길 침　之 갈 지　源 물근원 원
위의 물 근원이 풍부함. 【한서漢書】

桑土綢繆
상 토 주 무

桑 뽕나무 상　土 흙 토　綢 얽을 주　繆 묶을 무
새는 폭풍우가 오기 전에 뽕나무 뿌리를 물어다가 둥지
의 구멍을 막음. 재난을 미리 대비해야 한다는 뜻. 【시경詩
經】

湘浦魚沈
상 포 어 침

湘 물이름 상　浦 물가 포　魚 물고기 어　沈 잠길 침
상포의 물고기가 잠김. 소식을 전할 길이 없음을 뜻
함. 【비파기琵琶記】
▶상수(湘水): 광서성 흥안현에서 발원하여 동정호(洞庭湖)
로 흘러듦. 상죽(湘竹)이 유명하며, 상수의 물고기는 소식
을 전했다는 고사가 있음.

上下其手
상 하 기 수

上 위 상　下 아래 하　其 그 기　手 손 수
손을 들었다 내렸다 함. 권세를 이용해 시비를 뒤바뀌게
만든다는 말.

上下無怨
상 하 무 원

上 위 상　下 아래 하　無 없을 무　怨 원망할 원
임금과 신하가 서로 원망 없이 화목함.

上下相蒙
상 하 상 몽

上 위 상　下 아래 하　相 서로 상　蒙 속일 몽
윗사람과 아랫사람이 서로 속임.

上下猜懼
상 하 시 구
上 위 상　下 아래 하　猜 시기할 시　懼 두려워할 구
상하가 서로 시기하고 두려워함. [주서周書]

上下齊同
상 하 제 동
上 위 상　下 아래 하　齊 가지런할 제　同 한가지 동
임금과 신하가 마음을 같이함. [자치통감自治痛鑑]

上下之際
상 하 지 제
上 위 상　下 아래 하　之 갈 지　際 때 제
윗사람과 아랫사람이 서로 이해함. [예기禮記]

上下天光
상 하 천 광
上 위 상　下 아래 하　天 하늘 천　光 빛 광
땅과 하늘에 모두 빛이 남.

上下撑石
상 하 탱 석
上 위 상　下 아래 하　撑 버틸 탱　石 돌 석
윗돌을 빼서 아래를 괴고, 아랫돌을 빼서 윗돌을 굄. 즉
일이 몹시 꼬이는데도 임시 변통으로 견뎌 나감.

上下咸讓
상 하 함 양
上 위 상　下 아래 하　咸 다 함　讓 양보할 양
윗사람과 아랫사람이 서로 양보함. [사기史記]

賽神萬明
새 신 만 명
賽 굿할 새　神 귀신 신　萬 일만 만　明 밝을 명
굿하는 무당. 경솔하고 방정맞은 사람을 말함.

塞翁得失
새 옹 득 실
塞 변방 새　翁 어르신네 옹　得 얻을 득　失 잃을 실
이(利)가 해(害)가 되고 실(失)이 득(得)이 됨을 이르는
말. =새옹지마(塞翁之馬)

塞翁之馬
새 옹 지 마
塞 변방 새　翁 늙은이 옹　之 갈 지　馬 말 마
변방 늙은이의 말. 인생의 길흉화복은 예측할 수 없음을
비유하는 말. [회남자淮南子]
▶옛날 변방 요새에서 말 기르는 것을 낙으로 사는 노인 이
야기. 하루는 노인이 기르는 준마가 사라져 마을 사람
이 위로하자 "뭘요, 이 일로 다른 좋은 일이 있을 줄 아나
요?" 하고 답했다. 얼마 후 달아났던 준마가 딴 곳의 준마
를 많이 데리고 와 동네 사람이 축하하자, "웬걸요. 이 일
로 또 다른 재앙이 생기면 어쩌지요?" 그 후 그의 아들이
준마를 타다가 다리가 부러지자 이번에도 노인은 "뭘요,
이 일로 또 다른 기쁜 일이 생길 수도 있지 않을까요?" 이
후 변방의 야만족이 쳐들어오자 다리가 부러진 아들은
군대에 안 가서 목숨을 부지했다는 고사에서 온 말.

色厲内荏
색 려 내 임
色 빛 색　厲 갈 려　内 안 내　荏 들깨 임
겉은 엄격해 보이지만 내심은 부드러움. [논어論語]

色卽是空
색 즉 시 공
色 빛 색　卽 곧 즉　是 이 시　空 빌 공
불교 용어. 사물은 실재하는 것이 아니고, 모두가 공무
(空無)하다는 말. 즉 현상은 일시적인 모습일 뿐 실체는
없다는 것. [반야심경般若心經]
▶공무(空無): 실체가 없고 텅 빈 것.

色淺體陋
색 천 체 루
色 빛 색　淺 엷을 천　體 몸 체　陋 더러울 루
색은 연하고 몸은 더러움. [장화張華의 부賦]

笙磬同音
생 경 동 음
笙 생황 생　磬 경쇠 경　同 같을 동　音 소리 음
생황과 경쇠의 소리가 잘 어울림. 사람이 잘 화합함을
비유한 말. [시경詩經]

生枯起朽
생 고 기 후
生 살 생　枯 마를 고　起 일어날 기　朽 썩을 후
시든 것은 살리고 썩은 것은 일으킴. 즉 다 죽어가는 것
을 살림. [포박자抱朴子]

生寄死歸
생 기 사 귀
生 살 생　寄 보낼 기　死 죽을 사　歸 돌아갈 귀
사는 것은 이 세상에 잠시 머무는 것이고, 죽음은 본래
의 집으로 돌아간다는 말. [회남자淮南子]

生老病死
생 로 병 사
生 날 생　老 늙을 로　病 병들 병　死 죽을 사
불교에서 말하는 사고(四苦). 나고, 늙고, 병들고, 죽음.

生面大責
생 면 대 책
生 날 생　面 낯 면　大 큰 대　責 꾸짖을 책
일이 왜 잘못된 것인지도 모르면서 무턱대고 꾸짖기부
터 함.

生面不知
생 면 부 지
生 날 생　面 낯 면　不 아닐 부　知 알 지
전혀 알지 못하는 사이. 얼굴도 모르는 사이.

生滅滅已
생 멸 멸 이
生 날 생　滅 멸망할 멸　已 끝날 이
불교 용어. 생명의 모든 형상을 초월하여야 비로소 불과
(佛果)를 얻을 수 있다는 말. [열반경涅槃經]
▶생멸(生滅)은 나고 죽음. 멸이(滅已)는 멸망해 없어짐.

生巫殺人
생 무 살 인
生 날 생　巫 무당 무　殺 죽일 살　人 사람 인
선무당이 사람을 잡음. [동언해東言解]

生不如死
생 불 여 사
生 날 생　不 아닐 불　如 같을 여　死 죽을 사
살아도 죽은 것만 못함. 몹시 곤궁하게 사는 것을 말함.

生死骨肉
생 사 골 육
生 날 생　死 죽을 사　骨 뼈 골　肉 고기 육
죽은 사람을 살리고, 뼈에 살을 붙임. 즉 큰 은혜를 베푸는 것. [춘추좌씨전春秋左氏傳]

生死永訣
생 사 영 결
生 날 생　死 죽을 사　永 길 영　訣 이별할 결
산 사람과 죽은 사람이 영원히 이별함. [당서唐書]

生殺與奪
생 살 여 탈
生 날 생　殺 죽일 살　與 줄 여　奪 빼앗을 탈
살리고 죽이고, 주고 빼앗는 것을 마음대로 함. [한비자韓非子]

生榮死哀
생 영 사 애
生 날 생　榮 영화 영　死 죽을 사　哀 슬플 애
훌륭한 사람은 살아서는 존경받고, 죽으면 애통해함. [논어論語]

鼪鼬之逕
생 유 지 경
鼪 족제비 생　鼬 족제비 유　之 갈 지　逕 지름길 경
족제비나 다니는 좁은 길. 산 사이로 난 좁은 길을 말함. [장자莊子]

生而知之
생 이 지 지
生 날 생　而 말이을 이　知 알 지　之 갈 지
배우지 않아도 나면서부터 앎. [논어論語]

生者必滅
생 자 필 멸
生 날 생　者 사람 자　必 반드시 필　滅 멸할 멸
불교 용어. 산 것은 반드시 죽기 마련이라는 말.

牲牷肥腯
생 전 비 돌
牲 희생 생　牷 희생 전　肥 살찔 비　腯 살찔 돌
바칠 공물이 풍부하다는 뜻. [춘추좌씨전春秋左氏傳]

生即異室
생 즉 이 실
生 살 생=穀 살 곡　即=則 곧 즉　異 다를 리(이)　室 집 실
살 때는 다른 집에서 삶. [시경詩經]
▶곡즉이실 사즉동혈(穀即異室 死即同穴): 살아서는 다른 집에서 살더라도 죽어서는 같이 묻히리라.

309

生知安行
생 지 안 행
生 날 생　知 알 지　安 편안 안　行 갈 행
나면서부터 알고 편안한 마음으로 도를 행하는 성인을
말함. 【중용中庸】

生呑活剝
생 탄 활 박
生 날 생　呑 삼킬 탄　活 살 활　剝 벗길 박
통째로 삼키고, 산 채로 껍질을 벗김. 남의 시문을 송두
리째 그대로 도용함을 말함.

生花後果
생 화 후 과
生 날 생　花 꽃 화　後 뒤 후　果 실과 과
꽃이 먼저 피고 열매가 달림. 또는 딸을 먼저 낳고 아들
을 나중에 낳음.

鼠肝蟲臂
서 간 충 비
鼠 쥐 서　肝 간 간　蟲 벌레 충　臂 팔 비
쥐의 간과 벌레의 팔. 지극히 미천하고 보잘것없어 취할
것이 없는 인간을 비유.

筮短龜長
서 단 귀 장
筮 점대 서　短 짧을 단　龜 거북 귀　長 길 장
점대로 치는 점보다 거북 점이 낫다. 【춘추좌씨전春秋左氏傳】

黍離之歎
서 리 지 탄
黍 기장 서　離 떠날 리　之 갈 지　歎 탄식할 탄
망한 나라 궁터에 기장이 무성하게 자람을 한탄함. 【시경
詩經】 =맥수지탄(麥秀之歎)

庶無大悔
서 무 대 회
庶 무리 서　無 없을 무　大 큰 대　悔 뉘우칠 회
여러 사람이 크게 후회함이 없어야 함. 【시경詩經】

西方淨土
서 방 정 토
西 서녘 서　方 모 방　淨 깨끗할 정　土 흙 토
불교 용어. 십만억토 저편에 있다는 극락세계.

噬膚滅鼻
서 부 멸 비
噬 물 서　膚 살 부　滅 멸할 멸　鼻 코 비
살을 물어 뜯고 코를 베어 버림. 【역경易經】

書不盡言
서 부 진 언
書 글 서　不 아닐 부　盡 다할 진　言 말씀 언
말하는 것을 문장으로 다 적을 수는 없음. 【역경易經】
▶서부진언 언부진의(---- 言不盡意): 말하는 것을 글로 다
적을 수 없고, 말로써 마음속 뜻을 다 표현할 수가 없네.

鼠憑社貴
서 빙 사 귀

鼠 쥐 서　憑 기댈 빙　社 토지신 사　貴 귀할 귀
쥐가 종사(宗社)에 집을 지으면 종사가 탈까 무너질까
염려되어 그대로 둘 수밖에 없다는 말. 군주에게 총애받
는 간신을 어쩌지 못하는 것을 비유.

鼠思泣血
서 사 읍 혈

鼠 쥐 서=憂 근심 우　思 생각 사　泣 울 읍　血 피 혈
근심 걱정에 피눈물 흘림. 【시경詩經】
▶서사읍혈 무언부질(---- 無言不疾): 근심 걱정에 피눈물
흘리면 아프지 않을 사람이 없다.

西山落日
서 산 낙 일

西 서녘 서　山 뫼 산　落 떨어질 락(낙)　日 해 일
서산에 지는 해. 힘과 형세가 다하여 망하게 된 것을 말
함. =일락서산(日落西仰)

黍熟頭低
서 숙 두 저

黍 기장 서　熟 익을 숙　頭 머리 두　低 낮을 저
기장이 익으면 머리를 아래로 낮게 숙임. 남보다 나아질
수록 더욱 자세를 낮추어야 한다는 말. 【담수談藪】
▶서숙두저 맥숙두앙(---- 麥熟頭昻): 기장은 익으면 머리
를 숙이나, 보리는 익으면 머리를 위로 든다.

西施捧心
서 시 봉 심

西 서녘 서　施 베풀 시　捧 두 손으로 받칠 봉　心 마음
심
영문도 모르고 무조건 흉내를 냄. 또는 남의 단점을 장
점인 줄 알고 본뜨는 것을 이름. =서시빈목(西施矉目) 【장
자莊子】
▶월(越)나라 미인 서시(西施)는 가슴앓이가 있어 고통을
견디느라 가슴에 손을 대고 있었으나, 오히려 그 찌푸린
얼굴이 너무나 예뻤다. 이를 본 동네의 추녀가 자기도 예
뻐 보이기 위해 서시와 같은 흉내를 내니 동네 부자는 문
을 닫고, 가난한 자는 식구를 이끌고 동네를 떠났다고 함.
즉 미인은 얼굴을 찡그려도 예쁘지만, 아무나 덩달아서
흉내를 내서는 안 된다는 말.

舒窈糾兮
서 요 교 혜

舒 펼 서　窈 그윽할 요　糾 맺힐 교　兮 어조사 혜
몸매가 훤칠하고 고운 그대여. 【시경詩經】
▶서유교혜 노심참혜(---- 勞心慘兮): 몸매가 훤칠하고 고
운 그대여, (한 번 대하니) 마음속 시름이 없어지네.

311

庶人食力
서 인 식 력 　庶 무리 서　人 사람 인　食 먹을 식　力 힘 력
벼슬 없는 서인은 막일로써 먹고 살아감.

庶人者水
서 인 자 수 　庶 무리 서　人 사람 인　者 사람 자　水 물 수
임금이 배라면 서인은 물이라는 말. 물은 배를 뜨게 할
수도 뒤집을 수도 있음. [순자荀子]

逝者如斯
서 자 여 사 　逝 갈 서　者 사람 자　如 같을 여　斯 이 사
가는 것이 이와 같구나! 공자가 물이 흐르는 것을 보고
학문의 도를 닦는 것도 흐르는 물 같아야 한다고 은유
(隱喩)한 말. =서자여사부(逝者如斯夫) [논어論語]

鼠竊狗盜
서 절 구 도 　鼠 쥐 서　竊 몰래 훔칠 절　狗 개 구　盜 도적 도
쥐같이 몰래 훔치고 개같이 도적질함. [사기史記]

鼠竊狗偸
서 절 구 투 　鼠 쥐 서　竊 몰래 훔칠 절　狗 개 구　偸 훔칠 투
쥐나 개같이 작은 것만 훔치는 좀도둑을 말함. [사기史記]

杼井易水
서 정 역 수 　杼 개수통 서　井 우물 정　易 바꿀 역　水 물 수
개수통의 물을 바꿈. 헌것을 새것으로 바꿈. [관자管子]

噬臍莫及
서 제 막 급 　噬 씹을 서　臍 배꼽 제　莫 말 막　及 미칠 급
배꼽을 물려고 해도 입이 닿지 않음. 기회를 놓치면 후
회해도 소용이 없다는 뜻. [춘추좌씨전春秋左氏傳]
▶사향노루가 잡힌 것은 향내나는 배꼽 때문이라 하여 자
기의 배꼽을 물어뜯는다는 데서 온 말.

噬嗑而亨
서 합 이 형 　噬 물 서　嗑 말 많을 합　而 말이을 이　亨 형통할 형
투쟁하면 형통하리라는 괘. [역경易經]
▶서합(噬嗑)=투쟁(鬪爭)

書香銅臭
서 향 동 취 　書 글 서　香 향기 향　銅 구리 동　臭 냄새 취
책 향기와 돈 냄새. 즉 글 배우는 사람과 장사꾼.

曙後星孤
서 후 성 고 　曙 새벽 서　後 뒤 후　星 별 성　孤 외로울 고
새벽 하늘에 하나 남은 외로운 별. 부모가 죽은 뒤에 남
은 외동딸을 말함.

釋階登天
석 계 등 천
釋 내버릴 석 階 사다리 계 登 오를 등 天 하늘 천
사다리를 버리고 하늘에 오르려 함. 불가능한 일을 하려는 것을 비유하는 말. [초사楚辭]

席藁待罪
석 고 대 죄
席 자리 석 藁 짚고 待 기다릴 대 罪 허물 죄
거적에 엎드려 처벌을 기다림. 즉 저지른 죄에 대한 처분을 기다림.

碩果不食
석 과 불 식
碩 클 석 果 실과 과 不 아닐 불 食 먹을 식
큰 과일은 다 먹지 않고 남김. 자기의 욕심을 억제하여 자손에게 복을 남겨 준다는 말. [역경易經]

席卷之勢
석 권 지 세
席 자리 석 卷 말 권 之 갈 지 勢 권세 세
자리를 마는 것과 같이 거침없이 세력을 펴는 형세.

釋根灌枝
석 근 관 지
釋 풀 석 根 뿌리 근 灌 물댈 관 枝 가지 지
뿌리는 두고 가지에만 물을 대어 줌. 근본을 잊고 지엽에만 힘쓰는 것을 이름. [회남자淮南子]

碩大無朋
석 대 무 붕
碩 클 석 大 큰 대 無 없을 무 朋 벗 붕
크고 위대해지면 벗이 없음. [시경詩經]

席不暇暖
석 불 가 난
席 자리 석 不 아닐 불 暇 겨를 가 暖 따뜻할 난
앉은 자리가 따뜻해질 겨를이 없음. 매우 분주히 돌아다니면서 바삐 일하는 것을 말함.

席上之珍
석 상 지 진
席 자리 석 上 위 상 之 갈 지 珍 보배 진
성인이 아름다운 도리를 폄. [예기禮記]

釋眼儒心
석 안 유 심
釋 풀 석 眼 눈 안 儒 선비 유 心 마음 심
석가의 눈과 공자의 마음. 자비롭고 어진 마음을 이름.

石破天驚
석 파 천 경
石 돌 석 破 깰 파 天 하늘 천 驚 놀랄 경
돌이 깨지고 하늘까지 놀람. 뜻밖의 일로 남을 놀라게 함. 또는 착상이 기발함을 말함. [이하李賀]

碩學鴻儒
석 학 홍 유
碩 클 석 學 배울 학 鴻 기러기 홍 儒 선비 유
위대한 유학자. [진서晉書]

入

夕紅於燒
석 홍 어 소
夕 저녁 석　紅 붉을 홍　於 어조사 어　燒 탈 소
저녁 노을이 타는 것같이 붉음. [백거이白居易의 시詩]

石火光陰
석 화 광 음
石 돌 석　火 불 화　光 빛 광　陰 그늘 음
돌이 맞부딪칠 때의 번쩍 하는 불빛처럼 빠른 세월을 말함.

釋回增美
석 회 증 미
釋 풀 석　回 돌 회　增 더할 증　美 아름다울 미
사벽(邪僻)을 버리고 아름다움을 기름. [예기禮記]

先覺焦朽
선 각 초 후
先 먼저 선　覺 깨달을 각　焦 태울 초　朽 썩을 후
썩은 것을 태워 남보다 먼저 새로운 것을 깨달음. [열자列子]

繕甲練兵
선 갑 연 병
繕 기울 선　甲 갑옷 갑　練 익힐 련(연)　兵 군사 병
병기를 수선하고 군사를 훈련시킴. [북사北史]

鮮車駑馬
선 거 노 마
鮮 고울 선　車 수레 거　駑 둔할 노　馬 말 마
아름다운 수레와 살찐 말. 생활의 사치스러움을 형용하는 말. [후한서後漢書]

旋乾轉坤
선 건 전 곤
旋 돌 선　乾 하늘 건　轉 돌 전　坤 땅 곤
건곤(乾坤=天地)이 돌고 돎. 천하를 새롭게 함을 이름.

先見之明
선 견 지 명
先 먼저 선　見 볼 견　之 갈 지　明 밝을 명
미리 앞을 꿰뚫어 보는 눈. 앞일을 내다보는 지혜를 이름. [후한서後漢書]

善供無德
선 공 무 덕
善 착할 선　供 이바지할 공　無 없을 무　德 큰 덕
부처님 공양을 잘해도 자기에게는 도움이 없음. 남을 위해 애를 써도 자기에게 돌아오는 이득이 없다는 말.

先公後私
선 공 후 사
先 먼저 선　公 공변될 공　後 뒤 후　私 사사로울 사
사적인 일보다 공적인 일을 먼저 함. [맹자孟子]

善氣迎人
선 기 영 인
善 착할 선　氣 기운 기　迎 맞을 영　人 사람 인
착한 마음으로 사람을 대함. [관자管子]

314

璇璣玉衡
선 기 옥 형

璇 옥 선　璣 구슬 기　玉 구슬 옥　衡 저울대 형
옛날 천체를 관측하던 옥으로 된 기계. =혼천의(渾天儀)
또는 옥구슬이 가로걸리고 또 놓임. 즉 구슬이 많다는
말. [서경書經]

　▶선기(璇璣=璿璣)는 북두칠성 1에서 4성, 옥형(玉衡)은 북
　　두칠성 5에서 7성을 말함.

先拿後奏
선 나 후 주

先 먼저 선　拿 잡을 나　後 뒤 후　奏 아뢸 주
범인을 미리 잡아 놓고 나중에 보고함.

善男善女
선 남 선 녀

善 착할 선　男 사내 남　女 계집 녀
착하고 어린 사람들. 또는 불법에 귀의(歸依)한 사람.

仙露明珠
선 로 명 주

仙 신선 선　露 이슬 로　明 밝을 명　珠 구슬 주
신선이 먹는 이슬과 아름다운 구슬. [성교서聖敎序]

先勞後祿
선 로 후 록

先 먼저 선　勞 힘쓸 로　後 뒤 후　祿 복 록
먼저 힘써 일하고 난 뒤에 녹을 바람.

宣武功臣
선 무 공 신

宣 베풀 선　武 군셀 무　功 공 공　臣 신하 신
전란시 무력으로 공을 세운 신하.

先發制人
선 발 제 인

先 먼저 선　發 필 발　制 억제할 제　人 사람 인
선수를 처야 상대를 제압할 수 있음. =선즉제인(先卽制
人) [한서漢書]

先病者醫
선 병 자 의

先 먼저 선　病 병들 병　者 사람 자　醫 의원 의
병을 앓아 본 사람이 남의 병을 고침. 즉 경험 있는 사람
이 남을 인도할 수 있다는 말.

先富後貧
선 부 후 빈

先 먼저 선　富 부자 부　後 뒤 후　貧 가난할 빈
전에는 부유했으나 나중에는 가난해짐.

善善惡惡
선 선 악 악

善 착할 선　惡 악할 악
선을 선이라 하고 악을 악이라 함. 즉 선악을 명백히 구
분하는 것. [사기史記]

詵詵衆賢 詵 많을 선　衆 무리 중　賢 어질 현
선 선 중 현　어진 사람들이 많이 모여듦. [원광袁宏의 글]

▶선선(詵詵): 화목(和睦)하고 흠앙(欽仰)하여 사람들이 모
여듦.

先聲後實 先 먼저 선　聲 소리 성　後 뒤 후　實 열매 실
선 성 후 실　먼저 말로 제압하고 나중에 실력을 보여줌. [사기史記]

▶병귀선성후실(兵貴先聲後實): 전쟁에서 처음에는 공갈로
적을 제압한 다음 교전하는 방법.

蟬蛻濁穢 蟬 매미 선　蛻 허물 벗을 세　濁 더러울 탁　穢 거칠 예
선 세 탁 예　매미가 더럽고 거칠어진 허물을 벗음. [사기史記]

善始善終 善 착할 선　始 비로소 시　終 마침 종
선 시 선 종　처음이 좋으면 끝도 좋음. [장자莊子]

先始於隗 先 먼저 선　始 비로소 시　於 어조사 어　隗 험할 외
선 시 어 외　하찮은 것을 소중히 여기면 더 중요한 것이 오게 된다는
말. [전국책戰國策] = 매사마골(買死馬骨)

▶하찮은 선비인 곽외(郭隗)를 우대하고 중히 여기니 연(燕)
나라의 명장 악의(樂毅)와 비조(鼻祖), 추연(鄒衍), 극신
(劇辛) 등의 인재가 몰려와서 제(齊)나라에 복수하였다
는 고사에서 온 말.

善時者霸 善 착할 선　時 때 시　者 사람 자　霸 으뜸 패
선 시 자 패　때를 놓치지 않고 이용하는 자가 패자가 됨. [사기史記]

先失其道 先 먼저 선　失 잃을 실　其 그 기　道 길 도
선 실 기 도　일을 할 때 먼저 그 방법부터 잘못됨.

禪讓放伐 禪 고요할 선　讓 양보할 양　放 놓을 방　伐 칠 벌
선 양 방 벌　고대 중국의 정권 교체 방법. [순자荀子]

▶선양(禪讓)은 제위를 맡을 인물을 찾아서 물려주는 것. 방
벌(放伐)은 덕 없는 군주를 신하가 쳐서 제위를 빼앗는 것.

羨魚無網 羨 바랄 선　魚 물고기 어　無 없을 무　網 그물 망
선 어 무 망　그물도 없이 물고기를 바람. 얻을 수단은 없으면서 그것
을 갖고 싶어함을 이름. [포박자抱朴子]

善與人交
선 여 인 교
善 착할 선 與 더불 여 人 사람 인 交 사귈 교
여러 사람과 잘 사귐. [논어論語]

善與人同
선 여 인 동
善 착할 선 與 더불 여 人 사람 인 同 한가지 동
사람들과 함께 선(善)을 실천함. 다른 사람의 선을 보면
자기 고집을 버리고 그에 따름. [맹자孟子]

蟺蠉蠖濩
선 연 확 확
蟺 매미 선 蠉 장구벌레 연 蠖 자벌레 확 濩 낙숫물
떨어질 확
정교한 조각 솜씨를 비유하는 말.

禪悅爲食
선 열 위 식
禪 고요할 선 悅 기쁠 열 爲 할 위 食 먹을 식
불교 용어. 선정(禪定)에 들어 침식을 잊고 즐겁게 지내
는 것을 이름.

繕完葺牆
선 완 집 장
繕 기울 선 完 완전할 완 葺 지붕 이을 집 牆 담 장
지붕과 담을 잇고 수리함. [춘추좌씨전春秋左氏傳]

先憂後樂
선 우 후 락
先 먼저 선 憂 근심 우 後 뒤 후 樂 즐길 락
먼저 걱정하고 나중에 즐김. 세상의 걱정은 남보다 먼저
하고, 즐거워할 일은 남보다 나중에 한다는 말. 지사(志
士)와 인자(仁者)를 말함. [악양루기岳陽樓記]

善爲國者
선 위 국 자
善 착할 선 爲 할 위 國 나라 국 者 사람 자
나라를 잘 다스리는 사람. [삼국지三國志]
▶선위국자 필선치기신(---- 必善治其身): 나라를 잘 다스
리는 사람은 제 몸도 잘 다스린다.

善游者溺
선 유 자 익
善 착할 선 游 헤엄칠 유 者 사람 자 溺 빠질 익
헤엄 잘 치는 사람이 물에 빠져 죽음. 자기의 재능을 믿
다가 도리어 화를 당한다는 말. [회남자淮南子]

先意順旨
선 의 순 지
先 먼저 선 意 뜻 의 順 따를 순 旨 뜻 지
상대가 생각하기도 전에 눈치 빠르게 의중을 알아 그 뜻
을 좇음. 윗사람의 의중을 미리 알고 비위 맞추는 것을
이름.

先意承志
선 의 승 지
先 먼저 선 意 뜻 의 承 이을 승 志 뜻 지
부모의 뜻을 먼저 알고 그 뜻을 이어감. [예기禮記]

人

317

先義後利
선 의 후 리

先먼저선 義옳을의 後뒤후 利이로울리
먼저 인의(仁義)를 생각하고 이해 타산은 뒤에 생각함. 〔맹자孟子〕

善以爲寶
선 이 위 보

善착할선 以써이 爲할위 寶보배보
선을 행하는 것이 보배.

先入爲主
선 입 위 주

先먼저선 入들입 爲할위 主임금주
먼저 들은 것을 받아들이고, 나중에 들은 것은 여간해서 믿지 않는다는 말. 〔한서漢書〕

善者不辯
선 자 불 변

善착할선 者사람자 不아닐불 辯말할변
정말 선한 사람은 자기의 선함을 남에게 말하지 않음. 〔노자老子〕

仙姿玉質
선 자 옥 질

仙신선선 姿맵시자 玉구슬옥 質바탕질
신선 같은 풍모와 옥 같은 바탕. 기품이 높은 미인.

先卽制人
선 즉 제 인

先먼저선 卽곧즉 制억제할제 人사람인
남보다 먼저 하면 남을 제압할 수 있음. 〔사기史記〕

先知後行
선 지 후 행

先먼저선 知알지 後뒤후 行갈행
먼저 사리를 알아야 아는 바를 실행할 수 있다는 주자(朱子)의 학설.

先斬後啓
선 참 후 계

先먼저선 斬벨참 後뒤후 啓열계
군율을 어긴 자를 먼저 처형하고 나중에 아룀.

扇枕溫被
선 침 온 피

扇부채선 枕베개침 溫따뜻할온 被입을피
여름에는 부채로 시원하게, 겨울에는 제 몸으로 잠자리를 따뜻하게 해드림. 극진한 효자의 행실을 말함. =선침온석(先枕溫席)〔동관한기東觀漢記〕

先鍼後縷
선 침 후 루

先먼저선 鍼바늘침 後뒤후 縷실루
바늘이 먼저 가야 실이 따름. 일의 선후가 있다는 말. 〔회남자淮南子〕

仙風道骨
선 풍 도 골

仙 신선 선 風 바람 풍 道 길 도 骨 뼈 골
선인(仙人)의 풍모와 도사(道士)의 골격. 뛰어난 풍채를
갖춘 사람을 말함.

先花後果
선 화 후 과

先 먼저 선 花 꽃 화 後 뒤 후 果 열매 과
꽃이 먼저 피고 나중에 과일이 열림. 처음에 딸을 낳고
나중에 아들을 낳음.

先獲我心
선 획 아 심

先 먼저 선 獲 얻을 획 我 나 아 心 마음 심
옛사람이 내 맘같이 일을 행한 것을 알고 기뻐함.

舌乾脣焦
설 건 순 초

舌 혀 설 乾 마를 건 脣 입술 순 焦 그슬릴 초
혀가 마르고 입술이 타는 것. 매우 초조함. 또는 매우 잘
지껄인다는 뜻. 【사기史記】

舌劍脣槍
설 검 순 창

舌 혀 설 劍 칼 검 脣 입술 순 槍 창 창
칼과 같은 혀와 창과 같은 입술. 즉 입으로 사람을 해치
는 것을 일컬음.

挈其妻子
설 기 처 자

挈 거느릴 설 其 그 기 妻 아내 처 子 아들 자
아내와 자식을 이끌어 거느림. 【춘추공양전春秋公羊傳】

雪泥鴻爪
설 니 홍 조

雪 눈 설 泥 진흙 니 鴻 기러기 홍 爪 손톱 조
눈 녹은 진창 위의 기러기 발자국. 눈이 녹으면 자취도
없이 사라지듯 인생도 이와 같이 허무하다는 말.

雪嶺投身
설 령 투 신

雪 눈 설 嶺 고개 령 投 던질 투 身 몸 신
석가가 설산에서 고행하고 난 후 몸을 바위 밑으로 던져
나찰(羅刹:막귀)에게 주었다는 고사.

舌芒于劍
설 망 우 검

舌 혀 설 芒 까끄라기 망 于 어조사 우 劍 칼 검
혀가 칼보다 날카로움. =설망어검(舌芒於劍)

挈缾之知
설 병 지 지

挈 손에 들 설 缾=瓶 병 병 之 갈 지 知 지혜 지
손에 잡히는 작은 병에 들어갈 정도의 지혜. 아주 보잘
것 없는 작은 지혜를 이름. 【춘추좌씨전春秋左氏傳】

雪膚花容
설 부 화 용

雪 눈 설 膚 살부 花 꽃 화 容 얼굴 용
눈같이 흰 살결과 꽃같이 아름다운 얼굴.

雪似鵝毛
설 사 아 모
雪 눈 설 似 같을 사 鵝 거위 아 毛 털 모
거위털같이 가볍게 흩날리는 눈.

雪上加霜
설 상 가 상
雪 눈 설 上 위 상 加 더할 가 霜 서리 상
눈 위에 서리가 내림. 고난이 겹치는 것을 비유하는 말.
엎친 데 덮치기.

挈水若抽
설 수 약 추
挈 손에 들 설 水 물 수 若 같을 약 抽 뺄 추
손으로 물을 들어올리는 것은 마치 빼내는 것과 같
음. 〔장자莊子〕

說往說來
설 왕 설 래
說 말씀 설 往 갈 왕 來 올 래
서로 말이 오고 가며 옥신각신함.

設張擧措
설 장 거 조
設 베풀 설 張 베풀 장 擧 들 거 措 둘 조
일을 처리하는 방법과 동작.

舌底有斧
설 저 유 부
舌 혀 설 底 낮을 저 有 있을 유 斧 도끼 부
혀 밑에 도끼가 있음. 말을 잘못하면 큰 화를 입을 수도
있다는 뜻.

舌存齒敝
설 존 치 폐
舌 혀 설 存 있을 존 齒 이 치 敝 헤질 폐
혀는 남아 있고 이는 빠짐. 부드러운 혀는 남고 강한 이
는 빠짐.

雪中高士
설 중 고 사
雪 눈 설 中 가운데 중 高 높을 고 士 선비 사
매화를 달리 부르는 명칭. =설중군자(雪中君子)

雪中四友
설 중 사 우
雪 눈 설 中 가운데 중 四 넉 사 友 벗 우
눈 속의 네 벗. 옥매(玉梅), 납매(臘梅), 수선(水仙), 산다
화(山茶花)를 말함.

雪中松柏
설 중 송 백
雪 눈 설 中 가운데 중 松 솔 송 柏 잣 백
눈 속에도 시들지 않고 푸른 빛을 지니는 소나무와 잣나
무의 지조를 일컫는 말.

雪中送炭
설 중 송 탄
雪 눈 설 中 가운데 중 送 보낼 송 炭 숯 탄
눈 속에 있는 이에게 숯을 보냄. 즉 고생하는 사람을 구
해 준다는 말.

雪虐風饕
설 학 풍 도
雪눈설 虐모질학 風바람풍 饕사나울도
눈보라에 시달리며 모진 고생을 함.

楔形文字
설 형 문 자
楔문설주설 形형상형 文글문 字글자자
쐐기 모양의 문자. 고대 바빌로니아, 아시리아, 페르시아 등지에서 쓰이던 문자.

纖纖玉手
섬 섬 옥 수
纖가늘섬 玉구슬옥 手손수
가냘프고 옥 같은 손. 즉 미인의 고운 손.

躡手躡脚
섭 수 섭 각
躡밟을섭 手손수 脚다리각
소리가 나지 않게 조심조심 걸음. 매우 조심하는 모양.

涉于春氷
섭 우 춘 빙
涉건널섭 于어조사우 春봄춘 氷얼음빙
녹기 쉬운 봄의 얼음을 건넘. 즉 아주 위험한 일을 함. [서경書經] =섭어춘빙(涉於春氷)

躡足附耳
섭 족 부 이
躡밟을섭 足발족 附붙을부 耳귀이
발을 밟아 일깨우고 귓속말로 귀띔을 해줌. 남모르게 깨우쳐 주는 것을 말함. [사기史記]

攝幘復戰
섭 책 복 전
攝당길섭 幘머리띠책 復다시복 戰싸울전
머리띠를 졸라매고 다시 싸움. 즉 전열을 정비하여 다시 싸움. [후한서後漢書]

涉血之仇
섭 혈 지 구
涉건널섭 血피혈 之갈지 仇원수구
피를 건너야 하는 원수. 상대의 피를 보아야 하는 원수. =불구대천지수(不俱戴天之仇) [회남자淮南子]

聖經賢傳
성 경 현 전
聖성인성 經글경 賢어질현 傳전할전
성현의 글을 이름. 성인의 글을 경(經), 현인의 글을 전(傳)이라 함.

聖供無德
성 공 무 덕
聖성인성 供이바지할공 無없을무 德큰덕
부처님께 공양했으나 공덕이 없음. 남을 위해 노력해도 아무 소용이 없음을 비유.

成功者退
성 공 자 퇴
成 이룰 성　功 공 공　者 사람 자　退 물러날 퇴
공을 이룬 자는 물러나야 함. [사기史記] =공성신퇴(功成身退), 성공자거(成功者去), 공수신퇴(功遂身退)

成功在久
성 공 재 구
成 이룰 성　功 공 공　在 있을 재　久 오랠 구
오래 노력하면 성공함. [장효상張孝祥의 시詩]
▶성공재구 부재속(---- 不在速): 성공의 길은 오래 지속하며 노력함에 있지, 서두름에 있지 않다.

城郭不關
성 곽 불 관
城 성 성　郭 외곽 곽　不 아닐 불　關 빗장 관
성곽에 빗장이 없음. 즉 성곽을 닫지 않음.

聖讀庸行
성 독 용 행
聖 성인 성　讀 읽을 독　庸 쓸 용　行 갈 행
성인의 글을 읽고도 행동은 보통 사람과 다름이 없음.

聲東擊西
성 동 격 서
聲 소리 성　東 동녘 동　擊 칠 격　西 서녘 서
동쪽을 친다고 소문 내고 서쪽을 침. 소리는 동쪽에서 내고 공격은 서쪽에서 하는 용병술을 말함. [통전通典]

星羅雲布
성 라 운 포
星 별 성　羅 그물 라　雲 구름 운　布 베 포
별같이 널리고 구름같이 펼쳐짐. 물건이 여기저기에 널린 모양을 이름.

聲淚俱下
성 루 구 하
聲 소리 성　淚 눈물 루　俱 함께 구　下 아래 하
눈물을 흘리면서 이야기함. [진서晉書]

星離雨散
성 리 우 산
星 별 성　離 떠날 리　雨 비 우　散 흩을 산
별이 서로 떨어지고 비가 흩어짐. 빨리 흩어지는 모양.

聲名狼藉
성 명 낭 자
聲 소리 성　名 이름 명　狼 이리 랑(낭)　藉 깔개 자
명성이 세상에 자자함. [사기史記]

性命理氣
성 명 이 기
性 성품 성　命 목숨 명　理 다스릴 리(이)　氣 기운 기
성리학의 학설.
▶하늘이 주는 것이 명(命), 이를 받아서 내게 있는 것을 성(性)이라 함. 이(理)는 평등하나 기(氣)는 사람마다 다르다. 재(才)는 기(氣)를 받는 것이므로 현인(賢人)과 우인(愚人)이 같을 수 없다는 학설.

性命瑩矣
성 명 형 의
性성품성 命목숨명 瑩밝을형 矣어조사의
인성(人性)과 천명(天命)이 밝음. [태현경太玄經]

聲聞過情
성 문 과 정
聲소리성 聞들을문 過지날과 情뜻정
명성이 실제보다 앞섬. 실제보다 평판이 더 높다는
말. [맹자孟子]

盛服先生
성 복 선 생
盛성할성 服옷복 先먼저선 生날생
옷을 잘 차려 입은 선생. 유학자를 비아냥거리는 말.

成事不說
성 사 불 설
成이룰성 事일사 不아닐불 說말씀설
이미 저지른 일은 거론치 않음.

盛水不漏
성 수 불 루
盛성할성 水물수 不아닐불 漏샐루
가득 찬 물이 새지 않음. 일에 빈틈이 없음을 비유한 말.

誠愛敬信
성 애 경 신
誠정성성 愛사랑애 敬공경경 信믿을신
성실, 사랑, 공경, 믿음으로 살아감.

盛筵難再
성 연 난 재
盛성할성 筵자리연 難어려울난 再두재
성대한 잔치는 두 번 다시 열리기 어려움.

性猶湍水
성 유 단 수
性성품성 猶오히려유 湍여울단 水물수
사람의 본성은 여울물 같아서 동으로 트면 동, 서로 트
면 서로 흐름. 사람의 본성은 착하기만 하고 악하기 만
한 것이 아니고 변화시킬 수 있다는 고자(告子)의 학
설. [맹자孟子]

聲音笑貌
성 음 소 모
聲소리성 音소리음 笑웃을소 貌모양모
목소리와 웃는 모양. 겉만 꾸미는 것을 말함.

盛而不驕
성 이 불 교
盛성할성 而말이을이 不아닐불 驕교만할교
성하더라도 교만하지는 않아야 함. [국어國語]

聖人忘情
성 인 망 정
聖성인성 人사람인 忘잊을망 情뜻정
성인은 사사로운 정을 잊음. [진서晉書]

聖子神孫
성 자 신 손
聖성인성 子아들자 神귀신신 孫손자손
성인의 아들과 신의 손자. 임금의 자손을 말함.

入

盛者必衰　盛성할성 者사람자 必반드시필 衰쇠할쇠
성 자 필 쇠　왕성한 것은 반드시 쇠함.

性靜情逸　性성품성 靜고요할정 情뜻정 逸편안일
성 정 정 일　성정은 본래 안정(安靜)한 것으로 고요하나, 정욕은 분
　　　　　　주하고 방일하다는 뜻. [중용中庸]
　　▶성정정일 심동신피(---- 心動神疲): 마음 바탕이 고요하
　　　면 정서가 포근하고, 마음이 흔들리면 정신이 고달퍼진
　　　다.

誠中形外　誠정성성 中가운데중 形형상형 外밖외
성 중 형 외　마음에 있는 정성스런 생각은 밖으로 저절로 나타나기
　　　　　　마련이라는 말. [대학大學]

城下之盟　城성성 下아래하 之갈지 盟맹세맹
성 하 지 맹　성 아래까지 습격당하여 맺은 강화. 즉 굴욕적인 강
　　　　　　화. [춘추좌씨전春秋左氏傳]

星行夜歸　星별성 行갈행 夜밤야 歸돌아갈귀
성 행 야 귀　별이 보일 때 나가서 밤이 되어 돌아옴. 일찍 나갔다가
　　　　　　밤 늦게 돌아오며 부지런히 일함.

星行電征　星별성 行갈행 電번개전 征칠정
성 행 전 정　별똥별같이 빨리 내달아 번개같이 침.

聲響相應　聲소리성 響소리향 相서로상 應응할응
성 향 상 응　소리와 울림이 서로 호응함. [묵자墨子]

城狐社鼠　城성성 狐여우호 社토지신사 鼠쥐서
성 호 사 서　성 안에 사는 여우와 사직에 사는 쥐. 몸을 안전한 곳에
　　　　　　두고 나쁜 짓을 하는 사람. 임금 곁에 있는 간신배들을
　　　　　　이르는 말. [진서晉書]

星火燎原　星별성 火불화 燎화톳불요 原근원원
성 화 요 원　반짝이는 작은 불똥이 들판을 태움. 하찮은 일이라도 그
　　　　　　냥 두면 걷잡을 수 없게 됨을 비유한 말. [서경書經]

誠惶誠恐　誠정성성 惶두려울황 恐두려울공
성 황 성 공　진심으로 황송함. 천자에게 올리는 글에 쓰는 말.

勢傾則節
세 경 즉 절
勢권세 세 傾기울 경 則곧 즉 節끊을 절
세가 기울면 사귄 정도 끊어짐.
▶이세교자 세경즉절(以勢交者 ----): 권세를 보고 사귄 정
은 세력이 기울면 절로 끊어짐.

洗垢索瘢
세 구 색 반
洗씻을 세 垢때 구 索찾을 색 瘢흉터 반
때를 씻어내고 흉터를 찾아냄. 남의 허물을 들추어냄을
말함. [당서唐書]

勢窮力盡
세 궁 역 진
勢권세 세 窮궁할 궁 力힘 력(역) 盡다할 진
형세가 궁하고 힘이 다함.

世短意多
세 단 의 다
世대 세 短짧을 단 意뜻 의 多많을 다
인생은 짧은데 근심 걱정은 많음.

世短意長
세 단 의 장
世대 세 短짧을 단 意뜻 의 長길 장
사람의 한 대(일생)는 짧고 근심은 긺. [학림옥로鶴林玉露]

洗踏足白
세 답 족 백
洗씻을 세 踏밟을 답 足발 족 白흰 백
상전의 빨래에 종의 발꿈치가 희어짐. 남을 위해 한 일
에 자신도 이로워짐을 이름. [순오지旬五志]

勢利之交
세 리 지 교
勢권세 세 利이로울 리 之갈 지 交사귈 교
권세와 이익을 위해 맺은 교제. =세교(勢交) [한서漢書]

細抹清風
세 말 청 풍
細미미할 세 抹스칠 말 清맑을 청 風바람 풍
미미하게 스쳐 지나가는 맑은 바람. [사기史記]

勢不使盡
세 불 사 진
勢권세 세 不아닐 불 使부릴 사 盡다할 진
세는 다 부리지 않아야 함. [왕충王充의 글초]

歲不我與
세 불 아 여
歲해 세 不아닐 불 我나 아 與더불 여
세월이 나와 함께하지 않음. [논어論語]

勢不兩立
세 불 양 립
勢권세 세 不아닐 불 兩두 양 立설 립
비슷한 두 세력은 공존할 수 없음.

洗手奉職
세 수 봉 직
洗씻을 세 手손 수 奉받들 봉 職직책 직
손을 깨끗이 씻고 공직에 봉사함. 공사(公事)에 청렴결
백함을 이르는 말.

325

歲惡民流
세 악 민 류
歲 해세 惡 모질악 民 백성민 流 흐를류
세태(시절)의 추세가 나쁘면 백성이 유랑함. 【한서漢書】

勢如破竹
세 여 파 죽
勢 기세세 如 같을여 破 깰파 竹 대죽
대나무 쪼개지듯한 기세에 대항할 적이 없음. =파죽지
세(破竹之勢)

歲月不居
세 월 불 거
歲 해세 月 달월 不 아닐불 居 살거
세월은 멈추어 있지 아니함. 【삼국지三國志】

歲月如流
세 월 여 류
歲 해세 月 달월 如 같을여 流 흐를류
세월이 물 흐르듯 빨리 지나감.

勢危事逼
세 위 사 핍
勢 기세세 危 위태로울위 事 일사 逼 닥칠핍
세상이 위태로워 일이 급하게 닥침. 【양무제梁武帝의 글文】

洗耳恭聽
세 이 공 청
洗 씻을세 耳 귀이 恭 공손할공 聽 들을청
귀를 씻고 상대의 말을 공손히 들음. 남의 말을 잘 들어
야 한다는 것을 강조하는 말. 또는 마음을 쏟아 가르침
을 듣는 일. 【고사전高士傳】

世尊之財
세 존 지 재
世 대세 尊 높을존 之 갈지 財 재물재
대대로 자손에게 물리고 내려지는 재물.

勢至菩薩
세 지 보 살
勢 기세세 至 이를지 菩 보살보 薩 보살살
불교 용어. 지혜와 광명으로 세상을 비춰 중생을 삼악도
(三惡道)에서 벗어나게 하는 보살. 아미타여래(阿彌陀如
來)의 오른쪽에 서 있는 보살.

世態炎凉
세 태 염 량
世 대세 態 태도태 炎 불꽃염 凉 서늘할량
더워졌다가 서늘해지듯 세상살이와 인정도 쉬 변함을
이르는 말.

歲寒三友
세 한 삼 우
歲 해세 寒 찰한 三 석삼 友 벗우
추운 겨울의 세 가지 벗. 즉 송(松), 죽(竹), 매(梅).

歲寒松柏
세 한 송 백
歲 해세 寒 찰한 松 솔송 柏 잣백
추운 겨울에도 푸르름을 잃지 않는 소나무와 잣나무.

素車白馬
소 거 백 마

素 흴소　車 수레 거　白 흰 백　馬 말 마

흰 수레에 흰 말. 아주 절친한 친구 사이. 또는 친구의 죽음을 뜻함. [사기史記]

小隙沈舟
소 격 침 주

小 작을 소　隙 틈 격　沈 잠길 침　舟 배 주

작은 틈으로 스며드는 물 때문에 배가 가라앉음. [열자列子]

少見多怪
소 견 다 괴

少 적을 소　見 볼 견　多 많을 다　怪 괴이할 괴

본 것이 적으면 괴이한 일이 많음. 견문이 좁은 것을 비웃는 말. [포박자抱朴子]

疎轂飛鈴
소 곡 비 령

疎 성길 소　轂 바퀴통 곡　飛 날 비　鈴 방울 령

성긴 바퀴통 틈으로 방울 소리만 날아듦. 쓸쓸한 전장의 모습을 표현하는 말. [장위張衛의 동경부東京賦]

小國寡民
소 국 과 민

小 작을 소　國 나라 국　寡 적을 과　民 백성 민

나라가 작고 백성이 적은 나라. 평화롭고 이상적인 나라. [노자老子]

蕭規曹隨
소 규 조 수

蕭 맑은대쑥 소　規 법 규　曹 성 조　隨 따를 수

소하(蕭何)가 정한 법규를 조참(曹參)이 따름. 옛 법도를 그대로 따르는 것을 말함. [사기史記]

遡其過澗
소 기 과 간

遡 거스를 소　其 그 기　過 지날 과　澗 산골 물 간

산골 물을 거슬러 올라감. 어렵고 힘이 드는 일을 헤쳐나가는 것을 이름. [시경詩經]

少年易老
소 년 이 로

少 적을 소　年 해 년　易 쉬울 이　老 늙을 로

소년은 늙기 쉬움. [주문공문집朱文公文集]

▶소년이로 학난성(---- 學難成): 소년은 쉽게 늙는데 학문은 이루기가 어렵다.

素德清規
소 덕 청 규

素 흴 소　德 큰 덕　清 맑을 청　規 법 규

소박한 덕에 깨끗하고 맑은 법규. [진서晉書]

少樂新知
소 락 신 지

少 젊을 소　樂 즐길 락　新 새 신　知 알 지

젊은이는 새로운 벗을 즐겨 찾음. [한유韓愈의 시詩]

笑裏藏刀 笑 웃을 소 裏 속 리 藏 감출 장 刀 칼 도
소 리 장 도 웃음 뒤에 칼을 감추고 있음. 즉 겉과 속이 달리 음침함.
=소중유도(笑中有刀) 【당서唐書】

巢林一枝 巢 둥지 소 林 수풀 림 一 한 일 枝 가지 지
소 림 일 지 새가 둥지를 트는 데는 나뭇가지 하나로 충분함. 작은
집에서도 만족하게 사는 삶을 뜻함. 【장자莊子】 =지족안분
(知足安分)

燒眉之急 燒 탈 소 眉 눈썹 미 之 갈 지 急 급할 급
소 미 지 급 불길이 눈썹을 태울 정도로 급한 것. 몹시 다급한 상황
을 말함. 【오등회원五燈會元】 =초미지급(焦眉之急)

銷鋒灌燧 銷 녹일 소 鋒 칼날 봉 灌 물댈 관 燧 봉화 수
소 봉 관 수 병기를 녹이고 봉화에 물을 끼얹음. 병란(兵亂)이 끝났
음을 이름.

銷鋒鑄鐻 銷 녹일 소 鋒 칼날 봉 鑄 불릴 주 鐻 악기걸이 거
소 봉 주 거 병기를 녹여서 악기 걸이를 만듦. 전쟁이 끝나고 평화가
왔음을 말함. 【사기史記】

疏不間親 疏 성길 소 不 아닐 불 間 사이 간 親 친할 친
소 불 간 친 사이가 먼 사람은 친분이 가까운 사이를 이간하지 않
음. 【통속편通俗編】

少不努力 少 젊을 소 不 아닐 불 努 힘쓸 노 力 힘 력
소 불 노 력 젊어서 노력하지 않음. 【심휴문沈休文의 시詩】
▶소장불노력 노대도상비(少壯不努力 老大徒傷悲): 젊어서
노력하지 않으면 늙어서 크게 슬퍼하리라.

少不如意 少 적을 소 不 아닐 불 如 같을 여 意 뜻 의
소 불 여 의 뜻대로 되는 일이 조금도 없음.

宵不下堂 宵 밤 소 不 아닐 불 下 아래 하 堂 집 당
소 불 하 당 밤에는 집 밖으로 나다니지 않음. 여자가 삼갈 일의 하
나. 【춘추곡량전春秋穀梁傳】

328

笑比河淸
소 비 하 청

笑 웃을 소 比 견줄 비 河 물 하 淸 맑을 청

맑은 황하를 보는 것만큼이나 웃음 보기가 어려움. 근엄해서 여간해서 웃지 않는 것을 이름. [송사宋史]

▶송(宋)의 포증(包拯)이 여간해서 웃지 않은 것을 백 년이 가도 맑아지지 않는 황하(黃河)에 비유한 말.

少私寡欲
소 사 과 욕

少 적을 소 私 사사로울 사 寡 적을 과 欲 바랄 욕

사사로운 마음을 적게 가지고 욕심을 줄임. [노자老子]

素絲良馬
소 사 양 마

素 흴 소 絲 실 사 良 어질 량(양) 馬 말 마

흰 실로 만든 장식과 좋은 말. 현자를 예우하는 말로 쓰임. [시경詩經]

▶소사(素絲): 기를 장식해 늘인 흰 실.

素絲五紽
소 사 오 타

素 흴 소 絲 실 사 五 다섯 오 紽 실타래 타

흰 실이 다섯 타래나 얽힘. 사건이 복잡하게 얽힌 것을 말함. [시경詩經]

蔬食菜羹
소 사 채 갱

蔬 푸성귀 소 食 밥 사 菜 나물 채 羹 국 갱

채소 반찬의 밥과 나물국. 즉 검소한 식사. [논어論語]

瀟湘八景
소 상 팔 경

瀟 강이름 소 湘 강이름 상 八 여덟 팔 景 볼 경

소수와 상수 일대의 여덟 군데 명승지. [몽계필담夢溪筆談]

▶소상팔경은 가장 아름다운 경관의 대명사로 쓰이는 말. 소수와 상수는 양자강 지류로 동정호로 흘러든다.

搔首踟躕
소 수 지 주

搔 긁을 소 首 머리 수 踟 머뭇거릴 지 躕 머뭇거릴 주

머리를 긁적이며 머뭇거림. [시경詩經]

▶애이불견 소수지주(愛而不見 ----): 사랑하면서도 만나지 못하여, 머리 긁적이며 머뭇거리네.

蔬筍之氣
소 순 지 기

蔬 푸성귀 소 筍 죽순 순 之 갈 지 氣 기운 기

채소와 죽순만 먹고 육식을 하지 않는 사람의 기상. 승려의 기상을 말함.

小心謹愼
소 심 근 신

小 작을 소 心 마음 심 謹 삼갈 근 愼 삼갈 신

대단히 조심하여 작은 일에도 주의를 게을리하지 않음. [한서漢書]

小心翼翼
소 심 익 익

小 작을 소　心 마음 심　翼 날개 익

조심하고 삼가는 모양. 또는 도량이 좁고 겁이 많아 벌벌 떠는 모양. [시경詩經]

▶익익(翼翼)은 공경하고 삼가는 모양.

宵壤之判
소 양 지 판

宵 하늘 소　壤 흙 양　之 갈 지　判 판단할 판

하늘과 땅의 차이. 두 사물이 엄청나게 차이가 남을 말함. =천양지차(天壤之差)

逍遙自在
소 요 자 재

逍 거닐 소　遙 멀 요　自 스스로 자　在 있을 재

구속되는 일 없이 제 마음대로 자유롭게 거닒.

騷擾衝蕘
소 요 충 사

騷 시끄러울 소　擾 시끄러울 요　衝 찌를 충　蕘 풀이름 사

시끄럽게 헝클어지고 뒤섞임. 무질서하고 혼란스러운 것을 말함. [한서漢書]

宵衣旰食
소 의 간 식

宵 밤 소　衣 옷 의　旰 해질 간　食 밥 식

밝기 전에 일어나 정복을 입고, 해가 진 후에 저녁밥을 먹음. 임금이 몸을 아끼지 않고 부지런히 정사에 힘쓰는 것을 이름. [당서唐書]

素衣朱襮
소 의 주 박

素 흴 소　衣 옷 의　朱 붉을 주　襮 수놓은 깃 박

흰 옷에 수놓은 붉은 깃을 닮. [시경詩經]

疎而不漏
소 이 불 루

疎 성길 소　而 말이을 이　不 아닐 불　漏 샐 루

성기지만 빠뜨리지 않음. [노자老子]

▶천망회회 소이불루(天網恢恢 ----): 하늘 그물이 넓고 넓어 성기지만 빠뜨리지 않는다.

小人儉陋
소 인 검 루

小 작을 소　人 사람 인　儉 검소할 검　陋 더러울 루

소인은 궁핍하고 소견이 좁음. [한서漢書]

騷人墨客
소 인 묵 객

騷 떠들 소　人 사람 인　墨 먹 묵　客 손 객

시문과 서화로 풍류를 즐기고 마음이 깨끗하고 아름다운 사람. [선화화보宣和畵譜] =문인묵객(文人墨客)

▶소인(騷人): 초(楚)나라의 시인 굴원(屈原)이 읊은 「이소(離騷)」에서 비롯된 말. 「이소」가 사람들에게 회자되면서 시인을 '소인'으로 부르게 되었다.

騷人之愁
소 인 지 수

騷 떠들 소　人 사람 인　之 갈 지　愁 근심 수
시인의 우수(憂愁)와 탄식.

小人之勇
소 인 지 용

小 작을 소　人 사람 인　之 갈 지　勇 용기 용
혈기에서 나오는 작은 용기. 또는 생각이 모자라는 사람
의 어리석은 용기. =필부지용(匹夫之勇) 【순자荀子】

小人之歎
소 인 지 탄

小 작을 소　人 사람 인　之 갈 지　歎 한탄할 탄
사소한 근심 걱정.

小人革面
소 인 혁 면

小 작을 소　人 사람 인　革 고칠 혁　面 낯 면
간사한 소인도 명군이 임금 자리에 있으면 마음을 고치
지는 못해도 외면은 달리 하여 나쁜 일은 하지 않는다는
뜻. 【역경易經】

昭兹來許
소 자 내 허

昭 밝을 소　兹 이 자　來 올 래(내)　許 허락할 허
이렇게 앞으로 올 날을 밝힘. 【시경詩經】
▶소자내허 승기조무(---- 繩其祖武): 이렇게 앞으로 올 날
　을 밝히어, 조상의 발자취를 잇는다.
▶내허(來許)는 앞으로 올 날이라는 뜻.

小字文書
소 자 문 서

小 작을 소　字 글자 자　文 글 문　書 글 서
고려 때 우리나라에 전해진 여진족(女眞族)의 글.

小子後生
소 자 후 생

小 작을 소　子 아들 자　後 뒤 후　生 날 생
수업 중인 연소한 후진의 무리.

蕭牆之憂
소 장 지 우

蕭 맑은대쑥 소　牆 담 장　之 갈 지　憂 근심 우
담 안, 즉 내부에 존재하는 우환. 형제 간의 싸움을 이
름. 【논어論語】

銷錢鑄器
소 전 주 기

銷 녹일 소　錢 돈 전　鑄 쇠물 부어 만들 주　器 그릇
기
돈을 녹여서 그릇을 만듦. 기물 가치가 통화의 가치보다
높다는 것을 비유한 말. 【구당서舊唐書】

笑啼兩難
소 제 양 난

笑 웃을 소　啼 울 제　兩 두 량(양)　難 어려울 난
웃어야 할지 울어야 할지 결정하기 어려움. 기쁨과 슬픔
이 동시에 들이닥침을 뜻함. 【서경書經】

宵中星虛
소 중 성 허
宵 밤 소 中 가운데 중 星 별 성 虛 빌 허
밤 하늘에 별이 드묾. 달이 아주 밝음을 비유하는 말. [소식蘇軾의 적벽부赤壁賦] =월명성희(月明星稀)

燒之剔之
소 지 척 지
燒 태울 소 之 갈 지 剔 깎을 척
태우고 깎아냄. [장자莊子]

小貪大失
소 탐 대 실
小 작을 소 貪 탐낼 탐 大 큰 대 失 잃을 실
작은 것을 탐내다가 큰 것을 잃음.

篠蕩旣敷
소 탕 기 부
篠 가는대 소 蕩 왕대 탕 旣 이미 기 敷 펼 부
가는대와 왕대가 이미 펼쳐져 있음. 못난 사람과 잘난 사람이 함께 모여 있음을 비유하는 말. [한서漢書]

所向無敵
소 향 무 적
所 바 소 向 향할 향 無 없을 무 敵 원수 적
향하는 곳마다 맞설 자가 없음. 매우 강하여 대적할 자가 없다는 말. [삼국지三國志] =천하무적(天下無敵)

小華詩評
소 화 시 평
小 작을 소 華 빛날 화 詩 시 시 評 평론할 평
조선 숙종 때 홍만종(洪萬宗)이 고려와 조선의 명시를 평한 책. 연구(聯句)나 전수(全首)를 가려서 싣고 작자명을 밝혀 적음.

小華外史
소 화 외 사
小 작을 소 華 빛날 화 外 밖 외 史 역사 사
조선 영조 때 펴낸 외교사(外交史). 고려 이후의 조선과 명(明)의 외교 관계를 기술.

蘇黃米蔡
소 황 미 채
蘇 깨어날 소 黃 누를 황 米 쌀 미 蔡 성 채
북송(北宋)의 사대(四大) 서가(書家)를 말함. 즉 소식(蘇軾), 황정견(黃庭堅), 미불(米芾), 채양(蔡襄)을 일컬음.

巢毁卵破
소 훼 난 파
巢 둥우리 소 毁 헐 훼 卵 알 란(난) 破 깨어질 파
둥우리가 부서지면 알도 깨짐. 국가에 불행이 미치면 백성도 큰 불행을 당한다는 말. [삼국지三國志]

續短斷長
속 단 단 장
續 이을 속 短 짧을 단 斷 끊을 단 長 길 장
짧은 것은 잇고 긴 것은 끊어서 길이를 맞춤. [순자荀子]

束帛加璧
속 백 가 벽
束 묶을 속 帛 비단 백 加 더할 가 璧 구슬 벽
비단묶음에 옥을 얹음. 가장 귀중한 예물을 말함.

屬辭比事
속 사 비 사
屬 속할 속 辭 말씀 사 比 견줄 비 事 일 사
비슷한 말이나 사건을 열거하는 것. [예기禮記] =속사차사
(屬辭差使)

束手無策
속 수 무 책
束 묶을 속 手 손 수 無 없을 무 策 꾀할 책
어찌 할 도리가 없음.

速戰速決
속 전 속 결
速 빠를 속 戰 싸울 전 決 결단할 결
장기전을 피하고 속전으로 빨리 판가름을 냄.

束之高閣
속 지 고 각
束 묶을 속 之 갈 지 高 높을 고 閣 집 각
내버려두고 쓰지 않음. 한쪽에 밀어 두고 관심을 두지
않음. [진서晉書]
▶고각(高閣)은 벽에 달린 서가.

孫康映雪
손 강 영 설
孫 손자 손 康 편안 강 映 비출 영 雪 눈 설
손강(孫康)이 눈(雪) 빛으로 책을 비추어 읽음. 가난의
고통을 참고 공부하는 것을 말함. [몽구蒙求] =형설지공
(螢雪之功)

噀墨將軍
손 묵 장 군
噀 물 뿜을 손 墨 먹 묵 將 장수 장 軍 군사 군
먹물을 뿜는 장군. 오징어를 말함.

損上剝下
손 상 박 하
損 덜 손 上 위 상 剝 벗길 박 下 아래 하
나라에 손해를 끼치고 백성의 재물을 벗김.

巽與之言
손 여 지 언
巽 손괘 손=柔 부드러울 유 與 더불 여=和 온화 화
之 갈 지 言 말씀 언
부드럽고 온화해서 상대방을 거스르지 않는 말씨. 또는
귀에 거슬리지 않도록 완곡한 말로 사람을 깨우친다는
뜻.

損以遠害
손 이 원 해
損 덜 손 以 써 이 遠 멀 원 害 해할 해
지금 손해 보는 것이 오히려 해를 멀리하게 된다는
말. [역경易經]

損益盈虛　損덜손　益더할익　盈찰영　虛빌허
손 익 영 허　덜고, 보태고, 채우고, 비움. [역경易經]

損者三樂　損덜손　者사람자　三석삼　樂좋아할요
손 자 삼 요　몸에 해로운 세 가지를 좋아함. [논어論語]
▶①교락(驕樂): 교만하고 사치함을 좋아함. ②일유(佚遊): 편안하게 놀기를 좋아함. ③연락(宴樂): 잔치를 벌이고 즐기기를 좋아함.

損者三友　損덜손　者사람자　三석삼　友벗우
손 자 삼 우　사귀면 손해를 끼치는 세 종류의 벗. [논어論語]
▶①편벽우(偏僻友): 한쪽으로 좁게 치우친 벗. ②선유우(善柔友): 착하기만 하고 주관이 없는 벗. ③편녕우(便佞友): 말만 잘하고 성실함이 없는 벗.

遜志時敏　遜겸손할손　志뜻지　時때시　敏빠를민
손 지 시 민　겸손한 마음으로 학문에 힘씀. [서경書經]

率由典常　率거느릴솔　由말미암을유　典법전　常늘상
솔 유 전 상　법이 변함없이 일정함. [시경詩經]
▶솔유전상 이번왕실(---- 以蕃王室): 법이 항상 변함없이 일정함으로써 왕실의 울타리가 되네.

率土之民　率거느릴솔　土흙토　之갈지　民백성민
솔 토 지 민　온 나라 안의 백성. [맹자孟子]

率土之濱　率거느릴솔　土흙토　之갈지　濱물가빈
솔 토 지 빈　온 천하. 온 나라. 나라 영토 전부. [시경詩經]

松江之鱸　松솔송　江강강　之갈지　鱸농어로
송 강 지 로　강소성의 송강에서 나는 농어. 맛이 좋기로 유명함.

送舊迎新　送보낼송　舊옛구　迎맞을영　新새신
송 구 영 신　묵은 해를 보내고 새해를 맞음. 구관을 보내고 신관을 맞이함. =송고영신(送故迎新)

松菊主人　松솔송　菊국화국　主임금주　人사람인
송 국 주 인　소나무와 국화의 주인. 은둔자를 말함. [당서唐書]

松都三節
송 도 삼 절
松 솔 송　都 도읍 도　三 석 삼　節 마디 절
송도의 유명한 세 가지. 서화담(徐花潭), 황진이(黃眞伊), 박연폭포(朴淵瀑布). 황진이가 한 말이라고 함.

松茂柏悅
송 무 백 열
松 솔 송　茂 우거질 무　柏 잣 백　悅 기쁠 열
소나무가 무성하면 잣나무가 기뻐함. 즉 벗이 잘되는 것을 기뻐하는 마음.

松柏之茂
송 백 지 무
松 솔 송　柏 잣 백　之 갈 지　茂 우거질 무
송백의 푸른 빛이 변하지 않는 것처럼 영원히 번성함.

松柏丸丸
송 백 환 환
松 솔 송　柏 잣 백　丸 둥글 환
소나무와 잣나무가 꼿꼿함. 【시경詩經】
▶환환(丸丸)은 꼿꼿하다의 뜻.

竦善抑惡
송 선 억 악
竦 공경할 송　善 착할 선　抑 누를 억　惡 악할 악
악을 누르고 선을 공경함. 【국어國語】

宋襄之仁
송 양 지 인
宋 나라이름 송　襄 도울 양　之 갈 지　仁 어질 인
송(宋)나라 양공(襄公)의 어짊. 어리석은 사람의 당치 않은 어진 행동을 이름. 즉 어리석은 사람의 명분론을 비웃는 말. 【십팔사략十八史略】
▶송(宋)이 초(楚)와 싸우고 있을 때, 아들 목이(目夷)가 양공(襄公)에게 초(楚)나라 군사가 강을 반쯤 건넜을 때 치자고 하자 정당한 싸움이 아니라고 듣지 않았고, 적이 진을 치기 전에 치자 했으나 적이 어려울 때라고 듣지 않아 싸움에 도리어 패한 고사에서 온 말.

頌而無諂
송 이 무 첨
頌 기릴 송　而 말이을 이　無 없을 무　諂 아첨할 첨
기리되 지나치게 아첨하지 않음. 【예기禮記】

鎖門逃走
쇄 문 도 주
鎖 쇠사슬 쇄　門 문 문　逃 도망할 도　走 달아날 주
문을 잠그고 몰래 도망함.

洒掃應對
쇄 소 응 대
洒 물 뿌릴 쇄　掃 쓸 소　應 응할 응　對 대할 대
물 뿌리고 비질하고, 윗사람의 부름에 응하고 물음에 답함. 즉 연소자가 하는 일. 【소학小學】

洒洒落落
쇄 쇄 낙 락
洒 물 뿌릴 쇄 落 떨어질 락(낙)
마음이 아주 상쾌한 모양.

刷盪瀾漪
쇄 탕 난 의
刷 쓸 쇄 盪 씻을 탕 瀾 물결 란(난) 漪 잔물결 의
잔 물결과 큰 물결로 쓸고 씻음. 【좌사左思의 부賦】
▶난의(瀾漪): 잔 물결, 큰 물결.

衰思故友
쇠 사 고 우
衰 쇠할 쇠 思 생각 사 故 예 고 友 벗 우
늙은이는 옛 벗을 그리워함. 【한유韓愈의 시詩】

隨駕隱士
수 가 은 사
隨 따를 수 駕 멍에 가 隱 숨을 은 士 선비 사
거가(車駕)를 따르는 은사. 산속에 은거하면서도 마음은
벼슬하는 데만 있는 사람을 비꼬는 말. 【당서唐書】

手脚慌忙
수 각 황 망
手 손 수 脚 다리 각 慌 흐리멍덩할 황 忙 바쁠 망
갑자기 생긴 일에 놀라서 어쩔 줄 몰라 쩔쩔매는 모양.
=수망각난(手忙脚亂)

數間斗屋
수 간 두 옥
數 헤아릴 수 間 사이 간 斗 말 두 屋 집 옥
몇 칸 되지 않는 작은 집.

裋褐不完
수 갈 불 완
裋 헤어진 옷 수 褐 털옷 갈 不 아닐 불 完 완전할 완
헤어진 털옷 하나 갖추지 못함. 【한서漢書】

水鏡無私
수 경 무 사
水 물 수 鏡 거울 경 無 없을 무 私 사사로울 사
물과 거울은 형상을 있는 그대로 비춤. 사심이 없고 공
평함을 이름. 【삼국지三國志】

水鏡之人
수 경 지 인
水 물 수 鏡 거울 경 之 갈 지 人 사람 인
물과 거울처럼 사심 없이 공평하여 모범이 될 만한 총명
한 사람. 【진서晉書】

垂拱之治
수 공 지 치
垂 드리울 수 拱 팔짱낄 공 之 갈 지 治 다스릴 치
옷소매를 늘어뜨리고 팔짱을 끼고 하는 정치. 억지로 하
지 않고 자연에 맡기는 정치를 말함. 【서경書經】

垂拱之化
수 공 지 화
垂 드리울 수 拱 팔짱낄 공 之 갈 지 化 될 화
아무것도 하지 않게 됨. 즉 천하가 태평함을 말함.

水廣魚游
수 광 어 유

水 물 수 廣 넓을 광 魚 물고기 어 游 헤엄칠 유
물이 넓으면 물고기가 모여 헤엄침. 덕이 있으면 사람이 자연히 따름을 비유하는 말. [정관정요貞觀政要]

羞愧流汗
수 괴 유 한

羞 바칠 수 愧 부끄러울 괴 流 흐를 류(유) 汗 땀 한
부끄러움을 이기지 못해 땀을 흘림. [후한서後漢書]

守口如瓶
수 구 여 병

守 막을 수 口 입 구 如 같을 여 瓶 병 병
병뚜껑을 막듯이 입을 꽉 봉하라는 말. [조씨객어晁氏客語]

受賕枉法
수 구 왕 법

受 받을 수 賕 뇌물 구 枉 굽을 왕 法 법 법
뇌물을 받고 법도를 굽힘. [한서漢書]

首丘初心
수 구 초 심

首 머리 수 丘 언덕 구 初 처음 초 心 마음 심
여우가 죽을 때는 머리를 제 살던 굴로 향함. 고향을 그리는 마음을 비유하는 말. [예기禮記]

獸窮則齧
수 궁 즉 설

獸 짐승 수 窮 궁할 궁 則 곧 즉 齧 깨물 설
짐승도 궁지에 몰리면 묾. 곤궁에 처하면 나쁜 짓을 하거나 저항을 한다는 말. [한시외전韓詩外傳]

受記考事
수 기 고 사

受 받을 수 記 적을 기 考 돌아볼 고 事 일 사
일을 돌아보고 기록함. [한서漢書]

修己治人
수 기 치 인

修 닦을 수 己 몸 기 治 다스릴 치 人 사람 인
내 몸을 닦아 사람을 교화함.

詶答論難
수 답 논 란

詶 대답할 수 答 대답 답 論 논할 론(논) 難 어려울 란
대답하여 여러 가지를 의논함. [북사北史]

垂堂之戒
수 당 지 계

垂 가장자리 수 堂 집 당 之 갈 지 戒 경계할 계
장래성이 있는 자식은 위험한 곳에 접근하지 않도록 경계하라는 말.

水到渠成
수 도 거 성

水 물 수 到 이를 도 渠 도랑 거 成 이룰 성
물이 흐르는 곳에 도랑이 생김. 때가 오면 자연스레 일이 이루어지거나, 학문을 닦아 조예가 깊어지면 자연스레 명성이 생긴다는 말.

殊途同歸
수 도 동 귀

殊 다를 수 途=道 길 도 同 한가지 동 歸 돌아갈 귀
걷고 있는 길은 달라도 돌아오는 길은 같음. 하고 있는
방법은 달라도 목표는 같다는 말. [역경易經]

脩韜鼙鼓
수 도 비 고

脩 고기포 수 韜 작은북 도 鼙 마상북 비 鼓 북 고
말린 고기와 작은 북, 마상(馬上)의 북, 큰 북 등 전쟁의
차림을 말함. [예기禮記]

水到魚行
수 도 어 행

水 물 수 到 이를 도 魚 물고기 어 行 갈 행
물이 흐르면 고기가 다님. 즉 때가 되면 일이 이루어짐.

垂頭喪氣
수 두 상 기

垂 드리울 수 頭 머리 두 喪 잃을 상 氣 기운 기
기가 죽어 고개를 떨굼.

垂頭塞耳
수 두 색 이

垂 드리울 수 頭 머리 두 塞 막을 색 耳 귀 이
머리 숙여 아첨하고 귀를 막아 세상의 비난을 외면함.
지나치게 아첨하는 모양을 이름. [안씨가훈顔氏家訓]

水落石出
수 락 석 출

水 물 수 落 떨어질 락 石 돌 석 出 날 출
물이 마르니 돌이 드러남. 사건의 진상이 밝혀짐을 의미
하기도 함. [소식蘇軾의 후적벽부後赤壁賦]

垂簾聽政
수 렴 청 정

垂 드리울 수 簾 발 렴 聽 들을 청 政 다스릴 정
임금이 어린 나이에 즉위를 하면 태후나 황태후가 발을
드리우고 섭정을 한 것에서 온 말. [한서漢書]

水流空雲
수 류 공 운

水 물 수 流 흐를 류 空 하늘 공 雲 구름 운
흐르는 물과 하늘에 뜬 구름. 지난 일은 흔적 없이 사라
져 버리는 허무함을 이름.

水陸珍味
수 륙 진 미

水 물 수 陸 뭍 륙 珍 보배 진 味 맛 미
물과 뭍에서 나는 온갖 맛있는 음식. =산해진미(山海珍
味)

授立不跪
수 립 불 궤

授 줄 수 立 설 립 不 아닐 불 跪 꿇어앉을 궤
서 있는 사람에게 줄 때는 꿇어앉지 않음. [예기禮記]

守望相助
수 망 상 조

守 지킬 수 望 바랄 망 相 서로 상 助 도울 조
힘을 합쳐 도둑을 감시하여 막음. [맹자孟子]

人

受命如絲
수 명 여 사

受 받을 수　命 목숨 명　如 같을 여　絲 실 사
받은 왕명은 실같이 가늘지만 이를 행하면 커진다는 말.

受命于天
수 명 우 천

受 받을 수　命 목숨 명　于 어조사 우　天 하늘 천
천명을 받아 왕의 자리에 오름. 【예기禮記】 =수명어천(受命
於天)

垂名竹帛
수 명 죽 백

垂 드리울 수　名 이름 명　竹 대 죽　帛 비단 백
영예로운 이름을 역사에 남김. 【후한서後漢書】
▶죽백(竹帛): 대나무와 비단. 종이 발명 이전에 기록했던
　물건.

手舞足蹈
수 무 족 도

手 손 수　舞 춤출 무　足 발 족　蹈 밟을 도
손이 춤추고 발이 뜀. 몹시 좋아하는 모양. 【맹자孟子】

首尾俱至
수 미 구 지

首 머리 수　尾 꼬리 미　俱 함께 구　至 이를 지
머리와 꼬리가 함께 응함.=수미상응(首尾相應)
▶중국 상산(常山)의 뱀이 꼬리를 치면 머리가 튀어오르고
　머리를 치면 꼬리가, 중간을 치면 꼬리와 머리가 함께 튀
　어 올라 대응한다는 고사에서 비롯된 말.

首尾相救
수 미 상 구

首 머리 수　尾 꼬리 미　相 서로 상　救 구원할 구
뱀의 머리와 꼬리가 서로 상응해 도움. 【전국책戰國策】 =수
미상위(首尾相衛)

數米而炊
수 미 이 취

數 헤아릴 수　米 쌀 미　而 말이을 이　炊 불땔 취
쌀을 세어서 밥을 지음. 하는 짓이 번거롭고 잔 것을 말
함. 【장자莊子】

殊方偏國
수 방 편 국

殊 다를 수　方 모 방　偏 치우칠 편　國 나라 국
다른 지방의 낯선 나라.

壽福康寧
수 복 강 녕

壽 목숨 수　福 복 복　康 편안 강　寧 편안 녕
오래 살고 복되며 건강하고 평안함.

瞍賦矇誦
수 부 몽 송

瞍 소경 수　賦 구실 부　矇 청맹과니 몽　誦 욀 송
소경이 부를 짓고 청맹과니가 암송함. 즉 앞을 못 보는
이들이 시를 짓고 외운다는 말. 【국어國語】
▶소경: 눈동자가 없는 장님. 청맹과니: 겉으로 보기에는 멀
　쩡하나 녹내장으로 전혀 못 보는 장님.

手奮長刀 手손수 奮떨칠분 長길장 刀칼도
수 분 장 도 손에 긴 칼을 들고 기운을 떨침. 【송서宋書】

手不釋卷 手손수 不아닐불 釋풀석 卷책권
수 불 석 권 손에서 책을 놓지 않음. 【삼국지三國志】

壽比南山 壽목숨수 比견줄비 南남녘남 山뫼산
수 비 남 산 남산과 같이 오래 살기를 축원하는 말.

輸寫心服 輸실어낼수 寫베낄사 心마음심 服배복
수 사 심 복 마음에 있는 것을 숨기지 않고 모두 털어놓음. 【한서漢書】

垂事養民 垂드리울수 事섬길사 養기를양 民백성민
수 사 양 민 위에서 아래로 베풀어 백성을 기름. 【순자荀子】

需事之賊 需머뭇거릴수=疑의심할의 事일사 之갈지 賊
수 사 지 적 도적적
일을 할 때 의심하거나 머뭇거리면 성공치 못하는 원인
이 된다는 말. 【춘추좌씨전春秋左氏傳】

愁緒滿懷 愁근심수 緒실마리서 滿가득할만 懷품을회
수 서 만 회 시름이 가슴 안에 가득함.

首鼠兩端 首머리수 鼠쥐서 兩두양 端바를단
수 서 양 단 쥐가 구멍에서 머리를 내밀고 밖으로 나갈지 안으로 들
어갈지를 결정짓지 못하는 모양을 형용한 말. 진퇴나 거
취를 결단하지 못하고 관망하는 상태. 또는 쉽게 결정을
못하는 우유부단이나 이모저모 살피는 기회주의를 비
꼬는 말. 【사기史記】

漱石枕流 漱양치질할수 石돌석 枕베개침 流흐를류
수 석 침 류 돌로 양치질하고 흐르는 물을 베개 삼음. 자기의 잘못을
인정하지 않고 고집을 부리며 제 한 일을 옳다고 주장함
을 말함. 【진서晉書】
▶진(晉)의 손초(孫楚)가 '돌을 베개 삼고 흐르는 물로 양치
질 한다(침석수류枕石漱流)'는 말을 수석침류(漱石枕流)
라고 잘못 말하자, 이를 지적하는 상대에게 수석(漱石)은
돌로 이를 닦음이요, 침류(枕流)는 귀를 씻기 위함이라고
억지로 제 말을 합리화했다는 고사에서 비롯된 말.

水泄不通
수 설 불 통
水 물 수　泄 샐 설　不 아닐 불　通 통할 통
물이 샐 틈도 없음. 경비가 삼엄하여 아무것도 통하지
못하는 것을 이름.

隨說隨忘
수 설 수 망
隨 따를 수　說 말씀 설　忘 잊을 망
이야기한 뒤 바로 잊어버림.

水性歸下
수 성 귀 하
水 물 수　性 성품 성　歸 돌아갈 귀　下 아래 하
물의 성질은 낮은 데로 돌아가려 함. [일주서逸周書]
▶수성귀하 농민귀리(---- 農民歸利): 물은 낮은 데로, 농민
의 마음은 이익 있는 데로 쏠린다.

隨聲附和
수 성 부 화
隨 따를 수　聲 소리 성　附 붙을 부　和 화할 화
소문만 듣고 따름. =부화뇌동(附和雷同)

水盛勝火
수 성 승 화
水 물 수　盛 성할 성　勝 이길 승　火 불 화
물이 성하면 불을 이김. 악(惡)이 성하면 선(善)을 이긴
다는 말. [논형論衡]

水性欲淸
수 성 욕 청
水 물 수　性 성품 성　欲 하고자 할 욕　淸 맑을 청
물의 성질은 맑아지고자 함에 있음. [문자文子]

水送山迎
수 송 산 영
水 물 수　送 보낼 송　山 뫼 산　迎 맞을 영
물이 보내면 산이 맞이함. 물이 지나감에 따라 산의 경
치도 여러 가지로 바뀌는 것을 말함.

袖手傍觀
수 수 방 관
袖 소매 수　手 손 수　傍 곁 방　觀 볼 관
팔짱을 끼고 곁에서 보고만 있음. 해야 할 일에 아무런
관여도 않고 내버려두는 것을 말함.

水隨方圓
수 수 방 원
水 물 수　隨 따를 수　方 모 방　圓 둥글 원
물은 담는 그릇에 따라 모나게도 둥글게도 된다는 말.
백성은 임금의 선악에 따른다는 비유. 또는 사람은 사귀
는 친구의 영향을 받는다는 비유로 쓰임. [한비자韓非子]

囚首喪面
수 수 상 면
囚 가둘 수　首 머리 수　喪 죽을 상　面 낯 면
죄수의 머리, 상주의 얼굴처럼 머리를 빗지도 않고 얼굴
을 씻지도 않음. 용모에 전혀 신경을 쓰지 않음.

ㅅ

修飾邊幅
수 식 변 폭

修 닦을 수　飾 꾸밀 식　邊 가 변　幅 너비 폭
겉모습을 꾸미는 것. 겉치레만 하는 것. [후한서後漢書]

修身齊家
수 신 제 가

修 닦을 수　身 몸 신　齊 가지런할 제　家 집 가
자기 심신을 닦고 가정을 가지런히 함. [대학大學]
▶수신제가 치국평천하(---- 治國平天下): 몸을 닦아 수양
하고 가정을 가지런히 하며, 나라를 다스리어 천하를 평
정한다.

修身行義
수 신 행 의

修 닦을 수　身 몸 신　行 행할 행　義 옳을 의
몸을 닦고 나서야 의를 행할 수 있음. [사기史記]

水深炎熱
수 심 염 열

水 물 수　深 깊을 심　炎 불꽃 염　熱 더울 열
물은 깊고 불은 뜨거움. 백성의 어려운 처지를 비유한
말. [맹자孟子] =수심화열(水深火熱)

守約施博
수 약 시 박

守 지킬 수　約 맺을 약　施 베풀 시　博 넓을 박
지키려는 약속은 간략하나 이를 행하면 널리 통할 수 있
음. [맹자孟子]

水魚之交
수 어 지 교

水 물 수　魚 물고기 어　之 갈 지　交 사귈 교
물과 물고기의 사이같이 서로 떨어질 수 없는 아주 가까
운 사귐. 군신 사이가 아주 밀접함(유비와 제갈량 사이).
또는 부부가 아주 화목한 사이. [삼국지三國志]

隨緣眞如
수 연 진 여

隨 따를 수　緣 인연 연　眞 참 진　如 같을 여
불교 용어. 만물의 본체는 하나이나 인연에 따라 서로
다른 상(相)을 나타낸다는 말.

羞惡之心
수 오 지 심

羞 부끄러울 수　惡 미워할 오　之 갈 지　心 마음 심
자기의 잘못을 부끄러워하고 타인의 불선을 미워하는
마음. [맹자孟子]

水旺之節
수 왕 지 절

水 물 수　旺 성할 왕　之 갈 지　節 마디 절
오행에서 말하는 수(水)의 기가 왕성한 계절. 즉 겨울을
이름.

誰怨誰咎
수 원 수 구

誰 누구 수　怨 원망할 원　咎 허물 구
남을 원망하거나 허물할 것이 없음. 모두가 자기 탓이라
는 말. =수원숙우(誰怨孰尤)

水月鏡花 水 물 수 月 달 월 鏡 거울 경 花 꽃 화
수 월 경 화　물에 비친 달과 거울에 비친 꽃. 볼 수는 있어도 만질 수
　　　　　　　는 없는 것을 말함.

繻有衣袽 繻 고운 명주 수 有 있을 유 衣 옷 의 袽 헤진 옷 녀
수 유 의 녀　고운 명주 옷을 두고 헤진 헌옷을 입음. 지나치게 아끼
　　　　　　　는 것을 비유하는 말. [역경易經]

垂裕後昆 垂 드리울 수 裕 넉넉할 유 後 뒤 후 昆 맏 곤
수 유 후 곤　좋은 법도를 자손에게 남김. [서경書經]

樹蔭遮景 樹 나무 수 蔭 우거질 음 遮 막을 차 景 빛 경
수 음 차 경　나무 그늘이 우거져 경관을 가림. [이상은李商隱의 시詩]

繡衣夜行 繡 수놓을 수 衣 옷 의 夜 밤 야 行 갈 행
수 의 야 행　수놓은 비단 옷을 입고 밤길을 걸음. 즉 생색이 나지 않
　　　　　　　는 행동거지를 말함. =금의야행(錦衣夜行)

遂以獵田 遂 이룰 수 以 써 이 獵 사냥할 렵(엽) 田 밭 전
수 이 엽 전　(가을에) 사냥이 이루어짐. [주례周禮]
　　　　　　　▶엽전(獵田): 사냥터에서 사냥을 함.

秀而不實 秀 빼어날 수 而 말이을 이 不 아닐 불 實 열매 실
수 이 불 실　이삭은 나왔으나 여물지 않음. 학문에 뜻을 두고 노력했
　　　　　　　으나 성과 없이 끝남을 비유하는 말. 또는 학문하는 사
　　　　　　　람의 요절을 애석히 여기는 말. [논어論語]

修因感果 修 닦을 수 因 인할 인 感 느낄 감 果 열매 과
수 인 감 과　불교 용어. 선악의 인(因)을 행함에 따라 고(苦)와 낙(樂)
　　　　　　　의 과보(果報)를 받게 된다는 말.

數雜之壽 數 헤아릴 수, 번거로울 삭 雜 섞일 잡 之 갈 지 壽
수 잡 지 수　목숨 수
　　　　　　　60~70세를 말함. 나이 많은 노인이 됨을 비유.
　　　　　　　▶수잡 또는 삭잡(數雜): 1잡(雜)은 12년을 말하며, 이 12년
　　　　　　　　이 여러 번 지났다는 뜻.

水滴成川 水 물 수 滴 물방울 적 成 이룰 성 川 내 천
수 적 성 천　물방울이 모여 내를 이룸. [설원說苑]

水積魚聚　水물수　積쌓을적　魚물고기어　聚모일취
수 적 어 취　물이 모이면 물고기도 모임. [회남자淮南子]

水滴穿石　水물수　滴물방울적　穿뚫을천　石돌석
수 적 천 석　물방울이 돌을 뚫음. 꾸준히 노력하면 바라던 일을 이룰
　　　　　　수 있다는 말. [학림옥로鶴林玉露]

銖積寸累　銖무게단위수　積쌓을적　寸마디촌　累거듭루
수 적 촌 루　작은 것을 조금씩 쌓아 올림. 작은 것도 쌓이고 쌓이면
　　　　　　큰 것이 됨. 티끌 모아 태산. =진합태산(塵合太山)
　　　　　　▶수(銖): 1/24 양(量=37.5g).

水轉翻車　水물수　轉돌전　翻날번　車수레거
수 전 번 거　수력을 이용하여 논밭에 물을 대는 시설.

守節死義　守지킬수　節마디절　死죽을사　義옳을의
수 절 사 의　절개를 지키고 의를 위해 죽음. [사기史記]

水晶燈籠　水물수　晶수정정　燈등불등　籠대그릇롱
수 정 등 롱　두뇌가 맑고 명석한 사람을 이름. [송사宋史]

獸挺亡群　獸짐승수　挺뺄정　亡도망할망　群무리군
수 정 망 군　짐승이 무리 중에서 몸을 빼서 달아남. [이화李華]

水晶不落　水물수　晶수정정　不아닐불　落떨어질락
수 정 불 락　수정으로 만든 술잔.
　　　　　　▶불락(不落): 술잔 이름.

水靜則明　水물수　靜고요할정　則곧즉　明밝을명
수 정 즉 명　물이 고요하면 사물이 밝게 비침. [장자莊子]

獸蹄鳥跡　獸짐승수　蹄발굽제　鳥새조　跡자취적
수 제 조 적　짐승의 발굽과 새의 발자취. 세상이 어지러움. [맹자孟子]
　　　　　　▶수제조적 도교어중국(---- 道交於中國): 세상이 어지러
　　　　　　　워져서 금수의 발자국이 온 천하에 가득하네.

手足異處　手손수　足발족　異다를리(이)　處곳처
수 족 이 처　손발이 있는 곳을 달리함. 허리를 베어 몸을 두 동강 내
　　　　　　는 참형(斬刑)을 이름. [사기史記]

344

手足之愛
수 족 지 애
手손수 足발족 之갈지 愛사랑애
형제 간의 우애를 말함.

手足之情
수 족 지 정
手손수 足발족 之갈지 情뜻정
형제 간의 정. =형제지정(兄弟之情), 수족지애(手足之愛)
【예기禮記】

守終純固
수 종 순 고
守지킬수 終마침종 純순박할순 固굳을고
한결같이 굳은 마음을 끝까지 지켜냄. 【국어國語】

守株待兔
수 주 대 토
守지킬수 株기둥주 待기다릴대 兔토끼토
나무 그루터기를 지키며 토끼를 기다림. 되지도 않을 일
을 된다고 고집하며 공연히 시간만 허비하는 일을 말함.
또는 우연한 행운이나 불로소득을 기대하는 어리석음
을 비유함. 【한비자韓非子】
▶송(宋)나라 농부가 밭일을 하고 있는데, 토끼가 숲에서
　나오다가 받쳐서 죽자, 일은 안 하고 또 다른 토끼가 받쳐
　죽기만을 기다려 농사를 망쳤다는 고사에서 온 말.

隋珠彈雀
수 주 탄 작
隋나라이름수 珠구슬주 彈탄알탄 雀참새작
수주를 쏘아 참새를 잡음. 소득에 비해 비용이 너무 크
게 든다는 말.
▶수주(隋珠): 수후(隋侯)가 뱀을 살려 준 대가로 뱀에게서
　얻었다는 보주(寶珠)로서, 명월주(明月珠)라고도 함.

隋珠和璧
수 주 화 벽
隋나라이름수 珠구슬주 和화할화 璧구슬벽
아주 귀중한 보물을 말함. 수주는 수후(隨後)의 구슬, 화
벽은 변화(卞和)의 구슬.

藪中荊曲
수 중 형 곡
藪수풀수 中가운데중 荊가시형 曲굽을곡
덩굴 속 가시나무는 구부러짐. 나쁜 것이 좋지 않은 환
경으로 더욱더 나빠지게 되는 것을 말함.

壽則多辱
수 즉 다 욕
壽목숨수 則=卽곧즉 多많을다 辱욕될욕
오래 살면 욕을 보는 일이 많음. 【사기史記 장자莊子】
▶요(堯)임금이 화(華)지방을 여행했을 때 국경지기가 "다
　남(多男), 부귀(富貴), 장수(長壽)하십시오." 하고 축복하
　자, 요 임금은 "다남하면 두려운 일이 많이 생기고, 부귀
　하면 일이 많고, 장수하면 욕되는 일이 많다."고 했다는
　고사에서 나온 말.

入

雖止不怠
수 지 불 태
雖비록수 止그칠지 不아닐불 怠게으를태
비록 멈출지라도 게을리하지는 않음. [예기禮記]

守志如初
수 지 여 초
守지킬수 志뜻지 如같을여 初처음초
지닌 뜻 지키기를 처음과 같이함. [후한서後漢書]

誰之永號
수 지 영 호
誰누구수 之갈지 永길영 號부르짖을호
누가 길게 한숨을 쉬리오. 긴 한숨 쉴 일이 없을 것이라
는 말. [시경詩經]

水天一色
수 천 일 색
水물수 天하늘천 一한일 色빛색
물과 하늘이 똑같은 푸른색. =수천일벽(水天一碧)

受天之祜
수 천 지 호
受받을수 天하늘천 之갈지 祜복호
하늘로부터 복을 받음. [시경詩經]
▶군자낙서 수천지호(君子樂胥 ----): 군자가 서로 즐기시
니, 하늘로부터 복을 받았네.

水淸無魚
수 청 무 어
水물수 淸맑을청 無없을무 魚물고기어
물이 맑으면 물고기가 없음. [후한서後漢書]
▶수지청즉무어(水至淸則無魚) 인지찰즉무도(人至察則無
徒): 물이 지나치게 맑으면 고기가 없고, 사람이 지나치게
남의 잘못을 살피면 따르는 무리가 없다.

垂髫戴白
수 초 대 백
垂드리울수 髫늘어뜨린머리초 戴일대 白흰백
머리를 늘어뜨린 아이와 백발의 노인.

水土不服
수 토 불 복
水물수 土흙토 不아닐불 服입을복
토질, 물이 몸에 맞지 않아 건강이 나빠짐.

樹下石上
수 하 석 상
樹나무수 下아래하 石돌석 上위상
불교 용어. 산야와 길가에서 숙식하는 출가자의 생활을
이르는 말.

數行並下
수 행 병 하
數셀수 行줄행 並=竝아우를병 下아래하
책을 읽을 때 여러 줄을 한꺼번에 읽어 내림. 책 읽는 능
력이 뛰어남을 말함. [양서梁書]

隨鄕入鄕
수 향 입 향
隨 따를 수 鄕 고을 향 入 들 입
그 마을에 들어가면 그 마을 풍습을 따라야 함.

水火無交
수 화 무 교
水 물 수 火 불 화 無 없을 무 交 사귈 교
물이나 불 같은 일상적인 것도 서로 빌리지 않음. 아주
끊고 지내는 사이를 말함. [수서隋書]

水火不通
수 화 불 통
水 물 수 火 불 화 不 아닐 불 通 통할 통
물과 불은 서로 통하지 않음. [한서漢書]

水火相剋
수 화 상 극
水 물 수 火 불 화 相 서로 상 剋=克 이길 극
물과 불은 서로 이기려고 함. 원수 사이가 되는 것을 이
름.

受和受采
수 화 수 채
受 받을 수 和 화할 화 采 색깔 채
흰색이 다른 색깔과 잘 조화되듯이 진실한 성품의 사
람은 남과 잘 어울려 예의를 잘 익히고 행할 수 있다는
뜻. [예기禮記]

隋和之材
수 화 지 재
隋 나라이름 수 和 화할 화 之 갈 지 材 재목 재
수후(隋候)와 변화(卞和)의 구슬같이 천하의 귀중한 보
배. 뛰어난 인재를 비유한 말. [회남자淮南子]

羞花閉月
수 화 폐 월
羞 부끄러울 수 花 꽃 화 閉 닫을 폐 月 달 월
꽃이 오히려 부끄러워하고 달이 수줍어 숨는, 절세의 미
인을 말함.

竪宦充朝
수 환 충 조
竪 더벅머리 수 宦 벼슬 환 充 채울 충 朝 조정 조
환관들이 조정에 가득 차 있음. 환관들의 행패가 심함을
비유한 말. [후한서後漢書]

隋侯之珠
수 후 지 주
隋 나라이름 수 侯 제후 후 之 갈 지 珠 구슬 주
수후(隋候)가 뱀을 살려준 보답으로 뱀에게서 얻었다는
보배 구슬. [회남자淮南子]

隨喜之淚
수 희 지 루
隨 따를 수 喜 기쁠 희 之 갈 지 淚 눈물 루
기쁨에 넘치는 눈물.

淑旂綏章
숙 기 수 장

淑 맑을 숙 旂 기 기 綏 기의 장식 수 章 글장 장
훌륭한 무늬의 기와 기의 머리 장식. 천자가 제후에게
내린 화려한 기. [시경詩經]

熟能生巧
숙 능 생 교

熟 익을 숙 能 능할 능 生 날 생 巧 공교할 교
기교는 능숙하도록 단련하는 데서 생김. 기교도 오랜 기
간의 수련을 통해서만 이루어진다는 말.

孰能禦之
숙 능 어 지

孰 누구 숙 能 능할 능 禦 막을 어 之 갈 지
"누가 막으랴!"아무도 막을 사람이 없다는 말.

熟讀玩味
숙 독 완 미

熟 익을 숙 讀 읽을 독 玩 희롱할 완 味 맛 미
익숙해질 만큼 잘 읽고 내용을 충분히 음미함.

熟慮斷行
숙 려 단 행

熟 익을 숙 慮 생각할 려 斷 끊을 단 行 갈 행
깊이 생각하여 검토를 한 후에 실행함.

菽麥不辨
숙 맥 불 변

菽 콩 숙 麥 보리 맥 不 아닐 불 辨 분별할 변
콩인지 보리인지 분별을 못함. 사물을 분별 못하는 어리
석은 사람을 비유하는 말. [춘추좌씨전春秋左氏傳]

熟不還生
숙 불 환 생

熟 익을 숙 不 아닐 불 還 돌이킬 환 生 날 생
한 번 익힌 것은 날 것으로 되돌릴 수 없음. 이왕 차린 음
식이니 먹어치울 수밖에 없다는 뜻. 남에게 음식을 권할
때 쓰는 말.

肅殺之氣
숙 살 지 기

肅 엄숙할 숙 殺 죽일 살 之 갈 지 氣 기운 기
쌀쌀하고 매서운 가을의 기운.

菽粟之文
숙 속 지 문

菽 콩 숙 粟 조 속 之 갈 지 文 글 문
콩이나 조와 같이 세상에 널리 통하는 쉬운 문장. 즉 누
구나 쉽게 접하고 쉽게 알 수 있는 문장.

菽水之歡
숙 수 지 환

菽 콩 숙 水 물 수 之 갈 지 歡 기뻐할 환
콩을 먹고 물만 마시는 가난 속에서도 어버이에게 효도
를 다하여 부모 마음을 즐겁게 함. [예기禮記]

熟習難當
숙 습 난 당

熟 익을 숙 習 익힐 습 難 어려울 난 當 마땅할 당
만사에 숙달한 사람을 당해내기가 어려움. 일을 잘하려
면 익숙해지는 것이 먼저라는 말.

孰是孰非
숙 시 숙 비
孰누구 숙 是옳을 시 非아닐 비
누가 옳고 누가 그른지 시비가 분명치 않음.

夙夜非懈
숙 야 비 해
夙이를 숙 夜밤 야 非아닐 비 懈게으를 해
밤낮으로 부지런히 일하며 조금도 게으르지 아니함.

宿虎衝鼻
숙 호 충 비
宿잘 숙 虎범 호 衝찌를 충 鼻코 비
자는 범 콧구멍 쑤시기. 쓸데없는 행동으로 화를 자초하는 것을 말함. [송남잡지宋南雜識]

夙興夜寐
숙 흥 야 매
夙일찍 숙 興일 흥 夜밤 야 寐잠잘 매
일찍 일어나고 늦게 잠. 부지런히 노력함. [시경詩經]

蓴羹鱸膾
순 갱 노 회
蓴순채 순 羹국 갱 鱸농어 로(노) 膾날고기 회
순채국과 농어회. 즉 고향을 그리는 마음. [진서晉書]
▶진(晉)의 장한(張翰)이 고향의 이름난 산물인 순나물과 농어회가 먹고 싶다며 벼슬을 사직하고 돌아간 고사에서 온 말.

純潔無垢
순 결 무 구
純순수할 순 潔깨끗할 결 無없을 무 垢때 구
몸과 마음이 아주 깨끗하여 때묻지 않음.

脣亡齒寒
순 망 치 한
脣입술 순 亡망할 망, 없을 무 齒이 치 寒찰 한
입술이 없어지면 이가 시림. 의지하는 한쪽이 망하면 다른 한쪽도 망하거나 어려워지는 긴밀한 관계를 말함. [춘추좌씨전春秋左氏傳] =순망호한(脣亡皓寒)

順受其正
순 수 기 정
順따를 순 受받을 수 其그 기 正바를 정
순리를 따라 올바른 명수(命數)를 기다림. [맹자孟子]

詢于芻蕘
순 우 추 요
詢물을 순 于어조사 우 芻꼴 추 蕘풋나무 요
풀 베고 나무하는 사람에게 물음. 아랫사람에게 물어 의견을 받아들이고 묻는 것을 부끄럽게 여기지 않음. [시경詩經] =불치하문(不恥下問)

純衣纁袡
순 의 훈 염
純순수할 순 衣옷 의 纁분홍빛 훈 袡옷섶 염
흰 옷에 분홍색 옷섶을 닮. 예쁘게 치장하는 것을 말함. [예기禮記]

純一無爲　純순박할순　一한일　無없을무　爲할위
순 일 무 위　순박하고 거짓이 없음. 【맹자孟子】 =적자지심(赤子之心)

鶉之奔奔　鶉메추라기순　之갈지　奔달릴분
순 지 분 분　메추라기의 암수가 나란히 난다는 뜻으로 음란함을 풍
　　　　　자한 말. 【시경詩經】

馴致其道　馴길들일순　致이를치　其그기　道길도
순 치 기 도　점차 길들여지고 변하여 그가 뜻하는 도에 이르게
　　　　　함. 【역경易經】

脣齒輔車　脣입술순　齒이치　輔덧방나무보　車수레거
순 치 보 거　입술과 이, 덧방나무와 수레바퀴처럼 서로 도와야 제 구
　　　　　실을 할 수 있다는 말. 【춘추좌씨전春秋左氏傳】

脣齒之國　脣입술순　齒이치　之갈지　國나라국
순 치 지 국　입술과 이같이 서로 이해 관계가 밀접한 나라. 【춘추좌씨전
　　　　　春秋左氏傳】

順風而呼　順따를순　風바람풍　而말이을이　呼부를호
순 풍 이 호　바람이 부는 방향으로 부르면 잘 들림. 시세를 따르면
　　　　　일하기가 쉽다는 뜻. 【순자荀子】

循環無端　循=巡돌순　環돌환　無없을무　端단정할단
순 환 무 단　일이 되풀이되어 끝이 없음.

述而不作　述펼술　而말이을이　不아닐부　作지을작
술 이 부 작　서술하기만 하고 새로 짓지는 않음. 옛 사상과 문화를
　　　　　정리하여 서술하나 새로운 것을 창작하지는 않는다는
　　　　　말. 【논어論語】

述者之能　述지을술　者사람자　之갈지　能능할능
술 자 지 능　문장이 잘되고 아니고는 지은 사람의 글재주에 달렸다
　　　　　는 말. 일이 잘되고 안 되고는 그 사람의 능력에 달렸다
　　　　　는 뜻.

崇祖尙門　崇높을숭　祖조상조　尙숭상할상　門문문
숭 조 상 문　조상을 숭배하고 문중을 위함.

膝甲盜賊
슬 갑 도 적
膝 무릎 슬　甲 갑옷 갑　盜 도둑 도　賊 도둑 적
남의 시문의 글을 따다가 조금 고쳐서 제 것으로 하는 사람. =문필도적(文筆盜賊), 표절(剽竊)

蝨脛蟻肝
슬 경 기 간
蝨 이 슬　脛 종아리 경　蟻 서캐 기　肝 간 간
이의 종아리와 서캐의 간. 지극히 작은 것을 말할 때 쓰는 말.

膝痒搔背
슬 양 소 배
膝 무릎 슬　痒=癢 가려울 양　搔 긁을 소　背 등 배
무릎이 가려운데 등을 긁음. 말과 하는 행동이 이치에 맞지 않음을 이르는 말. [염철론鹽鐵論]

蝨處褌中
슬 처 곤 중
蝨 이 슬　處 곳 처　褌 잠방이 곤　中 가운데 중
이가 잠방이 속에 숨어듦. 견식이 좁고 그때그때 무사안일만 탐하는 사람을 이름. [진서晉書]

蝨處頭黑
슬 처 두 흑
蝨 이 슬　處 곳 처　頭 머리 두　黑 검을 흑
이가 검은 머리칼 속에 있으면 검은색이 됨. 사람도 환경에 따라 달라진다는 말.

習與性成
습 여 성 성
習 익힐 습　與 더불어 여　性 성품 성　成 이룰 성
습관이 쌓이면 제2의 천성이 됨. 습관이 성질을 변화시킨다는 말. [서경書經]

拾人牙慧
습 인 아 혜
拾 주을 습　人 사람 인　牙 어금니 아　慧 지혜 혜
남의 글이나 문장을 함부로 본떠서 제 것으로 내세우는 것. [세설신화世說新話]

拾人涕唾
습 인 체 타
拾 주을 습　人 사람 인　涕 눈물 체　唾 침 타
남의 눈물과 침을 줍다. 선인의 것을 모방하여 시문을 짓는다는 말. [창랑시화滄浪詩話]

拾蠶握蠋
습 잠 악 촉
拾 주을 습　蠶 누에 잠　握 잡을 악　蠋 나비애벌레 촉
누에를 줍고 나비 애벌레를 잡음. 아무리 징그러운 것일지라도 자신의 이익과 관계되면 징그러움을 모른다는 말. [한비자韓非子] =습잠악선(拾蠶握蟬)

入

僧伽藍摩
승 가 남 마

僧 스님 승 伽 절 가 藍 쪽 람(남) 摩 갈 마

중들이 살며 불도를 닦는 집. 절에 딸린 집.

▶범어 상가라마(Sangharama)의 음역. 승(僧)은 범어
Sangha(僧伽)를 줄인 말.

繩鋸斷木
승 거 단 목

繩 노끈 승 鋸 톱 거 斷 끊을 단 木 나무 목

톱날 대신 노끈으로 문질러 통나무를 끊음. 오랜 시간과
노력으로 이루어지는 일을 말함. 안 될 것 같은 일도 꾸
준히 노력하면 이루어진다는 말.

▶승거단목 수적천석(---- 水滴穿石): 노끈 톱질에 통나무
가 끊어지고, 떨어지는 물방울에 돌이 뚫어진다.

繩愆糾謬
승 건 규 류

繩 바로잡을 승 愆 허물 건 糾=糺 살필 규 謬 잘못
류

허물을 고치고 잘못을 바로잡음. [서경書經]

▶건(愆)은 마음의 잘못을 나타내고, 류(謬)는 언어를 잘못
쓰는 것을 말함.

乘堅策肥
승 견 책 비

乘 탈 승 堅 굳을 견 策 채찍 책 肥 살찔 비

단단한 수레를 타고 살찐 말에 채찍질을 함. [한서漢書]

繩其祖武
승 기 조 무

繩=承 이을 승 其 그 기 祖 조상 조 武 발자취 무

그 조상의 발자취를 이음. [시경詩經]

升堂入室
승 당 입 실

升=陞=昇 오를 승 堂 마루 당 入 들 입 室 집 실

마루에 오른 뒤 방에 들어감. 차근차근 순서를 밟아 학
문을 닦으면 결국엔 심오한 경지에 이르게 됨을 이르는
말. [논어論語]

▶승당은 정대(正大)한 경지이고, 입실은 오묘(奧妙)한 경지
를 뜻함.

升斗之利
승 두 지 리

升 되 승 斗 말 두 之 갈 지 利 이로울 리

한 되나 한 말의 이익. 대수롭지 않은 이익을 말함. =승
두미리(蠅頭微利)

乘馬班如
승 마 반 여

乘 탈 승 馬 말 마 班 나눌 반 如 같을 여

말을 타고 갈까 말까 망설임. [역경易經]

▶승마반여 읍혈연여(---- 泣血漣如): 말을 타고 망설이니,
눈물과 피를 평평 쏟는 듯하도다.

▶반여(班如)는 망설인다는 뜻.

乘望風旨
승 망 풍 지

乘 탈 승　望 바랄 망　風 바람 풍　旨 뜻 지
눈치를 보아가며 뜻을 잘 맞추는 것.

升山採珠
승 산 채 주

升=陞 오를 승　山 뫼 산　採 딸 채　珠 구슬 주
산에 올라 진주를 땀. 즉 되지도 않을 일을 함. =연목구어(緣木求魚) 【후한서後漢書】

承上接下
승 상 접 하

承 이을 승　上 위 상　接 닿을 접　下 아래 하
윗사람을 잘 받들고 아랫사람을 잘 거느리어, 그 사이를 잘 주선해 감.

乘船入市
승 선 입 시

乘 탈 승　船 배 선　入 들 입　市 저자 시
배 타고 시장에 감. 큰 장마로 피해가 아주 큼을 비유.

乘勝長驅
승 승 장 구

乘 탈 승　勝 이길 승　長 길 장　驅 말 달릴 구
이긴 기세로 거침없이 몰아쳐 나감.

蠅營狗苟
승 영 구 구

蠅 쇠파리 승　營 경영할 영　狗 개 구　苟 구차할 구
쇠파리와 개같이 굽신거리는 무리. 간신배를 풍자한 말. 파렴치하고 치사한 인간들을 비유. 【시경詩經】

乘危涉險
승 위 섭 험

乘 탈 승　危 위태로울 위　涉 건널 섭　險 험할 험
위태롭고 험난함을 무릅씀.

乘人不義
승 인 불 의

乘 탈 승　人 사람 인　不 아닐 불　義 옳을 의
남을 업신여기고 그 사람 위에 군림하려는 것은 옳지 않음. 【국어國語】

勝殘去殺
승 잔 거 살

勝 이길 승　殘 잔인할 잔　去 갈 거　殺 죽일 살
선정(善政)을 베풀어 백성 모두가 덕화(德化)됨을 이르는 말. 【논어論語】
▶승잔(勝殘)은 포악한 사람이 선정에 감화되어 잔학한 짓을 하지 않는 것. 거살(去殺)은 백성이 선정에 감화되어 죄를 범하지 않으므로 형벌을 쓸 필요가 없다는 것.

昇天入地
승 천 입 지

昇 오를 승　天 하늘 천　入 들 입　地 땅 지
하늘에 올랐는지 땅으로 들어갔는지 자취가 없음.

人

353

乘風波浪
승 풍 파 랑

乘탈승 風바람풍 波물결파 浪물결랑
바람을 타고 파도를 헤쳐감. 원대한 뜻을 바라보고 나아
감. [송서宋書]

▶승장풍파 만리랑(乘長風波 萬里浪): 장풍을 타고 만 리
물결을 깨뜨린다.

市賈不貳
시 가 불 이

市저자시 賈=價값 가 不아닐불 貳=二두이
에누리가 없는 가격.

矢竭弦絕
시 갈 현 절

矢화살시 竭다할갈 弦활줄현 絕끊어질절
화살이 다하고 활줄마저 끊어짐. 전투할 힘이 다함. [이화
李華의 시詩]

豕交獸畜
시 교 수 흑

豕돼지시 交사귈교 獸짐승수 畜기를흑
돼지처럼 사귀고 짐승처럼 기름. 사람을 예(禮)로 대하
지 않는다는 말. [맹자孟子]

始勤終怠
시 근 종 태

始처음시 勤부지런할근 終마칠종 怠게으를태
처음엔 부지런하다가 나중엔 게을러짐.

時機尚早
시 기 상 조

時때시 機틀기 尚오히려상 早일찍조
아직 때가 이름. 더 기다려야 된다는 말.

視其所使
시 기 소 사

視볼시 其그기 所바소 使부릴사
부리고 있는 사람을 보면 그 주인의 됨됨이를 알 수가
있다는 말. [공자가어孔子家語]

恃德者昌
시 덕 자 창

恃믿을시 德큰덕 者사람자 昌창성할창
덕을 믿고 의지하면 번영함. [사기史記]

市道之交
시 도 지 교

市저자시 道길도 之갈지 交사귈교
시정(市井)의 장사치와 같이 이익을 따라 모이고 흩어지
는 사귐이나 모임. [사기史記]

施樂觀音
시 락 관 음

施베풀시 樂즐길락 觀볼관 音소리음
불교 용어. 33관음 중의 하나. 연못가에 앉아 연꽃을 주
시하는 모양의 관음.

豺狼當路
시 랑 당 로 　豺 승냥이 시　狼 이리 랑　當 마땅 당　路 길 로
승냥이나 이리 같은 악인이 요직에 앉아 권세를 마음대로 부리는 것을 말함. [후한서後漢書]

豺狼橫道
시 랑 횡 도 　豺 승냥이 시　狼 이리 랑　橫 가로 횡　道 길 도
승냥이와 이리가 길을 막음. 승냥이와 이리같이 간악한 무리가 요로(要路)에 있어 권세를 부림.

詩禮之訓
시 례 지 훈 　詩 시 시　禮 예절 례　之 갈 지　訓 가르칠 훈
자식이 아버지에게서 받은 가르침. 시경과 예경을 배우는 것. =과정지훈(過庭之訓)
▶노(魯)의 백어(伯魚)가 아버지인 공자에게서 시경과 예경을 배워야 할 이유를 들은 고사에서 비롯된 말.

視履考祥
시 리 고 상 　視 볼 시　履 밟을 리　考 살필 고　祥 상서로울 상
이행(履行)해 온 것을 고찰해 보고 길흉을 앎. [역경易經]

視民如傷
시 민 여 상 　視 볼 시　民 백성 민　如 같을 여　傷 다칠 상
백성 보기를 다친 사람을 보듯이 함. 깊이 사랑하고 가엾게 여김을 이름. [맹자孟子]

視民如子
시 민 여 자 　視 볼 시　民 백성 민　如 같을 여　子 아들 자
백성 보기를 자식과 같이 여김. [신서新書]

侍奉趨承
시 봉 추 승 　侍 모실 시　奉 받들 봉　趨 달릴 추　承 이을 승
마음에 들도록 웃어른을 섬기고 영합함.

是父是子
시 부 시 자 　是 이 시　父 아비 부　子 아들 자
그 아버지에 그 아들. 즉 아버지를 닮은 자식.

時不再來
시 부 재 래 　時 때 시　不 아닐 부　再 두 재　來 올 래
한번 간 시간은 다시 오지 않음. [사기史記]

是非曲直
시 비 곡 직 　是 옳을 시　非 아닐 비　曲 굽을 곡　直 곧을 직
옳고 그름과 굽고 곧음.

是非之心
시 비 지 심 　是 옳을 시　非 아닐 비　之 갈 지　心 마음 심
선을 옳게 여기고 악을 그르게 여기는 마음. 맹자 사단(四端)의 하나. [맹자孟子]

視死若歸
시 사 약 귀
視 볼 시　死 죽을 사　若 같을 약　歸 돌아갈 귀
죽는 것을 집에 돌아가는 것처럼 생각함. 죽음을 두려워
하지 않고 가벼이 여긴다는 말. 【한비자韓非子】 =시사여귀
(視死如歸)

視死如生
시 사 여 생
視 볼 시　死 죽을 사　如 같을 여　生 살 생
죽음을 삶과 같이 여김. 즉 생사를 초월함. 【장자莊子】

屍山血海
시 산 혈 해
屍 주검 시　山 뫼 산　血 피 혈　海 바다 해
시체가 산을 이루고 피가 바다를 이룸. 전장의 처참한
모습을 형용한 말.

施生戮死
시 생 육 사
施 베풀 시　生 살 생　戮 죽일 륙(육)　死 죽을 사
산 사람에게는 형벌을 행하고, 죽은 자도 그 시체를 욕
보임. 【춘추좌씨전春秋左氏傳】
▶시(施)는 벌죄(罰罪)를 행하는 것.

矢石之間
시 석 지 간
矢 화살 시　石 돌 석　之 갈 지　間 사이 간
화살과 돌이 날아다니는 곳. 싸우는 전쟁터를 이름.

時羞之奠
시 수 지 전
時 때 시　羞 제물 수　之 갈 지　奠 제사 전
그 철에 나는 제물을 신에게 바침.

是是非非
시 시 비 비
是 옳을 시　非 아닐 비
옳은 건 옳다 하고 그른 건 그르다고 함. 【순자荀子】

施餓鬼會
시 아 귀 회
施 베풀 시　餓 주릴 아　鬼 귀신 귀　會 모일 회
불교 용어. 악도(惡道)에 떨어져 고통당하는 망령을 달
래기 위해 음식을 베푸는 법회.

是也非也
시 야 비 야
是 옳을 시　也 어조사 야　非 아닐 비
옳고 그름을 제대로 판단 못함. 【사기史記】 =시야비야(是耶
非耶)

視若楚越
시 약 초 월
視 볼 시　若 같을 약　楚 초나라 초　越 월나라 월
초나라와 월나라가 바라보기만 함. 사이가 멀어져서 서
로 무관심해짐. 서로 멀리하고 돌아보지 않음.
▶초(楚)와 월(越)은 거리가 아주 멀었음.

鰣魚多骨
시 어 다 골
鰣 준치 시　魚 물고기 어　多 많을 다　骨 뼈 골
맛이 좋은 준치에는 잔 가시가 많음. 좋은 일에는 그만큼 방해도 많다는 말. =호사다마(好事多魔)

是刈是濩
시 예 시 호
是 이 시　刈 풀벨 예　濩 퍼질 호, 삶을 확
(칡 넝쿨을) 베어다가 쪄냄.『시경』의 칡베 노래에 나오는 말. 【시경詩經】

時雍之政
시 옹 지 정
時 때 시　雍 누그러질 옹　之 갈 지　政 다스릴 정
세상을 화평하게 다스리는 정치. 【한서漢書】

視于無形
시 우 무 형
視 볼 시　于 어조사 우　無 없을 무　形 형상 형
형체를 보지 않고도 알아차림. 【예기禮記】

時雨之化
시 우 지 화
時 때 시　雨 비 우　之 갈 지　化 될 화
알맞은 때에 비를 맞아 초목이 잘 자람. 은택이 골고루 미치는 것을 이름. 【맹자孟子】

十月滌場
시 월 척 장
十 열 십　月 달 월　滌 씻을 척　場 마당 장
시월에 타작 마당을 쓸고 씻어 치움. 【시경詩經】

十月穫稻
시 월 확 도
十 열 십　月 달 월　穫 거둘 확　稻 벼 도
시월엔 벼를 거둔다네. 【시경詩經】
▶팔월박조 시월확조(八月剝棗 ----): 8월엔 대추 털고, 10월엔 벼를 베어 거둔다네.
▶박(剝)은 원래 '벗기다'라는 뜻이나 이때는 '두드리다' 또는 '털다'라는 뜻으로 본다.

尸位素餐
시 위 소 찬
尸 주검 시　位 자리 위　素 흴 소　餐 먹을 찬
맡은 일은 하지 않고 자리만 지키면서 국록만 먹는다는 말. 【한서漢書】

是謂災眚
시 위 재 생
是 이 시　謂 이를 위　災 재앙 재　眚 재앙 생
이를 일러서 재앙이라고 함. 【역경易經】

詩有別才
시 유 별 재
詩 시 시　有 있을 유　別 다를 별　才 재주 재
시는 학식이나 배움의 깊이는 다른, 본래부터 타고난 재질이 있어야 한다는 말. 【창랑시화滄浪詩話】

357

時移多往 時때시 移옮길이 多많을다 往갈왕
시 이 다 왕　세월이 흘러서 사물도 많이 변함.

視而不見 視볼시 而말이을이 不아닐불 見볼견
시 이 불 견　보아도 보이지 않음. 또는 보고도 못 본 체함. 【대학大學】
　　▶심부재언(心不在焉 ----): 마음이 없으면, 보아도 보이지
　　　않는다.

恃而不恐 恃믿을시 而말이을이 不아닐불 恐두려울공
시 이 불 공　믿는 데가 있어 두려워하지 않음.

時移事去 時때시 移옮길이 事일사 去갈거
시 이 사 거　세월이 지나면 사물도 바뀜. =시이사변(時移事變)

視日不眩 視볼시 日해일 不아닐불 眩아찔할현
시 일 불 현　해를 봐도 눈이 부시지 않음. 눈빛이 빛나는 것을 말함.

詩腸鼓吹 詩시시 腸창자장 鼓두드릴고 吹불취
시 장 고 취　시정(詩情)을 충동질한다는 뜻. 꾀꼬리 소리를 이르는
　　　말. 【세설신어世說新語】

恃才傲物 恃믿을시 才재주재 傲거만할오 物만물물
시 재 오 물　재주를 믿고 거만함.

時節如流 時때시 節마디절 如같을여 流흐를류
시 절 여 류　시절은 물이 흐르는 것같이 흘러감. 【삼국지三國志】

市井之徒 市저자시 井우물정 之갈지 徒무리도
시 정 지 도　일반 대중, 즉 서민. 또는 거리의 무뢰한. 【구당서舊唐書】

市井之臣 市저자시 井우물정 之갈지 臣신하신
시 정 지 신　벼슬을 하지 않으면서 서울에 사는 사람. 【맹자孟子】

始終如一 始처음시 終마칠종 如같을여 一한일
시 종 여 일　처음부터 끝까지 한결같음. =시종일관(始終一貫)

尸坐齊立 尸시동시 坐앉을좌 齊제계할재 立설립
시 좌 재 립　시동(尸童)처럼 앉고 제계(齊戒)할 때처럼 섬. 몸가짐이
　　　바르고 단정하다는 말.

釃酒有衍
시 주 유 연
釃술 거를 시　酒술 주　有있을 유　衍넘칠 연
진국술(독한 술)이 넘치고 있음. 【시경詩經】

詩酒徵逐
시 주 징 축
詩시 시　酒술 주　徵부를 징　逐좇을 축
술 마시고 시 지으면서 서로 친하게 어울림.

詩中有畵
시 중 유 화
詩시 시　中가운데 중　有있을 유　畵그림 화
경치를 교묘하게 묘사한 시를 칭찬하는 말.
▶당(唐) 왕유(王維)의 시는 마치 그림을 보는 듯했다고 함.

視險若夷
시 험 약 이
視볼 시　險험할 험　若같을 약　夷평평할 이
위험한 곳에 있으면서 평지에 있는 것같이 태연함.

市虎三傳
시 호 삼 전
市저자 시　虎범 호　三석 삼　傳전할 전
저잣거리에 호랑이가 왔다고 세 번을 전하면 믿게
됨. 【한비자韓非子】 =삼인성호(三人成虎)

時和年豊
시 화 연 풍
時때 시　和화할 화　年해 년(연)　豊풍년 풍
기후가 순조로워 풍년이 듦. =시화세풍(時和歲豊)

始華終貧
시 화 종 빈
始처음 시　華빛날 화　終마칠 종　貧가난할 빈
시작은 화려하나 마무리는 빈약함. 시작은 잘하나 마무
리는 흐리멍텅함을 이르는 말. =용두사미(龍頭蛇尾)

食客三千
식 객 삼 천
食밥 식　客손 객　三석 삼　千일천 천
남의 집에 기식(寄食)하는 자가 3천 명. 아주 많은 사람
이란 뜻. 【사기史記】
▶전국시대 맹상군의 식객이 3천 명이었다고 함.

食其實者
식 기 실 자
食먹을 식　其그 기　實열매 실　者사람 자
그 열매를 먹고자 하는 사람. 【회남자淮南子】
▶식기실자 부절기지(---- 不折其枝): 그 열매를 먹고자 하
는 사람은 그 가지를 꺾지 않는다.

拭目傾耳
식 목 경 이
拭닦을 식　目눈 목　傾기울일 경　耳귀 이
눈을 닦고 다시 보고 귀를 기울여 잘 들음. 【한서漢書】

食無求飽
식 무 구 포
食먹을 식　無없을 무　求구할 구　飽배부를 포
배불리 먹기를 바라지 않음. 【논어論語】

食味方丈
식 미 방 장
食음식식 味맛미 方모방 丈장장
맛난 음식을 사방 열 자나 되는 상에 차려놓음. =식전방
장(食前方丈)

植璧秉珪
식 벽 병 규
植심을식 璧둥근옥벽 秉잡을병 珪홀규
둥근 옥을 속에 깊숙이 간직하고 홀(笏)을 잡음. 인품이
그윽하고 고상한 것을 비유한 말. [서경書經]

食不重肉
식 부 중 육
食먹을식 不아닐부 重거듭중 肉고기육
한 끼에 두 가지 고기를 먹지 아니함. [사기史記]
▶제(濟)나라 안영(晏嬰)의 검소한 생활에서 나온 말.

食不甘味
식 불 감 미
食먹을식 不아닐불 甘달감 味맛미
먹어도 맛을 모름. 마음이 딴 데 있음을 뜻함. [한서漢書]

食不二味
식 불 이 미
食먹을식 不아닐불 二두이 味맛미
반찬 한 가지로 만족하고 두 가지를 차리지 않음. 검약
함을 말함. [춘추좌씨전春秋左氏傳]

食不遑味
식 불 황 미
食먹을식 不아닐불 遑허둥거릴황 味맛미
워낙 바빠서 식사를 충분히 맛볼 겨를이 없음.

食少事煩
식 소 사 번
食먹을식 少적을소 事일사 煩번거로울번
먹는 것은 적고 해야 할 일은 많음. [삼국지三國志]
▶촉한(蜀漢)의 제갈량(諸葛亮)이 위(魏)의 장군 사마의(司
馬懿)를 끌어내어 승패를 빨리 결정지으려 했으나 사마
의는 제갈량이 지치기만을 기다리면서 사신만 자주 왕
래하였다. 하루는 사마의가 사자에게 물어보니, 제갈량
이 식사를 적게 하고 아침부터 밤 늦게까지 혼자 일을 처
리한다고 했다. 여기서 '식소사번'이란 말이 나왔고, 제갈
량은 얼마 안 있어 죽었다.

植松望亭
식 송 망 정
植심을식 松솔송 望바랄망 亭정자정
솔 심어 정자 바라기. 매우 성급한 생각을 이름. 또는 작
은 일을 하면서도 원대한 것을 바라본다는 말.

食我場藿
식 아 장 곽
食먹을 식　我나 아　場마당 장　藿콩잎 곽
나의 밭에 있는 콩잎을 먹음. [시경詩經]

▶교교백구 식아장곽(皎皎白駒 ----): 희디 흰 망아지가 내 밭의 콩잎을 뜯어 먹었네. 그 핑계로 타고 온 망아지를 해 지도록 매어 둔다는 뜻. 현자를 붙잡아 두고자 하는 임금의 간절한 마음을 노래함.

息壤在彼
식 양 재 피
息쉴 식　壤흙 양　在있을 재　彼저 피
약속한 것을 꼭 지키도록 격려할 때 쓰는 말.

▶진(秦)나라 무왕(武王)이 식양(息壤)에서 맹세를 한 후, 감무(甘茂)에게 한(韓)나라의 의양(宜陽)을 토벌토록 하였다. 그러나 다섯 달이 지나도 함락시키지 못해 철수시키려 할 때, 감무(甘茂)가 "식양이 저기 있습니다!"라고 하며 맹세를 지키게 했다는 고사에서 온 말.

食魚無反
식 어 무 반
食먹을 식　魚물고기 어　無없을 무　反되돌릴 반
생선을 먹을 때는 한쪽만 먹고 다른 한쪽은 남겨 둠. 즉 민력을 남겨서 모아 두어야 한다는 뜻. [안자晏子]

食言而肥
식 언 이 비
食먹을 식　言말씀 언　而말이을 이　肥살찔 비
헛소리로 살이 찜. 신용을 지키지 않고 헛소리만 하는 사람을 비웃는 말.

息宴遊棲
식 연 유 서
息쉴 식　宴잔치 연　遊놀 유　棲깃들 서
잔치와 놀이 속에서 휴식하면서 살아감. [육기陸機의 부賦]

食玉炊桂
식 옥 취 계
食먹을 식　玉구슬 옥　炊불땔 취　桂계수나무 계
옥을 먹고 계수나무로 불을 땜. 식량이 구슬 값같이 비싸고 땔나무가 계수나무 값같이 비싸서 생활하기 어렵다는 말. [전국책戰國策]

食牛之氣
식 우 지 기
食먹을 식　牛소 우　之갈 지　氣기운 기
소를 삼킬 듯한 기백. 어려서부터 비범한 기상이 있음을 이름. [태평어람太平御覽] =탄우지기(呑牛之氣)

食肉之祿
식 육 지 록
食먹을 식　肉고기 육　之갈 지　祿복 록
고기를 먹을 수 있을 만큼의 녹봉을 받는 사람. 조정의 벼슬아치를 이름. [춘추좌씨전春秋左氏傳]

入

361

食子狗君
식 자 순 군

食 먹을 식　子 아들 자　狗=徇 좇을 순　君 임금 군
제 자식을 삶아서 임금에게 바침. 윗사람에게 지나치게
아부하는 사람을 비웃는 말.

識字憂患
식 자 우 환

識 알 식　字 글자 자　憂 근심 우　患 근심 환
아는 것이 도리어 우환이 된다는 말. [삼국지三國志]

植杖而芸
식 장 이 운

植 심을 식　杖 지팡이 장　而 말이을 이　芸 김맬 운
지팡이를 땅에 꽂아 두고 김을 맴. [논어論語]

食粥於盛
식 죽 어 성

食 먹을 식　粥 죽 죽　於 어조사 어　盛 담을 성
죽을 그릇에 담아서 먹음. [예기禮記]

食旨不甘
식 지 불 감

食 먹을 식　旨 맛있는 음식 지　不 아닐 불　甘 달 감
맛있는 음식을 먹어도 단지 모름. 즉 다른 데 마음이 쏠
리어 음식 맛을 모름. [논어論語]

薪桂米金
신 계 미 금

薪 섶 신　桂 계수나무 계　米 쌀 미　金 금 금
땔나무가 계수나무 값이고, 쌀 값이 금 값. 생계비용이
너무 많이 든다는 말. =식옥취계(食玉炊桂)

辛苦誰甛
신 고 수 첨

辛 매울 신　苦 쓸 고　誰 누구 수　甛 달 첨
"고생하여 누구를 달게 해주나?" 꿀벌이 애써 꿀을 모으
지만 모두 사람에게 빼앗기듯 수탈당하는 백성을 이르
는 말. =신고위수첨(辛苦爲誰甛)

辛苦遭逢
신 고 조 봉

辛 매울 신　苦 쓸 고　遭 만날 조　逢 만날 봉
어려운 일에 맞닥뜨림.

神工鬼斧
신 공 귀 부

神 귀신 신　工 장인 공　鬼 귀신 귀　斧 도끼 부
귀신이 만든 것같이 정교한 솜씨를 말함.

訊鞫論報
신 국 논 보

訊 물을 신　鞫 국문할 국　論 의논할 론(논)　報 알릴
보
묻고 국문하여 의논해서 알림. [한서漢書]

信及豚魚
신 급 돈 어

信 믿을 신　及 미칠 급　豚 돼지 돈　魚 물고기 어
돼지나 물고기도 믿어 의심치 않는 신의. [역경易經]

362

神機妙算 神 귀신 신 機 틀 기 妙 묘할 묘 算 헤아릴 산
신 기 묘 산 귀신같이 신묘한 전략.

愼其所習 愼 삼갈 신 其 그 기 所 바 소 習 익힐 습
신 기 소 습 자기의 습관을 신중히 하고 조심해야 함.

新凉燈火 新 새 신 凉 서늘할 량 燈 등불 등 火 불 화
신 량 등 화 초가을 서늘한 기운이 돌 무렵은 등불 밑에서 책 읽기가
좋음. [주송朱松의 글] =등화가친(燈火可親)

迅雷風烈 迅 빠를 신 雷 우레 뢰 風 바람 풍 烈 매울 렬
신 뢰 풍 렬 맹렬한 우레와 세찬 바람.

身無擇行 身 몸 신 無 없을 무 擇 가릴 택 行 갈 행
신 무 택 행 행동이 법도에 맞음. 택행(擇行)은 지적당할 만한 악행
을 말함. [효경孝經]

信文之孚 信 믿을 신 文 글 문=德 덕 덕 之 갈 지 孚 미쁠 부
신 문 지 부 믿음으로 남을 감복시킴. [국어國語]

身病體羸 身 몸 신 病 병 병 體 몸 체 羸 여윌 리
신 병 체 리 병들어 몸이 여윔. [예기禮記]

身死國亡 身 몸 신 死 죽을 사 國 나라 국 亡 망할 망
신 사 국 망 몸이 죽고 나라도 망함.

愼思篤行 愼 삼갈 신 思 생각 사 篤 도타울 독 行 갈 행
신 사 독 행 신중히 생각하고 도탑고 충실히 행동함.

信賞必罰 信 믿을 신 賞 상줄 상 必 반드시 필 罰 벌줄 벌
신 상 필 벌 공이 있는 자에게 상을 주고, 죄가 있는 자에게는 반드
시 벌을 줌. [후한서後漢書]

神仙中人 神 귀신 신 仙 신선 선 中 가운데 중 人 사람 인
신 선 중 인 인품이 고상한 사람. [진서晉書]

晨星落落 晨 새벽 신 星 별 성 落 떨어질 락(낙)
신 성 낙 락 새벽 하늘에 별이 드물듯 친구들이 점점 적어지는 것.
▶낙락(落落)은 드문드문한 모양.

363

薪水之勞　薪 섶 신　水 물 수　之 갈 지　勞 힘쓸 로
신 수 지 로　땔나무를 하고 물을 긷는 노고. 천한 노동을 말함.

臣心如水　臣 신하 신　心 마음 심　如 같을 여　水 물 수
신 심 여 수　신하의 마음이 물과 같음. 신하들의 청렴결백함을 비유
　　　　하는 말. [한서漢書]

臣心惛焉　臣 신하 신　心 마음 심　惛 어리석을 혼　焉 어찌 언
신 심 혼 언　신하된 자의 마음이 심히 어리석음. [한서漢書]

信言不美　信 믿을 신　言 말씀 언　不 아닐 불　美 아름다울 미
신 언 불 미　믿음직한 말은 꾸미지 않음. [노자老子]

身言書判　身 몸 신　言 말씀 언　書 글 서　判 판단할 판
신 언 서 판　당(唐)나라 때 관리 등용시 사람됨을 판단하는 네 가지
　　　　기준. 신수(身手), 말씨(言), 문필력(書), 판단력(判)을 이
　　　　름. [당서唐書]

身外無物　身 몸 신　外 밖 외　無 없을 무　物 만물 물
신 외 무 물　몸보다 더 소중한 것은 없음. 몸의 건강이 제일 중요하
　　　　다는 말.

伸冤雪恥　伸 펼 신　冤 원통할 원　雪 씻을 설　恥 부끄러울 치
신 원 설 치　마음에 맺힌 원한을 풀고 당했던 치욕을 씻음.

信疑忠謗　信 믿을 신　疑 의심할 의　忠 충성 충　謗 비방할 방
신 의 충 방　성심(誠心)으로 대해도 의심과 비방을 받음. [사기史記]

臣一君二　臣 신하 신　一 한 일　君 임금 군　二 두 이
신 일 군 이　신하의 몸은 하나이나 받들 군주는 둘. 즉 섬길 군주는
　　　　어느 나라에도 있다는 말. [춘추좌씨전春秋左氏傳] =신일주이
　　　　(臣一主二)

愼終如始　愼 삼갈 신　終 마칠 종　如 같을 여　始 처음 시
신 종 여 시　일의 끝을 처음과 같이 삼가고 애씀.

愼終追遠　愼 삼갈 신　終 마칠 종　追 미룰 추　遠 멀 원
신 종 추 원　부모상을 당해서는 슬픔을 다하고, 조상 제사에는 공경
　　　　을 다하라는 말. [논어論語]

伸紙發緘 伸 펼 신　紙 종이 지　發 필 발　緘 봉할 함
신 지 발 함　종이를 펴고 봉함. 즉 종이를 펴서 글을 쓰고 봉해서 보
냄. [이상은李商隱 시詩]

訊之占夢 訊 물을 신　之 갈 지　占 점칠 점　夢 꿈 몽
신 지 점 몽　점몽관(占夢官 꿈을 풀이하는 사람)에게 자기의 꿈을 풀어
보게 함. [시경詩經]

新進氣銳 新 새 신　進 나아갈 진　氣 기운 기　銳 날카로울 예
신 진 기 예　의기가 날카로운 신인.

新陳代謝 新 새 신　陳 묵을 진　代 대신 대　謝 갈아들 사
신 진 대 사　묵은 것이 없어지고 새것이 대신함. [회남자淮南子]

薪盡火滅 薪 섶 신　盡 다할 진　火 불 화　滅 멸망할 멸
신 진 화 멸　탈 것이 다 타서 불이 꺼짐. 기력이 다하여 죽는 사람을
말함. [법화경法華經]

身體髮膚 身 몸 신　體 몸 체　髮 터럭 발　膚 살 부
신 체 발 부　머리 끝에서 살갗까지 몸 전체를 말함.

神出鬼沒 神 귀신 신　出 날 출　鬼 귀신 귀　沒 빠질 몰
신 출 귀 몰　귀신같이 나타났다가 홀연히 사라짐. 자유자재로 출몰
하여 그 변화무쌍함을 헤아릴 수가 없음. [회남자淮南子]

身親當之 身 몸 신　親 친할 친　當 마땅 당　之 갈 지
신 친 당 지　(남에게 맡기지 않고) 몸소 일을 맡음.

腎虛腰痛 腎 콩팥 신　虛 빌 허　腰 허리 요　痛 아플 통
신 허 요 통　정력(精力)이 허하면 허리가 아픔.

晨虎之勢 晨 새벽 신　虎 범 호　之 갈 지　勢 권세 세
신 호 지 세　굶주린 새벽 호랑이와 같은 기세. 아주 맹렬한 기세를
이름.

身後之諫 身 몸 신　後 뒤 후　之 갈 지　諫 간할 간
신 후 지 간　임금의 잘못을 바로잡겠다는 각오로 생전에 미리 작성
한, 죽은 뒤의 간언. 죽어서도 백성과 임금을 염려하는
지극한 마음을 이름. [공자가어孔子家語]

身後之地
신 후 지 지

身몸신 後뒤후 之갈지 地땅지
살아 있을 때 미리 정해 둔 자기가 묻힐 자리.

實覃實訏
실 담 실 우

實열매실 覃길담 訏클우
이 소리가 길고 큼. 【시경詩經】

▶실담실우 궐성재로(---- 厥聲在路): 이 소리가 길고 커서
멀리 행길까지 미치네.

失馬治廐
실 마 치 구

失잃을실 馬말마 治다스릴치 廐마굿간구
말 잃고 마굿간을 고침. 이미 때가 늦었음을 일컫는 말.
=실우치구(失牛治廐)

實畝實籍
실 무 실 적

實밝힐실, 적용할실 畝밭이랑무 籍세금적
밭이랑을 잘 밝히어 세금(賦稅)를 정함. 밭의 경계를 잘
측량하여 부세를 공평하게 정하는 것을 이름. 【시경詩經】

實發實秀
실 발 실 수

實열매실 發필발 秀빼어날수
이삭이 패고 여묾. 【시경詩經】

實封公文
실 봉 공 문

實굳을실 封봉할봉 公공변될공 文글문
단단히 봉한 문서. 임금 앞에서만 뜯어 보는 문서.

失斧疑隣
실 부 의 린

失잃을실 斧도끼부 疑의심할의 隣이웃린
도끼를 잃고는 이웃을 의심함. 한번 의심하는 마음이 생
기면 사소한 일에도 의심이 인다는 말. 【열자列子】

室不崇壇
실 불 승 단

室집실 不아닐불 崇높을숭 壇터단
집의 터를 높이지 않음. 사치하지 않음을 이름.

實事求是
실 사 구 시

實열매실 事일사 求구할구 是옳을시
사실을 토대로 진리를 탐구하는 일. 【한서漢書】

▶수학호고 실사구시(修學好古 ----): 옛것을 좋아하여 배
우고 실제 일을 통해 바른 것을 찾는다.

失於空中
실 어 공 중

失잃을실 於어조사어 空빌공 中가운데중
물건을 쓰고는 아무렇게나 내버려두어 어디에서 잃었
는지 모른다는 뜻.

室如懸磬
실 여 현 경
室 집 실 如 같을 여 懸 매달 현 磬 경쇠 경
집 안이 텅 비어 서까래와 기둥 사이에 경쇠만 걸어 놓은 것 같다는 말. 아주 가난한 살림살이를 이름. [춘추좌씨전春秋左氏傳]

失意泰然
실 의 태 연
失 잃을 실 意 뜻 의 泰 클 태 然 그러할 연
실패하더라도 태연함.

室邇人遠
실 이 인 원
室 집 실 邇 가까울 이 人 사람 인 遠 멀 원
그리운 사람의 집은 가까운데 그리운 사람은 보이지 않음. 사모하나 만나지 못함을 말함.

失飪不食
실 임 불 식
失 잃을 실 飪 익힐 임 不 아닐 불 食 먹을 식
(공자는) 익지 않은 음식을 먹지 않음. [논어論語]

實指虛掌
실 지 허 장
實 열매 실 指 손가락 지 虛 빌 허 掌 손바닥 장
붓 쥐는 법. 손가락으로는 붓대를 꽉 쥐고 손바닥은 넓게 폄.

實踐躬行
실 천 궁 행
實 열매 실 踐 밟을 천 躬 몸소 궁 行 행할 행
실제로 몸소 행함.

深見天命
심 견 천 명
深 깊을 심 見 볼 견 天 하늘 천 命 목숨 명
하늘의 명을 깊이 들여다봄. [한서漢書]

心曠神怡
심 광 신 이
心 마음 심 曠 밝을 광 神 귀신 신 怡 기쁠 이
마음이 넓고 거리낌이 없음.

心廣體胖
심 광 체 반
心 마음 심 廣 넓을 광 體 몸 체 胖 편안할 반
마음이 넓으면 몸이 편안함. [대학大學]

深根固柢
심 근 고 저
深 깊을 심 根 뿌리 근 固 굳을 고 柢 뿌리 저
뿌리가 땅 속에 깊고 단단하게 박혀서 움직이지 않음. 기초가 단단하고 근본이 뚜렷함을 일컬음. [노자老子] =심근고체(深根固蔕)

潭根毋伐
심 근 무 벌
潭 잠길 심, 깊을 담 根 뿌리 근 毋 말 무 伐 칠 벌
깊이 잠긴 뿌리를 끊지 말라. [관자管子]

入

心機一轉
심 기 일 전

心마음심 機틀기 一한일 轉돌전
어떤 동기에 의해서 지금까지의 생각을 완전히 바꿈.

心頭滅却
심 두 멸 각

心마음심 頭머리두 滅멸할멸 却물리칠각
품은 마음을 없애고 무념무상의 경지에 이르면 불안이
나 고통도 느끼지 않게 됨. 【두순학杜荀鶴의 글】

▶심두(心頭)는 마음. 멸각(滅却)은 없애 버리는 것.

深厲淺揭
심 려 천 게

深깊을심 厲갈려 淺얕을천 揭걸을게
물이 깊으면 허리까지 옷을 걷고 얕으면 무릎까지 걷음.
일의 형편에 따라 알맞게 행동함을 이름. 【시경詩經】

心力備盡
심 력 비 진

心마음심 力힘력 備갖출비 盡다할진
마음과 힘을 다하여 준비함. 【수서隋書】

心滿意足
심 만 의 족

心마음심 滿가득할만 意뜻의 足발족
마음이 흡족함.

深謀遠慮
심 모 원 려

深깊을심 謀꾀모 遠멀원 慮생각할려
깊은 계략과 먼 장래에 대한 생각. =심계원려(深計遠慮)

心腹之患
심 복 지 환

心마음심 腹배복 之갈지 患근심환
심장, 위장병으로 겪는 고통. 또는 내부 알력 때문에 생
기는 병폐나 걱정거리. 고치기 어려운 병을 이름. 【춘추좌
씨전春秋左氏傳】 =심복지질(心腹之疾)

深思高擧
심 사 고 거

深깊을심 思생각사 高높을고 擧들거
생각은 깊게 하고 행동은 높고 대담하게.

深山幽谷
심 산 유 곡

深깊을심 山뫼산 幽그윽할유 谷골곡
깊은 산, 그윽한 골짜기. 【열자列子】 =심산궁곡(深山窮谷)

心誠之求
심 성 지 구

心마음심 誠정성성 之갈지 求구할구
마음과 정성을 다하여 도를 구함. 【대학大學】

心手相應
심 수 상 응

心마음심 手손수 相서로상 應응할응
마음먹은 대로 손이 움직임.

人

368

深識長慮
심 식 장 려
深깊을심 識알식 長길장 慮생각할려
깊이 깨닫고 먼 장래까지 생각함. =심모원려(深謀遠慮)

心億則樂
심 억 즉 락
心마음심 億억억 則곧즉 樂즐거울락
마음이 편안하면 즐거워짐. [춘추좌씨전春秋左氏傳]

心如搖旌
심 여 요 정
心마음심 如같을여 搖흔들릴요 旌깃발정
마음은 나부끼는 깃발과 같음. 마음이 안정되지 못하고
흔들리는 것을 이름. [사기史記]

深淵薄氷
심 연 박 빙
深깊을심 淵못연 薄엷을박 氷얼음빙
깊은 못에 언 엷은 얼음을 밟음. 행동을 매우 조심하고
삼가는 것을 이름. 또는 아주 위험한 처지에 놓여 있음
을 비유한 말. [시경詩經]

心悅誠服
심 열 성 복
心마음심 悅기쁠열 誠정성성 服복종할복
마음속으로 기꺼이 복종함. [맹자孟子]

心外無法
심 외 무 법
心마음심 外밖외 無없을무 法법법
불교 용어. 모든 법은 마음속에 있지, 마음 밖에 있는 것
이 아니라는 말.

心猿意馬
심 원 의 마
心마음심 猿원숭이원 意뜻의 馬말마
마음은 원숭이 같고 뜻은 말 같음. 번뇌와 정욕 때문
에 마음을 누르지 못하는 것을 이르는 말. 변덕이 죽 끓
듯 하거나 안절부절 못하는 것을 형용할 때 쓰이기도
함. [석두대사石頭大師의 글]

心遠地偏
심 원 지 편
心마음심 遠멀원 地땅지 偏치우칠편
마음이 속세를 초탈하면 살고 있는 곳도 세간을 떠난 깨
끗한 세계로 느껴진다는 말.

心有天遊
심 유 천 유
心마음심 有있을유 天하늘천 遊놀유
마음이 하늘가를 노닐고 있음. [장자莊子]

心凝形釋
심 응 형 석
心마음심 凝엉킬응 形형상형 釋풀석
마음이 엉키고 형체가 풀어짐. 도에 열중하여 무념무상
의 경지에 들어 형체조차 잊어버리는 것을 이름. 즉 마
음으로 도와 융합함. [열자列子]

入

369

沁入心脾 沁 스며들 심 入 들 입 心 마음 심 脾 지라 비
심 입 심 비 마음속에 깊이 스며들어 도저히 잊을 수가 없음.

尋章摘句 尋 찾을 심 章 글 장 摘 딸 적 句 글귀 구
심 장 적 구 문장 하나, 자구 하나를 깊게 파헤쳐 연구함. 또는 옛 성
인의 글귀를 따서 시문을 지음. =심장멱구(尋章覓句)

心正眸瞭 心 마음 심 正 바를 정 眸 눈동자 모 瞭 밝을 료
심 정 모 료 마음이 바르면 눈동자가 빛이 남.

深造自得 深 깊을 심 造 만들 조 自 스스로 자 得 얻을 득
심 조 자 득 학문의 깊은 뜻을 궁리하고 연구하여 스스로 그 이치를
터득함. 【맹자孟子】

心中有心 心 마음 심 中 가운데 중 有 있을 유 心 마음 심
심 중 유 심 마음속에 또 마음이 있음. 마음으로 마음을 다스린다는
말.

深中隱厚 深 깊을 심 中 가운데 중 隱 숨을 은 厚 두터울 후
심 중 은 후 마음속에 깊이가 있어 인정이 두터움. 【한서漢書】

心淸事達 心 마음 심 淸 맑을 청 事 일 사 達 통할 달
심 청 사 달 마음이 깨끗하고 욕심이 없어야 모든 일이 이루어짐.

心統性情 心 마음 심 統 거느릴 통 性 성품 성 情 뜻 정
심 통 성 정 마음은 성(性)과 정(情)을 통괄함. 【근사록近思錄】
▶성(性)은 마음의 본체이며, 정(情)은 마음의 작용.

心閑手敏 心 마음 심 閑 한가할 한 手 손 수 敏 빠를 민
심 한 수 민 마음은 한가하나 손은 민첩함.

心閑體正 心 마음 심 閑 조용할 한 體 몸 체 正 바를 정
심 한 체 정 마음은 조용하고 몸가짐은 바름. 【열자列子】

尋行數墨 尋 찾을 심 行 갈 행 數 헤아릴 수 墨 먹 묵
심 행 수 묵 글자 수에 얽매어 글 짓는 데 고심함. 즉 문자에 얽매어
참뜻을 깨닫지 못함.
▶행(行)은 줄, 묵(墨)은 문자를 말함.

十盲一杖
십 맹 일 장
十열십 盲장님맹 一한일 杖지팡이장
장님 열 사람에 지팡이 한 개. 사물이 요긴하게 함께 쓰이는 것을 비유한 말. =십고일장(十瞽一杖)

十目所視
십 목 소 시
十열십 目눈목 所바소 視볼시
열 사람의 눈이 보고 있음. 많은 사람들이 보고 있다는 뜻. 【대학大學】
▶십목소시 십수소지(---- 十手所指): 많은 사람들이 지켜보고 많은 사람들이 손가락질한다.

十伐之木
십 벌 지 목
十열십 伐칠벌 之갈지 木나무목
열 번 찍어 안 넘어가는 나무 없음. 심지가 굳은 사람이라도 여러 번 권하면 따르게 된다는 말.

十手所指
십 수 소 지
十열십 手손수 所바소 指손가락지
열 사람이 손가락질함. 즉 세상 사람들의 비판이 무섭다는 말.

十襲之藏
십 습 지 장
十열십 襲염습할습 之갈지 藏갈무리할장
열 번 묶어서 갈무리함. 아주 소중히 갈무리하는 것을 말함.

十勝之地
십 승 지 지
十열십 勝이길승 之갈지 地땅지
풍수설에서 말하는, 병화와 기근을 피할 수 있다는 열 곳. 【정감록鄭鑑錄】
▶풍기의 금계촌(金鷄村), 영월의 정동상류(正東上流), 운봉의 두류산(頭流山), 봉화의 춘양(春陽), 예천의 금당동(金堂洞), 부안의 변산(邊山), 성주의 만수동(萬壽洞), 보은의 속리산(俗離山), 무주의 무풍(茂豊), 공주의 유구(維鳩)와 마곡(麻谷).

十匙一飯
십 시 일 반
十열십 匙숟가락시 一한일 飯밥반
열 사람이 한 숟갈씩 모으면 한 사람이 먹을 밥이 됨. 여럿이 힘을 합치면 한 사람을 돕기 쉽다는 말.

十室九空
십 실 구 공
十열십 室집실 九아홉구 空빌공
열 집 중에 아홉 집이 비어 있음. 전쟁, 흉년, 전염병 등으로 마을이 텅 빈 것을 말함.

十羊九牧
십 양 구 목

十열십 羊양양 九아홉구 牧칠목
양 열 마리에 목자는 아홉이나 됨. 백성은 적고 벼슬아
치는 많은 것을 비유하는 말. [수서隋書]

十人十色
십 인 십 색

十열십 人사람인 色빛색
사람마다 생각이나 취향이 다름.

十日一水
십 일 일 수

十열십 日날일 一한일 水물수
열흘 동안에 물 한줄기만을 그림. 화가의 고심과 노력을
이르는 말.

十顚九倒
십 전 구 도

十열십 顚뒤집힐전 九아홉구 倒넘어질도
열 번 엎어지고 아홉 번 넘어짐. 온갖 고생을 겪음.

十指不動
십 지 부 동

十열십 指손가락지 不아닐부 動움직일동
열 손가락 중 한 손가락도 까딱하지 않음. 게을러서 아
무 일도 하지 않는다는 말.

十風五雨
십 풍 오 우

十열십 風바람풍 五다섯오 雨비우
열흘에 한 번 바람이 불고, 닷새에 한 번 비가 옴. 기후가
순조로워 농사가 잘되는 것을 이름.

十寒一曝
십 한 일 폭

十열십 寒찰한 一한일 曝쬘폭
열흘 춥고 하루 햇볕이 쬠. 일이 한결같지 않고 자주 중
단됨을 비유하는 말. [맹자孟子]

十行俱下
십 행 구 하

十열십 行갈행 俱함께구 下아래하
열 줄의 글을 한꺼번에 읽어 내려감. 독서의 속도가 빠
름을 일컫는 말.

賸水殘山
싱 수 잔 산

賸남을싱, 남을잉 水물수 殘남을잔 山뫼산
남아 있는 물과 산. 나라가 망했음을 이름. =국파산하(國
破山河)

雙管齊下
쌍 관 제 하

雙쌍쌍 管대롱관 齊엄숙할제 下아래하
두 자루의 붓을 한꺼번에 움직임. 두 가지 일을 동시에
진행시키는 능력을 이름.

372

我歌査唱
아 가 사 창

我 나아 歌 노래가 査 사돈사 唱 부를창

내가 부를 노래를 사돈이 부름. 책망을 들어야 할 사람이 오히려 책망하는 것을 비유하는 말.

兒童便射
아 동 편 사

兒 아이아 童 아이동 便 편할편 射 쏠사

아이들이 편을 나누어 활쏘기 재주를 겨루던 일.

餓狼之口
아 랑 지 구

餓 굶주릴아 狼 이리랑 之 갈지 口 입구

굶주린 이리의 입. 위험한 장소를 이름. 또는 탐욕스럽고 잔혹함을 비유하는 말. [진서晉書]

我武維揚
아 무 유 양

我 나아 武 굳셀무 維 얽을유 揚 떨칠양

아군(我軍)의 무위가 드날림.

蛾撲燈芯
아 박 등 심

蛾 나방아 撲 칠박 燈 등불등 芯 심지심

나방이 등불의 심지를 때림. 즉 화를 스스로 불러들이는 것을 말함.

阿附迎合
아 부 영 합

阿 언덕아 附 붙을부 迎 맞을영 合 합할합

상대의 비위를 맞추고 마음에 들도록 아부하여 영합함. [한서漢書]

阿鼻叫喚
아 비 규 환

阿 언덕아 鼻 코비 叫 부르짖을규 喚 부를환

불교 용어. 아비지옥(阿鼻地獄)과 규환지옥(叫喚地獄). 참혹한 고통에서 벗어나기 위해 악을 쓰며 소리 지르는 것을 말함. [법화경法華經]

我心匪鑑
아 심 비 감

我 나아 心 마음심 匪=非 아닐비 鑑 거울감

내 마음이 거울이 아님. [시경詩經]

▶아심비감 불가이여(---- 不可以茹): 내 마음이 거울이 아니니, 남이 날 알아줄 리가 없네.

我心如枰
아 심 여 평

我 나아 心 마음심 如 같을여 枰 저울평

나의 마음이 저울과 같음. 사사로움이 없이 공평함을 표현한 말. =아심여칭(我心如秤)

阿諛傾奪
아 유 경 탈

阿 언덕아 諛 아첨할유 傾 기울일경 奪 빼앗을탈

권세에 아첨하여 남의 지위를 빼앗음.

373

阿諛苟容
아 유 구 용
阿 언덕 아　諛 아첨할 유　苟 구차할 구　容 얼굴 용
남에게 아부하여 구차스럽게 살아감. 【사기史記】

阿諛順旨
아 유 순 지
阿 언덕 아　諛 아첨할 유　順 따를 순　旨 뜻 지
아첨하여 그 사람의 뜻을 따름. 【후한서後漢書】

牙檣錦纜
아 장 금 람
牙 어금니 아　檣 돛대 장　錦 비단 금　纜 닻줄 람
상아로 만든 돛대와 비단으로 만든 닻줄. 화려하게 꾸민
배를 형용한 말.

我田引水
아 전 인 수
我 나 아　田 밭 전　引 끄을 인　水 물 수
제 논에 물 대기. 자기에게만 이롭도록 주장하고 행동하
는 것을 말함.

餓虎之蹊
아 호 지 혜
餓 굶주릴 아　虎 범 호　之 갈 지　蹊 좁은 길 혜
굶주린 범이 다니는 좁은 길. 매우 위험한 곳을 말함. 【사
기史記】

握兩手汗
악 량 수 한
握 잡을 악　兩 두 량　手 손 수　汗 땀 한
너무 긴장해 잡은 두 손에 땀이 남. =악량파한(握兩把汗)

惡傍逢雷
악 방 봉 뢰
惡 악할 악　傍 곁 방　逢 만날 봉　雷 우레 뢰
악한 사람 옆에 있다가 벼락을 맞음. 즉 남의 재앙에 함
께 휩쓸려 재앙을 당한다는 말.

握符之尊
악 부 지 존
握 잡을 악　符 부신 부　之 갈 지　尊 높을 존
천자의 자리를 말함. 부(符)는 제왕의 표지(標識), 또는
제왕의 상징. 【동도부東都賦】

惡事千里
악 사 천 리
惡 악할 악　事 일 사　千 일천 천　里 마을 리
나쁜 일이 천 리를 감. 나쁜 소문은 빨리 퍼져 나간다는
말. 【수호지水滸志】

嶽崇海豁
악 숭 해 활
嶽 큰산 악　崇 높을 숭　海 바다 해　豁 뚫린 골 활
산같이 높고 바다같이 넓음.

惡顔相對
악 안 상 대
惡 악할 악　顔 얼굴 안　相 서로 상　對 대할 대
불쾌한 얼굴로 서로 마주 봄.

惡語易施
악 어 이 시
惡 악할 악　語 말씀 어　易 쉬울 이　施 베풀 시
남의 잘못은 흉보기 쉬움.

愕然愧懺
악 연 괴 참
愕 놀랄 악　然 그러할 연　愧 부끄러워할 괴　懺 뉘우칠 참
깜짝 놀라 제 잘못을 부끄러워하고 뉘우침. [진서晉書]

握月擔風
악 월 담 풍
握 잡을 악　月 달 월　擔 멜 담　風 바람 풍
달을 잡고 바람을 어깨에 멤. 즉 풍월을 감상함.

惡衣惡食
악 의 악 식
惡 악할 악　衣 옷 의　食 먹을 식
좋지 못한 의복과 거친 음식. [논어論語]

惡因惡果
악 인 악 과
惡 악할 악　因 인할 인　果 열매 과
나쁜 일을 행하면 나쁜 결과가 온다는 말.

惡戰苦鬪
악 전 고 투
惡 악할 악　戰 싸울 전　苦 쓸 고　鬪 싸울 투
강적과 맞붙어 싸우는 고달픔. 어려운 조건을 무릅쓰고 죽을 힘을 다하여 싸움.

握樞臨極
악 추 임 극
握 잡을 악　樞 지도리 추　臨 임할 임　極 다할 극
권세를 한 손에 잡고 높은 자리에 오름. [왕융王融의 글文]

安車蒲輪
안 거 포 륜
安 편안 안　車 수레 거　蒲 부들 포　輪 바퀴 륜
안거의 바퀴를 부들로 싸서 충격을 줄임. 노인을 우대함을 비유하는 말. [한서漢書]
▶안거(安車)는 노인이 타는 수레.

眼高手卑
안 고 수 비
眼 눈 안　高 높을 고　手 손 수　卑 낮을 비
안목은 높으나 재주가 따르지 못함. 이상은 높지만 실천이 따르지 않음을 이름. =안고수저(眼高手低)

眼光紙背
안 광 지 배
眼 눈 안　光 빛 광　紙 종이 지　背 등 배
눈빛이 종이 뒤까지 꿰뚫음. 독서의 열정과 이해력이 날카로움을 표현한 말. =안광철지배(眼光徹紙背)

顔筋柳骨
안 근 유 골
顔 얼굴 안　筋 힘줄 근　柳 버들 류(유)　骨 뼈 골
당(唐)의 안진경(顔眞卿)과 유공권(柳公權)의 필법(筆法)
을 터득했다는 뜻으로, 글씨 쓰는 솜씨가 매우 훌륭함을
이름.

按圖索駿
안 도 색 준
按 어루만질 안　圖 그림 도　索 찾을 색　駿 준마 준
그림을 어루만져 준마를 찾음. 경험을 통해 얻지 않은
지식은 실용성이 없음을 비유한 말. [한서漢書]

安樂者短
안 락 자 단
安 편안 안　樂 즐거울 락　者 사람 자　短 짧을 단
안락하게 살아가는 사람은 단명함. [구양수歐陽脩의 시詩]

眼目所視
안 목 소 시
眼 눈 안　目 눈 목　所 바 소　視 볼 시
모든 사람이 보고 있는 바.

眼目手決
안 목 수 결
眼 눈 안　目 눈 목　手 손 수　決 결단할 결
일을 잘 살피고 신속 정확하게 처리함.

安不忘危
안 불 망 위
安 편안 안　不 아닐 불　忘 잊을 망　危 위태할 위
편안할 때 위태로울 것을 잊지 않고 경계함. [역경易經]

眼鼻莫開
안 비 막 개
眼 눈 안　鼻 코 비　莫 말 막　開 열 개
일이 바빠 눈코 뜰 새가 없음.

安貧樂道
안 빈 낙 도
安 편안 안　貧 가난할 빈　樂 즐길 락(낙)　道 길 도
가난한 중에서도 편안한 마음으로 도를 즐김.

安史之亂
안 사 지 란
安 편안 안　史 역사 사　之 갈 지　亂 어지러울 란
당(唐) 현종(玄宗) 천보(天寶) 14년(AD 755)에 일어난 안
록산(安祿山)과 사사명(史思明)이 반란을 말함.
▶9년간 지속되었으며, 장안(長安)과 낙양(洛陽)을 함락하
고 국호를 대연(大燕)이라 함. 안록산과 그 부장 사사명
이 죽자 난도 평정되어 당나라의 숙종이 다시 정권을 잡
았다.

安心立命
안 심 입 명
安 편안 안　心 마음 심　立 설 립(입)　命 목숨 명
마음을 편안히 하여 천명을 다하는 것. [전등록傳燈錄]

376

顔如舜華
안 여 순 화

顔 얼굴 안 如 같을 여 舜 순임금 순 華=花 꽃 화
얼굴이 무궁화와 같이 아름다움. 【시경詩經】

▶유녀동거 안여순화(有女同車 ----): 여인이 함께 수레를
탔는데, 그 얼굴이 무궁화와 같이 아름답네.
▶순화(舜華)는 무궁화.

顔如渥丹
안 여 악 단

顔 얼굴 안 如 같을 여 渥 두터울 악 丹 붉을 단
안색에 젊음이 넘치고 아름다움. 【시경詩經】

▶악단(渥丹): 새빨간 빛깔.

安如泰山
안 여 태 산

安 편안 안 如 같을 여 泰 클 태 山 뫼 산
태산과 같이 편안함. =안여반석(安如盤石) 【한서漢書】

安于盤石
안 우 반 석

安 편안 안 于 어조사 우 盤 소반 반 石 돌 석
반석처럼 안정되어 매우 편안함. 나라가 태평하게 안정
되어 있다는 말. 【순자荀子】

雁字鶯梭
안 자 앵 사

雁 기러기 안 字 글자 자 鶯 꾀꼬리 앵 梭 북 사
기러기가 줄지어 나는 것이 글자 모양 같고, 숲속을 왔
다 갔다 하는 꾀꼬리가 베를 짤 때 북이 왔다 갔다 하는
것 같다는 말. 시문(詩文)의 자구를 다듬는 일을 비유.

眼前莫童
안 전 막 동

眼 눈 안 前 앞 전 莫 말 막 童 아이 동
잘생기지 못한 아이도 눈앞에 자주 대하면 정이 붙음.

眼中無人
안 중 무 인

眼 눈 안 中 가운데 중 無 없을 무 人 사람 인
눈에 사람이 보이지 않음. 즉 교만하여 모든 사람을 업
신여김. =안하무인(眼下無人).

眼中有鐵
안 중 유 철

眼 눈 안 中 가운데 중 有 있을 유 鐵 쇠 철
눈에 철이 있음. 즉 눈까지 무장하고 있음. 항시 긴장하
여 주의를 게을리 하지 않음. 【자치통감自治痛鑑】

眼中之人
안 중 지 인

眼 눈 안 中 가운데 중 之 갈 지 人 사람 인
마음에 두고 있는 사람. 즉 친애하는 사람.

雁塔題名
안 탑 제 명
雁 기러기 안　塔 탑 탑　題 제목 제　名 이름 명
진사 급제를 말함.
▶당(唐)나라 때 진사에 급제하면 이름을 낙양(洛陽) 자은
사(慈恩寺)의 탑에 새겼던 일에서 비롯된 말.

安宅正路
안 택 정 로
安 편안 안　宅 집 택　正 바를 정　路 길 로
인(仁)과 의(義)를 말함. 사람이 올바르게 좇아야 할
길. [맹자孟子]
▶인(仁)은 사람이 마음을 둘 곳이므로 안택(安宅), 의(義)
는 마땅히 행하여야 할 바이므로 정로(正路)라 함.

安土重遷
안 토 중 천
安 편안 안　土 흙 토　重 무거울 중=憚 꺼릴 탄　遷 옮
길 천
고향 떠나기를 싫어함. 사람이 하던 일에 익숙해지면 다
른 일을 하기 어려워진다는 말.

安必慮危
안 필 여 위
安 편안 안　必 반드시 필　慮 생각할 려(여)　危 위태
할 위
편안할 때 위험이 닥칠 것을 생각하라. [삼국지三國志]

安行疾鬪
안 행 질 투
安 편안 안　行 갈 행　疾 빨리 질　鬪 싸울 투
조용히 가서 민첩하게 싸움.

按絃拭徽
안 현 식 휘
按 누를 안　絃 줄 현　拭 닦을 식　徽 아름다울 휘
줄을 누르고 아름답게 닦음. 현악기 연주하는 모양을 형
용한 말. [송서宋書]

眼花耳熱
안 화 이 열
眼 눈 안　花 꽃 화　耳 귀 이　熱 더울 열
눈이 어지럽고 귀가 시끄러움.

揠苗助長
알 묘 조 장
揠 뽑을 알　苗 싹 묘　助 도울 조　長 자랄 장
이삭을 뽑아 올려서 키를 크게 함. 순리를 거스르고 억
지로 일을 진행시킨다는 말. 성공을 급히 서둘다가 오히
려 해를 보는 것을 비유. [맹자孟子]

遏惡揚善
알 악 양 선
遏 막을 알　惡 악할 악　揚 떨칠 양　善 착할 선
악을 막고 선을 드높임. [역경易經]

378

暗渡陳倉
암 도 진 창
暗 어두울 암　渡 건널 도　陳 베풀 진　倉 곳집 창
남몰래 진창을 건넘. 남몰래 행동하여 성공함. 기습 작전의 성공, 남녀 사이의 사통 등을 비유. 【사기史記】

巖牆之下
암 장 지 하
巖 큰바위 암　牆 담장 장　之 갈 지　下 아래 하
무너질 것 같은 돌 담 아래. 즉 위험한 곳. 【맹자孟子】

暗箭難防
암 전 난 방
暗 어두울 암　箭 화살 전　難 어려울 난　防 막을 방
숨어서 쏘는 화살은 막기가 어려움.

暗中摸索
암 중 모 색
暗 어두울 암　中 가운데 중　摸 찾을 모　索 찾을 색
어둠 속에서 더듬어 찾음. 즉 사태를 파악하지 못하고 짐작으로 추측한다는 말. 【수당가화隋唐嘉話】

暗中放光
암 중 방 광
暗 어두울 암　中 가운데 중　放 놓을 방　光 빛 광
어둠 속에도 빛이 비침. 쥐 구멍에도 빛이 있다는 말. 뜻밖에 일이 잘 해결될 때 쓰임.

暗行御史
암 행 어 사
暗 어두울 암　行 갈 행　御 거느릴 어　史 사기 사
지방 정치를 몰래 살피기 위해 보낸 관리.

巖穴之士
암 혈 지 사
巖 큰바위 암　穴 구멍 혈　之 갈 지　士 선비 사
세속에 물들지 않고 깊은 산속에 숨어 사는 선비를 일컬음. 【사기史記】

諳曉古事
암 효 고 사
諳 욀 암　曉 훤히 알 효　古 예 고　事 일 사
고사를 환히 알고 외움. 【남사南史】

壓良爲賤
압 량 위 천
壓 누를 압　良 어질 량　爲 할 위　賤 천할 천
양민의 자녀를 잡아다가 종으로 삼음.

壓顱破脣
압 로 파 순
壓 누를 압　顱 두개골 로　破 깰 파　脣 입술 순
남의 무덤 영역을 범하여 장사를 지내는 것.
▶로(顱)는 무덤 뒤쪽. 순(脣)은 무덤 앞쪽.

殃及池魚
앙 급 지 어

殃 재앙 앙 及 미칠 급 池 못 지 魚 물고기 어
재앙이 못에 사는 물고기에게도 미침. 즉 뜻하지 않은 곳에 재난이 미치는 것을 비유하는 말. =지어지앙(池魚之殃) 【여씨춘추呂氏春秋】

▶초(楚)나라 때 성문이 타자 불을 끄느라고 못물을 퍼내 없애서 못 안의 고기가 다 죽었다는 고사에서 온 말.

仰望不及
앙 망 불 급

仰 우러를 앙 望 바랄 망 不 아닐 불 及 미칠 급
우러러보아도 미치지 못함.

仰事俯育
앙 사 부 육

仰 우러를 앙 事 섬길 사 俯 구부릴 부 育 기를 육
위로는 부모를 봉양하고 아래로는 처자를 먹여 살림. 【맹자孟子】

仰首伸眉
앙 수 신 미

仰 우러를 앙 首 머리 수 伸 펼 신 眉 눈썹 미
머리를 쳐들고 눈썹 사이를 폄. 태도가 당당함을 이름.

仰人鼻息
앙 인 비 식

仰 우러를 앙 人 사람 인 鼻 코 비 息 숨쉴 식
우러러 콧김을 살핌. 상대의 의도를 몹시 조심하고 있는 태도를 말함. 【후한서後漢書】

仰之彌高
앙 지 미 고

仰 우러를 앙 之 갈 지 彌 두루 미 高 높을 고
공자의 덕이 높고 거룩해 우러러볼수록 더욱 높음을 찬양하는 말. 【논어論語】

▶앙지미고 찬지미견(---- 鑽之彌堅): 우러러보면 더욱 높아 미칠 수 없고, 뚫고자 하면 더욱 굳어 들어가지 않네.

仰天俯地
앙 천 부 지

仰 우러를 앙 天 하늘 천 俯 구부릴 부 地 땅 지
하늘을 우러르고 땅을 굽어봄. 마음에 부끄러움이 없다는 뜻.

仰天而唾
앙 천 이 타

仰 우러를 앙 天 하늘 천 而 말이을 이 唾 침 타
하늘 보고 침 뱉기. 남을 해치려다가 오히려 자기가 해를 입음을 이르는 말.

愛敬飭盡
애 경 칙 진

愛 사랑 애 敬 공경 경 飭 신칙할 칙 盡 다할 진
사랑하고 공경하며 신칙(申飭)하는 마음을 다함. 【한서漢書】

380

愛及屋烏
애 급 옥 오

愛 사랑 애　及 미칠 급　屋 집 옥　烏 까마귀 오
사랑하는 마음이 지붕 위에 앉은 까마귀에게도 미침. 사랑을 하게 되면 그 집 지붕에 앉은 까마귀도 귀엽게 보인다는 말.

愛多憎至
애 다 증 지

愛 사랑 애　多 많을 다　憎 미워할 증　至 이를 지
많은 사랑을 받을수록 다른 사람들로부터 미움도 지극히 많이 받게 된다는 말. [항창자亢倉子]

愛莫助之
애 막 조 지

愛 사랑 애　莫 말 막　助 도울 조　之 갈 지
마음속으로는 사랑하나 도움을 주지 못함.

曖昧模糊
애 매 모 호

曖 가릴 애　昧 새벽 매　模 법 모　糊 풀칠 호
명확치 못하고 흐리멍텅함.

愛別離苦
애 별 이 고

愛 사랑 애　別 다를 별　離 떠날 리(이)　苦 쓸 고
불교에서 말하는 팔고(八苦)의 하나. 사랑하는 사람과 이별하는 괴로움.

嗌不容粒
애 불 용 립

嗌 목메일 애　不 아닐 불　容 얼굴 용　粒 알 립
목이 메어 밥알이 목구멍에 넘어가지 않음.

哀絲激肉
애 사 격 육

哀 슬플 애　絲 실 사　激 격할 격　肉 고기 육
슬픈 곡조의 거문고와 격한 육성의 노래.

哀絲豪竹
애 사 호 죽

哀 슬플 애　絲 실 사　豪 빼어날 호　竹 대 죽
슬픈 거문고 가락과 아름다운 피리 소리.

愛惜弊袴
애 석 폐 고

愛 사랑 애　惜 아낄 석　弊 폐단 폐　袴 바지 고
낡은 바지를 고이 간직함. 어떤 것이라도 그에 상응하는 공에 따라준다는 말. 즉 신상필벌(信賞必罰)을 실천함. [한비자韓非子]

哀失老眊
애 실 노 모

哀 슬플 애　失 잃을 실　老 늙을 로(노)　眊 눈 흐릴 모
늙어 눈이 흐려진 남편을 보고 슬퍼함. [한서漢書]

哀哀父母
애 애 부 모

哀 슬플 애　父 아비 부　母 어미 모
부모가 돌아가심을 몹시 슬퍼하는 모양. [시경詩經]

愛緣奇緣
애 연 기 연
愛 사랑 애 緣 인연 연 奇 기이할 기
남녀나 친구 사이의 깊은 애정. 또는 불가사의한 인연의
애인관계를 말함. [보적경寶積經]

哀而不悲
애 이 불 비
哀 슬플 애 而 말이을 이 不 아닐 불 悲 슬플 비
속으로는 슬퍼하면서도 겉으로는 드러내지 않음.

哀而不傷
애 이 불 상
哀 슬플 애 而 말이을 이 不 아닐 불 傷 상할 상
슬퍼하나 마음은 상하지 않음. 심정이나 곡조에 슬픔이
있으나 마음을 해칠 정도로 지나치지는 않음. [논어論語]

愛梨蒸食
애 이 증 식
愛 사랑 애 梨 배 이 蒸 찔 증 食 먹을 식
맛좋은 배를 쪄서 먹음. 좋은 것을 제대로 쓸 줄 모르는
어리석은 사람을 이름.

睚眦之怨
애 자 지 원
睚 눈초리 애 眦 눈초리 자 之 갈 지 怨 원망할 원
한 번 흘겨볼 정도의 원망. 즉 조그만 원망을 말함.

睚眦必報
애 자 필 보
睚 눈초리 애 眦 눈초리 자 必 반드시 필 報 갚을 보
한 번 흘겨본 것도 잊지 않고 있다가 반드시 원수를 갚
음. 마음이 지극히 좁은 사람을 비유하는 말.

挨左挨右
애 좌 애 우
挨 밀칠 애 左 왼 좌 右 오른 우
서로 사랑하여 양보하고 피함.

愛憎不栖
애 증 불 서
愛 사랑 애 憎 미울 증 不 아닐 불 栖 깃들 서
사랑하고 미워하는 마음을 항상 똑같게 품을 수는 없다
는 말. [양생론養生論]

哀號涕泣
애 호 체 읍
哀 슬플 애 號 부르짖을 호 涕 울 체 泣 울 읍
슬프게 부르짖으며 눈물 흘리고 욺. [양서梁書]

哀鴻甫集
애 홍 보 집
哀 슬플 애 鴻 기러기 홍 甫 클 보 集 모을 집
슬피 우는 기러기 떼가 몰려옴. 유랑민이 굶주림에 울며
몰려오는 것을 형용한 말.

哀鴻遍野
애 홍 편 야
哀 슬플 애 鴻 기러기 홍 遍 두루 편 野 들 야
슬피 우는 기러기가 들에 가득함. 피난민이 살 길을 찾
아 헤매는 것을 형용한 말. [시경詩經]

哀毀骨立
애 훼 골 립
哀 슬플 애　毀 헐 훼　骨 뼈 골　立 설 립
슬픔으로 몸이 여위어 뼈가 드러남. 부모상을 당하여 상
주가 수척해진 모습을 이름.

掖誘其君
액 유 기 군
掖 겨드랑이 낄 액　誘 꾈 유　其 그 기　君 임금 군
임금을 도와서 인도함. [시경詩經]

搤咽拊背
액 인 부 배
搤 잡을 액　咽 목구멍 인　拊 칠 부　背 등 배
멱살을 잡고 등을 침. 적의 급소를 잡아 제압함. =액인무
배(搤咽撫背)

搤亢拊背
액 항 부 배
搤 잡을 액　亢 목항　拊 칠 부　背 등 배
목을 잡고 등을 쳐서 승리함. 요지를 잡아 승리함. [사기史
記] =액인부배(搤因拊背)

扼喉撫背
액 후 무 배
扼 누를 액　喉 목구멍 후　撫 어루만질 무　背 등 배
앞으로는 목, 뒤로는 등을 눌러 도망가지 못하게 함.

鸚螺蜓蝸
앵 라 선 와
鸚 앵무새 앵　螺 소라 라　蜓 소라 선　蝸 달팽이 와
강가에 있는 앵무새, 소라, 달팽이와 같이 아름다운 자
연의 생물들. [곽박郭璞의 강부 江賦]

冶金踊躍
야 금 용 약
冶 풀무 야　金 쇠 금　踊 뛸 용　躍 뛸 약
녹은 쇳물이 바깥으로 나오려고 용솟음침. 현실에 만족
치 않고 발버둥치는 것을 비유한 말. [장자莊子]

惹起鬧端
야 기 요 단
惹 이끌 야　起 일어날 기　鬧 시끄러울 료(요)　端 단
서 단
시끄러운 일의 단서를 불러일으킴.

野壇法席
야 단 법 석
野 들 야　壇 제단 단　法 법 법　席 자리 석
아주 시끄럽고 떠들썩함. 본래의 뜻은 부처님이 설법을
하기 위해 야외에 차린 단.

夜郎自大
야 랑 자 대
夜 밤 야　郎 사내 랑　自 스스로 자　大 큰 대
야랑국이 자기 나라가 제일 큰 나라라고 뽐냄.
▶중국 서남쪽의 나라들 중에서는 야랑국(夜郎國)의 세력
이 가장 강했는데, 한(漢)나라의 강대함을 모르고 자기
나라가 가장 강한 나라라고 뽐냈다는 고사에서 온 말.

夜寐蚤作
야 매 조 작
夜밤야 寐잠잘매 蚤=早일찍조 作지을작
밤엔 일찍 잠들고, 아침엔 일찍 일어남.

野無遺賢
야 무 유 현
野들야 無없을무 遺남을유 賢어질현
초야에 현자가 버려져 있지 아니함. 인재를 모두 잘 등용함을 비유하는 말. 【서경書經】

野無青草
야 무 청 초
野들야 無없을무 青푸를청 草풀초
들에 푸른 풀이 없음. 기근 또는 전란 후의 황량한 경치를 이르는 말.

夜不閉門
야 불 폐 문
夜밤야 不아닐불 閉닫을폐 門문문
밤에 대문을 닫지 않음. 즉 세상이 태평하고 평화로움.

冶葉倡條
야 엽 창 조
冶꾸밀야 葉잎사귀엽 倡광대창 條가지조
아름다운 잎과 노래하는 가지. 모습이 예쁘고 목청이 아름다운 기생을 말함.

冶容之誨
야 용 지 회
冶꾸밀야 容얼굴용 之갈지 誨가르칠회
여자가 얼굴을 지나치게 단장함은 남자의 음욕을 불러일으키도록 가르침. 【역경易經】 =야용회음(冶容誨淫)

冶鎔炊炭
야 용 취 탄
冶풀무야 鎔쇠녹일용 炊불땔취 炭숯탄
쇠를 녹이는 데 숯을 땜. 【한서漢書】

夜雨對牀
야 우 대 상
夜밤야 雨비우 對대할대 牀평상상
비오는 밤에 나란히 잠을 잠. 우애 있는 형제 또는 친한 친구를 말함.

野有蔓草
야 유 만 초
野들야 有있을유 蔓덩굴만 草풀초
들에 있는 덩굴풀. 쓸모없는 사람을 비유하는 말로 쓰이기도 함. 【시경詩經】
▶야유만초 영로양양(---- 零露瀼瀼): 들에 있는 덩굴풀에 이슬이 흥건히 젖었네.

野有餓莩
야 유 아 표
野들야 有있을유 餓주릴아 莩굶어죽을표
들에 굶어 죽은 시체가 널려 있음. 【맹자孟子】

夜以繼日
야 이 계 일
夜밤야 以써이 繼이을계 日날일
밤으로써 낮을 이음. 밤낮 계속함. [장자莊子] =야이계주
(夜以繼晝)

夜以忘寢
야 이 망 침
夜밤야 以써이 忘잊을망 寢잠잘침
밤이 되어도 잠자는 것을 잊음. 즉 자는 것도 잊고 일에
열중함. [사기史記]

野人獻芹
야 인 헌 근
野들야 人사람인 獻드릴헌 芹미나리근
촌사람이 미나리를 바침. 남에게 예물이나 선물을 바치
는 것을 겸손하게 일컫는 말.

夜長夢多
야 장 몽 다
夜밤야 長길장 夢꿈몽 多많을다
긴 밤엔 꿈도 많음. 오랜 세월에 변한 것이 많음.

夜行被繡
야 행 피 수
夜밤야 行갈행 被입을피 繡수놓을수
수놓은 옷을 입고 어두운 밤길을 걸음. 공명(功名)이 세
상에 알려지지 않음을 비유한 말. =금의야행(錦衣夜行)

野荒民散
야 황 민 산
野들야 荒거칠황 民백성민 散흩어질산
들이 황폐하면 백성들이 흩어짐. [주례周禮]

弱能制強
약 능 제 강
弱약할약 能능할능 制억제할제 強강할강
약한 것이 강한 것을 제압할 수 있음.

鑰同魚樣
약 동 어 양
鑰자물쇠약 同한가지동 魚고기어 樣모양양
물고기 모양으로 자물쇠를 만듦.
▶물고기는 항상 눈을 뜨고 있으므로, 경계를 게을리 않는
다는 의미로 물고기 모양으로 자물쇠를 만들었다.

藥籠中物
약 롱 중 물
藥약약 籠대그릇롱 中가운데중 物만물물
약상자 속에 든 약. 없어서는 안 될 긴요한 인물을 이
름. [당서唐書]

弱馬卜重
약 마 복 중
弱약할약 馬말마 卜점복 重무거울중
약한 말에 무거운 짐을 실음. 맡은 일을 감당하기에 힘
과 재주가 부족함을 비유한 말.

約法三章
약 법 삼 장

約 맺을 약　法 법 법　三 석 삼　章 글 장

한(漢) 고조(高祖)가 진(秦)의 서울 함양(咸陽)을 점령하고 진나라 부로들에게 약속한 것. 법이 복잡하지 않고 간편해야 한다는 뜻으로 쓰임.

▶법규삼장(法規三章): ①사람을 죽인 자는 사형. ②남을 해친 자, 도둑질한 자도 상응하는 처벌을 함. ③나머지 진(秦)나라 법은 모두 없앰.

若不勝衣
약 불 승 의

若 같을 약　不 아닐 불　勝 이길 승　衣 옷 의

옷을 이기지 못하는 것 같음. 몸이 매우 수척함을 이름. [예기禮記]

弱不好弄
약 불 호 롱

弱 약할 약　不 아닐 불　好 좋을 호　弄 희롱할 롱

어리지만 장난하며 놀기를 좋아하지 않음. [춘추좌씨전春秋左氏傳]

藥石無功
약 석 무 공

藥 약 약　石 돌 석　無 없을 무　功 공 공

약과 석침(石針)의 효험이 없음. 즉 사람의 죽음을 이름. =약석무효(藥石無效)

藥石之言
약 석 지 언

藥 약 약　石 돌 석　之 갈 지　言 말씀 언

약과 침이 되는 말. 나쁜 점을 충고하여 고치는 데 도움이 되는 말. [당서唐書]

若涉淵水
약 섭 연 수

若 같을 약　涉 건널 섭　淵 못 연　水 물 수

깊은 못을 건너는 것같이 매우 위험함을 이르는 말. [서경書經] =약섭대수(若涉大水)

躍躍阜螽
약 약 부 종

躍 뛸 약　阜 언덕 부　螽 메뚜기 종

언덕에는 메뚜기가 뜀. [시경詩經]

▶요요초충 약약부종(喓喓草蟲 ----): 풀에는 베짱이가 울고 언덕엔 메뚜기가 뛰어노네.

弱肉強食
약 육 강 식

弱 약할 약　肉 고기 육　強 강할 강　食 먹을 식

약자의 살은 강자의 먹이가 됨. 강한 자가 약한 자를 희생시켜서 번영한다는 말. [한유韓愈의 쟁신론諍臣論]

弱而能強
약 이 능 강

弱 약할 약　而 말이을 이　能 능할 능　強 굳셀 강

약한 듯하나 실제로는 강함. [회남자淮南子]

若此若此
약 차 약 차
若 같을 약　此 이 차
이러이러함.

若烹小鮮
약 팽 소 선
若 같을 약　烹 삶을 팽　小 작을 소　鮮 생선 선
작은 생선을 요리하는 것과 같음. 너무 자주 손을 대면
부스러져 그르쳐 버린다는 말. =팽선(烹鮮) [노자老子]
▶치대국 약팽소선(治大國 ----): 큰 나라를 다스리는 것은
작은 생선을 삶듯이 해야 한다.

若合符節
약 합 부 절
若 같을 약　合 합할 합　符 부절 부　節 마디 절
부절을 맞추듯 꼭 들어맞음. [맹자孟子] =여합부절(如合符
節)
▶부절(符節): 옥으로 만든 것으로, 글자를 새겨 나누어 가
졌다가 나중에 신표로 썼다.

揚搉古今
양 각 고 금
揚 날릴 양　搉 칠 각　古 예 고　今 이제 금
고금의 대략을 말함. [한서漢書]
▶양각(揚搉): 대략, 개요.

兩脚書廚
양 각 서 주
兩 두 량(양)　脚 다리 각　書 글 서　廚 부엌 주
두 다리의 책장. 책은 많이 읽었으나 이를 활용할 줄 모
르는 사람을 이름.

兩脚野狐
양 각 야 호
兩 두 량(양)　脚 다리 각　野 들 야　狐 여우 호
두 발로 선 여우. 간사하고 아첨을 잘하는 사람을 비웃
는 말. [당서唐書]

良賈深藏
양 고 심 장
良 어질 량(양)　賈 장사 고　深 깊을 심　藏 감출 장
장사를 잘하는 사람은 물건을 깊이 감춰 놓고 팖. 어진
사람이 학식이나 덕행을 감추고 남에게 자랑치 않는 것
을 비유한 말. [사기史記]

良弓難張
양 궁 난 장
良 어질 량(양)　弓 활 궁　難 어려울 난　張 베풀 장
좋은 활은 시위를 당기기 어려움. [묵자墨子]

良金美玉
양 금 미 옥
良 어질 량(양)　金 쇠 금　美 아름다울 미　玉 구슬 옥
좋은 금과 아름다운 옥. 훌륭한 문장이나 뛰어난 덕성을
표현하는 말. 인격과 문장이 모두 뛰어남. [송사宋史]

量衾伸足
양 금 신 족
量 헤아릴 량(양) 衾 이불금 伸 펼신 足 발족
이불을 덮을 때는 발이 다 덮이도록 헤아려야 함. 일을
감당할 수 있도록 헤아려 하라는 말. [순오지旬五志]

良禽擇木
양 금 택 목
良 어질 량(양) 禽 새금 擇 가릴 택 木 나무목
현명한 새는 나뭇가지를 가려서 앉음. 현명한 사람은 주
인을 잘 택해서 섬긴다는 말. [춘추좌씨전春秋左氏傳]

攘其左右
양 기 좌 우
攘 물리칠 양 其 그기 左 왼좌 右 오른우
좌우를 물리침. 주변에 있는 모두를 물리침. [시경詩經]

羊頭狗肉
양 두 구 육
羊 양양 頭 머리두 狗 개구 肉 고기육
양머리를 걸어 놓고 개고기를 팖. 겉으로는 훌륭한 것을
내세우고 실제로는 변변찮은 짓을 함. [안자춘추晏子春秋]
=우두마육(牛頭馬肉),우수마육(牛首馬肉)

良苗懷新
양 묘 회 신
良 어질 량(양) 苗 새싹 묘 懷 품을 회 新 새신
돋고 있는 좋은 싹이 새 기운을 머금음. [도연명陶淵明의 시
詩]

良民誤捉
양 민 오 착
良 어질 량(양) 民 백성 민 誤 그릇될 오 捉 잡을 착
죄없는 백성을 잘못 잡음.

讓畔讓居
양 반 양 거
讓 양보할 양 畔 두둑 반 居 집 거
논밭의 경계와 사는 집을 양보함. 어진 임금의 덕에 감
화되어 백성이 선해진 것을 비유하는 말. [사기史記] =양
반이경(讓畔而耕)

讓畔而耕
양 반 이 경
讓 양보할 양 畔 두둑 반 而 말이을 이 耕 갈 경
농부가 서로 밭의 경계를 양보하며 밭을 감. 민심의 순
후함을 이르는 말.

兩鳳連飛
양 봉 연 비
兩 두 량(양) 鳳 봉황 봉 連 잇닿을 련(연) 飛 날 비
두 마리의 봉황이 나란히 낢. 형제가 나란히 영달함을
말함. =양봉제비(兩鳳齊飛)

兩部鼓吹
양 부 고 취
兩 두 량(양) 部 떼 부 鼓 북 고 吹 불 취
모든 악기가 소리를 냄. 많은 사람이 떠들고 일어섬을
비유한 말. [남사南史]

攘臂大談 攘 걷어 올릴 양 臂 팔 비 大 큰 대 談 말씀 담
양 비 대 담　팔을 걷어붙이고 큰소리를 침.

梁上君子 梁 들보 량(양) 上 위 상 君 임금 군 子 아들 자
양 상 군 자　들보 위에 있는 군자. 즉 도둑을 말함. [후한서後漢書]
　　　　　▶한(漢)의 진식(陳寔)이 들보 위에 도둑이 숨어 있음을 알
　　　　　고 "사람이 모두가 선량하나 한 번 나쁜 버릇이 들면 악
　　　　　인이 되는 것이니 저 '양상군자'도 그러하다."라며 아들을
　　　　　훈계하자, 듣고 있던 도둑이 감복하여 내려와 사죄했다
　　　　　는 고사에서 비롯된 말.

兩相和賣 兩 두 량(양) 相 서로 상 和 화할 화 賣 팔 매
양 상 화 매　두 사람이 잘 흥정하고 의논하여 사고 팖.

養生送死 養 기를 양 生 날 생 送 보낼 송 死 죽을 사
양 생 송 사　산 사람을 잘 봉양하고, 죽은 사람을 후히 장사 지냄. [예
기禮記] =양생상사(養生喪死)

兩小無猜 兩 두 량(양) 小 작을 소 無 없을 무 猜 시기할 시
양 소 무 시　두 아이가 서로 친숙하여 시샘하지 않음. 천진한 아이의
모습을 형용한 말.

量粟而舂 量 헤아릴 량(양) 粟 조 속 而 말이을 이 舂 찧을 용
양 속 이 용　좁쌀을 일일이 세어 방아를 찧음. 하찮은 일에 쓸데없이
마음과 시간을 쓴다는 말. [회남자淮南子]

兩手据地 兩 두 량(양) 手 손 수 据 의지할 거 地 땅 지
양 수 거 지　절을 한 뒤에 양손으로 땅을 짚고 엎드림. 또는 두 손을
마주잡고 서는 것을 말함.

兩手執餠 兩 두 량(양) 手 손 수 執 잡을 집 餠 떡 병
양 수 집 병　양손에 떡을 쥠. 한꺼번에 두 가지 좋은 일이 닥침. 또는
가지기도 어렵고 버리기도 어려운 처지를 이름.

兩袖淸風 兩 두 량(양) 袖 소매 수 淸 맑을 청 風 바람 풍
양 수 청 풍　양 소매에 이는 맑은 바람. 관리가 청렴결백함을 비유.

兩是雙非 兩 두 량(양) 是 옳을 시 雙 쌍 쌍 非 아닐 비
양 시 쌍 비　양편 모두 까닭이 있어 시비를 가리기 어려움.

兩腋生風
양 액 생 풍

兩 두 량(양) 腋 겨드랑이 액 生 날 생 風 바람 풍
차를 마시면 양 겨드랑이에서 새 바람이 일어남. 보내
온 차가 좋다고 칭찬하는 말.

良藥苦口
양 약 고 구

良 어질 량(양) 藥 약 약 苦 쓸고 口 입구
좋은 약은 입에 씀. 【공자가어孔子家語】【사기史記】
▶양약고어구 충언역어이(良藥苦於口 忠言逆於耳): 몸에 좋
은 약은 입에 쓰고, 충고하는 말은 귀에 거슬린다.

佯若不知
양 약 부 지

佯 거짓 양 若 같을 약 不 아닐 부 知 알 지
알고도 모르는 체함.

良二千石
양 이 천 석

良 어질 량(양) 二 두 이 千 일천 천 石 섬 석
어진 지방 장관을 말함.
▶한(漢)나라 때 군(郡)의 태수 연봉이 2천 석이었으므로
지방장관을 '이천석'이라 불렀다.

量入制出
양 입 제 출

量 헤아릴 량(양) 入 들 입 制 억제할 제 出 날 출
들어오는 것을 헤아려 나갈 것을 조정함. 수입에 맞는
지출을 하여 건전 재정을 함. =양입계출(量入計出)

兩者擇一
양 자 택 일

兩 두 량(양) 者 사람 자 擇 가릴 택 一 한 일
두 가지 중 하나를 택함.

羊腸小徑
양 장 소 경

羊 양 양 腸 창자 장 小 작을 소 徑 지름길 경
양의 창자같이 꼬불꼬불한 작은 길. 즉 쉽게 빠져 나가
기 힘든 좁은 길. 어렵고 힘든 과거길을 비유하는 말.

陽照山立
양 조 산 립

陽 볕 양 照 비출 조 山 뫼 산 立 설 립
햇살이 따뜻한 곳에 산이 단정히 솟아 있음. 인품이 온
화하고 단아한 것을 비유하는 말.

楊朱泣歧
양 주 읍 기

楊 버들 양 朱 붉을 주 泣 울 읍 岐=歧=跂 갈림길
기
양주(楊朱)가 갈림길에서 욺. 마음 먹기에 따라 착한 사
람도 나쁜 사람도 된다는 말. 【회남자淮南子】
▶양주(楊朱)는 인간이 갈림길을 선택한듯 자유로이 선(善)
과 악(惡)을 택할 수 있다고 했으나, 사람들이 선을 버리
고 악을 택하는 것을 보고 슬퍼했다는 고사에서 온 말.

揚州之鶴　揚 날릴 양　州 고을 주　之 갈 지　鶴 학 학
양 주 지 학　학을 타고 양주에 오름. 많은 욕심을 다 채우고자 탐냄.
또는 실현이 불가능한 욕망을 비유하는 말.
▶옛날에 여러 사람이 모여서 각기 제 소망을 말했다. 양주
자사(揚州刺史)가 되었으면, 재물이 아주 많았으면, 학을
타고 하늘에 올랐으면 하고 떠들어댔다. 이때 한 사람이
자기는 10만 관의 돈을 가지고 양주로 학을 타고 날아가
자사가 되겠다고 한 데서 비롯된 말.

良知良能　良 어질 량(양)　知 알 지　能 능할 능
양 지 양 능　경험이나 교육 없이 알고, 배우지 않고도 능히 할 수 있
는 타고난 지능. [맹자孟子]

養志至孝　養 기를 양　志 뜻 지　至 이를 지　孝 효도 효
양 지 지 효　부모의 뜻에 순종하여 그 마음을 즐겁게 하는 효도. 즉
부모를 섬기는 진정한 효도. [맹자孟子]

良辰美景　良 어질 량(양)　辰 별 진　美 아름다울 미　景 경치 경
양 진 미 경　좋은 시절의 좋은 경치. 아름다운 봄 경치를 말함.

羊質虎皮　羊 양 양　質 바탕 질　虎 범 호　皮 가죽 피
양 질 호 피　속은 양이나 겉은 호랑이. 보기에는 훌륭하나 실속이 없
는 것을 이름. [양자법언揚子法言] =양질호문(羊質虎文)

陽春白雪　陽 볕 양　春 봄 춘　白 흰 백　雪 눈 설
양 춘 백 설　초(楚)나라의 가곡. 가장 고상하다고 알려진 가곡. 성인
의 말과 행동은 보통 사람이 이해하기 어려움을 비유하
는 말. [송옥宋玉의 대초왕문對楚王問]

揚波振撇　揚 날릴 양　波 물결 파　振 떨칠 진　撇 닦을 별
양 파 진 별　물결이 오르고 떨치게 닦아 감. 서법(書法)의 한 가지. [채
옹蔡邕의 시詩]

兩敗俱傷　兩 두 량(양)　敗 패할 패　俱 함께 구　傷 상처 상
양 패 구 상　양편이 다 패하여 함께 상처를 입음. [전국책戰國策]

楊布之狗
양 포 지 구

楊 버들 양 布 베 포 之 갈 지 狗 개 구
양포의 개. 겉이 달라진 것을 보고 속까지 달라졌다고
생각하는 것을 이름. [한비자韓非子]
▶양주(楊朱)의 동생 양포가 나갈 때는 흰 옷을 입고 갔다
가 돌아올 때에는 검은 옷을 입고 오자 키우던 개가 짖
었다는 고사에서 온 말.

凉風忽至
양 풍 홀 지

凉 서늘 량(양) 風 바람 풍 忽 문득 홀 至 이를 지
서늘한 바람이 문득 잃. [열자列子]

兩虎相鬪
양 호 상 투

兩 두 량(양) 虎 범 호 相 서로 상 鬪 싸울 투
두 호랑이가 서로 싸움. 두 영웅의 싸움을 비유하는
말. [사기史記]

養虎遺患
양 호 유 환

養 기를 양 虎 범 호 遺 남길 유 患 근심 환
호랑이를 길러 근심을 남김. 제거해야 할 사람을 남기
면 후일에 화를 당한다는 말. [사기史記] =양호이환(養虎貽
患), 양호후환(養虎後患)

禳禍求福
양 화 구 복

禳=攘 물리칠 양 禍 재앙 화 求 구할 구 福 복 복
재앙을 물리치고 복을 구함.

陽侯之波
양 후 지 파

陽 볕 양 侯 제후 후 之 갈 지 波 물결 파
바다의 큰 물결. [전국책戰國策]
▶진(晉)나라 양릉국후(陽陵国侯)가 물에 빠져 죽은 후 해
신(海神)이 되어 배를 뒤집었다는 고사에서 온 말.

魚瞰鷄睨
어 감 계 예

魚 물고기 어 瞰 볼 감 鷄 닭 계 睨 흘겨볼 예
물고기가 엿보고 닭이 흘겨봄. 아무도 관심을 가지거나
흥미를 느끼지 않는다는 말. [비아埤雅]

魚潰鳥散
어 궤 조 산

魚 물고기 어 潰 무너질 궤 鳥 새 조 散 흩어질 산
물고기 떼와 새 떼가 흩어져 달아남. 싸움에 크게 패함
을 이름.

魚頭肉尾
어 두 육 미

魚 물고기 어 頭 머리 두 肉 고기 육 尾 꼬리 미
물고기는 머리가, 짐승은 꼬리가 맛이 있음.

魚爛土崩
어 란 토 붕
魚 물고기 어 爛 문드러질 란 土 흙 토 崩 무너질 붕
물고기는 내장부터 썩고 흙은 위에서부터 무너짐. 백성이 흩어지고 기강이 해이해짐을 이름.

魚魯不辨
어 로 불 변
魚 물고기 어 魯 둔할 로 不 아닐 불 辨 분별할 변
魚(어)와 魯(로)를 분별하지 못함. 무식한 것을 이름.

漁網鴻離
어 망 홍 리
漁 고기잡을 어 網 그물 망 鴻 기러기 홍 離 떨어질 리
물고기를 잡으려고 친 그물에 기러기가 걸림. 구하려는 것은 얻지 못하고 엉뚱한 것을 얻게 됨을 비유한 말. [시경詩經]

於穆不已
어 목 불 이
於 어조사 어 穆 화목할 목 不 아닐 불 已 그칠 이
화목함이 그침이 없음. 천명의 무궁함을 찬미함.

魚目混珠
어 목 혼 주
魚 물고기 어 目 눈 목 混 섞일 혼 珠 구슬 주
물고기의 눈알을 진주와 혼동함. 진짜와 가짜의 구별이 어렵다는 말. 또는 진짜를 몰라주는 것에 대한 한탄의 말. [한시외전韓詩外傳]

魚變成龍
어 변 성 룡
魚 물고기 어 變 변할 변 成 이룰 성 龍 용 룡
물고기가 변하여 용이 됨. 곤궁하던 사람이 갑자기 부유해짐. [송남잡지宋南雜識]

漁夫之利
어 부 지 리
漁 고기 잡을 어 夫 지아비 부 之 갈 지 利 이로울 리
새와 조개가 싸우는 동안에 제3자인 어부가 이득을 봄.
=방휼지세(蚌鷸之勢) [전국책戰國策]

語不成說
어 불 성 설
語 말씀 어 不 아닐 불 成 이룰 성 說 말씀 설
말이 조금도 이치에 맞지 않음.

魚菽之祭
어 숙 지 제
魚 물고기 어 菽 콩 숙 之 갈 지 祭 제사 제
물고기와 콩을 차려 놓고 지내는 제사. 즉 제수가 변변치 못한 가난한 집의 제사.

語言詭譎
어 언 궤 휼
語 말씀 어 言 말씀 언 詭 속일 궤 譎 속일 휼
말에 속임수가 있음. [소학小學]

語言無味
어 언 무 미

語 말씀 어　言 말씀 언　無 없을 무　味 맛 미
말에 맛이 없음. 책을 읽지 않은 사람의 말은 흥미가 없다는 뜻.

魚游釜中
어 유 부 중

魚 물고기 어　游 헤엄칠 유　釜 솥 부　中 가운데 중
물고기가 솥 안에서 헤엄치고 있음. 집이 가난해 양식이 없어 밥을 짓지 못함을 비유. 또는 위험이 임박한 줄 모름을 비유한 말. [후한서後漢書]

漁人得利
어 인 득 리

漁 고기 잡을 어　人 사람 인　得 얻을 득　利 이로울 리
쌍방이 다투는 바람에 제3자인 어부가 이득을 봄. =어부지리(漁夫之利), 휼방지쟁(鷸蚌之爭)

漁莊蟹舍
어 장 해 사

漁 고기 잡을 어　莊 풀 성할 장　蟹 게 해　舍 집 사
어부의 집을 말함.

魚質龍文
어 질 용 문

魚 물고기 어　質 바탕 질　龍 용 룡(용)　文 꾸밀 문
외모는 용같이 위엄 있게 꾸몄으나 실질은 물고기에 지나지 않음. 옳은 것 같으나 내용은 옳지 않음을 비유한 말. [포박자抱朴子]

漁樵閑話
어 초 한 화

漁 고기 잡을 어　樵 땔나무 초　閑 한가할 한　話 말씀 화
어부나 나무꾼의 한가한 이야기. 즉 속세의 명리를 떠난 이야기.

魚沈雁杳
어 침 안 묘

魚 물고기 어　沈 잠길 침　雁 기러기 안　杳 아득할 묘
물고기가 잠기고, 기러기는 묘연함. 서신의 왕래가 끊긴 것을 비유한 말.

馭風之客
어 풍 지 객

馭 말몰 어　風 바람 풍　之 갈 지　客 손 객
바람을 몰고 다니는 사람. 선인(仙人)을 말함.

抑强扶弱
억 강 부 약

抑 누를 억　强 강할 강　扶 도울 부　弱 약할 약
강자를 누르고 약자를 도와줌. [삼국지三國志]

抑磬控忌
억 경 공 기

抑 누를 억 磬 말달릴 경 控 당길 공 忌 꺼릴 기

말을 달리며 활을 당김. 【시경詩經】

▶억경공기 억종송기(---- 抑縱送忌): 말을 달리고 멈추며 활을 쐈다, 새를 쫓았다 하네. 제후들이 사냥하는 모습을 노래함.

▶이때 抑(억)은 발어사, 忌(기)는 조사로 쓰임.

億兆蒼生
억 조 창 생

億 억 억 兆 조 조 蒼 푸를 창 生 날 생

수많은 백성을 말함. =억만창생(億萬蒼生)

億測屢中
억 측 누 중

億 추측할 억 測 잴 측 屢 여러 루(누) 中 가운데 중

어림짐작으로 잰 것이 여러 번 들어맞음. 【논어論語】

抑何心情
억 하 심 정

抑 누를 억 何 어찌 하 心 마음 심 情 뜻 정

도대체 무슨 마음인지 그 마음속을 헤아릴 수가 없음.

言去言來
언 거 언 래

言 말씀 언 去 갈 거 來 올 래

여러 말을 주고받음. 또는 언쟁한다는 말.

言過其實
언 과 기 실

言 말씀 언 過 지날 과 其 그 기 實 열매 실

말이 실제보다 지나침. 말만 크게 해놓고 실행이 부족함을 이름. 【관자管子】

偃旗息鼓
언 기 식 고

偃 쓰러질 언 旗 기 기 息 쉴 식 鼓 북 고

군기를 눕히고 북치는 것을 쉼. 전쟁을 멈추고 휴전하는 것을 이름.

偃武修文
언 무 수 문

偃 쉴 언 武 군셀 무 修 닦을 수 文 글 문

무(武)를 쉬고 문(文)을 닦아감. 전쟁이 끝나고 평화가 찾아옴. 【서경書經】

言文一致
언 문 일 치

言 말씀 언 文 글 문 一 한 일 致 이를 치

실제 쓰는 말과 글로 적는 말이 똑같음.

言美響美
언 미 향 미

言 말씀 언 美 아름다울 미 響 울릴 향

말이 아름다우면 울림 또한 아름다움. 즉 인격과 행동이 훌륭하면 저절로 명예를 얻게 됨. 【열자列子】

言緡之絲
언 민 지 사
言 말씀 언　緡 입을 민=被 입을 피　之 어조사 지　絲
실 사

거기에 줄을 매어 활을 만듦. [시경詩經]

▶임염유목 언민지사(荏染柔木 ----): 부드럽고 유약하여
휘청거리는 나무에 줄을 매어 활을 만드네.

言不盡意
언 부 진 의
言 말씀 언　不 아닐 부　盡 다할 진　意 뜻 의

말로 마음속 뜻을 다 나타내지 못함. [역경易經]

言不必信
언 불 필 신
言 말씀 언　不 아닐 불　必 반드시 필　信 믿을 신

한 번 말했다고 반드시 믿음을 지키지는 않음.

言飛千里
언 비 천 리
言 말씀 언　飛 날 비　千 일천 천　里 마을 리

말이 천 리나 날아가듯이 삽시간에 퍼져 나감.

言少意多
언 소 의 다
言 말씀 언　少 적을 소　意 뜻 의　多 많을 다

말은 적지만 그 속에 품은 뜻은 많음.

言笑自若
언 소 자 약
言 말씀 언　笑 웃을 소　自 스스로 자　若 같을 약

말하고 웃으며 태연한 모습. 근심되는 일이나 놀라운 일
이 있어도 평소와 같은 태도를 보인다는 말.

言身之文
언 신 지 문
言 말씀 언　身 몸 신　之 갈 지　文 글월 문

말은 몸으로 쓰는 문장. 말은 그 사람의 인격과 가치를
나타낸다는 뜻.

言心聲也
언 심 성 야
言 말씀 언　心 마음 심　聲 소리 성　也 어조사 야

말은 마음이 소리로 나타난 것.

言惡響惡
언 악 향 악
言 말씀 언　惡 악할 악　響 울릴 향

가는 말이 악하면 오는 말도 악하다. [열자列子] 반대어: 언
선향선(言善響善)

偃仰屈伸
언 앙 굴 신
偃 눕힐 언　仰 우러를 앙　屈 굽힐 굴　伸 펼 신

눕히고, 위로 보고, 굽히고, 펌. 즉 몸을 자유자재로 움직
이는 것을 말함.

言語道斷
언 어 도 단
言 말씀 언　語 말씀 어　道 길 도　斷 끊을 단
말로 나타낼 수 없는 오묘한 진리. 또는 어이가 없어 말을 할 수 없다는 뜻. 【노자老子】

言有召禍
언 유 소 화
言 말씀 언　有 있을 유　召 부를 소　禍 재앙 화
말로써 화를 부름. 【순자荀子】

言有在耳
언 유 재 이
言 말씀 언　有 있을 유　在 있을 재　耳 귀 이
전에 들은 말이 귀에 남아 있음. 【춘추좌씨전春秋左氏傳】

言而不語
언 이 불 어
言 말씀 언　而 말이을 이　不 아닐 불　語 말씀 어
혼잣말은 해도 남과는 말하지 않음. 【예기禮記】

▶언이불어 대이불문(---- 對而不問): 혼잣말은 해도 남과 말하지 않으며, 남에 대해서 묻지도 말아야 한다. 어버이 상 3년 동안의 상주의 예를 말함.

言者不知
언 자 부 지
言 말씀 언　者 사람 자　不 아닐 부　知 알 지
말하는 사람은 알지 못하는 사람이다. 안다고 함부로 떠드는 사람은 실은 모르는 사람이라는 말. 【노자老子】

言中有言
언 중 유 언
言 말씀 언　中 가운데 중　有 있을 유
말 속에 심상치 않은 뜻이 있음. =언중유골(言中有骨)

言采其蕨
언 채 기 궐
言=焉 어조사 언　采=採 딸 채　其 그 기　蕨 고사리 궐
고사리나 캘까. 【시경詩經】

▶척피남산 언채기궐(陟彼南山 ----): 저 남산에 올라 고사리나 꺾어 볼까.

焉取生心
언 취 생 심
焉 어조사 언　取 취할 취　生 날 생　心 마음 심
어찌 그런 생각을 할 수 있는가. =언감생심(焉敢生心)

言行相詭
언 행 상 궤
言 말씀 언　行 갈 행　相 서로 상　詭 다를 궤
말과 행동이 서로 다름. 【여씨춘추呂氏春秋】

掩骼埋呰
엄 격 매 자
掩 가릴 엄　骼 뼈 격　埋 묻을 매　呰 썩은 고기 자
노출된 시체를 거두어 묻어 주는 일. 【예기禮記】

397

掩卷輒忘
엄 권 첩 망
掩 가릴 엄 卷 책 권 輒 쉽게 첩 忘 잊을 망
책만 덮으면 금방 잊어버림. 기억력이 좋지 않음을 이르
는 말.

揜其不善
엄 기 불 선
揜 가릴 엄 其 그 기 不 아닐 불 善 착할 선
선하지 못한 점을 가리고 감춤. [대학大學]

掩目捕雀
엄 목 포 작
掩 가릴 엄 目 눈 목 捕 잡을 포 雀 참새 작
제 눈을 가리고 참새를 잡으려 함. 자기 자신을 기만하
려 함을 비유하는 말.

奄有四方
엄 유 사 방
奄 가릴 엄 有 있을 유 四 넉 사 方 모 방
사방의 토지를 다 차지함. 천하를 통일함. [서경書經] =엄
유사해(奄有四海)
▶엄유(奄有): 토지를 다 차지하는 것.

掩耳盜鈴
엄 이 도 령
掩=揜 가릴 엄 耳 귀 이 盜 훔칠 도 鈴 방울 령
제 귀를 막고 방울을 훔침. 나쁜 짓을 하고도 비난은 받
기 싫어하지만 아무 소용이 없음. 또는 얕은 꾀로 남을
속이려 하나 아무런 소용이 없다는 말. [여씨춘추呂氏春秋] =
엄이투령(掩耳偸鈴)

嚴陀甗錡
엄 타 언 기
嚴 엄할 엄 陀 허물어질 타 甗 시루 언 錡 솥 기
튼튼하던 시루와 솥이 허물어져 깨어짐. 즉 튼튼하고 강
하던 나라가 혼란해져 망함. [한서漢書]

業精於勤
업 정 어 근
業 업 업 精 정할 정 於 어조사 어 勤 부지런할 근
학문은 부지런히 힘쓸수록 더욱 알차짐. [한유韓愈의 진학해
進學解]

餘皆倣此
여 개 방 차
餘 남을 여 皆 다 개 倣 본뜰 방 此 이 차
나머지는 모두 이와 같음.

如鼓琴瑟
여 고 금 슬
如 같을 여 鼓 북 고 琴 거문고 금 瑟 비파 슬
거문고와 비파를 치는 것같이 부부 사이가 화락함. [시경
詩經]

與古爲徒
여 고 위 도
與 더불 여 古 예 고 爲 할 위 徒 무리 도
옛사람을 벗으로 삼음. [장자莊子]

藜藿不采 藜 명아주 려(여) 藿 콩잎 곽 不 아닐 불 采=採 딸 채
여 곽 불 채 (풀쐐기가 있어 쏘기 때문에)명아주잎과 콩잎은 따지 않
음. 두려워하는 것을 가지고 있어 남에게 함부로 침해받
지 않음을 비유한 말. [회남자淮南子]

如狂如醉 如 같을 여 狂 미칠 광 醉 취할 취
여 광 여 취 기뻐서 미친 듯도 하고 취한 듯도 함.

汝南月旦 汝 너 여 南 남녘 남 月 달 월 旦 아침 단
여 남 월 단 인물을 비평하는 것을 말함. [후한서後漢書]
▶후한(後漢) 때 여남(汝南)의 허소(許劭)가 종형인 정(靖)
과 함께 향당의 인물평을 하여 매월 초하룻날에 발표한
고사에서 온 말.

餘桃啗君 餘 남을 여 桃 복숭아 도 啗 먹일 담 君 임금 군
여 도 담 군 먹던 복숭아를 임금에게 먹임. 애(愛)와 증(憎)은 변화가
심함을 비유하는 말. [한비자韓非子] =여도지죄(餘桃之罪)
▶춘추시대에 위군(衛君)에게 총애를 받던 미자하(彌子瑕)
라는 미소년이 먹던 복숭아를 임금에게 권하자 "나를 생
각하는 마음이 갸륵하여 이렇게 맛있는 복숭아를 제가
먹지 않고 나를 준다"고 칭찬을 받았다. 그 후 미자하가
늙어 왕의 총애가 식은 뒤에 먹다 남은 복숭아를 임금에
게 준 죄로 처형되었다는 고사에서 온 말.

如得千金 如 같을 여 得 얻을 득 千 일천 천 金 쇠 금
여 득 천 금 천금을 얻은 것과 같음.

如燈傳照 如 같을 여 燈 등불 등 傳 전할 전 照 비출 조
여 등 전 조 불교 용어. 불언(佛言)이 등불같이 전해져 빛을 비춤. [대
반야경大般若經]

膂力過人 膂 등골뼈 려(여) 力 힘 력 過 지날 과 人 사람 인
여 력 과 인 완력이 보통 사람보다 뛰어남.

驪龍之珠 驪 가라말 려 龍 용 룡 之 갈 지 珠 구슬 주
여 룡 지 주 흑룡의 턱 밑에 있다는 여의주(如意珠), 목숨을 걸고 구
해야 얻을 수 있으므로 모험해서 큰 이득을 얻는 것을
이르는 말. 또는 쉽게 얻을 수 없는 보물을 이름.

茹毛飲血
여 모 음 혈
茹 먹을 여　毛 털 모　飲 마실 음　血 피 혈
털째로 먹고 피를 마심. 화식(火食)을 할 줄 모르던 시대에 짐승의 고기를 날로 먹던 일을 말함.

與民同樂
여 민 동 락
與 더불 여　民 백성 민　同 한가지 동　樂 즐길 락
백성과 함께 즐김. [맹자孟子]

黎民阻飢
여 민 조 기
黎 검을 려(여)　民 백성 민　阻 험할 조　飢 굶주릴 기
백성들이 심한 굶주림에 시달림. [서경書經]

如拔痛齒
여 발 통 치
如 같을 여　拔 뺄 발　痛 아플 통　齒 이 치
아픈 이를 뽑은 것같이 골칫거리가 제거되어 시원함.

餘不備禮
여 불 비 례
餘 남을 여　不 아닐 불　備 갖출 비　禮 예절 례
나머지는 예를 갖추지 못함. 편지의 본문 뒤에 쓰는 말.

如臂使指
여 비 사 지
如 같을 여　臂 팔 비　使 부릴 사　指 손가락 지
팔이 손가락을 부리는 것같이 마음대로 사람을 부린다는 말. [한서漢書]

與世無涉
여 세 무 섭
與 더불 여　世 대 세　無 없을 무　涉 건널 섭
세상 돌아가는 것과는 상관이 없음.

與世推移
여 세 추 이
與 더불 여　世 대 세　推 밀 추　移 옮길 이
세상 인심이 쏠리는 대로 함께함. [굴원屈原의 어부사漁父辭]

與受同罪
여 수 동 죄
與 줄 여　受 받을 수　同 한가지 동　罪 허물 죄
주는 사람이나 받는 사람의 죄가 같음.

如水投水
여 수 투 수
如 같을 여　水 물 수　投 던질 투
물에 물을 탄 것 같음. 즉 더한 흔적이 없거나 흐리멍텅함. 또는 아무리 가공을 하여도 본 바탕은 변하지 않음을 비유하는 말.

與時俯仰
여 시 부 앙
與 더불 여　時 때 시　俯 구부릴 부　仰 우러를 앙
시대 조류에 따라 행동함. [자치통감自治痛鑑]

如是我聞
여 시 아 문
如 같을 여　是 이 시　我 나 아　聞 들을 문
"나는 이렇게 들었다". 불교의 경문 서두에 쓰는 말.

如時雨降
여 시 우 강
如 같을 여　時 때 시　雨 비 우　降 내릴 강
때 맞추어 비가 내림. [맹자孟子]
　▶여시우강 민대열(---- 民大悅): 때 맞추어 비가 내리니
　　백성이 크게 기뻐하네.

予愼無罪
여 신 무 죄
予 나 여　愼 삼갈 신　無 없을 무　罪 허물 죄
내 하나가 삼가면 모든 죄가 없어짐. [시경詩經]

如失一臂
여 실 일 비
如 같을 여　失 잃을 실　一 한 일　臂 팔 비
한 팔을 잃은 것과 같음. 즉 가장 힘이 되었던 사람을 잃
음. [당서唐書]

女心傷悲
여 심 상 비
女 계집 녀(여)　心 마음 심　傷 상할 상　悲 슬플 비
여자가 마음이 상해 슬퍼함. [시경詩經]

呂氏鄕約
여 씨 향 약
呂 법 여　氏 성 씨　鄕 고을 향　約 맺을 약
송(宋)나라 시대에 여대균(呂大鈞)이 향리인 남전(藍田)
에서 실시한 자치 규약을 말함.
　▶덕업상권(德業相勸), 과실상규(過失相規), 예속상교(禮俗
　　相交), 환란상휼(患亂相恤)을 강령으로 한 향약. 후세 향
　　약의 본보기가 되었다.

如蛾赴火
여 아 부 화
如 같을 여　蛾 나방 아　赴 다다를 부　火 불 화
부나방이 불에 날아드는 것과 같음. 즉 탐욕으로 자기
몸을 망친다는 말.

如魚得水
여 어 득 수
如 같을 여　魚 물고기 어　得 얻을 득　水 물 수
물고기가 물을 얻은 것 같음. 자기의 뜻대로 이루어짐을
말함. [삼국지三國志]

如魚失水
여 어 실 수
如 같을 여　魚 물고기 어　失 잃을 실　水 물 수
물고기가 물을 잃은 것 같음. 곤궁한 처지가 되어 괴로
워하는 것을 이름. [장자莊子]

如椽之筆
여 연 지 필
如 같을 여　椽 서까래 연　之 갈 지　筆 붓 필
서까래를 휘두르는 것 같은 힘찬 필력. [진서晉書]

旅楹有閑
여 영 유 한

旅 무리 려(여) 楹 기둥 영 有 있을 유 閑 한가할 한
많고 많은 기둥이 굵직굵직함. [시경詩經]
▶유한(有閑): 큰 모양.

與譽無毀
여 예 무 훼

與 더불 여 譽 기릴 예 無 없을 무 毀 헐 훼
칭찬 받기보다 비난 받지 않으려고 애씀.

如怨如慕
여 원 여 모

如 같을 여 怨 원망할 원 慕 사모할 모
원망하는 것 같기도 하고 그리워하는 것 같기도 함. [소식
蘇軾의 적벽부赤壁賦]

如月之恒
여 월 지 항

如 같을 여 月 달 월 之 갈 지 恒 항상 항=弦 활 현
달이 차듯 일이 날로 번창함을 이름. [시경詩經]

如蝟負瓜
여 위 부 과

如 같을 여 蝟 고슴도치 위 負 질 부 瓜 외 과
고슴도치 참외 짊어지듯 함. 빚이 많은 것을 비유하는
말. 또는 맏아들이 부모형제 때문에 짐이 무겁다는 말.

如蟻偸垤
여 의 투 질

如 같을 여 蟻 개미 의 偸 훔칠 투 垤 개미둑 질
개미가 둑을 쌓듯이 조금씩 꾸준히 쌓아서 공을 이
룸. [순오지旬五志]

如臨深淵
여 림 심 연

如 같을 여 臨 임할 림 深 깊을 심 淵 못 연
깊은 못가에 임한 것같이 조심함. [논어論語] =선입상연
(旋入霜淵)

與子同袍
여 자 동 포

與 더불 여 子 당신 자 同 한가지 동 袍 두루마기 포
상대와 두루마기를 함께 입자는 말. 친구 사이에 서로
무관하게 지내자는 말. [시경詩經]

穭粢之食
여 자 지 식

穭 현미 려(여) 粢 기장 자 之 갈 지 食 먹을 식
현미나 기장 같은 거친 곡식을 먹음. 가난한 백성의 식
생활을 이름. [사기史記]

汝牆折角
여 장 절 각

汝 너 여 牆 담장 折 부러질 절 角 뿔 각
'너의 담장 때문에 내 소의 뿔이 부러졌다'는 말. 자기의
잘못은 반성 않고 남에게 덮어씌우려고 하는 것. 또는
다른 사람 때문에 손해를 입었다는 말.

驢前馬後
여 전 마 후

驢 나귀 려(여) 前 앞 전 馬 말 마 後 뒤 후
당나귀에는 앞서고 말의 뒤를 따르는 노예. 남의 언행에
따르기만 하고, 독자적인 견식이 없는 사람을 말함.

如切如磋
여 절 여 차

如 같을 여 切 끊을 절 磋 깎을 차
끊고 자르고 깎아냄. 쉬지 않고 학문에 정진하는 것을
이름. [시경詩經]

如鳥過目
여 조 과 목

如 같을 여 鳥 새 조 過 지날 과 目 눈 목
새가 눈앞을 날아가는 것과 같이 빠른 세월.

如足如手
여 족 여 수

如 같을 여 足 발 족 手 손 수
손발과 같음. 형제는 서로 떨어질 수 없음을 비유한 말.

如坐針席
여 좌 침 석

如 같을 여 坐 앉을 좌 針 바늘 침 席 자리 석
바늘 방석에 앉은 것같이 매우 불안하고 거북함.

慮周藻密
여 주 조 밀

慮 생각할 려(여) 周 두루 주 藻 무늬 조 密 빽빽할
밀
생각이 두루 미치어 문채가 아름답고 세밀함. [문심조룡文
心雕龍]

如指諸掌
여 지 저 장

如 같을 여 指 가리킬 지 諸 어조사 저 掌 손바닥 장
손바닥으로 가리키는 것같이 명백하고 쉬움.

旅進旅退
여 진 여 퇴

旅 나그네 려(여) 進 나아갈 진 退 물러갈 퇴
일정한 자기의 주관과 절조가 없이 함께 따라 나아가고
물러남. [예기禮記]

如出一口
여 출 일 구

如 같을 여 出 날 출 一 한 일 口 입 구
한 입에서 나오는 것같이 여러 사람의 말이 똑같음. [전국
책戰國策]

如取如攫
여 취 여 확

如 같을 여 取 취할 취 攫 붙잡을 확
손 안에 가진 것을 취하듯 하네. [시경詩經] =낭중취물(囊
中取物)

如厠二心
여 측 이 심

如 같을 여 厠=廁 뒷간 측 二 두 이 心 마음 심
뒷간에 갈 때와 올 때의 마음이 다름. 급할 때와 끝냈을
때의 마음이 다르다는 말.

如琢如磨
여 탁 여 마

如 같을 여 琢 조을 탁 磨 갈 마
쪼고 간 듯이 함. 덕을 닦는 데 노력하고 노력하라는
말. 【시경詩經】
▶여절여차 여탁여마(如切如磋 ----): 칼로 자른 듯하고 줄
로 가는 듯하며 끌로 쪼는 듯하고 숫돌로 간 듯하다.

如脫弊履
여 탈 페 리

如 같을 여 脫 벗을 탈 弊 헐 폐 履 신 리
헌신짝같이 벗어던짐. 미련 없이 버리는 것을 이름.

如湯沃雪
여 탕 옥 설

如 같을 여 湯 끓을 탕 沃 물댈 옥 雪 눈 설
끓는 물을 눈에 붓는 것같이 일이 잘 풀리는 것을 이름.

如風過耳
여 풍 과 이

如 같을 여 風 바람 풍 過 지날 과 耳 귀 이
바람이 귓전을 지나는 것같이 남의 말에 관심을 갖지 않
음. 【남사南史】

如合符節
여 합 부 절

如 같을 여 合 합할 합 符 부신 부 節 마디 절
부절을 맞추듯 일이 꼭 들어맞음.

與狐謀皮
여 호 모 피

與 더불 여 狐 여우 호 謀 꾀할 모 皮 가죽 피
여우와 더불어 여우 가죽을 얻고자 함. 이해가 상반되는
당사자와 의논해서는 일이 성사되지 못한다는 말. 【태평
광기太平廣記】 =여호모피(與虎謀皮) 【태평어람太平御覽】

如火益熱
여 화 익 열

如 같을 여 火 불 화 益 더할 익 熱 더울 열
불과 같이 더욱더 뜨거워짐. 【맹자孟子】

力竭功沮
역 갈 공 저

力 힘 력(역) 竭 다할 갈 功 공 공 沮 막을 저
힘이 다해 공을 이루는 것마저 막힘. 【회남자淮南子】

驛馬直星
역 마 직 성

驛 역참 역 馬 말 마 直 곧을 직 星 별 성
늘 이곳저곳으로 분주히 여행하는 사람을 이름.

亦步亦趨
역 보 역 추
亦또역 步걸음보 趨달릴추
남이 걸으면 걷고, 남이 달리면 달림. 남이 하는 대로 따라함을 이름. [장자莊子]

力不從心
역 부 종 심
力힘력(역) 不아닐부 從따를종 心마음심
힘이 모자라 생각을 따르지 못함. [후한서後漢書]

易姓革命
역 성 혁 명
易바꿀역 姓성성 革가죽혁 命목숨명
성씨를 바꾸는 혁명. 즉 왕조가 바뀌는 일을 말함.
▶임금이 덕이 없으면 천명이 타인에게 돌아가고 바뀐다는 옛 중국의 정치사상.

逆旅過客
역 려 과 객
逆거스를역 旅나그네려 過지날과 客손객
세상은 여사(旅舍)같고 인생은 지나가는 손님과 같음.

怒如朝飢
역 여 조 기
怒허출할녁(역) 如같을여 朝아침조 飢주릴기
허출한 속이 아침을 먹지 않은 공복(空腹) 같음. 상대를 그리워하는 정이 지극히 간절하다는 말. [시경詩經]

力役之征
역 역 지 정
力힘력(역) 役부릴역 之갈지 征칠정
부역에 종사함.

易衣幷食
역 의 병 식
易바꿀역 衣옷의 幷아우를병 食먹을식
한 벌 옷을 서로 돌라입고 하루치 양식을 나누어 먹음.
아주 가난함을 표현하는 말. [공자가어孔子家語]

逆耳之言
역 이 지 언
逆거스를역 耳귀이 之갈지 言말씀언
귀에 거슬리는 말. 즉 충고(忠告)하는 말.

易子教之
역 자 교 지
易바꿀역 子아들자 教가르칠교 之갈지
자식을 바꿔서 가르침. 제 자식을 자기가 가르치기는 어렵다는 말. [맹자孟子]

易地思之
역 지 사 지
易바꿀역 地땅지 思생각사 之갈지
처지를 바꾸어서 생각함.

405

易簀之際
역 책 지 제

易 바꿀 역　簀 대자리 책　之 갈 지　際 때 제
대자리를 갈아서 까는 것. 사람의 임종을 말함.
▶증자(曾子)가 병상에 있을 때 그가 깔고 있던 자리가 너무 화려하여 신분에 맞지 않는다며 자리를 바꾸게 한 뒤 죽었다는 고사에서 나온 말.

逆取順守
역 취 순 수

逆 거스를 역　取 취할 취　順 순할 순　守 지킬 수
나라를 세울 때는 순리에 어긋나는 방법으로도 할 수 있지만, 나라를 지킬 때는 순리에 따라야 함. [사기史記]

力透紙背
역 투 지 배

力 힘 력(역)　透 통할 투　紙 종이 지　背 등 배
힘이 종이 뒷면까지 미침. 필력이 힘차고 날카로움을 비유하는 말.

連閣周漫
연 각 주 만

連 잇닿을 련(연)　閣 집 각　周 두루 주　漫 질펀할 만
집이 질펀하게 널리 이어져 있음. [장형張衡의 글]

然騫鑿空
연 건 착 공

然 그러할 연　騫 이지러질 건　鑿 뚫을 착　空 빌 공
이지러진 곳을 똑바로 뚫어 훤하게 함. [한서漢書]

鳶肩豺目
연 견 시 목

鳶 솔개 연　肩 어깨 견　豺 승냥이 시　目 눈 목
솔개의 치올린 어깨와 승냥이 같은 눈. 간악한 인간의 모양을 형용하는 말. [후한서後漢書]

練句練字
연 구 연 자

練 익힐 연　句 글귀 구　字 글자 자
시문을 지을 때 구(句)와 자(字)를 여러 번 고치는 것.

年年歲歲
연 년 세 세

年 해 년(연)　歲 해 세
매년. 해가 가고 세월이 가며 덧없이 늙어감을 말함. [송지문宋之問의 시詩]
▶연년세세 화상사(年年歲歲 花相似) 세세연년 인부동(歲歲年年 人不同): 해마다 꽃은 같은 모양으로 피지만, 해마다 나는 사람은 다르네.

椽大之筆
연 대 지 필

椽 서까래 연　大 큰 대　之 갈 지　筆 붓 필
서까래같이 굵은 붓. 대문장, 대논문, 훌륭한 문장을 말함. [진서晉書]

鉛刀一割
연 도 일 할
鉛 납 연　刀 칼 도　一 한 일　割 벨 할
무딘 칼이지만 한 번은 벨 수 있다는 뜻으로, 자기의 미력을 겸손하게 일컫는 말. [후한서後漢書]

吮犢之情
연 독 지 정
吮 빨 연　犢 송아지 독　之 갈 지　情 뜻 정
어미소가 송아지를 핥아 주는 정. 자식을 사랑하는 어미의 정, 또는 자나깨나 부하를 사랑하는 정을 말함.

緣木求魚
연 목 구 어
緣 인연 연　木 나무 목　求 구할 구　魚 물고기 어
나무에 올라가서 물고기를 구함. 불가능한 일을 하려고 하거나 목적을 이룰 수 없음을 이름. [맹자孟子]

然眉之急
연 미 지 급
然=燃 탈 연　眉 눈썹 미　之 갈 지　急 급할 급
눈썹이 타는 듯 화급한 일. =소미지급(燒眉之急), 초미지급(焦眉之急).

連步以上
연 보 이 상
連 잇닿을 련(연)　步 걸음 보　以 써 이　上 위 상
걸음을 이어서 올라감. [예기禮記]
▶습급취족 연보이상(拾級聚足 ----): 한 계단 한 계단 발을 모으고 걸음을 이어서 위로 올라감(계단을 오를 때의 예의).

鳶飛戾天
연 비 여 천
鳶 솔개 연　飛 날 비　戾 이를 려(여)　天 하늘 천
솔개가 하늘 높이 날다. [시경詩經]
▶연비여천 어약우연(---- 魚躍于淵): 솔개는 하늘 높이 날고, 물고기는 연못에서 뛰네.

煙霏霧結
연 비 무 결
煙 연기 연　霏 눈 폴폴 날릴 비　霧 안개 무　結 맺을 결
연기와 눈이 날리고 안개가 모임. 아주 궂은 날씨를 형용하는 말. 또는 나라가 혼란스러운 것을 비유. [진서晉書]

鳶飛魚躍
연 비 어 약
鳶 솔개 연　飛 날 비　魚 물고기 어　躍 뛸 약
하늘엔 솔개가 날고, 물 속엔 물고기가 뛰노는 자연의 조화. [시경詩經]

蜎飛蜎動
연 비 연 동
蜎 장구벌레 연　飛 날 비　動 움직일 동
벌레가 꼬물꼬물 움직이는 모양을 형용한 말. [귀곡자鬼谷子]

燃犀之明
연 서 지 명

燃 탈연 犀 무소서 之 갈지 明 밝을명
무소뿔을 태워 어두운 곳을 비춤. 사물을 꿰뚫어 보는
지혜.
▶무소뿔을 태우는 빛은 물 속 깊은 곳까지 비춘다고 하는
동진(東晉) 온교(溫嶠)의 고사에서 온 말.

連城之璧
연 성 지 벽

連 잇닿을 련(연) 城 성성 之 갈지 璧 구슬벽
여러 성을 준다 해도 안 바꾸는 값진 구슬. 화씨벽(華氏
璧)을 말함.

延首南望
연 수 남 망

延 끌연, 늘일연 首 머리수 南 남녘남 望 바랄망
머리를 늘여 남쪽을 바라봄. 【유정劉楨의 부賦】

煙視媚行
연 시 미 행

煙 연기연 視 볼시 媚 예쁠미 行 갈행
신부가 걷는 모양. 연기 속을 걷듯 눈물 어린 눈으로 예
쁘게 걸음.

燕雁代飛
연 안 대 비

燕 제비연 雁 기러기안 代 대신대 飛 날비
기러기가 올 때 제비는 떠나는 것처럼 서로가 좀처럼 만
나지 못하고 지내는 것을 말함. 【회남자淮南子】

宴安鴆毒
연 안 짐 독

宴 잔치연 安 편안안 鴆 짐새짐 毒 독독
일하지 않고 놀고 즐기는 것은 짐독(鴆毒)과 같이 사람
을 해친다는 말. 【춘추좌씨전春秋左氏傳】
▶짐독(鴆毒)은 짐새의 독. 짐새의 깃으로 담근 술을 짐주
라 하는데 이를 마시면 즉사한다고 함.

煙炎漲天
연 염 창 천

煙 연기연 炎 불꽃염 漲 넘칠창 天 하늘천
연기와 불꽃이 하늘에 가득 참. 【오지吳志】

吮癰之仁
연 옹 지 인

吮 빨연 癰 종기옹 之 갈지 仁 어질인
종기를 빠는 인자함. 상사가 부하를 극진히 아끼는 마음
을 이름.
▶전국시대 오기(吳起)가 부하에게 생긴 종기의 고름을 빨
아 준 고사에서 온 말.

吮癰舐痔
연 옹 지 치

吮 빨연 癰 종기옹 舐 핥을지 痔 치질치
종기를 빨고 치질을 핥음. 윗사람에게 지나치게 아부함
을 이름. =연저지치(吮疽舐痔)

緣腰白玉
연 요 백 옥
緣 연줄 연　腰 허리 요　白 흰 백　玉 구슬 옥
가는 허리가 백옥과 같이 흼. 【양梁의 간문제簡文帝의 시詩】

蓮藕觚盧
연 우 고 로
蓮 연꽃 연　藕 연뿌리 우　觚 잔 고　盧 목로 로
연뿌리가 마치 잔(盞) 모양과 같음. 【한서漢書】

煙雲供養
연 운 공 양
煙 연기 연　雲 구름 운　供 이바지할 공　養 기를 양
그림으로 상대의 마음을 즐겁게 함.
▶연운(煙雲): 그림.

燕雀處屋
연 작 처 옥
燕 제비 연　雀 참새 작　處 곳 처　屋 집 옥
제비와 참새가 집을 짓고 살면서 그 집이 타들어가는 것
을 알지 못함. 안거(安居)하여 화가 자기에게 닥칠 것을
알지 못함을 이름. 【공총자孔叢子】

燕雀鴻鵠
연 작 홍 곡
燕 제비 연　雀 참새 작　鴻 기러기 홍　鵠 고니 곡
제비와 참새같이 작은 새가 기러기와 고니 같은 큰 새의
마음을 알지 못하듯이 하찮은 소인(燕雀)이 큰 인물(鴻
鵠)의 뜻을 알 리 없다는 말.

吮疽之仁
연 저 지 인
吮 빨 연　疽 등창 저　之 갈 지　仁 어질 인
남의 몸에 난 등창의 상처를 빨아 주는 어진 행동. 대장
이 부하를 몹시 사랑함. 또는 남에게 신용을 얻기 위해
험하거나 추한 일도 마다 않는 정성을 이름. 【사기史記】
=연지지인(吮舐之仁), 연옹지인(吮癰之仁)
▶전국시대 오(吳)나라의 장군 오기(吳起)가 부하 병사에게
　생긴 등창의 상처를 빨아 준 고사에서 온 말.

吮疽舐痔
연 저 지 치
吮 빨 연　疽 등창 저　舐 핥을 지　痔 치질 치
등창을 빨고 치질을 핥음. 윗사람에게 지극히 아첨함을
이름. =연옹지치(吮癰之痔)

連戰連勝
연 전 연 승
連 잇닿을 련(연)　戰 싸울 전　勝 이길 승
싸울 때마다 이김.

淵渟岳峙
연 정 악 치
淵 못 연　渟 고일 정　岳 큰산 악　峙 우뚝솟을 치
움직이지 않고 조용히 있는 모양.
▶연정(淵渟): 못물이 고요하게 고여 있는 모양. 악치(岳峙):
　산이 우뚝 솟아 조금도 움직이지 않는 모양.

409

軟地揷杙
연 지 삽 말
軟 연할 연 地 땅 지 揷 꽂을 삽 杙 기둥 말
무른 땅에 말뚝 박기. 일하기가 수월하다는 말.

連篇累牘
연 편 누 독
連 잇닿을 련(연) 篇 책 편 累 거듭 루(누) 牘 편지 독
연이어진 글과 쌓인 편지. 필요 이상으로 문장이 장황한
것을 이름. 【수서隋書】

煙霞痼疾
연 하 고 질
煙 연기 연 霞 노을 하 痼 고질 고 疾 병 질
산수를 몹시 사랑하는 병. 산수를 떠나지 못하고 은거함
을 이름. 【당서唐書】

燕頷投筆
연 함 투 필
燕 제비 연 頷 턱 함 投 던질 투 筆 붓 필
문치(文治)를 그만 두고 무치(武治)로 방향을 틂.
▶연함(燕頷): 제비 턱. 무골의 상을 이름.

燕頷虎頭
연 함 호 두
燕 제비 연 頷 턱 함 虎 범 호 頭 머리 두
제비 턱과 범 머리의 상. 출세할 귀인의 상을 말함. 【후한
서後漢書】 =연함호경(燕頷虎頸)

研覈是非
연 핵 시 비
研 갈 연 覈 핵실할 핵 是 옳을 시 非 아닐 비
실상을 연구하고 조사하여 옳고 그름을 가림. 【장형張衡의
동경부東京賦】

燕鴻之嘆
연 홍 지 탄
燕 제비 연 鴻 기러기 홍 之 갈 지 嘆 탄식할 탄
길이 어긋나 서로 만나지 못함을 한탄함. =연안대비(燕
雁代飛)

蓮花世界
연 화 세 계
蓮 연꽃 연 花 꽃 화 世 세상 세 界 경계 계
불교에서 말하는 극락세계(極樂世界).

蓮花往生
연 화 왕 생
蓮 연꽃 연 花 꽃 화 往 갈 왕 生 날 생
불교 용어. 죽은 후 극락정토(極樂淨土)의 연화좌(蓮花
座)에 태어나기를 비는 것.

煙火中人
연 화 중 인
煙 연기 연 火 불 화 中 가운데 중 人 사람 인
화식(火食)을 하는 사람. 속세의 인간을 이름.

裂肝碎首
열 간 쇄 수
裂 찢을 렬(열) 肝 간 간 碎 부서질 쇄 首 머리 수
간이 찢어지고 머리가 부서짐. 몹시 심한 재앙을 이름.

烈于猛火
열 우 맹 화

烈 매울 렬(열) 于 어조사 우 猛 사나울 맹 火 불 화

사나운 불길보다 더 맵다. [서경書經]

▶천리일덕 열우맹화(天吏逸德 ----): 천자가 보낸 관리가 덕을 잃으면, (민심이) 사나운 불길보다 더 매서워진다.

閱人成世
열 인 성 세

閱 검열할 열 人 사람 인 成 이룰 성 世 세상 세

많은 사람을 거느리고 세상을 다스림.

▶열인(閱人): 여러 사람(衆人)

鹽車之憾
염 거 지 감

鹽 소금 염 車 수레 거 之 갈 지 憾 한할 감

훌륭한 말이 소금 수레를 끄는 것을 한탄함. 유능한 사람이 불우한 처지에 있음을 한탄함. [전국책戰國策]

濂溪學派
염 계 학 파

濂 담글 염 溪 시내 계 學 배울 학 派 갈래 파

송(宋)나라의 주돈이(周敦頤)가 주장한 학파.

▶염계(濂溪)는 주돈이의 호(號).

染舊作新
염 구 작 신

染 물들일 염 舊 옛 구 作 지을 작 新 새 신

헌것을 물들여 새것같이 만듦. [통속편通俗編]

炎凉世態
염 량 세 태

炎 불꽃 염 凉 서늘할 량 世 인간 세 態 태도 태

뜨거워졌다 서늘해졌다 하는 세태. 권력이 있을 때는 아부하여 따르고, 권력을 잃으면 푸대접을 하는 야속한 세상의 인심을 이르는 말.

濂洛關閩
염 락 관 민

濂 담글 렴(염) 洛 물이름 락 關 빗장 관 閩 종족이름 민

송학(宋學)의 본거지. 즉 염계(濂溪)의 주돈이(周敦頤), 낙양의 정호(程顥)와 정이(程頤), 관중의 장재(張載), 민중의 주희(朱熹) 등이 주장한 성리학을 말함. =염락관민지학(濂洛關閩之學)

念力通巖
염 력 통 암

念 생각할 념(염) 力 힘 력 通 통할 통 巖 큰 바위 암

마음과 힘을 다하면 큰 바위도 뚫을 수 있음.

▶염력(念力)=합력(合力)

厭離穢土
염 리 예 토

厭 싫을 염 離 떠날 리 穢 더러울 예 土 흙 토

불교 용어. 더럽혀진 사바세계를 싫어하여 떠남.

念不及他
염 불 급 타

念 생각할 념(염) 不 아닐 불 及 미칠 급 他 다를 타
생각이 다른 데까지 미치지 못함. 다른 생각을 할 틈이
없다는 말.

廉遠堂高
염 원 당 고

廉 청렴할 렴(염) 遠 멀 원 堂 집 당 高 높을 고
임금의 존엄은 전당의 높은 것과 같다는 말. 【한서漢書】

恬而不怪
염 이 불 괴

恬 편안할 념(염) 而 말이을 이 不 아닐 불 怪 기이
할 괴
마음이 편안하여 이상하게 생각지 않음. 대범히 보아넘
겨 이상하게 여기지 않는다는 말. 【후한서後漢書】 =염부지
괴(恬不知怪) 【한서漢書】

廉而不劌
염 이 불 귀

廉 청렴할 렴(염) 而 말이을 이 不 아닐 불 劌 상처
입힐 귀, 상처 입힐 궤
옥이 모가 나 있어도 다른 물건을 상처 나게 하지 않는
것처럼, 군자는 의(義)로 제재하지만 결코 남을 해치지
않는다는 뜻. 【노자老子】

鹽鐵之利
염 철 지 리

鹽 소금 염 鐵 쇠 철 之 갈 지 利 이로울 리
소금과 철의 전매제(專賣制)로 얻는 이익. 【염철론鹽鐵論】
▶한(漢)나라 무제(武帝) 때 국가 재정의 이익을 얻기 위해
시행한 제도.

拈華微笑
염 화 미 소

拈 집을 념(염) 華 빛날 화 微 가늘 미 笑 웃을 소
꽃을 잡고 미소를 지음. 문자나 말에 의하지 아니하고
마음에서 마음으로 전한다는 뜻. =이심전심(以心傳心)
▶석가가 연꽃을 들어 대중에게 보였을 때 카시아파(가섭)
만이 그 뜻을 알아 미소를 지었다는 고사에서 나온 말.

葉落歸根
엽 락 귀 근

葉 잎사귀 엽 落 떨어질 락 歸 돌아갈 귀 根 뿌리 근
잎이 떨어지면 뿌리로 돌아감. 사물이 그 근본으로 돌아
감을 이르는 말. 【중국속담中國俗談】
▶수고천척 엽락귀근(樹高千尺 ----): 나무 높이가 천 자라
도 달린 잎이 떨어지면 뿌리로 돌아간다.

令苛不聽
영 가 불 청

令 하여금 영 苛 매울 가 不 아닐 불 聽 들을 청
법령이 가혹하면 도리어 듣지 않아 지켜지지 않음.

榮枯盛衰
영 고 성 쇠
榮 영화 영 枯 마를 고 盛 성할 성 衰 쇠할 쇠
성할 때도 있고 쇠할 때도 있음. [한서漢書]

營道同術
영 도 동 술
營 경영할 영 道 길 도 同 한가지 동 術 재주 술
경영하는 방법과 기술이 같음. [예기禮記]

零露溥兮
영 로 단 혜
零 비올 령(영) 露 이슬 로 溥 이슬 많을 단 兮 어조
사 혜
가랑비 오듯 이슬이 많이 내림. [시경詩經]

令狸執鼠
영 리 집 서
令 하여금 령(영) 狸 삵 리 執 잡을 집 鼠 쥐 서
고양이나 삵을 시켜서 쥐를 잡음. 재능을 보아서 사람을
부리는 것을 뜻함. [한비자韓非子]

盈滿之咎
영 만 지 구
盈 찰 영 滿 가득할 만 之 갈 지 咎 허물 구
가득히 차면 반드시 기울어짐. 만사가 이루어지면 도리
어 화(禍 재앙, 허물)를 입음. [후한서後漢書]

另聞便門
영 문 편 문
另 헤어질 령(영) 聞 들을 문 便 편할 편 門 문 문
청(淸)나라 때 각 성(省)에 민간인의 출입 편의를 위해
마련했던 작은 문.

影不離身
영 불 이 신
影 그림자 영 不 아닐 불 離 떠날 리(이) 身 몸 신
그림자는 몸을 떠나지 않음. 누구나 허물이 있으니 이
를 고치려고 노력해야지 남을 비난만 해서는 안 된다는
말. [장자莊子]

郢書燕說
영 서 연 설
郢 나라이름 영 書 글 서 燕 나라이름 연 說 말씀 설
이치에 맞지 않는 말을 끌어다가 억지로 그럴 듯하게 해
석하는 일을 말함. [한비자韓非子]
▶초(楚)나라의 서울인 영(郢)에 사는 사람이 연(燕)나라의
재상에게 편지를 쓰는데, 방이 어두운지라 하인에게 "등
불을 높이 들어라" 명하다가 그 말을 그만 편지에도 쓰고
말았다. 편지를 받은 재상은 '등불을 높이 들어라'라는
말을 '밝음을 존중하라'는 뜻으로 해석하여 정치에 반영
하고 시행했다는 고사에서 온 말.

映雪讀書
영 설 독 서
映비칠영 雪눈설 讀읽을독 書글서
눈(雪)에 비추어 책을 읽음. 가난하여 어렵게 공부하는
것을 비유한 말. [진서晉書]

▶진(晉)의 손강(孫康)이 가난하여 눈(雪) 빛으로 책을 읽었
다는 고사에서 온 말.

詠雪之才
영 설 지 재
詠읊을영 雪눈설 之갈지 才재주재
눈(雪)을 버들개지에 비겨 즉흥시를 읊은 데서 나온 말.
문재(文才)에 능통(能通)한 여성을 말함.

永世無窮
영 세 무 궁
永길영 世대세 無없을무 窮다할궁
다함 없는 오랜 세월. [서경書經]

永世不忘
영 세 불 망
永길영 世대세 不아닐불 忘잊을망
영원히 잊지 않음.

永世不諼
영 세 불 훤
永길영 世대세 不아닐불 諼잊을훤
영원히 잊지 않음.

潁水隱士
영 수 은 사
潁강이름영 水물수 隱숨을은 士선비사
요(堯)임금 때 영수(潁水)에 은거하였다는 소보(巢父)와
허유(許由)를 말함. [고사전高士傳]

▶요(堯)임금에게 천하를 주겠다는 말을 듣고 귀가 더러워
졌다며 허유(許由)가 영수에서 귀를 씻고 있을때, 소보
(巢父)가 송아지에게 물을 먹이려다가 더러운 물을 먹일
수 없다고 그 상류로 끌고 가서 먹였다고 한다.

伶牙俐齒
영 아 이 치
伶영리할령(영) 牙어금니아 俐똑똑할이 齒이
치
말을 아주 잘하는 것. 말재주가 아주 좋음.

另顏相看
영 안 상 간
另헤어질령(영) 顏얼굴안 相서로상 看볼간
특별히 우대함.

▶영안(另顏)은 특별하다의 뜻.

羚羊挂角
영 양 괘 각
羚영양영 羊양양 挂걸괘 角뿔각
영양이 잘 때에는 나뭇가지에 뿔을 걸어 위해(危害)를
방지함. 흔적을 찾을 수 없는 일. 또는 모든 것을 초월한
자유분방한 시(詩)의 세계를 이름. [창랑시화滄浪詩話]

414

囹圄空虚
영 어 공 허

囹 옥 령(영) 圄 옥 어 空 빌 공 虛 빌 허

감옥이 비어 있음. 나라가 잘 다스려지고 있다는 비유. 【사기史記】

領如蝤蠐
영 여 추 제

領 목 령(영) 如 같을 여 蝤 나무굼벵이 추 蠐 굼벵이 제

목이 굼벵이 색깔같이 흼. 미인의 흰 살결을 형용하는 말. 【시경詩經】

▶영여추제 치여호서(---- 齒如瓠犀): 목은 굼벵이 색같이 희고, 이는 박속같이 흼.

▶추제(蝤蠐): 나무 속에 사는 맑고 흰 모양의 굼벵이.

零零碎碎
영 영 쇄 쇄

零 수 없을 영 碎 부술 쇄

아주 자질구레한 것.

營營青蠅
영 영 청 승

營 경영할 영 青 푸를 청 蠅 파리 승

앵앵거리며 나는 쇠파리. 【시경詩經】

▶영영(營營): 쇠파리가 내는 소리. 청승(青蠅): 쇠파리.

英雄欺人
영 웅 기 인

英 꽃부리 영 雄 수컷 웅 欺 속일 기 人 사람 인

영웅은 뛰어난 계략으로 사람을 속임.

鶺原之情
영 원 지 정

鶺 할미새 령(영) 原 근원 원 之 갈 지 情 뜻 정

형제 간에 급박한 일이 생기면 서로가 도와야 함.

▶영원(鶺原)은 물새인 할미새 형제가 물을 떠나 들판에서 외롭게 고난을 당하고 있음을 말함.

映月讀書
영 월 독 서

映 비출 영 月 달 월 讀 읽을 독 書 글 서

비추는 달빛으로 책을 읽음. 【송사宋史】

寧爲鷄口
영 위 계 구

寧 차라리 영 爲 할 위 鷄 닭 계 口 입 구

차라리 닭의 주둥이가 되는 것이 낫다는 말. 닭은 작아도 그 입은 먹이를 먹지만, 소는 커도 그 뒤는 똥만 누므로, 작은 데서 앞서는 게 낫지 결코 남의 뒤는 되지 말라는 뜻. 【사기史記】

▶영위계구 물위우후(---- 勿爲牛後): 차라리 닭 주둥이가 될지언정 소의 뒤는 되지 마라.

盈而不逼
영 이 불 핍
盈 찰 영 而 말이을 이 不 아닐 불 逼 치우칠 핍
가득 차지만 한편으로 치우치지는 않음. [국어國語]

迎刃而解
영 인 이 해
迎 맞을 영 刃 칼날 인 而 말이을 이 解 풀 해
대나무를 쪼갤 때 첫마디만 쪼개면, 그 다음은 칼날을
환영하듯 내리 쪼개지는 것을 말함. 즉 기세가 거세어
대항할 자가 없음을 비유. 또는 해결이 극히 쉬운 것을
비유하는 말. [진서晉書] =파죽지세(破竹之勢)

甯子飯牛
영 자 반 우
甯 차라리 녕(영) 子 아들 자 飯 먹일 반 牛 소 우
영자(甯子)가 소를 먹이다. [여씨춘추呂氏春秋] =영척우각
(甯戚牛角)
▶영척(甯子)이 소를 먹이면서 제(齊) 환공(桓公)에게 등용
되기를 기다리다가 뜻을 이루어 제나라 대신 자리에 오
른 고사에서 온 말.

永字八法
영 자 팔 법
永 길 영 字 글자 자 八 여덟 팔 法 법 법
永(영)자를 쓰는 서예의 기본 운필법 여덟 가지. 서예의
모든 획의 필법은 永(영)자 8획에 다 들어 있음.
▶후한(後漢)의 채옹(蔡邕) 혹은 진(晉)의 왕희지(王羲之)의
창작이라는 설이 있다.

嬴顚劉蹶
영 전 유 궐
嬴 찰 영 顚 엎어질 전 劉 성 유 蹶 넘어질 궐
진(秦)나라도 망하고, 한(漢)나라도 망한 일. 어느 나라
든지 결국은 다 망한다는 말.
▶영(嬴)은 진(秦)시황의 성. 유(劉)는 한(漢)고조의 성.

縈靑繚白
영 청 요 백
縈 얽힐 영 靑 푸를 청 繚 감길 료(요) 白 흰 백
푸른 산이 둘러 있고, 맑고 고운 물이 돌아 흐름. 산수의
경치를 이르는 말.

嬴縮卷舒
영 축 권 서
嬴 바구니 영 縮 줄일 축 卷 말 권 舒 펼 서
바구니를 줄이고 말아 두었던 책을 폄.

影駭響震
영 해 향 진
影 그림자 영 駭 놀랄 해 響 소리 향 震 떨 진
그림자를 보고도 놀라고 소리의 울림에도 떪. 대단히 겁
이 많은 것을 비유하는 말.

曳裾侯門
예 거 후 문

曳 끌 예 裾 옷자락 거 侯 제후 후 門 문 문
옷자락을 왕후의 문에서 끄는 것. 세도가의 식객 노릇을
하는 사람을 말함.

禮禁未然
예 금 미 연

禮 예절 례(예) 禁 금할 금 未 아닐 미 然 그러할 연
예(禮)란 나쁜 일을 못하도록 미리 금하는 것. 【사기史記】

譽望所歸
예 망 소 귀

譽 기릴 예 望 바랄 망 所 바 소 歸 돌아갈 귀
명예와 인망이 자기에게 돌아오는 바가 됨. 【임방任昉의 문
헌집文獻集】

禮門義路
예 문 의 로

禮 예절 례(예) 門 문 문 義 옳을 의 路 길 로
예(禮)는 군자의 출입문, 의(義)는 군자의 길. 【맹자孟子】

曳尾塗中
예 미 도 중

曳 끌 예 尾 꼬리 미 塗 진흙 도 中 가운데 중
진흙 속에서 꼬리를 끄는 것. 【장자莊子】
▶거북이 죽어 점치는 데 모셔져 귀하게 되는 것보다 진흙
속을 기면서 사는 것이 더 낫다는 말. 장자가 재상자리를
거절할 때 한 말로, 벼슬아치가 되어 속박되기보다는 필
부로 편히 살고 싶다는 뜻.

禮煩則亂
예 번 즉 란

禮 예절 례(예) 煩 번거로울 번 則 곧 즉 亂 어지러
울 란
예가 너무 번거로우면 도리어 문란해짐. 【서경書經】
▶예번즉란 사신즉난(---- 事神則難): 예가 번거로우면 문
란해지고, 신을 섬기기 어려워진다.

禮不可廢
예 불 가 폐

禮 예절 례(예) 不 아닐 불 可 옳을 가 廢 폐할 폐
어느 곳에서도 예는 지켜야 한다는 말. 【예기禮記】

禮尚往來
예 상 왕 래

禮 예절 례(예) 尚 숭상할 상 往 갈 왕 來 올 래
예는 서로 왕래함을 귀히 여김. 【예기禮記】

隷世不力
예 세 불 력

隷 노예 예 世 인간 세 不 아닐 불 力 힘 력
노비가 주인을 위해 힘쓰지 않음. 즉 신하가 임금에게
충성을 다하지 아니함. =예야불력(隷也不力)

醴水之交
예 수 지 교

醴단술 례(예) 水물 수 之갈 지 交사귈 교
단술과 물의 사귐. 군자와 소인의 교우에 대하여 한
말. [장자莊子]

▶군자지교여수(君子之交如水) 소인지교여례(小人之交如醴):
　군자의 교우는 맑은 물 같고, 소인의 교우는 달콤해서 단
　술과 같다.

禮勝則離
예 승 즉 리

禮예절 례(예) 勝이길 승 則곧 즉 離떠날 리
예가 지나치면 도리어 사이가 멀어짐. [예기禮記]

隸也不力
예 야 불 력

隸노예 예 也어조사 야 不아닐 불 力힘 력
노비가 주인 일에 힘쓰지 아니함. 즉 신하가 임금에게
충성을 다하지 아니함.

曳牛却行
예 우 각 행

曳끌 예 牛소 우 却물리칠 각 行갈 행
소를 끌면 뒷걸음질 침. 매우 힘이 세다는 말. [북사北史]

禮有擯詔
예 유 빈 소

禮예절 례(예) 有있을 유 擯물리칠 빈 詔소개할 소
물리 칠 사람과 소개할 사람이 있어야 예절도 있음. 또
는 소개하는 사람이 중간에서 잘해야 예가 이루어진다
는 말. [예기禮記]

禮義廉恥
예 의 염 치

禮예절 례(예) 義옳을 의 廉청렴할 렴(염) 恥부
끄러울 치
예의, 의리, 청렴, 수치를 아는 것. [관자管子]

銳而不挫
예 이 부 좌

銳날카로울 예 而말이을 이 不아닐 부 挫꺾을 좌
날카롭고 꺾이지 아니함.

裔夷之俘
예 이 지 부

裔후손 예 夷오랑캐 이 之갈 지 俘사로잡을 부
오랑캐의 후손을 사로잡음. [춘추좌씨전春秋左氏傳]

鷖鳥高飛
예 조 고 비

鷖물새이름 예 鳥새 조 高높을 고 飛날 비
예조가 높이 날아오름. 먹을 것이 많음을 뜻함.

醴酒不設
예 주 불 설
醴 단술 예 酒 술 주 不 아닐 불 設 베풀 설
손님을 대하는 예의가 점점 식어 감. 【한서漢書】
▶한(漢)나라의 목생(穆生)이 술을 좋아하지 않아 초(楚)의 원왕(元王)이 단술을 대접했는데, 뒤를 이은 왕무(王戊)에 이르러 이를 폐지하니 목생이 초나라를 떠났다는 고사에서 나온 말.

曳梢肆柴
예 초 사 시
曳 끌 예 梢 나무 끝 초 肆 방자할 사 柴 섶 시
나무끝을 잡고 끌면 섶이 흐트러져 못쓰게 됨. 즉 근본을 잡아끌어야 끝을 잡아끌어서는 오히려 본질만 못쓰게 된다는 말. 【회남자淮南子】

吾家所立
오 가 소 립
吾 나 오 家 집 가 所 바 소 立 설 립
자기를 뒤에서 도와주어 출세를 시켜 준 사람.

五家爲鄰
오 가 위 린
五 다섯 오 家 집 가 爲 할 위 鄰 이웃 린
다섯 집을 이웃이라 함. 【주례周禮】

五穀不登
오 곡 부 등
五 다섯 오 穀 곡식 곡 不 아닐 부 登 오를 등
오곡이 여물지 않음. 【맹자孟子】

五穀不熟
오 곡 불 숙
五 다섯 오 穀 곡식 곡 不 아닐 불 熟 익을 숙
오곡이 익지 않음. 흉년이 듦. 【묵자墨子】

五穀不升
오 곡 불 승
五 다섯 오 穀 곡식 곡 不 아닐 불 升=陞 오를 승
오곡이 익지 않음. 흉년을 말함. 【춘추곡량전春秋穀梁傳】 =오곡부등(五穀不登)

吾黨之士
오 당 지 사
吾 나 오 黨 무리 당 之 갈 지 士 선비 사
같은 고향, 또는 한 집안 사람을 말함.

吾道南矣
오 도 남 의
吾 나 오 道 길 도 南 남녘 남 矣 어조사 의
나의 도가 남쪽으로 감. 【송사宋史】
▶제자 양시(楊時)가 남쪽으로 떠나는 것을 애석히 여기며 송(宋)의 정호(程顥)가 한 말.

吳頭楚尾
오 두 초 미
吳 오나라 오 頭 머리 두 楚 초나라 초 尾 꼬리 미
머리는 오(吳)나라, 꼬리는 초(楚)나라에 가 있음. 두 지역이 아주 가까운 것을 말함.

419

五里霧中
오 리 무 중

五 다섯 오　里 마을 리　霧 안개 무　中 가운데 중
5리를 덮은 안개. 안개 속같이 희미하고 모호하게 가려져서 사태의 추이를 전혀 알 수 없다는 말. [후한서後漢書]
▶후한(後漢) 장해(張楷)의 고사에서 나온 말.

寤寐求之
오 매 구 지

寤 깰 오　寐 잘 매　求 구할 구　之 갈 지
깨어 있을 때나 잘 때나 잊지 못하여 찾음. =오매불망(寤寐不忘)

寤寐不忘
오 매 불 망

寤 깰 오　寐 잘 매　不 아닐 불　忘 잊을 망
자나 깨나 잊지 못함. [시경詩經] =오매구지(寤寐求之)

寤寐思服
오 매 사 복

寤 깰 오　寐 잘 매　思 생각 사　服 복종할 복
자나 깨나 생각함. [시경詩經]

吾門標秀
오 문 표 수

吾 나 오　門 문 문　標 표할 표　秀 빼어날 수
내 집안의 걸출한 자식. [진서晉書]
▶표수(標秀): 표적이 되어 눈에 띔.

五方猪尾
오 방 저 미

五 다섯 오　方 모 방　猪 돼지 저　尾 꼬리 미
다섯 방향으로 나 있는 돼지의 꼬리. 권세와 돈 많은 사람이라면 무조건 아첨하는 사람을 비유하는 말. [세종실록世宗實錄]

寤擗有摽
오 벽 유 표

寤 깨달을 오　擗 가슴 칠 벽　有 있을 유　摽 칠 표
생각하다가 가슴을 치게 됨. [시경詩經]
▶정언사지 오벽유표(靜言思之 ----): 조용히 말을 않고 생각하니, 가슴만 치게 된다.

梧兵之魂
오 병 지 혼

梧 오동나무 오　兵 군사 병　之 갈 지　魂 넋 혼
죄없이 죽은 병사의 혼을 말함. [안자춘추晏子春秋]
▶제(齊)나라 경공(景公)이 사냥을 한 날 밤 꿈에 다섯 사나이가 나타나 자기들은 선군인 영공(靈公)에게 죄없이 죽었다고 항의했다. 꿈에서 깨어난 경공이 부하들에게 꿈에 들은 오동나무 언덕을 파보니 다섯 구의 인골이 나와 후히 장사 지내 준 고사에서 비롯된 말.

誤付洪喬
오 부 홍 교

誤 그릇될 오 付 줄 부 洪 넓을 홍 喬 높을 교
우편물을 남에게 잘못 맡김. 즉 편지를 분실함. [진서晉書]
▶진(晉)나라 홍교(洪喬)가 남이 맡긴 편지를 전부 강물에 던져 버린 고사에서 온 말.

傲不可長
오 불 가 장

傲 거만할 오 不 아닐 불 可 옳을 가 長 길 장
뽐내며 남을 깔보는 행동은 옳지 않음. [예기禮記]

惡不去善
오 불 거 선

惡 미울 오 不 아닐 불 去 갈 거 善 착할 선
사람을 미워하더라도 그 사람의 착한 점은 버리지 않음. [춘추좌씨전春秋左氏傳]

烏不黔黑
오 불 검 흑

烏 까마귀 오 不 아닐 불 黔 검을 검 黑 검을 흑
까마귀는 물들이지 않아도 검은색.

吾鼻三尺
오 비 삼 척

吾 나 오 鼻 코 비 三 석 삼 尺 자 척
내 코가 석 자. 내 처지도 감당 못하는데 남 돌볼 여력이 없음. [순오지旬五志]

烏飛梨落
오 비 이 락

烏 까마귀 오 飛 날 비 梨 배 이 落 떨어질 락
까마귀 날자 배 떨어지기. 어떤 일을 하자마자 우연히도 그 일에 관계되는 다른 일이 연속하여 일어나서 오해받기 쉬운 상황을 말함. [순오지旬五志]

烏飛一色
오 비 일 색

烏 까마귀 오 飛 날 비 一 한 일 色 빛 색
날아가는 까마귀가 모두 한가지 색. 종류가 같다는 말.

烏飛兎走
오 비 토 주

烏 까마귀 오 飛 날 비 兎 토끼 토 走 달릴 주
까마귀가 날고 토끼가 달림. 즉 세월이 빨리 지나감.
▶중국의 신화에서 해에는 세 발 가진 까마귀가 살아 '금오(金烏)'라 부르고, 달에는 불로불사의 명약을 만든다는 토끼가 살아 '옥토(玉兎)'라 불렸다.

吾事畢矣
오 사 필 의

吾 나 오 事 일 사 畢 마침 필 矣 어조사 의
"나의 일은 끝났다". 자신이 해야 할 일은 마쳤다는 것을 강조한 말. [송사宋史]

傲霜孤節
오 상 고 절
傲 거만할 오　霜 서리 상　孤 외로울 고　節 마디 절
서리에도 굽히지 않고 외로이 지키는 절개. 국화를 말함.

五色無主
오 색 무 주
五 다섯 오　色 빛 색　無 없을 무　主 주인 주
겁에 질려 안색이 여러 색으로 변함. 【회남자淮南子】

梧鼠技窮
오 서 기 궁
梧 오동나무 오　鼠 쥐 서　技 재주 기　窮 궁할 궁
많은 기능보다 한 가지 기능을 깊이 있게 전공, 연마하는 것이 좋다는 말. 【순자荀子】
▶날다람쥐(梧鼠)는 나무를 잘 타나 멀리는 못 타고, 헤엄을 잘 치나 깊은 골짜기 물은 못 건너며, 잘 날지만 지붕엔 못 올라가고, 구멍을 잘 파나 제 몸은 못 가리며, 잘 달리나 사람을 앞설 수는 없으니, 재주는 있으나 궁함도 있다는 말.

吾舌尚在
오 설 상 재
吾 나 오　舌 혀 설　尚 오히려 상　在 있을 재
몸은 망가졌지만 혀는 그대로 있다는 말. 【사기史記】
▶장의(張儀)가 도둑의 누명을 쓰고 반죽음이 되어 집으로 돌아와 안타까워하는 아내에게 "내 혀는 그대로 있지 않은가?"라고 한 말. 장의는 그 후 혀로 출세하여 진(秦)의 재상이 되었다.

五獸不動
오 수 부 동
五 다섯 오　獸 짐승 수　不 아닐 부　動 움직일 동
닭, 개, 사자, 범, 고양이가 한 곳에 모이면 서로 두려워하여 그 자리에서 움직이지 않음. 세력 범위 안에서 저마다 분수를 지키며 살아가고 있다는 말.

惡濕居下
오 습 거 하
惡 싫어할 오　濕 습할 습　居 살 거　下 아래 하
습한 것을 싫어하면서도 낮은 데서 삶. 악평을 싫어하면서도 못된 짓을 그치지 않음을 비유한 말. 【맹자孟子】

五十天命
오 십 천 명
五 다섯 오　十 열 십　天 하늘 천　命 목숨 명
나이 50이 되어 천명을 안다는 뜻. 나이 50이 되어 하늘이 내린 사명을 알고, 인생을 되돌아보게 됨. =오십지천명(五十知天命) 【논어論語】

傲岸不遜
오 안 불 손
傲 거만할 오 岸 언덕 안 不 아닐 불 遜 겸손할 손
행동이 오만 불손함. 자존심이 높아 겸손치 못함.

烏焉成馬
오 언 성 마
烏 까마귀 오 焉 어조사 언 成 이룰 성 馬 말 마
烏(오)와 焉(언)이 馬(마)가 된다는 말. 즉 비슷한 글자를
잘못 쓸 때 하는 말.

五言絶句
오 언 절 구
五 다섯 오 言 말씀 언 絶 끊을 절 句 글귀 구
오언시(五言詩)로 당(唐)나라 때 성함. 기(起), 승(承), 전
(轉), 결(結)의 사구(四句)로 됨. 시 한 편이 20자.

謷然不顧
오 연 불 고
謷 헐뜯을 오 然 그러할 연 不 아닐 불 顧 돌아볼 고
남을 멸시하고 헐뜯으면 남도 그 사람을 돌아보지 않
음. 【장자莊子】

吳牛喘月
오 우 천 월
吳 나라이름 오 牛 소 우 喘 헐떡일 천 月 달 월
오나라 소가 달을 보고 헐떡임. 담이 작아 미리 겁을 먹
고 두려워하는 것을 말함. 【세설신어世說新語】
▶오(吳)나라는 중국 남방의 더운 지방으로, 더위에 지친
  소가 달을 보고도 뜨거운 해인 줄 알고 헐떡인다는 말.

吳越同舟
오 월 동 주
吳 오나라 오 越 월나라 월 同 한가지 동 舟 배 주
오(吳)와 월(越)이 한 배에 타고 있음. 원수끼리 같은 처
지에서 만남을 비유한 말. 【손자孫子】
▶사이가 지극히 나쁜 두 나라 사람이라도 같은 배에 탔으
  니 목적지에 도착할 때까지는 협력해야 한다는 말.

五日京兆
오 일 경 조
五 다섯 오 日 날 일 京 서울 경 兆 조짐 조
벼슬살이가 단명에 끝남을 비웃는 말. 【한서漢書】
▶한(漢)의 장창(張敞)이 경조윤(京兆尹)이라는 벼슬에서 5
  일 만에 면직된 고사에서 비롯된 말.

敖者不長
오 자 부 장
敖 거만할 오 者 사람 자 不 아닐 부 長 길 장
오만한 자는 장래가 없음. 【노자老子】

惡紫奪朱
오 자 탈 주
惡 미워할 오 紫 자주빛 자 奪 빼앗을 탈 朱 붉을 주
자주색이 붉은색을 더럽히는 것을 미워함. 가짜가 진짜
를 밀어냄을 비유하는 말. 또는 소인이 현명한 자를 욕
보이는 것을 미워한다는 말. 【논어論語】

423

烏鳥私情
오 조 사 정
烏 까마귀 오　鳥 새 조　私 사사로울 사　情 뜻 정
길러준 어버이의 은혜를 갚는 까마귀의 정. 자식이 부모
에게 효도하는 마음씨를 이름. =반포지효(反哺之孝)

烏之雌雄
오 지 자 웅
烏 까마귀 오　之 갈 지　雌 암컷 자　雄 수컷 웅
까마귀의 암수를 구별하기 어려움. 시비와 선악을 구별
하기 어려움을 비유. [시경詩經]

烏集之交
오 집 지 교
烏 까마귀 오　集 모일 집　之 갈 지　交 사귈 교
까마귀 떼의 사귐. 거짓이 많고 신의가 없는 교제를 이
르는 말. [관자管子]

惡醉强酒
오 취 강 주
惡 싫어할 오　醉 취할 취　强 군셀 강　酒 술 주
취하기 싫어하면서도 독한 술을 마셔댐. 바라는 속마음
과 실행이 서로 다른 것을 말함. [맹자孟子] =오습거하(惡
濕居下)

五風十雨
오 풍 십 우
五 다섯 오　風 바람 풍　十 열 십　雨 비 우
닷새에 한 번 바람이 불고 열흘에 한 번 비가 옴. 기후가
순조로워 풍년이 들고 나라가 태평함을 이름. [논형論衡]

吳下阿蒙
오 하 아 몽
吳 나라이름 오　下 아래 하　阿 언덕 아　蒙 어릴 몽
오(吳)나라 시골의 그 여몽. 학식이나 재주가 이전에 비
해 몰라보게 발전했음을 이르는 말. 반대로 언제 만나도
늘 그 모양인 것을 가리키기도 함. [삼국지三國志]
▶여몽(呂蒙)은 원래 무술은 뛰어났으나 학식은 별로 없었
다. 그가 장군이 되었을 때 손권(孫權)은 무인(武人)도 학
문이 필요하다며 그에게 학문에 힘쓰기를 권했다. 한동
안 시간이 지난 뒤 여몽을 만난 노숙(魯肅)이 여몽의 학
식에 놀라며 "옛날 오나라 시골에 있던 그 여몽이 아니로
군!"이라고 한 데서 온 말.

烏合之卒
오 합 지 졸
烏 까마귀 오　合 합할 합　之 갈 지　卒 군사 졸
질서나 규율이 없는 병졸이나 군중, [사기史記]

五行相生
오 행 상 생
五 다섯 오 行 갈 행 相 서로 상 生 살 생
금수목화토(金水木火土)의 오행이 서로 순환하면서 낳는 이치. 즉 금생수(金生水), 수생목(水生木), 목생화(木生火), 화생토(火生土), 토생금(土生金)……으로 순환하는 것을 말함.

玉昆金友
옥 곤 금 우
玉 구슬 옥 昆 맏 곤 金 쇠 금 友 벗 우
옥 같은 형과 금 같은 아우. 남의 형제를 칭송하는 말. [남사南史]

玉骨仙風
옥 골 선 풍
玉 구슬 옥 骨 뼈 골 仙 신선 선 風 바람 풍
살빛이 희고 고결하여 신선 같은 풍모.=옥골풍채(玉骨風采)

屋梁落月
옥 량 낙 월
屋 집 옥 梁=樑 들보 량 落 떨어질 락(낙) 月 달 월
친구를 그리는 마음. [두보杜甫의 시詩]
▶두보(杜甫)가 강남으로 귀양 간 이백(李白)을 꿈에 보고 지은 시.

玉樓銀海
옥 루 은 해
玉 구슬 옥 樓 다락 루 銀 은 은 海 바다 해
도가(道家)의 용어로, 두 어깨와 두 눈. 옥루(玉樓)는 두 어깨, 은해(銀海)는 두 눈을 말함.

玉門伶人
옥 문 영 인
玉 구슬 옥 門 문 문 伶 악공 령(영) 人 사람 인
왕가의 악공.

屋上架屋
옥 상 가 옥
屋 지붕 옥 上 위 상 架 더할 가
지붕 위에 지붕을 더함. 쓸데없이 일이 중복되는 것을 말함. 또는 남의 것을 모방해서 만든 서툰 문장이라는 뜻으로도 쓰임. [세설신어世說新語]

玉石俱焚
옥 석 구 분
玉 구슬 옥 石 돌 석 俱 함께 구 焚 탈 분
옥과 돌이 함께 탐. 좋고 나쁨의 구별이 없이 함께 해를 입음. 즉 선한 사람이나 악한 사람이 함께 재앙을 당함. [서경書經]

玉石同匱
옥 석 동 궤
玉 구슬 옥 石 돌 석 同 한가지 동 匱=櫃 함 궤
옥과 돌이 한 궤에 들어 있음. 즉 좋고 나쁜 것이 뒤섞임.
어진 사람과 어리석은 사람이 뒤섞여 분간할 수 없음을
이름. [초사楚辭]

玉石混淆
옥 석 혼 효
玉 구슬 옥 石 돌 석 混 섞일 혼 淆 어지러울 효
좋고 나쁜 것이 섞여 있어서 분간이 안 됨. 즉 착하고 악
한 것을 구분할 수 없음. [포박자抱朴子]

屋室廬庾
옥 실 여 유
屋 집 옥 室 집 실 廬 오두막 려(여) 庾 곳집 유
사는 집이 볼품없이 조잡하고 초라함. [순자荀子]

沃野千里
옥 야 천 리
沃 물댈 옥 野 들 야 千 일천 천 里 마을 리
기름진 들이 천 리에 달함. [한서漢書]

屋如七星
옥 여 칠 성
屋 지붕 옥 如 같을 여 七 일곱 칠 星 별 성
뚫린 지붕으로 북두칠성이 보임. 매우 가난함을 말함.

屋烏之愛
옥 조 지 애
屋 지붕 옥 烏 새 조 之 갈 지 愛 사랑 애
그 사람을 사랑하면 그 사람 지붕에 앉아 있는 새도 귀
엽게 보인다는 말. [설원說苑]

玉卮無當
옥 치 무 당
玉 구슬 옥 卮 잔 치 無 없을 무 當=底 밑 당
옥으로 만든 밑이 없는 잔. 겉보기에는 훌륭해도 실제로는
쓸모가 없는 무용지물을 이름. 또는 훌륭한 사람이나 물
건에 치명적인 결함이 있는 것을 비유. [한비자韓非子]

玉兔銀蟾
옥 토 은 섬
玉 구슬 옥 兔 토끼 토 銀 은 은 蟾 두꺼비 섬
옥토끼와 은 두꺼비. 달을 말함.

玉版宣紙
옥 판 선 지
玉 구슬 옥 版 널조각 판 宣 베풀 선 紙 종이 지
서화에 쓰는 좋은 종이. 폭이 좁고 두꺼움.

屋下架屋
옥 하 가 옥
屋 지붕 옥 下 아래 하 架 더할 가
지붕 밑에 또 지붕을 만듦. 흉내만 내고 발전이 없는 일
을 하는 것을 비유하는 말. =옥상가옥(屋上架屋)

屋下私談
옥 하 사 담
屋 집 옥 下 아래 하 私 사사로울 사 談 말씀 담
집안의 사사로운 이야기. [세설신화世說新話]

玉海金山
옥 해 금 산

玉 구슬 옥　海 바다 해　金 쇠 금　山 뫼 산

옥을 품은 바다와 금이 나는 산. 고상한 인격의 소유자를 비유한 말. [남사南史]

溫故知新
온 고 지 신

溫 익힐 온　故 예 고　知 알 지　新 새 신

옛것을 익히고 새것을 아는 것. [논어論語]

溫恭自虛
온 공 자 허

溫 따뜻할 온　恭 공손할 공　自 스스로 자　虛 빌 허

안색은 부드럽게, 행실은 삼가서 공손히 하고, 겸허한 태도로 스승의 가르침을 받으며, 자기의 의견을 고집하지 않는다. [관자管子]

蘊匱古今
온 궤 고 금

蘊 쌓을 온　匱 함 궤　古 예 고　今 이제 금

고금의 기록이 함 속에 쌓여 있음. [후한서後漢書]

溫良恭儉
온 량 공 검

溫 따뜻할 온　良 어질 량　恭 공손할 공　儉 검소할 검

온화, 선량, 공손, 검소. 자공(子貢)이 스승 공자(孔子)에 대해 평한 말. [논어論語]

溫柔敦厚
온 유 돈 후

溫 따뜻할 온　柔 부드러울 유　敦 도타울 돈　厚 두터울 후

온화하고 부드러우며 인정이 두터움. [예기禮記]

溫淸定省
온 청 정 성

溫 따뜻할 온　淸 서늘할 청　定 정할 정　省 살필 성

겨울에는 따뜻하게, 여름에는 시원하게, 저녁에는 잠자리를 편히 정해 드리고, 아침에는 살펴서 안부를 물음. 즉 자식이 부모에게 효도하는 자세. [예기禮記]

緼袍不恥
온 포 불 치

緼 헌솜 온　袍 도포 포　不 아닐 불　恥 부끄러울 치

온포를 입고도 부끄러워하지 않음. 뜻이 높아 자질구레한 일에 구애되지 않음을 이르는 말.

▶공자가 자로(子路)를 칭찬한 말. 온포(緼袍)는 묵은 솜을 넣어 만든 도포.

溫厚篤實
온 후 독 실

溫 따뜻할 온　厚 두터울 후　篤 도타울 독　實 열매 실

성질이 온화하고 정이 두터우며 행동이 착실함.

甕裏醯鷄
옹 리 혜 계
甕 독 옹 裏 속 리 醯 초 혜 鷄 닭 계
독 속에 든 초파리. 소견이 지극히 좁은 사람을 비유하는 말.
▶혜계(醯鷄)는 초파리.

甕算畫餅
옹 산 화 병
甕 독 옹 算 셈할 산 畫 그림 화 餅 떡 병
독장수의 셈과 그림 속의 떡. 즉 실속이 없는 것을 이름.
▶독장수가 독을 실은 지게를 받쳐 놓고 쉬면서 독을 다 팔면 얼마나 남을까 계산하다 잠이 들었다. 꿈속에서 장사를 하여 부자가 된 독장수는 기뻐서 팔짝거리다 잠에서 깼더니 지게가 엎어져 독이 다 깨져 있더라는 고사에서 온 말.

饔飧而治
옹 손 이 치
饔 아침밥 옹 飧 저녁밥 손 而 말이을 이 治 다스릴 치
아침밥과 저녁밥을 마련할 수 있도록 다스림. [맹자孟子]

甕中捉鼈
옹 중 착 별
甕 독 옹 中 가운데 중 捉 잡을 착 鼈 자라 별
독 속의 자라 잡기. 즉 아주 쉬운 일.

雍齒封侯
옹 치 봉 후
雍 품을 옹 齒 이 치 封 봉할 봉 侯 제후 후
옹치를 제후로 봉함. 미운 놈에게 떡 하나 더 주는 식의 처사를 말함. [사기史記]
▶한(漢)의 고조(高祖)가 미워하는 옹치(雍齒)를 먼저 제후로 봉해 여러 장수를 진무(鎭撫)한 고사에서 나온 말.

擁彗掃門
옹 혜 소 문
擁 안을 옹 彗 빗자루 혜 掃 쓸 소 門 문 문
비를 잡고 대문 앞을 쓸어 손님 맞을 준비를 함.

蝸角之爭
와 각 지 쟁
蝸 달팽이 와 角 뿔 각 之 갈 지 爭 다툴 쟁
달팽이 뿔 위의 싸움. 사소한 일로 다투는 것을 이름. 또는 작은 나라끼리 싸우는 것을 비유. [장자莊子] =만촉지쟁(蠻觸之爭)
▶달팽이 뿔 위에 있는 만(蠻)과 촉(觸)의 두 나라가 서로 영토를 다투었다는 고사에서 온 말.

臥龍鳳雛
와 룡 봉 추
臥 누울 와 龍 용 룡 鳳 봉황 봉 雛 병아리 추
누운 용과 봉황의 새끼. 영웅들이 세상에 나오지 않고 때를 기다리며 숨어 있음을 뜻하는 말. [자치통감自治痛鑑]

428

蛙鳴蟬噪
와 명 선 조
蛙 개구리 와 鳴 울 명 蟬 매미 선 噪 떠들썩할 조
개구리와 매미가 시끄럽게 옮. 실속없이 시끄럽게 떠드
는 것을 이름.

瓦釜雷鳴
와 부 뇌 명
瓦 기와 와 釜 솥 부 雷 우레 뢰(뇌) 鳴 울 명
흙으로 빚은 솥이 우레와 같은 소리를 냄. 현사(賢士)가
때를 못 얻고, 우매(愚昧)한 자가 윗자리에 앉아 큰소리
치는 것을 비유. 【초사楚辭】

臥席終身
와 석 종 신
臥 누울 와 席 자리 석 終 마침 종 身 몸 신
제 명을 다하고 편히 죽는 것을 말함.

臥薪嘗膽
와 신 상 담
臥 누울 와 薪 섶 신 嘗 맛볼 상 膽 쓸개 담
거친 섶 위에 누워 쓴 쓸개를 맛봄. 원수를 갚기 위해 온
갖 고통을 참고 노력하며 기다리는 것을 이름. 【사기史記】
▶오왕(吳王) 부차(夫差)는 섶 위에 누워 월왕(越王)에게 복
수할 것을 잊지 않으려 하고, 월왕(越王) 구천(句踐)은 쓸
개를 맛보며 오(吳)에 대한 복수심을 불태운 고사에서
온 말.

蝸牛角上
와 우 각 상
蝸 달팽이 와 牛 소 우 角 뿔 각 上 위 상
달팽이의 뿔 위. 좁디좁은 세상을 말함.

臥治天下
와 치 천 하
臥 누울 와 治 다스릴 치 天 하늘 천 下 아래 하
누워서 천하를 다스림. 태평성대를 말함.

臥榻之側
와 탑 지 측
臥 누울 와 榻 채상 탑 之 갈 지 側 곁 측
침대 옆. 즉 자기의 영토 안. 또는 이웃을 이름.

頑廉懦立
완 렴 나 립
頑 완고할 완 廉 청렴할 렴 懦 나약할 나 立 설 립
이욕(利慾)을 탐하는 자가 청렴하게 되고, 나약한 자가
크게 일어섬. 남에게 감화되어 발전하는 것을 말함. 【맹자
孟子】

玩物喪志
완 물 상 지
玩 희롱할 완 物 만물 물 喪 잃을 상 志 뜻 지
물건을 가지고 노는 데 정신이 빠져 본심을 잃어버
림. 【서경書經】

頑石點頭
완 석 점 두
頑 완고할 완　石 돌 석　點 끄덕거릴 점　頭 머리 두
돌같이 완고한 사람도 머리를 끄덕일 정도로, 진실하고
또렷하게 사리를 밝혀 상대를 설득하는 것을 말함.

剜肉醫瘡
완 육 의 창
剜 깎을 완　肉 고기 육　醫 의원 의　瘡 부스럼 창
제 살을 도려내어 상한 데를 고치는 데 씀. 목전의 위급
함을 구출하는 것을 이름.

玩人喪德
완 인 상 덕
玩 희롱할 완　人 사람 인　喪 잃을 상　德 덕 덕
사람을 희롱하면 덕을 잃음. 또는 소인과 같이 놀면 덕
을 잃음. 【서경書經】
▶완인상덕 완물상의(---- 玩物喪意): 사람을 희롱하면 덕
을 잃고, 물건을 가지고 장난하면 뜻을 잃는다.

完全無缺
완 전 무 결
完 완전할 완　全 온전 전　無 없을 무　缺 이지러질 결
부족하거나 빈틈이 전혀 없음.

緩衝地帶
완 충 지 대
緩 늦출 완　衝 찌를 충　地 땅 지　帶 띠 대
충돌을 완화하기 위해 설치한 중립지대.

玩好之物
완 호 지 물
玩 희롱할 완　好 좋을 호　之 갈 지　物 만물 물
보기에 좋고 신기하여 가지고 싶은 물건.

王腦塗地
왕 뇌 도 지
王 임금 왕　腦 골 뇌　塗 진흙 도　地 땅 지
임금의 머리가 깨져 골이 진흙 땅에 흩어짐. =간뇌도지
(肝腦塗地) 【전국책戰國策】

王事鞅掌
왕 사 앙 장
王 임금 왕　事 섬길 사　鞅 가슴걸이 앙　掌 손바닥 장
가슴에 손을 얹고 임금을 섬김. 【시경詩經】

王楊盧駱
왕 양 노 락
王 임금 왕　楊 버들 양　盧 성 노　駱 낙타 락
시문에 뛰어난 초당(初唐)의 사걸(四傑)을 말함. 즉 왕발
(王勃), 양형(楊炯), 노조린(盧照隣), 낙빈왕(駱賓王).

王業肇構
왕 업 조 구
王 임금 왕　業 업 업　肇 비로소 조　構 얽을 구
왕업을 처음 얽어서 시작함. 【양서梁書】

王猶允塞
왕 유 윤 색
王 임금 왕　猶=猷 꾀 유　允 진실로 윤　塞=寒 찰 색
임금의 계책이 진실로 충실함. 【시경詩經】

往而不來
왕 이 불 래
往갈 왕 而 말이을 이 不 아닐 불 來 올 래
한 번 가면 다시 오지 않음. 세월을 아끼라는 말. [공자가어
孔子家語]

往者勿止
왕 자 물 지
往갈 왕 者 사람 자 勿 말 물 止 그칠 지
가는 사람을 잡지 말라. [장자莊子]

枉尺直尋
왕 척 직 심
枉굽을 왕 尺 자 척 直 곧을 직 尋 여덟 자 심
여덟 자를 곧게 하기 위해 한 자를 굽힘. 대를 위해 소가
희생하는 것을 이름. [맹자孟子]
▶심(尋)은 두 팔 벌린 길이를 말함. 심(尋)=여덟 자.

潢滉囷泫
왕 황 연 현
潢물 깊고 넓을 왕 滉 물 깊고 넓을 황 囷=淵 못 연
泫이슬 빛날 현
못물이 깊고 넓게 빛이 남. [곽박郭璞의 강부江賦]

王侯將相
왕 후 장 상
王임금 왕 侯 제후 후 將 장군 장 相 재상 상
제왕, 제후, 장군, 재상을 통틀어 이르는 말.

矮子看戲
왜 자 간 희
矮난쟁이 왜 子 아들 자 看 볼 간 戲 놀 희
난쟁이가 사람들 뒤에서 연극을 구경함. 보지도 못했으
면서 앞 사람의 비평에 덩달아 따른다는 뜻으로, 제 주
견이 없는 것을 말함. =왜인간장(矮人看場)

外剛内柔
외 강 내 유
外밖 외 剛 굳셀 강 内 안 내 柔 부드러울 유
겉으로는 굳세어 보이지만 속은 부드러움.

外巧内嫉
외 교 내 질
外밖 외 巧 공교로울 교 内 안 내 嫉 시기할 질
겉으로는 좋은 얼굴을 하나 속으로는 질투함. [한서漢書]

外富内貧
외 부 내 빈
外밖 외 富 부자 부 内 안 내 貧 가난할 빈
겉보기는 부자 같으나 속은 가난함.

外肥内枵
외 비 내 효
外밖 외 肥 살찔 비 内 안 내 枵 빌 효
겉으로 보기에는 살쪄 보이나 속은 비었음. 실속이 없는
모양. [임하우담林下耦談]

畏首畏尾
외 수 외 미

畏 두려울 외　首 머리 수　尾 꼬리 미
머리도 꼬리도 다 두려워함. 몹시 위축된 모양을 이름. [회남자淮南子]

畏影惡迹
외 영 오 적

畏 두려울 외　影 그림자 영　惡 싫어할 오　迹 자취 적
그림자나 발자취가 자기 뒤를 따르는 것을 두려워하고 싫어함. 자신을 잃고 외물이나 망상에 사로잡혀 번민하는 모양. [장자莊子]

巍巍蕩蕩
외 외 탕 탕

巍 높을 외　蕩 넓을 탕
높고 크며 넓고 먼 모양.

外柔内剛
외 유 내 강

外 밖 외　柔 부드러울 유　内 안 내　剛 굳셀 강
겉보기에는 부드러우나 속은 강함. 반의어: 외강내유(外剛内柔)

猥自枉屈
외 자 왕 굴

猥 함부로 외　自 스스로 자　枉 굽을 왕　屈 굽힐 굴
자신의 지체를 돌보지 않고 몸소 몸을 굽힘. [제갈량諸葛亮의 출사표出師表]

▶촉한(蜀漢)의 황제인 유비(劉備)가 제갈량(諸葛亮)을 삼고초려(三顧草廬 세 번을 초가에 찾아감)함에서 온 말.

外阻内訌
외 조 내 홍

外 밖 외　阻 험할 조　内 안 내　訌 무너질 홍
밖에서 쳐들어오고 안에서 무너짐. 즉 안팎으로 허물어짐. [당서唐書]

畏此譴怒
외 차 견 노

畏 두려울 외　此 이 차　譴 꾸짖을 견　怒 성낼 노
성내어 꾸짖는 것이 두려움. [시경詩經]

畏此罪罟
외 차 죄 고

畏 두려울 외　此 이 차　罪 허물 죄　罟 그물 고
법의 그물(법망)이 두려워 못 감. [시경詩經]

▶기불회귀 외차죄고(豈不懷歸 ----): 어찌 돌아갈 마음이 없으리오. 법망이 두려워 못 가는 것이지요.

外諂内疏
외 첨 내 소

外 밖 외　諂 아첨할 첨　内 안 내　疏 멀 소
겉으로는 아첨하나 속으로는 해치려고 한다는 말.

外親内疏
외 친 내 소

外 밖 외　親 친할 친　内 안 내　疏 멀 소
겉으로는 친한 것 같으나 속으로는 멀리함.

外戶不閉
외 호 불 폐
外 밖 외 戶 집 호 不 아닐 불 閉 닫을 폐
바깥 문을 열어 놓고 닫지 않음. 세상이 태평함을 이르는 말. [예기禮記]

畏犧辭聘
외 희 사 빙
畏 두려울 외 犧 희생 희 辭 사양할 사 聘 부를 빙
희생당할까 두려워 불리도 사양하고 가지 않음. [장자莊子]

徼郤受詘
요 약 수 굴
徼 구할 요 郤 다리 절 약 受 받을 수 詘 굽힐 굴
절룩거리는 사람과 굽히고 복종하는 자들을 다 받아들임. [사기史記]

料計寃情
요 계 원 정
料 헤아릴 료(요) 計 헤아릴 계 寃 원통할 원 情 뜻 정
억울하고 원통한 실정을 헤아려 살핌. [논형論衡]

堯鼓舜木
요 고 순 목
堯 요임금 요 鼓 북 고 舜 순임금 순 木 나무 목
요 임금의 북과 순 임금의 나무. 즉 백성의 좋은 의견을 받아들이는 정치를 말함.
▶요임금은 대궐 문에 북, 순임금은 잠목(箴木)을 세워 임금에게 간하는 말을 북으로 치고 나무에 쓰게 했다.

遼東之豕
요 동 지 시
遼 멀 요 東 동녘 동 之 갈 지 豕 돼지 시
요동의 돼지. 남보기에는 대단찮은 물건을 귀한 것으로 여기는 어리석은 태도를 말함. 또는 견문이 좁은 사람의 실수를 이름. [후한서後漢書]
▶요동에 사는 농부가 머리가 흰 돼지를 신기하게 여겨 임금에게 바치려고 하동에 갔으나 그곳 돼지들 머리가 모두 흰 것을 보고 무안하여 돌아왔다는 고사에서 온 말.

搖頭轉目
요 두 전 목
搖 흔들 요 頭 머리 두 轉 돌 전 目 눈 목
머리를 흔들고 눈알을 굴림. 행동이 침착하지 못한 것을 말함.

要領不得
요 령 부 득
要 중요할 요 領 거느릴 령 不 아닐 부 得 얻을 득
말이나 문장의 중요한 핵심을 잡을 수가 없음. [사기史記]

寥寥無聞
요 료 무 문
寥 쓸쓸할 료(요) 無 없을 무 聞 들을 문
명성이 드날리지 않아 여러 사람이 알지 못함.

瑤林瓊樹
요 림 경 수
瑤 아름다운옥 요　林 수풀 림　瓊 옥 경　樹 나무 수
옥으로 된 숲. 용자와 자질이 고결하게 빼어난 사람을
말함. [진서晉書]

搖尾乞憐
요 미 걸 련
搖 흔들 요　尾 꼬리 미　乞 빌 걸　憐 불쌍히 여길 련
꼬리를 흔들고 애걸함. 즉 아첨하며 동정을 구함.

妖不勝德
요 불 승 덕
妖 요망할 요　不 아닐 불　勝 이길 승　德 큰 덕
요사한 것으로는 덕을 이길 수 없음. 올바름 앞에서는
요사함이 맥을 못 춘다는 말. [사기史記]

樂山樂水
요 산 요 수
樂 좋아할 요　山 뫼 산　水 물 수
산을 좋아하고 물을 좋아함. 자연을 사랑함. [논어論語]

搖脣鼓舌
요 순 고 설
搖 흔들 요　脣 입술 순　鼓 북 고　舌 혀 설
입술을 움직이고 혀를 참. 함부로 남을 비방함. [장자莊子]

擾攘未定
요 양 미 정
擾 어지러울 요　攘 물리칠 양　未 아닐 미　定 정할 정
정신이 어지러워 결정하지 못함.

要言不煩
요 언 불 번
要 중요할 요　言 말씀 언　不 아닐 불　煩 번거로울 번
요점을 간추려서 하는 말은 번거롭지 않음.

燎原之火
요 원 지 화
燎 횃불 요　原 근원 원　之 갈 지　火 불 화
맹렬한 기세로 타서 번지는 벌판의 불. [서경書經]

徼以爲知
요 이 위 지
徼 구할 요　以 써 이　爲 할 위　知 알 지
남의 뜻을 헤아려 보아 스스로 아는 것이 있다고 여기는
것. [논어論語]

鷂子翻身
요 자 번 신
鷂 익더귀 요　子 아들 자　翻 날 번　身 몸 신
세워 놓은 장대 위에서 하는 곡예의 한 가지.
▶요자(鷂子): 익더귀. 새매의 암컷.

堯長舜短
요 장 순 단
堯 요임금 요　長 길 장　舜 순임금 순　短 짧을 단
요임금은 키가 크고 순임금은 키가 작음. 성인은 외모와
상관 없음을 이르는 말.

窈窕淑女
요 조 숙 녀
窈 그윽할 요　窕 정숙할 조　淑 맑을 숙　女 계집 녀
품위 있고 얌전하며 행실이 바른 여자. [시경詩經]

堯趨舜步
요 추 순 보
堯 요임금 요　趨 달릴 추　舜 순임금 순　步 걸을 보
요임금이 달리고 순임금이 걸음. 즉 요, 순의 덕이 성한
것을 이름.

堯風舜雨
요 풍 순 우
堯 요임금 요　風 바람 풍　舜 순임금 순　雨 비 우
요순의 덕치가 널리 베풀어지는 것을 비바람의 혜택이
미치지 않은 곳이 없음에 견주어 이르는 말.

堯風舜風
요 풍 순 풍
堯 요임금 요　風 바람 풍　舜 순임금 순
요순의 인덕이 천하에 고루 베풀어져 태평스러운 세상
이 된 것을 이름.

欲竭愚誠
욕 갈 우 성
欲 바랄 욕　竭 다할 갈　愚 어리석을 우　誠 정성 성
어리석으나마 정성을 다 바치려고 함. [한서漢書]

欲蓋彌章
욕 개 미 장
欲 바랄 욕　蓋 덮을 개　彌 두루 미　章 글 장
나쁜 일을 덮어 숨기려 하면 더욱더 드러난다는 말. [춘추
좌씨전春秋左氏傳]

欲界三欲
욕 계 삼 욕
欲 바랄 욕　界 경계 계　三 석 삼　欲 바랄 욕
불교에서 말하는 인간의 세 가지 욕심. 음식욕(飮食欲),
수면욕(睡眠欲), 음욕(淫欲)을 이름.

欲哭逢打
욕 곡 봉 타
欲 바랄 욕　哭 울 곡　逢 만날 봉　打 칠 타
울려고 하는 아이를 때려서 울게 함. 불평이 있는 사람
을 선동하는 것을 말함.

欲巧反拙
욕 교 반 졸
欲 바랄 욕　巧 공교로울 교　反 되돌릴 반　拙 졸할 졸
기교를 부리려다가 도리어 졸렬하게 됨. 잘하려다가 도
리어 일을 그르치게 된다는 말.

欲反其讐
욕 반 기 수
欲 바랄 욕　反 돌이킬 반　其 그 기　讐 원수 수
원수에게 원한을 되돌려줌. 즉 원수를 갚는다는 뜻. [춘추
좌씨전春秋左氏傳]

欲不可從
욕 불 가 종
欲 바랄 욕　不 아닐 불　可 옳을 가　從 좇을 종
원하는 대로 따라서는 안 됨. [예기禮記]

435

欲死無地
욕 사 무 지
欲바랄욕 死죽을사 無없을무 地땅지
죽으려고 해도 죽을 곳이 없음. 아주 분하고 원통함을 비유한 말.

欲速不達
욕 속 부 달
欲바랄욕 速빠를속 不아닐부 達통달할달
너무 빨리 하려고 하면 도리어 일을 그르침. 〔논어論語〕

欲速之心
욕 속 지 심
欲바랄욕 速빠를속 之갈지 心마음심
빨리 이루고 싶은 마음.

欲食其肉
욕 식 기 육
欲바랄욕 食먹을식 其그기 肉고기육
그 사람의 고기를 먹고 싶음. 원한이 극에 달한 것을 비유하는 말.

欲人勿聞
욕 인 물 문
欲바랄욕 人사람인 勿말물 聞들을문
남이 듣지 못하게 함. 〔한서漢書〕
▶욕인물문 막약물언(---- 莫若勿言): 남이 듣지 못하게 하려면 말하지 말라.

欲人勿知
욕 인 물 지
欲바랄욕 人사람인 勿말물 知알지
남이 알지 못하게 함. 〔설원說苑〕
▶욕인물지 막약물위(---- 莫若勿爲): 자기가 하는 일을 남이 알지 못하게 하려면 하지 말아야 한다.

欲則無剛
욕 즉 무 강
欲바랄욕 則곧즉 無없을무 剛굳셀강
헛된 욕심이 있으면 강직하지 못하게 됨. 〔정자程子〕

欲治魚者
욕 치 어 자
欲바랄욕 治다스릴치 魚물고기어 者사람자
물고기를 기르고자 하는 사람.
▶욕치어자 선통수(---- 先通水): 물고기를 기르고자 하는 사람은 물을 먼저 통하게 해야 한다.

欲治鳥者
욕 치 조 자
欲바랄욕 治다스릴치 鳥새조 者사람자
새를 모으려고 하는 사람.
▶욕치조자 선수림(---- 先樹林): 새를 모으려면 나무를 먼저 심어야 한다.

欲吐未吐
욕 토 미 토
欲바랄욕 吐토할토 未아닐미
말을 할 듯 할 듯 하다가 하지 않음.

欲罷不能
욕 파 불 능
欲 바랄 욕　罷 파할 파　不 아닐 불　能 능할 능
그만 두고 싶으나 어쩔 수가 없음. [논어論語]

用管窺天
용 관 규 천
用 쓸 용　管 대롱 관　窺 엿볼 규　天 하늘 천
대롱으로 하늘 보기. 좁은 식견을 이름. [장자莊子] =좌정
관천(坐井觀天)

龍駒鳳雛
용 구 봉 추
龍 용 룡(용)　駒 망아지 구　鳳 봉황 봉　雛 병아리 추
준마가 될 망아지와 봉황새의 새끼. 재주와 지혜가 뛰어
난 소년을 이름. [진서晉書]

龍拏猊攫
용 나 예 확
龍 용 룡(용)　拏 잡을 나　猊 사자 예　攫 붙잡을 확
용과 사자가 싸움. 격렬한 싸움을 형용하는 말. 영웅이
서로 붙어 싸움. =용나호확(龍拏虎攫)

龍拏虎擲
용 나 호 척
龍 용 룡(용)　拏 잡을 나　虎 범 호　擲 던질 척
용과 범이 맞잡고 다툼. =용양호박(龍攘虎搏)

庸德之行
용 덕 지 행
庸 쓸 용　德 덕 덕　之 갈 지　行 갈 행
변하지 않는 평범한 덕을 따라서 행함. [중용中庸]

勇動多怨
용 동 다 원
勇 용기 용　動 움직일 동　多 많을 다　怨 원망할 원
용기만 믿고 행동하면 원망을 사기 쉬움. [장자莊子]

龍瞳鳳頸
용 동 봉 경
龍 용 룡(용)　瞳 눈동자 동　鳳 봉황 봉　頸 목 경
용의 눈동자와 봉황의 목. 귀인의 상(相). [당서唐書]

龍頭蛇尾
용 두 사 미
龍 용 룡(용)　頭 머리 두　蛇 뱀 사　尾 꼬리 미
용의 머리와 뱀의 꼬리. 시작은 야단스럽게 하나 끝은
흐지부지됨을 비유하는 말. [벽암집碧巖集]

龍頭鷁首
용 두 익 수
龍 용 룡(용)　頭 머리 두　鷁 익조 익　首 머리 수
천자가 타는 배를 이름. [회남자淮南子]
▶두 척이 한 쌍을 이룸. 한 배에는 용의 머리, 한 배에는 익
조의 머리를 조각하였다. 용은 물을, 익조는 바람을 진압
한다고 함.

勇猛精進
용 맹 정 진
勇 날랠 용　猛 사나울 맹　精 정할 정　進 나아갈 진
용맹하게 힘써 나아감.

用武之地
용 무 지 지
用쓸용 武굳셀무 之갈지 地땅지
전쟁하기에 적당한 곳. 용병(用兵)하여 무공(武功)을 세우기 좋은 곳. [진서晉書]

龍門點額
용 문 점 액
龍용룡(용) 門문문 點점점 額이마 액
용문 아래에 모인 물고기가 물을 거슬러 오르게 되면 용이 되고, 오르지 못하면 머리에 상처만 남게 됨. 즉 과거에 급제하고, 떨어지는 것을 비유하는 말.

龍門之遊
용 문 지 유
龍용룡(용) 門문문 之갈지 遊놀유
아주 뛰어난 사람들의 놀이.

龍味鳳湯
용 미 봉 탕
龍용룡(용) 味맛미 鳳봉황봉 湯끓을 탕
아주 맛이 좋은 음식.

龍蟠虎踞
용 반 호 거
龍용룡(용) 蟠서릴 반 虎범호 踞웅크릴 거
용이 서리고 범이 웅크린 듯 웅장한 산세. 또는 지극히 험하여 적을 막아내기 적합한 지형. [서경잡기西京雜記]

勇夫招禍
용 부 초 화
勇용기용 夫사내부 招부를초 禍재앙 화
만용은 화를 부름. [왕윤王允]

龍飛鳳舞
용 비 봉 무
龍용룡(용) 飛날비 鳳봉황봉 舞춤출 무
용이 날고 봉황이 춤추는 듯함. 산세가 신비하고 수려함을 이름.

龍蛇飛騰
용 사 비 등
龍용룡(용) 蛇뱀사 飛날비 騰오를 등
용과 뱀이 날고 기어오르듯, 힘차고 활기가 넘치는 글씨를 형용한 말.

龍蛇之歲
용 사 지 세
龍용룡(용) 蛇뱀사 之갈지 歲해세
진(辰)과 사(巳)의 해. 현사(賢師)가 죽은 해를 말함. 용사(龍蛇)는 어진 선비를 뜻함. [주역周易]

用捨行藏
용 사 행 장
用쓸용 捨=舍버릴사 行갈행 藏숨을장
세상에 쓰일 때는 도를 행하고, 물러나서는 숨어 지냄. 군자의 처세를 이르는 말. [논어論語]

龍驤麟振
용 양 인 진

龍 용룡(용)　驤 머리들 양　麟 기린 린　振 떨칠 진
용이 승천하려고 머리를 들고 기린이 덕을 펴서 뜻이 떨쳐 일어남. 위세와 덕을 겸비한 태도를 말함. [진서晉書]

龍驤虎步
용 양 호 보

龍 용룡(용)　驤 머리 들 양　虎 범 호　步 걸음 보
용이 머리를 들고, 호랑이가 걸음. 즉 위풍이 당당함을 이름. [후한서後漢書]

龍驤虎視
용 양 호 시

龍 용룡(용)　驤 머리 들 양　虎 범 호　視 볼 시
용이 하늘 높이 오르고, 범이 먹이를 노림. 영웅이 높은 뜻과 기백을 품고 세상을 응시하는 모양을 형용하는 말. [삼국지三國志]

勇往邁進
용 왕 매 진

勇 용기 용　往 갈 왕　邁 갈 매　進 나아갈 진
거리낌없이 용감하게 나아감.

勇往直前
용 왕 직 전

勇 용기 용　往 갈 왕　直 곧을 직　前 앞 전
용감하게 앞을 향해 똑바로 나아감.

庸庸佼佼
용 용 교 교

庸 범상할 용　佼 예쁠 교
평범한 사람보다 조금 나은 사람.

庸庸祗祗
용 용 지 지

庸 쓸 용　祗 공경할 지
쓸 만한 사람은 쓰고 공경할 사람은 공경함. [서경書經]

龍吟虎嘯
용 음 호 소

龍 용룡(용)　吟 읊을 음　虎 범 호　嘯 휘파람 소
용이 울고 호랑이가 으르렁거림. 용이 울면 구름이 끼고 범이 으르렁거리면 바람이 인다. 같은 무리는 서로 응하여 따르는 바가 있다는 말.

用意周到
용 의 주 도

用 쓸 용　意 뜻 의　周 두루 주　到 이를 도
마음의 준비가 잘 되고 빈틈이 없음.

庸人毀譽
용 인 훼 예

庸 쓸 용　人 사람 인　毀 헐 훼　譽 기릴 예
평범한 사람이 남을 헐뜯거나 칭찬하는 일.

勇者不懼
용 자 불 구

勇 용기 용　者 사람 자　不 아닐 불　懼 두려울 구
용기가 있는 사람은 두려워하지 않음. [논어論語]

龍章鳳姿
용 장 봉 자
龍 용룡(용) 章 형체 장 鳳 봉황 봉 姿 모습 자
뛰어나고 훌륭한 풍채(風采)를 말함. [진서晉書]

用錢如水
용 전 여 수
用 쓸 용 錢 돈 전 如 같을 여 水 물 수
돈을 물 쓰듯이 함.

龍戰虎爭
용 전 호 쟁
龍 용룡(용) 戰 싸울 전 虎 범 호 爭 다툴 쟁
용이 싸우고 범이 다툼. 영웅들의 치열한 싸움을 비유.

用之不竭
용 지 불 갈
用 쓸 용 之 갈 지 不 아닐 불 竭 다할 갈
아무리 써도 없어지지 않음. [소식蘇軾의 적벽부赤壁賦]

用志不分
용 지 불 분
用 쓸 용 志 뜻 지 不 아닐 불 分 나눌 분
한 가지 일에만 전념하고 여기저기에 신경을 쓰지 아니
함. [장자莊子]

用錐指地
용 추 지 지
用 쓸 용 錐 송곳 추 指 가리킬 지 地 땅 지
송곳을 꽂아 땅의 깊이를 잼. 식견이 아주 좁은 것을 비
유. 또는 송곳 꽂을 땅도 없다는 말. [장자莊子]

龍翰鳳翼
용 한 봉 익
龍 용룡(용) 翰 날개 한 鳳 봉황 봉 翼 날개 익
용과 봉의 날개. 천하의 유능한 인재를 말함.

龍翰鳳雛
용 한 봉 추
龍 용룡(용) 翰 날개 한 鳳 봉황 봉 雛 병아리 추
용의 날개와 봉의 새끼. 훌륭한 인재를 말함.

庸行之謹
용 행 지 근
庸 쓸 용 行 갈 행 之 갈 지 謹 삼갈 근
평범한 행위일지라도 삼가서 행함. [역경易經]
　▶용언지신 용행지근(庸言之信 ----): 평범한 말은 믿고, 평
　　범한 행동은 삼가라.

龍行虎步
용 행 호 보
龍 용룡(용) 行 갈 행 虎 범 호 步 걸음 보
용이나 범같이 위엄 있게 걸음. 위풍당당한 걸음걸이를
말함. [송서宋書]

龍虎相搏
용 호 상 박
龍 용룡(용) 虎 범 호 相 서로 상 搏 잡을 박
용과 범이 서로 맞붙어 싸움. 두 강자가 승패를 겨룸.

龍虎之姿
용 호 지 자
龍용룡(용) 虎범호 之갈지 姿모양자
용과 범의 모양. 즉 뛰어난 풍채. 또는 영웅의 자질.

容或無怪
용 혹 무 괴
容얼굴용 或혹혹 無없을무 怪괴이할괴
혹 그럴 수도 있으므로 괴이하게 여기지 않음.

龍華三會
용 화 삼 회
龍용룡(용) 華빛날화 三석삼 會모일회
불교 용어. 미륵보살(彌勒菩薩)이 용화나무 아래서 법회
를 열어 초회, 재회, 삼회로 나누어 중생을 제도(濟度)함
을 말함.

龍興致雲
용 흥 치 운
龍용룡(용) 興일흥 致이를치 雲구름운
용이 일어나면 구름이 읾. 성덕이 있는 임금에게 훌륭한
신하가 모여듦을 비유.

牛角掛書
우 각 괘 서
牛소우 角뿔각 掛걸괘 書글서
소뿔에 책을 걸다. 소를 타고 책을 본다는 말. 즉 시간을
아껴 책을 보는 것을 이름. [당서唐書]

遇犬獲之
우 견 획 지
遇만날우 犬개견 獲잡을획 之갈지
개를 만나면 잡혀 버림. [시경詩經]
▶약약참토 우견획지(躍躍毚兎 ----): 깡총깡총 뛰는 약은
토끼도, 개를 만나면 잡혀 버리네.

愚公移山
우 공 이 산
愚어리석을우 公공변될공 移옮길이 山뫼산
우공이 산을 옮김. 제 고집을 내세우기 위해 가능성이
전혀 없는 일에 매달리는 것을 이름. [열자列子]

雨過天靑
우 과 천 청
雨비우 過지날과 天하늘천 靑푸를청
비 개인 뒤의 푸른 하늘 빛.

右軍習氣
우 군 습 기
右오른우 軍군사군 習익힐습 氣기운기
서예에서 왕희지(王羲之)의 필법과 냄새에서 벗어나지
못한 것을 이름.
▶우군(右軍)은 왕희지의 별칭. 진(晉)나라 임금이 거느리
는 삼군(三軍) 중에서 우익의 군을 우군이라 하는데, 서
예가인 왕희지는 우군의 장수였다.

441

牛驥同皁
우 기 동 조
牛 소 우 驥 천리마 기 同 한가지 동 皁 구유 조
소와 천리마가 한 구유에 있음. 현인(賢人)과 불초인(不肖人)이 같은 대우를 받는다는 말. [사기史記]

雨奇晴好
우 기 청 호
雨 비 우 奇 기이할 기 晴 맑을 청 好 좋을 호
비 내리는 경치의 기이함과 맑은 날의 좋은 경치. 언제 보아도 아름다운 경치를 이름.

藕斷絲連
우 단 사 련
藕 연뿌리 우 斷 끊을 단 絲 실 사 連 이어질 련
연뿌리는 끊겨도 실은 이어짐. 이혼을 당하고도 남편에게 미련을 가지는 여인의 마음을 비유하는 말.

牛踏不破
우 답 불 파
牛 소 우 踏 밟을 답 不 아닐 불 破 깰 파
소가 밟아도 깨지지 않음. 즉 사물이 매우 튼튼함.

牛刀割鷄
우 도 할 계
牛 소 우 刀 칼 도 割 벨할 할 鷄 닭 계
소 잡는 칼로 닭을 잡음. 큰 일을 할 능력이 있는 사람을 작은 일에 종사하게 함. [논어論語]

牛頭阿旁
우 두 아 방
牛 소 우 頭 머리 두 阿 언덕 아 旁 두루 방
불교 용어. 지옥의 귀졸(鬼卒) 중 소 머리에 사람 몸을 한 옥졸. 음흉하고 악한 사람을 이름. =우수아방(牛首阿旁)

雨露之養
우 로 지 양
雨 비 우 露 이슬 로 之 갈 지 養 기를 양
비와 이슬이 만물을 길러 줌. [맹자孟子]

雨露風霜
우 로 풍 상
雨 비 우 露 이슬 로 風 바람 풍 霜 서리 상
온갖 경험과 모진 쓰라림을 겪음.

雨笠煙蓑
우 립 연 사
雨 비 우 笠 삿갓 립 煙 연기 연 蓑=簑 도롱이 사
비오는 날의 어부나 농민의 차림. 삿갓과 도롱이.

牛馬之域
우 마 지 역
牛 소 우 馬 말 마 之 갈 지 域 지경 역
소나 말이 있는 곳. 비천한 처지를 이름. [한서漢書]

優孟衣冠
우 맹 의 관
優 넉넉할 우 孟 맏 맹 衣 옷 의 冠 갓 관
외형은 같으나 내용이 다른, 사이비한 것을 비유적으로 이르는 말. [사기史記]
▶초(楚)나라의 이름난 배우 우맹(優孟)이 손숙오(孫叔敖)

의 의관을 차려입고 손숙오의 아들을 곤궁에서 구했다
는 고사에서 온 말.

右文左武 右 오른우 文 글문 左 왼좌 武 군셀무
우 문 좌 무   문관은 우편에 무관은 좌편에 두고 천하를 다스렸음.

愚問賢答 愚 어리석을우 問 들을문 賢 어질현 答 대답할답
우 문 현 답   어리석은 질문에 현명한 대답.

牛尾炬火 牛 소우 尾 꼬리미 炬 횃불거 火 불화
우 미 거 화   소꼬리에 횃불을 달다. [사기史記]
▶우미거화 광명현요(---- 光明炫燿): 소꼬리에 횃불을 다
니, 밝고 밝아 빛나고 빛나네.

優婆斯迦 優 넉넉할우 婆 바라밀바 斯 이사 迦 막을가
우 바 사 가   불교 용어. 우파사카(Upasaka)의 음을 딴 말. 속가(俗家)
에서 불교를 믿는 여자를 말함. =우바이(優婆夷)

盂方水方 盂 사발우 方 모방 水 물수
우 방 수 방   물 그릇이 네모지면 담긴 물도 네모짐. 백성이 선하고
악한 것은 임금이 하기에 달려 있음을 비유한 말. [한비자
韓非子]

愚夫愚婦 愚 어리석을우 夫 지아비부 婦 며느리부
우 부 우 부   어리석은 남녀. 보통의 백성을 이름. [서경書經]

雨不破塊 雨 비우 不 아닐불 破 깰파 塊 흙덩이괴
우 불 파 괴   고요하게 내리는 비에 흙덩이는 부서지지 않음. 천하가
태평함을 말함. [염철론鹽鐵論]

愚士繫俗 愚 어리석을우 士 선비사 繫 맬계 俗 속될속
우 사 계 속   어리석은 선비는 세속에 얽매임.

雨絲風片 雨 비우 絲 실사 風 바람풍 片 조각편
우 사 풍 편   가랑비에 바람이 솔솔 붊. 봄날의 비바람을 이름.

雨散雲收 雨 비우 散 흩을산 雲 구름운 收 거둘수
우 산 운 수   비는 흩어지고 구름은 모여듦. 헤어짐과 만남을 비유하
는 말.

又生一秦 又 또 우 生 날 생 一 한 일 秦 진나라 진
우 생 일 진 　이미 진(秦)이란 적이 있는데 또 진을 만듦. 즉 적을 둔
　　　　　상태에서 새로운 적을 만드는 것을 말함. 【사기史記】

禹疎九河 禹 우임금 우 疎 트일 소 九 아홉 구 河 물 하
우 소 구 하 　우임금이 하의 물줄기(=중하의 모든 물줄기)를 소통시
　　　　　킴. 【맹자孟子】

牛溲馬勃 牛 소 우 溲 적실 수 馬 말 마 勃 우쩍 일어날 발
우 수 마 발 　쇠오줌과 말똥. 가치가 없는 글, 또는 품질이 나쁜 약재
　　　　　를 형용한 말. 【송사宋史】

右手執簫 右 오른 우 手 손 수 執 잡을 집 簫 통소 소
우 수 집 소 　오른손으로 활의 끝을 잡음. 【예기禮記】
　　　▶우수집소 좌수집부(---- 左手執拊): 오른손으로 활 끝을
　　　　잡고, 왼손으로 활의 중간 부분을 잡음.
　　　▶소(簫)=미두(弭頭): 활 고자. 즉 활의 끝.

優勝劣敗 優 넉넉할 우 勝 이길 승 劣 못할 열 敗 패할 패
우 승 열 패 　나은 것이 이기고 못난 것은 패함. 자연 도태 현상을 이
　　　　　름.

牛神蛇神 牛 소 우 神 귀신 신 蛇 뱀 사
우 신 사 신 　소귀신, 뱀귀신 등 잡귀신을 말함.

憂心如熏 憂 근심 우 心 마음 심 如 같을 여 熏 탈 훈
우 심 여 훈 　근심하는 마음이 타는 듯함. 【시경詩經】
　　　▶아심탄서 우심여훈(我心憚署 ----): 내 마음 더위에 지
　　　　쳐, 근심하는 마음이 타는 듯하네.
　　　▶탄서(憚署): 더위에 지침.

憂心愈愈 憂 근심 우 心 마음 심 愈 더욱 유
우 심 유 유 　근심하는 마음이 더욱 더해짐. 【시경詩經】

憂心有忡 憂 근심 우 心 마음 심 有 있을 유 忡=充 충만할 충
우 심 유 충 　걱정하는 마음이 가슴속에 가득함. 【시경詩經】

憂心殷殷
우 심 은 은

憂 근심 우　心 마음 심　殷 성할 은
마음에 근심을 안음.
▶은은(殷殷): 근심하는 모양.

雨我公田
우 아 공 전

雨 비 우　我 나 아　公 공변될 공　田 밭 전
비가 공전을 적심. [시경詩經]
▶우아공전 수급아사(---- 遂及我私): 비가 공전부터 적신
다음 나의 사전에도 미치기를. 즉 비가 오더라도 정전법
으로 받은 공전(公田)의 곡식이 잘되게 먼저 적시고 나의
사전(私田)에도 내려 달라는 말.

雨暘時若
우 양 시 약

雨 비 우　暘 해돋이 양　時 때 시　若 같을 약
비가 와야 할 때 오고, 볕이 나야 할 때 남. 기후가 철에
조화됨을 이름.

雨如車軸
우 여 거 축

雨 비 우　如 같을 여　車 수레 거　軸 굴대 축
빗줄기가 수레의 굴대같이 굵음. 큰 비가 내리는 것을
형용하는 말.

迂餘曲折
우 여 곡 절

迂 멀 우　餘 남을 여　曲 굽을 곡　折 꺾일 절
뒤얽힌 복잡한 사정. =우여곡절(紆餘曲折)

優劣相懸
우 열 상 현

優 넉넉할 우　劣 용렬할 열　相 서로 상　懸 매달 현
잘나고 못난 것이 함께 매달려 있음. [마융馬融의 시詩]

虞芮之訟
우 예 지 송

虞 나라이름 우　芮 나라이름 예　之 갈 지　訟 송사할 송
우(虞)나라와 예(芮)나라의 소송. 남의 일을 보고 자신들
의 좁은 소견을 깨달아 뉘우친다는 뜻. [사기史記]
▶우(虞)와 예(芮)의 두 나라가 경계를 다투었으나 결말이
나지 않아 주(周)의 문왕(文王)에게 판정을 받으러 갔다.
주나라 국경 안을 들어서니 농민이 밭이랑을 양보하고,
행인이 길을 서로 양보하는 것을 보고 감화되어 되돌아
갔다는 고사에서 비롯된 말.

牛往馬往
우 왕 마 왕

牛 소 우　往 갈 왕　馬 말 마
소 가는 데, 말 가는 데 다 다님. 안 가는 데가 없다는 말.
또는 온갖 고난을 다 겪음을 이름.

右往左往　右 오른우　往 갈 왕　左 왼 좌
우 왕 좌 왕　우로 갔다 좌로 갔다 함. 갈팡질팡하는 모습을 형용.

虞于湛樂　虞 근심할우　于 어조사우　湛 즐길담　樂 즐길락
우 우 담 락　걱정하고 헤아리어 즐기는 데만 빠지지 않게 함. [국어國語]

踽踽凉凉　踽 홀로 갈우　凉 서늘할 량(양)
우 우 양 량　홀로 행동하여 가까이 하는 사람이 없음. [맹자孟子]

優遊渡日　優 넉넉할우　遊 놀유　渡 건널도　日 날 일
우 유 도 일　하는 일 없이 놀며 세월만 보냄.

優柔不斷　優 넉넉할우　柔 부드러울유　不 아닐부　斷 끊을 단
우 유 부 단　어물거리고 결단력이 없음. [한서漢書] =우유부단(優遊不斷)

優遊不迫　優 넉넉할우　遊 놀유　不 아닐불　迫 허둥거릴 박
우 유 불 박　느긋하고 침착하며 서둘지 않음. [창랑시화滄浪詩話] =우재유재(優哉遊哉) [시경詩經]

優遊恬淡　優 넉넉할우　遊 놀유　恬 편안할 념(염)　淡 맑을 담
우 유 염 담　욕심이 없이 편안하고 한가롭게 지내는 모양.

優遊自適　優 넉넉할우　遊 놀유　自 스스로자　適 갈 적
우 유 자 적　한가롭게 자기가 하고 싶은 대로 하며 사는 것. =유유자적(悠悠自適)

優遊涵泳　優 넉넉할우　遊 놀유　涵 젖을 함　泳 헤엄칠 영
우 유 함 영　학문과 예술의 맛과 이치를 여유롭게 음미하는 것.

牛飮馬食　牛 소우　飮 마실음　馬 말마　食 먹을 식
우 음 마 식　마소같이 많이 먹고 마심. =폭음폭식(暴飮暴食)

寓意小說　寓 부칠우　意 뜻의　小 작을소　說 말씀 설
우 의 소 설　교훈이 되는 이야기를 다른 사물에 빗대어 쓴 글.

雨意雲情　雨 비우　意 뜻의　雲 구름운　情 뜻 정
우 의 운 정　남자와 여자 사이의 연정을 말함.

446

偶爾得中
우 이 득 중
偶짝우 爾너이 得얻을득 中가운데중
어떤 일이 우연히 들어맞음.

尤而效之
우 이 효 지
尤더욱우 而말이을이 效본받을효 之갈지
남의 잘못을 비난하고 공격하면서, 자신도 그와 똑같은
잘못을 저지르는 것을 비유하는 말. 【춘추좌씨전春秋左氏傳】

愚者一得
우 자 일 득
愚어리석을우 者사람자 一한일 得얻을득
어리석은 사람에게도 때로는 옳은 점이 있다는 말. 【사기
史記】

牛鼎之意
우 정 지 의
牛소우 鼎솥정 之갈지 意뜻의
먼저 신임을 얻은 후에 정도로 간다는 뜻. 【사기史記】
▶탕(湯)을 왕으로 만들기 위해 이윤(伊尹)이 솥을 지고 탕
에게 접근하고, 진(秦)의 목공(穆公)을 패자로 만들기 위
해 백리해(百里奚)가 소 치는 사람이 되어 접근한 고사에
서 온 말.

牛鼎烹鷄
우 정 팽 계
牛소우 鼎솥정 烹삶을팽 鷄닭계
소를 삶는 큰 솥에 닭을 삶음. 큰 재능을 가진 사람에게
당치도 않는 자질구레한 일을 시킴을 비유한 말. =기마
염거(驥馬鹽車)

紆朱懷金
우 주 회 금
紆띠우 朱붉을주 懷품을회 金금금
지금은 붉은빛이나 장차 황금빛을 띨 것을 마음속에 품
음. 즉 장차 나라의 대권을 잡을 꿈을 꿈. 【후한서後漢書】

愚知相欺
우 지 상 기
愚어리석을우 知=智지혜지 相서로상 欺속일기
어리석은 사람과 지혜로운 사람이 서로 속임. 【장자莊子】

紆青拖紫
우 청 타 자
紆굽을우 青푸를청 拖끌타 紫자주자
인끈(印綬)를 차고 벼슬자리에 오르는 일.
▶청(青)은 청수(青綬), 자(紫)는 자수(紫綬), 우(紆)는 대
(帶), 타(拖)는 복(服). 인끈은 병권을 가진 무관이 발병부
(發兵符) 주머니를 메어 차던, 길고 넓직한 녹비(鹿皮)끈.

雨虐風饕
우 학 풍 도
雨비우 虐사나울학 風바람풍 饕탐할도
비바람에 시달림을 형용하는 말. =설학풍도(雪虐風饕)

羽翮飛肉
우 핵 비 육

羽 날개 우 翮 깃털 핵 飛 날 비 肉 고기 육
가벼운 새의 깃털이 무거운 육체를 날아다니게 함. 경미한 것도 많이 모이면 큰 힘이 된다는 뜻. [한서漢書]

禹行舜趨
우 행 순 추

禹 우임금 우 行 갈 행 舜 순임금 순 趨 좇을 추
우(禹)와 순(舜)의 걸음걸이를 흉내 냄. 성인의 외모만 본받고 실천이 없음을 비유하는 말. [순자荀子]

羽化登仙
우 화 등 선

羽 날개 우 化 될 화 登 오를 등 仙 신선 선
몸에 날개가 돋아 신선이 되어 하늘에 오름. [소식蘇軾의 전적벽부前赤壁賦]

▶우화(羽化): 번데기가 날개가 있는 벌레로 변하는 것.

雨後竹筍
우 후 죽 순

雨 비 우 後 뒤 후 竹 대 죽 筍 죽순 순
비 온 뒤에 잘 자라오르는 죽순. 즉 어떤 일이 한때 많이 생겨나는 것을 말함. =우후춘순(雨後春筍)

旭日昇天
욱 일 승 천

旭 햇살 치밀 욱 日 날 일 昇 오를 승 天 하늘 천
아침 해가 솟는 것같이 기세 좋게 발전함을 이름.

雲開見日
운 개 견 일

雲 구름 운 開 열 개 見 볼 견 日 해 일
구름이 열리어 해를 보게 됨. 즉 오랫동안 닫혔던 것이 갑자기 또는 서서히 열리는 것을 말함.

雲捲天晴
운 권 천 청

雲 구름 운 捲 말 권 天 하늘 천 晴 맑을 청
구름이 걷히고 하늘이 맑게 개임. 근심이 씻은 듯이 없어짐.

運斤成風
운 근 성 풍

運 휘두를 운 斤 도끼 근 成 이룰 성 風 바람 풍
교묘한 장인의 솜씨를 형용하는 말. [장자莊子]

▶영(郢) 땅에 사는 사람이 콧등에 백토(白土)를 엷게 바르고 나면, 장석(匠石)이 도끼를 휘둘러서 바람을 일으켜 날세게 이를 깎아 내되 코는 다치지 않았다는 고사에서 온말. 후배가 선배에게 시문을 지도 받을 때에 '영부(郢斧)를 빈다'거나 '성풍(成風)을 바란다'고 하는 말은 여기에서 유래되었다.

雲起龍驤
운 기 용 양

雲 구름 운 起 일어날 기 龍 용룡(용) 驤 머리 들 양
구름이 일고 용이 올라감. 즉 영웅이 떨치고 일어남. [한서漢書]

雲泥之差
운 니 지 차

雲 구름 운 泥 진흙 니 之 갈 지 差 어긋날 차
구름과 진흙의 차이. 즉 하늘과 땅의 차이. 서로가 너무나 다름을 비유하는 말.

運到時來
운 도 시 래

運 운수 운 到 이를 도 時 때 시 來 올 래
운수가 도달하고 때가 옴.

雲翻雨覆
운 번 우 복

雲 구름 운 翻 뒤집을 번 雨 비 우 覆 뒤엎을 복
구름이 뒤집어져 비로 바뀜. 인정(人情)이 번복되기 쉬운 것을 말함.

雲散霧消
운 산 무 소

雲 구름 운 散 흩을 산 霧 안개 무 消 꺼질 소
구름과 안개가 걷히듯 근심과 걱정이 사라짐. =운소무산(雲消霧散)

雲散鳥沒
운 산 조 몰

雲 구름 운 散 흩을 산 鳥 새 조 沒 빠질 몰
구름같이 흩어지고 새같이 자취를 감춤. 자취도 없이 사라짐을 말함.

雲消霧散
운 소 무 산

雲 구름 운 消 사라질 소 霧 안개 무 散 흩어질 산
구름같이 사라지고 안개같이 흩어짐. 즉 자취도 없이 사라지는 모습을 형용하는 말.

雲樹之懷
운 수 지 회

雲 구름 운 樹 나무 수 之 갈 지 懷 품을 회
벗을 그리워하는 마음을 이름.

雲心月性
운 심 월 성

雲 구름 운 心 마음 심 月 달 월 性 성품 성
구름 같은 마음과 달 같은 성품. 욕심이 없어 세속의 명예나 이익을 구하지 않음을 이름.

雲心鶴眼
운 심 학 안

雲 구름 운 心 마음 심 鶴 학 학 眼 눈 안
구름 같은 마음과 학 같은 눈. 선인도사(仙人道士)와 같이 무욕(無欲) 무심(無心)함을 이름.

雲煙過眼
운 연 과 안
雲 구름 운　煙 연기 연　過 지날 과　眼 눈 안
구름과 연기가 눈앞을 스침. 어떤 사물이나 한때의 쾌락을 마음에 두지 않고 흘려 버림. [소식蘇軾의 시詩]

雲影濤聲
운 영 도 성
雲 구름 운　影 그림자 영　濤 물결 도　聲 소리 성
구름의 그림자와 파도 소리. 소나무의 그림자와 이에 부는 바람 소리를 말함.

雲霓之望
운 예 지 망
雲 구름 운　霓 무지개 예　之 갈 지　望 바랄 망
가뭄이 심할 때 구름과 무지개에 비를 간절히 바라는 마음. [맹자孟子]

運用之妙
운 용 지 묘
運 옮길 운　用 쓸 용　之 갈 지　妙 묘할 묘
어떤 일을 운용하는 마음과 자세에 따라 성공과 실패가 좌우된다는 말. [송사宋史]

雲雨之情
운 우 지 정
雲 구름 운　雨 비 우　之 갈 지　情 뜻 정
남녀 사이에 오가는 정. [문선文選] = 운우지락(雲雨之樂)
▶초(楚)나라 혜왕이 고당에서 꿈에 무산선녀를 만났다는 고사에서 온 말.

雲情雨意
운 정 우 의
雲 구름 운　情 뜻 정　雨 비 우　意 뜻 의
남녀 사이에 싹트는 연정.

運籌愉幄
운 주 유 악
運 운전할 운　籌 산가치 주　愉 휘장 유　幄 휘장 악
장막 안에서 작전 계획을 세움. [사기史記]
▶운주우 유악지중(運籌于 愉幄之中): 장막 안에 가만히 들어앉아 계획을 꾸민다.

雲中白鷗
운 중 백 구
雲 구름 운　中 가운데 중　白 흰 백　鷗 갈매기 구
구름 속의 흰 갈매기. 인품이 고상한 사람을 이르는 말.
【세설신어世說新語】 = 운중백학(雲中白鶴)

雲蒸龍變
운 증 용 변
雲 구름 운　蒸 찔 증　龍 용 룡(용)　變 변할 변
물이 증발하여 구름이 되고, 뱀이 용이 되어 하늘에 오름. 영웅호걸이 때를 만나서 일어남을 말함. [사기史記]

運之掌上
운 지 장 상
運 옮길 운　之 갈 지　掌 손바닥 장　上 위 상
손바닥 위에서 굴리듯 마음대로 함.

雲輜蔽路
운 치 폐 로

雲 구름 운　輜 짐수레 치　蔽 덮을 폐　路 길 로

구름같이 모인 수레가 길을 덮음. 사람이 많이 모인 모양을 형용. 【후한서後漢書】

雲破月來
운 파 월 래

雲 구름 운　破 깨어질 파　月 달 월　來 올 래

구름이 걷히자 달이 나옴.

雲合霧集
운 합 무 집

雲 구름 운　合 합할 합　霧 안개 무　集 모일 집

구름같이 합쳐지고, 안개같이 모여듦. 일시에 모여드는 것을 형용한 말. 【사기史記】

雲行雨施
운 행 우 시

雲 구름 운　行 갈 행　雨 비 우　施 베풀 시

구름이 퍼져 비가 되어 은택이 널리 베풀어짐. 【역경易經】

雲譎浪詭
운 휼 낭 궤

雲 구름 운　譎 속일 휼　浪 물결 랑(낭)　詭 속일 궤

문장이 구름이나 물결같이 변화가 있음. 【문심조룡文心雕龍】 =운휼파궤(雲譎波詭)

鬱蓊薆薱
울 옹 애 대

鬱 빽빽할 울　蓊 우거질 옹　薆 숨길 애　薱 우거질 대

숲이 빽빽하고 울창하게 우거져 어두컴컴함. 【장형張衡의 서경부西京賦】

熊經鳥伸
웅 경 조 신

熊 곰 웅　經 지날 경　鳥 새 조　伸 펼 신

신선의 단련법 중 한 가지. 【장자莊子】

▶웅경(熊經): 곰이 앞발로 나무를 붙잡고 숨쉬는 것. 조신(鳥伸): 새와 같이 목을 길게 빼는 것.

雄辯彊據
웅 변 강 거

雄 수컷 웅　辯 말 잘할 변　彊 군셀 강　據 의거할 거

변설이 뛰어나고 논리가 뚜렷함.

雄辭閎辯
웅 사 굉 변

雄 수컷 웅　辭 말씀 사　閎 넓을 굉　辯 말 잘할 변

뛰어난 문장과 넓은 변설.

熊掌如魚
웅 장 여 어

熊 곰 웅　掌 손바닥 장　如 같을 여　魚 물고기 어

곰 발바닥도 갖고 싶고, 물고기도 갖고 싶음. 이것도 저것도 다 탐내는 것을 말함. 【맹자孟子】

雄唱雌和
웅 창 자 화

雄 수컷 웅　唱 부를 창　雌 암컷 자　和 화할 화
암컷과 수컷이 사이좋게 노래함. 손발이 척척 잘 맞음을
비유하는 말.

援古證今
원 고 증 금

援 도울 원　古 예 고　證 증거 증　今 이제 금
현재의 일이나 물건에 대해 과거의 사례를 증거로 삼음.

圓孔方木
원 공 방 목

圓 둥글 원　孔 구멍 공　方 모 방　木 나무 목
둥근 구멍에 네모진 나무를 맞추려 함. 일이 잘 맞지 않
는 것을 말함. =원조방예(圓鑿方枘)

遠交近攻
원 교 근 공

遠 멀 원　交 사귈 교　近 가까울 근　攻 칠 공
먼 나라와는 가깝게 사귀고 가까운 나라는 침. [전국책戰國
策]

▶진(秦)나라 소왕(昭王) 때의 재상 장록(張祿: 본명 范雎)의
외교 정책. 처음에는 가까운 나라를 치고, 가까운 나라를
빼앗으면 그 다음으로 먼 나라를 치는 전략.

圓頭方足
원 두 방 족

圓 둥글 원　頭 머리 두　方 모 방　足 발 족
둥근 머리에 네모진 발. 즉 사람을 말함. [회남자淮南子]

元龍高臥
원 룡 고 와

元 으뜸 원　龍 용 룡　高 높을 고　臥 누울 와
주인이 찾아온 손님을 소홀히 대접하는 것을 이름.

▶동한(東漢)의 진등(陳登: 字가 元龍)이 자기는 높은 침대
에 눕고 자기를 찾아온 친구인 허범(許汜)을 낮은 침대에
눕게 한 고사에서 비롯된 말.

遠莫致之
원 막 치 지

遠 멀 원　莫 말 막　致 이를 치　之 갈 지
너무 멀어서 갈 수가 없음.

鼋鳴鱉應
원 명 별 응

鼋 큰자라 원　鳴 울 명　鱉 자라 별　應 응할 응
큰 자라가 울면 작은 자라가 따라 옮. 임금과 신하가 서
로 응함을 말함. [후한서後漢書]

圓木警枕
원 목 경 침

圓 둥글 원　木 나무 목　警 경계할 경　枕 베개 침
원통의 나무에 방울을 달아 베개로 삼고, 그 베개가 구
르면 방울 소리에 잠을 덜 자고 공부에 열중함. [범태사집
范太史集]

冤伏陵窘
원 복 능 군
冤 원통할 원　伏 엎드릴 복　陵 언덕 릉(능)　窘 막힐 군
원통함이 쌓여 언덕같이 막힘. [교승校乘의 칠발七發]

遠不忘君
원 불 망 군
遠 멀 원　不 아닐 불　忘 잊을 망　君 임금 군
충신은 먼 곳으로 쫓겨나도 군주를 잊지 않음. [춘추좌씨전春秋左氏傳]

猿臂之勢
원 비 지 세
猿 원숭이 원　臂 팔 비　之 갈 지　勢 권세 세
원숭이의 긴 팔과 같이 세찬 기세. 형세가 좋을 때는 공격하고 불리할 때는 퇴각하여 군대의 진퇴를 자유자재로 한다는 말. [구당서舊唐書]
▶원비(猿臂): 원숭이같이 긴 팔. 활쏘기에 알맞음.

願賜骸骨
원 사 해 골
願 원할 원　賜 줄 사　骸 뼈 해　骨 뼈 골
사직(辭職)을 청원할 때 쓰던 말. [사기史記]
▶옛날에 군주를 섬기는 것은 목숨을 바치는 것이었으므로, 사직을 청할 때는 해골만 돌려 달라는 말을 썼다.

願乘長風
원 승 장 풍
願 바랄 원　乘 탈 승　長 길 장　風 바람 풍
멀리서 부는 봄바람을 타고 잘 갈 것을 부탁함. 친구의 장도(長道)를 축하하는 말. 또는 원대한 뜻이 있음을 비유하는 말. [송서宋書]
▶원승장풍 파만리랑(---- 波萬里浪): 바라건대 멀리서 불어오는 봄바람을 타고 만 리 파도를 부수며 나아가라.

原始要終
원 시 요 종
原 근원 원　始 처음 시　要 중요할 요　終 마칠 종
일을 시작할 때 치밀하게 계획하고, 그 일의 마무리도 잘함. [역경易經]

元始元尊
원 시 원 존
元 으뜸 원　始 처음 시　尊 높을 존
도교(道敎)에서 제일 높이 받드는 신. =원시천존(元始天尊)

元惡大憝
원 악 대 대
元 으뜸 원　惡 악할 악　大 큰 대　憝 원망할 대
악의 으뜸되는 근원을 크게 원망함. [서경書經]

鴛鴦之契
원 앙 지 계
鴛 원앙 원　鴦 원앙 앙　之 갈 지　契 맺을 계
원앙새와 같이 좋은 금슬을 맺음. [수신기搜神記]

453

原野廖愀
원 야 요 초

原 근원 원　野 들 야　廖 쓸쓸할 료(요)　愀 쓸쓸할 초,
쓸쓸할 추
들판이 쓸쓸하고 썰렁함. [후한서後漢書]

願言則懷
원 언 즉 회

願 원할 원　言 말씀 언　則 곧 즉　懷 품을 회
할 말이 있더라도 마음속에 품어야 함. [시경詩經]

源源而來
원 원 이 래

源 물근원 원　而 말이을 이　來 올 래
물이 끊임없이 흘러옴. 연이어 찾아오는 것을 비유하는
말. [맹자孟子]

園囿之樂
원 유 지 락

園 동산 원　囿 동산 유　之 갈 지　樂 즐길 락
동산을 거닐면서 즐거워함. [시경詩經]

▶원유(園囿): 울타리가 있는 동산.

怨而不怒
원 이 불 로

怨 원망할 원　而 말이을 이　不 아닐 불　怒 성낼 로
원망은 하나 노하지는 않음. [국어國語]

怨入骨髓
원 입 골 수

怨 원망할 원　入 들 입　骨 뼈 골　髓 골수 수
원한이 뼈 속까지 사무침. [사기史記]

願作鴛鴦
원 작 원 앙

願 원할 원　作 지을 작　鴛 원앙 원　鴦 원앙 앙
원앙이 되기를 원함. 즉 화목한 부부가 되기를 원함.

原田每每
원 전 매 매

原 근원 원　田 밭 전　每 매양 매
고원의 밭에 풀이 무성함. 군대가 많음을 이름. [춘추좌씨전
春秋左氏傳]

▶매매(每每)는 풀이 무성한 모양.

圓轉滑脫
원 전 활 탈

圓 둥글 원　轉 구를 전　滑 미끄러울 활　脫 벗을 탈
일 처리가 모나지 않고 거리낌없이 원활함.

原情定罪
원 정 정 죄

原 근원 원　情 뜻 정　定 정할 정　罪 허물 죄
사실을 규명한 후에 형량을 정함. [한서漢書]

遠族近隣
원 족 근 린

遠 멀 원　族 겨레 족　近 가까울 근　隣 이웃 린
먼 데 있는 친척보다 가까운 이웃이 나음.

元從功臣
원 종 공 신
元 으뜸 원 從 따를 종 功 공공 臣 신하 신
창업(創業) 때부터 참여하여 큰 공적이 있는 신하.

源泉萬斛
원 천 만 곡
源 물근원 원 泉 샘 천 萬 일만 만 斛 헤아릴 곡
근원이 되는 샘의 수량(水量)이 한없음. 글의 뜻이 한없이 넓은 것을 말함.
▶1곡(一斛)은 10말의 곡식.

怨天尤人
원 천 우 인
怨 원망할 원 天 하늘 천 尤 원망 우 人 사람 인
하늘을 원망하고 사람을 탓함.

源清流清
원 청 유 청
源 물근원 원 清 맑을 청 流 흐를 류(유)
윗물이 맑으면 아랫물도 맑음. 【한시외전韓詩外傳】

寃親平等
원 친 평 등
寃 원통할 원 親 친할 친 平 평평할 평 等 등급 등
원한이 있는 사람과 친한 사람을 평등하게 대함.

遠託異國
원 탁 이 국
遠 멀 원 託 부탁할 탁 異 다를 리(이) 國 나라 국
다른 먼 나라에 필요한 것을 부탁함. 【이릉李陵의 글文】

圓通大士
원 통 대 사
圓 둥글 원 通 통할 통 大 큰 대 士 선비 사
관세음보살(觀世音菩薩)의 다른 이름.

猿鶴沙蟲
원 학 사 충
猿 원숭이 원 鶴 학 학 沙 배짱이 사 蟲 벌레 충
전쟁에 나가 죽은 병사를 이르는 말. 【태평어람太平御覽】
▶주(周)나라 목왕(穆王) 때 남쪽을 정벌시 전군이 전사하였는데, 군자는 원학(猿鶴)이 되고 소인은 사충(沙蟲)이 되었다는 고사에서 비롯된 말.

元亨利貞
원 형 이 정
元 으뜸 원 亨 형통할 형 利 이로울 리(이) 貞 곧을 정
주역에서 말하는 하늘의 네 가지 덕(德). 【역경易經】
▶원(元)은 봄(春), 형(亨)은 여름(夏), 이(利)는 가을(秋), 정(貞)은 겨울(冬)을 말함. 또는 인의예지(仁義禮智), 동서남북(東西南北)같이 인간이 접하는 기본을 말하기도 함.

遠禍召福
원 화 소 복
遠 멀 원 禍 재앙 화 召 부를 소 福 복 복
화를 멀리하고 복을 부름.

猿猴取月
원 후 취 월

猿 원숭이 원　猴 원숭이 후　取 취할 취　月 달 월
원숭이가 물에 비친 달을 잡으려다가 빠져 죽음. 분수를 지키지 않으면 화를 입음을 비유하는 말.

粤犬吠雪
월 견 폐 설

粤＝越 땅이름 월　犬 개 견　吠 짖을 폐　雪 눈 설
월(粤)지방 개가 눈 오는 것을 보고 짖음.＝오우천월(吳牛喘月), 촉견폐일(蜀犬吠日)
▶월(粤)지방은 눈이 잘 오지 않는 따뜻한 지방이므로 눈이 오게 되면 개가 이상히 여겨 짖어댄다는 말. 낯선 것을 보면 의심하기 쉽고, 식견이 좁은 사람이 새로운 것을 보면 반대부터 함을 비유하는 말.

月宮姮娥
월 궁 항 아

月 달 월　宮 궁궐 궁　姮 항아 항　娥 예쁠 아
달 속에 사는 선녀 항아(姮娥). 미인을 말함.

月麗于箕
월 려 우 기

月 달 월　麗 고울 려　于 어조사 우　箕 키 기
달이 기성(箕星)에 걸림. 곧 바람이 불 징조라는 말.
▶기성(箕星)은 바람을 맡은 별.

月麗畢星
월 려 필 성

月 달 월　麗 고울 려　畢 마침 필　星 별 성
달이 필성(畢星)에 걸림. 곧 비가 올 징조라는 말.
▶필성(畢星)은 비를 맡은 별.

月滿則虧
월 만 즉 휴

月 달 월　滿 가득할 만　則 곧 즉　虧 이지러질 휴
달이 차면 이지러지기 시작함. 사물이 성(盛)한 뒤는 쇠(衰)해진다는 말. 【사기史記】＝월영즉식(月盈則食)

月明星稀
월 명 성 희

月 달 월　明 밝을 명　星 별 성　稀 드물 희
달이 밝으면 별빛이 희미해진다는 뜻. 큰 영웅이 나타나면 다른 인재들은 빛을 잃고 숨어 버림을 비유한 말. 【소식蘇軾의 적벽부赤壁賦】

越畔之思
월 반 지 사

越 넘을 월　畔 두둑 반　之 갈 지　思 생각 사
자기의 직분을 지킬 뿐 남의 권한을 침범치 않는 마음가짐을 이름. 【춘추좌씨전春秋左氏傳】

月白風淸
월 백 풍 청

月 달 월　白 흰 백　風 바람 풍　淸 맑을 청
달은 밝고 바람은 맑음. 【소식蘇軾의 후적벽부後赤壁賦】

越視秦瘠
월 시 진 척

越 나라이름 월　視 볼 시　秦 나라이름 진　瘠 파리할
척

월(越)나라는 먼 진(秦)나라의 척박한 땅에 상관 않음.
즉 남의 일에 간여하지 않는 것을 말함. 【송남잡지宋南雜識】

越女齊姬
월 녀 제 희

越 나라이름 월　女 계집 녀　齊 나라이름 제　姬 아가
씨 희

미인(美人)을 말함.

▶월(越)과 제(齊)에서 미인이 많이 나와 생긴 말.

月盈則食
월 영 즉 식

月 달 월　盈 찰 영　則=卽 곧 즉　食 먹을 식

달이 차면 이지러짐. =월만즉휴(月滿則虧)

越兹麗刑
월 자 여 형

越 넘을 월　兹 이 자　麗 고울 려(여)=羅 그물 라　刑
법 형

이에 지나치게 엄한 법에 걸려듦. 【서경書經】

月章星句
월 장 성 구

月 달 월　章 글 장　星 별 성　句 글귀 구

달 같은 문장, 별 같은 구절. 아름답게 빛나는 글을 말함.
【태평광기太平廣記】 =금장옥구(金章玉句)

越鳥南枝
월 조 남 지

越 나라이름 월　鳥 새 조　南 남녘 남　枝 가지 지

월(남쪽)에서 온 새는 남쪽 가지에 둥지를 틂. 고향을 그
리워함을 이르는 말. =월조소남지(越鳥巢南枝)

越俎之嫌
월 조 지 혐

越 넘을 월　俎 도마 조　之 갈 지　嫌 싫어할 혐

자기의 영역을 넘어 미움을 삼. 즉 남을 간섭하여 미움
을 삼. 【장자莊子】 =월조지죄(越俎之罪)

刖趾適屨
월 지 적 구

刖 벨 월　趾 뒤꿈치 지　適 맞을 적　屨 신 구

발 뒤꿈치를 베어 신에 맞춤. 일의 순서가 뒤바뀜을 이
름. 또는 잘해 보려던 일로 도리어 나쁘게 되는 것을 이
름. =월지적리(刖趾適履)

越津乘船
월 진 승 선

越 넘을 월　津 나루 진　乘 탈 승　船 배 선

나루를 건너와서 배를 탐. 즉 가까운 데 있는 것을 버리
고 먼 데 있는 것을 취함. 또는 당사자를 제쳐놓고 엉뚱
한 사람과 싸우는 것을 비유하는 말.

月態花容
월 태 화 용
月 달 월　態 태도 태　花 꽃 화　容 얼굴 용
달의 자태와 꽃 같은 얼굴. 미인의 아름다운 모습.

月下老人
월 하 노 인
月 달 월　下 아래 하　老 늙을 로(노)　人 사람 인
달빛 아래의 노인. 부부의 인연을 맺어 주는 사람. 중매
인(仲媒人). 【태평광기太平廣記】 =월하빙인(月下氷人)

月暈主風
월 훈 주 풍
月 달 월　暈 무리 훈　主 임금 주　風 바람 풍
달무리가 끼면 바람이 인다는 말.

位高年艾
위 고 연 애
位 자리 위　高 높을 고　年 나이 년(연)　艾 늙은이 애
신분이 높고 나이도 늙음. 【역경易經】
▶애(艾): 50세. 일설엔 70세 늙은이를 말하기도 함.

位高望重
위 고 망 중
位 벼슬 위　高 높을 고　望 바랄 망　重 무거울 중
지위가 높고 명망이 두터움.

位極人臣
위 극 인 신
位 벼슬 위　極 다할 극　人 사람 인　臣 신하 신
신하로써 가장 높은 지위에 오름. 【삼국지三國志】

危機一髮
위 기 일 발
危 위태할 위　機 틀 기　一 한 일　髮 터럭 발
당장에 끊어지려는 위태로운 순간.

危多安少
위 다 안 소
危 위태할 위　多 많을 다　安 편안 안　少 적을 소
위태로움은 많고 편안함은 적음. 시국이나 병세가 위급
하여 안심하기 어려움을 이르는 말.

違道干譽
위 도 간 예
違 어길 위　道 길 도　干 구할 간　譽 기릴 예
도리를 어기면서 백성의 칭송을 구함. 【서경書經】

圍籬安置
위 리 안 치
圍 두를 위　籬 울타리 리　安 편안 안　置 둘 치
귀양 간 곳에서 가시로 울타리를 둘러치고 죄인을 그 안
에 가두는 것.

緯武經文
위 무 경 문
緯 씨줄 위　武 군셀 무　經 날줄 경　文 글 문
무(武)를 씨줄, 문(文)을 날줄로 하여 나라를 다스림. 즉
문과 무를 종횡으로 하여 나라를 안전하게 경륜(經綸)
함. 【진서晉書】

威武不屈
위 무 불 굴

威 위엄 위 武 군셀 무 不 아닐 불 屈 굽힐 굴

어떤 위압이나 무력에도 굴복하지 않고 자기의 뜻을 밀고 나감. [맹자孟子]

慰愍沈屯
위 민 침 둔

慰 위로할 위 愍 가여울 민 沈 잠길 침 屯 진칠 둔

위로하고 가엽게 여기는 마음이 가슴속에 가득함. [장자莊子]

爲法自弊
위 법 자 폐

爲 할 위 法 법 법 自 스스로 자 弊 폐단 폐

자기가 정한 법을 스스로 어겨 죄를 지음. 자기가 놓은 올가미에 자기가 걸려 드는 것을 이르는 말.

爲富不仁
위 부 불 인

爲 할 위 富 부자 부 不 아닐 불 仁 어질 인

재물을 모으려고 하면 남에게 어질 수가 없음. 부(富)와 인(仁)이 양립하기 어려움을 이르는 말. [맹자孟子]

位不期驕
위 불 기 교

位 벼슬 위 不 아닐 불 期 기약할 기 驕 교만할 교

높은 지위에 오르면 자신도 모르게 교만해짐. [서경書經]

位卑言高
위 비 언 고

位 벼슬 위 卑 낮을 비 言 말씀 언 高 높을 고

낮은 자리에 있으면서 윗사람이 하는 정치에 대해 비평하는 것을 말함. [맹자孟子]

渭濱漁夫
위 빈 어 부

渭 강이름 위 濱 물가 빈 漁 고기 잡을 어 夫 지아비 부

위수(渭水)에서 낚시질하던 강태공을 말함. [사기史記]

▶태공망(太公望) 여상(呂尙)이 위수 가에서 낚시질을 하다가 문왕(文王)에게 발탁되어 장상(將相)이 된 고사에서 나온 말.

衛士坐甲
위 사 좌 갑

衛 지킬 위 士 사졸 사 坐 앉을 좌 甲 갑옷 갑

궁상(宮喪) 중의 규례. 궁상의 장교가 갑옷을 벗어 놓고 있다가 유사시에 금방 무장할 수 있게 준비하는 것. 궁중의 군인들이 비상 태세를 갖추는 것. [문헌통고文獻通考]

爲善最樂
위 선 최 락

爲 할 위 善 착할 선 最 가장 최 樂 즐거울 락

선을 행하는 것이 가장 즐거운 일. [후한서後漢書]

葦巢之悔
위 소 지 회

葦 갈대 위　巢 둥지 소　之 갈 지　悔 뉘우칠 회
갈대 위에 둥지를 튼 후회. 정착할 곳 없는 불안과 의지
할 곳 없는 처지를 비유. [순자荀子]

渭樹江雲
위 수 강 운

渭 강이름 위　樹 나무 수　江 큰내 강　雲 구름 운
한 사람은 위수 가의 나무 밑에 있고, 또 한 사람은 강
수 가에 있음. 먼 곳에 있는 벗을 서로 그리는 마음을 형
용. [두보杜甫의 시詩] =모운춘수(暮雲春樹)

爲豎子名
위 수 자 명

爲 할 위　豎 세울 수　子 아들 자　名 이름 명
어린아이가 이름을 날림. 자기가 평소 업신여겼던 사람
에게 공명을 이루게 했다고 분해하는 말. 또는 사람을
몹시 경멸하는 마음을 형용한 말. [사기史記]

渭水畫赤
위 수 화 적

渭 강이름 위　水 물 수　畫 그림 화　赤 붉을 적
진(秦)의 상앙(商鞅)이 가혹하게 형을 집행하여 위수가
피로 빨갛게 물듦. [십팔사략十八史略]

威慴萬乘
위 습 만 승

威 위엄 위　慴 두려워할 습　萬 일만 만　乘 탈 승
위협하여 두려움을 주는 것이 만승의 군대보다 더 무서
움. [조식曹植의 시詩]

危若朝露
위 약 조 로

危 위태로울 위　若 같을 약　朝 아침 조　露 이슬 로
위태롭기가 해가 뜨면 곧 마를 아침 이슬 같음. [사기史記]

危言危行
위 언 위 행

危 위태할 위　言 말씀 언　行 행할 행
고상한 언행과 정당한 행실. [논어論語]

危如累卵
위 여 누 란

危 위태할 위　如 같을 여　累 거듭 루(누)　卵 알 란
위태롭기가 알을 쌓은 것 같음.

喟然嘆息
위 연 탄 식

喟 한숨 위　然 그러할 연　嘆 탄식할 탄　息 숨쉴 식
한숨을 쉬며 크게 탄식함.

威譽諠赫
위 예 훤 혁

威 위엄 위　譽 기릴 예　諠 떠들썩할 훤　赫 붉을 혁
크게 기리어 떠들썩하게 빛을 냄. [후한서後漢書]

圍繞數重
위 요 수 중

圍 두를 위　繞 두를 요　數 헤아릴 수　重 거듭 중
여러 겹으로 둘러쌈. 성을 엄중히 포위함. [삼국지三國志]

圍魏救趙
위 위 구 조
圍 둘레 위　魏 위나라 위　救 구할 구　趙 조나라 조
위(魏)나라의 도읍지를 포위하여 조(趙)나라를 구함. 제 3자가 상대의 빈틈을 공격해서 다른 사람을 구하는 것을 말함. 〔사기史記〕

委委佗佗
위 위 타 타
委 맡길 위　佗 편안할 타
마음이 너그럽고 온화함. 〔시경詩經〕

威儀棣棣
위 의 체 체
威 위엄 위　儀 예절 의　棣 산앵두나무 체
위엄이 있고 예(禮)에 밝고 아름다운 모양. 〔시경詩經〕
▶체체(棣棣): 밝고 아름다움.

危而不持
위 이 부 지
危 위태할 위　而 말이을 이　不 아닐 부　持 가질 지
위태로워도 지탱해 주지 않음. 나라가 위기에 처해도 돕지 않는다는 말. 〔논어論語〕

威而不猛
위 이 불 맹
威 사나울 위　而 말이을 이　不 아닐 부　猛 사나울 맹
위엄은 있으나 사납지는 않음. 〔논어論語〕

慰情勝無
위 정 승 무
慰 위로할 위　情 뜻 정　勝 나을 승　無 없을 무
마음을 충분히 만족시킬 정도는 아니나 없는 것보다는 낫다는 뜻.

爲政以德
위 정 이 덕
爲 할 위　政 다스릴 정　以 써 이　德 덕 덕
정치는 덕으로 해야 함. 〔논어論語〕

爲衆率先
위 중 솔 선
爲 할 위　衆 무리 중　率 거느릴 솔　先 먼저 선
모든 사람을 위해 솔선함. 〔진서晉書〕

委之常秩
위 지 상 질
委 맡길 위　之 갈 지　常 늘 상　秩 차례 질
항상 모든 것을 차례에 맡김. 〔춘추좌씨전春秋 左氏傳〕

爲天下梟
위 천 하 효
爲 할 위　天 하늘 천　下 아래 하　梟 올빼미 효
천하를 위하여 올빼미와 같이 사납고 용맹해짐. 〔회남자淮南子〕

461

韋編三絶
위 편 삼 절

韋 가죽 위　編 엮을 편　三 석 삼　絶 끊어질 절
여러 번 되풀이해서 책을 열심히 읽음. [사기史記]

▶공자가 죽간(竹簡)을 묶은 가죽끈이 세 번이나 끊어지도
록 역경(易經)을 애독했다는 고사에서 나온 말.

韋弦之佩
위 현 지 패

韋 다룸가죽 위　弦 활시위 현　之 갈 지　佩 찰 패
자기의 기질을 바꾸기 위해 노력하여 그 기질을 바꾸고
자 함. [한비자韓非子]

▶서문표(西門豹)는 성질이 급하였으므로 부드러운 가죽을
차고 다녔고, 동안우(董安于)는 성질이 느렸으므로 활시
위를 차고 다녔다는 고사에서 나온 말.

爲虎傳翼
위 호 부 익

爲 할 위　虎 범 호　傳 펼 부　翼 날개 익
범에게 날개를 달아 줌. 악인에게 가세하여 더욱 맹위를
떨치게 하는 것을 이름.

惟家之索
유 가 지 삭

惟 오직 유　家 집 가　之 갈 지　索 다할 삭
집안 세가 다함. 집안이 망함. [서경書經]

▶빈계지신 유가지삭(牝家之晨 ----): 암탉이 새벽에 울면
집안이 망한다. 즉 아내가 남편보다 드세면 집안이 망한
다는 뜻.

有覺德行
유 각 덕 행

有 있을 유　覺 깨달을 각　德 큰 덕　行 행할 행
덕행이 위대함을 깨달음. [시경詩經]

▶유각덕행 사국순지(---- 四國順之): 덕을 행함이 위대하
면, 온 나라가 따르리라.

有脚書廚
유 각 서 주

有 있을 유　脚 다리 각　書 글 서　廚 부엌 주
다리가 있는 서재. 아주 박식한 사람을 비유하는 말.

有脚陽春
유 각 양 춘

有 있을 유　脚 다리 각　陽 볕 양　春 봄 춘
다리가 있는 따뜻한 봄. 도처에 은혜를 베푸는 사람을
이름.

遺憾千萬
유 감 천 만

遺 남길 유　憾 한할 감　千 일천 천　萬 일만 만
마음에 걸리고 아쉬움이 많이 남음.

游居有常
유 거 유 상

游 놀 유　居 살 거　有 있을 유　常 늘 상
외출할 때든 집에 있든 일정한 규범을 좇음. [관자管子]

宥過無大
유 과 무 대

宥 용서할 유　過 허물 과　無 없을 무　大 큰 대
허물을 용서하는 데는 지나침이 없음. [서경書經]

有過即改
유 과 즉 개

有 있을 유　過 허물 과　即 =則 곧 즉　改 고칠 개
허물이 있으면 바로 고침. [역경易經]

有洸有潰
유 광 유 궤

有 있을 유　洸 성낼 광　潰 어지러울 궤, 무너질 궤
성내고 어지럽힘. [시경詩經]

▶유광유궤 기이아이(----旣詒我肄): 성내고 어지럽히며
　이미 나를 고생시켰네.

有敎無類
유 교 무 류

有 있을 유　敎 가르칠 교　無 없을 무　類 무리 류
가르침이 있을 뿐, 분류하지 않음. 가르치는 대상에 차
별을 두어서는 안 된다는 말. [논어論語]

有捄其角
유 구 기 각

有 있을 유　捄 구부정할 구　其 그 기　角 뿔 각
그 뿔이 구부정함. [시경詩經]

▶살시순모 유구기각(殺時犉牡 ----): 수소를 잡고 보니 그
　뿔이 구부정하네.
▶순모(犉牡)는 수소를 말함. 추수 감사를 사직에 올릴 때
　불렀던 노래의 한 부분이다.

有簋飧殽
유 궤 몽 손

有 있을 유　簋 제기이름 궤　飧 수북이 담을 몽　殽 저
녁밥 손
제기 그릇에 저녁밥을 수북이 담아 줌. [시경詩經]

流金鑠石
유 금 삭 석

流 흐를 류(유)　金 쇠 금　鑠 녹일 삭　石 돌 석
쇠를 녹이고 돌을 녹이는 지독한 더위를 이름. [초사楚辭]

流金焦土
유 금 초 토

流 흐를 류(유)　金 쇠 금　焦 그슬릴 초　土 흙 토
쇠를 녹이고 흙을 태우는 지독한 더위를 말함.

柔能制剛
유 능 제 강

柔 부드러울 유　能 능할 능　制 억제할 제　剛 굳셀 강
부드러운 것이 강한 것을 능히 제압함. [노자老子]

有待之身
유 대 지 신

有 있을 유　待 기다릴 대　之 갈 지　身 몸 신
모든 것을 남에게 의지하는 범부(凡夫)의 몸. 또는 장차
큰일을 위해 때를 기다리는 몸. [예기禮記]

流對漂泊
유 대 표 박

流 흐를 류(유) 對 대할 대 漂 뜰 표 泊 배 댈 박
정처 없이 떠도는 것.

惟德動天
유 덕 동 천

惟 생각할 유 德 덕 덕 動 움직일 동 天 하늘 천
덕의 힘은 하늘도 감동시킴. [서경書經]
▶이때 유(惟)는 발어사.

有道則見
유 도 즉 현

有 있을 유 道 길 도 則 곧 즉 見 나타날 현
도리가 행해지는 세상이 되면 비로소 세상에 나타나 활
동함.

有道之士
유 도 지 사

有 있을 유 道 길 도 之 갈 지 士 선비 사
도덕을 갖춘 사람. [열자列子]

有頭無尾
유 두 무 미

有 있을 유 頭 머리 두 無 없을 무 尾 꼬리 미
머리만 있고 꼬리는 없음. 시작은 있으나 끝이 없는 것
을 비유한 말.

有略其耜
유 략 기 사

有 있을 유 略 날카로울 략 其 그 기 耜 보습 사
날카로운 보습으로 밭을 갊. 즉 새로운 각오로 일을 시
작함. [시경詩經]
▶유략기사 숙재남무(---- 俶載南畝): 날카로운 보습으로
남쪽 양지밭을 갈기 시작하네.

流連荒亡
유 련 황 망

流 흐를 류(유) 連 잇닿을 련 荒 거칠 황 亡=忘 잊
을 망
노는 데 정신이 팔려 집에 돌아갈 줄 모름. [맹자孟子]
▶유(流): 흐름에 따름. 연(連): 배 타며 돌아갈 줄 모름. 황
(荒): 짐승 잡기에만 열중함. 망(亡): 술에 빠짐.

柳綠花紅
유 록 화 홍

柳 버들 류(유) 綠 푸를 록 花 꽃 화 紅 붉을 홍
버들은 푸르고 꽃은 붉음. 봄철의 아름다운 경치. 또는
인공을 가하지 않은 자연 그대로의 상태를 이르는 말.

流離乞食
유 리 걸 식

流 흐를 류(유) 離 떠날 리 乞 빌 걸 食 먹을 식
정처없이 떠돌아다니며 빌어먹는 일. =유리표박(流離漂
泊)

惟利是視 惟 오직 유　利 이로울 리(이)　是 이 시　視 볼 시
유 리 시 시　의리(義理)는 제쳐두고 이익(利益)되는 것만 눈에 보
임. 【춘추좌씨전春秋左氏傳】

幽林穹谷 幽 그윽할 유　林 수풀 림　穹 하늘 궁　谷 골 곡
유 림 궁 곡　그윽하게 깊은 숲, 하늘만 뚫린 깊은 골짜기. 【반고班固의 서
도부西都賦】

唯隣是卜 唯 오직 유　隣 이웃 린　是 이 시　卜 점 복
유 린 시 복　살 곳을 정할 때는 풍수설을 따를 것이 아니라 이웃을
잘 택해야 된다는 말. 【춘추좌씨전春秋左氏傳】

有名無實 有 있을 유　名 이름 명　無 없을 무　實 열매 실
유 명 무 실　이름만 있고 실제는 없음. 소문만 났을 뿐 실속이 없
음. 【한서漢書】

惟命是聽 惟 오직 유　命 명할 명　是 이 시　聽 들을 청
유 명 시 청　무슨 일이든 오직 명령에만 따름.

幽明之理 幽 그윽할 유　明 밝을 명　之 갈 지　理 이치 리
유 명 지 리　관리의 근무 실적이 좋으면 승진시키고 나쁘면 내쫓는
이치.

遊目騁懷 遊 놀 유　目 눈 목　騁 달릴 빙　懷 품을 회
유 목 빙 회　눈을 즐겁게 하고 상상을 마음대로 함.

有無相生 有 있을 유　無 없을 무　相 서로 상　生 살 생
유 무 상 생　유(有)와 무(無)는 서로 공존한다는 뜻. 【노자老子】

有無相通 有 있을 유　無 없을 무　相 서로 상　通 통할 통
유 무 상 통　유(有)와 무(無)가 서로 통함. 있는 것과 없는 것이 서로
융통함. 【사기史記】

有物有則 有 있을 유　物 만물 물　則 법 칙
유 물 유 칙　물건이 있으면 그에 따른 법칙도 있음. 【시경詩經】

維民之章
유 민 지 장

維 오직 유　民 백성 민　之 갈 지　章 밝을 장
백성들의 모범이 됨. [시경詩經]

▶쇄소정내 유민지장(灑掃廷內 ----): 뜰 안을 깨끗이 쓸고
닦아, 백성들의 본보기가 되기를.

流芳百世
유 방 백 세

流 흐를 류(유)　芳 꽃다울 방　百 일백 백　世 대 세
꽃다운 이름을 후세에 길이 전한다는 뜻. [진서晉書]

流辟邪散
유 벽 사 산

流 흐를 류(유)　辟 막힐 벽　邪 간사할 사　散 흩을 산
편벽한 대로, 음사(淫邪)에 흘러 산만하게 됨. [예기禮記]

有服之親
유 복 지 친

有 있을 유　服 옷 복　之 갈 지　親 친할 친
상사(喪事)에서 복(服)을 입는 가까운 친척.

有不如無
유 불 여 무

有 있을 유　不 아닐 불　如 같을 여　無 없을 무
있어도 없는 것이나 같음. 있으나 마나 함.

有備無患
유 비 무 환

有 있을 유　備 갖출 비　無 없을 무　患 근심 환
미리 갖추어 대비하면 걱정이 없음. [서경書經]

▶유비무환 망전필위(---- 忘戰必危): 미리 대비하면 걱정
이 없고, 전쟁을 망각하면 반드시 위험이 닥친다.

有事敢然
유 사 감 연

有 있을 유　事 일 사　敢 감히 감　然 그러할 연
일이 앞에 닥칠 때는 과감해야 함.

游辭巧飾
유 사 교 식

游 놀 유　辭 말씀 사　巧 공교로울 교　飾 꾸밀 식
말을 교묘히 꾸미고 거짓말을 잘함.

有事無業
유 사 무 업

有 있을 유　事 일 사　無 없을 무　業 업 업
일은 있으나 직업은 없음. [춘추좌씨전春秋左氏傳]

有死無二
유 사 무 이

有 있을 유　死 죽을 사　無 없을 무　二 두 이
죽는 한이 있어도 두 마음은 품지 않음.

維師尚父
유 사 상 부

維=惟 오직 유　師 스승 사　尚 숭상할 상　父 아비 부
오직 스승과 부모를 높이고 숭상하는 마음을 가져야
함. [시경詩經]

流觴曲水
유 상 곡 수

流 흐를 류(유)　觴 잔 상　曲 굽을 곡　水 물 수
3월 삼짇날 아홉 구비로 흐르는 곡수에 술잔을 띄우고
시를 짓던 선비들의 풍류 놀이. [왕희지王羲之의 난정서蘭亭敍]

有生於無
유 생 어 무

有 있을 유　生 날 생　於 어조사 어　無 없을 무
유(有)는 무(無)에서 생김. [노자老子]

有善始者
유 선 시 자

有 있을 유　善 착할 선　始 비로소 시　者 사람 자
시작을 잘하는 사람. [정관정요貞觀政要]

▶유선시자 실번(---- 實繁): 시작을 잘하는 사람은 많음.

遊說翩翩
유 세 편 편

遊=游 놀 유　說 달랠 세　翩 빨리 날 편
기민하게 돌아다니면서 유세함.

流水高山
유 수 고 산

流 흐를 류(유)　水 물 수　高 높을 고　山 뫼 산
높은 산으로 물이 흐르기는 어려움. 지기지우를 얻기 어
려움을 비유하는 말.

流水不腐
유 수 불 부

流 흐를 류(유)　水 물 수　不 아닐 불　腐 썩을 부
흐르는 물은 썩지 않음. 늘 변화하고 활동해야 퇴보하지
않음을 비유한 말. [여씨춘추呂氏春秋]

▶유수불부 호추부두(---- 戶樞不蠹): 흐르는 물은 썩지
않고, 문 지도리는 좀이 먹지 않음. 노력하는 자는 퇴보
가 없다는 뜻. 또는 몸을 쉴새없이 움직이는 사람은 몸도
건강해진다는 뜻.

幽囚受辱
유 수 수 욕

幽 그윽할 유　囚 가둘 수　受 받을 수　辱 욕될 욕
감금되어 치욕을 당함.

柔順利貞
유 순 이 정

柔 부드러울 유　順 순할 순　利 이로울 리(이)　貞 곧
을 정
부드럽고 순하면 이롭고 곧다. [역경易經]

▶유순이정 군자유행(---- 君子攸行): 부드럽고 순하면 이
롭고 곧으니, 군자가 행할 바로다.

由是觀之
유 시 관 지

由 말미암을 유　是 이 시　觀 볼 관　之 갈 지
이를 보건데.

有始無終
유 시 무 종

有 있을 유　始 시작 시　無 없을 무　終 마칠 종
시작은 있고 마침은 없음. 시작만 하고 결과를 맺지 못함을 이름. 또는 절개나 지조가 없음을 이름. [진서晉書]

維是褊心
유 시 편 심

維=唯 오직 유　是 이 시　褊 좁을 편　心 마음 심
오직 마음이 성급하고 좁음. [시경詩經]

唯心緣起
유 심 연 기

唯 오직 유　心 마음 심　緣 연줄 연　起 일어날 기
불교 용어. 만법은 일심(一心)에서 연유해서 생기는 것이라는 연기설(緣起說).

唯我獨尊
유 아 독 존

唯 오직 유　我 나 아　獨 홀로 독　尊 높을 존
이 세상에서 오직 나만이 잘났다고 믿는 독선적인 태도를 말함.

由我而死
유 아 이 사

由 말미암을 유　我 나 아　而 말이을 이　死 죽을 사
나로 말미암아 죽음. 자기로 인해 타인이 해를 입음을 이르는 말.

柳暗花明
유 암 화 명

柳 버들 유　暗 어두울 암　花 꽃 화　明 밝을 명
버들은 우거져 그늘이 어둡고 꽃은 피어서 환함. 아름다운 시골의 봄 경치를 말함. [육유陸遊의 시詩]

有耶無耶
유 야 무 야

有 있을 유　耶 어조사 야　無 없을 무
있는 듯 없는 듯함. 일이 흐지부지된 모양을 이름.

幽野險塗
유 야 험 도

幽 그윽할 유　野 들 야　險 험할 험　塗=道 길 도
깊숙한 들에 나 있는 험한 길. [회남자淮南子]

猶魚有水
유 어 유 수

猶 오히려 유　魚 물고기 어　有 있을 유　水 물 수
물고기와 물의 관계. 아주 친밀하여 서로 떨어질 수 없음. 임금과 신하가 친밀한 모양, 또는 부부가 아주 화목한 모양을 이름. [삼국지三國志]

遊魚出聽
유 어 출 청

遊 놀 유　魚 물고기 어　出 날 출　聽 들을 청
헤엄치던 물고기도 나와서 들음. [순자荀子]
▶거문고의 명수(名手) 호파(瓠巴)가 거문고를 타면 물 속에 있던 물고기까지도 물 위에 떠올라 들었다는 고사에서 온 말.

有言不信
유 언 불 신
有 있을 유　言 말씀 언　不 아닐 불　信 믿을 신
말이 있어도 믿어 주지 않음. 【역경易經】

流言蜚語
유 언 비 어
流 흐를 류(유)　言 말씀 언　蜚 바퀴벌레 비　語 말씀 어
아무 근거 없이 떠도는 말.

柔茹剛吐
유 여 강 토
柔 부드러울 유　茹 먹을 여　剛 굳셀 강　吐 토할 토
부드러운 것은 먹고 딱딱한 것은 뱉음. 즉 약한 자는 업신여기고 강한 자는 두려워함을 비유.
▶유역불여 강역불토(柔亦不茹 剛亦不吐): 부드럽다고 삼키지 않으며 딱딱하다고 뱉지 않는다. 약자라고 업신여기지 않고 강자라고 두려워하지 않음을 비유한 말.

猶與未決
유 여 미 결
猶 오히려 유　與 더불어 여　未 아닐 미　決 결단할 결
주저하고 망설이기만 하고 아무런 결단도 내리지 못함. 【사기史記】

有餘涅槃
유 여 열 반
有 있을 유　餘 남을 여　涅 진흙 열　槃 쟁반 반
불교 용어. 온갖 번뇌를 없앴으나 아직 번뇌의 근거가 되는 육신이 남아 있는 경지.
▶열반(涅槃)은 번뇌에서 해탈하고 진리를 궁구하여 불생불멸(不生不滅)의 법을 체득한 경지.

褎如充耳
유 여 충 이
褎 나아갈 유　如 같을 여　充 채울 충　耳 귀 이
웃기만 하고 듣지 않으려 하는 것. 대부(大富)가 옷은 잘 차려 입었으나 덕이 없는 것을 표현하는 말. 【시경詩經】

油然漻然
유 연 유 연
油 기름 유　然 그러할 연　漻 맑고 깊은 모양 류(유)
느릿느릿 나가며 수심에 잠긴 모양. 【장자莊子】

流衍四方
유 연 사 방
流 흐를 류(유)　衍 넘칠 연　四 넉 사　方 모 방
사방으로 흘러넘침. 【후한서後漢書】

攸然而逝
유 연 이 서
攸 바 유　然 그러할 연　而 말이을 이　逝 갈 서
빠른 속도로 가버리는 모양. 【맹자孟子】

469

幽枉必達
유 왕 필 달

幽깊을 유 枉굽을 왕 必반드시 필 達현달할 달
자기를 깊숙하게 굽히는 자는 반드시 현달(賢達)하게
됨. [후한서後漢書]

狃于姦宄
유 우 간 귀

狃친압할 뉴(유) 于어조사 우 姦간사할 간 宄도
둑 귀
간사하고 사악함이 습관이 된 자. [논어論語]

游雲驚龍
유 운 경 룡

游놀 유 雲구름 운 驚놀랄 경 龍용 룡
흐르는 구름과 놀란 용. 잘 쓴 글씨를 말함. [진서晉書]

有隕無貳
유 운 무 이

有있을 유 隕죽을 운 無없을 무 貳두 이
죽는 일이 있더라도 두 마음은 갖지 않음.

柔遠能邇
유 원 능 이

柔부드러울 유 遠멀 원 能능할 능 邇가까울 이
멀리 있는 사람을 잘 달래어 가까이 있는 사람과 친해지
게 함. [서경書經]

猶爲不足
유 위 부 족

猶오히려 유 爲할 위 不아닐 부 足족할 족
오히려 부족함.

有爲轉變
유 위 전 변

有있을 유 爲할 위 轉돌 전 變변할 변
세상 모든 것은 인연에 의해 이루어져, 항시 변하여 잠
시도 머무르지 않음.

有爲之才
유 위 지 재

有있을 유 爲할 위 之갈 지 才재주 재
쓸 만한 재능이 있는 사람.

惟有劒耳
유 유 검 이

惟오직 유 有있을 유 劒칼 검 耳어조사 이
"오직 칼이 있을 뿐!" 법을 어기는 자는 무조건 처벌하
겠다는 뜻.
▶여기서 이(耳)는 어조사로 쓰여 ~뿐, ~따름이라는 뜻.

唯唯諾諾
유 유 낙 락

唯오직 유 諾대답할 락(낙)
명령대로 고분고분 따르기만 함.

悠悠度日
유 유 도 일

悠멀 유 度법도 도 日날 일
하는 일 없이 세월만 보냄.
▶유유(悠悠)는 한가한 모양.

類類相從
유 유 상 종

類무리 류(유) 相서로 상 從따를 종
같은 무리끼리 서로 사귐. [주역周易]

悠悠自適
유 유 자 적

悠멀 유 自스스로 자 適맞을 적
속세를 떠나 아무 거리낌 없이 자기 하고 싶은 대로 하며 살아감.

懰慄不言
유 율 불 언

懰근심할 류(유) 慄두려워할 율 不아닐 불 言말씀 언
근심과 두려움에 싸여 말을 못함. [한서漢書]

褕衣甘食
유 의 감 식

褕좋은 옷 유 衣옷 의 甘달 감 食먹을 식
좋은 옷과 맛있는 음식.

有意無遂
유 의 무 수

有있을 유 意뜻 의 無없을 무 遂이룰 수
뜻을 두었으나 이룰 수 없음. =유의막수(有意莫遂)

幼而不忌
유 이 불 기

幼어릴 유 而말이을 이 不아닐 불 忌꺼릴 기
어리다고 업신여기고 꺼리면 안 됨. [춘추좌씨전春秋左氏傳]

流而不滯
유 이 불 체

流흐를 류(유) 而말이을 이 不아닐 불 滯막힐 체
흐르되 막히지 않음. 하는 일이 진행되나 얽매이지 않음. [회남자淮南子]

謬以千里
유 이 천 리

謬그릇될 류(유) 以써 이 千일천 천 里마을 리
어긋남이 천 리나 됨. [한서漢書]
▶차이호리 유이천리(差以毫釐 ----): 처음에는 조금 어긋났을 뿐이지만, 끝에 가서는 천 리나 어긋나게 됨.

維日不足
유 일 부 족

維바 유 日날 일 不아닐 부 足발 족
하루 종일 힘써도 시간이 모자람. [시경詩經]

孺子可敎
유 자 가 교

孺젖먹이 유 子아들 자 可옳을 가 敎가르칠 교
젊은이가 재주가 있어 가르칠 만함. 열심히 공부하려는 아이를 칭찬하는 말. [십팔사략十八史略]

帷牆之制
유 장 지 제

帷 장막 유　牆 담 장　之 갈 지　制 억제할 제

장막과 담장에 억제당함. 임금이 근신(近臣)과 신첩(臣妾)들에게 자유를 구속당하는 것.

▶유(帷)는 비첩(婢妾)이 있는 곳. 장(牆)은 근신(近臣)이 있는 곳.

窬牆穿穴
유 장 천 혈

窬 협문 유　牆 담 장　穿 뚫을 천　穴 구멍 혈

좁은 문으로 드나들고 담에 구멍을 뚫음. 남의 여자를 탐내 몰래 들어가서 엿봄. =유장찬극(窬牆鑽隙)

流滴垂冰
유 적 수 빙

流 흐를 류(유)　滴 물방울 적　垂 드리울 수　冰=氷 얼음 빙

흐르는 물방울에 얼음을 드리움. 또는 흐르는 물방울이 얼음같이 참. [사혜련謝惠連의 설부雪賦]

惟適之安
유 적 지 안

惟 오직 유　適 맞을 적　之 갈 지　安 편안 안

오직 자기의 마음 맞음에 만족함. 제 맘이 맞음에 만족하여 편안히 지냄.

有靦面目
유 전 면 목

有 있을 유　靦 부끄러워할 전　面 낯 면　目 눈 목

부끄러워하는 빛이 얼굴에 나타남.

惟精惟一
유 정 유 일

惟 오직 유　精 일은 쌀 정　一 한 일

오직 한 가지 일에만 마음을 쏟음. 즉 인심(人心)과 도심(道心)을 구별하고 살피어, 본 마음이 향할 바른 길을 전일(專一)하게 지켜 나감. [서경書經]

柔情綽態
유 정 작 태

柔 부드러울 유　情 뜻 정　綽 너그러울 작　態 태도 태

부드러운 정과 너그러운 태도. [조식曹植의 시詩]

有條不紊
유 조 불 문

有 있을 유　條 조리 조　不 아닐 불　紊 어지러울 문

조리(條理)가 있고 문란(紊亂)하지 않음. [서경書經]

有終完美
유 종 완 미

有 있을 유　終 마칠 종　完 완전할 완　美 아름다울 미

끝까지 일을 잘 처리하여 결과가 훌륭함을 이름. 일의 끝이 완벽함. [서경書經]

宥坐之器
유 좌 지 기

宥 너그러울 유=佑 도울 우　坐 앉을 좌　之 갈 지　器 그릇 기

항상 곁에 두고 훈계를 삼는 그릇. [공자가어孔子家語]

有酒無量
유 주 무 량

有 있을 유　酒 술 주　無 없을 무　量 헤아릴 량

한없이 많이 마시는 주량. [논어論語]

有志竟成
유 지 경 성

有 있을 유　志 뜻 지　竟 마침내 경　成 이룰 성

뜻이 있으면 필경에는 성공함. [후한서後漢書]

有妻娶妻
유 처 취 처

有 있을 유　妻 아내 처　娶 장가 갈 취

아내가 있으면서 또 장가를 가서 아내를 얻음.

有恥且格
유 치 차 격

有 있을 유　恥 부끄러울 치　且 또 차　格 바로잡을 격

수치를 알고 선의 경지에 다다름. 또는 불선(不善)을 부끄러워할 줄 알아야 바르게 된다는 말. [논어論語]

唯稱好鬚
유 칭 호 수

唯 오직 유　稱 훌륭할 칭　好 좋을 호　鬚 수염 수

내세울 만한 재능이 없고 오직 수염만 훌륭한 사내.

有他不燕
유 타 불 연

有 있을 유　他 다를 타　不 아닐 불　燕 편안할 연

다른 것이 있으면 편안하지 않음. [역경易經]

柳嚲鶯嬌
유 타 앵 교

柳 버들 류(유)　嚲 휘늘어질 타　鶯 꾀꼬리 앵　嬌 아리따울 교

버들가지는 휘늘어지고 꾀꼬리 소리가 아리따움. 봄 경치가 아름다움을 형용한 말. [잠참岑參의 시詩]

踰波趨浥
유 파 추 읍

踰 넘을 유　波 물결 파　趨 달릴 추　浥 젖을 읍

물결을 넘고 달려 젖음. [한서漢書]

俞扁之術
유 편 지 술

俞 나을 유　扁 두루 편　之 갈 지　術 재주 술

명의(名醫) 유부(俞跗)와 편작(扁鵲)의 의술. 황제(黃帝) 헌원씨(軒轅氏) 때의 명의 유부와 주(周)나라 때 명의 편작의 뛰어난 의술. [사기史記]

遺風餘烈
유 풍 여 렬

遺 남길 유　風 바람 풍　餘 남을 여　烈 매울 렬

후세에 남길 훌륭한 공적. [송서宋書]

遊必有方
유 필 유 방
遊 놀 유　必 반드시 필　有 있을 유　方 모 방
부모를 떠나 멀리 갈 때는 가는 방향을 명확히 해야 함.

游必就士
유 필 취 사
游 놀 유　必 반드시 필　就 나아갈 취　士 선비 사
교유할 상대는 반드시 훌륭한 사람을 택함. [안자晏子]
▶취(就)는 그 사람에게 나아가 가르침을 청한다는 뜻.

有何面目
유 하 면 목
有 있을 유　何 어찌 하　面 낯 면　目 눈 목
사람 대할 면목이 없음. [사기史記]

幼學之士
유 학 지 사
幼 어릴 유　學 배울 학　之 갈 지　士 선비 사
어려서부터 학문을 하는 사람. [소학小學]

游閑公子
유 한 공 자
游 놀 유　閑 한가할 한　公 공변될 공　子 아들 자
의식 걱정이 없이 한가롭게 놀고 지내는 부귀한 집안의
자제.

幽閑靜貞
유 한 정 정
幽 그윽할 유　閑 한가할 한　靜 고요할 정　貞 곧을 정
부인의 마음씨가 얌전하고 정조가 곧음.

忸行無義
유 행 무 의
忸 익숙해질 뉴(유)　行 갈 행　無 없을 무　義 옳을 의
나쁜 행동에 익숙해지면 의로움이 없어짐. [후한서後漢書]
▶유행(忸行): 버릇이 된 나쁜 행동.

猶賢乎已
유 현 호 이
猶 오히려 유　賢 어질 현　乎 어조사 호　已 이미 이
안 하는 것보다는 나음.

流血狼藉
유 혈 낭 자
流 흐를 류(유)　血 피 혈　狼 어지러울 랑(낭)　藉 깔
자
흐르는 피가 어지럽게 깔림. =유혈임리(流血淋漓)

流血成川
유 혈 성 천
流 흐를 류(유)　血 피 혈　成 이룰 성　川 내 천
피가 흘러 내를 이룸. 전쟁이 치열해 사상자가 많음을
비유. [전국책戰國策]

流血漂鹵
유 혈 표 로
流 흐를 류(유)　血 피 혈　漂 뜰 표　鹵 방패 로
흐르는 피에 방패가 떠다님. [전국책戰國策] =유혈표저(流
血漂杵)

流血漂杵
유 혈 표 저
流흐를 류(유) 血피 혈 漂뜰 표 杵공이 저
전사자가 흘린 피에 방앗공이가 떠내려감. 전투가 격렬
했음을 형용하는 말. 【맹자孟子】

有形無跡
유 형 무 적
有있을 유 形형상 형 無없을 무 跡발자취 적
혐의는 있으나 증거가 드러나지 않음.

惟恍惟惚
유 황 유 홀
惟오직 유 恍황홀할 황 惚문득 홀
미묘하여 헤아려 알기 어려운 모양. =황홀(恍惚) 【노자老
子】

六經注我
육 경 주 아
六여섯 육 經경서 경 注물댈 주 我나 아
육경은 내 마음의 주석. 【송사宋史】

▶육경(六經): 역경(易經), 서경(書經), 시경(詩經), 주례(周
禮), 예기(禮記), 춘추(春秋).

▶육경주아 아주육경(---- 我注六經): 육경은 내 마음의
주석(注釋)이 되고, 내 마음이 육경의 주석이기도 하다.

▶송(宋)나라의 육구연(陸九淵)이 돈오(頓悟: 문득 깨달음)
하여 얻었다는 말에서 비롯됨.

六根淸淨
육 근 청 정
六여섯 육 根뿌리 근 淸맑을 청 淨깨끗할 정
진리를 깨달아 물욕이 없어 육근이 깨끗함.

▶육근(六根): 사람을 미혹(迷惑)하여 생기는 욕심의 여섯
가지 뿌리. 눈(眼), 귀(耳), 코(鼻), 혀(舌), 몸(身), 마음(意).

肉袒負荊
육 단 부 형
肉고기 육 袒벗을 단 負질 부 荊가시 형
맨살이 드러난 등에 태형(笞刑)에 쓰이는 형장(刑杖)을
지고 '이것으로 때려 달라'고 사죄를 표하는 행위. 【사기史
記】

肉袋飯囊
육 대 반 낭
肉고기 육 袋부대 대 飯밥 반 囊주머니 낭
고기주머니와 밥주머니. 아무 재주도 없고, 하는 일 없
이 먹기만 하는 사람을 말함. 【통속편通俗編】 =주낭반대(酒
囊飯袋)

六韜三略
육 도 삼 략

六 여섯 육　韜 감출 도　三 석 삼　略 대략 략

태공망(太公望)이 지었다는 육도(六韜)와 삼략(三略). 고대부터 중시하던 유명한 병서(兵書).

▶육도(六韜): 문도(文韜), 무도(武韜), 용도(龍韜), 호도(虎韜), 표도(豹韜), 견도(犬韜)

▶삼략(三略): 상략(上略), 중략(中略), 하략(下略)

肉林脯林
육 림 포 림

肉 고기 육　林 수풀 림　脯 말린 고기 포

고기와 말린 고기를 숲같이 늘어놓음. 아주 푸짐한 연회를 일컫는 말.

肉薄骨幷
육 박 골 병

肉 고기 육　薄 엷을 박　骨 뼈 골　幷 나란할 병

많은 사람이 서로 몸이 닿을 정도로 모임. 또는 육박전으로 적을 공격함. [원사元史]

肉腐出蟲
육 부 출 충

肉 고기 육　腐 썩을 부　出 날 출　蟲 벌레 충

고기가 썩으면 벌레가 생김. 모든 일은 근본이 잘못되면 화가 생긴다는 말. [순자荀子]

六十甲子
육 십 갑 자

六 여섯 육　十 열 십　甲 갑옷 갑　子 아들 자

10천간(千干)과 12지지(地支)를 차례로 맞추어 일주(一周)를 60으로 함.

▶10천간(千干): 갑(甲), 을(乙), 병(丙), 정(丁), 무(戊), 기(己), 경(庚), 신(辛), 임(壬), 계(癸)

▶12지지(地支): 자(子), 축(丑), 인(寅), 묘(卯), 진(辰), 사(巳), 오(午), 미(未), 신(申), 유(酉), 술(戌), 해(亥)

六十四卦
육 십 사 괘

六 여섯 육　十 열 십　四 넉 사　卦 괘 괘

역(易)의 괘. 복희씨(伏羲氏)가 8괘를 짓고, 후인이 8괘를 겹쳐 8 x 8=64괘를 지음. 즉 상괘 30, 하괘 34. 합해서 64괘가 됨.

蓼莪之詩
육 아 지 시

蓼 장성할 육　莪 지칭개 아　之 갈 지　詩 시 시

육아(蓼莪)의 시. 부역으로 가장이 멀리 나가 있어 부모를 봉양치 못하고, 부모가 죽은 후 돌아와서 그 슬픔을 절절히 읊은 시를 말함. [시경詩經]

六字名號
육 자 명 호

六 여섯 육 字 글자 자 名 이름 명 號 이름 호
부처님의 명호인 '나무아미타불(南無阿彌陀佛)'의 여섯
자를 이름.

陸地行船
육 지 행 선

陸 뭍 육 地 땅 지 行 갈 행 船 배 선
육지에서 배를 저어감. 되지도 않을 일을 억지로 고집
부려서 하는 것을 말함.

六尺之孤
육 척 지 고

六 여섯 육 尺 자 척 之 갈 지 孤 외로울 고
15세 이하의 고아. 또는 부왕의 상중에 있는 어린 임
금. [논어論語]

六波羅密
육 파 라 밀

六 여섯 육 波 물결 파 羅 비단 라 密 빽빽할 밀
불교의 선보(善報)로 열반(涅槃: 불생불멸의 경지)에 이르
는 여섯 가지 수행 단계. 즉 보시(布施)-지계(持戒)-인욕
(忍辱)-정진(精進)-선정(禪定)-지혜(智慧)를 이름.

六合同風
육 합 동 풍

六 여섯 육 合 합할 합 同 한가지 동 風 바람 풍
천하가 통일되어 풍속과 교화가 같아짐. [한서漢書]

允恭克謹
윤 공 극 근

允 진실로 윤 恭 공손할 공 克 이길 극 謹 삼갈 근
진실로 공경하고 삼감. [서경書經]

允文允武
윤 문 윤 무

允 진실로 윤 文 글 문 武 굳셀 무
진실로 문(文)이 있고, 진실로 무(武)가 있도다. 문무를
겸비한 천자의 덕을 칭송하는 말. [시경詩經]

綸言如汗
윤 언 여 한

綸 벼리 륜(윤) 言 말씀 언 如 같을 여 汗 땀 한
땀이 몸 속으로 다시 들어갈 수 없는 것같이 일단 내려
진 윤언(임금의 명령)은 거둘 수 없다는 말. [한서漢書]

允執其中
윤 집 기 중

允 진실로 윤 執 잡을 집 其 그 기 中 가운데 중
진실로 그 중용을 잡아 지킴.

律度量衡
율 도 양 형

律 법 률(율) 度 법도 도 量 헤아릴 량(양) 衡 저울
대 형
길이, 무게, 양을 재는 저울.
▶율(律): 음률(音律), 도(度): 자=척도(尺度), 양(量): 말(斗),
형(衡): 무게.

戎馬生郊
융 마 생 교
戎 되 융 馬 말 마 生 날 생 郊 성 밖 교
군마가 국경에서 태어남. 이웃나라와의 전쟁이 끊이지
않음을 형용하는 말. [노자老子]

隆準龍眼
융 절 용 안
隆 솟을 융 準 콧마루 절 龍 용 룡(용) 眼 눈 안
우뚝 솟은 콧날과 용의 눈. 한(漢) 고조 유방(劉邦)의 용
모. [사기史記]

融通無碍
융 통 무 애
融 화할 융 通 통할 통 無 없을 무 碍=礙 거리낄 애
자유자재로 변통되고, 아무 거리낌 없이 일이 매끄럽게
진행됨.

融會貫通
융 회 관 통
融 화할 융 會 모을 회 貫 꿸 관 通 통할 통
소상히 이해하여 사물에 조리정연하게 꿰뚫음.

殷鑑不遠
은 감 불 원
殷 은나라 은 鑑 거울 감 不 아닐 불 遠 멀 원
은(殷)나라가 거울로 삼아야 할 일은 멀리 있지 않음. 하
(夏)의 걸왕(桀王)이 어질지 못한 정치로 패망한 일을 거
울로 삼아 경계해야 한다는 말. [시경詩經]

隱居放言
은 거 방 언
隱 숨을 은 居 살 거 放 놓을 방 言 말씀 언
숨어 살면서 말을 함부로 함. [논어論語]

隱几而臥
은 궤 이 와
隱 숨을 은 几 안석 궤 而 어조사 이 臥 누을 와
안석에 기대어 눕다. [맹자孟子]

慇懃無禮
은 근 무 례
慇 근심할 은 懃 은근할 근 無 없을 무 禮 예절 례
지나치게 겸손하고 정중하게 대접함은 오히려 예의에
어긋남.

銀鱗玉尺
은 린 옥 척
銀 은 은 鱗 비늘 린 玉 구슬 옥 尺 자 척
은빛 비늘의 옥척과 같이 모양이 좋은 큰 물고기. 물고
기를 미화한 표현.

隱不違親
은 불 위 친
隱 숨을 은 不 아닐 불 違 벗어날 위 親 어버이 친
은거해 살아도 어버이 섬기는 것을 게을리하지 않음.

恩讐分明
은 수 분 명
恩 은혜 은 讐 원수 수 分 나눌 분 明 밝을 명
은혜와 원수를 분명히 구별하여 갚음.

478

恩甚怨生
은 심 원 생
恩 은혜 은　甚 심할 심　怨 원망할 원　生 날 생
은혜를 지나치게 베풀면 도리어 원망을 삼.

隱惡揚善
은 악 양 선
隱 숨을 은　惡 악할 악　揚 날릴 양　善 착할 선
나쁜 점을 감추고 좋은 점을 드러냄. 【중용中庸】

恩威竝行
은 위 병 행
恩 은혜 은　威 위엄 위　竝 아우를 병　行 갈 행
은혜로움과 위엄을 아울러 베품. 【용재속필容齋續筆】

慭遺一老
은 유 일 로
慭 억지로 은　遺 남길 유　一 한 일　老 늙을 로
억지로라도 노인 한 명은 남겨 두고 싶다는 말. 【시경詩經】
▶이때의 노인은 많은 경력을 쌓아 노련하고 의젓한 사람
　을 이름.

隱忍自重
은 인 자 중
隱 숨을 은　忍 참을 인　自 스스로 자　重 무거울 중
괴로움을 숨기고 참으며 몸가짐을 조심함.

隱情以虞
은 정 이 우
隱 숨을 은　情 뜻 정　以 써 이　虞 헤아릴 우
마음을 드러내지 않고 혼자 생각함. 【예기禮記】

殷覜曰視
은 조 왈 시
殷 깊을 은　覜 바라볼 조　曰 가로 왈　視 볼 시
깊이 바라보아야 잘 볼 수 있음. 【주례周禮】

隱志相及
은 지 상 급
隱 숨을 은　志 뜻 지　相 서로 상　及 미칠 급
염려하는 마음이 서로 미침. 서로 염려한다는 말. 【여씨춘
추呂氏春秋】

淫談悖說
음 담 패 설
淫 음탕할 음　談 말씀 담　悖 어그러질 패　說 말씀 설
음탕하고 상스러운 이야기.

陰德陽報
음 덕 양 보
陰 그늘 음　德 큰 덕　陽 볕 양　報 갚을 보
남모르게 덕행을 쌓은 사람은 훗날 드러나게 그 보답을
받음. 【설원說苑】

飮水思源
음 수 사 원
飮 마실 음　水 물 수　思 생각 사　源 물근원 원
물을 마시면서 물의 근원을 생각함. 근본을 잊지 않음을
비유한 말.

飲食之人
음 식 지 인

飲 마실음 食 먹을식 之 갈지 人 사람인
오로지 먹고 마시는 것만 생각하는 사람. 본능만 가지고
행동하는 사람을 말함. [맹자孟子]

音與政通
음 여 정 통

音 소리음 與 더불여 政 다스릴정 通 통할통
음악과 정치는 서로 통함. 즉 치세의 음악은 안락(安樂),
난세의 음악은 원서(怨恕), 망국의 음악은 애사(哀思)의
뜻을 품음. [예기禮記]

淫雨漏河
음 우 누 하

淫 음란할음=陰 음산할음 雨 비우 漏 샐루(누)
河 물하
음산한 비가 내려 냇물로 새어듦. [사기史記]

陰雨之備
음 우 지 비

陰 그늘음 雨 비우 之 갈지 備 갖출비
장맛비를 대비함. 미리 위험을 대비한다는 말.

陰雨晦冥
음 우 회 명

陰 그늘음 雨 비우 晦 그믐회 冥 어두울명
구름이 하늘을 덮고, 비가 내려 캄캄함. 난세를 비유하
는 말.

淫爲大罰
음 위 대 벌

淫 음란할음 爲 할위 大 큰대 罰 벌줄벌
음탕한 것을 가장 크게 벌함. [열녀전列女傳]

陰柔害物
음 유 해 물

陰 그늘음 柔 부드러울유 害 해할해 物 만물물
유순해 보이나 속에는 남을 해치려는 간사한 마음이 있
음. [당서唐書]

淫泆枝柱
음 일 지 주

淫 음란할음 泆 끓을일 枝 가지지 柱 기둥주
음탕함이 끓어넘쳐 가지와 기둥에 닿음. [한서漢書]

淫者好酸
음 자 호 산

淫 음란할음 者 사람자 好 좋을호 酸 실산
음탕한 자는 신 것을 좋아함.

飲酒濡首
음 주 유 수

飲 마실음 酒 술주 濡 젖을유 首 머리수
머리가 젖도록 술을 마심. 술을 한없이 마심을 비유하는
말. [역경易經]

飲酒之飫
음 주 지 어

飲 마실음 酒 술주 之 갈지 飫 물릴어
물리도록 술과 음식을 먹고 마심. [시경詩經]

飮至策勳
음 지 책 훈
飮 마실 음　至 이를 지　策 대쪽 책　勳 공훈
싸움에 이기고 돌아와 종묘에 이르러 술을 올리어 고하고 공훈을 기록함.

吟風弄月
음 풍 농 월
吟 읊을 음　風 바람 풍　弄 희롱할 롱(농)　月 달 월
맑은 바람을 쐬며 노래를 읊조리고, 밝은 달을 보며 풍월의 시를 짓거나 읊음. [송사宋史] ＝음풍영월(吟風咏月)

飮河滿腹
음 하 만 복
飮 마실 음　河 물 하　滿 가득할 만　腹 배 복
시궁쥐는 강물을 조금만 마시고도 배가 차면 만족함. 분수에 만족할 줄 알아야 한다는 말. [장자莊子]

飮灰洗胃
음 회 세 위
飮 마실 음　灰 재 회　洗 씻을 세　胃 밥통 위
재를 마시고 위를 씻음. 마음을 고쳐 먹는다는 뜻. [남사南史]

邑各不同
읍 각 부 동
邑 고을 읍　各 각각 각　不 아닐 부　同 한가지 동
규칙이나 풍속이 고을마다 다름. 사람마다 의견이 다 다르다는 말.

邑犬群吠
읍 견 군 폐
邑 고을 읍　犬 개 견　群 무리 군　吠 짖을 폐
고을의 개들이 떼지어 짖음. 소인배들이 남을 비난하는 것을 비유하는 말. [초사楚辭]

泣涙想望
읍 루 상 망
泣 울 읍　涙 눈물 루　想 생각 상　望 바라볼 망
눈물 흘리며 상대를 생각하며 바라봄. [후한서後漢書]

挹而損之
읍 이 손 지
挹 뜰 읍　而 말이을 이　損 덜 손　之 갈 지
자기의 감정을 누르고 겸손하게 물러섬. [순자荀子]

泣斬馬謖
읍 참 마 속
泣 울 읍　斬 벨 참　馬 말 마　謖 빼어날 속
울면서 마속(馬謖)을 벰. 공정한 처리를 위해 사사로운 정을 버린다는 말.
▶촉(蜀)의 제갈량(諸葛亮)은 평소 마속(馬謖)을 아꼈으나, 명령을 어겨 가정(街亭) 싸움에서 패전하고 만 마속에게 죽음으로써 책임을 물어 공정한 처리를 한 고사에서 온 말.[삼국지三國志]

泣涕漣漣
읍 체 연 련
泣 울 읍　涕 눈물 체　漣 눈물 흘릴 련(연)
눈물을 주룩주룩 흘리는 모양. [시경詩經]

挹彼注茲
읍 피 주 자
挹 뜰 읍　彼 저 피　注 물댈 주　茲 자리 자
물을 떠다 필요한 곳에 부어 줌. 즉 부족한 곳을 메워
줌. [시경詩經]

泣血漣如
읍 혈 연 여
泣 울 읍　血 피 혈　漣 눈물 흘릴 련(연)　如 같을 여
눈물과 피가 함께 흐름. [역경易經]
▶연여(漣如): 눈물이 흐르는 모양.

鷹犬之任
응 견 지 임
鷹 매 응　犬 개 견　之 갈 지　任 맡길 임
매나 개처럼 남에게 부림을 당하는 소임. [후한서後漢書]

鷹拏燕雀
응 나 연 작
鷹 매 응　拏 잡을 나　燕 제비 연　雀 참새 작
매가 제비와 참새를 잡음. 하찮은 상대에게 맹위를 떨치
고 멋을 부림을 이름. [통속편通俗編]

應對無滯
응 대 무 체
應 응할 응　對 대할 대　無 없을 무　滯 막힐 체
사람을 응대하되 머뭇거리지 않음. [후한서後漢書]

應對如流
응 대 여 류
應 응할 응　對 대할 대　如 같을 여　流 흐를 류
물 흐르듯 응하여 대답함. [남사南史]

應圖受籙
응 도 수 록
應 응할 응　圖 그림 도　受 받을 수　籙 책 상자 록
도록(圖籙)에 응하여 천명을 받아 천자가 됨을 이르는
말. [구당서舊唐書]
▶도록(圖籙): 미래의 길흉화복과 운명을 예언한 기록. 도
(圖)는 하도(河圖)를 말함.

應病與藥
응 병 여 약
應 응할 응　病 병 병　與 줄 여　藥 약 약
병에 따라 약을 알맞게 주어야 한다는 말. 상대의 교양,
학문의 정도에 따라 알맞은 설법을 해야 한다는 뜻.

應符之兆
응 부 지 조
應 응할 응　符 부신 부　之 갈 지　兆 조짐 조
부명(符命)에 나타난 임금이 될 조짐. [후한서後漢書]

應聲粉潰
응 성 분 궤
應 응할 응　聲 소리 성　粉 가루 분　潰 무너질 궤
소리를 지르자 가루가 날리듯 무너져 내림. [마용馬融의 운
포부雲蒲賦]

應有盡有
응 유 진 유
應 응할 응　有 있을 유　盡 다할 진
응당 있어야 할 것은 모두 다 있음. [남사南史]

凝粧盛飾
응 장 성 식
凝 엉길 응　粧 단장할 장　盛 왕성할 성　飾 꾸밀 식
얼굴을 단장하고 옷을 훌륭하게 차려 입음.

應田縣鼓
응 전 현 고
應 응할 응　田 밭 전　縣=懸 매달 현　鼓 북 고
작은 북과 큰 북을 매달고 침. [시경詩經]

▶응전(應田): 작은 북과 큰 북.

應接不暇
응 접 불 가
應 응할 응　接 이을 접　不 아닐 불　暇 겨를 가
일일이 대답할 틈이 없음. 아주 바쁜 모양을 이름. [세설신
어世說新語]

應天順人
응 천 순 인
應 응할 응　天 하늘 천　順 순할 순　人 사람 인
하늘 뜻에 순응하고, 백성의 뜻에 순종함. [역경易經]

應弦而倒
응 현 이 도
應 응할 응　弦 활시위 현　而 말이을 이　倒 넘어질 도
활시위 소리가 날 때마다 적이 넘어짐. 쏜 화살이 모두
명중한다는 말. [사기史記]

衣冠之會
의 관 지 회
衣 옷 의　冠 갓 관　之 갈 지　會 모일 회
문물(文物)과 예의가 열린 사회.

懿厥哲婦
의 궐 철 부
懿 아름다울 의　厥 그 궐　哲 밝을 철　婦 며느리 부
아름다우며 예의와 행실이 밝은 부녀자. [시경詩經]

衣錦褧衣
의 금 경 의
衣 옷 의　錦 비단 금　褧=絅 홑옷 경
비단 저고리 위에 홑옷을 덮어 입음. 군자가 미덕은 있
으나 이를 자랑하지 않음을 비유하는 말. [시경詩經]

▶의금경의 금상경의(---- 裳錦褧衣): 비단 저고리 위에 홑
옷을 덮어 입고, 비단 치마 위에 홑치마를 입네.

▶경의(褧衣): 비단 옷의 화려함을 가리기 위해 그 위에 걸
쳐 입는 홑옷.

ㅇ

483

衣錦尙絅
의 금 상 경
衣 옷 의　錦 비단 금　尙 오히려 상　絅 홑옷 경
화려함을 피하고자 비단옷 위에 엷은 홑옷을 걸침. 즉
군자는 미덕이 있어도 드러내지 않음. [중용中庸]

衣錦夜行
의 금 야 행
衣 옷 의　錦 비단 금　夜 밤 야　行 갈 행
비단옷을 입고 밤길을 감. 출세하고도 고향에 알리지 않
음을 이름. [한서漢書]

衣錦晝行
의 금 주 행
衣 옷 의　錦 비단 금　晝 낮 주　行 갈 행
비단옷을 입고 낮길을 감. 즉 출세하여 영광스럽게 고향
으로 돌아간다는 말.

衣錦之榮
의 금 지 영
衣 옷 의　錦 비단 금　之 갈 지　榮 영화 영
비단옷을 입고 고향으로 돌아가는 영예.

意氣相投
의 기 상 투
意 뜻 의　氣 기운 기　相 서로 상　投 던질 투
서로 마음이 맞음.

意氣銷沈
의 기 소 침
意 뜻 의　氣 기운 기　銷 녹일 소　沈 잠길 침
드세던 의기가 사그러짐. =의기저상(意氣沮喪)

意氣揚揚
의 기 양 양
意 뜻 의　氣 기운 기　揚 날릴 양
득의한 마음이 얼굴에 나타나는 모양. [사기史記]

意氣自若
의 기 자 약
意 뜻 의　氣 기운 기　自 스스로 자　若 같을 약
의기가 조금도 꺾이지 않음. [후한서後漢書]

意氣自如
의 기 자 여
意 뜻 의　氣 기운 기　自 스스로 자　如 같을 여
안정되어 의기가 흔들리지 않음. 평소와 조금도 다름이
없음. [사기史記]

意氣衝天
의 기 충 천
意 뜻 의　氣 기운 기　衝 찌를 충　天 하늘 천
의기가 하늘을 찌름.

猗儺其枝
의 나 기 지
猗 아름다울 의　儺 공손할 나　其 그 기　枝 가지 지
부드럽고 아름다운 그 가지. [시경詩經]

議論風生
의 논 풍 생
議 의논할 의　論 의논할 논　風 바람 풍　生 날 생
의논이 바람처럼 잇달아 일어남.

椅桐梓漆
의 동 재 칠

椅 의나무 의 桐 오동나무 동 梓 가래나무 재 漆 옷
나무 칠

의나무, 오동나무, 가래나무, 옷나무를 심다. 【시경詩經】

▶의동재칠 원벌금슬(---- 爰伐琴瑟): 의, 오동, 가래, 옷나
무를 심어 이를 베어내어 거문고, 비파를 만드세.

衣履弊穿
의 리 폐 천

衣 옷 의 履 신 리 弊 떨어질 폐 穿 뚫을 천

옷은 떨어지고 신발에는 구멍이 뚫림. 가난하여 보잘 것
없는 초라한 행색을 말함. 【장자莊子】

倚馬可待
의 마 가 대

倚 의지할 의 馬 말 마 可 옳을 가 待 기다릴 대

말에 기대어 글을 지음. 빠르게 잘 짓는 글 재주를 말함.

意馬心猿
의 마 심 원

意 뜻 의 馬 말 마 心 마음 심 猿 원숭이 원

뜻은 말같이 달리고, 마음은 원숭이같이 설렘. 마음속이
차분히 진정되지 아니하는 모양.

倚馬七紙
의 마 칠 지

倚 의지할 의 馬 말 마 七 일곱 칠 紙 종이 지

말에 기댄 채 일곱 장 종이를 메울 정도의 글을 지음. 아
주 뛰어난 문재를 비유하는 말. 【세설신어世說新語】

宜無悔怒
의 무 회 노

宜 마땅 의 無 없을 무 悔 후회할 회 怒 성낼 노

마땅히 노하거나 후회하는 일이 없어야 함. 【시경詩經】

醫門多疾
의 문 다 질

醫 의원 의 門 문 문 多 많을 다 疾 병 질

의원의 집 앞에는 병자가 많이 모임. 【장자莊子】

倚門而望
의 문 이 망

倚 의지할 의 門 문 문 而 말이을 이 望 바랄 망

문에 기대어 자식을 기다림. 자식에 대한 부모의 마음을
이름. 【전국책戰國策】 =의려지망(倚閭之望)

意味深長
의 미 심 장

意 뜻 의 味 맛 미 深 깊을 심 長 길 장

말이나 글의 뜻이 매우 깊음. 【논어論語】

衣鉢相傳
의 발 상 전

衣 옷 의 鉢 바릿대 발 相 서로 상 傳 전할 전

제자가 스승의 불법과 도를 잇는 것을 말함.

▶의(衣)는 가사(袈裟)로, 장삼 위에 걸치는 옷. 발(鉢)은 탁
발(托鉢)로, 스님이 불경을 외우며 동냥하는 것. 선종(禪
宗)의 시조 달마대사가 불법의 진리를 제자 혜가(慧可)에
게 전수할 때 의발(衣鉢)을 전해 준 것이 시초이다.

倚辯之才
의 변 지 재

倚의지할의 辯말잘할변 之갈지 才재주재
변설에 뛰어난 재주를 말함.

蟻封穴雨
의 봉 혈 우

蟻개미의 封봉할봉 穴구멍혈 雨비우
개미가 구멍을 막으면 비가 옴. 개미가 비 올 것을 미리
안다는 뜻.

衣不重帛
의 부 중 백

衣옷의 不아닐부 重거듭중 帛비단백
비단옷을 껴입지 않음. 부귀하나 검소함을 이르는 말.

衣不解帶
의 불 해 대

衣옷의 不아닐불 解풀해 帶띠대
옷을 벗고 띠를 풀지 않음. 부모가 우환(憂患)이 있을 시
에 자식이 정성을 다하는 모양을 이름. [소학小學]

疑事無功
의 사 무 공

疑의심의 事일사 無없을무 功공공
의심을 품고 일을 하면 성공치 못함. [사기史記]

衣裳之治
의 상 지 치

衣옷의 裳치마상 之갈지 治다스릴치
의식의 법을 정하지 아니하고 덕에 의해 백성을 교화시
키는 것을 말함. [역경易經]

衣裳之會
의 상 지 회

衣옷의 裳치마상 之갈지 會모일회
예복을 갖춰 입은 사람들의 모임. 즉 평화적인 회담을
말함. [춘추곡량전春秋穀梁傳]

衣裳綻裂
의 상 탄 열

衣옷의 裳치마상 綻터질탄 裂찢을열
옷이 터지고 찢어짐. 즉 입은 옷이 남루함. [예기禮記]

衣繡晝行
의 수 주 행

衣옷의 繡수놓을수 晝낮주 行갈행
수놓은 비단 옷을 입고 대낮에 길을 감. 출세하여 부귀
한 몸으로 고향을 찾아감을 비유. =의금주행(衣錦晝行)

倚玉之榮
의 옥 지 영

倚의지할의 玉구슬옥 之갈지 榮영화영
혼인(婚姻) 맺음을 기뻐하고 영광스레 여김.

劓刖椓黥
의 월 탁 경

劓코벨의 刖뒤꿈치벨월 椓칠탁 黥묵형할경
코 베고, 뒤꿈치를 자르고, 몽둥이로 때리고, 먹물로 새
김. 즉 가혹한 형벌을 말함. [서경書經]

486

薏苡之讒
의 이 지 참

薏 율무 의 苡 질경이 이 之 갈 지 讒 참소할 참
사실무근한 일로 참소 받는 일을 말함. 【후한서後漢書】

▶후한(後漢)의 장군 마원(馬援)이 교지(交趾:월남지방)를 정벌하고 돌아올 때, 율무가 몸에 좋다고 수레에 싣고 왔는데 사람들이 진귀한 구슬을 싣고 왔다고 참소한 고사에서 나온 말.

疑者厥之
의 자 궐 지

疑 의심 의 者 사람 자 厥 그 궐 之 갈 지
의심스러운 일을 억지로 캘 필요가 없다는 말.

醫者意也
의 자 의 야

醫 의원 의 者 사람 자 意 뜻 의 也 어조사 야
의술의 깊은 경지는 마음으로 깨달아야지, 말로 전할 수 없다는 말.

意匠慘憺
의 장 참 담

意 뜻 의 匠 장인 장 慘 참혹할 참 憺 참담할 담
시문, 예술 작품을 제작하기 위해 애쓰고 고민하는 것을 이름. 【두보杜甫의 시詩】

意在言外
의 재 언 외

意 뜻 의 在 있을 재 言 말씀 언 外 밖 외
말 밖에 뜻이 있음. 직접 표현된 언어와 다른 의미를 지닌다는 말.

意在筆先
의 재 필 선

意 뜻 의 在 있을 재 筆 붓 필 先 먼저 선
뜻이 붓끝에 나타남.

意轉心回
의 전 심 회

意 뜻 의 轉 돌 전 心 마음 심 回 돌 회
뜻을 돌리고 마음을 바꿈.

擬足投跡
의 족 투 적

擬 헤아릴 의 足 발 족 投 던질 투 跡 발자취 적
발 디딜 곳을 살피며 걸음. 두려움으로 조심하여 걸어가는 것을 이름.

意中之人
의 중 지 인

意 뜻 의 中 가운데 중 之 갈 지 人 사람 인
마음속에 품고 있는 사람. 마음속으로 좋아하고 있는 사람.

衣則裋褐
의 즉 수 갈

衣 옷 의 則 곧 즉 裋 해진 옷 수 褐 털옷 갈
입고 있는 옷이라고는 해진 털옷뿐. 【열자列子】

議請減贖
의 청 감 속
議 의논할 의　請 청할 청　減 뺄 감　贖 바칠 속
중요한 자리에 있는 자가 죄를 저질렀을 때, 그 범죄의 내용을 찾아 조사하고 일정한 절차에 따라 적당한 형량 또는 죄를 감할 것을 윗사람에게 청하는 것.

依草附木
의 초 부 목
依 의지할 의　草 풀 초　附 붙을 부　木 나무 목
풀에 의지하고 나무에 붙음. 남의 권세에 기대는 것을 이름.

衣弊縕袍
의 폐 온 포
衣 옷 의　弊 헤질 폐　縕 헌솜 온　袍 핫옷 포
헌솜으로 만든 헤진 핫옷을 입음. [논어論語]

衣弊履穿
의 폐 이 천
衣 옷 의　弊 헤질 폐　履 신 리(이)　穿 뚫을 천
옷이 헤지고 신이 뚫어짐. 옷과 신이 모두 헤져 못쓰게 됨. [장자莊子]

義形於色
의 형 어 색
義 옳을 의　形 형상 형　於 어조사 어　色 빛 색
정의의 마음을 품은 것이 얼굴 빛에 나타남.

以桀詐堯
이 걸 사 요
以 써 이　桀 걸임금 걸　詐 속일 사　堯 요임금 요
걸(桀)임금 같은 폭군이 요(堯)임금을 속임. [한서漢書]

異曲同工
이 곡 동 공
異 다를 리(이)　曲 곡조 곡　同 한가지 동　工 장인 공
연주하는 곡은 다르나 교묘함은 같음. 방법은 다르나 결과는 같은 것을 이름.

以空補空
이 공 보 공
以 써 이　空 빌 공　補 채울 보
제 살로 제 살 메우기. 세상에 공짜가 없음을 비유하는 말.

伊霍之勳
이 곽 지 훈
伊 저 이　霍 빠를 곽　之 갈 지　勳 공훈 훈
이윤과 곽광의 공훈. 나라를 위해 무도한 임금을 몰아내는 일을 말함.
▶은(殷)의 이윤(伊尹)이 태갑(太甲: 2대 임금 태종을 말함.)을 동궁(桐宮)으로 내몰아 악행을 고치게 한 뒤 다시 임금 자리에 복귀시킨 일과 한(漢)의 곽광(霍光)이 창읍왕(昌邑王) 하(賀)를 폐하고 선제(宣帝)를 세운 고사에서 비롯된 말.

以管窺天
이 관 규 천

以 써 이 管 대롱 관 窺 엿볼 규 天 하늘 천
대롱을 통해 하늘을 봄. 견문이 좁은 것을 비유하는 말.
=좌정관천(坐井觀天), 정저지와(井底之蛙)

以寬服民
이 관 복 민

以 써 이 寬 너그러울 관 服 복종할 복 民 백성 민
너그러움으로 백성을 감복시킴. [춘추좌씨전春秋左氏傳]

異口同聲
이 구 동 성

異 다를 리(이) 口 입 구 同 한가지 동 聲 소리 성
여러 사람이 하는 말이 같음. 여러 사람의 의견이 일치
함을 말함. [송서宋書] =이구동음(異口同音)

以狗禦蠱
이 구 어 고

以 써 이 狗 개 구 禦 막을 어 蠱 독 고
개로써 독충을 지켜 막도록 함. 아무 소용 없는 일을 말
함. [사기史記]

離群索居
이 군 삭 거

離 떠날 리(이) 群 무리 군 索 동아줄 삭, 찾을 색 居
살 거
친구(무리)와 떨어져 홀로 외로이 지냄. [예기禮記]

詒厥孫謀
이 궐 손 모

詒 끼칠 이 厥 그 궐 孫 손자 손=順 따를 순 謀 계획
할 모
따라야 할 계획을 잘 전함. [시경詩經]

▶이궐손모 이연익자(---- 以燕翼子): 따라야 할 계획을 잘
전하고, 자손을 편안하게 보호하다.
▶연(燕): 편안하다. 익(翼): 돕다, 보호하다.

履屐俱當
이 극 구 당

履 신 리(이) 屐 나막신 극 俱 함께 구 當 마땅할 당
맑은 날에는 신, 궂은 날에는 나막신으로 쓰임. 즉 재주
가 있어 못하는 일이 없음을 비유하는 말.

以郄視文
이 극 시 문

以 써 이 郄 틈 극=隔 틈 격 視 볼 시 文 글 문
틈 사이로 글을 봄. 전체를 보지 못하는 것을 형용하는
말. [사기史記]

履屐之才
이 극 지 재

履 신 리(이) 屐 나막신 극 之 갈 지 才 재주 재
재주가 사소한 일에도 미친다는 말. [진서晉書]

以杞包瓜
이 기 포 과
以 써 이　杞 구기자 기　包 쌀 포　瓜 오이 과
구기자나무에 감긴 오이가 익어 그대로 떨어지듯, 사악(邪惡)이 자연스레 제거되도록 적절히 제지함을 말함. [역경易經]

以祈黃耇
이 기 황 구
以 써 이　祈 빌 기　黃 누를 황　耇 명 길 구
노인들의 만수를 빎. [시경詩經]
▶작이대두 이기황구(酌以大斗 ----): 큰 국자로 술을 떠서 노인들의 만수를 비네.
▶황구(黃耇): 희어진 노인의 머리카락이 누런 빛이 됨. 아주 나이가 많은 노인을 이름.

以單攻複
이 단 공 복
以 써 이　單 홑 단　攻 칠 공　複 겹칠 복
홀로 이중 삼중으로 둘러싼 적을 공격함. [삼국지三國志]

以德報怨
이 덕 보 원
以 써 이　德 큰 덕　報 갚을 보　怨 원망할 원
덕으로써 원한을 갚음. [논어論語]

以德詔爵
이 덕 조 작
以 써 이　德 덕 덕　詔 고할 조, 소개할 소　爵 벼슬 작
덕으로써 벼슬을 소개 받음. 즉 덕 있는 사람에게 벼슬이 주어짐. [주례周禮]

泥塗軒冕
이 도 헌 면
泥 진흙 니(이)　塗 진흙 도　軒 마루 헌　冕 면류관 면
고위고관을 진흙같이 하찮게 여김.

以毒制毒
이 독 제 독
以 써 이　毒 독 독　制 억제할 제
독을 제거하기 위해 다른 독을 씀. 악인을 제거하기 위해 다른 악을 이용하는 것을 이름.

吏讀文學
이 두 문 학
吏 아전 리(이)　讀 구절 두　文 글 문　學 배울 학
삼국시대의 이두로 된 문학. 향가를 말함.

以頭搶地
이 두 창 지
以 써 이　頭 머리 두　搶 닿을 창　地 땅 지
머리를 땅에 대고 애걸함.

李杜韓柳
이 두 한 류
李 오얏 리(이) 杜 막을 두 韓 나라 한 柳 버들 류
당나라 사대문인(四大文人). 즉 이(李)는 이태백(李太白), 두(杜)는 두보(杜甫), 한(韓)은 한유(韓愈), 유(柳)는 유종원(柳宗元)을 말함. 이태백과 두보는 시로, 한유와 유종원은 문으로 유명함.

以螺測海
이 라 측 해
以 써 이 螺 소라 라 測 잴 측 海 바다 해
소라 껍질로 바닷물을 떠서 잼. 즉 얕은 식견으로 심원한 사리를 헤아리려 한다는 뜻.

以卵擊石
이 란 격 석
以 써 이 卵 알 란 擊 칠 격 石 돌 석
계란으로 바위 치기. 상대가 안 되거나 번번이 실패하는 것을 비유하는 말. [순자荀子] =이란투석(以卵投石)

以蠟代薪
이 랍 대 신
以 써 이 蠟 밀 랍 代 대신 대 薪 섶 신
땔나무 대신 초를 씀. 지나친 사치를 이름. [진서晉書]
▶진(晉)의 부자 석숭(石崇)이 땔나무 대신 밀초를 쓴 고사에서 온 말.

以力假仁
이 력 가 인
以 써 이 力 힘 력 假 거짓 가 仁 어질 인
병력으로 나라의 세력을 확장하면서 겉으로는 인도(仁道)인 양 가장하는 것. [맹자孟子]

利令知昏
이 령 지 혼
利 이로울 리(이) 令 하여금 령 知 알 지 昏 어두울 혼
이욕(利慾)은 사람의 지혜를 어둡게 만듦. [사기史記]

以禮存心
이 례 존 심
以 써 이 禮 예절 례 存 있을 존 心 마음 심
예를 닦다가 본심을 잃지 않는 일.

異路同歸
이 로 동 귀
異 다를 리(이) 路 길 로 同 한가지 동 歸 돌아갈 귀
가는 길은 다르나 돌아오는 곳은 같음. 방법은 다르나 그 결과는 같다는 말. [회남자淮南子]

以勞王爵
이 로 왕 작
以 써 이 勞 힘쓸 로 王 임금 왕 爵 벼슬 작
노력하면 왕의 자리에도 오를 수 있음. [춘추좌씨전春秋左氏傳]

491

理路整然
이 로 정 연

理 다스릴 리(이) 路 길로 整 가지런할정 然 그러
할연

이론과 처세가 사리에 맞고 정연함.

以鹿爲馬
이 록 위 마

以 써이 鹿 사슴록 爲 할위 馬 말마

사슴을 말이라고 우김. 윗사람을 속이고 권세를 휘두르
는 것을 말함. 【사기史記】 =지록위마(指鹿爲馬)

▶진(秦)나라의 이세황제(二世皇帝)에게 승상 조고(趙高)가
사슴을 가리켜 말이라고 한 고사에서 온 말.

離婁之明
이 루 지 명

離 떠날 리(이) 婁 별이름루 之 갈지 明 밝을명

시력이 아주 좋은 것을 말함.【맹자孟子】

▶이루(離婁)는 고대 황제 시절 눈 밝기로 이름난 사람.

以利交者
이 리 교 자

以 써이 利 이로울리 交 사귈교 者 사람자

이익을 가지고 서로 사귐.【문중자文仲子】

▶이리교자 이궁즉산(---- 利窮則散): 이익을 가지고 사귀
는 사람은 이익이 궁해지면 사귐도 끝이 남.

螭魅罔兩
이 매 망 량

螭 교룡리(이) 魅 도깨비매 罔 없을망 兩 두량

온갖 도깨비. 이매(螭魅)는 물 도깨비, 망량(罔兩)은 산
도깨비. 허무맹랑한 사람들을 이름.【춘추좌씨전春秋左氏傳】

以毛相馬
이 모 상 마

以 써이 毛 털모 相 서로상 馬 말마

털빛을 보고 말의 좋고 나쁨을 평가하는 것. 겉만 보고
사람을 평가하는 것을 비유.【염철론鹽鐵論】

貍毛爲筆
이 모 위 필

貍 삵리 毛 터럭모 爲 할위 筆 붓필

삵의 털로 만든 붓.【당서唐書】

以貌取人
이 모 취 인

以 써이 貌 모양모 取 취할취 人 사람인

사람의 용모만 보고 취함. 덕과 학식은 보지 않고 얼굴
만 보고 가려서 쓰는 것을 이름.【사기史記】

耳目聾瞑
이 목 농 명

耳 귀이 目 눈목 聾 귀먹을롱(농) 瞑 눈감을명

귀와 눈이 멀고 감겨 있음. 즉 백성의 하소연과 실태를
살피지 않고 나라를 다스림.【진서晉書】

耳目之官
이 목 지 관
耳 귀 이 目 눈 목 之 갈 지 官 벼슬 관
임금의 귀, 눈이 되어 국정을 맡은 자리. 어사대부(御史大夫)를 지칭함. 【서경書經】

移木之信
이 목 지 신
移 옮길 리(이) 木 나무 목 之 갈 지 信 믿을 신
나무 옮기기로 얻은 신용. 【사기史記】 =사목지신(徙木之信)

以文會友
이 문 회 우
以 써 이 文 글 문 會 모일 회 友 벗 우
학문으로써 친구를 모음. 학문을 연구하기 위해 친구를 모은다는 뜻. 【논어論語】

而民康樂
이 민 강 락
而 말이을 이 民 백성 민 康 편안 강 樂 즐길 락
백성이 편안하게 즐김. 【사기史記】

以民爲天
이 민 위 천
以 써 이 民 백성 민 爲 할 위 天 하늘 천
백성을 하늘로 삼음. 즉 백성을 하늘같이 소중히 여긴다는 뜻. 【사기史記】

易反易覆
이 반 이 복
易 쉬울 이 反 뒤집힐 반 覆 뒤집힐 복
쉽게 뒤집히고 쉽게 변함. 【증광현문增廣賢文】
▶이반이복 소인심(---- 小人心): 쉽게 뒤집히고 쉽게 변하는 것은 소인의 마음이다.

已發之矢
이 발 지 시
已 이미 이 發 쏠 발 之 갈 지 矢 화살 시
이미 쏘아 버린 화살. 벌써 해버린 일을 말함. =이왕지사(已往之事)

籬壁間物
이 벽 간 물
籬 울타리 리(이) 壁 벽 벽 間 사이 간 物 만물 물
울타리와 벽 사이에 있는 물건. 신변 가까이에 있는 물건을 이름.

以辯飾知
이 변 식 지
以 써 이 辯 말 잘할 변 飾 꾸밀 식 知 알 지
교묘한 변론으로 자기의 무지를 꾸며 덮음. 즉 실력이 없는데도 재치 있는 말재주로 모자라는 지식을 감춤. 【장자莊子】

以騈鄰徙
이 병 인 사
以 써 이 騈=竝 나란할 병 鄰 이웃 린(인) 徙 옮길 사
이웃 사람과 가까이하여 나란히 따름. 【남사南史】

493

嫠不恤緯
이 불 휼 위

嫠과부 리(이) 不아닐 불 恤근심할 휼 緯씨날 위
과부가 베짜는 데 씨날이 부족한 것을 걱정하지 않음.
▶주(周)나라의 베짜는 한 과부가 부족한 씨날은 걱정하지
않고 나라가 망하여 화가 자신에게 미칠까 걱정했다는
고사에서 비롯된 말. 즉 자기가 맡은 직분을 다하지 않고
자기와 관계 없는 일에 마음을 쓴다는 뜻.

而矉其目
이 빈 기 목

而말이을 이 矉찡그릴 빈 其그 기 目눈 목
무조건 남의 흉내를 내어 웃음거리가 됨을 비유적으로
일컫는 말. 【장자莊子】 =서시빈목(西施矉目)
▶서시병심 이빈기목(西施病心 ----): 월(越)의 서시가 속병
이 있어 그의 눈을 찡그리다.
▶월나라 미인 서시가 속병으로 눈을 찡그리니 이를 예쁘
다고 본 마을의 추녀가 자기도 이를 따라 찡그리니 그 추
한 꼴을 마을 사람들이 차마 볼 수 없었다는 고사에서
온 말.

履絲曳縞
이 사 예 호

履밟을 리(이) 絲실 사 曳끌 예 縞명주 호
실을 밟고 명주를 끎. 잘 입고 잘 지내는 것을 비유하는
말. 【한서漢書】

以死爲限
이 사 위 한

以써 이 死죽을 사 爲할 위 限한정할 한
죽을 때까지 그만 두지 않음. =이사불이(以死不已)

二三其德
이 삼 기 덕

二두 이 三석 삼 其그 기 德큰 덕
덕이 여러 가지로 변함. 즉 이랬다 저랬다 함. 【시경詩經】

履霜堅冰
이 상 견 빙

履밟을 리(이) 霜서리 상 堅굳을 견 冰=氷얼음
빙
서리가 꽁꽁 얼어붙은 얼음을 밟음. 【역경易經】

圮上老人
이 상 노 인

圮다리 이 上위 상 老늙을 로(노) 人사람 인
흙다리 위에서 만난 노인. 한(漢)나라 개국 공신 장량(張
良)에게 이교(圮橋: 강소성 하비에 있는 다리)에서 병서를
건네 주었다는 황석공(黃石公)을 일컬음.
▶한(漢)나라 유방의 책사 장량(張良)이, 이교에서 황석공
(黃石公)이 다리 밑에 떨어뜨린 신을 주어다가 신겨 주고
병서를 받은 고사에서 나온 말.

494

履霜之戒
이 상 지 계

履밟을 리(이) 霜서리 상 之갈 지 戒경계할 계
서리를 밟으면서 얼음이 얼 것을 경계함. 어떤 조짐을
보고 앞으로 닥쳐 올 화를 경계해야 한다는 말.

涖牲曰盟
이 생 왈 맹

涖다다를 리(이) 牲희생 생 曰가로 왈 盟맹세할 맹
희생 앞에서 맹세함. 【예기禮記】

以席爲門
이 석 위 문

以써 이 席자리 석 爲할 위 門문 문
자리를 드리워 문을 삼음. 가난한 집을 말함. 【사기史記】

利析秋毫
이 석 추 호

利이로울 리(이) 析쪼갤 석 秋가을 추 毫터럭 호
이익은 가을날의 새털까지 쪼갬. 사소한 이해까지 따지
고 밝히는 것을 이름. 【사기史記】

以石投水
이 석 투 수

以써 이 石돌 석 投던질 투 水물 수
돌을 물에 던짐. 돌이 물에 가라앉는 것같이 설득하는
말이 고분고분 잘 받아들여짐.

二姓之合
이 성 지 합

二두 이 姓성씨 성 之갈 지 合합할 합
두 성이 합함. 결혼을 말함. 【예기禮記】

異世同調
이 세 동 조

異다를 리(이) 世대 세 同한가지 동 調고를 조
때는 다르나 곡조는 같음. 시대는 달라도 사물에는 각기
상통하는 것이 있음을 이르는 말.

以少凌長
이 소 능 장

以써 이 少젊을 소 凌업신여길 능 長어른 장
젊은이가 연장자에게 무례한 행동을 함.

以小事大
이 소 사 대

以써 이 小작을 소 事섬길 사 大큰 대
작은 나라가 큰 나라를 섬김.

離疎釋蹻
이 소 석 갹

離떠날 리(이) 疎성길 소 釋풀 석 蹻짚신 갹
거친 음식(疏食)을 폐하고 짚신을 벗어 던짐. 비천한 생
활을 버리고 부유하게 사는 것을 비유하는 말. 【한서漢書】

耳屬于垣
이 속 우 원

耳귀 이 屬속할 속 于어조사 우 垣담 원
담장에도 귀가 있음. 사람이 없는 곳에서도 말을 삼가
라는 말.

以水救水
이 수 구 수

以 써 이　水 물 수　救 구할 구
물로써 물을 구함. 위세에다 세력을 더해 줌을 비유하는
말. [장자莊子]

泥首含玉
이 수 함 옥

泥 진흙 니(이)　首 머리 수　含 머금을 함　玉 구슬 옥
머리를 진흙에 박고 구슬을 무는 것. 항복의 자세를 이
름. [후한서後漢書]

以升量石
이 승 양 석

以 써 이　升 되 승　量 헤아릴 량(양)　石 섬 석
되를 가지고 섬의 양(量)을 헤아림. 소인의 능력으로는
군자의 능력을 헤아리지 못한다는 말. [회남자淮南子]

以食爲首
이 식 위 수

以 써 이　食 먹을 식　爲 할 위　首 머리 수
생활 안정을 시키는 것이 정치의 급선무라는 말.

以食爲天
이 식 위 천

以 써 이　食 먹을 식　爲 할 위　天 하늘 천
백성은 먹을 것을 하늘로 여김. [사기史記] =식위민천(食爲
民天), 식자민지본(食者民之本)

以訊馘告
이 신 괵 고

以 써 이　訊 물을 신　馘 벨 괵　告 고할 고, 아뢸 곡
신문할 자와 벤 자의 수를 고(告)함. [예기禮記]

以身殉利
이 신 순 리

以 써 이　身 몸 신　殉 따라죽을 순　利 이로울 리
이익 추구에 제 몸을 내던짐. [장자莊子]

頤神養性
이 신 양 성

頤 기를 이　神 정신 신　養 기를 양　性 성품 성
마음을 수양하여 올바른 성정을 기름.

以心傳心
이 심 전 심

以 써 이　心 마음 심　傳 전할 전
마음에서 마음으로 전해짐. [전등록傳燈錄]

飴我麰麥
이 아 이 모

飴 엿 이　我 나 아　麰 다스릴 리(이)　麥 보리 모
엿기름과 보리. 보리를 가지고 엿기름을 만들고 엿기름
으로 엿을 만듦. [한서漢書]

▶이아(飴我): 엿기름. 이모(麰麥): 보리.

以遏亂略
이 알 난 략

以 써 이　遏 막을 알　亂 어지러울 란(난)　略 다스릴
략
어지러운 책략을 막아냄. [서경書經]

496

以羊易牛
이 양 역 우
以써이 羊양양 易바꿀역 牛소우
작은 양으로써 큰 소를 대신해 제물로 씀. 【맹자孟子】
▶종(鐘)에 피를 바르고자 소를 죽이려고 하자 이를 불쌍
히 여긴 양혜왕(梁惠王)이 대신 양을 쓰도록 했다는 고
사에서 온 말.

易如反掌
이 여 반 장
易쉬울이 如같을여 反돌이킬반 掌손바닥장
손바닥을 뒤집기보다 더 쉬움.

以熱治熱
이 열 치 열
以써이 熱더울열 治다스릴치
열로써 열을 다스림.

以誤傳誤
이 오 전 오
以써이 誤그릇될오 傳전할전
헛소문이 헛소문의 꼬리를 물고 번짐.

利用厚生
이 용 후 생
利이로울리(이) 用쓸용 厚두터울후 生날생
기물과 재물을 이용하기에 편리하고 풍부토록 하여 백
성의 생활을 윤택하게 한다는 뜻. 【서경書經】

泥牛入海
이 우 입 해
泥진흙니(이) 牛소우 入들입 海바다해
진흙으로 만든 소가 바다로 들어감. 한번 들어가면 다시
오지 못함을 이름.
▶옛날에는 입춘(立春) 전날 진흙 소를 만들어 제사 지냈다
고 함.

犁牛之子
이 우 지 자
犁얼룩소리(이) 牛소우 之갈지 子아들자
얼룩 소의 새끼. 【논어論語】
▶공자의 제자 중궁(仲弓)이 나쁜 아버지를 두었지만, 그
아들은 뛰어나고 똑똑함. 공자가 이를 소와 비유하여 잡종
의 소새끼일지라도 그 털색이 붉고 좋으면 제물로 쓸 수 있
다고 한 말에서 비롯되었다.

梨園弟子
이 원 제 자
梨배나무리(이) 園동산원 弟아우제 子아들자
연극배우(演劇俳優), 광대, 기생을 말함.
▶이원(梨園)은 악공(樂工)과 기생이 배우고 노는 곳.

以僞亂眞
이 위 난 진
以써이 僞거짓위 亂어지러울란(난) 眞참진
가짜가 진실을 어지럽힘. 【안씨가훈顔氏家訓】

以威天下
이 위 천 하
以 써 이 威 사나울 위 天 하늘 천 下 아래 하
천하에 위세를 떨침. [역경易經]

以肉去蟻
이 육 거 의
以 써 이 肉 고기 육 去 갈 거 蟻 개미 의
고기를 가지고 개미를 쫓음. 즉 쫓는 방법이 잘못되었다
는 말. [한비자韓非子]

二律背反
이 율 배 반
二 두 이 律 법 율 背 등 배 反 되돌릴 반
서로 모순되는 두 명제가 동등한 타당성을 가지고 주장
하는 일.

以意逆志
이 의 역 지
以 써 이 意 뜻 의 逆 거스릴 역 = 迎 맞아들일 영 志
뜻 지
독자가 작가의 뜻을 자기의 생각으로 받아들이는 것을
말함. [맹자孟子]

以義制事
이 의 제 사
以 써 이 義 옳을 의 制 마를 제 事 일 사
올바른 도리로 일을 처리함. [서경書經]

以義割恩
이 의 할 은
以 써 이 義 옳을 의 割 벨 할 恩 은혜 은
의리를 위해서는 은혜도 버려야 한다는 말. [한서漢書]

以夷制夷
이 이 제 이
以 써 이 夷 오랑캐 이 制 억제할 제
적으로써 적을 제어함. =이이공이(以夷攻夷)

以人爲鏡
이 인 위 경
以 써 이 人 사람 인 爲 할 위 鏡 거울 경
남이 하는 행동이 자기에게는 거울이 된다는 말. [묵자墨
子]

以蚓投魚
이 인 투 어
以 써 이 蚓 지렁이 인 投 던질 투 魚 물고기 어
미물인 지렁이로 물고기를 잡음. 하찮은 물건도 요긴하
게 쓰일 데가 있다는 말. [수서隋書]

以一警百
이 일 경 백
以 써 이 一 한 일 警 경계할 경 百 일백 백
한 사람을 징계하여 모두에게 경계토록 함. [한서漢書]

以佚待勞
이 일 대 로
以 써 이 佚 편안할 일 待 기다릴 대 勞 힘쓸 로
편안히 쉬면서 적이 지치도록 기다림. [손자孫子]

以一知萬 以 써 이 一 한 일 知 알 지 萬 일만 만
이 일 지 만 한 가지의 이치를 알아 만 가지를 깨우쳐 안다는 말. 〔순
자荀子〕

二人同心 二 두 이 人 사람 인 同 한가지 동 心 마음 심
이 인 동 심 두 사람 마음이 하나가 됨 〔역경易經〕
▶이인동심 기리단금(---- 其利斷金): 두 사람이 마음을
합하면 쇠라도 끊을 수 있다.

以財發身 以 써 이 財 재물 재 發 필 발 身 몸 신
이 재 발 신 재물로써 몸을 일으킴. 〔대학大學〕

以財營求 以 써 이 財 재물 재 營 경영할 영, 영화 영 求 구할 구
이 재 영 구 재물을 써서 경영을 꾀함. 또는 자기의 승진이나 영달을
구함.

耳提面命 耳 귀 이 提 끌 제 面 낯 면 命 목숨 명
이 제 면 명 귀를 당겨서 타이르고 눈앞에서 가르침. 즉 친절히 가르
쳐 주는 것을 이름. 〔시경詩經〕=제이면명(提耳面命)

二帝三王 二 두 이 帝 임금 제 三 석 삼 王 임금 왕
이 제 삼 왕 이제(二帝)는 요(堯)임금과 순(舜)임금. 삼왕(三王)은 하
(夏)의 우왕(禹王)과 은(殷)의 탕왕(湯王), 주(周)의 문왕
(文王)과 무왕(武王)을 말함. 문왕과 무왕은 부자(父子)이
므로 한 사람으로 침.

以珠彈雀 以 써 이 珠 구슬 주 彈 탄알 탄 雀 참새 작
이 주 탄 작 구슬로써 참새를 잡음. 일의 경중(輕重)을 알지 못한
다는 말. 또는 소득보다 투자가 너무 큰 것을 의미하는
말. 〔장자莊子〕

異中有同 異 다를 리(이) 中 가운데 중 有 있을 유 同 한가지
이 중 유 동 동
다른 가운데도 공통점이 있음.

二重人格 二 두 이 重 거듭 중 人 사람 인 格 격식 격
이 중 인 격 겉과 속이 다른 사람.

頤指如意
이 지 여 의

頤 턱 이 指 손가락 지 如 같을 여 意 뜻 의

턱으로 지시하며 제 뜻대로 함. 자유로이 사람을 부리는 것을 이름. [한서漢書]

以指測海
이 지 측 해

以 써 이 指 손가락 지 測 잴 측 海 바다 해

손가락으로 바다의 깊이를 잼. 어리석고 식견이 좁음을 비유하는 말.

以振困窮
이 진 곤 궁

以 써 이 振 떨칠 진 困 곤할 곤 窮 궁할 궁

곤하고 궁한 것을 떨쳐 버림으로써 여유 있게 살아감. [여씨춘추呂氏春秋]

以此以彼
이 차 이 피

以 써 이 此 이 차 彼 저 피

이리 하든지 저리 하든지. =이차어피(以此於彼), 어차피(於此彼)

履錯之敬
이 착 지 경

履 신 리(이) 錯 섞일 착 之 갈 지 敬 공경 경

군자가 나아갈 곳이 아님을 알고 머물러 허물을 저지르지 않으니 존경한다는 말. [역경易經]

易漲易退
이 창 이 퇴

易 쉬울 이 漲 불을 창 退 물러날 퇴, 빠질 퇴

쉬 불어나고 쉬 빠짐. [증광현문增廣賢文]

▶이창이퇴 산계수(---- 山溪水): 쉬 불어나고 쉽게 빠지는 것은 산골 물이다.

移天易日
이 천 역 일

移 옮길 이 天 하늘 천 易 바꿀 역 日 해 일

하늘을 옮기고 해를 바꿈. 정권을 빼앗아 농간하는 것을 이름. [진서陳書] =이천사일(移天徙日)

以天捉虎
이 천 착 호

以 써 이 天 하늘 천 捉 잡을 착 虎 범 호

하늘로 덮어 범을 잡음. 쉬운 방법을 비유. [순오지旬五志]

異體同心
이 체 동 심

異 다를 리(이) 體 몸 체 同 한가지 동 心 마음 심

몸은 다르나 마음은 같음. 부부나 친구 사이에 마음이 하나임을 이르는 말.

以充府庫
이 충 부 고

以 써 이 充 채울 충 府 관청 부 庫 곳집 고

나라의 곳집(창고)을 채움. [주례周禮]

以湯澆雪
이 탕 요 설
以 써 이 湯 끓을 탕 澆 물댈 요 雪 눈 설
끓는 물에 눈을 뿌림. 즉 아주 수월한 방법을 말함. =여탕옥설(如湯沃雪) [회남자淮南子]

以湯止沸
이 탕 지 비
以 써 이 湯 끓을 탕 止 멈출 지 沸 끓을 비
끓는 물을 부어서 끓어 넘는 것을 막으려 함. 오히려 화를 돋우는 것을 말함. [여씨춘추呂氏春秋] =이탕옥비(以湯沃沸) [회남자淮南子]

理判事判
이 판 사 판
理 다스릴 리 判 판단할 판 事 일 사
일이 어쩔 수 없게 되었을 때, 자포자기로 내리는 결정.
▶불교에서 수행 승려인 이판승(理判僧)과 행정 담당 승려인 사판승(事判僧)의 권력 싸움에서 나온 말.

以暴易暴
이 폭 역 폭
以 써 이 暴 포악할 폭 易 바꿀 역 暴
난폭한 임금을 바꾸고 제거하기 위해 난폭한 수단을 씀. 즉 피로써 피를 씻음. =이혈세혈(以血洗血)
▶백이(伯夷)와 숙제(叔齊)가 주(周)의 무왕(武王)에게 폭력을 씀은 불가하다 하여 한 말.

移風易俗
이 풍 역 속
移 옮길 이 風 바람 풍 易 바꿀 역 俗 풍속 속
풍속을 바꾸어 세상을 정화함. [효경孝經]

以蝦釣鯉
이 하 조 리
以 써 이 蝦 새우 하 釣 낚을 조 鯉 잉어 리
새우 미끼로 잉어를 낚음. 아주 적은 밑천으로 큰 이득을 얻음을 비유하는 말. =이하조구(以蝦釣龜)

離合集散
이 합 집 산
離 떠날 리(이) 合 합할 합 集 모을 집 散 흩어질 산
모였다 흩어졌다 하는 일.

耳駭目回
이 해 목 회
耳 귀 이 駭 놀랄 해 目 눈 목 回 돌 회
귀로 듣고 놀라 눈이 돌아감. 몹시 놀라는 모양을 이름.

以血洗血
이 혈 세 혈
以 써 이 血 피 혈 洗 씻을 세
피로써 피를 씻음. 나쁜 일을 감추기 위해 나쁜 일을 계속하는 것을 이름. [당서唐書]

以火求火
이 화 구 화
불로써 불을 끄려 함. 잘못된 방법으로는 해를 조장할
뿐, 일을 해결할 수는 없다는 말. [장자莊子]

以 써 이 火 불 화 求 구할 구

以和爲貴
이 화 위 귀
화합이 가장 귀함.

以 써 이 和 화할 화 爲 할 위 貴 귀할 귀

以和致和
이 화 치 화
백성이 화평하면 저절로 나라가 편안해짐. [한서漢書]

以 써 이 和 화할 화 致 이를 치

以孝傷孝
이 효 상 효
효의 도가 지나치면 도리어 효도가 될 수 없음. 부모의
죽음을 너무 슬퍼하다가 몸이 상해 병을 얻는 경우는 도
리어 효를 해친다고 볼 수 있다는 말.

以 써 이 孝 효도 효 傷 상할 상

以迄于今
이 흘 우 금
지금에 이르렀음. [시경詩經]

以 써 이 迄 이를 흘 于 어조사 우 今 이제 금

▶서무죄회 이흘우금(庶無罪悔 ----): 거의 지은 죄를 뉘우
침이 없이, 지금에 이르렀네.

弋不射宿
익 불 사 숙
새나 물고기를 잡더라도 씨를 말리지 않는다는 말. 무슨
일이나 정도를 넘지 않는 현인의 태도를 말함. [논어論語]

弋 주살 익 不 아닐 불 射 쏠 사 宿 잘 숙

益者三樂
익 자 삼 요
좋아해서 유익한 것 세 가지. 즉 예악(禮樂)을 좋아하는
것, 선행을 좋아하는 것, 선한 친구를 좋아하는 것. [논어
論語]

益 더할 익 者 사람 자 三 석 삼 樂 좋아할 요

益者三友
익 자 삼 우
유익한 세 종류의 벗. 정직한 벗, 신의가 있는 벗, 견문이
많은 벗. [논어論語]

益 더할 익 者 사람 자 三 석 삼 友 벗 우

匿跡消聲
익 적 소 성
숨어 살며 소리도 내지 않음. 은둔하여 살며 세상 일을
알려고도 물으려고도 하지 않는다는 말.

匿 숨을 익 跡 발자취 적 消 꺼질 소 聲 소리 성

人各有偶
인 각 유 우
사람은 각자 짝이 있기 마련. [춘추좌씨전春秋左氏傳]

人 사람 인 各 각각 각 有 있을 유 偶 짝 우

印契誦祝
인 계 송 축
印 도장 인 契 맺을 계 誦 욀 송 祝 축축
불교 용어. 손으로 인상(印相)을 맺고 다라니(陀羅尼)를
외는 것.

人困馬乏
인 곤 마 핍
人 사람 인 困 곤할 곤 馬 말 마 乏 피로할 핍
사람과 말이 모두 지침.

因果應報
인 과 응 보
因 인할 인 果 열매 과 應 응할 응 報 갚을 보
좋은 원인에는 좋은 결과가 있고 나쁜 원인에는 나쁜 결
과가 나오는 것같이, 자기가 지은 인업(因業)에 의해 거
기에 상응되는 과보(果報)가 있다는 말.

印壞文成
인 괴 문 성
印 도장 인 壞 무너질 괴 文 글 문 成 이룰 성
불교 용어. 과거의 인(印 형태가 있는 것)이 파괴되고 새
로운 문(文 뜻을 가진 것)이 나타난다는 뜻으로, 생과 사
의 순환 따위를 비유하여 이르는 말.

人窮志短
인 궁 지 단
人 사람 인 窮 궁할 궁 志 뜻 지 短 짧을 단
인간이 빈곤하면 본래의 가진 뜻이 없어짐. =인빈지단
(人貧志短)

人鬼相半
인 귀 상 반
人 사람 인 鬼 귀신 귀 相 서로 상 半 반 반
병이 깊어 생과 사를 넘나드는 지경이 된 사람을 말함.

人琴俱亡
인 금 구 망
人 사람 인 琴 거문고 금 俱 함께 구 亡 망할 망
사람과 거문고가 함께 죽음. 사람의 죽음을 슬퍼하는
말. [진서晉書]
▶옛날 진(晉)나라의 왕헌지(王獻之)가 죽은 뒤 그가 애용
하던 거문고의 음이 맞지 않았다는 고사에서 나온 말.

人急智生
인 급 지 생
人 사람 인 急 급할 급 智 지혜 지 生 날 생
사람이 절박해지면 지혜가 떠오름. =인급계생(人急計生)

忍氣呑聲
인 기 탄 성
忍 참을 인 氣 기운 기 呑 삼킬 탄 聲 소리 성
노여움을 참고 소리를 죽임.

人能弘道
인 능 홍 도
人 사람 인 能 능할 능 弘 넓을 홍 道 길 도
사람이라면 능히 도를 널리 펴 나가야 함.

人頭畜鳴
인 두 축 명
人 사람 인　頭 머리 두　畜 가축 축　鳴 울 명
사람이 선악을 구분 못하고 짐승이 우는 것같이 마구 지껄이는 것을 이름. [사기史記]

因陋就簡
인 루 취 간
因 인할 인　陋 더러울 루　就 나아갈 취　簡 간단할 간
비루한 것을 두고 편리한 데로 나아감.

人倫大事
인 륜 대 사
人 사람 인　倫 인륜 륜　大 큰 대　事 일 사
인간이 겪어야 하는 중대한 일들. 출생, 혼인, 장례 등을 일컬음. =인륜지대사(人倫之大事)

隣里鄕黨
인 리 향 당
隣 이웃 린(인)　里 마을 리　鄕 고을 향　黨 무리 당
이웃과 이웃 마을을 말함.
▶주(周)나라 제도로, 5가를 인(隣), 25가를 리(里), 500가를 당(黨), 12,500가를 향(鄕)이라 함.

人莫若古
인 막 약 고
人 사람 인　莫 말 막　若 같을 약　古=故 예 고
사람은 옛 사람이 좋음. [안자춘추晏子春秋]
▶인막약고 의막약신(---- 衣莫若新): 사람은 옛 사람이 좋고, 옷은 새 옷이 좋다.

人亡家廢
인 망 가 폐
人 사람 인　亡 망할 망　家 집 가　廢 폐할 폐
사람이 죽고 집은 결단이 남.

人亡物在
인 망 물 재
人 사람 인　亡 망할 망　物 만물 물　在 있을 재
사람은 죽었으나 그가 쓰던 물건은 그대로 있음. 즉 인생의 덧없음을 이름.

人面無儀
인 면 무 의
人 사람 인　面 낯 면　無 없을 무　儀 거동 의
사람의 얼굴을 하고 있으나 사람의 행동은 없음. [시경詩經]

人面獸心
인 면 수 심
人 사람 인　面 낯 면　獸 짐승 수　心 마음 심
사람의 얼굴을 하였으나 마음은 짐승 같음. 의리, 인정이 없음을 비유하는 말. [한서漢書]

人命在天
인 명 재 천
人 사람 인　命 목숨 명　在 있을 재　天 하늘 천
사람의 수명은 하늘에 달림. 인간의 목숨은 사람의 힘으로는 어쩔 수 없다는 말.

人謀難測
인 모 난 측
人 사람 인　謀 꾀할 모　難 어려울 난　測 헤아릴 측
사람이 꾀하는 바를 헤아리기가 어려움.

人微言輕
인 미 언 경
人 사람 인　微 작을 미　言 말씀 언　輕 가벼울 경
사람이 미천한 자리에 있으면 말도 가벼워짐.

人百己千
인 백 기 천
人 사람 인　百 일백 백　己 몸 기　千 일천 천
남이 백 번을 노력하면 나는 천 번을 노력함. 남보다 더
노력을 해야 앞설 수 있다는 말. 【중용中庸】

麟鳳龜龍
인 봉 귀 룡
麟 기린 린(인)　鳳 새 봉　龜 거북 귀　龍 용 룡
기린, 봉황, 거북, 용. 영험한 동물을 말함. 【예기禮記】

人非木石
인 비 목 석
人 사람 인　非 아닐 비　木 나무 목　石 돌 석
사람은 목석이 아님. 즉 감정이 있다는 말. 【사기史記】

人事不省
인 사 불 성
人 사람 인　事 일 사　不 아닐 불　省 살필 성
사람이 의식(意識)을 잃은 상태.

人山人海
인 산 인 해
人 사람 인　山 뫼 산　海 바다 해
사람이 많이 모인 모양.

仁山智水
인 산 지 수
仁 어질 인　山 뫼 산　智 지혜 지　水 물 수
인자(仁者)는 산을 좋아하고 지자(智者)는 물을 좋아함.

引商刻羽
인 상 각 우
引 끌 인　商 음이름 상　刻 새길 각　羽 음이름 우
상, 우의 가락을 길게 끌고 새기듯이 연주함. 고상한 음
악을 연주하는 것을 이름.

人生如寄
인 생 여 기
人 사람 인　生 날 생　如 같을 여　寄 붙일 기
인생은 잠시 기탁했다가 떠나는 것.

因循姑息
인 순 고 식
因 인할 인　循 좇을 순　姑 시어미 고　息 아이 식
시어머니와 아이의 뜻을 따름. 즉 구습을 지키며 편안만
취함. 하자는 대로 좇아 우선 당장은 편하게 살아감.

引繩批根
인 승 비 근
引 끌 인　繩 줄 승　批 밀칠 비　根 뿌리 근
새끼 줄을 걸어 당겨 뿌리째 뽑아 올림. 또는 새끼 꼬듯
힘을 합해 남을 배척하고 멀리함. 【사기史記】

人神共憤
인 신 공 분

人 사람 인　神 귀신 신　共 함께 공　憤 분할 분
사람과 신이 함께 분노함. =천인공노(天人共怒)

人心如面
인 심 여 면

人 사람 인　心 마음 심　如 같을 여　面 낯 면
사람마다 얼굴이 다른 것같이 마음도 각기 다르다는
말. 【춘추좌씨전春秋左氏傳】

人愛其情
인 애 기 정

人 사람 인　愛 사랑 애　其 그 기　情 뜻 정
사람이 가지고 있는 정을 다하여 사랑함. 【회남자淮南子】

闉扼鷙曼
인 액 지 만

闉 성곽문 인　扼 멍에 액　鷙 맹금 지, 의심할 질　曼
길게 끌 만
나라에 순종치 않고 백성을 눌러 다른 곳으로 끌고 가려
고 함. 【장자莊子】

▶인맥지만 궤함절비(－－－－ 詭銜竊轡): 멍에를 떨쳐버리고
수레의 포장을 찢고, 재갈을 뱉어내고 고삐를 물어뜯음.

人言可畏
인 언 가 외

人 사람 인　言 말씀 언　可 옳을 가　畏 두려울 외
사람의 말이 두려움.

仁言利博
인 언 이 박

仁 어질 인　言 말씀 언　利 이로울 리(이)　博 넓을 박
어진 말은 널리 이로움. 어진 사람의 말과 행동은 널리
대중에게 이익이 미친다는 말. 【춘추좌씨전春秋左氏傳】

因緣爲市
인 연 위 시

因 인할 인　緣 인연 연　爲 할 위　市 저자 시
재판할 때 판관의 사사로운 정에 의해 형량이 좌우되는
것. 【후한서後漢書】
▶시(市)는 장사꾼이 값을 흥정하는 것.

因噎廢食
인 열 폐 식

因 인할 인　噎 목메일 열　廢 폐할 폐　食 먹을 식
목이 메어 음식을 먹지 않음. 사소한 장애 때문에 해야
할 일을 저버린다는 뜻. 【회남자淮南子】

刃迎縷解
인 영 누 해

刃 칼날 인　迎 맞을 영　縷 실 루(누)　解 풀 해
칼날로 엉킨 실을 끊어서 푸는 것같이 손쉽고 명확하게
도리를 밝힘.

人妖物怪
인 요 물 괴

人 사람 인　妖 요망할 요　物 만물 물　怪 괴이할 괴
사람이 요사스럽고 간악함.

忍辱重負
인 욕 중 부
忍 참을 인　辱 욕욕　重 무거울 중　負 질 부
세상의 모든 비난을 참으면서도 맡고 있는 무거운 임무를 수행해 나감.

人惟求舊
인 유 구 구
人 사람 인　惟 오직 유　求 구할 구　舊 옛 구
사람을 구할 때는 옛 사람이 좋음. 〔서경書經〕

人有三怨
인 유 삼 원
人 사람 인　有 있을 유　三 석 삼　怨 원망할 원
남으로부터 원망을 사는 세 가지. 즉 높은 벼슬(高爵), 높은 관리(大官), 두터운 녹(厚祿)을 가지면 사람들이 원망하고 시기하며 미워한다. 〔열자列子〕

引喩失意
인 유 실 의
引 끌 인　喩 깨우칠 유　失 잃을 실　意=義 뜻 의
비유를 잘못하여 본 뜻을 잃어버림. 좋지 않은 지난날의 예를 인용하여 큰 뜻을 그르치게 함. 〔제갈량諸葛亮의 전출사표前出師表〕

仁義多責
인 의 다 책
仁 어질 인　義 옳을 의　多 많을 다　責 꾸짖을 책
인의(仁義)를 행하는 사람은 칭송도 받지만 책망도 많이 받는다는 말. 유교(儒敎)에 반대한 장자의 말. 〔장자莊子〕

仁義禮智
인 의 예 지
仁 어질 인　義 옳을 의　禮 예절 례(예)　智 지혜 지
사람이 날 때부터 꼭 지켜야 네 가지 덕목. 즉 어짊(仁), 옳음(義), 예절(禮), 지혜(智). 〔맹자孟子〕

引而不發
인 이 불 발
引 당길 인　而 말이을 이　不 아닐 불　發 쏠 발
화살을 메겨 당기지만 쏘지는 않음. 모든 것을 다 가르칠 것이 아니라 이치를 깨달을 수 있도록 학문하는 방법만 가르쳐야 한다는 말. 〔맹자孟子〕

引而伸之
인 이 신 지
引 당길 인　而 말이을 이　伸 펼 신　之 갈 지
당기어 늘임. 응용함. 〔역경易經〕

印翼之恩
인 익 지 은
印 도장 인　翼 날개 익　之 갈 지　恩 은혜 은
정성을 다해 길러 준 부모의 은혜. 〔춘추좌씨전春秋左氏傳〕
▶인익(印翼)은 날개로 알을 품어 부화시킨다는 뜻.

因人成事
인 인 성 사
因 인할 인　人 사람 인　成 이룰 성　事 일 사
타인과 더불어야 일이 이루어짐. 〔전국책戰國策〕

仁者無敵
인 자 무 적
仁어질인 者사람자 無없을무 敵원수적
어진 자는 적이 없음. 어진 사람은 남을 적대시하는 일
이 없기 때문에 적 또한 없다는 말. [맹자孟子]

麟子鳳雛
인 자 봉 추
麟기린린(인) 子아들자 鳳봉황봉 雛병아리추
기린과 봉황의 새끼. 즉 잘난 자식을 이르는 말.

仁者不憂
인 자 불 우
仁어질인 者사람자 不아닐불 憂근심우
어진 자는 자기를 헤칠 적이 없으므로 근심이 없다는
말. [맹자孟子]

仁者言訒
인 자 언 인
仁어질인 者사람자 言말씀언 訒말더듬을인
어진 사람이 하는 말은 더듬는 것 같음.

仁者樂山
인 자 요 산
仁어질인 者사람자 樂좋아할요 山뫼산
어진 자는 산을 좋아함. [논어論語]

仁者好生
인 자 호 생
仁어질인 者사람자 好좋을호 生살생
어진 자는 만물이 생기 있는 것을 좋아함. =호생지덕(好
生之德)

因敵爲資
인 적 위 자
因인할인 敵원수적 爲할위 資재물자
적국 내에서 군량과 물자를 징발함.

因賊爲子
인 적 위 자
因인할인 賊도둑적 爲할위 子아들자
도둑을 아들로 생각함. 망상(妄想)을 진실이라고 믿는다
는 말.

寅餞納日
인 전 납 일
寅새벽인 餞전별할전 納들일납 日날일
해가 지는 것을 공손히 전송함. [서경書經]
▶인전납일 평질서성(---- 平秩西成): 해가 지는 것을 공손
하게 전송하고, 추수를 고르게 해 달라고 기원함.
▶서성(西成)은 추수(秋收)를 의미함.

人定勝天
인 정 승 천
人사람인 定정할정 勝이길승 天하늘천
인력이 운명을 이길 수 있음. 노력하면 어떤 난관도 극
복할 수 있다는 말.

508

人存政擧
인 존 정 거

人사람 인　存있을 존　政다스릴 정　擧들 거
위에 훌륭한 사람이 있으면 훌륭한 정치가 이루어짐. [중용中庸]

人主必信
인 주 필 신

人사람 인　主임금 주　必반드시 필　信믿을 신
임금은 반드시 신의가 있어야 함.

人中麒麟
인 중 기 린

人사람 인　中가운데 중　麒기린 기　麟기린 린
여러 사람 중에서 특별히 뛰어난 사람을 이름. =인중사자(人中獅子)

人衆勝天
인 중 승 천

人사람 인　衆무리 중　勝이길 승　天하늘 천
사람이 많이 모이면 하늘도 이김. [사기史記]

▶인중자승천 천정역능승인(人衆者勝天 天定亦能勝人): 사람의 세력이 강하게 될 때는 일시적으로 천리(天理)를 이기게 되나, 하늘은 재앙을 내림으로써 강폭(强暴)한 자를 이기고 만다.

忍中有和
인 중 유 화

忍참을 인　中가운데 중　有있을 유　和화할 화
참는 가운데 화합이 있음. 참아야 평화가 있다는 말.

人之常情
인 지 상 정

人사람 인　之갈 지　常늘 상　情뜻 정
사람이면 누구나 가지는 정.

仁之安宅
인 지 안 택

仁어질 인　之갈 지　安편안 안　宅집 택
인덕(仁德)이 있는 사람은 세력이 성하고 해할 사람이 없으므로 편안히 살 수 있는 집과 같다는 말. [맹자孟子]

忍之爲德
인 지 위 덕

忍참을 인　之갈 지　爲할 위　德큰 덕
참는 것이 아름다운 덕이 됨.

引錐刺股
인 추 자 고

引당길 인　錐송곳 추　刺찌를 자　股넓적다리 고
졸리면 송곳으로 넓적다리를 찔러 잠을 쫓으며 학문에 정진함. [전국책戰國策] =인추자자 (引錐自刺)

仁親爲寶
인 친 위 보

仁어질 인　親어버이 친　爲할 위　寶보배 보
어버이를 극진히 위하는 것을 가장 중요한 일로 여김. [대학大學]

因敗爲成
일 패 위 성

因 인할 인 敗 패할 패 爲 할 위 成 이룰 성
실패로 인해 성공을 함. 유능한 사람은 실패를 도리어
성공으로 만든다는 뜻. =인패위공(因敗爲功)

引河穿渠
일 하 천 거

引 끌 인 河 물 하 穿 뚫을 천 渠 도랑 거
도랑을 뚫어 큰 물을 끌어들임. [한서漢書]

咽喉之地
인 후 지 지

咽 목구멍 인 喉 목구멍 후 之 갈 지 地 땅 지
목구멍같이 아주 중요한 군사적 요새.

仁洽道豊
인 흡 도 풍

仁 어질 인 洽 적실 흡 道 길 도 豊 풍년 풍
인(仁)으로 길까지 흠뻑 적심. [장형張衡의 동경부東京賦]

一刻千金
일 각 천 금

一 한 일 刻 새길 각 千 일천 천 金 쇠 금
지극히 짧은 시간도 천금과 같이 귀하다는 말. [소식蘇軾의
시詩]
▶일각(一刻)은 15분.

一竿風月
일 간 풍 월

一 한 일 竿 장대 간 風 바람 풍 月 달 월
낚싯대를 드리우고 속세의 일을 잊는다는 뜻.

一介書生
일 개 서 생

一 한 일 介 낄 개 書 글 서 生 날 생
아무 쓸모 없는 독서인. 쓸데없고 보잘것없는 인생을 이
름. [등와각서滕王閣序]

日改月化
일 개 월 화

日 날 일 改 고칠 개 月 달 월 化 될 화
나날이 고쳐지고 변함. [장자莊子]

一擧兩得
일 거 양 득

一 한 일 擧 들 거 兩 두 량(양) 得 얻을 득
한 가지 일을 해서 두 가지 이득을 봄. [전국책戰國策]

日居月諸
일 거 월 저

日 날 일 居 어조사 거 月 달 월 諸 =之+於 어조사
저
세월이 흘러가는 것을 이름. [시경詩經]

一劍一任
일 검 일 임

一 한 일 劍 칼 검 任 맡길 임
칼을 한 번 휘두름으로써 해내는 임무.

一見如舊
일 견 여 구
一한일 見볼견 如같을여 舊옛구
처음 만나고도 옛 벗같이 친밀해진다는 말. [당서唐書]
=일면여구(一面如舊)

一莖九穗
일 경 구 수
一한일 莖줄기경 九아홉구 穗이삭수
한 줄기에 아홉 개의 이삭. 상서로운 조짐이나 식물을
말함. [논형論衡]

一驚一喜
일 경 일 희
一한일 驚놀랄경 喜기쁠희
한편 놀라면서도 한편으로는 기뻐함.

一經之儒
일 경 지 유
一한일 經경서경 之갈지 儒선비유
한 권의 경서에만 정통한 선비. 융통성 없는 학자를 이
르는 말.

一經之訓
일 경 지 훈
一한일 經경서경 之갈지 訓가르칠훈
아들을 공부시켜 재물과 명성을 얻게 하는 것보다 경서
한 권을 가르치는 것이 낫다는 말. [한서漢書]
▶한(漢)의 위현(韋賢)이 아들에게 공부를 많이 시켜 아들
이 높은 벼슬에 올라 부자가 되었으나, 그보다는 일경(一
經)을 가르치는 것이 낫다고 했다는 말에서 비롯됨.

一繼一及
일 계 일 급
一한일 繼이을계 及미칠급
뒤를 잇는 것. 아버지 뒤를 잇는 것은 계(繼), 형의 뒤를
잇는 것은 급(及)이라고 함. [사기史記]

一顧傾城
일 고 경 성
一한일 顧돌아볼고 傾기울경 城성성
여자가 한 번 돌아본 것에 빠져 성이 기울어짐을 모른다
는 말. [한서漢書]

日高三丈
일 고 삼 장
日해일 高높을고 三석삼 丈길이장
해가 중천에 떠 있음. 해가 중천에 오도록 일어나지 않
음. [이백李白의 시詩] =일고삼척(日高三尺)

一鼓作氣
일 고 작 기
一한일 鼓북고 作지을작 氣기운기
개전(開戰)을 알리는 첫 북소리로 용기를 불러일으킴.

一顧之榮 一 한 일 顧 돌아볼 고 之 갈 지 榮 영화 영
일 고 지 영 한 번 돌아보아 준 영광. 윗사람이 한 번 돌아보면 자기
지위가 올라간다는 말. 【춘추좌씨전春秋左氏傳】

一斛涼州 一 한 일 斛 휘 곡 涼 서늘할 량(양) 州 고을 주
일 곡 양 주 뇌물을 바쳐 벼슬길에 오르는 것을 이름. 【순오지旬五志】
　▶위(魏)의 맹타(孟他)가 포도주 열 말(一斛)로 양주자사가
　　되었다는 고사에서 온 말.
　▶1곡(斛)=10말(斗)

一口難說 一 한 일 口 입 구 難 어려울 난 說 말씀 설
일 구 난 설 한마디로 설명하기 어려운 복잡한 일.

一口難匙 一 한 일 口 입 구 難 어려울 난 匙 숟가락 시
일 구 난 시 한 입에 두 숟가락이 들어갈 수 없음. 한꺼번에 두 가지
일을 할 수 없다는 말.

日久月深 日 날 일 久 오랠 구 月 달 월 深 깊을 심
일 구 월 심 날이 오래되고 달이 깊어짐. 세월이 갈수록 더욱 더해진
다는 말.

一口二言 一 한 일 口 입 구 二 두 이 言 말씀 언
일 구 이 언 한 입으로 두 가지 말을 함. 즉 이랬다 저랬다 하는 것.

一裘一葛 一 한 일 裘 갖옷 구 葛 칡 갈
일 구 일 갈 한 벌의 갖옷과 한 벌의 갈옷. 즉 겨울옷 한벌과 여름옷
한 벌. 몹시 가난함을 비유하는 말.

一邱一壑 一 한 일 邱=丘 언덕 구 壑 골짜기 학
일 구 일 학 세속을 떠나서 자연을 벗삼으며 풍류로 살아가는 것을
말함. 【진서晉書】

一丘之貉 一 한 일 丘 언덕 구 之 갈 지 貉 오소리(담비) 학
일 구 지 학 한 언덕에 사는 오소리. 동류의 비유로 쓰임. 모두가 한
통속이라는 뜻.

一國三公 一 한 일 國 나라 국 三 석 삼 公 공변될 공
일 국 삼 공 한 나라에 세 권력자가 있음. 즉 질서가 서지 않음을 이
르는 말. 【춘추좌씨전春秋左氏傳】

512

一饋十起
일 궤 십 기
一 한 일　饋 먹을 궤　十 일십 십　起 일어날 기
인재를 중히 여김을 말함. [회남자淮南子]
▶하(夏)나라 우(禹)왕이 한끼 식사 중 열 번이나 일어나 손
님을 맞이한 고사에서 온 말.

一騎當千
일 기 당 천
一 한 일　騎 말탈 기　當 마땅 당　千 일천 천
한 기병이 천 명을 당해낼 수 있다는 말. 무예나 능력이
뛰어남을 이름. [북사北史]

日暖風和
일 난 풍 화
日 날 일　暖 따뜻할 난　風 바람 풍　和 화할 화
날씨가 따뜻하고 바람이 부드러움.

一念發起
일 념 발 기
一 한 일　念 생각 념　發 필 발　起 일어날 기
지금까지의 생각을 바꾸어 열심히 해 나감. [탄이초歎異抄]

一旦緩急
일 단 완 급
一 한 일　旦 아침 단　緩 느릴 완　急 급할 급
급히 할 일과 천천히 해도 될 일의 차례. [사기史記]

一刀兩斷
일 도 양 단
一 한 일　刀 칼 도　兩 두 량(양)　斷 끊을 단
한 칼에 두 동강을 냄. 즉 머뭇거리지 않고 선뜻 결단력
있게 일을 처리함. [주자어류朱子語類]

一路平安
일 로 평 안
一 한 일　路 길 로　平 평평할 평　安 편안 안
먼 길 여행 동안의 평안을 비는 인사말. [홍루몽紅樓夢]

一龍一蛇
일 룡 일 사
一 한 일　龍 용 룡　蛇 뱀 사
용도 되고 뱀도 됨. 즉 태평성대에는 세상에 나가 용도
되지만, 난세에는 뱀같이 몸을 땅 속에 숨김. [장자莊子]

一龍一猪
일 룡 일 저
一 한 일　龍 용 룡　猪 돼지 저
용도 되고 돼지도 됨. 배우고 안 배우고에 따라 사람의
능력이 크게 달라짐을 이르는 말. [한유韓愈의 글]

一粒萬倍
일 립 만 배
一 한 일　粒 낟알 립　萬 일만 만　倍 곱 배
한 알의 곡식도 심으면 만 알이 됨. 작은 것도 모이면 많
은 양이 된다는 말.

一望無際
일 망 무 제
一 한일 望 바랄망 無 없을무 際 때제
한눈에 다 바라볼 수 없을 만큼 멀고 끝이 없음. =일망
무애(一望無涯)

一網打盡
일 망 타 진
一 한일 網 그물망 打 칠타 盡 다할진
한 그물로 모조리 다 잡음. 죄인을 한꺼번에 다 잡음. 또
는 세력을 완전히 꺾음을 이르는 말. 【송서宋書】

一面驅禽
일 면 구 금
一 한일 面 낯면 驅 달릴구 禽 새금
어진 정치의 은덕이 새나 짐승에게도 미치게 한 덕치를
말함.
▶은(殷)나라의 탕왕(湯王)이 사면(四面)에 그물을 치고 새
를 잡는 것을 보고 한 면에만 새를 몰고 다른 삼면은 터
놓아 달아나게 했다는 고사에서 온 말.

一面如舊
일 면 여 구
一 한일 面 낯면 如 같을여 舊 옛구
한 번 얼굴을 대했으나 옛 벗같이 단번에 친숙해짐. 【진서
晉書】

一鳴驚人
일 명 경 인
一 한일 鳴 울명 驚 놀랄경 人 사람인
한 번 울어 사람을 놀라게 함. 한마디로 사람들이 놀랄
만한 일을 할 수 있다는 뜻. 【사기史記】
▶제(齊)나라 순우곤(淳于髡)이 새를 빌려 위왕(威王)을 간
(諫)한 고사에서 온 말.

一命而僂
일 명 이 루
一 한일 命 명할명 而 말이을이 僂 구부릴루
명령 한 번에 머리를 구부림. 절대 복종하고 섬기는 것
을 말함. 【사기史記】
▶재명이구 삼명이부(再命而傴 三命而俯): 두 번 명하면 허
리를 굽히고, 세 번 명하면 땅에 누움.

日暮途遠
일 모 도 원
日 날일 暮 저물모 途 길도 遠 멀원
날은 저물고 가야 할 길은 멂. 늙었는데 해야 할 일은 많
다는 말. 또는 서둘러도 미치지 못함을 이름. 【사기史記】

一毛不拔
일 모 불 발
一 한일 毛 터럭모 不 아닐불 拔 뺄발
남을 위하는 일이라면 터럭 한 올도 뽑지 않음. 몹시 인
색하고 이기적인 사람을 꼬집어 이르는 말. 【맹자孟子】
▶맹자가 묵가, 도가를 평한 말.

一木難支
일 목 난 지

一 한 일 木 나무 목 難 어려울 난 支 가를 지

한 기둥으로는 버티기 어려움. 즉 기울어지는 대세를 혼자 감당할 수 없음. [문중자文仲子]

一目瞭然
일 목 요 연

一 한 일 目 눈 목 瞭 밝을 료(요) 然 그러할 연

환하고 명백하여 한 번 보고도 알 수 있음. [주자朱子]

日無餘影
일 무 여 영

日 해 일 無 없을 무 餘 남을 여 影 그림자 영

해가 없으면 그림자도 남지 않음. 즉 원인이 없으면 결과도 없다는 말. [반악潘岳의시詩]

溢美過實
일 미 과 실

溢 넘칠 일 美 아름다울 미 過 지날 과 實 열매 실

실제보다 더 아름답게 꾸밈. [논형論衡]

溢美溢惡
일 미 일 오

溢 넘칠 일 美 아름다울 미 溢 넘칠 일 惡 미워할 오

과도한 칭찬과 과도한 질책. 지나친 사랑과 지나친 미움. [장자莊子]

日薄西山
일 박 서 산

日 해 일 薄 엷을 박 西 서녘 서 山 뫼 산

늙어서 죽을 날이 가까워 옴을 이름.

一斑金約
일 반 금 약

一 한 일 斑 얼룩 반 金 쇠 금 約 맺을 약

한 부분을 보고 전체를 비평하는 것을 말함. [세설신어世說新語]

一飯之德
일 반 지 덕

一 한 일 飯 밥 반 之 갈 지 德 큰 덕

한 술의 밥을 남에게 베푸는 은덕. 즉 조그만한 은덕. [사기史記] =일반지은(一飯之恩)

一飯千金
일 반 천 금

一 한 일 飯 밥 반 千 일천 천 金 쇠 금

한 끼의 밥이 천금과 같이 중함. [사기史記]

▶한(漢)을 건국한 공신이자 장군인 한신(韓信)이 젊었을 때 가난하여 빨래하는 노파에게서 밥을 얻어 먹고 허기를 면한 일이 있었다. 뒤에 출세하여 부귀하게 되었을 때 그 은혜를 천금으로 갚았다는 고사에서 비롯된 말.

一發不中 一 한일 發 쏠발 不 아닐부 中 가운데 중
일 발 부 중 한 발 쏜 것이 맞지 않음. 【사기史記】

▶일발부중 백발진식(---- 百發盡息): 한 발만 맞지 않으면 전에 백 발 맞혔던 것도 다 허사가 된다.

一碧萬頃 一 한일 碧 푸를벽 萬 일만만 頃 이랑경
일 벽 만 경 호수나 바닷물이 아주 넓고 푸르게 펼쳐진 모양.

一別三春 一 한일 別 나눌별 三 석삼 春 봄춘
일 별 삼 춘 이별한 지 3년. 오래 만나지 않아 그리운 정을 말함.

一夫當關 一 한일 夫 지아비부 當 마땅당 關 빗장관
일 부 당 관 한 사내가 관문을 막아섬. 【이백李白의 촉도난 蜀道難】

▶일부당관 만부막개(---- 萬夫莫開): 한 사내가 관문을 막아서면 만 명이라도 열고 들어서지 못한다.

一部始終 一 한일 部 떼부 始 처음시 終 마칠종
일 부 시 종 일의 처음부터 끝까지의 내용.

一夫從事 一 한일 夫 지아비부 從 따를종 事 섬길사
일 부 종 사 한 남편만을 섬김. =일부종신(一夫終身)

一傳衆咻 一 한일 傳 스승부 衆 무리중 咻 지꺼릴휴
일 부 중 휴 한 스승이 열심히 가르쳐도 여럿이 떠들면 가르칠 수가 없음을 이름. 【맹자孟子】

一夫出死 一 한일 夫 지아비부 出 날출 死 죽을사
일 부 출 사 한 사나이가 죽기를 각오하고 나섬. 【회남자淮南子】

日不暇給 日 날일 不 아닐불 暇 겨를가 給 줄급
일 불 가 급 날로 바빠 여가가 없음. 【한서漢書】 = 일역부족(日亦不足)

一佛成道 一 한일 佛 부처불 成 이룰성 道 길도
일 불 성 도 모든 중생이 모두 부처가 됨.

一悲一喜 一 한일 悲 슬플비 喜 기쁠희
일 비 일 희 혹은 슬퍼하며 혹은 기뻐함.

516

一飛沖天
일 비 충 천

一 한 일 飛 날 비 沖 오를 충 天 하늘 천
한 번 날면 하늘까지도 오를 수 있음. 한 번 분발하면 크게 이룰 수 있다는 말. [사기史記]

一嚬一笑
일 빈 일 소

一 한 일 嚬 찡그릴 빈 笑 웃을 소
한 번은 찡그리고 한 번은 웃음. 사소한 감정의 변화를 이름. [한비자韓非子]

一寫十讀
일 사 십 독

一 한 일 寫 베낄 사 十 열 십 讀 읽을 독
한 번 베껴 쓰는 것이 열 번 읽는 것과 같은 효과를 낸다는 말. [태평어람太平御覽]

一蛇二首
일 사 이 수

一 한 일 蛇 뱀 사 二 두 이 首 머리 수
뱀 한 마리에 머리가 두 개. 조정에 권신(權臣) 둘이 있어 국가 경영이 제대로 안 된다는 말.

一死一生
일 사 일 생

一 한 일 死 죽을 사 生 살 생
한 번 죽고 한 번 사는 것. 즉 죽음과 삶. [사기史記]

一瀉千里
일 사 천 리

一 한 일 瀉 쏟을 사 千 일천 천 里 마을 리
강물이 거침 없이 흘러 천 리에 다다름. 매우 기세 좋게 진행되는 것을 이름. [복혜전서福惠全書]

日削月割
일 삭 월 할

日 날 일 削 깎을 삭 月 달 월 割 벨 할
날마다 깎이고 달마다 잘려 나감. 나날이 쇠퇴하는 것을 말함. [한서漢書] =일삭월전(一削月朘)

一殺多生
일 살 다 생

一 한 일 殺 죽일 살 多 많을 다 生 살 생
하나를 죽여 여럿을 살림. 많은 사람을 살리기 위해 한 사람을 희생시킨다는 말. [복혜전서福惠全書]

汨上有涂
일 상 유 도

汨=溢 넘칠 일 上 위 상 有 있을 유 涂=道=途 길 도
길 위로 넘쳐 흐름. [주례周禮]

一生一死
일 생 일 사

一 한 일 生 날 생 死 죽을 사
한 번 태어나고 한 번 죽는 일.

一曙失之
일 서 실 지

一 한일 曙 새벽 서 失 잃을 실 之 갈 지
하루 아침에 모두를 잃음. 【여씨춘추呂氏春秋】

一石二鳥
일 석 이 조

一 한일 石 돌 석 二 두 이 鳥 새 조
돌 한 개를 던져 새 두 마리를 잡음. 즉 한 가지 일로 두
가지 이익을 봄. =일거양득(一擧兩得)

一成不變
일 성 불 변

一 한일 成 이룰 성 不 아닐 불 變 변할 변
한 번 정해지면 변동하거나 고칠 수 없음. 【예기禮記】

一成一旅
일 성 일 려

一 한일 成 이룰 성 旅 무리 려
땅이 좁고 사람이 적음. 【춘추좌씨전春秋左氏傳】
▶성(成)은 사방 10리의 땅. 여(旅)는 500인.

一歲九遷
일 세 구 천

一 한일 歲 해 세 九 아홉 구 遷 옮길 천
1년에 아홉 번 관직이 오름. 임금의 총애를 한몸에 받음
을 이름.

一世木鐸
일 세 목 탁

一 한일 世 대 세 木 나무 목 鐸 방울 탁
세상 사람들을 가르쳐서 이끄는 현명한 사람. 【논어論語】
▶구리 방울에 목설(木舌)을 단 것을 문사(文事)에 쓰고,
금탁(金鐸)이라 하여 금설(金舌) 단 방울을 무사(武事)에
썼다.

一世之雄
일 세 지 웅

一 한일 世 대 세 之 갈 지 雄 수컷 웅
그 세대에는 대적할 사람이 없을 정도로 뛰어난 사람.

一世風靡
일 세 풍 미

一 한일 世 대 세 風 바람 풍 靡 쓰러질 미
한 시대를 이끌고 위세를 떨침.

一笑千金
일 소 천 금

一 한일 笑 웃을 소 千 일천 천 金 쇠 금
미인의 웃음은 천금과 같은 가치가 있다는 말.

一樹百穫
일 수 백 확

一 한일 樹 나무 수 百 일백 백 穫 거둘 확
나무 한 그루를 심어 백 가지 이익을 거둠. 즉 인재 하나
를 길러 여러 가지 효과를 얻음. 【관자管子】 =일수백획(一
樹百獲)

一勝一負
일 승 일 부
一 한 일　勝 이길 승　負 질 부
한 번은 이기고 한 번은 짐. 이기기도 하고 지기도 하여 승부의 결말이 나지 않는다는 말. 【손자孫子】 =일승일패 (一勝一敗)

一視同仁
일 시 동 인
一 한 일　視 볼 시　同 한가지 동　仁 어질 인
누구나 평등하게 사랑함. 【한유韓愈의 글文】

一食萬錢
일 식 만 전
一 한 일　食 먹을 식　萬 일만 만　錢 돈 전
한 끼에 만 전. 몹시 호화로운 식사를 일컬음. 【진서晉書】

逸身煖骸
일 신 난 해
逸 편안할 일　身 몸 신　煖 따뜻할 난　骸 뼈 해
몸을 편안히 하고 뼈를 따뜻이 함. 즉 일신을 아주 편안히 함. 【여씨춘추呂氏春秋】

一身是膽
일 신 시 담
一 한 일　身 몸 신　是 이 시　膽 쓸개 담
온몸이 담력으로 가득 차 매우 용맹함. 【삼국지三國志】

日新月盛
일 신 월 성
日 날 일　新 새 신　月 달 월　盛 성할 성
날로 새로워지고 달마다 왕성해짐.

一身千金
일 신 천 금
一 한 일　身 몸 신　千 일천 천　金 쇠 금
몸 하나가 천금과 같음. 사람의 몸이 매우 귀함을 비유한 말.

一失其位
일 실 기 위
一 한 일　失 잃을 실　其 그 기　位 자리 위
한 번 자기의 자리를 잃으면 영영 끝이라는 말. 【중용中庸】
▶일실기위 부득열어제후(---- 不得列於諸侯): 한 번 자리를 잃으면, 제후의 열에 설 수 없다.

一心同體
일 심 동 체
一 한 일　心 마음 심　同 한가지 동　體 몸 체
굳게 합심하여 한몸같이 뭉침.

一心不亂
일 심 불 란
一 한 일　心 마음 심　不 아닐 불　亂 어지러울 란
한 가지에 집중하여 마음이 어지러워지지 않음.

一心三觀
일 심 삼 관
一 한 일　心 마음 심　三 석 삼　觀 볼 관
천태종(天台宗)의 설법. 모든 법은 공(空 빈 것)이며, 가(假 거짓)이며, 중(中 가운데)이라고 보는 삼관(三觀).

一心正念
일 심 정 념

一 한일 心 마음심 正 바를정 念 생각할념
불교 용어. 오직 올바른 마음으로 부처를 생각하여 귀의
(歸依)하는 것.

一握爲笑
일 악 위 소

一 한일 握 잡을악 爲 할위 笑 웃을소
손을 한 번 움켜쥐고 웃음. [역경易經]

日闇月散
일 암 월 산

日 날일 闇 닫힌문암 月 달월 散 흩어질산
낮에는 닫히고 달밤에는 흩어짐. [후한서後漢書]

日夜不絶
일 야 부 절

日 날일 夜 밤야 不 아닐부 絶 끊을절
밤낮 끊이지 않고 계속됨.

一夜十起
일 야 십 기

一 한일 夜 밤야 十 열십 起 일어날기
하룻밤에 열 번도 더 일어남. 환자를 열심히 간호하는
것을 이름. [후한서後漢書]

一陽來復
일 양 내 복

一 한일 陽 볕양 來 올래(내) 復 다시복
음력 10월에 음(陰)이 극에 달하고, 동지에는 양(陽)이
다시 돌아옴. 즉 봄이 온다는 말. 또는 고생이 다 가고 행
운이 옴을 이름. [역경易經]

一魚濁水
일 어 탁 수

一 한일 魚 물고기어 濁 흐릴탁 水 물수
물고기 한 마리가 물을 흐림. 한 사람의 잘못으로 여러
사람이 해를 입음.

一言半句
일 언 반 구

一 한일 言 말씀언 半 반반 句 글귀구
단 한마디의 매우 짧은 말.

一言千金
일 언 천 금

一 한일 言 말씀언 千 일천천 金 쇠금
한마디 말이 천금같이 중함.

日亦不足
일 역 부 족

日 날일 亦 또역 不 아닐부 足 만족할족
하루 종일 해도 역시 시간이 부족함. [시경詩經]

一葉障目
일 엽 장 목

一 한일 葉 잎사귀엽 障 막힐장 目 눈목
나무 잎사귀 하나가 눈을 가림. 작은 데 현혹되어 앞을
못 본다는 말. [관자管子]

一葉知秋
일 엽 지 추
一 한 일 葉 잎사귀 엽 知 알 지 秋 가을 추
한 잎이 떨어지는 것을 보고 가을이 온 것을 앎. 즉 한 가지 일을 보고 전체를 짐작함. [회남자淮南子]

一葉蔽日
일 엽 폐 일
一 한 일 葉 잎사귀 엽 蔽 가릴 폐 日 날 일
잎사귀 하나가 해를 가림. 간신이 임금의 총명을 가림을 비유. [할관자鶡冠子]

逸豫無期
일 예 무 기
逸 편안할 일 豫 즐길 예 無 없을 무 期 기약할 기
끝이 없이 편안히 즐김. [시경詩經]

溢惡之言
일 오 지 언
溢 넘칠 일 惡 헐뜯을 오 之 갈 지 言 말씀 언
지나치게 헐뜯는 말. [장자莊子]

一往深情
일 왕 심 정
一 한 일 往 갈 왕 深 깊을 심 情 뜻 정
깊은 정을 단 한 번 대하여 이해함. 또는 사물을 깊이 느끼는 것을 이름. [세설신어世說新語]

一往一來
일 왕 일 래
一 한 일 往 갈 왕 來 올 래
가고 옴. 서로 교제함.

一牛吼地
일 우 후 지
一 한 일 牛 소 우 吼=吽 울 후 地 땅 지
한 마리 소의 울음소리가 들릴 만한 가까운 땅.

日月其餘
일 월 기 여
日 날 일 月 달 월 其 그 기 餘 남을 여=去 갈 거
세월이 사람을 기다리지 않고 지나가 버림.

日月方除
일 월 방 제
日 날 일 月 달 월 方 모 방 除 덜 제
나날이 갈수록 새 기운이 돋아남. [시경詩經]
▶방제(方除): 새 기운이 돋아남.

一月三舟
일 월 삼 주
一 한 일 月 달 월 三 석 삼 舟 배 주
달 하나도 세 척의 배에서는 각각 다르게 보임. 똑같은 부처도 신앙의 정도에 따라 각각 달리 보임을 비유한 말. [대장경大藏經]

日月相推
일 월 상 추
日 날 일 月 달 월 相 서로 상 推 옮길 추
해와 달이 번갈아 비춤. [역경易經]

日月星辰
일 월 성 진
日 날 일　月 달 월　星 별 성　辰 별 진
해, 달, 별의 천체들.

日月如流
일 월 여 류
日 날 일　月 달 월　如 같을 여　流 흐를 류
해와 달이 물과 같이 흐름. 세월이 덧없이 빨리 지나감.
=광음여류(光陰如流), 세월여류(歲月如流)

日月麗天
일 월 여 천
日 날 일　月 달 월　麗 그물 려＝附 붙을 부　天 하늘
천
해와 달이 하늘에 걸림. [한서漢書]

日月逾邁
일 월 유 매
日 해 일　月 달 월　逾 넘을 유　邁 갈 매
날과 달이 덧없이 흘러 지나감. [서경書經]

日月爭光
일 월 쟁 광
日 날 일　月 달 월　爭 다툴 쟁　光 빛 광
업적이나 인덕이 뛰어난 인물을 말함. [사기史記]

一遊一豫
일 유 일 예
一 한 일　遊 놀 유　豫 즐거울 예
한 번의 놀이와 한 번의 즐거움. [맹자孟子]

一陰一陽
일 음 일 양
一 한 일　陰 그늘 음　陽 볕 양
음의 기운과 양의 기운. [역경易經]

一飮一啄
일 음 일 탁
一 한 일　飮 마실 음　啄 쪼을 탁
적은 음식. 많은 것을 탐내지 않고 분수를 지킴을 비유한 말.

一衣帶水
일 의 대 수
一 한 일　衣 옷 의　帶 띠 대　水 물 수
한 줄기 띠와 같이 좁은 강줄기. [수사隋史]
▶수(隋) 문제(文帝)인 양견(楊堅)이 진(晉)을 치기 전에 양자강을 보고 한 말. 문제는 이 양자강을 건너 진(晉)을 멸하고 통일 대제국 수(隋)를 세웠다(AD 589년).

一意直到
일 의 직 도
一 한 일　意 뜻 의　直 곧을 직　到 다다를 도
생각을 그대로 꾸밈없이 나타냄.

一以貫之
일 이 관 지
一 한 일　以 써 이　貫 꿸 관　之 갈 지
한 가지 이치로 여러 일을 꿰뚫음. [논어論語]

一人貪戾
일 인 탐 려
一 한일　人 사람 인　貪 탐할 탐　戾 어그러질 려
한 사람의 탐욕 때문에 일들이 어그러짐. [대학大學]

一日三秋
일 일 삼 추
一 한일　日 날 일　三 석 삼　秋 가을 추
하루가 3년같이 긺. 기다리는 정이 간절함. [시경詩經]

一日之長
일 일 지 장
一 한일　日 날 일　之 갈 지　長 어른 장
하루 먼저 난 선배. 또는 자기보다 조금 나은 선배. [논어
論語]

一字無識
일 자 무 식
一 한일　字 글자 자　無 없을 무　識 알 식
글자 한 자도 알지 못함.

一字不說
일 자 불 설
一 한일　字 글자 자　不 아닐 불　說 말씀 설
부처가 깨달아서(오도 悟道) 말한 내용을 글이나 말로 다
설명할 수가 없음.

一字三禮
일 자 삼 례
一 한일　字 글자 자　三 석 삼　禮 예절 례
경문(經文)을 베낄 때 한 자 쓸 때마다 세 번 절하는 일.

一字一珠
일 자 일 주
一 한일　字 글자 자　珠 구슬 주
한 자 한 자가 구슬과 같이 아름다움.

一字之師
일 자 지 사
一 한일　字 글자 자　之 갈 지　師 스승 사
시나 문장에서 잘못된 한 자 한 자를 바르게 깨우쳐 준
스승. 또는 잘못된 한 자를 바로잡아 깨우쳐 준 스승.

一字千金
일 자 천 금
一 한일　字 글자 자　千 일천 천　金 쇠 금
한 자 한 자가 천금과 같이 중함.

一長一短
일 장 일 단
一 한일　長 길 장　短 짧을 단
장점이 있으면 단점도 있음. [논형論衡]

一張一弛
일 장 일 이
一 한일　張 베풀 장　弛 늦출 이
거문고의 활시위를 팽팽하게, 느슨하게 조절함. 나라를
다스리는 것도 때론 엄하게 때론 너그럽게 해야 한다는
말. [예기禮記]

523

一場春夢 一한일 場마당장 春봄춘 夢꿈몽
일 장 춘 몽   흔적도 없이 가는 봄밤의 꿈과 같이 인생의 부귀영화도
　　　　　허무하고 덧없다는 말. [후청록後鯖錄]

一錢不値 一한일 錢돈전 不아닐불 値값치
일 전 불 치   한 푼어치의 가치도 없음. [사기史記]

一箭雙鵰 一한일 箭화살전 雙쌍쌍 鵰수리조
일 전 쌍 조   화살 한 발에 수리 두 마리. [수서隋書] =일석이조(一石二
　　　　　鳥)

一朝一夕 一한일 朝아침조 夕저녁석
일 조 일 석   하루 아침, 하루 저녁의 짧은 시간. [역경易經]

一株撑天 一한일 株기둥주 撑버틸탱 天하늘천
일 주 탱 천   한 개의 기둥으로 하늘을 떠받침. 즉 혼자서 천하의 중
　　　　　책을 맡음. [송사宋史] =일주경천(一株擎天)

日中則移 日날일 中가운데중 則곧즉 移옮길이
일 중 즉 이   정오가 되면 해가 기울기 시작함. 모든 것이 정점에 도
　　　　　달하면 이지러지기 시작한다는 것을 비유.
　　　　　▶일중즉이 월만즉휴(---- 月滿則虧): 해는 중천에 뜨면 기
　　　　　　울고, 달은 차면 기운다.

日中則昃 日해일 中가운데중 則=卽곧즉 昃기울측
일 중 즉 측   해가 하늘 가운데 오면 기욺. [역경易經]
　　　　　▶일중즉측 월영즉식(---- 月盈即食): 해가 하늘 한가운데
　　　　　　오면 기울고, 달이 차면 이지러짐.

日中必移 日해일 中가운데중 必반드시필 移옮길이
일 중 필 이   해는 중천에 떴다가 반드시 비켜 이동함. [사기史記]

日增月加 日날일 增더할증 月달월 加더할가
일 증 월 가   시간이 지날수록 점점 더해 감.

一陣狂風 一한일 陣한바탕진 狂미칠광 風바람풍
일 진 광 풍   한바탕 부는 사나운 바람.

日進月步
일 진 월 보
日 날 일 進 나아갈 진 月 달 월 步 걸음 보
나날이 진보함.

一進一退
일 진 일 퇴
一 한 일 進 나아갈 진 退 물러날 퇴
한 번 나아갔다 한 번 물러남. [순자荀子]

一擲乾坤
일 척 건 곤
一 한 일 擲 던질 척 乾 하늘 건 坤 땅 곤
흥망을 걸고 전력을 다해 승패를 겨룬다는 말. =건곤일
척(乾坤一擲)

一觸卽發
일 촉 즉 발
一 한 일 觸 닿을 촉 卽=則 곧 즉 發 필 발
조금만 닿아도 폭발함. 매우 위험한 상태.

一寸肝腸
일 촌 간 장
一 한 일 寸 마디 촌 肝 간 간 腸 창자 장
한 도막의 간과 창자. 애가 타는 모양.

日出三竿
일 출 삼 간
日 날 일 出 날 출 三 석 삼 竿 장대 간
해가 떠서 3간 높이에 이름. 아침 8시경을 이름.

日出有曜
일 출 유 요
日 해 일 出 날 출 有 있을 유 曜 빛날 요
해가 뜨자 빛이 남. [시경詩經]

日就月將
일 취 월 장
日 날 일 就 나아갈 취 月 달 월 將 장차 장
나날이 자라고 진보함. [시경詩經]

一炊之夢
일 취 지 몽
一 한 일 炊 불 땔 취 之 갈 지 夢 꿈 몽
불을 때는 짧은 시간 동안의 꿈. 인생의 허무함을 이름.
=일장춘몽(一場春夢)
▶당(唐)나라 노생(盧生)이 한단의 주막에서 여옹(呂翁)이
란 선인이 주는 베개를 베고 잠자면서 50년간 영화를 꿈
꾸었으나, 깨고 보니 짓고 있는 밥이 아직 익지 않은 짧은
시간이었다는 고사에서 온 말.

一醉千日
일 취 천 일
一 한 일 醉 취할 취 千 일천 천 日 날 일
한 번 취하면 천 일을 가는 아주 좋은 술. [박물지博物誌]

一敗塗地
일 패 도 지
一 한 일 敗 패할 패 塗 진흙 도 地 땅 지
다시 일어서지 못할 정도로 여지없이 패함. [사기史記]

一片孤月 一한일 片조각편 孤외로울고 月달월
일 편 고 월　한 조각 외로이 뜬 달.

一片丹心 一한일 片조각편 丹붉을단 心마음심
일 편 단 심　한 조각 충성된 마음.

一暴十寒 一한일 暴=曝쬘폭 十열십 寒찰한
일 폭 십 한　하루 볕나고 열흘 추움. 노력이 적고 게으름을 비유하는
　　　　　　말.【맹자孟子】

　　▶일폭십한 만물부장(―――― 萬物不長) 일한십폭 만물구생
　　(一寒十曝 萬物俱生): 하루 볕나고 열흘 추우면 만물이 자
　　라지 못하나, 하루 춥고 열흘 볕나면 만물이 잘 자란다.

一筆揮之 一한일 筆붓필 揮휘두를휘 之갈지
일 필 휘 지　글씨를 단숨에 내려씀.

一寒如此 一한일 寒찰한 如같을여 此이차
일 한 여 차　이처럼 한결같이 추움. 가난을 개탄하는 말.【사기史記】

一狐之腋 一한일 狐여우호 之갈지 腋겨드랑이액
일 호 지 액　한 마리 여우의 겨드랑이 털. 아주 값지고 귀한 물건을
　　　　　　이름.【사기史記】

一攫千金 一한일 攫붙잡을확 千일천천 金쇠금
일 확 천 금　힘들이지 않고 단번에 많은 재물을 얻음.

一薰一蕕 一한일 薰향풀훈 蕕누린내풀유
일 훈 일 유　향내 나는 풀과 누린내 나는 풀. 선악(善惡)과 호오(好惡)
　　　　　　를 비유하는 말. 또는 악이 선을 이긴다는 말도 됨.【춘추
　　　　　　좌씨전春秋左氏傳】

日暈主雨 日날일 暈무리훈 主임금주 雨비우
일 훈 주 우　해무리가 끼면 비가 온다는 말.

一喜一悲 一한일 喜기쁠희 悲슬플비
일 희 일 비　한편으로는 기쁘고, 한편으로는 슬픔. 즉 좋은 일 나쁜
　　　　　　일이 번갈아 일어남. =일희일우(一喜一憂)

526

臨渴掘井
임 갈 굴 정
臨 임할 림(임) 渴 목마를 갈 掘 팔 굴 井 우물 정
목이 말라서야 우물을 팜. 평소에 준비가 없다가 갑자기 일을 당해 다급해서 허둥지둥하는 것을 비유하는 말.
【설원說苑】 =임경굴정(臨耕掘井)

臨機應變
임 기 응 변
臨 임할 림(임) 機 베틀 기 應 응할 응 變 변할 변
형세 변화에 따라 적절히 대처해 감. 【당서唐書】

臨難不懼
임 난 불 구
臨 임할 림(임) 難 어려울 난 不 아닐 불 懼 두려울 구
난국을 당해도 두려워하지 않음. 【장자莊子】

臨難鑄兵
임 난 주 병
臨 임할 림(임) 難 어려울 난 鑄 쇠 녹일 주 兵 군사 병
난리 난 뒤에 무기를 제조함. 때늦게 준비함을 비유하는 말. 【안자춘추晏子春秋】

臨農奪耕
임 농 탈 경
臨 임할 림(임) 農 농사 농 奪 빼앗을 탈 耕 갈 경
농사지을 때를 맞아 경작자를 바꿈. 이미 준비가 다 된 것을 헛되게 한다는 말.

任大功者
임 대 공 자
任 맡길 임 大 큰 대 功 공 공 者 사람 자
중요한 임무를 맡은 사람. 【전국책戰國策】
▶임대공자 불이경적(----不以輕敵): 중요한 임무를 맡은 사람은 적을 가벼이 보지 않는다.

任大責重
임 대 책 중
任 맡길 임 大 큰 대 責 꾸짖을 책 重 무거울 중
임무가 크고 책임이 중함.

臨事而懼
임 사 이 구
臨 임할 림(임) 事 일 사 而 말이을 이 懼 두려울 구
일에 임해서는 두려워 망설임. 【논어論語】

臨深履薄
임 심 이 박
臨 임할 림(임) 深 깊을 심 履 밟을 리(이) 薄 엷을 박
깊은 곳에 임해 얇은 곳을 밟듯이 함. 위험한 일을 당해 매우 조심하는 모양을 이름. 【시경詩經】

林深鳥棲
임 심 조 서
林 수풀 림(임) 深 깊을 심 鳥 새 조 棲 깃들 서
숲이 깊으면 새가 깃듦.

任人之道
임 인 지 도

任 맡길 임　人 사람 인　之 갈 지　道 길 도
사람에게 일을 맡기고 거느리는 방법. 【구양수歐陽脩의 시詩】

▶임인지도 요재불의(──── 要在不疑): 사람에게 일을 맡겨
잘 거느리는 방법은, 맡긴 사람을 함부로 의심하지 않는
데 요점이 있다.

任重道遠
임 중 도 원

任 맡길 임　重 무거울 중　道 길 도　遠 멀 원
책임은 무겁고 갈 길은 멂.

臨陣易將
임 진 역 장

臨 임할 림(임)　陣 진 칠 진　易 바꿀 역　將 장수 장
적진 앞에서 장수를 바꿈. 급한 시기에 익숙한 사람을
버리고 서투른 사람을 써서 일을 그르친다는 말.

林慙澗愧
임 참 간 괴

林 수풀 림(임)　慙 부끄러워할 참　澗 산골 물 간　愧
부끄러워할 괴
숲과 개울이 모두 부끄러워함. 위선자가 산속에 은거함
을 숲 전체가 부끄러워한다는 뜻.

臨秋收斂
임 추 수 렴

臨 임할 림(임)　秋 가을 추　收 거둘 수　斂 거둘 렴
늦은 가을이 되어서야 거두어들임. 철을 놓치고서야 일
을 서둘러 한다는 말. 【한서漢書】

任賢不貳
임 현 불 이

任 맡길 임　賢 어질 현　不 아닐 불　貳 두 이
현명한 사람에게 일을 맡겼으면 두 가지 마음(의심하는
마음)을 품지 말라는 뜻. 적임자에게 맡겼으면 끝까지
믿어야 한다는 말. 【서경書經】

入境問答
입 경 문 답

入 들 입　境 지경 경　問 물을 문　答 대답 답
남의 나라에 들어가면 그 나라의 금령을 물어서 따름.
=입경문속(入境問俗)

立戈迤憂
입 과 이 알

立 설 립(입)　戈 창 과　迤 비스듬할 이　憂 창 알
창을 비스듬히 세움. 【장형張衡의 부賦】

入幕之賓
입 막 지 빈

入 들 입　幕 장막 막　之 갈 지　賓 손 빈
친분이 가까운 손님. 즉 기밀을 상의할 수 있는 상대를
이름. 【진서晉書】

入木三分
입 목 삼 분

入들입 木나무목 三석삼 分나눌분

필력이 힘참을 말함. [진서晉書]

▶동진(東晉)의 왕희지(王羲之)가 축판에 글씨를 쓰면 나무 판자에 3분이나 깊게 붓이 들어갔다는 고사에서 온 말.

立不失容
입 불 실 용

立설 립(입) 不아닐 불 失잃을 실 容몸가짐 용

오래 서 있어도 자세를 잃지 않음. [장자莊子]

入山忌虎
입 산 기 호

入들입 山뫼산 忌꺼릴기 虎범호

산에 들어가서는 범 잡는 것을 꺼림. 정작 일을 당해서 는 꽁무니 빼는 것을 비유하는 말.

笠上頂笠
입 상 정 립

笠삿갓입 上위상 頂꼭대기정

삿갓 위에 삿갓을 씀. 즉 필요 없는 물건을 더함. =옥상 가옥(屋上架屋)

立身揚名
입 신 양 명

立설 립(입) 身몸신 揚날릴양 名이름명

출세하여 이름을 세상에 드날림. =입신출세(立身出世)

入室操戈
입 실 조 과

入들입 室집실 操잡을조 戈창과

남의 무기를 잡고 그 사람을 공격함. 그 사람의 학설로 그 사람을 공격함을 말함. [후한서後漢書] =입실조모(入室操矛)

入耳不煩
입 이 불 번

入들입 耳귀이 不아닐 불 煩번거로울 번

듣기가 거북하지 않음. 들어도 싫지 않음.

入耳著心
입 이 착 심

入들입 耳귀이 著붙일착 心마음심

들은 바를 잊지 않고 간직함. [순자荀子]

入耳出口
입 이 출 구

入들입 耳귀이 出날출 口입구

들은 것을 바로 입으로 내뱉음. 남에게서 들은 것을 제 주견인 양 타인에게 그대로 옮긴다는 말. =도청도설(道聽塗說)

粒粒辛苦
입 립 신 고

粒낟알립(입) 辛쓸신 苦쓸고

곡식 한 알 한 알이 모두 농민의 고생으로 만들어진 것 이란 뜻. [고문진보古文眞寶]

入主出奴
입 주 출 노
入들입 主임금주 出날출 奴종노
이단(異端)에 든 자는 성인의 학문을 천하게 여김.

立地書廚
입 지 서 주
立설립(입) 地땅지 書글서 廚주방주
학문이 깊고 문재(文才)가 있어 붓을 잡으면 명문을 단
번에 써 내려가는 문장가를 일컬음. [송사宋史]
▶서주(書廚)=문갑(文匣)

立錐之地
입 추 지 지
立설립(입) 錐송곳추 之갈지 地땅지
송곳 하나 세울 만한 땅. 아주 좁아 여유가 없음을 나타
내는 말. [사기史記]

入鄕循俗
입 향 순 속
入들입 鄕고을향 循따를순 俗풍속속
그 고을에 들어가서는 그곳의 풍습을 따름. [회남자淮南子]
=입경문답(入境問答), 입향종향(入鄕從鄕)

立賢無方
입 현 무 방
立설립(입) 賢어질현 無없을무 方모방
인재 등용에 있어 친소(親疏), 귀천(貴賤)에 얽매이지 아
니함. [맹자孟子]

入火拾栗
입 화 습 률
入들입 火불화 拾주울습 栗밤률
불 속에 들어가서 밤을 주움. 조그만 이익을 얻기 위해
큰 모험을 하는 어리석음을 비유.

自家撞着
자 가 당 착
自스스로자 家집가 撞칠당 着붙일착
자기가 한 말의 앞뒤가 맞지 아니함. [선림유취禪林類聚]

自强不息
자 강 불 식
自스스로자 强굳셀강 不아닐불 息쉴식
스스로 노력하며 쉬지 아니함. 군자는 스스로 단련함에
쉬거나 그침이 없어야 한다는 말. [역경易經] =발분망식
(發憤忘食) [논어論語]

刺客奸人
자 객 간 인
刺찌를자 客손객 奸간사할간 人사람인
마음이 매우 모질며 간사한 사람.

自古以來
자 고 이 래
自부터자 古예고 以써이 來올래
예로부터.

自過不知
자 과 부 지
自 스스로 자　過 허물 과　不 아닐 부　知 알 지
자기의 허물을 자기가 알지 못함. [맹자孟子]

自求多福
자 구 다 복
自 스스로 자　求 구할 구　多 많을 다　福 복 복
스스로 많은 복을 구함. 복은 자기 스스로가 구하는 것
이지 하늘이 내려주는 것이 아니라는 말. [시경詩經]

紫氣東來
자 기 동 래
紫 자줏빛 자　氣 기운 기　東 동녘 동　來 올 래
자줏빛이 동쪽에서 옴. 성인이 오는 것을 일컫는 말. 반
가운 벗이 올 때도 씀.

煮豆燃萁
자 두 연 기
煮 삶을 자　豆 콩 두　燃 탈 연　萁 콩대 기
콩을 삶는데 콩대를 태움. 콩과 콩대는 한 뿌리에서 났
건만 서로 해치고 있다는 뜻. 즉 형제가 서로 다툼을 비
유하는 말. [조식曹植의 칠보시七步詩]

自勞而得
자 로 이 득
自 스스로 자　勞 힘쓸 로　而 말이을 이　得 얻을 득
자기 혼자 힘써서 얻음.

滋蔓難圖
자 만 난 도
滋 불을 자　蔓 덩굴 만　難 어려울 난　圖 그림 도
풀이 무성하면 쉽게 제거할 수가 없음. 권세가 강대해지
면 쉽게 제압할 수 없게 됨을 비유. [춘추좌씨전春秋左氏傳]

自望其廣
자 망 기 광
自 스스로 자　望 바라볼 망　其 그 기　廣 넓을 광
스스로 넓은 곳을 바라봄. [공자가어孔子家語]

慈母敗子
자 모 패 자
慈 사랑 자　母 어미 모　敗 패할 패　子 아들 자
인자한 어머니의 실패한 자식. 자애가 지나친 어머니 슬
하에서 방자하고 버릇없는 자식이 난다는 말. [사기史記]

慈保庶民
자 보 서 민
慈 사랑 자　保 보전할 보　庶 무리 서　民 백성 민
사랑으로 여러 백성을 보호함. [국어國語]

自斧刖足
자 부 월 족
自 스스로 자　斧 도끼 부　刖 벨 월　足 발 족
제 도끼에 제 발이 찍힘. 잘 알고 있다고 믿고 있다가 큰
실수를 하게 됨. =자부작족(自斧斫足)

531

慈悲無敵
자 비 무 적

慈 사랑 자　悲 슬플 비　無 없을 무　敵 원수 적
자비로운 마음을 가지면 적이 없음. =인자무적(仁者無
敵)

自卑尊人
자 비 존 인

自 스스로 자　卑 낮을 비　尊 높을 존　人 사람 인
자신은 낮추고 타인은 높임. [예기禮記]

諮事爲諏
자 사 위 추

諮 물을 자　事 일 사　爲 할 위　諏 꾀할 추
당면한 일을 의논하고 물은 다음에 꾀함. [춘추좌씨전春秋左
氏傳]

自相矛盾
자 상 모 순

自 스스로 자　相 서로 상　矛 창 모　盾 방패 순
제 스스로 모순에 빠져 말의 앞과 뒤, 행동이 서로 어긋
남. [한비자韓非子] =자가당착(自家撞着)

子誠齊人
자 성 제 인

子 아들 자　誠 정성 성　齊 제나라 제　人 사람 인
견문이 좁고 고루한 사람을 지칭하는 말. [맹자孟子]
▶맹자가 자기 나라 것만 알고 주장하는 제나라 출신 제자
공손추(公孫丑)에게 "그대는 정말 제나라 사람일세."라고
했다는 고사에서 온 말. 공손추는 제나라의 명재상이었
던 관중(管仲)과 안영(晏嬰)만이 제일인 줄 알고 말끝마
다 그들을 들먹이자 이에 식상한 맹자가 한 말.

子孫保光
자 손 보 광

子 아들 자　孫 손자 손　保 보존할 보　光 빛 광
자손을 길이 영광되게 보존함. [한서漢書]
▶하민지락 자손보광(下民之樂 ----): 아래 있는 백성의 즐
거움은 자손을 영광되게 보존하는 일이다.

炙手可熱
자 수 가 열

炙 고기 구울 자　手 손 수　可 옳을 가　熱 더울 열
손을 대면 뜨거운 열에 덴다는 뜻. 권세가 대단하여 접
근이 어려움을 비유한 말.

自手削髮
자 수 삭 발

自 스스로 자　手 손 수　削 깎을 삭　髮 터럭 발
제 스스로 제 머리를 깎음. 하기 어려운 일을 아무 도움
없이 자기 스스로 처리함.

自手成家
자 수 성 가

自 스스로 자　手 손 수　成 이룰 성　家 집 가
물려받은 재산 없이 자기의 힘만으로 재산을 모음.

諮詢典禮
자 순 전 례
諮 물을 자　詢 물을 순　典 법 전　禮 예절 례
전적(典籍)에 기록된 예에 대해 물음. 【삼국지三國志】

自勝者强
자 승 자 강
自 스스로 자　勝 이길 승　者 사람 자　强 강할 강
자기를 이기는 자가 강한 사람. 【노자老子】

自繩自縛
자 승 자 박
自 스스로 자　繩 줄 승　縛 묶을 박
제가 꼰 새끼로 제 몸을 옭아 묶음. 제가 한 잘못으로 스
스로 불행을 불러오는 상황을 비유한 말.

自勝之癖
자 승 지 벽
自 스스로 자　勝 나을 승　之 갈 지　癖 버릇 벽
자기가 남보다 낫다고 여기는 나쁜 버릇.

自是之癖
자 시 지 벽
自 스스로 자　是 옳을 시　之 갈 지　癖 버릇 벽
자기만 옳다고 여기는 나쁜 버릇. 또는 치우친 소견을
고집하는 버릇.

自食其力
자 식 기 력
自 스스로 자　食 먹을 식　其 그 기　力 힘 력
남에게 의지 않고 제 힘으로 해결해 나감. 【통속편通俗編】

自我作古
자 아 작 고
自 스스로 자　我 나 아　作 만들 작　古 예 고
옛일에 얽매이지 않고 스스로 본보기를 만듦. 【송사宋史】

自業自得
자 업 자 득
自 스스로 자　業 업 업　得 얻을 득
자기가 저지른 일의 과보를 자기가 받음. =인과응보(因
果應報)

自然淘汰
자 연 도 태
自 스스로 자　然 그러할 연　淘 일 도　汰 일 태
환경에 맞는 것은 남고 그렇지 못한 것은 자연적으로 없
어진다는 말.
▶도태(淘汰): 물건을 물에 넣고 일어서 좋은 것만 가려냄.

自然超然
자 연 초 연
自 스스로 자　然 그러할 연　超 뛰어넘을 초
혼자 있을 때는 초연해야 함.

紫髯綠眼
자 염 녹 안
紫 자줏빛 자　髯 구레나룻 염　綠 초록색 록(녹)　眼
눈 안
자줏빛 구레나룻과 초록색 눈. 백인을 말함.

ス

藉用白茅
자 용 백 모
藉 깔개 자 用 쓸 용 白 흰 백 茅 띠 모
흰 띠풀을 깔고 앉음. 검소하게 생활하면 허물이 없다는
괘. [역경易經]

資用益饒
자 용 익 요
資 재물 자 用 쓸 용 益 더할 익 饒 넉넉할 요
쓸 물자가 더욱 넉넉함. [한서漢書]

自怨自艾
자 원 자 애
自 스스로 자 怨 원망할 원 艾 벨 애, 징계할 애
잘못을 뉘우치고, 다시 그런 일이 없도록 악을 베어 없
앰. [맹자孟子]

子爲父隱
자 위 부 은
子 아들 자 爲 할 위 父 아비 부 隱 숨을 은
자식이 아비의 허물을 숨김. 부자(父子)의 천륜(天倫)을
이르는 말. [논어論語]

自由奔放
자 유 분 방
自 스스로 자 由 말미암을 유 奔 달릴 분 放 놓을 방
자기 마음 먹은 대로 자유롭게 행동함.

自隱無名
자 은 무 명
自 스스로 자 隱 숨을 은 無 없을 무 名 이름 명
스스로 은둔하여 이름이 세상에 알려지지 아니함. [사기
史記]

赭衣半道
자 의 반 도
赭 붉은 흙 자 衣 옷 의 半 반 반 道 길 도
길에 다니는 사람의 절반이 붉은색의 옷을 입고 있음.
죄인이 득실거림을 이르는 말.

字字珠玉
자 자 주 옥
字 글자 자 珠 구슬 주 玉 구슬 옥
글자마다 구슬. 한 자 한 자 잘 쓴 것을 칭찬하는 말.

自作自受
자 작 자 수
自 스스로 자 作 지을 작 受 받을 수
자기가 저지른 일은 자기가 거두어 받음.

自作之孼
자 작 지 얼
自 스스로 자 作 지을 작 之 갈 지 孼 싹 얼
제가 지은 일로 인하여 일어난 재앙. [맹자孟子]

自將擊之
자 장 격 지
自 스스로 자 將 장수 장 擊 칠 격 之 갈 지
스스로 군사를 이끌고 치는 것. 또는 남이 시키지 않아
도 스스로 하는 것을 이르는 말.

自全之計
자 전 지 계
自 스스로 자　全 온전 전　之 갈 지　計 헤아릴 계
자신의 안전을 도모하는 계책.

粢醍在堂
자 제 재 당
粢 기장 자　醍 맑은술 제　在 있을 재　堂 집 당
기장으로 만든 술을 집 안에 진열함. [예기禮記]

子坐午向
자 좌 오 향
子 첫째천간 자　坐 앉을 좌　午 일곱째천간 오　向
향할 향
정남향을 말함.

自主創新
자 주 창 신
自 스스로 자　主 주인 주　創 비로소 창　新 새 신
모방에서 탈피하여 스스로 새로운 것을 창조함.

煮粥焚鬚
자 죽 분 수
煮 끓일 자　粥 죽 죽　焚 탈 분　鬚 수염 수
죽을 끓이다가 수염을 태움. 형제 간의 우애가 두터움을
비유해서 하는 말.
▶당(唐)나라 이적(李勣)이 누이의 병환에 손수 미음을 끓
이다가 수염을 태운 고사에서 비롯된 말.

自中之亂
자 중 지 란
自 스스로 장　中 가운데 중　之 갈 지　亂 어지러울 란
같은 패거리 안에서 일어난 싸움.

自進入泗
자 진 입 사
自 스스로 자　進 나아갈 진　入 들 입　泗 강이름 사
제 스스로 사수(泗水)로 흘러듦. 자기도 모르게 주위 환
경에 물드는 것을 비유한 말. [남사南史]

刺草之臣
자 초 지 신
刺 끊을 자　草 풀 초　之 갈 지　臣 신하 신
풀을 베는 신하. 신하가 임금 앞에서 자신을 낮춰 이르
는 말.

自初至終
자 초 지 종
自 부터 자　初 처음 초　至 이를 지　終 마칠 종
처음부터 끝까지.

自麤入細
자 추 입 세
自 부터 자　麤 거칠 추　入 들 입　細 가늘 세
거칠게 시작하여 세밀하게 들어감. 글을 쓸 때, 처음에
는 형식에 얽매이지 않고 생각나는 대로 쓰다가 익숙해
지면 세밀하고 매끄럽게 다듬어 나가야 한다는 말.

自取之禍
자 취 지 화
自 스스로 자　取 취할 취　之 갈 지　禍 재앙 화
자기가 저질러 얻은 재앙.

自彈自歌
자 탄 자 가
自 스스로 자　彈 연주할 탄　歌 노래 가
스스로 악기를 연주하고, 스스로 노래 부름. 또는 스스로 묻고 스스로 대답함. =자문자답(自問自答)

自暴自棄
자 포 자 기
自 스스로 자　暴 해칠 포　棄 버릴 기
자기 몸을 스스로 해치고 버림. [맹자孟子]

自下擧行
자 하 거 행
自 스스로 자　下 아래 하　擧 들 거　行 갈 행
전례에 따라 윗사람의 승락 없이 스스로 일을 처리함.

煮海爲鹽
자 해 위 염
煮 끓일 자　海 바다 해　爲 할 위　鹽 소금 염
바닷물을 끓여 소금을 만듦. [한서漢書]

自行自止
자 행 자 지
自 스스로 자　行 갈 행　止 그칠 지
가고 싶으면 가고 싫으면 그만 둠. 자기 마음 내키는 대로 행동함을 이르는 말.

自畫自讚
자 화 자 찬
自 스스로 자　畫 그림 화　讚 기릴 찬
제가 그린 그림을 제가 칭찬함. 제가 한 일을 제가 잘했다고 칭찬하고 자랑하는 것을 이름.
▶본래는 동양화에서 자기의 그림을 설명하느라 붙인 글이나 감상하느라 쓴 글을 일컬음.

紫花地丁
자 화 지 정
紫 자줏빛 자　花 꽃 화　地 땅 지　丁 넷째 천간 정
제비꽃. 즉 오랑캐꽃을 말함.

雀角鼠牙
작 각 서 아
雀 참새 작　角 뿔 각　鼠 쥐 서　牙 어금니 아
참새의 뿔과 쥐의 어금니. 송사를 일으키어 법정에서 시비를 따지는 일을 비유하는 말. [시경詩經]

作狂作聖
작 광 작 성
作 지을 작　狂 미칠 광　聖 성스러울 성
마음 먹기에 따라 광인도 되고 성인도 됨. [서경書經]

酌量減輕
작 량 감 경
酌 술잔 작　量 헤아릴 량　減 뺄 감　輕 가벼울 경
형사재판에서 판사의 재량으로 피고의 형량을 깎아 주는 것.

作文三上
작 문 삼 상

作 지을 작　文 글 문　三 석 삼　上 위 상
글을 짓는데 골몰할 수 있는 가장 알맞은 장소 세 곳. 즉
마상(馬上), 침상(枕上), 측상(厠上).

作法自斃
작 법 자 폐

作 지을 작　法 법 법　自 스스로 자　斃 넘어질 폐, 죽
을 폐
제가 만든 법에 스스로 걸려 죽음. 【사기史記】

昨非今是
작 비 금 시

昨 어제 작　非 아닐 비　今 이제 금　是 옳을 시
전날엔 아니라고 여기던 것을 오늘은 옳다고 생각함. 【도
연명陶淵明의 시詩】

作舍道傍
작 사 도 방

作 지을 작　舍 집 사　道 길 도　傍 곁 방
길가에 집을 지으면 오가는 사람들의 의견이 많아 집이
지어지지 않음. 【후한서後漢書】 =노변부작가(路邊不作家)
▶작사도방 삼년불성(---- 三年不成): 길가에 집을 지으면
　지나가는 사람이 의견들을 내놓아 3년이 지나도 완성되
　지 못한다.

雀鼠之爭
작 서 지 쟁

雀 참새 작　鼠 쥐 서　之 갈 지　爭 다툴 쟁
법정에서 송사(訟事)하는 일.

鵲巢鳩居
작 소 구 거

鵲 까치 작　巢 둥우리 소　鳩 비둘기 구　居 살 거
까치 집에 비둘기가 삶. 남의 지위를 빼앗음을 비유하는
말. 【시경詩經】

勺水不入
작 수 불 입

勺 국자 작　水 물 수　不 아닐 불　入 들 입
한 모금의 물도 마시지 못함. 음식을 전혀 먹지 못함을
이르는 말.

酌水成禮
작 수 성 례

酌 잔 작　水 물 수　成 이룰 성　禮 예절 례
물만 떠 놓고 혼례를 치름. 가난한 집의 혼례를 말함.

作心三日
작 심 삼 일

作 지을 작　心 마음 심　三 석 삼　日 날 일
마음 먹은 것이 사흘이 못 감. 결심이 굳지 못하다는 말.

芍藥之贈
작 약 지 증

芍 함박꽃 작　藥 약 약　之 갈 지　贈 줄 증
향기로운 작약을 보내 남녀의 정을 두터이 함. 【시경詩經】

作威作福
작 위 작 복
作 지을 작　威 위엄 위　福 복 복
벌(罰)과 상(賞)을 제멋대로 함. 즉 권세를 쥐고 멋대로
휘두름. [서경書經]

作者謂聖
작 자 위 성
作 지을 작　者 사람 자　謂 이를 위　聖 성인 성
예악(禮樂)을 창작하는 사람을 성인이라 이름. 덕과 지
위를 겸한 자만이 예악을 창작할 수 있다는 데서 나온
말. [예기禮記]

綽綽有裕
작 작 유 유
綽 너그러울 작　有 있을 유　裕 넉넉할 유
마음에 여유가 있어 서두르지 않음. [시경詩經] =작작연유
여유(綽綽然有餘裕) [맹자孟子]
▶차령형제 작작유유(此令兄弟 ----) 불령형제 교상위유
(不令兄弟 交相爲癒): 훌륭한 형제는 여유 있고 정이 넘치
나, 못난 형제는 서로 헐뜯기만 하네.

雀學鸛步
작 학 관 보
雀 참새 작　學 배울 학　鸛 황새 관　步 걸음 보
참새가 황새걸음을 배움. 제 형편을 살피지 않고 남을
따라함을 비유하는 말.

殘豆之戀
잔 두 지 연
殘 남을 잔　豆 콩 두　之 갈 지　戀 그리워할 연
말(馬)이 남아 있는 콩이 그리워 마구간을 못 떠남. 사소
한 이익에 얽매이는 것을 말함. [진서晉書]

殘杯冷炙
잔 배 냉 적
殘 남을 잔　杯 잔 배　冷 찰 랭(냉)　炙 고기구이 적
남은 술, 식은 고기를 대접함. 즉 먹다 남은 찌꺼기로 대
접하며 모욕을 줌. 또는 푸대접 받는 일을 말함. [안씨가훈
顔氏家訓] =잔배냉효(殘杯冷肴)

殘山剩水
잔 산 잉 수
殘 남을 잔　山 뫼 산　剩 남을 잉　水 물 수
자연의 일부만 그린 산수화. 또는 패망한 나라의 황폐한
산하.

棧齴巉嶮
잔 언 참 험
棧 잔도 잔　齴 웃을 언　巉 가파를 참　嶮=險 험할 험
잔도가 드러나 보이는 가파르고 험한 산. [장형張衡의 부賦]

殘月曉星
잔 월 효 성
殘 남을 잔　月 달 월　曉 새벽 효　星 별 성
새벽 달과 새벽 별.

殘忍薄行
잔 인 박 행
殘 잔인할 잔　忍 참을 인　薄 엷을 박　行 갈 행
잔인하고 야박한 행동.

殘編短簡
잔 편 단 간
殘 남을 잔　編 엮을 편　短 짧을 단　簡 대쪽 간
이지러져 온전하지 못한 옛 서적. 또는 자신의 졸작을
이름.

蠶頭馬蹄
잠 두 마 제
蠶 누에 잠　頭 머리 두　馬 말 마　蹄 말발굽 제
서예 필법의 하나. 가로긋기 획의 시작은 말발굽 모양으
로, 마무리는 누에 머리 모양이 되도록 쓰는 것.

蠶絲牛毛
잠 사 우 모
蠶 누에 잠　絲 실 사　牛 소 우　毛 털 모
누에고치 실과 소털. 일의 가닥이 매우 자질구레하고 지
저분함을 이름.

簪纓世族
잠 영 세 족
簪 비녀 잠　纓 갓끈 영　世 대 세　族 겨레 족
대대로 양반 차림을 해온 집안. 대대로 높은 벼슬을 해
온 집안을 이름.

潛龍勿用
잠 룡 물 용
潛 잠길 잠　龍 용 룡　勿 말 물　用 쓸 용
잠룡은 자신의 능력을 다 쓰지 말라. 천하를 호령할 영
웅이라도 때가 아니면 나서서는 안 된다는 말. [역경易經]

蠶月條桑
잠 월 조 상
蠶 누에 잠　月 달 월　條 가지 조　桑 뽕나무 상
누에 치는 3월엔 가지를 잘라다 놓고 뽕잎을 딴다는
말. [시경詩經]

潛有多魚
잠 유 다 어
潛 잠길 잠　有 있을 유　多 많을 다　魚 고기 어
나무를 많이 넣으면 물 속에 고기가 많음.
▶잠(潛)은 삼(槮)으로 나무를 물 속에 많이 넣어 물고기가
　많이 모여 살게 한 곳을 말함.

箴疵鷯盧
잠 자 교 로
箴 바늘 잠　疵 흠 자　鷯 해오라기 교　盧 밥그릇 로
흠집을 찾기 위해 해오라기 털을 바늘로 뒤적임. 남의
결점을 찾기 위해 혈안이 된 것을 비유하는 말. [한서漢書]
=취모색자(吹毛索疵)

長江天塹
장 강 천 참
長 길 장　江 큰내 강　天 하늘 천　塹 구덩이 참
양자강은 천연의 요해(要害)라는 뜻.

章決句斷
장 결 구 단
章글장 決결단할결 句글귀구 斷끊을단
문장의 장(章)과 구(句)를 가름.

長頸烏喙
장 경 오 훼
長길장 頸목경 烏까마귀오 喙부리훼
긴 목과 까마귀 부리. 【사기史記】
▶범려(范蠡)가 월왕(越王) 구천(句踐)을 보고 평한 말. 환란
은 같이할 수 있으나 안락은 같이할 수 없는 인상(人相)
이라는 의미.

檣傾楫摧
장 경 즙 최
檣돛대장 傾기울경 楫노즙 摧꺾일최
폭풍우로 돛대는 기울고, 노가 부러짐. 즉 배를 띄울 수
가 없다는 뜻.

將計就計
장 계 취 계
將장군장 計셈할계 就나아갈취
적의 계략을 알아 이를 역이용하는 계략. 즉 적의 의표
를 찌르는계략. 【삼국지三國志】

張冠李戴
장 관 이 대
張베풀장 冠갓관 李오얏리(이) 戴일대
장씨의 갓을 이씨가 씀. 명(名)과 실(實)이 서로 안 맞음.

藏巧於拙
장 교 어 졸
藏감출장 巧공교로울교 於어조사어 拙졸렬할졸
공교한 것이 졸렬한 것에 숨겨짐. 재능을 감추고 졸렬한
듯 보이는 것을 말함. 【채근담菜根譚】

章句小儒
장 구 소 유
章글장 句글귀구 小작을소 儒선비유
문장의 장구에만 얽매어 대의(大義)를 통하지 못하는 선
비를 이름. 【한서漢書】

章句之學
장 구 지 학
章글장 句글귀구 之갈지 學배울학
문자의 장과 구절의 해석에만 몰두하여 전체를 알지 못
하는 학문. 한(漢)의 훈고학(訓詁學)을 비평하는 말.

長短相較
장 단 상 교
長길장 短짧을단 相서로상 較비교할교
길고 짧음을 서로 비교함. 장점과 단점을 서로 견주어
봄. 【노자老子】

麞頭鹿耳
장 두 녹 이
麞노루장 頭머리두 鹿사슴록(녹) 耳귀이
노루 머리에 사슴의 귀. 비천한 사람의 상(相)을 말함.

杖頭百錢
장 두 백 전

杖 지팡이 장　頭 머리 두　百 일백 백　錢 돈 전
술살 돈, 또는 술값을 이르는 말.
▶진(晉)의 완수(阮脩)가 외출할 때는 지팡이 손잡이에 돈 백 전을 걸어 달고 나가, 술집에 이르면 홀로 실컷 술을 마셨다는 고사에서 생긴 말.

腸肚相連
장 두 상 련

腸 창자 장　肚 배 두　相 서로 상　連 잇닿을 련
창자와 배가 잇닿음. 서로 밀접하게 협력해 나가는 것을 이름.

麞頭鼠目
장 두 서 목

麞 노루 장　頭 머리 두　鼠 쥐 서　目 눈 목
노루 머리에 쥐의 눈. 머리 모양이 길고 뾰족한 대머리 이고, 옴폭하고 동그란 눈을 가진 상. 빈천하게 생긴 몰골을 이름. [당서唐書]

藏頭隱尾
장 두 은 미

藏 감출 장　頭 머리 두　隱 숨을 은　尾 꼬리 미
머리를 감추고 꼬리를 숨김. 사실이 명확하지 않음을 이르는 말.

張樂設飮
장 락 설 음

張 베풀 장　樂 즐길 락　設 베풀 설　飮 마실 음
잔치를 차려놓고 마음껏 마시고 즐김. [전국책戰國策]

將落之日
장 락 지 일

將 장차 장　落 떨어질 락　之 갈 지　日 날 일
장차 해가 지려는 무렵. 즉 석양(夕陽). 늙어 죽을 날이 가까움을 비유한 말.

牆面而立
장 면 이 립

牆 담 장　面 낯 면　而 말이을 이　立 설 립
담장 앞에 얼굴을 대고 섬. 아무것도 보이지 않아 나아 갈 수 없음을 이름. 무학무식자(無學無識者)를 말함.

長命富貴
장 명 부 귀

長 길 장　命 목숨 명　富 부자 부　貴 귀할 귀
장수(長壽)와 부귀. 남을 축복할 때 쓰는 말.

將母來諗
장 모 내 심

將 장차 장=惟 오직 유　母 어미 모　來 올 래(내)=是 이 시　諗 생각할 심
오직 어머니만 생각나고 그리움. [시경詩經]

將門有將
장 문 유 장

將 장군 장　門 문 문　有 있을 유　將 장군 장
장군 집안에서 장군이 남.

藏魄之地 藏 감출 장　魄 넋 백　之 갈 지　地 땅 지
장 백 지 지　혼백이 묻힐 땅.

匠石運斤 匠 장인 장　石 돌 석　運 휘두를 운　斤 자귀 근
장 석 운 근　장인의 기술이 오묘한 경지에 이름을 말함.
▶장석(匠石): 고대의 명공. 자(字)는 백(伯). 자귀로 나무를
　쪼는데 조금도 틀림이 없었다고 함.

長袖善舞 長 길 장　袖 소매 수　善 착할 선　舞 춤출 무
장 수 선 무　소매가 길면 춤을 잘 춤. [한비자韓非子]
▶장수선무 다전선고(---- 多錢善賈): 소매가 길면 춤을 잘
　추고, 돈(밑천)이 많으면 장사를 잘함.

藏修遊息 藏 감출 장　修 닦을 수　遊 놀 유　息 숨쉴 식
장 수 유 식　늘 학문을 닦는 데 게을리하지 않고, 쉬는 시간에도 학
　문하는 데 마음을 두는 것. [예기禮記]
▶장수(藏修): 학문을 게을리 않고 닦음. 유식(遊息): 쉬는
　시간에도 학문에 마음을 둠.

長我育我 長 길 장　我 나 아　育 기를 육＝畜 기를 휵
장 아 육 아　나를 길러주고 감싸줌. [시경詩經]

長夜之飮 長 길 장　夜 밤 야　之 갈 지　飮 마실 음
장 야 지 음　밤이 새도록 술을 마심. 날이 새도록 주연을 베푸는 것
　을 이름. [한비자韓非子]

仗約死節 仗 무기 장　約 맺을 약　死 죽을 사　節 마디 절
장 약 사 절　약속과 절조를 지키다가 죽음. [회남자淮南子]

腸如湇湯 腸 창자 장　如 같을 여　湇 끓을 관　湯 끓을 탕
장 여 관 탕　창자가 끓어오르듯 열이 남. [사기史記]

葬玉埋香 葬 장사지낼 장　玉 구슬 옥　埋 묻을 매　香 향기 향
장 옥 매 향　미인을 장사 지내는 것을 이름.

將欲噏之
장 욕 흡 지
將장차장 欲바랄욕 噏숨들이쉴흡 之갈지
장차 오므라들게 하고자 함. 무언가를 얻기 위해서는 먼저 주어야 한다는 말. [노자老子]

▶장욕흡지 필고장지(---- 必固張之): 오므라 들게 하려면, 반드시 그것을 불어나게 해야 한다.

瘴雨蠻烟
장 우 만 연
瘴풍토병장 雨비우 蠻오랑캐만 烟연기연
풍토병을 머금은 바람과 저습한 연기.

長者萬燈
장 자 만 등
長길장 者사람자 萬일만만 燈등잔등
부자의 만등. 형식보다 정성을 중히 여김을 비유한 말.

▶빈여일등 장자만등(貧如一燈 ----): 가난한 자의 한 등이 백만장자의 만 등보다 부처님의 감응이 더 낫다.

蔣芋青蕃
장 자 청 번
蔣줄장 芋북돋울자 青푸를청 蕃풀이름번
줄이 나가도록 북돋우어 푸르게 우거지게 함. [한서漢書]

帳前推閱
장 전 추 열
帳휘장장 前앞전 推밀추 閱볼열
장막 앞에서 임금이 죄인을 직접 문초함.

掌除蠹物
장 제 두 물
掌손바닥장 除덜제 蠹좀두 物만물물
손바닥으로 좀벌레를 없앰. [주례周禮]

莊周夢蝶
장 주 몽 접
莊씩씩할장 周두루주 夢꿈몽 蝶나비접
장자가 꿈 속에서 나비가 된 꿈을 꿈. [장자莊子]

掌中寶玉
장 중 보 옥
掌손바닥장 中가운데중 寶보배보 玉구슬옥
손 안에 든 보옥. 사랑하는 자식, 또는 매우 소중히 여기는 물건을 이름.

藏之名山
장 지 명 산
藏감출장 之갈지 名이름명 山뫼산
책이 후세에 전하지 못할 것을 염려하여 명산에 숨김. [사기史記]

杖之囚人
장 지 수 인
杖장형장 之갈지 囚가둘수 人사람인
죄인을 곤장을 친 뒤 옥에 가둠.

長醉不醒
장 취 불 성
長길장 醉취할취 不아닐불 醒술깰성
술을 계속 마셔서 깨지 못함.

ㅈ

長枕大衾
장 침 대 금

長 길 장　枕 베개 침　大 큰 대　衾 이불 금
긴 베개와 큰 이불. 형제 간에 우애가 돈독함을 말함. [당서唐書]

在家出家
재 가 출 가

在 있을 재　家 집 가　出 날 출
속세에 있으면서 속세를 해탈한 것을 말함.

在坑滿坑
재 갱 만 갱

在 있을 재　坑 구덩이 갱　滿 가득할 만
구덩이에 있으면 구덩이가 가득함. 닦은 도가 넘쳐남을 이름. [장자莊子]

再顧傾國
재 고 경 국

再 두 번 재　顧 돌아볼 고　傾 기울 경　國 나라 국
두 번을 돌아보면 임금이 혹하여 나라가 기울어짐. 절세의 미인을 일컬음. =경국지색(傾國之色) [한서漢書]

財官雙美
재 관 쌍 미

財 재물 재　官 벼슬 관　雙 쌍 쌍　美 아름다울 미
재물도 많고 벼슬도 높음. 재물과 벼슬이 다 좋음.

載鬼一車
재 귀 일 거

載 실을 재　鬼 귀신 귀　一 한 일　車 수레 거
귀신이 수레에 가득 실림. 두렵고 괴이한 일이 매우 많음을 비유한 말. [역경易經]

載飢載渴
재 기 재 갈

載 어조사 재　飢 주릴 기　渴 목 마를 갈
주리고 갈증이 남. [시경詩經]

財多官弱
재 다 관 약

財 재물 재　多 많을 다　官 벼슬 관　弱 약할 약
재물이 많으면 높은 관직에 오를 수가 없음.

財多多妻
재 다 다 처

財 재물 재　多 많을 다　妻 아내 처
재물이 많으면 아내가 많아짐.

財多身弱
재 다 신 약

財 재물 재　多 많을 다　身 몸 신　弱 약할 약
재물이 많으면 심신이 약해짐.

才德兼備
재 덕 겸 비

才 재주 재　德 큰 덕　兼 겸할 겸　備 갖출 비
재주와 덕을 겸해 갖춤.

財力不屈
재 력 불 굴

財 재물 재　力 힘 력　不 아닐 불　屈 굽힐 굴
재력으로도 굽히지 못함. [순자荀子]

載弄之瓦
재 롱 지 와

載 어조사 재　弄 희롱할 롱　之 갈 지　瓦 실패 와
실패를 가지고 놀게 하라. 【시경詩經】

▶재롱지와 재의지체(---- 載衣之裼): 실패를 가지고 놀게
하고, 포대기에 싸주어라.

在明明德
재 명 명 덕

在 있을 재　明 밝을 명　德 큰 덕
본래 있는 덕을 깨닫게 함. 【대학大學】

財無滲漏
재 무 삼 루

財 재물 재　無 없을 무　滲 스며들 삼　漏 샐 루
재산이 스며들고 새어 없어짐. 【송사宋史】

▶재무삼루 불가승용(---- 不可勝用): 재물이 스며들고 새
지 않는다면 다 쓸 수가 없을 것이다.

在邦必達
재 방 필 달

在 있을 재　邦 나라 방　必 반드시 필　達 통할 달
나라 안에 있어 두루 통함. 【논어論語】

▶재방필달 재가필달(---- 在家必達): 나라 안에서 두루 통
하고, 집 안에 있어도 두루 통한다.

載燔載烈
재 번 재 렬

載 실을 재　燔 구울 번　烈 세찰 렬
고기를 꽂이에 꿰어서 굽다. 【시경詩經】

▶열(烈): 고기를 꽂이에 꿰어서 구움.

▶재번재렬 이흥사세(---- 以興嗣歲): 고기를 꽂아 구워(제
사 지내며) 해마다 풍년이 들기를 바라네.

才備文武
재 비 문 무

才 재주 재　備 갖출 비　文 글 문　武 굳셀 무
문과 무의 재주를 함께 갖춤. 【당서唐書】

在三之義
재 삼 지 의

在 있을 재　三 석 삼　之 갈 지　義 옳을 의, 뜻 의
군(君), 사(師), 부(父)의 은혜에 보답코자 정성을 다하는
의리. 【국어國語】

在上不驕
재 상 불 교

在 있을 재　上 위 상　不 아닐 불　驕 교만할 교
윗자리에 있어도 교만하지 않음. 【효경孝經】

▶재상불교 고이불위(---- 高而不危): 윗자리에 있어도 교
만하지 않으면 아무리 높은 자리라도 위태롭지 않다.

再生之恩
재 생 지 은

再 두 번 재　生 날 생　之 갈 지　恩 은혜 은
죽은 목숨을 다시 살려준 은혜.

載胥及溺 載실을재 胥서로서 及미칠급 溺빠질익
재 서 급 익　모두가 물에 빠진 꼴이 됨. [시경詩經]

才勝德薄 才재주재 勝뛰어날승 德큰덕 薄엷을박
재 승 덕 박　재주는 있으나 덕이 적음.

在野曰獸 在있을재 野들야 曰가로왈 獸짐승수
재 야 왈 수　들에 있는 것은 짐승이라고 말함. [주례周禮]
▶재야왈수 재가왈축(---- 在家曰畜): 들에 있는 것은 짐승
이요, 집에 있는 것은 가축이다.

在約思純 在있을재 約묶을약 思생각사 純순수할순
재 약 사 순　가난한 처지에 있으면서도 순수하고 거짓이 없어 외람
된 생각을 하지 않는다는 말. [춘추좌씨전春秋左氏傳]

栽者培之 栽심을재 者사람자 培=峕북돋울배 之갈지
재 자 배 지　심어서 가꾸고자 하면 북돋워야 함.

再造之恩 再두번재 造지을조 之갈지 恩은혜은
재 조 지 은　멸망하게 된 나라를 도와 구해 준 은혜. [송사宋史]

載舟覆舟 載실을재 舟배주 覆뒤집힐복
재 주 복 주　물은 배를 띄우지만 배를 뒤엎을 수도 있음. 백성은 임
금을 받들지만 해칠 수도 있다는 말. [순자荀子]

載戰干戈 載실을재 戰거둘즙 干방패간 戈창과
재 즙 간 과　무기를 거두어 실어감. 평화가 온 것을 비유하는 말. [사
기史記]

齎持金玉 齎가져올재 持가질지 金쇠금 玉구슬옥
재 지 금 옥　금과 옥을 가져와 간직함.

在天爲玄 在있을재 天하늘천 爲할위 玄검을현
재 천 위 현　하늘에 있는 것이 그윽하고 멀다. [소문素問의 시詩]

載馳載驅 載어조사재 馳달릴치 驅달릴구
재 치 재 구　달리고 또 달려감. [시경詩經]

546

樗根白皮
저 근 백 피

樗 가죽나무 저　根 뿌리 근　白 흰 백　皮 가죽 피
가죽나무 뿌리의 흰 속껍질. 치질과 이질에 좋은 약재.

猪突猛進
저 돌 맹 진

猪 돼지 저　突 부딪칠 돌　猛 사나울 맹　進 나아갈 진
앞뒤를 보지 않고 무모하게 돌진함. 목숨을 돌보지 않는
용맹.

猪突豨勇
저 돌 희 용

猪 돼지 저　突 부딪칠 돌　豨 멧돼지 희　勇 날랠 용
멧돼지가 돌진하듯 기세가 맹렬하다는 말. [한서漢書]
▶한(漢)의 왕망(王莽)이 온 나라의 죄인과 노예를 모아서
　조직한 부대의 이름.

低頭傾首
저 두 경 수

低 낮을 저　頭 머리 두　傾 기울일 경　首 머리 수
머리를 낮추고 기울임. 근신(謹愼)하는 자세. [북사北史]

抵讕置辭
저 란 치 사

抵 거스를 저　讕 헐뜯을 란　置 둘 치　辭 말씀 사
거스르고 헐뜯으며 험한 말을 함부로 함. [한서漢書]

沮舍不坐
저 사 부 좌

沮 샐 저　舍 집 사　不 아닐 부　坐 앉을 좌
새는 집에 앉아 있지 못함. [회남자淮南子]

低首下心
저 수 하 심

低 낮을 저　首 머리 수　下 아래 하　心 마음 심
머리를 낮추고 마음을 억누름. 머리를 숙여 복종함을 이
르는 말. [한유韓愈의 제악어문祭鰐魚文]

蛆蠅糞穢
저 승 분 예

蛆 구더기 저　蠅 파리 승　糞 똥 분　穢 더러울 예
구더기와 파리, 똥같이 더럽고 천한 것들. 남을 업신여
겨서 하는 말.

羝羊觸蕃
저 양 촉 번

羝 숫양 저　羊 양 양　觸 닿을 촉　蕃 울타리 번
숫양이 울타리를 떠받는다가 뿔이 걸려 움직일 수 없게
됨. 저돌적 행동으로 진퇴유곡에 빠짐을 비유. [역경易經]

咀英嚼花
저 영 작 화

咀 씹을 저　英 꽃부리 영　嚼 씹을 작　花 꽃 화
꽃을 씹는 것같이 문장의 묘미를 깊이 음미하여 참뜻을
맛봄.

詆訿孔子
저 자 공 자

詆 꾸짖을 저　訿 꾸짖을 자　孔 구멍 공　子 아들 자
공자를 꾸짖으며 헐뜯음. [사기史記]

低唱微吟
저 창 미 음
低 낮을 저　唱 부를 창　微 작을 미　吟 읊을 음
낮은 소리로 노래하고 작은 소리로 읊음.

低唱淺斟
저 창 천 집
低 낮을 저　唱 부를 창　淺 얕을 천　斟 술 따를 짐
낮은 소리로 노래하며 알맞게 술을 마심.

積苦兵間
적 고 병 간
積 쌓을 적　苦 쓸 고　兵 군사 병　間 사이 간
여러 해를 두고 전쟁터에서 갖은 고난을 겪음.

赤口毒舌
적 구 독 설
赤 붉을 적　口 입 구　毒 독할 독　舌 혀 설
남을 해치는 자를 욕하여 이르는 말. 또는 진하고 독한
욕설.

適口之餠
적 구 지 병
適 맞을 적　口 입 구　之 갈 지　餠 떡 병
입에 맞는 떡. 자기의 마음에 맞는 사람을 말함.

績當問婢
적 당 문 비
績 길쌈할 적　當 마땅 당　問 물을 문　婢 여종 비
베짜는 방법은 당연히 여종에게 물어야 함. 【송사宋史】
▶경당문노 적당문비(耕當問奴 ----): 농사짓는 것은 남자
종(머슴)에게 묻고, 베짜는 것은 여종에게 물어야 함.

積德累仁
적 덕 누 인
積 쌓을 적　德 큰 덕　累 여러 루(누)　仁 어질 인
덕을 쌓아 널리 세상에 베풂.

寂滅道場
적 멸 도 량
寂 고요할 적　滅 멸할 멸　道 길 도　場 강술장 량
석가가 정각(正覺)을 성취하여 불신을 나타내 화엄경(華
嚴經)을 강술한 보리수 밑을 말함. 【열반경涅槃經】

寂滅爲樂
적 멸 위 락
寂 고요할 적　滅 멸할 멸　爲 할 위　樂 즐길 락
번뇌(煩惱)에서 벗어나 열반(涅槃)의 경지에 들어서 참
된 안락을 찾는 경지.

賊反荷杖
적 반 하 장
賊 도적 적　反 되돌릴 반　荷 짊어질 하　杖 지팡이 장
도적이 주인에게 매를 듦. 잘못한 자가 도리어 잘못이
없는 자에게 대드는 것을 말함. 【순오지旬五志】

赤芾在股
적 불 재 고

赤 붉을 적　芾 슬갑 불　在 있을 재　股 넓적다리 고
붉은 슬갑은 넓적다리까지 내려옴. 잘 차려 입은 모양을
형용. [시경詩經]

▶적불재고 사폭재하(---- 邪幅在下): 붉은 슬갑은 넓적다
리까지 내려오고, 행전을 그 밑에 쳤네.

▶적불(赤芾): 슬갑. 가죽으로 만든 무릎 덮개. 사폭(邪幅):
행전.

赤紱之刺
적 불 지 자

赤 붉을 적　紱 무릎덮개 불　之 갈 지　刺 찌를 자
임금이 군자를 멀리하고 소인을 가까이하면 덕이 없어
져 군주의 자격이 없음을 이르는 말. [시경詩經]

▶적불(赤紱): 임금의 정복 중 무릎을 가리는 옷.

積費心力
적 비 심 력

積 쌓을 적　費 쓸 비　心 마음 심　力 힘 력
마음과 힘을 계속 씀. 오랫동안 심력을 기울인다는 말.

赤貧如洗
적 빈 여 세

赤 붉을 적　貧 가난할 빈　如 같을 여　洗 씻을 세
물로 씻은 것같이 가난함. 아무것도 가진 것이 없음.

赤舌燒城
적 설 소 성

赤 붉을 적　舌 혀 설　燒 탈 소　城 재 성
참언(讒言)하는 소인의 혓바닥은 불 같아서 성을 태울
수도 있다는 말. 참언의 무서움을 비유하는 말.

敵勢旣迫
적 세 기 박

敵 원수 적　勢 권세 세　旣 이미 기　迫 닥칠 박
적의 세력이 이미 닥침. [오대사五代史]

赤手空拳
적 수 공 권

赤 붉을 적　手 손 수　空 빌 공　拳 주먹 권
맨손, 맨주먹의 빈털터리. 자기의 힘 외에는 아무것도
기댈 것이 없는 지경을 말함.

積水成淵
적 수 성 연

積 쌓을 적　水 물 수　成 이룰 성　淵 못 연
적은 양의 물도 모이면 못이 됨. [순자荀子] =진합태산(塵
合泰山)

謫戌之衆
적 수 지 중

謫 귀양 갈 적　戌 수자리 수　之 갈 지　衆 무리 중
귀양 가서 변방(수자리)을 지키던 무리.

549

赤繩繫足
적 승 계 족

赤 붉을 적 繩 줄 승 繫 맬 계 足 발 족

혼인이 결정되는 일.

▶당(唐)의 위고(韋固)가 이상한 노인을 만나 그가 가진 주머니에 붉은 끈은 무엇이냐고 물으니 "이 끈으로 남녀의 발목을 묶으면 원수가 된 집안이라도 혼인이 이루어진다"고 했다는 고사에서 나온 말.

積薪之嘆
적 신 지 탄

積 쌓을 적 薪 섶 신 之 갈 지 嘆 한탄할 탄

땔나무를 쌓을 때 나중에 쌓은 것이 늘 위에 있음을 한탄함. 고참이면서 승진하지 못하고 늘 아랫자리만 차지하고 있음을 한탄하는 말.

赤繶黃繶
적 억 황 억

赤 붉을 적 繶 끈 억 黃 누를 황

붉은 끈과 누런 끈을 매다. [주례周禮]

寂然不動
적 연 부 동

寂 고요할 적 然 그러할 연 不 아닐 부 動 움직일 동

마음이 고요하게 안정되어 동요하지 않음. [역경易經]

積羽沈舟
적 우 침 주

積 쌓을 적 羽 깃 우 沈 잠길 침 舟 배 주

가벼운 깃도 너무 많이 쌓으면 배가 가라앉음. 작고 가벼운 것도 많이 모이면 엄청난 힘이 됨을 비유한 말. [전국책戰國策]

積怨深怒
적 원 심 노

積 쌓을 적 怨 원망할 원 深 깊을 심 怒 성낼 노

원한이 쌓여 노여움이 깊어짐. [전국책戰國策]

適者生存
적 자 생 존

適 맞을 적 者 사람 자 生 날 생 存 있을 존

환경에 맞는 자가 살아남음.

赤子之心
적 자 지 심

赤 붉을 적 子 아들 자 之 갈 지 心 마음 심

갓난아기의 마음. 즉 타고난 그대로의 순수하고 거짓이 없는 마음. [맹자孟子]

適材適所
적 재 적 소

適 맞을 적 材 재목 재 所 바 소

적당한 재목을 적당한 자리에 씀. 인재를 자리에 맞게 쓰는 것을 이름.

寂天寞地
적 천 막 지

寂 고요할 적 天 하늘 천 寞 쓸쓸할 막 地 땅 지

천지가 조용하고 소리가 없음을 이르는 말.

積土成山
적 토 성 산

積 쌓을 적　土 흙 토　成 이룰 성　山 뫼 산
흙을 쌓아 산을 이룸. 즉 작은 것을 쌓아 큰 것을 이룸. [순자荀子]

賊被狗咬
적 피 구 교

賊 도적 적　被 입을 피　狗 개 구　咬 물 교
도둑이 개한테 물림. 남에게 말할 수 없는 사정을 비유한 말. [통속편通俗編]

適見於天
적 현 어 천

適 꾸짖을 적=責 꾸짖을 책　見=現 나타날 현　於 어조사 어　天 하늘 천
책망하는 뜻이 하늘에 나타남. [예기禮記]

寂兮寥兮
적 혜 요 혜

寂 고요할 적　兮 어조사 혜　寥 고요할 요
형체도 소리도 없이 고요함. 무위(無爲)를 주장한 도가(道家)의 중심 사상. [노자老子]

敵惠敵怨
적 혜 적 원

敵 대적할 적　惠 은혜 혜　怨 원망할 원
은혜에 보답하기도 하고 오히려 원망하기도 함. [춘추좌씨전春秋左氏傳]

▶적혜(敵惠): 은혜에 보답함. 적원(敵怨): 원망함.

積毁銷骨
적 훼 소 골

積 쌓을 적　毁 헐 훼　銷 녹일 소　骨 뼈 골
계속 헐뜯으면 뼈도 녹임. 여러 사람이 비방하면 혈육의 정도 끊어진다는 말. 중상(中傷)의 무서움을 비유. =중구삭금(衆口鑠金)

錢可通神
전 가 통 신

錢 돈 전　可 옳을 가　通 통할 통　神 귀신 신
돈이면 신(神)과도 통함. 돈이면 안 되는 일이 없음을 비유한 말. [장고張固의 글文] =전가통귀(錢可通鬼)

前車覆轍
전 거 복 철

前 앞 전　車 수레 거　覆 뒤집힐 복　轍 바퀴자국 철
앞 수레가 뒤집힌 바퀴자국. [한시외전韓詩外傳]

▶전거복철 후거지계(---- 後車之戒): 앞 수레가 뒤집힌 자국은 뒤의 수레에게 경계(警戒)가 된다.

傳遽之臣
전 거 지 신

傳 전할 전　遽 역말 거　之 갈 지　臣 신하 신
역참(驛站)에 종사하는 바쁜 말단의 벼슬아치. 선비가 자신을 낮추어 말할 때 쓰는 말. [예기禮記]

前倨後恭
전 거 후 공
前앞전 倨거만할거 後뒤후 恭공손할공
처음엔 거만하다가 나중엔 공손해짐. 상대방의 신분 변화에 따라 대하는 태도가 달라지는 것을 꼬집는 말. [사기史記]

轉乾撼坤
전 건 감 곤
轉돌전 乾하늘건 撼흔들감 坤땅곤
하늘을 돌리고 땅을 흔듦. 크나큰 천지 변동을 이르는 말. =경천동지(驚天動地)

電擊電震
전 격 전 진
電번개전 擊칠격 震벼락진
번개같이 벼락같이 침. 공격이 신속하고 빠름을 비유. [한서漢書]

洰汨於隋
전 골 어 수
洰때낄전 汨잠길골 於어조사어 隋수나라수
수(隋)나라의 땟물이 빠짐. 즉 수나라가 망함. [당서唐書]

前功可惜
전 공 가 석
前앞전 功공공 可옳을가 惜아까울석
전에 공들여 애쓴 것이 보람 없이 됨.

電光石火
전 광 석 화
電번개전 光빛광 石돌석 火불화
번개와 부싯돌의 불꽃같이 일이 신속함을 이름. [회남자淮南子]

電光朝露
전 광 조 로
電번개전 光빛광 朝아침조 露이슬로
번갯불과 아침 이슬. 극히 짧은 시간. 또는 덧없는 인생을 비유한 말.

戰國時代
전 국 시 대
戰싸울전 國나라국 時때시 代시대대
7국이 싸우던 시대. 또는 싸움이 그치지 않는 어지러운 세상.
▶주(周)의 위열왕(威烈王)부터 진(秦)의 시황(始皇) 통일까지 183년 동안(BC402~BC221)을 이름.

戰國七雄
전 국 칠 웅
戰싸울전 國나라국 七일곱칠 雄수컷웅
전국시대의 일곱 강국. 제(齊), 초(楚), 연(燕), 한(韓), 조(趙), 위(魏), 진(秦)을 말함. [전국책戰國策]

顚蹶之請
전 궐 지 청
顚넘어질전 蹶넘어질궐 之갈지 請청할청
넘어져서 구원을 청함.

全歸全受
전 귀 전 수
全 온전할 전　歸 돌아갈 귀　受 받을 수
부모로부터 온전한 몸을 받았으므로 몸을 삼가서 훼손치 않고 온전하게 돌려주어야 한다는 말.

前代未聞
전 대 미 문
前 앞 전　代 대신할 대　未 아닐 미　聞 들을 문
지금까지 들어보지 못한 일.

前途遙遠
전 도 요 원
前 앞 전　途 길 도　遙 아득할 요　遠 멀 원
앞으로 가야 할 길이 아득히 멂. 목적을 이루기까지는 아직 멀었다는 말.

前度劉郎
전 도 유 랑
前 앞 전　度 법도 도　劉 성 유　郎 사내 랑
오랜 시일이 지나서 고향에 돌아옴을 말함.

前途有望
전 도 유 망
前 앞 전　途=道 길 도　有 있을 유　望 바랄 망
앞길이 좋아질 희망이 있음. 즉 장래가 유망하다는 말.

顚倒衣裳
전 도 의 상
顚 뒤집힐 전　倒 넘어질 도　衣 옷 의　裳 치마 상
저고리와 치마를 뒤집어 입는다는 뜻. 윗사람의 명을 받고 허둥대는 모양을 비유. [시경詩經]

鈿頭銀篦
전 두 은 비
鈿 비녀 전　頭 머리 두　銀 은 은　篦 참빗 비
금제 비녀와 은으로 장식한 참빗.

前無後無
전 무 후 무
前 앞 전　無 없을 무　後 뒤 후
전에도 없었고, 앞으로도 없음. =공전절후(空前絶後)

傳聞之事
전 문 지 사
傳 전할 전　聞 들을 문　之 갈 지　事 일 사
전해 들은 일. [후한서後漢書]
▶전문지사 항다실실(---- 恒多失實): 전해 들은 일이나 소문이 실상과는 다른 때가 많다.

轉迷開悟
전 미 개 오
轉 돌 전　迷 미혹할 미　開 열 개　悟 깨달을 오
불교 용어. 번뇌와 미망(迷妄)에서 벗어나 열반(涅槃)의 경지에 이르는 깨달음. =전미해오(轉迷解悟)

翦髮易書
전 발 역 서
翦 자를 전　髮 터럭 발　易 바꿀 역　書 글 서
머리털을 잘라 책과 바꿈. 자식의 공부를 위해 어머니가 정성을 다함을 비유. [원사元史]

ㅈ

錢本糞土　錢돈전　本근본본　糞똥분　土흙토
전 본 분 토　돈은 본래 분토같이 더러운 것이라는 말.

煎水作冰　煎달일전　水물수　作지을작　冰=氷얼음빙
전 수 작 빙　물을 달여 얼음을 만듦. 전혀 가능성이 없는 일을 이름.

戰勝攻取　戰싸울전　勝이길승　攻칠공　取취할취
전 승 공 취　싸우면 이기고 공격하면 빼앗음. 연전연승을 이르는
말. 〔전국책戰國策〕

全身不隨　全온전할전　身몸신　不아닐불　隨따를수
전 신 불 수　중풍으로 쓰러져 전신을 쓰지 못함.

全身全靈　全온전할전　身몸신　靈정신 령(영)
전 신 전 영　체력과 정신력이 온전함. 또는 체력이 정신력의 전부.

顚實揚休　顚정수리전　實열매실　揚날릴양　休쉴휴
전 실 양 휴　기력이 체내에 충실하도록 호흡함. 〔예기禮記〕

田甚肥腴　田밭전　甚심할심　肥기름질비　腴비옥할유
전 심 비 유　밭이 아주 기름지고 비옥함. 〔남제서南齊書〕

專心致之　專오로지전　心마음심　致이를치　之갈지
전 심 치 지　마음을 다하여 오로지 한 가지 일에만 집중함.

塡然鼓之　塡메울전　然그러할연　鼓북고　之갈지
전 연 고 지　북소리가 요란함. 〔맹자孟子〕

湔浣腸胃　湔씻을전　浣빨완　腸창자장　胃밥통위
전 완 장 위　창자와 위를 빨고 씻어냄. 즉 속에 긴 때와 찌꺼기를 깨
끗이 씻어냄. 묵은 제도를 새 제도로 개혁하는 것을 비
유. 〔사기史記〕

田園將蕪　田밭전　園동산원　將장차장　蕪거칠어질무
전 원 장 무　밭과 동산이 황폐해지려 함. 〔도연명陶淵明의 귀거래사歸去來辭〕

顚越不恭　顚이마전　越넘을월　不아닐불　恭공손할공
전 월 불 공　아랫사람이 도리를 벗어나 윗사람에게 공손치 못함. 또
는 윗사람의 명령을 받들지 않음. 〔서경書經〕

554

典凝如冬
전 응 여 동

典 법 전　凝 엄정할 응　如 같을 여　冬 겨울 동
법규의 엄정함이 겨울과 같음.

全人教育
전 인 교 육

全 온전할 전　人 사람 인　教 가르칠 교　育 기를 육
완전한 사람을 만드는 교육. 한쪽 면에만 치우치지 않고
성장하도록 인성, 정서, 지식, 건강, 예능 등 전반을 고루
다루어 교육하는 것을 말함.

前人未踏
전 인 미 답

前 앞 전　人 사람 인　未 아닐 미　踏 밟을 답
지금까지 발을 들여놓거나 도달한 사람이 없음.

轉日回天
전 일 회 천

轉 돌 전　日 날 일　回 돌 회　天 하늘 천
해를 돌리고 하늘을 돌림. 세력이 대단함을 이름. 또는
임금의 뜻을 뒤집게 함을 이름.

輾轉反側
전 전 반 측

輾 돌아누울 전　轉 구를 전　反 되돌릴 반　側 곁 측
이리저리 뒤척이며 잠을 못 이룸. 【시경詩經】 =전전불매
(輾轉不寐)

田畯至喜
전 준 지 희

田 밭 전　畯 농부 준　至 이를 지　喜 기쁠 희
(밥을 날라 오니) 농부가 지극히 기뻐하네. 【시경詩經】

前遮後擁
전 차 후 옹

前 앞 전　遮 막을 차　後 뒤 후　擁 안을 옹
앞에서 막고 뒤에서 안음. 여러 사람이 호위하고 가는
모습을 이름.

典妻鬻子
전 처 육 자

典 법 전　妻 아내 처　鬻 팔 육　子 아들 자
아내를 저당 잡히고 자식을 팖. 처자를 돈과 바꿈.

前瞻後顧
전 첨 후 고

前 앞 전　瞻 바라볼 첨　後 뒤 후　顧 돌아볼 고
앞에서는 망을 보고 뒤에서는 둘러봄. 즉 일이 닥쳤을
때 처리 방법을 정하지 못하고 앞뒤를 재며 어물거림.

翦草除根
전 초 제 근

翦 자를 전　草 풀 초　除 덜 제　根 뿌리 근
풀을 베고 뿌리를 뽑음. 악의 근본을 제거함.

轉敗爲功
전 패 위 공

轉 돌 전　敗 패할 패　爲 할 위　功 공 공
실패를 돌려서 공을 이룸. 즉 실패를 공을 세우는 계기
로 삼음. 【사기史記】

顚沛之揭
전 패 지 게

顚 엎드러질 전　沛 넘어질 패　之 갈 지　揭 높이 들 게

넘어지고 뽑히어 뿌리가 드러남. [시경詩經]

轉禍爲福
전 화 위 복

轉 돌 전　禍 재앙 화　爲 할 위　福 복 복

화가 도리어 복이 됨. [사기史記]

前後相悖
전 후 상 패

前 앞 전　後 뒤 후　相 서로 상　悖 어그러질 패

앞뒤가 어그러져 맞지 않음. [한비자韓非子]

前後邃延
전 후 수 연

前 앞 전　後 뒤 후　邃 깊을 수　延 통할 연

앞과 뒤로 깊이 통함. [예기禮記]

折槀振落
절 고 진 락

折 꺾을 절　槀=槁 마를 고　振 떨칠 진　落 떨어질 락

마른 가지를 꺾어 낙엽을 털듯 아주 하기 쉬운 일을 말함. [회남자淮南子]

折骨之痛
절 골 지 통

折 꺾을 절　骨 뼈 골　之 갈 지　痛 아플 통

뼈가 부러지는 아픔. 참고 견디기 어려운 고통을 말함.

絶代佳人
절 대 가 인

絶 끊을 절　代 대신 대　佳 아름다울 가　人 사람 인

당대에 비할 사람이 없는 아름다운 여인. =절세가인(絶世佳人)

絶類離倫
절 류 이 륜

絶 끊을 절　類 무리 류　離 떠날 리(이)　倫 인륜 륜

무리 중에서 특별히 뛰어남. [한유韓愈의 진학해進學解]

絶妙好詞
절 묘 호 사

絶 끊을 절　妙 묘할 묘　好 좋을 호　詞 말씀 사

시나 문장이 특별히 뛰어난 것을 말함.

截髮易酒
절 발 역 주

截 끊을 절　髮 터럭 발　易 바꿀 역　酒 술 주

머리칼을 잘라 술과 바꿈. 정성을 다해 손님을 환대함. [진서晉書]

▶진(晉)나라 도간(陶侃)의 어머니가 머리를 잘라 술과 바꾸어 손님을 대접한 고사에서 온 말.

竊鈇之疑
절 부 지 의

竊 훔칠 절　鈇=斧 도끼 부　之 갈 지　疑 의심할 의
의심하기 시작하면 모든 것이 의심스럽게 보인다는
말. 【열자列子】
▶도끼를 잃은 사람이 이웃 사람을 의심하여 그 걸음걸이,
말씨, 동작, 얼굴빛을 관찰할수록 그가 훔친 것으로 보였
다는 고사에서 나온 말.

節上生枝
절 상 생 지

節 마디 절　上 위 상　生 날 생　枝 가지 지
가지가 난 마디에 또 가지가 생김. 너무 지엽에 치우쳐
근본을 잃음을 비유한 말. 【주자어록朱子語錄】

絕世獨立
절 세 독 립

絕 끊을 절　世 대 세　獨 홀로 독　立 설 립
세상에서 아주 뛰어나 타에 견줄 수 없는 미인을 말함.

絕纓優面
절 영 우 면

絕 끊을 절　纓 갓끈 영　優 광대 우　面 낯 면
끈 떨어진 광대 얼굴. 의지할 수 없는 신세. 또는 이러지
도 저러지도 못하는 어려운 처지에 빠진 사람을 비유.

絕人之力
절 인 지 력

絕 끊을 절　人 사람 인　之 갈 지　力 힘 력
남이 따를 수 없는 아주 뛰어난 능력.

絕人之勇
절 인 지 용

絕 끊을 절　人 사람 인　之 갈 지　勇 용기 용
타인보다 특별히 뛰어난 용기.

竊人之財
절 인 지 재

竊 훔칠 절　人 사람 인　之 갈 지　財 재물 재
남의 재물을 몰래 훔침. 【여씨춘추呂氏春秋】
▶절인지재 유위지도(---- 猶謂之盜): 남의 물건을 몰래 훔
치는 것을 도둑이라 한다.

絕長補短
절 장 보 단

絕=截 끊을 절　長 길 장　補 기울 보　短 짧을 단
장점으로 결점을 보충함. 【맹자孟子】

折足覆餗
절 족 복 속

折 꺾을 절　足 발 족　覆 뒤집을 복　餗 죽 속
솥발을 부러뜨려 죽을 뒤엎음. 소인이 중책을 감당치 못
해 국가를 파멸시킨다는 말. 【역경易經】

折枝之易
절 지 지 이

折 꺾을 절　枝 가지 지　之 갈 지　易 쉬울 이
나뭇가지를 꺾는 듯 누구나 할 수 있는 아주 쉬운 일.

ㅈ

切磋琢磨
절 차 탁 마

切 끊을 절　磋 갈 차　琢 쪼을 탁　磨 갈 마
끊고, 갈고, 쪼고, 갊. 학문과 덕행을 힘써서 갈고 닦아
나감을 이르는 말. [시경詩經]

絶處逢生
절 처 봉 생

絶 끊을 절　處 곳 처　逢 만날 봉　生 날 생
막다른 곳에 이르러 살 길이 생김.

絶體絶命
절 체 절 명

絶 끊을 절　體 몸 체　命 목숨 명
몸이 잘리고 생명이 끊어지는 상황. 상황이 절박하여 벗
어나기가 어려운 형편을 이름.

折衝禦侮
절 충 어 모

折 꺾을 절　衝 찌를 충　禦 막을 어　侮 업신여길 모
공격해 오는 적을 무찔러 감히 깔보지 못하게 함.

切齒腐心
절 치 부 심

切 끊을 절　齒 이 치　腐 썩을 부　心 마음 심
분에 못 이겨 이를 갈고 속을 썩임. [사기史記]

切齒扼腕
절 치 액 완

切 끊을 절　齒 이 치　扼 누를 액　腕 팔 완
매우 분해서 이를 갈고, 팔을 걷어붙이며 벼름. [사기史記]

折脇摺齒
절 협 납 치

折 꺾을 절　脇=脅 옆구리 협　摺 부러뜨릴 랍(납)　齒
이 치
사람을 때려 갈빗대와 이를 부러뜨림. [사기史記]

點檢矯揉
점 검 교 유

點 점 점　檢 검사할 검　矯 바로잡을 교　揉 주무를 유
자기의 결점을 반성하여 하나 하나 고쳐 감.

漸入佳境
점 입 가 경

漸 점점 점　入 들 입　佳 아름다울 가　境 지경 경
가면 갈수록 더 볼 만해짐. [진서晉書]

漸之潝中
점 지 수 중

漸 적실 점　之 갈 지　潝 뜨물 수　中 가운데 중
뜨물에 적시어 부드럽게 함. 즉 분위기에 젖도록 함. [사
기史記]

點鐵成金
점 철 성 금

點 점 점　鐵 쇠 철　成 이룰 성　金 쇠 금
쇳덩이를 다루어 황금을 만듦. 나쁜 것을 고쳐서 좋은
것을 만들어냄. [진서陳書] =점석성금(點石成金)

接棟連楣
접 동 연 미

接 이을 접　棟 기둥 동　連 잇닿을 련(연)　楣 처마 미
댓마루와 처마가 잇닿음. 수많은 건축물이 즐비한 모
양. 【왕발王勃의 서序】

接淅而行
접 석 이 행

接 이을 접　淅 쌀 일을 석　而 말이을 이　行 갈 행
밥솥에 일어 넣은 쌀마저 건져 가지고 떠남. 공자가 천
하를 주유할 때 다른 나라로 황황히 떠났던 모습을 형용
한 말. 【맹자孟子】

情可矜憫
정 가 긍 민

情 뜻 정　可 옳을 가　矜 자랑할 긍　憫 근심할 민
가히 불쌍하고 가엽게 여길 만한 실정임. 【송사宋史】

挺劒而起
정 검 이 기

挺 뺄 정　劒 칼 검　而 말이을 이　起 일어날 기
칼을 빼어들고 일어섬. 전투 태세를 취함. 【전국책戰國策】

渟膏湛碧
정 고 잠 벽

渟 물괼 정　膏 기름 고　湛 가득할 잠　碧 푸를 벽
기름이 고인 물이 깊어 짙푸르고 고요한 모양.
▶잠벽(湛碧): 짙은 색의 물빛.

挺戈而前
정 과 이 전

挺 뺄 정　戈 방패 과　而 말이을 이　前 앞 전
앞에서 창을 빼어듦. 【송사宋史】

井臼巾櫛
정 구 건 즐

井 우물 정　臼 절구 구　巾 수건 건　櫛 빗 즐
물 긷기, 절구질, 닦기, 비질하기 등 여자가 일상으로 해
야 할 일을 말함.

正近邪遠
정 근 사 원

正 바를 정　近 가까울 근　邪 거짓 사　遠 멀 원
바른 것은 가까이하고 거짓된 것은 멀리함.

精金美玉
정 금 미 옥

精 정할 정　金 쇠 금　美 아름다울 미　玉 구슬 옥
인격과 문장이 금옥같이 아름답고 깨끗함을 말함.

精金良玉
정 금 양 옥

精 정할 정　金 쇠 금　良 좋을 량(양)　玉 구슬 옥
정련(精鍊)된 금속과 좋은 옥. 어질고 온화한 인품, 또는
유려한 문장의 비유로 쓰임. =정금미옥(精金美玉) 【명신언
행록名臣言行錄】

井泥不食
정 니 불 식

井 우물 정　泥 진흙 니　不 아닐 불　食 먹을 식
진흙으로 흐려진 물은 마실 수가 없음. 【여경易經】

精力絶倫
정 력 절 륜
精 정기 정　力 힘 력　絶 끊을 절　倫 무리 륜
심신의 활동력이 아주 뛰어남.

政令垢翫
정 령 구 완
政 다스릴 정　令 하여금 령　垢 때 구　翫 희롱할 완
정령을 오래도록 가지고 주무름. 권력을 오래 독차지
함. [후한서後漢書]

情禮兼到
정 례 겸 도
情 뜻 정　禮 예절 례　兼 겸할 겸　到 이를 도
인정과 예의가 다같이 충분함.

庭燎有輝
정 료 유 휘
庭 뜰 정　燎 횃불 료　有 있을 유　輝 빛날 휘
뜰에는 횃불이 밝게 빛나네. [시경詩經]
▶정료유휘 군자지지(---- 君子至之): 제후들이 당도하느라
　뜰에 횃불이 밝게 빛나네.

情文俱至
정 문 구 지
情 뜻 정　文 글 문　俱 함께 구　至 이를 지
품은 뜻과 글로 쓰는 능력을 함께 갖춤. [순자荀子]

頂門一鍼
정 문 일 침
頂 정수리 정　門 문 문　一 한 일　鍼 침 침
정수리에 침을 놓음. 따끔한 충고, 또는 남의 급소를 찔
러 경계하는 것. =정문일침(頂門一針)

程門立雪
정 문 입 설
程 헤아릴 정　門 문 문　立 설 립(입)　雪 눈 설
스승을 지극하게 모시고 받드는 것을 이름. [송사宋史]
▶유작(遊酢)과 양시(楊時)가 정이(程頤)를 처음 찾았을 때,
　명목(瞑目)하고 앉아 있는 정이를 방해할 수 없어, 두 사
　람은 옆에서 기다리며 서 있었다. 스승이 물러가라 했을
　때는 문 앞에 눈이 한 자나 쌓여 있었다는 고사에서 비
　롯된 말.
▶주장이정(周張二程): 11세기 송(宋)의 4대 학자. 주돈이
　(周敦頤), 장재(張載), 정호(程顥), 정이(程頤).

情絲怨緒
정 사 원 서
情 뜻 정　絲 실 사　怨 원망할 원　緒 실마리 서
원한의 감정이 실같이 엉클어짐.

情恕理遣
정 서 이 견
情 뜻 정　恕 용서할 서　理 다스릴 리(이)　遣 보낼 견
온정으로 참고, 이치에 맞추어 용서함. [진서晉書]

井渫不食
정 설 불 식

井 우물 정　渫 칠 설　不 아닐 불　食 먹을 식
맑게 친 우물물을 먹지 않음. 재능은 있으나 세상 일에
쓰이지 않음을 비유하는 말. [역경易經]

淨松汚竹
정 송 오 죽

淨 깨끗할 정　松 솔 송　汚 더러울 오　竹 대 죽
소나무는 깨끗한 땅에, 대나무는 더러운 땅에 심음. [역경
易經]

正松五竹
정 송 오 죽

正 바를 정　松 솔 송　五 다섯 오　竹 대 죽
소나무는 정월에, 대나무는 5월에 옮겨 심어야 잘 산다
는 말.

精神滿腹
정 신 만 복

精 정할 정　神 귀신 신　滿 가득할 만　腹 배 복
정신이 배 안에 가득 참. 정신력이 남보다 뛰어남을 이
름. [금사金史]

政如魯衛
정 여 노 위

政 다스릴 정　如 같을 여　魯 노나라 노　衛 위나라 위
노(魯)나라와 위(衛)나라의 정치가 비슷함. [논어論語]
▶노(魯)의 시조 주공(周公)과 위(衛)의 시조 강숙(康叔)은
형제이다.

政如蒲蘆
정 여 포 로

政 다스릴 정　如 같을 여　蒲 부들 포　蘆 갈대 로
부들과 갈대가 잘 자라듯, 정치의 효과가 빨리 나타남을
비유한 말. [중용中庸]

鄭衛桑間
정 위 상 간

鄭 정나라 정　衛 위나라 위　桑 뽕나무 상　間 사이 간
정(鄭)과 위(衛)나라의 망국적이고 음란한 음악.
▶정(鄭)과 위(衛)는 춘추시대의 두 나라. 음악이 음란하여
나라도 어지러워짐. 상간(桑間)은 복수(濮水)의 상류에
있는 지명으로, 주(紂)가 퇴폐적인 음악을 즐기다가 빠져
죽었다는 곳. 후세의 사람들이 음란한 음악을 상간복상
(桑間濮上)의 음악이라 부르게 되었다.

精衛塡海
정 위 전 해

精 정할 정　衛 지킬 위　塡 메울 전　海 바다 해
정위라는 작은 새가 바다를 메우려 함. 무모한 일을 꾀
하여 헛수고만 함을 비유하는 말. [산해경山海經]
▶옛날 염제(炎帝)의 딸인 정위(精衛)가 바닷가에서 놀다
동해에 빠져 죽어 새가 되었는데, 자신의 운명이 원통하
여 서산의 목석을 물어다가 동해를 메우려 했다는 고사
에서 나온 말.

561

政者正也
정 자 정 야

政 다스릴 정　者 사람 자　正 바를 정　也 어조사 야
정치의 본질은 천하를 바로잡는 데 있다는 말. [논어論語]

鼎鐺玉石
정 쟁 옥 석

鼎 솥 정　鐺 노구솥 쟁　玉 구슬 옥　石 돌 석
솥을 노구같이, 옥을 돌같이 여김. 즉 귀중한 솥을 작은
냄비같이 옥을 돌같이 하찮게 여기며 한없는 사치로 내
달음.

井底銀瓶
정 저 은 병

井 우물 정　底 밑 저　銀 은 은　瓶 병 병
부부의 인연이 끊어져 헤어짐. 두레박 줄이 허무하게 끊
어짐을 남녀의 관계에 비유함. [백거이白居易의 시詩]

正正堂堂
정 정 당 당

正 바를 정　堂 집 당
태도와 수단이 공정하고 떳떳함. [손자孫子]
▶정정지기 당당지진(正正之氣 堂堂之陳): 가지런히 늘어선
　군기와 사기를 떨치는 군진.

征鳥厲飛
정 조 여 비

征 칠 정　鳥 새 조　厲 갈 려(여)　飛 날 비
공격하려고 하는 새는 세게 난다. [여씨춘추呂氏春秋]

井中觀天
정 중 관 천

井 우물 정　中 가운데 중　觀 볼 관　天 하늘 천
우물 안에서 하늘 쳐다보기. 견문이 좁음을 이르는 말.
=좌정관천(坐井觀天)

井中視星
정 중 시 성

井 우물 정　中 가운데 중　視 볼 시　星 별 성
우물 속에 앉아 밤 하늘의 별 보기. 즉 아는 것, 보는 것
이 좁다는 말.

井中之蛙
정 중 지 와

井 우물 정　中 가운데 중　之 갈 지　蛙 개구리 와
우물 안의 개구리. 세상을 모르고 소견이 좁은 사람을
비유. [장자莊子] =정저지와(井底之蛙)

定策國老
정 책 국 로

定 정할 정　策 채찍 책　國 나라 국　老 늙을 로
천자의 폐립을 마음대로 하는 국가의 원로.
▶당(唐)의 경종(敬宗)에서 선종(宣宗)까지 환관들이 왕을
　마음대로 하면서 스스로를 '정책국로'라고 칭함.

頂天立地
정 천 입 지

頂 정수리 정　天 하늘 천　立 설 립(입)　地 땅 지
독립하여 남에게 의지하지 않음. [장자莊子]

正出之日
정 출 지 일
正 바를 정 出 날 출 之 갈 지 日 날 일
바야흐로 돋는 태양의 기세가 더욱 왕성해짐.

淨土之學
정 토 지 학
淨 깨끗할 정 土 흙 토 之 갈 지 學 배울 학
불교를 연구하는 학문.

政通人和
정 통 인 화
政 다스릴 정 通 통할 통 人 사람 인 和 화합할 화
정치가 어질게 잘 이루어져 백성이 화합함.

淨玻璃鏡
정 파 이 경
淨 깨끗할 정 玻 유리 파 璃 유리 리(이) 鏡 거울 경
불교 용어. 지옥의 염부(閻府)에 있다는 거울. 이 거울에
비추어 보면 생전에 행한 소업(所業)이 모두 다 나타난
다고 함. 즉 속일 수 없는 밝은 안식(眼識)을 이름.

情見勢屈
정 현 세 굴
情 뜻 정 見=現 나타날 현 勢 권세 세 屈 굽힐 굴
실정이 드러나고 세가 약해져 계책을 쓸 방도가 없
음. 【사기史記】 =정로역굴(情露力屈)

鯷冠秫縫
제 관 출 봉
鯷 메기 제 冠 갓 관 秫 바늘 출 縫 꿰맬 봉
제관을 긴 바늘로 기움. 서투른 바느질 솜씨를 비유
함. 【전국책戰國策】
▶제관(鯷冠): 큰 메기의 가죽으로 만든 관.

隄潰蟻孔
제 궤 의 공
隄 둑 제 潰 무너질 궤 蟻 개미 의 孔 구멍 공
제방의 둑은 개미 구멍으로 무너짐. 사소한 것이 원인이
되어 큰일을 그르치게 된다는 말. 작은 일도 주의하고
조심해야 함을 이름. 【한비자韓非子】 =제궤의혈(隄潰蟻穴),
누의이궤(螻蟻以潰)

啼饑號寒
제 기 호 한
啼 울 제 饑 주릴 기 號 부르짖을 호 寒 찰 한
허기(虛饑)와 추위를 못 견뎌서 울부짖음.

齊大非耦
제 대 비 우
齊 나라이름 제 大 큰 대 非 아닐 비 耦 짝 우
자기 처지로는 감히 바라지 못함을 이르는 말.=언감생
심(言敢生心)
▶작은 나라인 정(鄭)의 태자가 "제(齊)나라는 너무 커서
그 나라 공주는 나의 배우자가 될 수가 없다"고 한 데서
생긴 말.

ス

563

帝德廣運
제 덕 광 운
帝임금제 德큰덕 廣넓을광 運멀리미칠운
임금의 덕운이 널리 미침. [서경書經]

帝命博將
제 명 박 장
帝임금제 命명령명 博넓을박 將받들장
임금의 명령이 넓고 크게 미침. [춘추좌씨전春秋左氏傳]

齊眉之案
제 미 지 안
齊가지런할제 眉눈썹미 之갈지 案밥상안
남편을 지극히 받드는 것을 말함.
▶후한(後漢) 때 양홍(梁鴻)의 처 맹광(孟光)이 남편을 공경
하여 밥상을 들 때 눈썹 높이까지 받쳐 들었다는 고사에
서 유래함.

鵜不濡翼
제 불 유 익
鵜사다새제 不아닐불 濡젖을유 翼날개익
사다새(물가에 사는 새의 종류)의 날개가 젖지 않는 것이
정상(正常)이 아니듯, 소인이 조정에 있으면 나라가 정
상이 될 수 없다는 뜻. 소인을 조정에 들이는 것을 비꼬
는 말.

齊善待之
제 선 대 지
齊가지런할제 善착할선 待기다릴대 之갈지
선심을 가지런히 갖추고 기다림. [전국책戰國策]

齊聖廣淵
제 성 광 연
齊가지런할제 聖성인성 廣넓을광 淵못연
신중하고 성스러운 덕이 넓고 깊음. [춘추좌씨전春秋左氏傳]

濟世之才
제 세 지 재
濟건널제 世세상세 之갈지 才재주재
세상을 잘 다스려 백성을 구제할 만한 인재.

除惡務本
제 악 무 본
除덜제 惡악할악 務힘쓸무 本근본본
악을 제거할 때는 뿌리채 뽑도록 힘쓰라. [서경書經]
▶수덕무자 제악무본(樹德務滋 ----): 덕을 심을 때는 자라
도록 힘쓰고, 악을 제거할 때는 뿌리채 뽑도록 힘쓰라.

帝王之兵
제 왕 지 병
帝임금제 王임금왕 之갈지 兵군사병
덕으로 천하를 다스리는 천자의 군사. [전국책戰國策]

提耳面命
제 이 면 명
提들제 耳귀이 面낯면 命목숨명
귀를 잡고 얼굴을 마주 대하며 가르침. 즉 친절히 타이
르는 것을 말함. [시경詩經]

諸子百家
제 자 백 가
諸 모두 제 子 아들 자 百 일백 백 家 집 가
춘추시대에 일어난 많은 학파와 학자. 또는 그 저서와 학설.

齊紫敗素
제 자 패 소
齊 제나라 제 紫 자주색 자 敗 패할 패 素 흴 소
세상에서 귀히 여기는 제나라 비단도 낡은 실을 염색한 것이란 뜻으로, 실패를 성공으로 바꿈을 비유하는 말. 전화위복(轉禍爲福) 또는 전패위공(轉敗爲功)과 통함. [사기史記]

濟濟蹌蹌
제 제 창 창
濟 건널 제 蹌 추창할 창
몸가짐에 위엄이 있고 위풍이 있음.

綈袍戀戀
제 포 연 련
綈 깁 제 袍 솜옷 포 戀 생각할 련(연)
옛 은혜를 생각함. 우정이 두터움을 비유. [사기史記]
▶진(晉)나라의 재상이 된 범수(范雎)가 위(魏)나라의 수가를 떠보기 위해 그가 사신으로 왔을 때 거지꼴로 만났는데, 수가가 범수의 처지를 위로하며 제포(綈袍)를 보내 주었다는 고사에서 온 말.
▶제포(綈袍): 두꺼운 명주로 만든 솜옷.

臍下丹田
제 하 단 전
臍 배꼽 제 下 아래 하 丹 붉을 단 田 밭 전
배꼽 밑의 단전. 정신과 호흡을 이곳에 응집시키면 건강과 담력을 유지한다고 함.

諸行無常
제 행 무 상
諸 모두 제 行 갈 행 無 없을 무 常 늘 상
만물은 항시 변하여 잠시도 멈추는 일이 없다는 뜻. 인생의 덧없음을 말할 때도 씀.

遭家不造
조 가 부 조
遭 만날 조 家 집 가 不 아닐 부 造 지을 조
집안에 좋지 못한 일을 겪음. 아버지의 죽음을 의미함. [시경詩經]
▶부조(不造)= 불선(不善)

糟糠不厭
조 강 불 염
糟 지게미 조 糠 겨 강 不 아닐 불 厭 싫을 염
술지게미나 쌀겨도 싫지 않음. 지게미, 쌀겨도 충분히 먹지 못하는 몹시 가난한 형편을 말함. [사기史記]

糟糠之妻
조 강 지 처
糟지게미 조　糠겨 강　之갈 지　妻아내 처
지게미와 겨 같은 거친 음식을 먹고 함께 고생한 아내.
몹시 가난하고 천할 때 고생을 함께한 본처를 이름. [후한
서後漢書]

助桀爲虐
조 걸 위 학
助도울 조　桀걸임금 걸　爲할 위　虐사나울 학
걸(桀)왕 같은 폭군을 도와 백성을 괴롭힘. 못된 사람을
부추겨 악한 짓을 더하게 만드는 것을 이름. [사기史記]

祖功宗德
조 공 종 덕
祖조상 조　功공 공　宗마루 종　德큰 덕
공이 있는 임금의 시호(諡號)를 조(祖)라 하고, 덕이 있
는 임금의 시호를 종(宗)이라 함. [공자가어孔子家語]

朝觀夕覽
조 관 석 람
朝아침 조　觀볼 관　夕저녁 석　覽볼 람
아침에도 보고 저녁에도 봄.

鳥起者伏
조 기 자 복
鳥새 조　起일어날 기　者사람 자　伏엎드릴 복
새가 앉으려다가 다시 날아오르는 것은 그 밑에 복병이
있기 때문이라는 말. [손자孫子]

蜩螗沸羹
조 당 비 갱
蜩매미 조　螗매미 당　沸끓을 비　羹국 갱
매미 우는 소리가 국이 끓는 듯함. 하는 말이 대단히 시
끄러움을 비유.

操刀傷錦
조 도 상 금
操잡을 조　刀칼 도　傷상할 상　錦비단 금
서툰 칼잡이가 칼을 다루다가 비단을 상하게 함. 무능한
사람이 중요한 직책을 맡아 대사를 그르친다는 말.

朝東暮西
조 동 모 서
朝아침 조　東동녘 동　暮저물 모　西서녘 서
아침엔 동쪽, 저녁엔 서쪽. 일정한 터전 없이 여기저기
돌아다니는 것을 말함.

棗東栗西
조 동 율 서
棗대추 조　東동녘 동　栗밤 률(율)　西서녘 서
제사 지낼 때 대추는 동쪽, 밤은 서쪽으로 놓는다는 말.

朝令暮改
조 령 모 개
朝아침 조　令하여금 령　暮저물 모　改고칠 개
아침에 내린 명령을 저녁에 바꿈. 나라 법이 자주 바뀌
어 믿고 따를 수가 없음. 일관성 없는 정책이나 방침을
꼬집는 말. [사기史記] =조변석개(朝變夕改)

朝露貪利
조 로 탐 리
朝 아침 조　露 이슬 로　貪 탐할 탐　利 이로울 리
젊어서는 명리를 탐함. [사기史記]
▶조로탐명리 석양우자손(朝露貪名利 夕陽憂子孫): 젊어서
는 명리를 탐하고 늙어서는 자손을 걱정한다.

蜩螮偃蹇
조 료 언 건
蜩 매미 조　螮 꿈틀거릴 료　偃 누울 언　蹇 절 건
꿈틀거리고, 눕고, 절뚝거리는 모양. 사람의 여러 성질
을 비유함. [한서漢書]

鳥面鵠形
조 면 곡 형
鳥 새 조　面 낯 면　鵠 고니 곡　形 형상 형
낯은 새같이 좁고, 형상은 고니처럼 야윔. 굶주린 모습
을 형용. [백거이白居易의 시詩]

朝名市利
조 명 시 리
朝 조정 조　名 이름 명　市 저자 시　利 이로울 리
명성은 조정에서 다투고 이익은 저자에서 다툼. 즉 때와
장소를 가려서 알맞게 처신하라는 말.

雕文刻鏤
조 문 각 루
雕=彫 새길 조　文 무늬 문　刻 팔 각　鏤 새길 루
무늬를 새기고 금은을 아로새김. 장인의 하찮은 재주를
말함. [전국책戰國策]

朝聞夕改
조 문 석 개
朝 아침 조　聞 들을 문　夕 저녁 석　改 고칠 개
아침에 잘못을 들으면 저녁에 고침. 자기의 잘못을 알면
그때그때 바로 고치는 것을 말함. [진서晉書]

朝聞夕死
조 문 석 사
朝 아침 조　聞 들을 문　夕 저녁 석　死 죽을 사
아침에 듣고 저녁에 죽음.
▶조문도 석사가의(朝聞道 夕死可矣): 아침에 도를 들으면
저녁에 죽어도 좋다. [논어論語]

早迷晚寤
조 미 만 오
早 일찍 조　迷 미혹할 미　晚 늦을 만　寤 깨달을 오
어렸을 때는 어리석었으나 나이 들면서 깨우침. [안씨가훈顏氏家訓]

弔民伐罪
조 민 벌 죄
弔 불쌍히 여길 조　民 백성 민　伐 칠 벌　罪 허물 죄
백성을 위로하고 죄인을 징벌함. [천자문千字文]

朝飯夕粥
조 반 석 죽
朝 아침 조　飯 밥 반　夕 저녁 석　粥 죽 죽
아침엔 밥, 저녁엔 죽을 먹음. 구차한 살림을 말함.

ㅈ

朝發暮至
조 발 모 지
朝아침조 發필발 暮저물모 至이를지
아침에 출발하여 저녁에 도착함. 【후한서後漢書】

朝不及夕
조 불 급 석
朝아침조 不아닐불 及미칠급 夕저녁석
저녁까지 이르지 못함. 일이 매우 급박함을 이르는 말. 【춘추좌씨전春秋左氏傳】

朝不慮夕
조 불 여 석
朝아침조 不아닐불 慮생각할려(여) 夕저녁석
아침에 저녁 때 일을 예측하지 못할 정도로 일이 절박함. 당장을 걱정할 뿐, 앞일을 헤아릴 겨를이 없음을 이르는 말. =조불모석(朝不謀夕)

朝不謀夕
조 불 모 석
朝아침조 不아닐불 謀꾀할모 夕저녁석
아침에 저녁 일을 꾀할 수가 없음.

凋冰畵脂
조 빙 화 지
凋=彫새길조 冰=氷얼음빙 畵그림화 脂기름지
얼음에 새기고 기름에 그림. 정력을 쓸데없는 곳에 허비함을 이르는 말.

朝三暮四
조 삼 모 사
朝아침조 三석삼 暮저물모 四넉사
아침에 세 개, 저녁에 네 개. 눈앞에 당장 보이는 이득에 눈이 어두워 결과가 똑같음을 모름. 또는 간사한 꾀로 상대를 농락하는 것을 말함. 【장자莊子】
▶송(宋)나라의 저공(狙公)이 원숭이를 모아 놓고, 상수리를 아침에 세 개, 저녁에 네 개를 준다고 하자 원숭이들이 노했다. 그래서 아침에 네 개, 저녁에 세 개를 준다고 하자 원숭이들이 기뻐했다는 고사에서 온 말.

早喪父母
조 상 부 모
早일찍조 喪잃을상 父아비부 母어미모
어려서 부모를 여읨. =조실부모(早失父母)

澡雪垢滓
조 설 구 재
澡씻을조 雪눈설 垢때구 滓찌꺼기재
눈으로 때와 찌꺼기를 씻어냄. 【마융馬融의 부賦】

照松之勤
조 송 지 근
照비출조 松솔송 之갈지 勤부지런할근
등불을 켤 형편이 못되어 관솔불을 비추어 글을 읽음. 면학의 열이 간절하고 부지런함을 비유. 【수서隋書】

568

措手不及
조 수 불 급
措둘조 手손수 不아닐불 及미칠급
미처 손 쓸 겨를이 없음.

調馴鳥獸
조 순 조 수
調고를조 馴길들일순 鳥새조 獸짐승수
새와 짐승을 조화롭게 길들임. 【사기史記】

造膝親受
조 슬 친 수
造지을조 膝무릎슬 親친할친 受받을수
가까이 나아가 직접 가르침을 받음. 【진서晉書】

徂濕徂畛
조 습 조 진
徂갈조 濕젖을습 畛두둑진
김매러 질펀한 밭두렁을 가네. 【시경詩經】

▶천우기운 조습조진(千耦其耘 ----): 수많은 사람들이 쟁기로 밭을 갈고, 김매러 질펀한 밭 두렁을 가네.

▶우(耦): 쟁기, 운(耘): 밭을 갈다.

朝蠅暮蚊
조 승 모 문
朝아침조 蠅파리승 暮저물모 蚊모기문
아침에는 파리, 저녁에는 모기. 소인들이 득실거림을 비유한 말.

彫心鏤骨
조 심 누 골
彫새길조 心마음심 鏤새길루(누) 骨뼈골
마음에 새기고 뼈에 새김. 또는 시문을 몹시 고심해 다듬는 것을 비유하는 말. 【한유잡시韓愈雜詩】

爪牙之士
조 아 지 사
爪손톱조 牙어금니아 之갈지 士관리사
손톱이나 어금니 같은 신하. 즉 단단하고 변함없는 충신. 또는 임금을 측근에서 보필하는 신하. 【국어國語】

朝雲暮雨
조 운 모 우
朝아침조 雲구름운 暮저물모 雨비우
남녀 간의 깊은 애정, 남녀의 정교(情交)를 말함.

▶초(楚)의 회왕(懷王)이 고당(高唐)에서 꿈에 어떤 부인과 잠자리를 같이했는데, 헤어지며 자기는 무산(巫山) 남쪽에 살고 있으니, 아침엔 구름이 되고 저녁엔 비가 되어 모시겠다고 했다. 깨어 보니 과연 운우가 끼었으므로 무산에 사당을 세워 제사를 지냈다는 고사에서 온 말.

朝爲榮華
조 위 영 화
朝아침조 爲할위 榮꽃부리영 華빛날화
아침에 영화를 누림. 젊은 나이에 영화를 누림. 【한서漢書】

▶조위영화 석위초췌(---- 夕爲焦悴): 아침엔 영화를 누리더니 저녁엔 시들었네.

粗衣粗食
조 의 조 식
粗 거칠 조　衣 옷 의　食 먹을 식
거친 옷과 거친 음식. 반대어: 난의포식(暖衣飽食)

釣而不網
조 이 불 망
釣 낚시 조　而 말이을 이　不 아닐 불　網 그물 망
낚시는 해도 그물질은 하지 아니함. 어린 물고기까지 모
조리 잡지는 않는다는 말.
▶조이불망 익불사숙(---- 弋不射宿): 낚시질은 하되 그물
질은 안 하고, 주살은 쏘되 잠든 새는 잡지 않는다.

朝益暮習
조 익 모 습
朝 아침 조　益 더할 익　暮 저물 모　習 익힐 습
아침에 가르침 받은 것을 더해 지식으로 더하고, 저녁엔
그것을 반복하여 익힘. 【논어論語】

稠人廣衆
조 인 광 중
稠 빽빽할 조　人 사람 인　廣 넓을 광　衆 무리 중
빽빽하게 많이 모인 군중.

蚤作夜思
조 작 야 사
蚤=早 일찍 조　作 지을 작　夜 밤 야　思 생각 사
일찍 일어나 일하고 밤에는 생각함.

助長補短
조 장 보 단
助 도울 조　長 길 장　補 도울 보　短 짧을 단
장점은 발전시키고 단점은 보완함. 【유종원柳宗元의 글】 =절
장보단(切長補短)

操杖以戰
조 장 이 전
操 잡을 조　杖 몽둥이 장　以 써 이　戰 싸울 전
무기가 없어 몽둥이를 잡고 싸움. 【여씨춘추呂氏春秋】

蚤腸出食
조 장 출 식
蚤 벼룩 조　腸 창자 장　出 날 출　食 먹을 식
벼룩의 간을 내먹기. 극히 미세한 이익을 부당하게 취하
는 것을 비유하는 말.

朝薺暮鹽
조 제 모 염
朝 아침 조　薺 냉이 제　暮 저물 모　鹽 소금 염
아침엔 냉이, 저녁엔 소금을 반찬으로 함. 몹시 가난한
생활을 말함.

鳥足之血
조 족 지 혈
鳥 새 조　足 발 족　之 갈 지　血 피 혈
새발의 피. 아주 적은 양의 비유.

朝種暮獲
조 종 모 획
朝아침조 種씨앗종 暮저물모 獲거둘획
아침에 씨앗 뿌리고 저녁에 거두려 하는 조급함을 이름. 【춘추좌씨전春秋左氏傳】

助紂爲虐
조 주 위 학
助도울조 紂주임금주 爲할위 虐사나울학
폭군 주(紂)를 도와 포학한 정치를 하게 함. 나쁜 사람을 도와 악을 조장함. =조걸위학(助桀爲虐)

鳥中曾參
조 중 증 삼
鳥새조 中가운데중 曾일찍증 參석삼
새 중에 증삼. 까마귀를 지칭하는 말.
▶까마귀는 어려서는 부모가 먹이를 물어다가 새끼를 기르고 어미가 늙으면 새끼가 먹이를 가져다 먹임.
▶증삼(曾參): 증자(曾子). 공자의 제자로 지극한 효로써 이름남.

燥則欲溼
조 즉 욕 습
燥마를조 則곧즉 欲바랄욕 溼=濕젖을습
마르면 젖고 싶음. 사람은 누구나 새로운 것을 좋아한다는 말. 【여씨춘추呂氏春秋】
▶조즉욕습 습즉욕조(---- 濕則欲燥): 마르면 젖고 싶고, 젖으면 마르고 싶다.

蚤知之士
조 지 지 사
蚤벼룩조 知알지 之갈지 士선비사
벼룩같이 약삭빠르게 기회를 잘 보는 사람. 【사기史記】

鳥盡弓藏
조 진 궁 장
鳥새조 盡다할진 弓활궁 藏감출장
새가 다 잡히면 활이 저장됨. 쓸데가 없어지면 요긴하게 쓰던 물건도 버려짐. 【사기史記】 =토사구팽(兎死狗烹)
▶교토사의 주구팽(狡兔死矣 走狗烹) 고조진의 양궁장(高鳥盡矣 良弓藏): 교활한 토끼를 다 잡으니 토끼를 몰아주던 개가 솥에 삶기고, 새를 다 잡으면 좋은 활이 저장된다.
▶한(漢) 고조(高祖)인 유방(劉邦)이 중국을 통일하자 공이 가장 많은 명장 한신(韓信)이 도리어 위협적인 존재로 취급되어 죄를 뒤집어쓰고 형장으로 처형당하러 가면서 남긴 말.

朝秦暮楚
조 진 모 초
朝아침조 秦진나라진 暮저물모 楚초나라초
아침엔 진(秦)나라, 저녁엔 초(楚)나라. 이편에 붙었다 저편에 붙었다 하는 것을 이르는 말. 【사기史記】

造次顚沛
조 차 전 패
造 지을 조 次 버금 차 顚 이마 전 沛 넘어질 패
눈 깜짝할 사이. 지극히 짧은 순간에 맞은 위급한 장면. [논어論語]

▶조차(造次): 창졸(倉卒)간에. 전패(顚沛): 엎어지고 넘어질 때.

彫蟲小技
조 충 소 기
彫 새길 조 蟲 벌레 충 小 작을 소 技 재주 기
벌레를 새기는 조그만 재주. 자기의 학문이나 기예(技藝)를 낮춰 이르는 겸손의 말. [북사北史]

彫蟲篆刻
조 충 전 각
彫 새길 조 蟲 벌레 충 篆 전자 전 刻 새길 각
문장을 짓는데 어구를 너무 수식함을 비유.

錯火積薪
조 화 적 신
錯 둘 조 火 불 화 積 쌓을 적 薪 섶 신
장작을 쌓아 놓고 불을 곁에 놓아 둠. 아주 위험한 행위를 이름. [한서漢書]

鏃礪括羽
족 려 괄 우
鏃 화살촉 족 礪 숫돌 려 括 묶을 괄 羽 깃 우
화살촉을 숫돌에 갈고, 깃을 묶음. 학문과 예지를 연마하여 큰 인물이 되는 것을 비유. [공자가어孔子家語]

足反居上
족 반 거 상
足 발 족 反 되돌릴 반 居 살 거 上 위 상
사물이 거꾸로 되어 발이 위에 있음.

足不履地
족 불 이 지
足 발 족 不 아닐 불 履 밟을 리(이) 地 땅 지
발이 땅에 닿지 아니할 정도로 빨리 달림.

足食足兵
족 식 족 병
足 만족할 족 食 밥 식 兵 군사 병
백성의 생활을 넉넉하게 하고, 나라의 군비를 충실하게 함. [논어論語]

足音跫然
족 음 공 연
足 발 족 音 소리 음 跫 발자국 소리 공 然 그러할 연
발소리가 울리는 모양. 깊은 산속에 반가운 손님이 찾아옴을 비유하는 말. [장자莊子]

足脫不及
족 탈 불 급
足 발 족 脫 벗을 탈 不 아닐 불 及 미칠 급
발을 벗고 뛰어도 못 미침. 상대를 따라잡기에는 역량과 재주가 매우 모자람을 말함.

尊德樂義 尊 높을 존 德 덕 덕 樂 즐길 락(낙) 義 옳을 의
존 덕 낙 의 　덕을 높이고 의리를 즐김. [맹자孟子]

存亡之秋 存 있을 존 亡 망할 망 之 갈 지 秋 가을 추
존 망 지 추 　사느냐, 죽느냐의 위급한 시기. [제갈량諸葛亮의 전출사표前出師表]

尊無二上 尊 높을 존 無 없을 무 二 두 이 上 위 상
존 무 이 상 　가장 존귀한 것은 둘이 아니고 오직 하나임. [예기禮記]

存本取利 存 있을 존 本 근본 본 取 취할 취 利 이로울 리
존 본 취 리 　돈이나 곡식을 꾸어 준 뒤 밑천은 그대로 두고, 이자만을 징수함.

存不忘亡 存 있을 존 不 아닐 불 忘 잊을 망 亡 망할 망
존 불 망 망 　잘 나갈 때 망할 수도 있음을 잊지 말아야 함.

存身之道 存 있을 존 身 몸 신 之 갈 지 道 길 도
존 신 지 도 　몸을 편히 보존하는 길. [장자莊子]

尊身忽物 尊 높을 존 身 몸 신 忽 소홀히 할 홀 物 만물 물
존 신 홀 물 　자기 몸은 소중히 하고, 다른 사물에게는 소홀히 함.

存心養性 存 있을 존 心 마음 심 養 기를 양 性 성품 성
존 심 양 성 　마음을 간직하여 심성을 잘 키워감. [맹자孟子]

尊王攘夷 尊 높을 존 王 임금 왕 攘 물리칠 양 夷 오랑캐 이
존 왕 양 이 　왕실을 높이고 오랑캐를 물리침. [논어論語]

存而不論 存 있을 존 而 말이을 이 不 아닐 불 論 논의할 론
존 이 불 론 　그대로 두고 더 이상 논의하지 않음. [논어論語]

卒如熛風 卒 군사 졸 如 같을 여 熛 불똥 표 風 바람 풍
졸 여 표 풍 　바람에 날리는 불똥처럼 병졸들이 몰려옴. [사기史記]

從諫如流 從 따를 종 諫 간할 간 如 같을 여 流 흐를 류
종 간 여 류 　흐르는 물과 같이 간하는 말을 순순히 잘 따름.

ㅈ

從諫轉圜
종 간 전 환
從좇을 종 諫간할 간 轉돌 전 圜둥글 환
쟁반에 둥근 구슬이 구르듯 간하는 말을 거침없이 잘 따름. [한서漢書]

鐘鼓之樂
종 고 지 락
鐘쇠북 종 鼓북 고 之갈 지 樂즐길 락
음악의 즐거움.

種瓜得瓜
종 과 득 과
種심을 종 瓜오이 과 得얻을 득
오이를 심으면 오이를 얻음. 원인에 따라 결과가 정해지는 것을 이르는 말.

終南捷徑
종 남 첩 경
終마칠 종 南남녘 남 捷빠를 첩 徑지름길 경
종남산이 지름길. 은거(隱居)가 힘 안 들이고 쉽게 벼슬하는 길로 이용됨을 비꼬는 말. [당서唐書]
▶당(唐)의 노장용(盧藏用)이 과거에 낙방한 뒤 궁성 가까운 종남산에 은거하자, 그 소문이 임금 귀에 들어가 등용되었다는 고사에서 나온 말. 정규 절차를 거치지 않고 벼슬에 오르는 것을 이르는 말이기도 함.

從旦積暖
종 단 적 난
從따를 종 旦아침 단 積쌓을 적 暖따뜻할 난
정월 초하루 아침볕을 따라 점점 따뜻해짐. [시경詩經]

種德養心
종 덕 양 심
種심을 종 德큰덕 養기를 양 心마음 심
덕(德)을 심는 자는 마음을 닦고 기르는 것이다. [구당서舊唐書]

終累大德
종 루 대 덕
終마칠 종 累폐를 끼칠 루 大큰 대 德큰 덕
마침내 큰 덕에 누를 끼치리라. [서경書經]
▶불긍세행 종루대덕(不矜細行 ----): 작은 행동을 조심하지 않으면, 마침내 큰 덕에 누가 되리라.

鐘鳴漏盡
종 명 누 진
鐘쇠북 종 鳴울 명 漏샐 루(누) 盡다할 진
시간이 다 갔음을 비유하는 말. 또는 노쇠하여 남은 수명이 얼마 남지 않았음을 비유하는 말. [삼국지三國志]
▶종명루진이야행(----而夜行): 시각을 알리는 종이 울리고 물시계의 물도 다함.

鐘鳴鼎食
종 명 정 식

鐘 쇠북 종　鳴 울 명　鼎 솥 정　食 먹을 식

종을 쳐서 식구를 모으고, 솥을 열어 식사를 함. 식구가 많고, 잘 사는 사람들이 식사하는 풍경. =격종정식(擊鐘鼎食)

宗廟丘墟
종 묘 구 허

宗 마루 종　廟 사당 묘　丘 언덕 구　墟 언덕 허

종묘가 허물어져 옛터만 남음. 나라가 망한 지 오래되었음을 이르는 말.

宗廟社稷
종 묘 사 직

宗 마루 종　廟 사당 묘　社 모일 사　稷 기장 직

왕의 조상을 모시는 사당과, 토지신과 곡식신을 모시는 사당. 즉 왕실과 나라를 이르는 말.

螽斯詵詵
종 사 선 선

螽 메뚜기 종　斯 이 사　詵 모일 선

메뚜기가 날아드는 모양. 부부가 화합하여 자손이 번성함을 이르는 말. [시경詩經]

螽斯之化
종 사 지 화

螽 누리 종　斯 이 사　之 갈 지　化 될 화

메뚜기처럼 자손이 번성함.

從善如登
종 선 여 등

從 좇을 종　善 착할 선　如 같을 여　登 오를 등

선을 따르는 것은 높은 산을 오르는 것과 같음. [국어國語]

從善如流
종 선 여 류

從 좇을 종　善 착할 선　如 같을 여　流 흐를 류=速 빠를 속

선을 따르는 것은 물이 흐르듯 서슴지 않아야 함. [춘추좌씨전春秋左氏傳]

種樹培根
종 수 배 근

種 심을 종　樹 나무 수　培 북을 돋울 배　根 뿌리 근

나무를 심는 자는 뿌리를 싸고 있는 흙을 돋우어야 함. [춘추좌씨전春秋左氏傳]

終食之間
종 식 지 간

終 마칠 종　食 먹을 식　之 갈 지　間 사이 간

식사할 동안. 얼마 되지 않는 잠시 동안. [논어論語]

終身不齒
종 신 불 치

終 마칠 종　身 몸 신　不 아닐 불　齒 이 치=治 다스릴 치

죽을 때까지 내버려두고 돌보지 않음. 또는 죽을 때까지 서로 대하지 않는 것을 말함. [예기禮記]

ㅈ

575

宗室憂唫
종 실 우 금
宗마루종 室집실 憂근심우 唫입다물금
종실에 근심이 있어도 드러내지 못할 사정. [한비자韓非子]

從心所欲
종 심 소 욕
從좇을종 心마음심 所바소 欲바랄욕
하고 싶은 대로 함. 공자는 일흔 살을 종심(從心)이라고 함. [논어論語]
▶종심소욕 불유구(---- 不踰矩): 마음 내키는 대로 행해도 법도에 어긋나지 않는다. 나이 일흔이 되면 이러한 경지에 이른다는 말.

從吾所好
종 오 소 호
從따를종 吾나오 所바소 好좋을호
자기가 좋아하는 바대로 따름.

從欲厭私
종 욕 염 사
從좇을종 欲바랄욕 厭싫을염 私사사로울사
욕심대로 하여 사사로운 감정을 만족시킴. [춘추좌씨전春秋左氏傳]

從諛承意
종 유 승 의
從따를종 諛아첨할유 承이을승 意뜻의
아첨하여 윗사람의 뜻만을 따라함. [한서漢書]

終日不倦
종 일 불 권
終마칠종 日날일 不아닐불 倦게으를권
하루 종일 싫증내지 않음. [공자가어孔子家語]

鐘鼎款識
종 정 관 식
鐘쇠북종 鼎솥정 款정성관 識알식
종과 정에 새긴 금석문(金石文).
▶관(款): 파서 새김(음문 陰文). 식(識): 튀어나오게 새김(양문 陽文).

從井求人
종 정 구 인
從따를종 井우물정 求구할구 人사람인
우물에 들어가 남을 구하려다가 도리어 자기가 죽음. 하는 일에 아무런 이익이 없음을 말함.

鐘鼎玉帛
종 정 옥 백
鐘쇠북종 鼎솥정 玉구슬옥 帛비단백
식사 전에 음악 연주를 하고, 산해진미의 식사를 마친 다음에는 옥과 비단을 선물로 주는 호화로운 연회.

從重推考
종 중 추 고
從따를종 重무거울중 推밀추 考살필고
관리의 죄과를 엄중히 심문하고 미루어 살핌.

種之黃茂 種심을종 之갈지 黃누를황 茂무성할무
종 지 황 무 곡식을 심어 무성하게 가꿈. [시경詩經]
　　　　▶황무(黃茂)=무성(茂盛)

宗戚執事 宗마루종 戚겨레척 執잡을집 事일사
종 척 집 사 국상(國喪)시 종척에게 시키던 임시직.

終天之恨 終마칠종 天하늘천 之갈지 恨원통할한
종 천 지 한 이 세상 다하도록 끊어지지 않을 원한. [비파기琵琶記]

從風而靡 從좇을종 風바람풍 而말이을이 靡쓰러질미
종 풍 이 미 바람을 따라 쓰러짐. 대세에 휩쓸리어 좇아감을 이름.

終風且霾 終마칠종 風바람풍 且또차 霾구름낄예
종 풍 차 애 바람이 그치자 또 구름이 낌. [시경詩經]

從懷如流 從좇을종 懷품을회 如같을여 流흐를류
종 회 여 류 마음 내키는 대로 행하여도 아무 제지도 받지 아니
함. [국어國語]

縱橫無盡 縱세로종 橫가로횡 無없을무 盡다할진
종 횡 무 진 거침없이 자유자재로 행동함.

左建外易 左왼좌 建세울건 外밖외 易바꿀역
좌 건 외 역 새로 세운 것은 도에 어긋나고, 바꾼 것은 법에 어긋
남. [사기史記]

坐見千里 坐앉을좌 見볼견 千일천천 里마을리
좌 견 천 리 앉아서 천 리를 내다봄. 안목이 원대함을 말함.

左顧右眄 左왼좌 顧돌아볼고 右오른우 眄곁눈질할면
좌 고 우 면 왼쪽을 돌아다보고 오른쪽을 살핌. 이리저리 재기만 하
고 결정 짓지 못하는 모양을 이름. [맹자孟子]

坐觀成敗 坐앉을좌 觀볼관 成이룰성 敗패할패
좌 관 성 패 앉아서 성공과 실패를 바라봄. [사기史記]

坐堂受賀 坐앉을좌 堂집당 受받을수 賀하례하
좌 당 수 하 새로 책봉된 세자가 백관의 하례를 받는 일.

左圖右史
좌 도 우 사

左 왼 좌 圖 그림 도 右 오른 우 史 역사 사
왼쪽엔 그림, 오른쪽엔 역사 책. 장서가 많은 것을 이름.
▶당(唐)나라 양의(楊誼)의 방에는 좌우가 모두 책이었다는
고사에서 나온 말.

佐命之臣
좌 명 지 신

佐 도울 좌 命 목숨 명 之 갈 지 臣 신하 신
천명을 받아 천자가 될 사람을 보필하여 대업을 이루게
한 공신. [한서漢書]

坐不重席
좌 부 중 석

坐 앉을 좌 不 아닐 부 重 거듭 중 席 자리 석
자리에 깔개를 하나 이상 쓰지 않음. 검소함을 이르는
말. [한비자韓非子]

坐不垂堂
좌 불 수 당

坐 앉을 좌 不 아닐 불 垂 드리울 수 堂 집 당
마루끝 난간에 앉지 않음. 위험한 곳에 가까이 가지 않
는다는 말. [사기史記]

坐不安席
좌 불 안 석

坐 앉을 좌 不 아닐 불 安 편안할 안 席 자리 석
마음이 불안하거나 걱정스러워 한군데 오래 있지 못하
고 안절부절 못함을 이름.

左史右經
좌 사 우 경

左 왼 좌 史 역사 사 右 오른 우 經 경서 경
왼쪽에는 역사책, 오른 쪽엔 성인(聖人)이 지은 책. 항상
책을 곁에 둔다는 말. [사기史記]

左思右考
좌 사 우 고

左 왼 좌 思 생각 사 右 오른 우 考 살필 고
이리 생각하고 저리 헤아림. 여러 가지로 궁리함을 이
름. =좌사우량(左思右量)

左史右史
좌 사 우 사

左 왼 좌 史 역사 사 右 오른 우
군주의 좌우에서 군주의 언행을 기록한 사람을 이름. 좌
사는 말을 기록하고 우사는 행동을 기록함. [한서漢書]

坐席未暖
좌 석 미 난

坐 앉을 좌 席 자리 석 未 아닐 미 暖 따뜻할 난
앉은 자리가 따뜻해질 사이가 없음. 분주하게 활동을
함. 또는 자주 이사 다님을 이르는 말.

左旋右搯
좌 선 우 도

左 왼 좌 旋 돌 선 右 오른 우 搯 꺼낼 도
왼쪽으로 돌려서 오른쪽으로 꺼냄. 상대를 현혹시키는
재주를 말함.

578

左授右捧
좌 수 우 봉
左 왼 좌 授 받을 수 右 오른 우 捧 받을 봉
왼손으로 주고, 오른손으로 받음. 그 자리에서 바로 교역이 이루어지는 것을 뜻함.

左酬右應
좌 수 우 응
左 왼 좌 酬 갚을 수 右 오른 우 應 응할 응
여기저기 바쁘게 응수함. 술잔 따위를 부산하게 주고받을 때 쓰는 말.

坐愁行歎
좌 수 행 탄
坐 앉을 좌 愁 근심 수 行 갈 행 歎 한탄할 탄
앉아서는 근심하고, 걸으면서는 탄식함. 항상 걱정에 잠겨서 탄식하는 것을 이름.

左施右抽
좌 시 우 추
左 왼 좌 施 베풀 시 右 오른 우 抽 뽑을 추
장군의 수레 왼쪽엔 수레 모는 어자(御者), 오른쪽엔 적을 칼로 치는 격자(擊刺)가 탐.

坐食山空
좌 식 산 공
坐 앉을 좌 食 먹을 식 山 뫼 산 空 빌 공
앉아서 먹기만 하면 산도 비움. 일하지 않고 놀고 먹기만 하면 아무리 많은 재물도 없어진다는 말.

坐言起行
좌 언 기 행
坐 앉을 좌 言 말씀 언 起 일어날 기 行 갈 행
앉아 말한 것을 서서 행함. 자기가 말한 것은 반드시 실천함. [순자荀子]

坐擁大衆
좌 옹 대 중
坐 앉을 좌 擁 안을 옹 大 큰 대 衆 무리 중
앉아서 많은 사람을 포용함. [진서晉書]

左右傾側
좌 우 경 측
左 왼 좌 右 오른 우 傾 기울 경 側 곁 측
좌우 어느 쪽으로든 기우는 것. 때와 장소에 따라 편리한 쪽을 따름. [서경書經]

左右具宜
좌 우 구 의
左 왼 좌 右 오른 우 具 갖출 구 宜 마땅 의
재주와 덕을 다 갖추어 못하는 것이 없음.

左右逢原
좌 우 봉 원
左 왼 좌 右 오른 우 逢 만날 봉 原 근원 원
좌우 어디를 취해도 그 근원에서 만남. 주변의 모든 것이 학문 수양의 자원이 된다는 말. [맹자孟子]

579

左宜右有
좌 의 우 유
左 왼 좌　宜 마땅 의　右 오른 우　有 있을 유
좌우 모두 마땅함이 있음. 재덕을 겸비함. [시경詩經]

坐作進退
좌 작 진 퇴
坐 앉을 좌　作 지을 작　進 나아갈 진　退 물러날 퇴
앉고, 서고, 나아가고, 물러남. 즉 살아가는 모든 동작들.
또는 군대가 지휘관의 명령에 따라 질서정연하게 움직
이는 것을 말함. [주례周禮]

坐井觀天
좌 정 관 천
坐 앉을 좌　井 우물 정　觀 볼 관　天 하늘 천
우물 밑에 앉아서 하늘 보기. 사람의 견문이 지극히 좁
음을 비유한 말. =정중지와(井中之蛙)

左提右挈
좌 제 우 설
左 왼 좌　提 끌 제　右 오른 우　挈 손에 들 설
왼손으로 끌고 오른손에 듦. 즉 서로 돕는 것을 이름. [한
서漢書] =좌제우휴(左提右攜)

左支右吾
좌 지 우 오
左 왼 좌　支 가를 지　右 오른 우　吾 나 오
이리저리 버티어 겨우 이끌어 감. [송사宋史]

▶지오(支吾)=지오(枝梧): 버티다.

左之右之
좌 지 우 지
左 왼 좌　之 갈 지　右 오른 우
이리저리 제멋대로 휘두름.

左遮右欄
좌 차 우 란
左 왼 좌　遮 막을 차　右 오른 우　欄 난간 란
왼쪽을 차단하고 오른쪽을 막음. 온갖 방법과 힘을 다해
막아내는 것을 이름.

坐春風中
좌 춘 풍 중
坐 앉을 좌　春 봄 춘　風 바람 풍　中 가운데 중
만물을 소생케 하고 자라게 하는 봄바람 속에 앉아 있
음. 훌륭한 스승에게 가르침 받는 것을 이름.

左衝右突
좌 충 우 돌
左 왼 좌　衝 찌를 충　右 오른 우　突 부딪칠 돌
좌우로 찌르고 부딪침. 아무에게나 함부로 맞닥뜨리는
것을 이름. [서언고사書言故事]

佐鬪得傷
좌 투 득 상
佐 도울 좌　鬪 싸울 투　得 얻을 득　傷 상할 상
남의 싸움을 돕다가 제 몸을 다침. 나쁜 일에 관여해 해
를 입는다는 말.

罪疑惟輕
죄 의 유 경
罪 허물 죄 疑 의심할 의 惟 오직 유 輕 가벼울 경
죄상이 불확실하여 벌의 경중을 판단하기 어려움. [서경書經]

罪重罰輕
죄 중 벌 경
罪 허물 죄 重 무거울 중 罰 벌줄 벌 輕 가벼울 경
죄지은 것은 무거우나 벌은 가벼움.

晝歌夜弦
주 가 야 현
晝 낮 주 歌 노래 가 夜 밤 야 弦 거문고 현
낮엔 노래, 밤엔 거문고를 연주함. 하루 종일 즐겁게 노
는 것을 이름.

主客顚倒
주 객 전 도
主 주인 주 客 손객 顚 뒤집힐 전 倒 넘어질 도
주인과 손님의 위치가 뒤바뀜. 즉 사물의 경중(輕重), 선
후(先後), 완급(緩急)이 서로 바뀌는 것을 말함.

主客之勢
주 객 지 세
主 주인 주 客 손객 之 갈 지 勢 권세 세
중요한 자리에 있지 못한 사람은 중요한 자리에 있는 사
람의 힘을 당할 수가 없음. 즉 객이 주인을 당하지 못한
다는 말.

主客之誼
주 객 지 의
主 주인 주 客 손객 之 갈 지 誼 정 의
주인과 손님 사이의 의리.

晝耕夜讀
주 경 야 독
晝 낮 주 耕 갈 경 夜 밤 야 讀 읽을 독
낮에는 농사 짓고 밤에는 글을 읽음. 틈을 내어 어렵게
공부하는 것을 말함. [위서魏書]

主敬存誠
주 경 존 성
主 주인 주 敬 공경 경 存 있을 존 誠 정성 성
공경을 존중하고, 성의를 보존함.
▶송(宋)나라 유학자들이 몸가짐을 규제하는 근본으로 삼
았던 말.

周誥殷盤
주 고 은 반
周 나라이름 주 誥=告 고할 고 殷 나라이름 은 盤
소반 반
주(周)나라와 은(殷)나라의 고전. 즉 서경의 편명을 말
함. [서경書經]
▶주고(周誥)는 서경(書經) 주서(周書)의 대고(大誥), 강고
(康誥), 주고(酒誥), 소고(召誥), 낙고(洛誥)의 다섯 편. 은
반(殷盤)은 은상서(殷商書)의 반경(盤庚) 상(上), 중(中),
하(下)의 세 편으로 읽기가 지극히 난해하다.

ㅈ

酒果脯醢
주 과 포 혜

酒 술 주　果 열매 과　脯 말린 고기 포　醢 초 혜
술, 과일, 말린 고기, 식혜. 즉 간단한 제물(祭物)을 이름.

疇其爵邑
주 기 작 읍

疇 두둑 주　其 그 기　爵 벼슬 작　邑 고을 읍
벼슬과 고을에 따라 경계가 되는 두둑. 【한서漢書】

酒囊飯袋
주 낭 반 대

酒 술 주　囊 주머니 낭　飯 밥 반　袋 자루 대
술 주머니와 밥 자루. 무지하고 무능하여 놀고 먹기만
하는 자를 비난하는 말. 【통속편通俗編】 =주옹반낭(酒甕飯
囊)

朱欄畫閣
주 란 화 각

朱 붉을 주　欄 난간 란　畫 그림 화　閣 집 각
단청으로 채색한 그림 같은 누각.

柱連蔓引
주 련 만 인

柱 기둥 주　連 잇닿을 련　蔓 덩굴 만　引 끌 인
주모자뿐 아니라 연루자(連累者)까지 모조리 처벌함.

珠聯璧合
주 련 벽 합

珠 구슬 주　聯 연이을 련　璧 구슬 벽　合 합할 합
구슬과 옥이 줄지어 모여듦. 훌륭한 선비가 모여드는 것
을 비유하는 말.

走馬加鞭
주 마 가 편

走 달릴 주　馬 말 마　加 더할 가　鞭 채찍 편
달리는 말에 채찍질을 더함. 힘써 노력하는 데도 더욱
격려하는 것을 말함.

走馬看山
주 마 간 산

走 달릴 주　馬 말 마　看 볼 간　山 뫼 산
달리는 말 위에서 산을 봄. 즉 겉모양만 보아 내용을 알
지 못한다는 말. 【순오지旬五志】 =주마간화(走馬看花)

綢繆束薪
주 무 속 신

綢 얽을 주　繆 얽을 무　束 묶을 속　薪 섶 신
땔나무를 단을 지어 묶음. 결혼을 비유하는 말. 【시경詩經】

綢繆縟繡
주 무 욕 수

綢 얽을 주　繆 얽을 무　縟 꾸밀 욕　繡 수놓을 수
얽어매고 꼬아 아름답게 수놓고 꾸밈. 【예기禮記】

綢繆牖戶
주 무 유 호

綢 얽을 주　繆 얽을 무　牖 창 유　戶 지게 호
비바람이 불기 전에 미리 지붕을 얽고 창문을 닫음. 환
란을 미리 대비함을 이름. 【시경詩經】

朱門甲第
주 문 갑 제

朱 붉을 주　門 문 문　甲 갑옷 갑　第 차례 제
화려한 저택. 또는 지위 높은 사람의 집.

珠槃玉敦
주 반 옥 대

珠 구슬 주　槃 쟁반 반　玉 구슬 옥　敦 쟁반 대
주옥으로 꾸민 쟁반.
▶옛날 제후들이 회맹(會盟)할 때 소의 귀를 잘라 그 피를 입으로 빨았다는 고사에서 온 말. 주반(珠槃)에는 소의 귀를, 옥대(玉敦)에는 소의 피를 담았다.

酒百藥長
주 백 약 장

酒 술 주　百 일백 백　藥 약 약　長 어른 장
술은 모든 약 중에서 으뜸. 술을 찬미하는 말. 【후한서後漢書】
▶왕망(王莽)이 전한(前漢)의 제위를 빼앗아, 자기가 새로 세웠던 신(新)나라의 국고 수입을 올리기 위해 술 전매를 실시하며 한 말.

走伏無地
주 복 무 지

走 달릴 주　伏 엎드릴 복　無 없을 무　地 땅 지
달아나 숨을 곳이 없음.

誅不塡服
주 부 전 복

誅 벨 주　不 아닐 부　塡 메울 전　服 항복할 복
항복해 오는 적을 베지 않고 포용함.

蛛絲馬跡
주 사 마 적

蛛 거미 주　絲 실 사　馬 말 마　跡 발자취 적
거미가 실을 뽑고, 말이 발자취를 남김. 즉 문장이 맥락을 잘 갖춤.

鑄山煮海
주 산 자 해

鑄 쇠 부어 만들 주　山 뫼 산　煮 끓일 자　海 바다 해
산의 구리를 캐어 돈을 만들고, 바닷물을 끓여 소금을 만듦. 삶에 필요한 물건을 만드는 데는 노력이 필요하다는 말. 【사기史記】

晝想夜夢
주 상 야 몽

晝 낮 주　想 생각 상　夜 밤 야　夢 꿈 몽
낮에 생각한 것이 밤에 꿈으로 나타남. 【열자列子】

誅鋤民害
주 서 민 해

誅 벨 주　鋤 호미 서　民 백성 민　害 해칠 해
호미를 빼앗으면 백성이 해를 입음. 즉 농번기에 국가에서 노동력을 빼앗으면 백성의 생계에 해를 준다는 뜻. 【춘추좌씨전春秋左氏傳】

柱石之寄
주 석 지 기
柱기둥주 石돌석 之갈지 寄부칠기
기둥이나 중추가 되는 임무. 국가를 떠받치는 중대한 임
무를 이름.

柱石之臣
주 석 지 신
柱기둥주 石돌석 之갈지 臣신하신
국가의 기둥이 되는 신하.

疇昔之夜
주 석 지 야
疇밭두둑주 昔예석 之갈지 夜밤야
어젯밤. =전야(前夜)

主聖臣直
주 성 신 직
主임금주 聖성스러울성 臣신하신 直곧을직
임금이 어질면 신하도 바르게 됨. 위에서 행하는 바를
아래에서 본받음을 이르는 말. [한서漢書]

朱脣皓齒
주 순 호 치
朱붉을주 脣입술순 皓흴호 齒이치
붉은 입술과 흰 이. 미인을 형용하는 말. [초사楚辭] =단순
호치(丹脣皓齒)

晝夜兼行
주 야 겸 행
晝낮주 夜밤야 兼겸할겸 行갈행
밤낮을 가리지 않고 일에 열중함.

主辱臣死
주 욕 신 사
主임금주 辱욕될욕 臣신하신 死죽을사
임금이 욕보면 신하는 목숨을 바침. [사기史記]

周爰咨詢
주 원 자 순
周두루주 爰이에원 咨물을자 詢꾀할순
두루 묻고 잘 생각하여 일을 꾀함. [시경詩經]

▶자순(咨詢) 또는 순자(詢咨): 윗사람이 아랫사람에게 묻
고 의논하는 것.

酒有別腸
주 유 별 장
酒술주 有있을유 別다를별 腸창자장
술이 들어가는 창자가 따로 있음. 술 먹는 양은 체구에
상관이 없다는 말. [오대사五代史]

周遊列國
주 유 열 국
周두루주 遊놀유 列벌릴열 國나라국
여러 나라를 두루 돌아다님. [오대사五代史] =주유천하(周
遊天下)

朱衣象笏
주 의 상 홀
朱붉을주 衣옷의 象코끼리상 笏홀홀
붉은 옷에 상아 홀. 고관의 차림새.

朱衣點頭
주 의 점 두

朱 붉을 주 衣 옷 의 點 점 점 頭 머리 두

과거에 응시한 글이 뽑히어 급제함을 이름.
▶점두(點頭)는 머리를 끄덕여 승낙을 표시하는 것.

周而不比
주 이 불 비

周 두루 주 而 말이을 이 不 아닐 불 比 견줄 비

두루 살피되 파당을 만들지 않음. 【논어論語】

走而不趨
주 이 불 추

走 달릴 주 而 말이을 이 不 아닐 불 趨 달아날 추

달려가되 달아나지는 않음. 【예기禮記】

主一無適
주 일 무 적

主 주인 주 一 한 일 無 없을 무 適 맞을 적

마음을 한곳에 모아 잡념을 없앰. 정주학파(程朱學派)에
서 쓰는 용어.

酒入舌出
주 입 설 출

酒 술 주 入 들 입 舌 혀 설 出 날 출

술이 들어가면 혀가 나옴. 술을 마시면 말이 많아짐.

走獐落兔
주 장 낙 토

走 달릴 주 獐 노루 장 落 떨어질 락(낙) 兔 토끼 토

노루를 쫓는데 토끼가 걸려듦. 생각지도 않은 이익이 생
김을 비유하는 말.

主酒客飯
주 주 객 반

主 주인 주 酒 술 주 客 손 객 飯 밥 반

주인은 손에게 술을 권하고, 손은 주인에게 밥을 권하며
다정하게 먹고 마심.

舟中敵國
주 중 적 국

舟 배 주 中 가운데 중 敵 원수 적 國 나라 국

배 안에도 적국이 있음. 덕(德)과 의(義)를 닦지 않으면
자기 편 사람도 배반할 마음을 먹게 된다는 말. 【사기史記】

酒池肉林
주 지 육 림

酒 술 주 池 못 지 肉 고기 육 林 수풀 림

못과 같이 술이 많고, 숲과 같이 고기가 많음. 【사기史記】

綢直如髮
주 직 여 발

綢 빽빽할 주=稠 빽빽할 조 直 곧을 직 如 같을 여
髮 터럭 발

머리숱이 많고도 빳빳함. 【시경詩經】

朱陳之好
주 진 지 호

朱 붉을 주 陳 베풀 진 之 갈 지 好 좋을 호

주(朱) 씨와 진(陳) 씨의 두터운 정. 양가가 대대로 혼인
하는 사이라는 말. 【사기史記】

ㅈ

酒天美祿
주 천 미 록
酒술주 天하늘천 美아름다울미 祿복록
술은 하늘이 주는 아름다운 녹. 술을 찬미하는 말. =주천
여지미록(酒天與之美祿) [한서漢書]

晝出魍魎
주 출 망 량
晝낮주 出날출 魍도깨비망 魎도깨비량
낮에 나온 도깨비. 괴상한 옷차림을 한 사람을 말함. 또
는 낯이 두껍고 무지한 사람을 이름.

晝寢夜梳
주 침 야 소
晝낮주 寢잘침 夜밤야 梳빗을소
낮엔 자고 저녁에 머리를 벗음. 계획 없는 생활을 비유
하여 하는 말.

周徧天下
주 편 천 하
周두루주 徧두루편 天하늘천 下아래하
천하에 두루 미치다. [진서晉書]
▶주편천하 무우수수(---- 無憂樹愁): 천하를 두루 도니
근심이 없어짐.

竹林七賢
죽 림 칠 현
竹대죽 林수풀림 七일곱칠 賢어질현
진(晉)나라 때 속세를 떠나 지낸 일곱 사람의 현자. 완
적(阮籍), 완함(阮咸), 혜강(嵆康), 산도(山濤), 향수(向
秀), 유령(劉伶), 왕융(王戎)을 이름. [진서晉書]

竹馬故友
죽 마 고 우
竹대죽 馬말마 故예고 友벗우
대나무 막대기를 잘라 말이라하며 함께 타고 놀던 어릴
적 친구. [환온桓溫의 시詩]

竹馬之好
죽 마 지 호
竹대죽 馬말마 之갈지 好좋을호
죽마를 타고 놀던 어린시절의 정(情). [진서晉書]

竹帛之功
죽 백 지 공
竹대나무죽 帛비단백 之갈지 功공공
대나무와 비단에 기록하여 길이 전할 만한 공로. 즉 역
사에 길이 남을 공로. [진서晉書]

竹杖芒鞋
죽 장 망 혜
竹대나무죽 杖지팡이장 芒까끄라기망 鞋신혜
대지팡이와 짚신. 초라한 여행 차림. [한서漢書]

竹苞松茂
죽 포 송 무
竹대나무죽 苞쌀포 松소나무송 茂무성할무
신축 가옥의 축대와 건축의 튼튼하고 치밀함을 칭송하
여 낙성식(落成式)의 송사(頌辭)로 쓰는 말. [시경詩經]

峻極于天
준 극 우 천

峻 높을 준　極 가장 극　于 어조사 우　天 하늘 천
하늘처럼 지극히 높음. [예기禮記]

噂沓背憎
준 답 배 증

噂 수근거릴 준　沓 유창할 답　背 등 배　憎 미워할 증
보는 앞에서는 아첨하는 말을 하고, 돌아서서는 욕을
함. [시경詩經]

遵養時晦
준 양 시 회

遵 좇을 준　養 기를 양　時 때 시　晦 그믐 회
도를 좇아 뜻을 기르고, 때가 오지 않으면 언행을 삼가
고 나타나지 않음. [시경詩經]

蹲夷踞肆
준 이 거 사

蹲 웅크릴 준　夷 오랑캐 이　踞 웅크릴 거　肆 방자할 사
천한 모양으로, 또는 방자하게 웅크리고 있는 모양. [파한
집破閑集]

蠢爾蠻荊
준 이 만 형

蠢 꿈틀거릴 준　爾 너 이　蠻 오랑캐 만　荊 가시 형
형(荊) 땅의 오랑캐가 고분고분하지 않음. [시경詩經]
▶준이만형 대방위수(---- 大邦爲讐): 형 땅의 오랑캐가 고
분고분하지 않아, 큰 나라에 원수가 되네.

樽俎折衝
준 조 절 충

樽 술통 준　俎 도마 조　折 꺾을 절　衝 찌를 충
외교적인 담판으로 국위를 선양함. [안자춘추晏子春秋]
▶준조(樽俎)는 외교상의 연회장을 말함.

濬哲文明
준 철 문 명

濬 깊을 준　哲 밝을 철　文 글 문　明 밝을 명
깊이 있고 사리에 밝고 어질고 총명함. [서경書經]

中扃外閉
중 경 외 폐

中 가운데 중　扃 문빗장 경　外 밖 외　閉 닫을 폐
마음속 욕망은 밖으로 나타내지 않고, 사악한 것은 못
들어오게 막음. [문중자文仲子]

衆寡不敵
중 과 부 적

衆 무리 중　寡 적을 과　不 아닐 부　敵 원수 적
소수로는 다수를 대적할 수 없음. [맹자孟子]

衆口難防
중 구 난 방

衆 무리 중　口 입 구　難 어려울 난　防 막을 방
많은 사람의 입은 막기가 어려움. [십팔사략十八史略]

衆口鑠金
중 구 삭 금　　衆 무리 중　口 입 구　鑠 녹일 삭　金 쇠 금
여러 사람의 말은 쇠도 녹임. 참언(讒言)의 무서움을 비유하는 말. [천문天問]

衆口一辭
중 구 일 사　　衆 무리 중　口 입 구　一 한 일　辭 말씀 사
여럿이 하는 말이 한 사람의 말처럼 똑같음. [국어國語]

衆口熏天
중 구 훈 천　　衆 무리 중　口 입 구　熏 연기 낄 훈　天 하늘 천
많은 사람의 말은 하늘도 감동시킴. [여씨춘추呂氏春秋]

中年病忌
중 년 병 기　　中 가운데 중　年 해 년　病 병들 병　忌 꺼릴 기
중년 나이(40세)에 잊어버리기를 잘하는 병폐. [열자列子]

衆怒難犯
중 노 난 범　　衆 무리 중　怒 성낼 노　難 어려울 난　犯 범할 범
뭇사람이 노하는 데는 당하기 어려움. 군중의 분노는 함부로 대할 수 없다는 말. [춘추좌씨전春秋左氏傳]

中途半斷
중 도 반 단　　中 가운데 중　途 길 도　半 반 반　斷 끊을 단
시작한 일을 중간에 그만 둠.

中途而廢
중 도 이 폐　　中 가운데 중　途=道 길 도　而 말이을 이　廢 폐할 폐
일을 중간쯤 하다가 그만 둠. [논어論語]

重黎記註
중 려 기 주　　重 무거울 중　黎 검을 려　記 기록할 기　註 뜻을 풀어 밝힐 주
어두운 것을 잘 기록해 그 사리를 밝힘. [후한서後漢書]

衆力移山
중 력 이 산　　衆 무리 중　力 힘 력　移 옮길 이　山 뫼 산
여러 사람의 힘은 산도 옮김.

中流擊楫
중 류 격 즙　　中 가운데 중　流 흐를 류　擊 칠 격　楫 노 즙
흐르는 물 가운데서 노를 치며, 치욕을 갚고 실지(失地)를 회복하겠다며 애국심을 불태움. [진서晉書]

中流砥柱
중 류 지 주　　中 가운데 중　流 흐를 류　砥 숫돌 지　柱 기둥 주
황하 가운데 있는 지주. 격류가 아무리 흘러도 끄떡 없이 버티므로, 난세에도 절의를 지켜 중심이 흔들리지 않음을 비유하는 말이 됨.

中立不倚
중 립 불 의
中 가운데 중　立 설 립　不 아닐 불　倚 의지할 의
한가운데 서서 어느 쪽에도 치우치지 아니함. [중용中庸]
=중립불편(中立不偏)

衆目所視
중 목 소 시
衆 무리 중　目 눈 목　所 바 소　視 볼 시
여러 눈이 지켜보고 있는 바.

衆妙之門
중 묘 지 문
衆 무리 중　妙 묘할 묘　之 갈 지　門 문 문
우주의 삼라만상을 만들어내는 것. 많은 묘리(妙理)가
생겨나는 문. [노자老子]

重門擊柝
중 문 격 탁
重 거듭 중　門 문 문　擊 칠 격　柝 딱따기 탁
문을 겹겹이 닫고 딱따기를 치며 경계함. 경비를 엄중히
하는 것을 이름. [역경易經]
▶중문격탁 이대포객(---- 以待暴客): 문을 겹겹이 닫아 사
나운 손님을 대비함.

衆不附者
중 불 부 자
衆 무리 중　不 아닐 불　附 붙을 부　者 사람 자
많은 사람이 따르지 않음.
▶중불부자 인부족야(---- 仁不足也): 많은 사람이 따르지
않음은 인(仁)이 부족하기 때문이다.

衆庶馮生
중 서 빙 생
衆 무리 중　庶 여러 서　馮 기댈 빙　生 살 생
모든 백성이 삶을 영위함.

衆心成城
중 심 성 성
衆 무리 중　心 마음 심　成 이룰 성　城 성 성
여러 사람의 마음이 합해지면 성도 이룸. [국어國語] =중
지성성(衆志成城)

中心如噎
중 심 여 열
中 가운데 중　心 마음 심　如 같을 여　噎 목멜 열
마음속 근심으로 목이 멤. [시경詩經]

中心必式
중 심 필 식
中 가운데 중　心 마음 심　必 반드시 필　式 삼갈 식
심중을 깊이 다잡아 제멋대로 하지 않음.

衆陽之長
중 양 지 장
衆 무리 중　陽 볕 양　之 갈 지　長 어른 장
태양(太陽)을 말함. [한서漢書]

589

重雍襲熙
중 옹 습 희
重 거듭 중　雍 화목할 옹　襲 이을 습　熙 밝을 희
태평한 세월이 계속됨. 화락(和樂)한 세월을 세습함.

中庸之道
중 용 지 도
中 가운데 중　庸 쓸 용　之 갈 지　道 길 도
극단에 치우치지 않은, 평범 속의 진실한 도리.

中原之鹿
중 원 지 록
中 가운데 중　原 근원 원　之 갈 지　鹿 사슴 록
중원의 사슴. 사냥꾼들이 한 마리의 사슴을 쫓아 중원을
달리듯, 군웅(群雄)이 중원에서 제위를 차지하기 위해
다툼. 【사기史記】

中原逐鹿
중 원 축 록
中 가운데 중　原 근원 원　逐 쫓을 축　鹿 사슴 록
중원의 사슴을 쫓음. 영웅이 제위(帝位)를 얻으려고 다
툼. 【사기史記】
▶중원(中原)은 천하, 사슴(鹿)은 제위를 비유.

中有之旅
중 유 지 려
中 가운데 중　有 있을 유　之 갈 지　旅 나그네 려
불교에서 말하는 저승의 여행. 중유(中有)의 몸이 왕생
(往生)의 인연을 구하여 헤매는 것을 여행에 비유함.

中二千石
중 이 천 석
中 가운데 중　二 두 이　千 일천 천　石 섬 석
한(漢)나라에서 벼슬을 석으로 표시. 이천석이 가장 높
은 벼슬이고, 중이천석은 이에 다음 가는 벼슬.

衆人重利
중 인 중 리
衆 무리 중　人 사람 인　重 무거울 중　利 이로울 리
보통 사람들은 이익을 중하게 여김. 【장자莊子】

衆狙皆怒
중 저 개 노
衆 무리 중　狙 원숭이 저　皆 다 개　怒 성낼 노
모든 원숭이가 다 화를 냄. 【장자莊子】
▶원숭이들에게 상수리를 아침에 세 개 저녁에 네 개를 주
　겠다고 하자 원숭이들 모두가 노했으나, 아침에 네 개 저
　녁에 세 개를 주겠다고 하니 모두가 좋아했다는 '조삼모
　사(朝三暮四)'의 고사에서 나온 말.

重足側目
중 족 측 목
重 거듭 중　足 발 족　側 곁 측　目 눈 목
두 발을 모으고 서서 곁눈질함. 매우 두려워하는 모양을
이름. 【사기史記】

重重疊疊
중 중 첩 첩
重 거듭 중　疊 겹쳐질 첩
끝없이 펼쳐지는 좋은 경치. 겹치고 겹침을 뜻함.

衆醉獨醒
중 취 독 성
衆 무리 중　醉 취할 취　獨 홀로 독　醒 술 깰 성
모두 취한 가운데 홀로 깨어 있음. 많은 사람들이 부정한 짓을 해도 홀로 올바른 길을 가는 것을 칭송하는 말. 인품이 고결한 사람이나, 그 인품을 칭송하는 데 쓰는 말. 【굴원屈原의 시詩】

中通外直
중 통 외 직
中 가운데 중　通 통할 통　外 밖 외　直 곧을 직
속으로는 통하나 겉으로는 똑바름. 중간은 비어 통하고 겉은 곧음. 연뿌리를 비유하는 말. 또는 군자의 넓은 마음과 올바른 행동을 비유. 【주돈이周敦頤의 애련설愛蓮說】

衆賢茅茹
중 현 모 여
衆 무리 중　賢 어질 현　茅 띠풀 모　茹 얽힐 여
여러 현인이 함께 어울려 벼슬을 함. 【사기史記】
▶모여(茅茹): 띠풀이 서로 얽히는 것.

衆煦漂山
중 후 표 산
衆 무리 중　煦 불 후　漂 뜰 표　山 뫼 산
많은 사람들이 내뿜는 기운이 산도 띄워 올림. 여러 사람의 힘이 대단함을 뜻함. 【한서漢書】
▶중후(衆煦): 여럿이 함께 불다.

重熙累洽
중 희 누 흡
重 거듭 중　熙 빛날 희　累 거듭 루(누)　洽 윤택하게 할 흡
광명이 거듭되어 윤택함이 두루 미침. 【반고班固의 동도부東都賦】

即窮驗問
즉 궁 험 문
即=則 곧 즉　窮 다할 궁　驗 시험할 험　問 물을 문
엄하게 조사하여 자백을 받음. 【열녀전列女傳】

即得往生
즉 득 왕 생
即 곧 즉　得 얻을 득　往 갈 왕　生 날 생
아미타불의 명호를 부르며 왕생하기를 바라던 사람이 죽은 뒤 바로 극락정토(極樂淨土)에 다시 태어나는 것.

即身成佛
즉 신 성 불
即=則 곧 즉　身 몸 신　成 이룰 성　佛 부처 불
불교 용어. 미혹을 없애고 불도를 얻으면 육신 그대로 부처가 된다는 말.

則心是佛
즉 심 시 불

則=卽 곧 즉　心 마음 심　是 이 시　佛 부처 불
불교 용어. 깨달아서 얻은 내 마음이 바로 부처 마음이며, 따로 부처가 있는 것이 아니라는 말.

即溫聽厲
즉 온 청 려

即 곧 즉　溫 따뜻할 온　聽 들을 청　厲 갈 려
가까이하면 온화하여 친근감이 생기고, 말을 들으면 감히 범하기 어려운 위엄이 있음.

則日放榜
즉 일 방 방

則=卽 곧 즉　日 날 일　放 놓을 방　榜 방 방
과거 급제자에게 즉일로 방을 내어 패(牌)를 주던 일.

則自繆死
즉 자 규 사

則 곧 즉　自 스스로 자　繆 졸라맬 규　死 죽을 사
곧 스스로 목을 졸라매어 죽음. [역경易經]

櫛風沐雨
즐 풍 목 우

櫛 빗 즐　風 바람 풍　沐 목욕할 목　雨 비 우
바람으로 머리를 빗고 비로 목욕을 함. 객지에 떠돌며 갖은 고생을 함. [당서唐書] =풍찬노숙(風餐露宿)

茸牆幕室
즙 장 막 실

茸 지붕 이을 즙　牆 담 장　幕 장막 막　室 집 실
풀로 이은 흙담장의 움막집. 초라한 거처를 말함. [춘추좌씨전春秋左氏傳]

甑已破矣
증 이 파 의

甑 시루 증　已 이미 이　破 깰 파　矣 어조사 의
시루가 이미 깨어짐. 잘못된 일을 후에 뉘우쳐도 소용이 없음. =복수불반분(覆水不返盆)

繒繳之說
증 작 지 설

繒 주살 증　繳 주살끈 작, 주살끈 격　之 갈 지　說 말씀 설
주살로 날아가는 새를 쏘는 것같이 자기의 이익을 목적으로 남을 설득함. [한비자韓非子]

甑中生塵
증 중 생 진

甑 시루 증　中 가운데 중　生 날 생　塵 티끌 진
시루에 먼지가 생김. 몹시 가난한 것을 말함.

甑塵釜魚
증 진 부 어

甑 시루 증　塵 티끌 진　釜 솥 부　魚 물고기 어
시루에 먼지가 쌓이고, 솥에 물고기가 생김. 즉 지독히 가난함을 비유하는 말. [후한서後漢書]

甑墜不顧
증 추 불 고
甑 시루 증　墜 떨어질 추　不 아닐 불　顧 돌아볼 고
시루를 떨어뜨려도 개의치 않음. 일에 대한 단념이 빠른
것을 비유하는 말.

證嚮今古
증 향 금 고
證 증거 증　嚮 길잡을 향　今 이제 금　古 예고
지금과 과거를 증거로 앞일을 알 수 있음. 【장자莊子】

舐糠及米
지 강 급 미
舐 핥을 지　糠 겨 강　及 미칠 급　米 쌀 미
겨를 다 핥아먹고 나면 나중엔 쌀까지 먹힘. 국토를 떼
어주기 시작하면 끝내는 나라의 흥망에 영향을 미친다
는 말. 【사기史記】

趾高氣揚
지 고 기 양
趾 발 지　高 높을 고　氣 기운 기　揚 날릴 양
발을 높이 들어 걸으면서 의기양양하게 뽐내는 모양. 【춘
추좌씨전春秋左氏傳】

至公無私
지 공 무 사
至 이를 지　公 공변될 공　無 없을 무　私 사사로울 사
지극히 공평하고 사사로움이 없음.

止戈興仁
지 과 흥 인
止 그칠 지　戈 창 과　興 일 흥　仁 어질 인
전쟁을 멈추고 인(仁)을 일으킴. 【삼국지三國志】

指官誆詐
지 관 광 사
指 손가락 지　官 벼슬 관　誆 속일 광　詐 속일 사
관리를 지목해서 거짓말로 속여 넘김. 【복혜전서福惠全書】

持久之計
지 구 지 계
持 가질 지　久 오랠 구　之 갈 지　計 셈할 계
승부를 바로 끝내지 않고, 시간을 오래 끌어 적을 약화
시키고 압박하는 전술.

持國天王
지 국 천 왕
持 가질 지　國 나라 국　天 하늘 천　王 임금 왕
불교 용어. 동쪽의 천국을 지키며 선악을 가려서 상벌한
다는 사천왕의 하나.

志氣相合
지 기 상 합
志 뜻 지　氣 기운 기　相 서로 상　合 합할 합
서로 뜻이 맞음. 【삼국지三國志】 =의기투합(意氣投合)

志氣之帥
지 기 지 수
志 뜻 지　氣 기운 기　之 갈 지　帥 장수 수
지(志)는 한 몸과 정신의 주제(主帝)로써 기(氣)를 통수
(統帥)함. 【맹자孟子】

知己之友 　知알지 己자기기 之갈지 友벗우
지 기 지 우　자기를 알아주는 친구.

知難行易 　知알지 難어려울난 行갈행 易쉬울이
지 난 행 이　도리를 알기는 어려우나 알고 나면 행하기는 쉬움.

至大無外 　至이를지 大큰대 無없을무 外밖외
지 대 무 외　너무나 커서 바깥 둘레가 없음. [장자莊子]

至大至剛 　至이를지 大큰대 剛굳셀강
지 대 지 강　지극히 크고 지극히 굳셈. [맹자孟子]

至道不損 　至이를지 道길도 不아닐불 損덜손
지 도 불 손　지극히 큰 도는 덜리는 일이 없음. [진서晉書]

舐犢情深 　舐핥을지 犢송아지독 情뜻정 深깊을심
지 독 정 심　어미소가 송아지를 핥으며 귀여워하듯, 어버이의 사랑
　　　　　　은 깊음.

舐犢之愛 　舐핥을지 犢송아지독 之갈지 愛사랑애
지 독 지 애　어미소가 송아지를 핥는 사랑. 제 자식을 끔찍히 사랑하
　　　　　　는 것을 말함. [삼국지三國志]

持牘趨謁 　持가질지 牘편지독 趨달릴추 謁아뢸알
지 독 추 알　편지를 가지고 달려가서 아룀. [한서漢書]

之東之西 　之갈지 東동녘동 西서녘서
지 동 지 서　동쪽으로도 가고 서쪽으로도 감. 주견이 없이 갈팡질팡
　　　　　　하는 것을 이름.

至樂無樂 　至이를지 樂길락 無없을무
지 락 무 락　지극한 즐거움이란 그것이 즐거움이라는 것을 느끼지
　　　　　　못하는 평온한 경지를 말함. [장자莊子]

芝蘭玉樹 　芝지초지 蘭난초란 玉구슬옥 樹나무수
지 란 옥 수　지초와 난, 옥이 열리는 나무. 선량한 자제를 비유하는
　　　　　　말. [진서陳書]

芝蘭之交
지 란 지 교
芝 지초 지　蘭 난초 란　之 갈 지　交 사귈 교
영지와 난초의 사귐. 고상, 고결, 청아한 친구 사이의 교우관계. [진서陳書]

芝蘭之室
지 란 지 실
芝 지초 지　蘭 난초 란　之 갈 지　室 집 실
좋은 향기가 나는 방. 선인(善人)과 군자(君子)가 있는 방. [안씨가훈顔氏家訓]

芝蘭之化
지 란 지 화
芝 지초 지　蘭 난초 란　之 갈 지　化 될 화
훌륭한 벗으로부터 받는 좋은 감화.

地靈人傑
지 령 인 걸
地 땅 지　靈 신령 령　人 사람 인　傑 뛰어날 걸
지세와 산천이 수려한 곳에서는 그 영향을 받아 빼어난 사람이 남.

指鹿爲馬
지 록 위 마
指 가리킬 지　鹿 사슴 록　爲 할 위　馬 말 마
사슴을 가리키며 말이라고 함. 윗사람을 농락하여 권세를 농간하는 것을 말함. [사기史記]
▶진(秦)나라 환관 조고(趙高)가 음모를 꾸며 승상이 된 뒤 자기에게 반대하는 무리를 색출하기 위하여 일부러 사슴을 가리켜 말이라고 했다. 이세황제(二世皇帝) 호해(胡亥)가 "어찌 저것이 사슴이지 말이냐?"고 신하들에게 물었으나, 조고의 위세에 눌린 조정 중신들이 아무 대답도 못했다는 고사에서 나온 말.

支離滅裂
지 리 멸 렬
支 가를 지　離 떠날 리　滅 멸할 멸　裂 찢어질 렬
갈갈이 찢기어 갈피를 잡을 수 없음. 또는 문장이 산만한 모양을 이름.

知白守黑
지 백 수 흑
知 알 지　白 흰 백　守 지킬 수　黑 검을 흑
밝은 지식을 가지고 있으면서도 이를 나타내지 아니함. [노자老子]

指腹之約
지 복 지 약
指 가리킬 지　腹 배 복　之 갈 지　約 맺을 약
뱃속의 태아를 두고 혼인을 약속함. [후한서後漢書] =지복지맹(指腹之盟)
▶후한(後漢)의 광무제(光武帝)가 가복(賈復)의 아내가 임신했다는 말을 듣고 장차 태어날 아기와 자기의 아이를 혼인시키자고 한 고사에서 온 말.

持斧伏闕
지 부 복 궐
持 가질 지 斧 도끼 부 伏 엎드릴 복 闕 집 궐
대궐 밖에 도끼를 가지고 엎드려 상소함. 뜻이 받아들여
지지 않을 때는 그 도끼로 죽여 달라는 의미. =지부상소
(持斧上訴)

知斧斫足
지 부 작 족
知 알 지 斧 도끼 부 斫 벨 작 足 발 족
믿는 도끼에 발이 찍힘. 잘되리라 믿고 있던 일에 뜻밖
의 재난이 닥침. 또는 믿고 있던 사람에게 배신을 당함.

地負海涵
지 부 해 함
地 땅 지 負 질 부 海 바다 해 涵 젖을 함
땅은 만물을 지고(負), 바다는 만물을 적심(涵). 넓고 웅
대한 대자연을 이르는 말. [송오지句五志]

支分節解
지 분 절 해
支 가를 지 分 나눌 분 節 마디 절 解 풀 해
가지와 마디를 풀어헤침. 글의 내용을 세밀히 밝히는 것
을 이름.

芝焚蕙嘆
지 분 혜 탄
芝 지초 지 焚 탈 분 蕙 혜초 혜 嘆 탄식할 탄
지초가 타면 혜초가 탄식함. 동료가 입은 재앙이 자기에
게도 근심이 되어 한탄이 나온다는 말.

志不可滿
지 불 가 만
志 뜻 지 不 아닐 불 可 옳을 가 滿 가득할 만
뜻하는 바를 다 만족시켜서는 안 됨. 욕망은 어느 정도
억제해야 함을 이르는 말. [예기禮記]

志不舍命
지 불 사 명
志 뜻 지 不 아닐 불 舍=捨 버릴 사 命 목숨 명
뜻하는 바가 천리(天理)에 어긋나지 않음. [역경易經]

指不勝屈
지 불 승 굴
指 손가락 지 不 아닐 불 勝 이길 승 屈 굽힐 굴
수가 많아서 일일이 손꼽아 셀 수가 없음.

遲賓之館
지 빈 지 관
遲 기다릴 지 賓 손 빈 之 갈 지 館 객사 관
응접실을 말함.

之死靡他
지 사 미 타
之 갈 지 死 죽을 사 靡 아닐 미 他 다를 타
죽어도 마음이 변하지 않음.

至死不掘
지 사 불 굴
至 이를 지 死 죽을 사 不 아닐 불 掘 굽힐 굴
죽음에 이르러도 굽히지 않음. =지사위한(至死爲限)

地産地消
지 산 지 소

地땅지 産낳을산 消소모할소
그 지방에서 생산된 것을 그 지방에서 소비함.

紙上談兵
지 상 담 병

紙종이지 上위상 談말씀담 兵군사병
종이 위의 병법. 실제를 떠난 공리공론을 이르는 말. [사기史記]

至孅至悉
지 섭 지 실

至지극할지 孅가늘섬 悉다실
지극히 가늘고 세밀하게 살펴 정성을 다함. [한서漢書]

至誠感神
지 성 감 신

至이를지 誠정성성 感느낄감 神귀신신
지극한 정성은 귀신도 감동시킴. =지성감천(至誠感天)

至誠感天
지 성 감 천

至이를지 誠정성성 感느낄감 天하늘천
지극한 정성이면 하늘도 감동함. 어떠한 일이라도 정성을 다하면 하늘도 움직여 좋은 결과를 맺는다는 말. [사기史記]

至誠如神
지 성 여 신

至이를지 誠정성성 如같을여 神귀신신
지극한 정성은 신도 감동(感動)해 통(通)함. [중용中庸]

地水火風
지 수 화 풍

地땅지 水물수 火불화 風바람풍
대자연을 이루는 땅, 물, 불, 바람.

至信辟金
지 신 비 금

至이를지 信믿을신 辟=比견줄비 金쇠금
지극한 믿음은 금옥에 비할 바가 아님.

池魚籠鳥
지 어 농 조

池못지 魚물고기어 籠새장롱(농) 鳥새조
못 속의 물고기와 새장 안의 새. 자유가 없는 상태를 비유하는 말.

至於廟門
지 어 묘 문

至이를지 於어조사어 廟사당묘 門문문
예(禮)의 경지(境地)에 도달함. [예기禮記]

止於至善
지 어 지 선

止그칠지 於어조사어 至이를지 善착할선
지극히 선한 경지에 머묾. 최고의 선에 도달하여 그 상태를 유지하는 것을 이상(理想)으로 해야 함을 가르친 말. [대학大學]

池魚之殃
지 어 지 앙
池못지 魚물고기어 之갈지 殃재앙앙
생각지도 않았는데 재앙을 당함. 【여씨춘추呂氏春秋】 =앙급지어(殃及池魚)
▶송(宋)나라의 환사마(桓司馬)가 귀한 구슬을 가지고 있었다. 그가 죄를 짓고 도망가자 왕은 사람을 시켜 그가 가지고 있던 구슬이 어디에 있는지 물었고, 그는 못에 던져 버렸다고 답했다. 왕은 구슬을 찾기 위해 못 바닥이 보이도록 물을 퍼냈으나 구슬을 못 찾고 애꿎은 물고기만 다 죽고 말았다는 고사에서 온 말.

支葉碩茂
지 엽 석 무
支가를지 葉잎사귀엽 碩클석 茂무성할무
가지와 잎이 크게 무성함. 지파(支派)가 번성함을 비유하는 말. 【한서漢書】

至愚而神
지 우 이 신
至이를지 愚어리석을우 而말이을이 神귀신신
지극히 어리석은 사람은 오히려 신과 통함. 즉 어리석어 보이는 백성의 마음이 신과 통한다는 말.

至冤極痛
지 원 극 통
至이를지 冤원망할원 極다할극 痛아플통
지극히 원통하고 분한 일.

至矣盡矣
지 의 진 의
至이를지 矣어조사의 盡다할진
지극한 경지. 모든 것을 극진히 이룬 것을 탄미(歎美)하는 말. 매우 훌륭하다는 뜻. 【장자莊子】

摯而有別
지 이 유 별
摯도타울지 而말이을이 有있을유 別나눌별
물수리는 암수 사이의 정의(情誼)는 도타우나 암수의 구별이 뚜렷이 있어 예가 바름.

至人無己
지 인 무 기
至이를지 人사람인 無없을무 己몸기
도(道)에 달한 사람은 자기의 욕심을 느끼지 않음. 【장자莊子】
▶지인(至人)은 도가(道家)에서 득도한 사람을 말함.

至仁無親
지 인 무 친
至이를지 仁어질인 無없을무 親친할친
인(仁)의 극치에 이른 사람은 친소(親疏)의 구별이 없음. 【장자莊子】

598

知人之鑑
지 인 지 감

知 알 지　人 사람 인　之 갈 지　鑑 거울 감
사람을 알아보는 감식력(鑑識力).

知子莫父
지 자 막 부

知 알 지　子 아들 자　莫 말 막　父 아비 부
아비보다 자식에 대해 잘 아는 사람은 없음. [중용中庸]

知者不怪
지 자 불 괴

知 알 지　者 사람 자　不 아닐 불　怪 기이할 괴
이치를 깊이 아는 자는 기이한 것을 좋아하지 않음. [회남자淮南子]

知者不博
지 자 불 박

知 알 지　者 사람 자　不 아닐 불　博 넓을 박
이치를 깊이 아는 자는 널리 알려 하지 아니함. 즉 잡다한 지식을 갖지 않음을 이름. [노자老子]

智者不惑
지 자 불 혹

智 지혜 지　者 사람 자　不 아닐 불　惑 미혹할 혹
지혜로운 자는 미혹되지 아니함. [논어論語]

知者樂水
지 자 요 수

知 알 지　者 사람 자　樂 좋아할 요　水 물 수
지혜로운 자는 물을 좋아함. [논어論語]
▶지자요수 인자요산(---- 仁者樂山): 지혜로운 자는 물을 좋아하고 어진 자는 산을 좋아한다.

之子于歸
지 자 우 귀

之 갈 지　子 아들 자　于 어조사 우　歸 돌아올 귀
딸이 시집가는 것을 말함. [시경詩經]
▶여자는 남편의 집이 자기 집이 되므로 '歸'(귀)자를 씀.

智者一失
지 자 일 실

智 지혜 지　者 사람 자　一 한 일　失 잃을 실
슬기로운 사람도 실수할 때가 있음. [논어論語]

抵掌而談
지 장 이 담

抵 손뼉칠 지　掌 손바닥 장　而 말이을 이　談 말씀 담
손뼉을 치면서 이야기함. 기분 좋게 터놓고 거리낌 없이 이야기하는 모양.

志在千里
지 재 천 리

志 뜻 지　在 있을 재　千 일천 천　里 마을 리
뜻하는 바가 원대함을 이르는 말. [전국책戰國策]

地在天涯
지 재 천 애

地 땅 지　在 있을 재　天 하늘 천　涯 물가 애
땅끝과 하늘끝이 서로 멀리 떨어져 있음.

至精至密
지 정 지 밀
至 이를 지　精 정할 정　密 빽빽할 밀
지극히 정밀함.

知足不辱
지 족 불 욕
知 알 지　足 만족할 족　不 아닐 불　辱 욕될 욕
만족을 알면 치욕을 당하지 아니함. [노자老子]

知足者富
지 족 자 부
知 알 지　足 만족할 족　者 사람 자　富 부자 부
만족을 아는 자가 부자. 분수를 알아 만족하게 생각하는
사람이 부유한 사람이라는 뜻. [노자老子]

遲遲不進
지 지 부 진
遲 더딜 지　不 아닐 부　進 나아갈 진
느리고 더뎌서 나아가지 아니함.

知止不殆
지 지 불 태
知 알 지　止 멈출 지　不 아닐 불　殆 위태로울 태
멈출 줄 알면 위태롭지 않음. [노자老子]

持之有故
지 지 유 고
持 가질 지　之 갈 지　有 있을 유　故 예 고
자기의 설(說)을 입증하기 위해서 고사에서 예를 구
함. [순자荀子]

咫尺之義
지 척 지 의
咫 길이 지　尺 자 척　之 갈 지　義 옳을 의
아주 작은 의리. 사소한 의리.
▶지(咫)와 척(尺)은 주(周)시대의 길이 단위로, 20cm.

咫尺之地
지 척 지 지
咫 길이 지　尺 자 척　之 갈 지　地 땅 지
아주 가까운 땅. 또는 아주 좁은 땅. [사기史記]

指天射魚
지 천 사 어
指 가리킬 지　天 하늘 천　射 쏠 사　魚 물고기 어
하늘을 쳐다보고 물고기를 쏨. 수단과 방법이 그르면 목
적을 달성할 수 없다는 말. 또는 전혀 불가능한 소망을
이름. [설원說苑]

指天爲誓
지 천 위 서
指 손가락 지　天 하늘 천　爲 할 위　誓 맹서할 서
하늘에 맹세함.

地醜德齊
지 추 덕 제
地 땅 지　醜 유사할 추　德 덕 덕　齊 가지런할 제
나라의 크기나 군주의 덕망이 비슷함. [맹자孟子]

知出乎爭
지 출 호 쟁
知=智 지혜 지　出 날 출　乎 어조사 호　爭 다툴 쟁
지혜는 다툼에서 생김.

舐痔得車
지 치 득 거
舐 핥을 지　痔 치질 치　得 얻을 득　車 수레 거
치질을 핥아 주고 수레를 얻음. 천한 직업으로 큰 이득
을 얻음. 아첨하여 이익을 챙김. 〔장자莊子〕

知彼知己
지 피 지 기
知 알 지　彼 저 피　己 몸 기
적을 알고 나를 앎. 〔손자孫子〕
▶지피지기 백전불태(---- 百戰不殆): 적을 알고 나를 알면
백 번 싸워도 위태롭지 않다.

知行合一
지 행 합 일
知 알 지　行 갈 행　合 합할 합　一 한 일
'아는 것(知)은 행동(行)의 기초이고, 행(行)은 지(知)의
이룸'이라는 명(明)나라 왕양명(王陽明)의 학설.

知希之貴
지 희 지 귀
知 알 지　希=稀 드물 희　之 갈 지　貴 귀할 귀
아는 사람이 드무니 귀한 존재란 뜻. 〔노자老子〕

直躬證父
직 궁 증 부
直 곧을 직　躬 몸소 궁　證 증거 증　父 아비 부
직궁이 아버지를 증언함. 지나치게 정직함은 도리어 정
도(正道)에 어긋남을 이르는 말. 또는 인정과 의리가 없
음을 말함.
▶초(楚)나라의 직궁(直躬)이 제 아비가 양을 훔친 것을 관
에 고발하고 증인이 되었다는 고사에서 나온 말.

直躬之信
직 궁 지 신
直 곧을 직　躬 몸소 궁　之 갈 지　信 믿을 신
직궁(直躬)의 신의. 즉 인정을 떠난 신의. 〔여씨춘추呂氏春
秋〕

直木先伐
직 목 선 벌
直 곧을 직　木 나무 목　先 먼저 선　伐 칠 벌
곧은 나무가 먼저 베임. 쓸 만한 물건이 먼저 쓰여 없어
진다는 말. 〔묵자墨子〕

直不補曲
직 불 보 곡
直 곧을 직　不 아닐 불　補 도울 보　曲 굽을 곡
곧은 사람은 굽은 사람을 돕지 않음. 현명한 사람은 정
치가 잘못된 나라에서 벼슬을 하지 아니함. 〔묵자墨子〕

ㅈ

直性狹中 直 곧을 직　性 성품 성　狹 좁을 협　中 가운데 중
직 성 협 중　성품은 곧은데 속이 비좁음. [국어國語]

直言骨鯁 直 곧을 직　言 말씀 언　骨 뼈 골　鯁 생선뼈 경
직 언 골 경　바른 말을 거리낌 없이 함.

直往邁進 直 곧을 직　往 갈 왕　邁 갈 매　進 나아갈 진
직 왕 매 진　주저 않고 똑바로 나아감.

直而不肆 直 곧을 직　而 말이을 이　不 아닐 불　肆 방자할 사
직 이 불 사　바르면서도 방자하지 않음. [한비자韓非子]

直壯曲老 直 곧을 직　壯 장할 장　曲 굽을 곡　老 늙을 로
직 장 곡 로　사리가 바르면 군대의 사기가 드높고, 바르지 않으면 사
기가 떨어짐. [춘추좌씨전春秋左氏傳]

直截簡明 直 곧을 직　截 끊을 절　簡 간략할 간　明 밝을 명
직 절 간 명　복잡하지 않고 간단 명료하여 알기가 쉬움.

直節虛心 直 곧을 직　節 마디 절　虛 빌 허　心 마음 심
직 절 허 심　곧은 마디와 빈 속. 대(竹)를 말함.

直情徑行 直 곧을 직　情 뜻 정　徑 지름길 경　行 갈 행
직 정 경 행　자기 마음 먹은 대로 행동하고, 예법을 돌아보지 않음을
이름. [예기禮記]

直指使者 直 곧을 직　指 가리킬 지　使 부릴 사　者 사람 자
직 지 사 자　암행어사를 달리 일컫는 말. [한서漢書]

秦鏡高懸 秦 나라이름 진　鏡 거울 경　高 높을 고　懸 매달 현
진 경 고 현　진(秦)의 거울이 높이 걸림. 사리가 밝고 판결이 명확 공
정함을 이름.
　▶진경(秦鏡): 함양 궁중에 있던 밝은 거울로, 시황(始皇)이
　　선악(善惡)을 비춰 봤다고 함.

眞骨聖骨 眞 참 진　骨 뼈 골　聖 성스러울 성
진 골 성 골　신라시대, 혈통에 따른 계급적 골품제도.

塵垢粃糠
진 구 비 강

塵 티끌 진　垢 때 구　粃 쭉정이 비　糠 겨 강

티끌, 때, 쭉정이, 겨와 같이 쓸모없고 보잘것없는 물건을 비유해서 하는 말. [장자莊子]

瞋菌碨袂
진 균 외 영

瞋 부릅뜰 진　菌 버섯 균　碨 돌 울퉁불퉁할 외　袂 매화나무 영

마음속에 쌓인 감정이 참으려도 해도 울퉁불퉁한 돌 같이 튀어나오는 것을 비유하는 말. [마융馬融의 시詩]

珍禽奇獸
진 금 기 수

珍 보배 진　禽 새 금　奇 기이할 기　獸 짐승 수

진기한 새와 짐승. [서경書經]

▶진금기수 불육우국(---- 不育于國): 진기한 새와 짐승을 나라에서 기르지 말라.

眞金不鍍
진 금 부 도

眞 참 진　金 쇠 금　不 아닐 부　鍍 도금할 도

순금은 도금하지 않음. 훌륭한 사람은 겉을 꾸미지 아니함. [서경잡기西京雜記]

陳談陋說
진 담 누 설

陳 늘어놓을 진　談 말씀 담　陋 더러울 루　說 말씀 설

쓸데없이 길게 늘어놓는 말.

進德修業
진 덕 수 업

進 나아갈 진　德 큰 덕　修 닦을 수　業 업 업

덕을 향해 나아가고 업을 닦음. [역경易經]

振旅闐闐
진 려 전 전

振 떨칠 진　旅 군사 려　闐 북소리 전

북소리를 울려 군사의 사기를 떨치게 함. [시경詩經]

振鷺于飛
진 로 우 비

振 떨칠 진　鷺 백로 로　于 어조사 우　飛 날 비

백로가 떨치고 날아오르다. [시경詩經]

▶진로우비 우피서옹(---- 于彼西雍): 백로가 떨쳐 날아가니 저 서쪽 옹택못일세.

▶옹택(雍澤): 기주(岐周)의 서남쪽에 있다는 깊은 못.

縝密以粟
진 밀 이 속

縝 촘촘할 진　密 빽빽할 밀　以 써 이　粟 조 속

촘촘하고 빽빽하며 굳셈. [예기禮記]

塵飯塗羹
진 반 도 갱

塵 티끌 진　飯 밥 반　塗 진흙 도　羹 국 갱

먼지는 밥, 진흙은 국이라고 하는 어린아이 소꿉놀이. 실제로는 아무 소용이 없는 것을 비유. [한비자韓非子]

振臂一呼
진 비 일 호
振 떨칠 진　臂 팔 비　一 한 일　呼 부를 호
팔을 흔들고 크게 외침. 분발하여 다시 일어나는 모양. [한서漢書]

盡善盡美
진 선 진 미
盡 다할 진　善 착할 선　盡 다할 진　美 아름다울 미
착하고 아름다움을 다함. 또는 일이 아주 잘됨을 이름. [논어論語]

螓首蛾眉
진 수 아 미
螓 씽씽매미 진　首 머리 수　蛾 나방 아　眉 눈썹 미
씽씽매미 이마에 나방의 눈썹. 미인의 얼굴 모습을 형용하는 말. [시경詩經]
▶진(螓): 씽씽매미. 이마가 넓고 희다.

陳勝吳廣
진 승 오 광
陳 늘어놓을 진　勝 이길 승　吳 나라 오　廣 넓을 광
선수를 쳐서 앞서는 일을 이를 때 쓰는 말. [사기史記]
▶진승(陳勝)과 오광(吳廣)은 둘 다 초(楚)나라 사람으로 진(秦)나라에 대한 반란에 앞장섰던 사람들이다.

進如激矢
진 여 격 시
進 나아갈 진　如 같을 여　激 격할 격　矢 화살 시
쏜살같이 빨리 나아간다는 말. [회남자淮南子]

震往來厲
진 왕 내 려
震 우레 진　往 갈 왕　來 올 래(내)　厲 위태로울 려
진동하는 우레소리가 가고 오니 위태로움. [역경易經]

塵外孤標
진 외 고 표
塵 티끌 진　外 밖 외　孤 외로울 고　標 표준 표
홀로 속세를 벗어나 있음.

震電馮怒
진 전 빙 노
震 우레 진　電 번개 전　馮 성낼 빙　怒 성낼 노
하늘이 우레와 번개를 쳐 크게 노함. [춘추좌씨전春秋左氏傳]

診切其脈
진 절 기 맥
診 진찰할 진　切 끊을 절　其 그 기　脈 맥 맥
맥을 잘 살피어 병세를 진단함.

秦庭之哭
진 정 지 곡
秦 나라이름 진　庭 뜰 정　之 갈 지　哭 울 곡
남의 나라에 가 울면서 도움을 청함. [사기史記]
▶초(楚)나라의 신포서(申包胥)가 진(秦)나라에 가서 원군을 청할 때 이레 동안 울타리를 잡고 곡을 하여 마침내 원군을 얻었다는 고사에서 비롯된 말.

陳陳相因
진 진 상 인
陳 늘어놓을 진 相 서로 상 因 인할 인
묵은 곡식이 겹겹이 쌓임. 세상이 잘 다스려져 곡식이 풍부함. [사기史記]

陳陳相仍
진 진 상 잉
陳 늘어놓을 진 相 서로 상 仍 인할 잉
오래된 곡식이 창고에 쌓여 있음. 즉 나라가 잘 다스려져 물자가 풍부한 것을 말함. =진진상인(陳陳相因)

秦晉之好
진 진 지 호
秦 나라이름 진 晉 나라이름 진 之 갈 지 好 좋을 호
진(秦)과 진(晉)의 우호 관계. 두 나라가 대대로 혼인하여 사이가 좋았음. =진진지의(秦晉之誼)

塵塵刹刹
진 진 찰 찰
塵 티끌 진 刹 절 찰
때마다. 시각마다. 시시각각(時時刻刻)

震天動地
진 천 동 지
震 진동할 진 天 하늘 천 動 움직일 동 地 땅 지
하늘을 진동시키고 땅을 움직임. 세력이 대단히 크거나 함성이 큼을 비유하는 말. [수경주水經注] = 진천해지(震天駭地)

震天駭之
진 천 해 지
震 진동할 진 天 하늘 천 駭 놀랄 해 之 갈 지
벼락소리가 커서 천지를 놀라게 함. [진서陳書]

盡忠竭節
진 충 갈 절
盡 다할 진 忠 충성 충 竭 다할 갈 節 마디 절
(국가를 위해) 충성심과 절조를 다함. [삼국지三國之]

盡忠報國
진 충 보 국
盡 다할 진 忠 충성 충 報 갚을 보 國 나라 국
충성을 다해 국가에 보답함. [송사宋史]

進退无恒
진 퇴 무 항
進 나아갈 진 退 물러날 퇴 无 없을 무 恒 항상 항
나아가고 물러섬에 일정함이 없음. 행동이 일정치 않음을 이름. [역경易經]

進退兩難
진 퇴 양 난
進 나아갈 진 退 물러날 퇴 兩 두 량(양) 難 어려울 난
나아갈 수도 물러설 수도 없는 어려운 지경. [시경詩經]

進退維谷
진 퇴 유 곡
進 나아갈 진 退 물러날 퇴 維 얽을 유 谷 골 곡
궁지에 처해 나아가지도 물러서지도 못하는 지경. =진퇴양난(進退兩難)

進退重繩
진 퇴 중 승

進 나아갈 진　退 물러날 퇴　重 무거울 중　繩 줄 승
나아가고 물러남에 절도가 있음. 행동이 규범에 맞고 바름을 이름. 【장자莊子】 = 진퇴이승(進退履繩) 【열자列子】

塵合泰山
진 합 태 산

塵 티끌 진　合 합할 합　泰 클 태　山 뫼 산
티끌 모아 태산. 작은 물건도 많이 모이면 나중에 크게 이루어짐을 비유하는 말. 【설원說苑】
▶진합태산 토적성산(----土積成山): 티끌을 모아 태산이 되고 흙이 모여 산을 이룬다.

盡歡而還
진 환 이 환

盡 다할 진　歡 기쁠 환　而 말이을 이　還 돌아올 환
많은 사람이 마음껏 즐기고 돌아옴.

疾首蹙頞
질 수 축 알

疾 아플 질　首 머리 수　蹙 찡그릴 축　頞 콧마루 알
머리가 몹시 아파 콧잔등을 찌푸림. 몹시 밉거나 마음이 언짢은 모양을 이름. 【맹자孟子】

質實剛健
질 실 강 건

質 바탕 질　實 열매 실　剛 군셀 강　健 군셀 건
꾸밈없고 바탕이 착실하며, 심신이 건강함. 【맹자孟子】

疾言遽色
질 언 거 색

疾 빠를 질　言 말씀 언　遽 급히 거　色 빛 색
말이 빠르고 얼굴에 급한 기색이 나타남. 당황하는 말투와 태도를 형용하는 말. 【후한서後漢書】

疾如錐矢
질 여 추 시

疾 빠를 질　如 같을 여　錐 뾰족할 추　矢 화살 시
빠르기가 쏜 화살촉 같음. 【전국책戰國策】

郅隆之治
질 융 지 치

郅 고을이름 질　隆 클 융　之 갈 지　治 다스릴 치
왕의 교화가 고루 미치는 태평성대.

質而不俚
질 이 불 리

質 바탕 질　而 말이을 이　不 아닐 불　俚 속될 리
소박하나 촌스럽지 아니함. 【한서漢書】

蛭蜩玃蝚
질 조 확 유

蛭 거머리 질　蜩 매미 조　玃 큰 원숭이 확　蝚 거머리 유
물가에서만 사는 거머리, 매미, 큰 원숭이들을 말함. 【한서漢書】

疾之如讐
질 지 여 수
疾병질 之갈지 如같을여 讐원수수
원수같이 미워함. [죽순전麴醇傳]

跌蕩放言
질 탕 방 언
跌넘어질질 蕩방자할탕 放놓을방 言말씀언
곁에 아무도 없는 듯 제멋대로 큰소리침. [후한서後漢書]

疾痛苛癢
질 통 가 양
疾병질 痛아플통 苛가혹할가 癢가려울양
몹시 아프고 매우 가려움. [예기禮記]

疾風勁草
질 풍 경 초
疾빠를질 風바람풍 勁굳셀경 草풀초
센 바람이 지나가고 나서야 센 풀의 존재를 앎. 국난이
있고 나서야 지조가 굳은 충신을 안다는 말.

疾風怒濤
질 풍 노 도
疾빠를질 風바람풍 怒성낼노 濤물결도
세찬 바람과 성난 파도. 날씨가 매우 사나운 모양. [후한서
後漢書]

疾風迅雷
질 풍 신 뢰
疾빠를질 風바람풍 迅빠를신 雷우레뢰
빠른 바람과 우레. 일이 성급히 진행되는 것을 형용. [예
기禮記]

執簸膺撝
집 기 응 갈
執잡을집 簸키기 膺가슴응 撝깎을갈
키를 잡고 가슴을 쓸어내림. [예기禮記]

集思廣益
집 사 광 익
集모을집 思생각사 廣넓을광 益더할익
여러 사람의 생각을 모아 나라의 이익을 넓힘. [예기禮記]

集少成多
집 소 성 다
集모을집 少적을소 成이룰성 多많을다
적은 것도 모으면 많아짐. [삼국지三國志]

集腋成裘
집 액 성 구
集모을집 腋겨드랑이액 成이룰성 裘갖옷구
여우 겨드랑이 털을 모아 갖옷을 만듦. 여러 사람의 힘
을 모아 목표한 일을 이룸. [태평어람太平御覽]

執熱不濯
집 열 불 탁
執잡을집 熱더울열 不아닐불 濯빨탁
뜨거운 것을 쥐려는데 먼저 손을 찬물에 적시지 않음.
나라를 다스림에 현자를 쓰지 아니함을 이름. [맹자孟子]

執意抗言
집 의 항 언
執잡을집 意뜻의 抗막을항 言말씀언
자기의 뜻을 고집하여 굽히지 않음. [위서魏書]

執以梏之
집 이 곡 지
執잡을집 以써이 梏고랑곡 之갈지
죄인을 잡아서 고랑을 채움. 즉 죄인을 달아나지 못하게
구금함. [춘추좌씨전春秋左氏傳]

執袵采藥
집 임 채 약
執잡을집 袵옷깃임 采=採딸채, 캘채 藥약약
옷깃을 잡고 약초를 땀. 정성스레 약을 구하여 챙김을
말함. [사마광司馬光의 글]

執爨踖踖
집 찬 적 적
執잡을집 爨불땔찬 踖밟을적
고이고이 정성 들여 만든 음식. [시경詩經]

▶집찬적적 위조공석(---- 爲俎孔碩): 고이고이 정성 들여
   제기에 담은 고기가 크기도 하네.
▶적적(踖踖): 공경하고 삼가는 모양.

執彈招鳥
집 탄 초 조
執잡을집 彈탄궁탄 招부를초 鳥새조
새 잡는 탄궁을 손에 들고, 새를 부름. 목적 달성을 위한
적절한 수단을 사용치 못하는 것을 이름. [회남자淮南子]

懲羹吹薤
징 갱 취 제
懲혼날징 羹국갱 吹불취 薤버무릴제
뜨거운 국에 입을 덴 사람은 무친 채소도 불어서 먹음.
한 번 실패한 것이 겁나서 조그만 일에도 지나치게 경계
함을 이르는 말. [초사楚辭]

懲忿窒慾
징 분 질 욕
懲혼날징 忿성낼분 窒막을질 慾욕심욕
분한 마음을 꾸짖고 욕심을 막음. 분노와 사욕은 덕을
쌓는 데 해로우므로 이를 억제하는 마음을 길러야 한다
는 뜻. [역경易經]

徵雖善無
징 수 선 무
徵부를징 雖비록수 善착할선 無없을무
비록 선하나 부르는 데가 없음.

懲一勵百
징 일 여 백
懲혼낼징 一한일 勵힘쓸려(여) 百일백백
한 사람을 징계하여 여러 사람을 격려함.

懲前毖後
징 전 비 후

懲 혼낼 징　前 앞 전　毖 삼갈 비　後 뒤 후
지난날의 허물을 뉘우쳐 뒷일을 삼감. [시경詩經]
▶여기징이 비후환(予其懲而 毖後患): 내가 그것을 징계함
은 후환을 삼가기 위함이다.

差強人意
차 강 인 의

差 다를 차　强 굳셀 강　人 사람 인　意 뜻 의
사람의 마음을 오히려 든든하게 하여줌. [후한서後漢書]

借客報仇
차 객 보 구

借 빌릴 차　客 손객　報 갚을 보　仇 원수 구
남을 도와 그 원수를 갚아 줌. 또는 남에게 고용되어 대
신 원수를 갚음. [한서漢書]

且驚且喜
차 경 차 희

且 또 차　驚 놀랄 경　喜 기쁠 희
한편으로는 놀라고 또 한편으로는 기뻐함.

借鷄騎還
차 계 기 환

借 빌릴 차　鷄 닭 계　騎 말탈 기　還 돌아올 환
닭을 빌려 타고 돌아옴. 손님을 박대함을 비유하는 말.

借刀殺人
차 도 살 인

借 빌릴 차　刀 칼 도　殺 죽일 살　人 사람 인
남의 칼을 빌려 살인함. 남을 이용하여 사람을 해치는
것을 비유하는 말.

此忘憂物
차 망 우 물

此 이 차　忘 잊을 망　憂 근심 우　物 만물 물
이것은 근심을 잊게 하는 물건. 즉 술을 이름. [도연명陶淵明
의 시詩]

差使例債
차 사 예 채

差 다를 차　使 부릴 사　例 법식 예　債 빚 채
중요한 임무를 띤 사람에게 뇌물로 주는 돈. =족책(足
債)
▶차사(差使): 중요한 임무를 띤 사신.

借書一瓻
차 서 일 치

借 빌릴 차　書 글 서　一 한 일　瓻 술단지 치
책을 빌릴 때 갖고 가는 술 한 단지.
▶옛날에 책을 빌리거나 돌려줄 때는 술 한 단지를 선사했
다.

車胤盛螢
차 윤 성 형

車 성 차　胤 이을 윤　盛 담을 성　螢 반딧불 형
차윤이 반딧불을 담음. [진서晉書]
▶진(晉)의 차윤(車胤)이 한여름에 반딧불을 잡아 모아 그
빛으로 책을 읽은 고사에서 온 말.

609

且戰且走
차 전 차 주　且또차　戰싸울전　走달릴주
한편으로는 싸우고, 한편으론 도망함.

借聽於聾
차 청 어 롱　借빌릴차　聽들을청　於어조사어　聾귀먹을롱
다른 사람이 뭐라 하더냐고 귀머거리에게 물음. 힘을 빌릴 상대를 잘못 찾음을 의미. 〔슌오지旬五志〕

借廳入室
차 청 입 실　借빌릴차　廳관청청　入들입　室집실
마루를 빌렸다가 방까지 들어옴. 남에게 의지하였다가 차츰 그 권리를 침범함을 이름. =차청차규(借廳借閨)

借廳借閨
차 청 차 규　借빌릴차　廳마루청　閨안방규
마루를 빌려 주면 방까지 빌려 달라고 함. 남의 호의를 이용하여 차츰 그 권리를 침해함을 이르는 말. 〔슌오지旬五志〕

借風使船
차 풍 사 선　借빌릴차　風바람풍　使하여금사　船배선
바람을 빌려 배를 부림. 남의 돈을 빌려 임시 변통함을 이름. =차수행주(借水行舟)

車螢孫雪
차 형 손 설　車성차　螢반딧불형　孫성손　雪눈설
진(晉)의 차윤(車胤)은 반딧불, 손강(孫康)은 눈(雪) 빛으로 독서를 한 고사. 고생을 참고 이기며 노력하는 것을 말함. 〔몽구蒙求〕

著巾束帶
착 건 속 대　著붙일착　巾수건건　束묶을속　帶띠대
건을 머리에 쓰고 띠를 맴. 즉 관복을 갖추어 입음.

鑿壁偸光
착 벽 투 광　鑿뚫을착　壁벽벽　偸훔칠투　光빛광
벽을 뚫어 빛을 훔침. =착벽인광(鑿壁引光) 〔서경잡기西京雜記〕
▶전한(前漢) 때 광형(匡衡)이 벽을 뚫고 옆집에서 비치는 불빛으로 공부를 했다는 고사에서 온 말.

鑿飮耕食
착 음 경 식　鑿뚫을착　飮마실음　耕갈경　食먹을식
우물을 파서 마시고, 밭을 갈아서 먹음. 천하가 태평하고, 사는 것이 편안한 것을 형용하는 말.
▶요(堯)임금 때 들에서 한 노인이 고복격양(鼓腹擊壤 배를 두드리고 땅을 침)하며 노래를 부른 고사에서 온 말.

着足無處
착 족 무 처
着붙일착 足발족 無없을무 處곳처
발 붙일 기반이 없음.

剗之囍之
착 지 농 지
剗깎을착 之갈지 囍갈롱(농)
깎아내고 갈아냄. 【춘추곡량전春秋穀梁傳】

鑿河開渠
착 하 개 거
鑿뚫을착 河물하 開열개 渠도랑거
내를 파서 도랑을 만듦. 【송사宋史】

餐松飮澗
찬 송 음 간
餐먹을찬 松솔송 飮마실음 澗산골물간
솔잎을 먹고, 개울물을 마심. 세속을 떠난 생활을 이름.

纂修其緖
찬 수 기 서
纂모을찬 修닦을수 其그기 緖실마리서
문서와 자료를 수집 정리하여 책으로 엮어 만듦. 또는
선대의 과업을 이어감. 【국어國語】
▶찬수(纂修): 문서나 자료를 모음.

餐玉炊金
찬 옥 취 금
餐먹을찬 玉옥옥 炊불땔취 金쇠금
반찬은 옥 같고, 불 때서 한 밥은 금과 같음. 즉 진미를
말함.

鑽之彌堅
찬 지 미 견
鑽뚫을찬 之갈지 彌두루미 堅굳을견
뚫어 파면 더욱 굳음. 【논어論語】
▶앙지미고 찬지미견(仰之彌高 ----): (공자님의 덕은) 우러
르면 더욱 높고, 뚫어 파면 더욱 굳구나.

粲粲玉食
찬 찬 옥 식
粲밥찬 玉구슬옥 食먹을식
아주 잘 지은 쌀밥.

餐霞之人
찬 하 지 인
餐먹을찬 霞노을하 之갈지 人사람인
노을을 먹고 사는 사람. 즉 신선을 말함. 【남사南史】

察察不察
찰 찰 불 찰
察살필찰 不아닐불
살피고 살핀 것이 오히려 살피지 못한 것과 같음. 아주
세밀하고 철저한 데도 빈틈이 있다는 말.

札瘥夭昏
찰 차 요 혼
札패찰 瘥앓을차 夭어릴요 昏어두울혼
찰(札)은 대역(大疫=큰 전염병)에 죽음, 차(瘥)는 소역(小
疫=작은 전염병)에 죽음, 요(夭)는 젊어서 죽음, 혼(昏)은
생후 석 달 안에 죽음을 이름. 【춘추좌씨전春秋左氏傳】

611

慘毒於民
참 독 어 민

慘 참혹할 참　毒 독할 독　於 어조사 어　民 백성 민
백성에게 참혹하고 독하게 굶. 백성에게 참혹한 해를 끼침. [한서漢書]

慘不可言
참 불 가 언

慘 참혹할 참　不 아닐 불　可 옳을 가　言 말씀 언
너무 참혹하여 말을 할 수가 없음.

僭賞濫刑
참 상 남 형

僭 주제넘을 참　常 늘 상　濫 넘칠 람(남)　刑 형벌 형
상벌을 함부로 행함. [춘추좌씨전春秋左氏傳]

讒始竟背
참 시 경 배

讒 참소할 참　始 비로소 시　竟 마침내 경　背 배반할 배
참소로 시작해서 필경엔 배반으로 끝냄. [시경詩經]

僭始旣涵
참 시 기 함

僭 거짓 참　始 비로소 시　旣 이미 기　涵 젖을 함
거짓되고 진실치 못함에 이미 물들고 젖음. [시경詩經]

斬新奇拔
참 신 기 발

斬 벨 참　新 새 신　奇 기이할 기　拔 뺄 발
신선하고 착상이 좋아 두드러짐.

僭越襲蔭
참 월 습 음

僭 참람할 참　越 넘을 월　襲 엄습할 습　蔭 그늘 음
정해진 순서를 무시하고 불쑥 끼어들어 직책을 차지함.

慘絶悲絶
참 절 비 절

慘 참혹할 참　絶 끊을 절　悲 슬플 비
참혹하기 짝이 없고 슬프기 그지없음. [진서晉書]

斬釘截鐵
참 정 절 철

斬 벨 참　釘 못 정　截 끊을 절　鐵 쇠 철
못을 끊고 쇠를 자름. 주저없이 결단하여 일을 단행한다는 말. [주자전서朱子全書]

慙之不忍
참 지 불 인

慙 부끄러울 참　之 갈 지　不 아닐 불　忍 참을 인
부끄러움을 참을 수 없음. [춘추좌씨전春秋左氏傳]

參天貳地
참 천 이 지

參 간여할 참　天 하늘 천　貳 두 이　地 땅 지
천지와 덕을 함께함. [순오지旬五志]
▶참천(參天): 공중에 높이 뻗어 나가는 모양.

讒慝勝良
참 특 승 량

讒 참소할 참　慝 사특할 특　勝 이길 승　良 어질 량
간사한 참소가 어진 사람을 이김. [여씨춘추呂氏春秋]

娼家責禮
창 가 책 례

娼 창녀 창　家 집 가　責 꾸짖을 책　禮 예절 례
창기(娼妓)의 집에서 예절을 따짐. 가당찮은 곳에서 격식을 따지는 것을 이름.

創鉅痛深
창 거 통 심

創 다칠 창　鉅=巨 클 거　痛 아플 통　深 깊을 심
입은 상처가 커서 고통이 심함. 부모상의 비통함을 이르는 말. [진서晉書]

猖狂妄行
창 광 망 행

猖 미쳐 날뛸 창　狂 미칠 광　妄 망령될 망　行 갈 행
미쳐서 망령되게 날뜀. [장자莊子]

瘡頭聚蝨
창 두 취 슬

瘡 부스럼 창　頭 머리 두　聚 모을 취　蝨 이 슬
부스럼 난 머리에 이가 꼬임. 이익이 있는 곳에 사람이 몰려드는 것을 비유한 말.

滄浪自取
창 랑 자 취

滄 찰 창　浪 물결 랑　自 스스로 자　取 취할 취
차가운 물결에 스스로 취함. 좋은 말을 듣든 나쁜 말을 듣든 모두 자기가 한 잘잘못에 달려 있다는 말.

滄桑之變
창 상 지 변

滄 푸를 창　桑 뽕나무 상　之 갈 지　變 변할 변
푸른 바다가 뽕나무 밭으로 변함. =상전벽해(桑田碧海)

倉氏庫氏
창 씨 고 씨

倉 곳집 창　氏 성씨 씨　庫 창고 고
세월이 가도 변치 않음을 뜻함.
▶옛날 중국에서 대대로 곳집을 창씨와 고씨가 맡은 것에서 비롯된 말.

蒼顔白髮
창 안 백 발

蒼 푸를 창　顔 얼굴 안　白 흰 백　髮 터럭 발
파리한 얼굴과 흰 머리털. 늙은이의 용모를 말함. =창안학발(蒼顔鶴髮)

創業守門
창 업 수 문

創 비롯할 창　業 업 업　守 지킬 수　門 문 문
나라를 세우는 일과 이를 지켜 가는 일을 이름. [정관정요貞觀政要] =창업수성(創業守成) [맹자孟子]

創業垂統
창 업 수 통

創 비롯할 창　業 업 업　垂 드리울 수　統 거느릴 통
나라를 창업해서 왕통을 후손에게 전함. [맹자孟子]

ㅊ

怊然自失
창 연 자 실 　　怊놀랄 창　然그러할 연　自스스로 자　失잃을 실
놀라서 오히려 멍청하게 됨.=망연자실(茫然自失)

彰往察來
창 왕 찰 래 　　彰드러날 창　往갈 왕　察살필 찰　來올 래
과거를 밝히어 미래를 살핌. 【역경易經】 =관왕지래(觀往知來)

瘡疣百出
창 우 백 출 　　瘡부스럼 창　疣사마귀 우　百일백 백　出날 출
부스럼과 사마귀가 많이 생김. 언행에 과실이 많음.

創夷未瘳
창 이 미 추 　　創다칠 창　夷오랑캐 이　未아닐 미　瘳나을 추
상처가 아물지 않음. 전란의 후환이 회복되지 않음을 이름. 【사기史記】

唱籌量沙
창 주 양 사 　　唱부를 창　籌산가지 주　量헤아릴 량(양)　沙=砂모래 사
작은 수량까지도 정확히 소리내어 헤아림. 【남사南史】

滄海桑田
창 해 상 전 　　滄푸를 창　海바다 해　桑뽕나무 상　田밭 전
푸른 바다가 뽕나무 밭이 됨. 세월이 가서 세상이 많이 변함을 이름. 【당서唐書】 =상전벽해(桑田碧海)

滄海遺珠
창 해 유 주 　　滄푸를 창　海바다 해　遺빠뜨릴 유　珠구슬 주
푸른 바다에 빠뜨린 구슬 한 개. 세상에 알려지지 않은 빼어난 인재를 이름. 【당서唐書】

滄海一粟
창 해 일 속 　　滄푸를 창　海바다 해　一한 일　粟조속
넓은 바다에 버려진 좁쌀 한 알. 아주 하찮은 것을 이름. 【소식蘇軾의 적벽부赤壁賦】 =구우일모(九牛一毛)

滄海橫流
창 해 횡 류 　　滄푸를 창　海바다 해　橫가로 횡　流흐를 류
큰 바다가 가로로 흐름. 정치가 혼란하여 백성이 도탄에 빠짐을 비유하는 말.

蒼黃罔措
창 황 망 조 　　蒼푸를 창　黃누를 황　罔그물 망　措둘 조
당황하여 어찌할 바를 모르고 허둥댐. 【한서漢書】 =창황망극(蒼黃罔極), 망지소조(罔知所措), 경황망조(驚惶罔措)

債臺高築
채 대 고 축
債 빚 채　臺 돈대 대　高 높을 고　築 쌓을 축
빚의 누대를 높이 쌓음. 빚더미에 올라앉았다는 말.

菜不食心
채 불 식 심
菜 나물 채　不 아닐 불　食 먹을 식　心 가운데 심
무나 배추의 못 먹는 질긴 속 뿌리. [남사南史]

采色不定
채 색 부 정
采 캘 채　色 빛 색　不 아닐 부　定 정할 정
안색이 일정하지 않음. 감정의 기복이 심해 안색이 잘
변하는 것을 이름. [장자莊子]

採薪汲水
채 신 급 수
採 캘 채　薪 섶 신　汲 물 길을 급　水 물 수
땔나무 하기, 물 긷기 등 힘들고 잡다한 일을 견디고 참
음.

採薪之憂
채 신 지 우
采=採 캘 채　薪 섶 신　之 갈 지　憂 근심 우
병으로 땔나무를 할 수 없는 것을 걱정함. 또는 자기의
병을 낮추어 하는 말. [맹자孟子] =부신지우(負薪之憂) [예기
禮記]

採椽不斲
채 연 불 착
採 캘 채　椽 서까래 연　不 아닐 불　斲 깎을 착
원목 그대로를 서까래로 사용함. 즉 변변치 못한 건축을
말함. [한서漢書]

綵衣娛親
채 의 오 친
綵 비단 채　衣 옷 의　娛 즐길 오　親 어버이 친
색동옷을 입고 어버이를 즐겁게 함. [고사전高士傳] =노래
지희(老萊之戱), 희채오친(戱綵娛親)
▶일흔 넘은 노래자(老萊子)가 아흔이 넘은 부모 앞에서 색
동옷을 입고, 늙으신 부모를 즐겁게 하려고 춤을 춘 고사
를 말함.

冊床退物
책 상 퇴 물
冊 책 책　床 평상 상　退 물러날 퇴　物 만물 물
글만 읽어서 세상 물정에 어두운 사람.

615

責人則明
책 인 즉 명
責꾸짖을 책 人사람 인 則곧 즉 明밝을 명
제 허물은 덮고 남을 나무라는 데만 밝은 사람. [범충선范
忠宣의 글文]

▶인수지우 책인즉명(人雖至愚 ----) 인수총명 서기즉혼
(人雖聰明 恕己則昏): 사람이 지극히 어리석으나 남을 꾸
짖는 데는 밝고, 사람이 지극히 총명해도 자기를 용서함
에는 어둡다.

妻城子獄
처 성 자 옥
妻아내 처 城성 성 子아들 자 獄옥 옥
아내의 성과 자식의 감옥. 처자를 거느린 사람은 집안
일에 얽매어 자유가 없다는 말.

妻子眷屬
처 자 권 속
妻아내 처 子아들 자 眷돌아볼 권 屬무리 속
처와 자식, 집안 식구. [춘추좌씨전春秋左氏傳]

悽愴之志
처 창 지 지
悽슬퍼할 처 愴슬퍼할 창 之갈 지 志뜻 지
몹시 슬퍼하는 뜻. 슬퍼하는 마음. [회남자淮南子]

凄風苦雨
처 풍 고 우
凄쓸쓸할 처 風바람 풍 苦쓸 고 雨비 우
쓸쓸히 부는 바람과 궂은 비. 몹시 처량하고 비참한 지
경을 비유. [춘추좌씨전春秋左氏傳]

跖犬吠堯
척 견 폐 요
跖발바닥 척 犬개 견 吠짖을 폐 堯요임금 요
도척(盜跖)의 개가 요(堯)임금을 보고 짖음. 선악을 가리
지 않고 제가 따르는 주인에게 충성을 다하는 것을 비유
하는 말. [자치통감資治通鑑] =척구폐요(跖狗吠堯)
▶도척(盜跖)은 요(堯)임금 시절의 흉악한 도둑.

尺短寸長
척 단 촌 장
尺자 척 短짧을 단 寸마디 촌 長길 장
자(尺)는 짧고 촌(寸)은 깊. 때로는 긴 것도 나쁜 점이
있고, 짧은 것도 장점이 있다는 말. 어떤 사물이나 장단
점이 다 있다는 뜻.

倜儻不羈
척 당 불 기
倜대범할 척 儻빼어날 당 不아닐 불 羈굴레 기
사람이 뛰어나 남에게 눌려 지내지 않음.

尺山寸水
척 산 촌 수
尺자 척 山뫼 산 寸마디 촌 水물 수
높은 곳에서 보면, 산수도 작게 보임. [순오지旬五志]

隻愛獨樂
척 애 독 락
隻 외짝 척 愛 사랑 애 獨 홀로 독 樂 즐길 락
혼자서 사랑하고 즐거워함.

尺吳寸楚
척 오 촌 초
尺 자 척 吳 나라이름 오 寸 마디 촌 楚 나라이름 초
오(吳)나라, 초(楚)나라가 큰 나라라고 하나, 높은 데서
내려다보면 모두 작아 보인다는 말.

尺二秀才
척 이 수 재
尺 자 척 二 두 이 秀 빼어날 수 才 재주 재
속자(俗字) 또는 약자(略字)를 자주 쓰는 사람을 나무라
는 말.
▶송(宋)나라의 양만리(楊萬里)가 과거 시험관이 되었을 때
진(盡)을 속자인 진(尽)으로 쓴 답을 틀린 것으로 잘못 보
아 과거에 낙방시킨 고사에서 온 말. 즉 속자, 약자를 함
부로 써서는 오히려 피해를 입는다는 말.

跅弛之士
척 이 지 사
跅 해이할 척 弛 늦출 이 之 갈 지 士 선비 사
절도가 없고 예의를 모르는, 멋대로 풀린 사람. 또는 불
우한 선비를 이름. [한서漢書]

擲地金聲
척 지 금 성
擲 던질 척 地 땅 지 金 쇠 금 聲 소리 성
땅에 던지면 쇳소리가 날 정도로 잘 지어진 문장이라는
뜻.

隻紙斷絹
척 지 단 견
隻 외짝 척 紙 종이 지 斷 끊을 단 絹 비단 견
글씨 쓰는 데 들어간 얼마 안 되는 종이나 비단.

尺寸之兵
척 촌 지 병
尺 자 척 寸 마디 촌 之 갈 지 兵 무기 병
작고 짧은 병기.

尺寸之效
척 촌 지 효
尺 자 척 寸 마디 촌 之 갈 지 效 본받을 효
조그만 공적. [한서漢書] =척촌지공(尺寸之功)

尺澤之鯢
척 택 지 예
尺 자 척 澤 못 택 之 갈 지 鯢 송사리 예
작은 못에 사는 송사리. 식견이 좁은 사람을 비유하는
말. [사기史記]

ㅊ

617

尺布斗粟
척 포 두 속

尺자척 布베포 斗말두 粟조속
한 자의 베와 한 말의 조. 형제 간에 이해를 따지는 불화
를 말함. 【사기史記】

▶한(漢)나라 문제의 동생 회남왕(淮南王) 장(長)이 모반을
꾀하다 발각되어, 귀양살이를 하다 굶어 죽었다. 세상 사
람들이 "형제는 아무리 작은 베나 적은 좁쌀일지라도 나
눠 가져야 하거늘 문제는 천하를 갖고도 동생과 나누지
않아 형제가 서로 용납하지 못했다."고 비난했다는 고사
에서 온 말.

滌瑕盪穢
척 하 탕 예

滌씻을척 瑕티하 盪씻을탕 穢더러울예
티를 씻고 더러운 것을 씻어냄.

陟岵之情
척 호 지 정

陟오를척 岵산호 之갈지 情뜻정
산에 오르는 마음. 고향의 부모를 그리워하는 마음을 비
유하는 말. 【반고班固의 동도부東都賦】

陟岵陟屺
척 호 척 기

陟오를척 岵산호 屺민둥산 기
객지에 나간 아들이 부모가 그리워 자주 산에 올라가
고향 쪽을 바라봄. 【시경詩經】

尺蠖無色
척 확 무 색

尺자척 蠖자벌레확 無없을무 色빛색
자벌레는 먹는 풀 색깔에 따라 몸 색깔이 변함. 신하가
윗사람이 하는 대로 따르는 것을 비유. 위만 따를 뿐 자
기 주견은 없다는 말. 【안자춘추晏子春秋】

▶제(齊)의 경공(景公) 이야기에서 나온 말.

尺蠖之屈
척 확 지 굴

尺자척 蠖자벌레확 之갈지 屈굽힐굴
자벌레가 몸을 굽힘. 후일에 성공하기 위하여 현재의 고
통을 참고 견뎌야 한다는 말. 【역경易經】

▶척확지굴 이구신야(---- 以求信也): 자벌레가 몸을 굽히
는 것은 제 몸을 더 멀리 펴기 위함이다.
▶신(信)=신(伸).

天假之年
천 가 지 년

天하늘천 假빌릴가 之갈지 年해년
하늘이 세월을 빌려줌. 즉 목숨을 연장하여 오래 사는
것을 이름.

天降膏露 天하늘천 降내릴강 膏기름고 露이슬로
천 강 고 로 하늘에서 기름진 이슬을 내림. [예기禮記]

天經地緯 天하늘천 經날실경 地땅지 緯씨줄위
천 경 지 위 천(天)과 지(地)의 올바른 도에 의해 행함. [춘추좌씨전春秋
左氏傳]

天經地義 天하늘천 經지날경 地땅지 義뜻의
천 경 지 의 하늘의 경륜과 땅의 뜻. 변할 수 없는 정당한 천지의 도
리를 이르는 말. [춘추좌씨전春秋左氏傳]

千苦萬難 千일천천 苦괴로울고 萬일만만 難어려울난
천 고 만 난 헤아릴 수 없이 어려운 고난. =천신만고(千辛萬苦)

千古笑端 千일천천 古예고 笑웃을소 端단정할단
천 고 소 단 먼 훗날까지도 웃음거리로 남음. [세설신어世說新語]

天高聽卑 天하늘천 高높을고 聽들을청 卑낮을비
천 고 청 비 하늘이 높으나, 낮은 곳의 일을 잘 알아들음. [사기史記]

天閫地垠 天하늘천 閫문지방곤 地땅지 垠끝은
천 곤 지 은 하늘의 문지방과 땅의 끝. [고금시화古今詩話]

天空海闊 天하늘천 空빌공 海바다해 闊넓을활
천 공 해 활 하늘은 텅 비고 바다는 넓게 탁 트여 보임. 즉 기상이 상
쾌하고 도량이 넓음을 이르는 말.

天光之貴 天하늘천 光빛광 之갈지 貴귀할귀
천 광 지 귀 하늘에서 빛나는 것 중 가장 귀한 것. 태양을 이르는
말. [맹자孟子]

遷喬之望 遷옮길천 喬높을교 之갈지 望바랄망
천 교 지 망 야만의 지역에서 문화가 앞선 곳으로 옮겨 감. 또는 이
단사설(異端邪說)에서 성인의 도(道)로 옮겨 감.

千軍萬馬 千일천천 軍군사군 萬일만만 馬말마
천 군 만 마 헤아릴 수 없이 많은 군사.

千金買骨
천 금 매 골
千 일천 천　金 쇠 금　買 살 매　骨 뼈 골
천금을 주고 뼈를 삼. 인재를 구함. 【동주열국지東周列國志】
▶죽은 천리마의 뼈를 천금을 주고 구하자 천리마를 가진
자들이 모여들었다는 고사에서 비롯된 말.

千金買笑
천 금 매 소
千 일천 천　金 쇠 금　買 살 매　笑 웃을 소
천금을 주고 웃음을 삼. 쓸데없이 돈을 낭비함을 이르는
말. 【열국지列國志】

千金然諾
천 금 연 락
千 일천 천　金 쇠 금　然 그러할 연　諾 대답할 락
천금의 가치가 있는 허락이나 약속.

千金一笑
천 금 일 소
千 일천 천　金 쇠 금　一 한 일　笑 웃을 소
한 번의 웃음이 천금의 가치가 있음. 미인을 형용하여
이르는 말.

天氣溷濁
천 기 혼 탁
天 하늘 천　氣 기운 기　溷 어지러울 혼　濁 흐릴 탁
천기가 어지럽고 흐림. 즉 세상이 혼란하다는 말.

千年一淸
천 년 일 청
千 일천 천　年 해 년　一 한 일　淸 맑을 청
천 년에 한 번 맑음. 황하(黃河)의 강물이 맑아지기를 바
란다는 뜻으로, 가망성이 전혀 없는 것을 바라는 마음을
비유. 【한서漢書】

天道不諂
천 도 부 도
天 하늘 천　道 길 도　不 아닐 부　諂 의심할 도
하늘이 선인에게 복을 주고 악인에게 화를 준다는 것은
의심할 여지가 없음. 【노자老子】

天道成規
천 도 성 규
天 하늘 천　道 길 도　成 이룰 성　規 법 규
하늘의 도는 규구로 그린 듯 둥글다는 말. 【태현경太玄經】
▶규구(規矩): 원을 그리고 각을 재는 목수의 연장.

天道是非
천 도 시 비
天 하늘 천　道 길 도　是 옳을 시　非 아닐 비
하늘의 도가 공명정대함을 의심하거나 확신하는 마음
의 갈등을 이름. 【사기史記】

天羅地網
천 라 지 망
天 하늘 천　羅 그물 라　地 땅 지　網 그물 망
하늘과 땅의 그물. 아무리 해도 벗어나지 못하는 경계망
이나 피할 수 없는 재액을 이름.

天朗氣淸
천 랑 기 청
天 하늘 천　朗 맑을 랑　氣 기운 기　淸 맑을 청
하늘은 쾌청하고 기후는 화창함. [왕희지王羲之의난정서蘭亭敍]

千慮一得
천 려 일 득
千 일천 천　慮 생각할 려　一 한 일　得 얻을 득
천 번 생각하고 한 가지를 얻음. 어리석어 보이는 사람
이라도 많은 생각 속에 간혹 쓸 만한 것이 있다는 뜻. [사
기史記]

千慮一失
천 려 일 실
千 일천 천　慮 생각할 려　一 한 일　失 잃을 실
지혜로운 사람이라도 천 가지 생각 중에 한 가지 실수는
있다는 말. [사기史記]

賤斂貴發
천 렴 귀 발
賤 천할 천　斂 거둘 렴　貴 귀할 귀　發 필 발
싸게 사서 비싸게 팜. [논형論衡] =천렴귀출(賤斂貴出), 천
매귀매(賤買貴賣)

千里乾坤
천 리 건 곤
千 일천 천　里 마을 리　乾 하늘 건　坤 땅 곤
넓고 넓은 하늘과 땅.

千里對面
천 리 대 면
千 일천 천　里 마을 리　對 대할 대　面 낯 면
천 리 밖 사람의 얼굴을 대한 듯하다는 뜻으로, 반가운
서신에 대한 마음을 말함.

千里同風
천 리 동 풍
千 일천 천　里 마을 리　同 한가지 동　風 바람 풍
넓은 나라 안의 같은 바람. 즉 풍속이 같은 태평한 세상
을 이름. [논형論衡]

千里面目
천 리 면 목
千 일천 천　里 마을 리　面 낯 면　目 눈 목
편지를 지칭하는 말. 천 리의 먼 곳에서 마치 얼굴을 대
한 것 같다는 뜻. =천리대면(千里對面)

千里命駕
천 리 명 가
千 일천 천　里 마을 리　命 명령 명　駕 멍에 가
먼 곳의 벗을 만나기 위해 거마(車馬)의 차비를 명함. [진
서晉書]

千里夢外
천 리 몽 외
千 일천 천　里 마을 리　夢 꿈 몽　外 밖 외
멀고 먼 꿈 밖의 일같이, 천만 뜻밖의 일을 말함.

ㅊ

千里無煙 千 일천 천　里 마을 리　無 없을 무　煙 연기 연
천 리 무 연　천 리에 밥 짓는 연기를 볼 수가 없음. 백성이 지극히 궁
핍한 생활을 하고 있다는 말.

千里比隣 千 일천 천　里 마을 리　比 견줄 비　隣 이웃 린
천 리 비 린　교통이 편리하여 천 리가 이웃 같음.

千里鵝毛 千 일천 천　里 마을 리　鵝 거위 아　毛 털 모
천 리 아 모　먼 곳에서 보낸 거위털. 대수롭지 않은 물건이나 정의가
우러난다는 뜻. 【양서梁書】

千里絶迹 千 일천 천　里 마을 리　絶 끊을 절　迹 자취 적
천 리 절 적　천 리 간에 견줄 만한 상대가 없음. 【양서梁書】

千里之謬 千 일천 천　里 마을 리　之 갈 지　謬 그릇될 류
천 리 지 류　천 리나 되는 어긋난 차이.
▶천리지류 불용추호(---- 不容秋毫): 천 리나 되는 차이도
시작은 추호만큼의 작은 차이에서 생긴다.

千里之任 千 일천 천　里 마을 리　之 갈 지　任 맡길 임
천 리 지 임　천 리 밖 먼 곳에서 맡아 보는 임무. 【사기史記】

千里之行 千 일천 천　里 마을 리　之 갈 지　行 갈 행
천 리 지 행　천 리 길을 감. 【노자老子】
▶천리지행 시어족하(---- 始於足下): 천 리 길도 한 걸음부
터 시작된다.

天馬行空 天 하늘 천　馬 말 마　行 갈 행　空 빌 공
천 마 행 공　천마가 하늘을 달림. 자유분방하여 얽매이는 데가 없음.
문장이나 필치가 뛰어남을 이름.

千萬夢外 千 일천 천　萬 일만 만　夢 꿈 몽　外 밖 외
천 만 몽 외　천만 뜻밖. 즉 전혀 생각하지 않은 일. 【노자老子】 =몽외지
사(夢外之事), 성시의외(誠是意外)

天網恢恢 天 하늘 천　網 그물 망　恢 넓을 회
천 망 회 회　하늘의 그물은 넓고 넓음. 【노자老子】
▶천망회회 소이불루(---- 疎以不漏): 하늘의 그물은 넓어
서 성기지만 선악을 가려내는 일은 빠뜨리지 않는다.

天命誅之
천 명 주 지
天하늘 천 命명할 명 誅벨 주 之갈 지
하늘이 명하시니 그를 베려 함. [시경詩經] =천명극지(天命殛之)

天無私覆
천 무 사 부
天하늘 천 無없을 무 私사사로울 사 覆덮을 부
하늘은 공평 무사하여 치우침이 없음.

天無淫雨
천 무 음 우
天하늘 천 無없을 무 淫음란할 음 雨비 우
하늘에서 궂은 비가 내리지 않음. 나라가 태평함을 이르는 말. [예기禮記]

天無二日
천 무 이 일
天하늘 천 無없을 무 二두 이 日해 일
하늘에 해가 둘일 수 없듯이 나라에 임금이 하나여야 한다는 말. [예기禮記]

天門開闔
천 문 개 합
天하늘 천 門문 문 開열 개 闔문짝 합
하늘 문이 열릴 때도 있고 닫힐 때도 있음. 즉 천운이 통하기도 하고 아니기도 한다는 말. [노자老子]
▶합(闔): 나무로 만든 문. 비(扉): 갈대, 대, 싸리로 만든 문.

千門萬戶
천 문 만 호
千일천 천 門문 문 萬일만 만 戶지게 호
수없이 많은 백성의 집. 또는 대궐에 문이 많음을 이르는 말. [사기史記]

天門弗開
천 문 불 개
天하늘 천 門문 문 弗=不아닐 불 開열 개
도에 드는 문이 열리지 아니함. 도를 통하기 어려움을 비유하는 말. [장자莊子]

天文地質
천 문 지 질
天하늘 천 文꾸밀 문 地땅 지 質바탕 질
하늘엔 일월성신(日月星辰) 같은 꾸밈이 있으나 땅은 소박하여 꾸밈이 없음을 말함.

薦門鐵樞
천 문 철 추
薦거적문 천 門문 문 鐵쇠 철 樞지도리 추
거적문에 쇠돌쩌귀. 격에 맞지 않는다는 말.

天方地軸
천 방 지 축
天하늘 천 方모 방 地땅 지 軸굴대 축
방향을 잡지 못하고 함부로 날뜀. =천방지방(天方地方)

天翻地覆　天 하늘 천　翻 날 번　地 땅 지　覆 뒤집힐 복
천 번 지 복　천지가 뒤집힘. 천지에 변동이 있어 질서가 어지러워짐
을 이름. [중용中庸]

穿壁讀書　穿 뚫을 천　壁 벽 벽　讀 읽을 독　書 글 서
천 벽 독 서　벽에 구멍을 뚫고 옆집 불빛으로 책을 읽음. 가난함 속
에서도 향학의 뜻을 굽히지 않고 학업에 정진한다는
말. [한서漢書]

穿壁偸光　穿 뚫을 천　壁 벽 벽　偸 훔칠 투　光 빛 광
천 벽 투 광　벽을 뚫어 빛을 훔침. [한서漢書] =착벽투광(鑿壁偸光)

千變萬紾　千 일천 천　變 변할 변　萬 일만 만　紾 비틀 진
천 변 만 진　천 가지로 변하고, 만 가지로 비틀림. [회남자淮南子] =천변
만화(千變萬化)

千變萬化　千 일천 천　變 변할 변　萬 일만 만　化 될 화
천 변 만 화　천만 가지로 한없이 변화함. [열자列子]

天變地異　天 하늘 천　變 변할 변　地 땅 지　異 다를 이
천 변 지 이　하늘이 변하고 땅이 달라짐. 일식(日蝕), 유성(流星), 지
진(地震), 해일(海溢) 등 자연의 재해와 변화를 이름.

天步艱難　天 하늘 천　步 걸음 보　艱 어려울 간　難 어려울 난
천 보 간 난　나라의 운수가 열리지 않아 날로 어려워짐. [시경詩經]

天保九如　天 하늘 천　保 보호할 보　九 아홉 구　如 같을 여
천 보 구 여　하늘이 구여(九如)를 보전함. [시경詩經]
▶임금의 장수를 축복하는 시로, '여(如)'자가 아홉 개나 들
어 있는 데서 나온 말이다.

天覆地載　天 하늘 천　覆 덮을 부　地 땅 지　載 실을 재
천 부 지 재　하늘은 덮어 주고 땅은 실어 줌. 천지와 같은 한없이 큰
사랑을 이름.

天府之儲　天 하늘 처　府 곳간 부　之 갈 지　儲 쌓을 저
천 부 지 저　하늘이 쌓아 주는 곳간. 온갖 생산물이 나는 기름진 땅
을 이름.

天不遺耆
천 불 유 기
天하늘천 不아닐불 遺보낼유 耆늙은이 기
하늘이 노성한 사람을 머물게 하지 않음. =천불유기로
(天不遺耆老) 【예기禮記】

天崩地坼
천 붕 지 탁
天하늘천 崩무너질붕 地땅지 坼갈라질 탁
하늘이 무너지고 땅이 갈라짐. 대단히 큰 소리, 또는 대
변동이 일어나는 것을 형용하는 말. 【위서魏書】

天崩之痛
천 붕 지 통
天하늘천 崩무너질붕 之갈지 痛아플통
하늘이 무너지는 아픔. 임금이나 아버지의 죽음을 말함.

俴駟孔群
천 사 공 군
俴엷을천 駟사마사 孔구멍공 群무리군
엷은 갑옷으로 차린 말이 무리 지어 잘 어울려 있네. 【시
경詩經】

千思萬考
천 사 만 고
千일천천 思생각사 萬일만만 考상고할고
천 번 만 번 생각함. 여러 번을 헤아리고 생각함.

千思廻慮
천 사 회 려
千일천천 思생각사 廻돌회 慮생각할려
여러 모로 두루 깊이 생각함.

川上之嘆
천 상 지 탄
川내천 上위상 之갈지 嘆탄식할탄
물 위에서 탄식함. 【논어論語】
▶공자가 물가에 서서 한번 지나가면 다시 돌아오지 않는
만물의 변화를 탄식한 고사에서 온 말.

天生蒸民
천 생 증 민
天하늘천 生날생 蒸여러증 民백성민
하늘이 여러 백성을 냄. 【맹자孟子】

千緒萬端
천 서 만 단
千일천천 緒실마리서 萬일만만 端단정할단
천 가지 만 가지 단서. 잡다한 일들을 말함.

泉石膏肓
천 석 고 황
泉내천 石돌석 膏기름고 肓명치끝 황
자연 사랑이 병이 될 만큼 깊음. 자연을 몹시 사랑한다
는 말. 벼슬에 나가지 않을 때 자주 씀. 【당서唐書】
▶천석(泉石): 자연. 고황(膏肓): 불치의 병.

天旋地轉
천 선 지 전

天 하늘 천　旋 돌 선　地 땅 지　轉 구를 전
하늘이 돌고 땅이 구름. 세상이 많이 변했다는 말. 또는
정신이 현란함을 비유하는 말.

千手觀音
천 수 관 음

千 일천 천　手 손 수　觀 볼 관　音 소리 음
불교 용어. 27면의 관음과 천수천안(千手千顔)의 관음보
살을 말함.

千搜萬索
천 수 만 색

千 일천 천　搜 찾을 수　萬 일만 만　索 찾을 색
천 번 만 번 뒤지고 찾음.

千乘之國
천 승 지 국

千 일천 천　乘 탈 승　之 갈 지　國 나라 국
제후(諸侯)의 나라. 【맹자孟子】
▶옛날 중국에서 전쟁시 큰 나라의 제후는 천 대의 병거(兵
車)를 내놓았다.

川施餓鬼
천 시 아 귀

川 내 천　施 베풀 시　餓 주릴 아　鬼 귀신 귀
불교 용어. 냇물에 빠져 죽은 영혼을 위로하기 위해 염
불하고 공양하는 불제(佛祭).

千辛萬苦
천 신 만 고

千 일천 천　辛 매울 신　萬 일만 만　苦 쓸 고
천 가지 만 가지 쓰라린 고통을 겪고 애를 씀. =입립신
고(粒粒辛苦), 간난신고(艱難辛苦)

天神地祇
천 신 지 기

天 하늘 천　神 귀신 신　地 땅 지　祇 토지신 기
하늘의 신과 땅의 신. 상제(上帝)와 후토(后土)를 말함.

薦紳之屬
천 신 지 속

薦 천거할 천　紳 큰 띠 신　之 갈 지　屬 이을 속
고귀하고 지체가 높은 사람에게 속함. =진신지속(搢紳之
屬)

千巖萬壑
천 암 만 학

千 일천 천　巖 큰 바위 암　萬 일만 만　壑 골짜기 학
수많은 바위와 깊은 골짜기.

天涯地角
천 애 지 각

天 하늘 천　涯 물가 애　地 땅 지　角 뿔 각
하늘과 땅의 끝. 아주 멀리 떨어진 곳을 이름.

天壤無窮
천 양 무 궁

天 하늘 천　壤 흙 양　無 없을 무　窮 다할 궁
하늘과 땅이 끝이 없음. 즉 천지가 끝이 없음. 【장자莊子】

天壤之判
천 양 지 판
天 하늘 천　壤 흙 양　之 갈 지　判 판단할 판
하늘과 땅의 차이. 아주 큰 차이를 말함. =천연지차(天淵
之差), 천양지간(天壤之間)

千言立成
천 언 입 성
千 일천 천　言 말씀 언　立 설 립(입)　成 이룰 성
길고 긴 시문(詩文)을 그 자리에서 지어내는 것을 이름.

遷延歲月
천 연 세 월
遷 옮길 천　延 끌 연　歲 해 세　月 달 월
일을 그때그때 처리하지 않고 뒤로 미루어 감을 말함.

天佑神助
천 우 신 조
天 하늘 천　佑 도울 우　神 귀신 신　助 도울 조
하늘이 돕고 신령이 도움. 생각지도 않은 도움을 받
음. [한서漢書]

千圍之木
천 위 지 목
千 일천 천　圍 둘레 위　之 갈 지　木 나무 목
천 아름이나 되는 나무. 즉 아주 큰 거목을 형용하는
말. [춘추좌씨전春秋左氏傳]
▶천위지목 시생여얼(---- 始生如蘗): 천 아름이나 되는 큰
　나무일지라도 처음 싹틀 때는 산나물 잎같이 연약함. 즉
　새싹과 어린이를 얕보아서는 안 된다는 말.

天威咫尺
천 위 지 척
天 하늘 천　威 위엄 위　咫 길이 지　尺 자 척
임금의 위광이 지척에 있음. 임금을 가까이 모셔 대단히
황공함을 이르는 말. [춘추좌씨전春秋左氏傳]

天衣無縫
천 의 무 봉
天 하늘 천　衣 옷 의　無 없을 무　縫 꿰맬 봉
하늘의 옷은 꿰맨 흔적이 없음. 시나 문장이 기교가 없
이 자연스러움을 이름. [태평광기太平廣記]

天人共怒
천 인 공 노
天 하늘 천　人 사람 인　共 한가지 공　怒 성낼 노
하늘과 사람이 함께 노함. 모두가 분노할 만큼 몹시 증
오스럽다는 말.

千人所指
천 인 소 지
千 일천 천　人 사람 인　所 바 소　指 손가락 지
천 사람이 손가락질함. [한서漢書]
▶천인소지 무병이사(---- 無病而死): 많은 사람에게 손가
　락질을 당하면 병이 없어도 죽는다.

627

千仞絶壁　千일천천　仞길인　絶끊을절　壁벽벽
천 인 절 벽　천길의 낭떠러지.

千姿萬態　千일천천　姿모양자　萬일만만　態태도태
천 자 만 태　천만 가지의 모양.

千紫萬紅　千일천천　紫자줏빛자　萬일만만　紅붉을홍
천 자 만 홍　천만 가지의 빛깔. 가지각색의 꽃이 만발한 것을 이름.

天子無圻　天하늘천　子아들자　無없을무　圻=畿경기기
천 자 무 기　천자도 같은 경기의 안에 있음. 【공자가어孔子家語】

　　　　　▶기(圻=畿)는 왕성으로부터 500리 이내. 500리씩 멀어
　　　　　질 때마다 후(候), 전(甸), 남(男), 채(采), 위(衛), 요(要),
　　　　　이(夷), 진(鎭), 번(蕃)의 9기(九畿)로 나눔.

淺酌低唱　淺얕을천　酌따를작　低낮을저　唱노래할창
천 작 저 창　술을 조금 마시고 낮은 소리로 노래함. 【노자老子】 =천짐
　　　　　저창(淺斟低唱)

天將啓之　天하늘천　將장차장　啓열릴계　之갈지
천 장 계 지　하늘이 장차 열리리라. 【국어國語】

天長路遠　天하늘천　長길장　路길로(노)　遠멀원
천 장 노 원　하늘은 높고 멀리 있고 갈 길은 멀다는 말. 【남사南史】 =일
　　　　　모도원(日暮途遠) 【사기史記】

天長地久　天하늘천　長길장　地땅지　久오랠구
천 장 지 구　하늘과 땅은 영원함.

天藏地秘　天하늘천　藏감출장　地땅지　秘숨길비
천 장 지 비　하늘과 땅이 감추고 숨김. 세상에 드러내지 아니함.

千載一遇　千일천천　載해재　一한일　遇만날우
천 재 일 우　천 년에 한 번 만남. 좀처럼 안 오는 기회를 이름. 【문선文
　　　　　選】 =천세일시(千歲一時)

天災地妖　天하늘천　災재앙재　地땅지　妖요망할요
천 재 지 요　하늘과 땅 사이에서 일어나는 재난이나 이상한 일.

天造草昧
천 조 초 매
天 하늘 천 造 지을 조 草 풀 초 昧 새벽 매
하늘이 만물을 창조하여 천지의 구별이 분명하지 않은
때를 이름. =천지개벽(天地開闢)

天尊地卑
천 존 지 비
天 하늘 천 尊 높을 존 地 땅 지 卑 낮을 비
하늘은 떠받들고 땅은 천시함. 즉 윗사람은 떠받들고 아
랫사람은 비천하게 여기는 것을 비유하는 말. [역경易經]

天中佳節
천 중 가 절
天 하늘 천 中 가운데 중 佳 아름다울 가 節 마디 절
음력 5월 5일 단오를 말함.

天地開闢
천 지 개 벽
天 하늘 천 地 땅 지 開 열 개 闢 열 벽
하늘과 땅이 처음 열림. 또는 자연계나 사회에서의 큰
변혁을 이름. =천지창조(天地創造), 천조초매(天造草昧)

千枝萬葉
천 지 만 엽
千 일천 천 枝 가지 지 萬 일만 만 葉 잎사귀 엽
무성한 가지와 잎. 일이 여러 가지로 꼬여 어수선함을
비유하는 말. [회남자淮南子]

天地無用
천 지 무 용
天 하늘 천 地 땅 지 無 없을 무 用 쓸 용
천(天)은 상(上), 지(地)는 하(下)를 말함. 하물(荷物)을
부칠 때 '상하를 거꾸로 해서는 안 된다'는 의미로 포장
지에 쓰는 말.

天之美祿
천 지 미 록
天 하늘 천 之 갈 지 美 아름다울 미 祿 복 록
하늘이 내려주는 아름다운 녹. 술의 다른 이름. [한서漢書]

天地不仁
천 지 불 인
天 하늘 천 地 땅 지 不 아닐 불 仁 어질 인
천지가 만물을 기르는 것은 인(仁)을 쓰는 것이 아니고
자연 그대로 맡기는 것일 뿐이라는 뜻.

天地崩墜
천 지 붕 추
天 하늘 천 地 땅 지 崩 무너질 붕 墜 떨어질 추
하늘과 땅이 무너지고 추락함. [열자列子]

天地絪縕
천 지 인 온
天 하늘 천 地 땅 지 絪 기운 인 縕 어지러울 온
천지 음양의 두 기운이 밀접하게 화합함. [역경易經]
▶천지인온 만물화순(---- 萬物化醇): 천지의 음양 두 기운
이 화합하여 만물이 순화함.
▶인온(絪縕): 두 기운이 긴밀히 화(化)하는 것.

天地玄黃
천 지 현 황
天 하늘 천　地 땅 지　玄 검을 현　黃 누를 황
하늘은 가물가물하고 땅은 누렇다. 우주 자연의 웅대하고 광활함을 표현한 말로, 천자문 맨 앞에 나옴. [천자문千字文]

天地訢合
천 지 흔 합
天 하늘 천　地 땅 지　訢 기뻐할 흔, 공손할 은, 화기 서릴 희　合 합할 합
천지에 화기(和氣)가 서리어 화합함. [예기禮記]

天眞爛漫
천 진 난 만
天 하늘 천　眞 참 진　爛 빛날 란(난)　漫 흩어질 만
꾸밈 없이 있는 그대로 행동하고 말함.

天眞無垢
천 진 무 구
天 하늘 천　眞 참 진　無 없을 무　垢 때 구
꾸밈 없이 순진하고 천진함. 세속의 때가 묻지 않음.

天眞挾詐
천 진 협 사
天 하늘 천　眞 참 진　挾 낄 협　詐 속일 사
어리석고 순진한 듯하나 거짓이 섞임.

淺斟低唱
천 짐 저 창
淺 얕을 천　斟 술 따를 짐　低 낮을 저　唱 부를 창
담백하게 술맛을 보며 나지막하게 노래를 부름. =천작저창(淺酌低唱)

千差萬別
천 차 만 별
千 일천 천　差 다를 차　萬 일만 만　別 다를 별
여러 가지 사물이 각각 차이가 있고 구별이 있음.

千斬萬戮
천 참 만 륙
千 일천 천　斬 벨 참　萬 일만 만　戮 죽일 륙
수없이 베고 여러 토막을 내어 죽임. 잔인하고 참혹하게 살해하는 것을 이름.

千秋萬歲
천 추 만 세
千 일천 천　秋 가을 추　萬 일만 만　歲 해 세
천 년 만 년. 오랜 세월을 말함. 또는 오래 살기를 축수(祝壽)하는 말. [양서梁書] =천년만년(千年萬年)

川澤納汚
천 택 납 오
川 내 천　澤 못 택　納 들일 납　汚 더러울 오
하천과 못은 더러운 물을 받아들임. 윗자리에 있는 사람은 대소선악의 모든 사람을 다 포용해야 한다는 말. [춘추좌씨전春秋左氏傳]

天討有罪 天하늘천 討칠토 有있을유 罪허물죄
천 토 유 죄 하늘은 죄가 있는 자를 침. 〔시경詩經〕

千篇一律 千일천천 篇책편 一한일 律법률
천 편 일 률 천 편이나 되는 글이 모두 한 가지 운율로 짜임. 시문의
글귀가 개성 없이 거의 비슷하다는 말.

天稟其性 天하늘천 稟줄품 其그기 性성품성
천 품 기 성 하늘이 내려준 성품.

天必厭之 天하늘천 必반드시필 厭싫을염 之갈지
천 필 염 지 하늘이 몹쓸 인간을 미워해서 반드시 벌을 내린다는
말. 〔한서漢書〕

天下無雙 天하늘천 下아래하 無없을무 雙쌍쌍
천 하 무 쌍 천하에서 대적하고 맞설 사람이 없음. 〔후한서後漢書〕

天何言哉 天하늘천 何어찌하 言말씀언 哉어조사재
천 하 언 재 하늘이 무슨 말을 하겠느냐?

天下喉咽 天하늘천 下아래하 喉목구멍후 咽목구멍인
천 하 후 인 천하에서 가장 요긴한 곳. 목구멍 같은 군사적인 요지를
이름. 〔한서漢書〕

淺學菲才 淺얕을천 學배울학 菲엷을비 才재주재
천 학 비 재 학문이 얕고 재주가 없음. 자기의 학문을 낮추어 이르는
말. =천학단재(淺學短才)

天寒白屋 天하늘천 寒찰한 白흰백 屋집옥
천 한 백 옥 추운 날씨에 불도 때지 않고 삶. 추운 겨울의 가난한 생
활을 형용하는 말.

天旱地坼 天하늘천 旱가물한 地땅지 坼갈라질탁
천 한 지 탁 하늘이 심히 가물어 땅이 갈라짐. 〔회남자淮南子〕

天香國色 天하늘천 香향기향 國나라국 色빛색
천 향 국 색 모란꽃의 다른 이름. 천하 제일의 미인을 말함.

631

千呼萬喚
천 호 만 환
千 일천 천　呼 부를 호　萬 일만 만　喚 부를 환
수없이 소리 질러 부름.

千歡萬悅
천 환 만 열
千 일천 천　歡 기쁠 환　萬 일만 만　悅 기쁠 열
한이 없는 기쁨.

綴甲厲兵
철 갑 여 병
綴 꿰맬 철　甲 갑옷 갑　厲 갈 려(여)　兵 군사 병
갑옷을 갖춰 입은 훈련된 병사. 【전국책戰國策】

徹頭徹尾
철 두 철 미
徹 통할 철　頭 머리 두　尾 꼬리 미
머리부터 꼬리까지 통함. 처음부터 끝까지 철저하게 통
한다는 말. =시종일관(始終一貫)

轍亂旗靡
철 란 기 미
轍 바퀴자국 철　亂 어지러울 란　旗 기 기　靡 쓰러질 미
수레가 흐트러지고 깃대가 부러짐. 전쟁에 패한 모습을
말함.【춘추좌씨전春秋左氏傳】

轍鮒之急
철 부 지 급
轍 바퀴자국 철　鮒 붕어 부　之 갈 지　急 급할 급
수레 자국의 고인 물에 든 붕어의 위급함. 몹시 위급한
처지에 있는 사람을 비유한 말.

徹上徹下
철 상 철 하
徹 통할 철　上 위 상　下 아래 하
위아래로 다 통함. 【주자전서朱子全書】 =철두철미(徹頭徹尾)

鐵石肝腸
철 석 간 장
鐵 쇠 철　石 돌 석　肝 간 간　腸 창자 장
쇠와 돌같이 굳고 단단한 마음과 절개. =철장석심(鐵腸
石心)

鐵樹開花
철 수 개 화
鐵 쇠 철　樹 나무 수　開 열 개　花 꽃 화
쇠로 된 나무에 꽃이 피기를 바람. 아무리 기다리고 바
라도 소용이 없음을 비유하는 말.

鐵心石面
철 심 석 면
鐵 쇠 철　心 마음 심　石 돌 석　面 낯 면
쇠같이 강한 마음에 돌같이 단단한 얼굴. 의지가 남달리
굳은 것을 형용하는 말.

鐵硯未穿
철 연 미 천
鐵쇠철 硯벼루연 未아닐미 穿뚫을천
쇠 벼루는 뚫어지지 않음. 뜻을 굳게 하여, 하고 있는 학업을 바꾸지 않겠다는 굳은 결심을 이름. [후한서後漢書]
▶진(晉)의 상유한(桑維翰)이 쇠 벼루를 만들어 이 벼루가 뚫어지지 않는 한 학업을 버리지 않겠다고 한 고사에서 나온 말.

鐵中錚錚
철 중 쟁 쟁
鐵쇠철 中가운데중 錚쇳소리쟁
좋은 쇠일수록 소리가 맑음. 여러 사람 중 가장 뛰어난 인물. [후한서後漢書] =용중교교(傭中佼佼)

徹天之寃
철 천 지 원
徹통할철 天하늘천 之갈지 寃원통할원
하늘까지 사무치는 원한. =철천지한(徹天之恨)

轍環天下
철 환 천 하
轍바퀴자국철 環돌환 天하늘천 下아래하
수레를 타고 천하를 두루 돌아다님.
▶공자(孔子)가 교화(敎化)를 위하여 중국 전역을 돌아다닌 데서 나온 말.

尖頭木驢
첨 두 목 려
尖뾰족할첨 頭머리두 木나무목 驢나귀려
성을 공격할 때 쓰는, 나무로 만든 나귀 모양의 뾰족한 병기.

簷牙高啄
첨 아 고 탁
簷처마첨 牙어금니아 高높을고 啄쪼을탁
처마가 높아서 쪼을 듯 어금니처럼 튀어나옴. 건물이 웅장하고 큰 것을 말함.

恬言密語
첨 언 밀 어
恬달첨 言말씀언 密빽빽할밀 語말씀어
상대를 꾀기 위해 달콤하게 속삭이는 말. [초사楚詞]

瞻前顧後
첨 전 고 후
瞻바라볼첨 前앞전 顧돌아볼고 後뒤후
앞을 바라보고, 뒤를 돌아봄. 결단을 내리지 못하고 앞뒤를 재며 주저하는 것을 이름. =전첨후고(前瞻後顧)

妾誇布服
첩 과 포 복
妾첩첩 誇자랑할과 布베포 服입을복
첩이 굵고 거친 베 옷을 입음. [한서漢書]
▶과포(誇布): 올이 굵고 거친 베.

妾婦之道
첩 부 지 도

妾첩첩 婦아내부 之갈지 道길도
시비를 가리지 않고 오직 타인에게 따르기만 함. 첩과 아내는 남자에게 순종하는 것을 정도로 삼기 때문에 나온 말. [맹자孟子]

疊上加屋
첩 상 가 옥

疊겹칠첩 上위상 加더할가 屋집옥
집 위에 집을 더함. 쓸데없이 중복하는 일을 이름. =옥상가옥(屋上架屋)

呫囁耳語
첩 섭 이 어

呫소근거릴첩 囁소근거릴섭 耳귀이 語말씀어
귀에 입을 대고 소리가 안 들리게 속삭임. [사기史記]

捷足先得
첩 족 선 득

捷빠를첩 足발족 先먼저선 得얻을득
재빠른 사람이 먼저 목적하는 바를 얻음. [사기史記]

喋喋不休
첩 첩 불 휴

喋재잘거릴첩 不아닐불 休쉴휴
쉴새없이 재잘거림. 수다스러워 미움 받는 것을 비유하는 말.

晴耕雨讀
청 경 우 독

晴갤청 耕갈경 雨비우 讀읽을독
갠 날은 밭을 갈고, 비 오는 날엔 책을 읽음. 부지런히 일하며 공부하는 것을 이름. [자치통감資治通鑑]

請君入瓮
청 군 입 옹

請청할청 君임금군 入들입 瓮독옹
사람을 불러 독에 넣음. 제가 한 방법대로 남이 자기에게 함. 즉 제가 처놓은 그물에 자기가 걸림.

聽德惟聰
청 덕 유 총

聽들을청 德큰덕 惟오직유 聰귀밝을총
덕의 말을 들으려면 먼저 자신이 총명해야 한다는 말. 또는 총명하면 간사한 일에 현혹되지 않는다는 말. [서경書經]

清廉潔白
청 렴 결 백

清맑을청 廉청렴할렴 潔깨끗할결 白흰백
맑고 곧아 흠집이 전혀 없고 깨끗함. [위료자尉繚子]

清不事財
청 불 사 재

清맑을청 不아닐불 事일사 財재물재
청렴하면 어떤 뇌물에도 마음이 움직이지 않음.

青絲香潤
청 사 향 윤
靑 푸를 청　絲 실 사　香 향기 향　潤 윤택할 윤
향기롭고 윤기 있는 검은 머리털.

青山一髮
청 산 일 발
靑 푸를 청　山 뫼 산　一 한 일　髮 터럭 발
아득히 먼 청산이 머리카락 한 오라기같이 보임.

清水明鏡
청 수 명 경
淸 물 맑을 청　水 물 수　明 밝을 명　鏡 거울 경
맑은 물을 밝은 거울로 삼다. 【한서漢書】
▶청수명경 불가이형도(---- 不可以形逃): 맑은 물을 거울
로 삼으면 형상이 숨을 곳이 없다.

青蠅染白
청 승 염 백
靑 푸를 청　蠅 파리 승　染 물들일 염　白 흰 백
파리가 흰 것을 더럽힘. 소인이 군자를 모함하여 해치는
것을 비유하는 말.

青蠅點素
청 승 점 소
靑 푸를 청　蠅 파리 승　點 점 점　素 흴 소
파리가 흰색에 점을 찍어 더럽힘. 【후한서後漢書】 =청승염
백(靑蠅染白)

青雲之士
청 운 지 사
靑 푸를 청　雲 구름 운　之 갈 지　士 선비 사
학덕이 고매한 선비. 【사기史記】

青雲之志
청 운 지 지
靑 푸를 청　雲 구름 운　之 갈 지　志 뜻 지
청운의 뜻. 입신출세하고 싶은 마음. 또는 고결하게 속
세를 떠나고 싶은 마음. =능운지지(凌雲之志)

晴雲秋月
청 운 추 월
晴 갤 청　雲 구름 운　秋 가을 추　月 달 월
갠 하늘에 떠 있는 가을 달. 마음속이 맑고 깨끗한 것을
비유하는 말.

清音幽韻
청 음 유 운
淸 맑을 청　音 소리 음　幽 그윽할 유　韻 운치 운
맑은 소리와 그윽한 운치. 문장에 흐르는 격조를 말
함. 【논어論語】

聽而不聞
청 이 불 문
聽 들을 청　而 말이을 이　不 아닐 불　聞 들을 문
귀 기울여 들으려고 애써도 들리지 않음. 또는 듣고도
못 들은 체함. 【대학大學】
▶청(聽): 유심히 애써서 들음. 문(聞): 들으려 하지 않아도
들림.

清酌庶羞 清 맑을 청 酌 따를 작 庶 무리 서 羞 음식 수
청 작 서 수 제사에 쓰는 술과 여러 제물.

青氈舊物 青 푸를 청 氈 모전 전 舊 옛 구 物 만물 물
청 전 구 물 조상 대대로 전해 오는 오래된 물건.

青錢萬選 青 푸를 청 錢 돈 전 萬 일만 만 選 고를 선
청 전 만 선 푸른 동전을 만 번 골라 잡아도 동전이듯, 시험을 칠 때
마다 합격을 하는 뛰어난 문장을 말함.

清淨寂滅 清 맑을 청 淨 깨끗할 정 寂 고요할 적 滅 멸할 멸
청 정 적 멸 청정무위(淸淨無爲)를 주장하는 노자(老子)의 가르침과
적멸위락(寂滅爲樂)을 종지(宗志)로 하는 석가(釋迦)의
가르침. 즉 도교(道敎)와 불교(佛敎).

蜻蜓接囊 蜻 잠자리 청 蜓 잠자리 정 接 닿을 접 囊 주머니 낭
청 정 접 낭 잠자리 꽁무니 맞추기. 일이 오래 갈 수 없다는 말. 또는
한 곳에 머물지 않고 여기저기 돌아다님을 이르는 말.

晴天白日 晴 맑을 청 天 하늘 천 白 흰 백 日 날 일
청 천 백 일 맑게 갠 날에 빛나는 해. 마음이 결백함을 이름. [주자전서
朱子全書] =청천백일(靑天白日)

青天白日 青 푸를 청 天 하늘 천 白 흰 백 日 날 일
청 천 백 일 맑고 푸른 하늘에 뜬 태양. 누명을 썼던 죄인이 죄를 벗
고 무죄 방면되는 것을 말함. [사기史記]

青天霹靂 青 푸를 청 天 하늘 천 霹 벼락 벽 靂 벼락 력
청 천 벽 력 푸른 하늘의 날벼락. 뜻밖에 당하는 사고, 갑작스런 변
화 등을 비유하는 말. [시경詩經]

菁菁者莪 菁 우거질 청 者 사람 자 莪 쑥 아
청 청 자 아 교육하여 인재를 기르는 즐거움과 군주가 육성한 인재
가 덕을 발휘함을 비유하는 말.

青出於藍 青 푸를 청 出 날 출 於 어조사 어 藍 쪽풀 람
청 출 어 람 푸른색은 쪽풀에서 나오나 쪽풀보다 푸름. 제자가 스승
보다 오히려 더 낫다는 말. [순자荀子] =출람지예(出藍之
譽)

▶청출어람 청어람(---- 靑於藍) 빙수위지 한어수(氷水爲之 寒於水): 푸른색은 쪽풀에서 나왔으나 쪽풀보다 푸르고, 얼음은 물에서 나왔으나 물보다 차다.

淸濁倂呑
청 탁 병 탄
淸 맑을 청　濁 흐릴 탁　倂=竝 아우를 병　呑 삼킬 탄
맑고 흐린 것을 아울러 삼킴. 포용력이 아주 커서 선인, 악인을 가리지 않음을 비유하는 말.

靑苔黃葉
청 태 황 엽
靑 푸를 청　苔 이끼 태　黃 누를 황　葉 잎사귀 엽
푸른 이끼와 누런 잎. 가을 단풍의 아름다움을 이름.

淸風徐來
청 풍 서 래
淸 맑을 청　風 바람 풍　徐 천천히 서　來 올 래
맑은 바람이 천천히 불어옴. 【소식蘇軾의 적벽부赤壁賦】
▶청풍서래 수파불흥(---- 水波不興): 맑은 바람이 서서히 부니 물결도 일지 않네.

淸風兩袖
청 풍 양 수
淸 맑을 청　風 바람 풍　兩 두 량(양)　袖 소매 수
맑은 바람이 양 소매에 가득함. 즉 관리의 청렴결백함을 형용한 말. 【신선전神仙傳】

淸閑之歡
청 한 지 환
淸 맑을 청　閑 한가할 한　之 갈 지　歡 기쁠 환
조용하고 한가하게 지내는 즐거움.

晴好雨奇
청 호 우 기
晴 맑을 청　好 좋을 호　雨 비 우　奇 기이할 기
산수의 경치는 맑으나 비가 오나, 언제나 아름다움.

蝃蝀在東
체 동 재 동
蝃 무지개 체　蝀 무지개 동　在 있을 재　東 동녘 동
무지개가 동쪽에 걸려 있음.

剃髮染衣
체 발 염 의
剃 머리 깎을 체　髮 터럭 발　染 물들일 염　衣 옷 의
머리를 깎고 물들인 가사를 입음. 출가(出家)하여 중이 됨을 이르는 말.

涕泗滂沱
체 사 방 타
涕 눈물 체　泗 물이름 사　滂 비 퍼부을 방　沱 물이름 타
빗물이 퍼붓듯 흐르는 물. 또는 눈물이 비가 퍼붓듯 흐른다는 말. 【시경詩經】

棣鄂之情　棣산 앵두나무 체　鄂 나라이름 악　之 갈 지　情 뜻 정
체 악 지 정　아름다운 형제의 정을 이름. =체화지정(棣華之情)

體用一原　體 몸 체　用 쓸 용　一 한 일　原 근원 원
체 용 일 원　몸과 행동의 원천은 하나의 정신에 있음.

體元居正　體 몸 체　元 으뜸 원　居 살 거　正 바를 정
체 원 거 정　선을 근본으로 하여 바르게 처(處)함. 【춘추좌씨전春秋左氏傳】

　　　▶『춘추좌씨전』에 군왕이 즉위한 첫해를 원년(元年), 첫 달을 정월(正月)이라 한 것은 체원거정(體元居正)하고자 하는 마음에서 비롯된 것이라 한다.

滯滯泥泥　滯 막힐 체　泥 진흙 니(이)
체 체 이 니　한 가지 일에 구애되어 헤어나지 못하는 것을 이름.

楚可伐陳　楚 나라이름 초　可 옳을 가　伐 칠 벌　陳 나라이름 진
초 가 벌 진　초(楚)나라가 진(陳)나라를 칠 수 있음. 【설원說苑】

　　　▶작은 나라가 큰 나라를 칠 만큼 전쟁 준비를 오래 했으면 그만큼 국력이 낭비되었다는 말. 지나치게 백성을 혹사하며 국력을 약화시켰다는 뜻.

草間求活　草 풀 초　間 사이 간　求 구할 구　活 살 활
초 간 구 활　초간에서 삶을 구함. 즉 무위무관(無位無官)으로 살아가기를 바란다는 뜻. 【진서晉書】

悄去明來　悄 근심할 초　去 갈 거　明 밝을 명　來 올 래
초 거 명 래　남몰래 갔다가 성공해서 번듯하게 돌아온다는 뜻.

草根木皮　草 풀 초　根 뿌리 근　木 나무 목　皮 껍질 피
초 근 목 피　풀 뿌리와 나무 껍질. 험한 음식을 일컫는 말. 【금사金史】

燋頭爛額　燋 그을릴 초　頭 머리 두　爛 불에 탈 란(난)　額 이마 액
초 두 난 액　불에 머리를 태우고 이마를 그을림. 【십팔사략十八史略】

　　　▶곡돌사신 무은택(曲突徙薪 無恩澤) 초두난액 위상객(---- 爲上客): 화재 예방을 헌언(獻言)한 사람에게는 상을 안 주고, 머리를 태우며 불을 끈 사람은 상을 줌. 즉 본말(本末)이 전도됨을 비유하는 말.

草頭天子
초 두 천 자
草풀초 頭머리두 天하늘천 子아들자
강도나 도둑의 두목.
▶초두(草頭)는 풀잎에 맺힌 이슬(草頭露)의 약자로, 풀끝의 이슬처럼 대장자리가 쉽게 날아감을 비유한 것.

抄略諸郡
초 략 제 군
抄노략질할초 略다스릴략 諸모두제 郡고을군
여러 고을을 노략질함. [후한서後漢書]

草綠同色
초 록 동 색
草풀초 綠푸를록 同한가지동 色빛색
풀색이나 초록은 같은 색. 같은 처지나 부류의 사람끼리 잘 어울리는 것을 말함. [열자列子] =동병상련(同病相憐)

草鹿自欺
초 록 자 기
草풀초 鹿사슴록 自스스로자 欺속일기
사슴을 풀로 덮어 주었다가 자기마저 속음. [수서隋書]

草滿囹圄
초 만 영 어
草풀초 滿가득할만 囹옥영 圄옥어
감옥에 풀이 가득히 우거짐. 나라가 태평하여 감옥에 죄수가 없음을 이름. [수서隋書]

草網着虎
초 망 착 호
草풀초 網그물망 着붙일착 虎범호
풀로 만든 그물로 호랑이를 잡음. 되지도 않은 일을 꾀한다는 말. 또는 하는 일이 엉성하여 엉터리라는 말.

草茅危言
초 모 위 언
草풀초 茅띠모 危위태할위 言말씀언
초야에 있는 인사가 국정을 통렬히 비판하는 것을 이름. [진서晉書]

草木皆兵
초 목 개 병
草풀초 木나무목 皆다개 兵군사병
풀과 나무가 모두 군사로 보임. 심히 겁에 질린 모양을 형용하는 말. =풍성학려(風聲鶴唳)

草木怒生
초 목 노 생
草풀초 木나무목 怒곤두설노 生날생
초목이 봄을 맞아 갑자기 싹이 틈. [장자莊子]
▶노생(怒生)은 갑자기 발생한다는 뜻.

草木黃落
초 목 황 락
草풀초 木나무목 黃누를황 落떨어질락
초목의 잎이 누렇게 변해 떨어짐. 즉 가을을 이르는 말. [예기禮記]

焦眉之急
초 미 지 급
焦 그을릴 초　眉 눈썹 미　之 갈 지　急 급할 급
눈썹이 타들어가는 것같이 위급한 일. 【오등회원五燈會元】
=소미지급(燒眉之急)

椒房之親
초 방 지 친
椒 산초나무 초　房 방 방　之 갈 지　親 친할 친
후비(后妃)의 친정 친족들. 【후한서後漢書】
▶초방(椒房)이란 초벽(椒壁)을 두른 방으로, 후비가 기거함.

初不得三
초 부 득 삼
初 처음 초　不 아닐 부　得 얻을 득　三 석 삼
첫번째 실패해도 세 번째는 성공함. 즉 무슨 일이든 꾸
준히 노력하여야 성공할 수 있다는 말.

招世之士
초 세 지 사
招 부를 초　世 대 세　之 갈 지　士 선비 사
세상에서 부르는 선비. 세상에서 환영받는 사람을 이
름. 【장자莊子】
▶초세지사여조(----與朝): 세상에서 뛰어난 선비는 조정
에서 출세한다.

焦脣乾舌
초 순 건 설
焦 그을릴 초　脣 입술 순　乾 마를 건　舌 혀 설
입술이 타고 혀가 마름. 【사기史記】

焦心苦慮
초 심 고 려
焦 태울 초　心 마음 심　苦 괴로울 고　慮 생각할 려
마음을 태우며 괴로워하고 염려함. 【맹자孟子】

草偃風從
초 언 풍 종
草 풀 초　偃 누울 언　風 바람 풍　從 따를 종
풀이 바람을 따라 눕는 것같이 임금의 덕이 백성을 감화
시킴을 이름. 【사기史記】

招搖過市
초 요 과 시
招 부를 초　搖 흔들 요　過 지날 과　市 저자 시
허풍을 떨면서 남의 이목을 끎.

招搖之士
초 요 지 사
招 부를 초　搖 흔들 요　之 어조사 지　士 선비 사
세상을 초요하는 선비. 세상을 허풍떨며 다니는 선비.
【사기史記】

礎潤而雨
초 윤 이 우
礎 주춧돌 초　潤 적실 윤　而 말이을 이　雨 비 우
주춧돌이 축축해지면 비가 옴. 어떤 일이든 조짐이나 원
인이 있다는 말.

稍蠶食之
초 잠 식 지

稍 점점 초 蠶 누에 잠 食 먹을 식 之 갈 지
조금씩 조금씩 누에처럼 먹어 들어감. 점차로 침략하여
들어감. [춘추좌씨전春秋左氏傳]

楚材晉用
초 재 진 용

楚 나라이름 초 材 재목 재 晉 나라이름 진 用 쓸 용
초(楚)나라 인재를 진(晉)나라에서 씀. 타국의 인재를 등
용함. 딴 사람의 것을 자기가 이용한다는 말. [춘추좌씨전春
秋左氏傳]

初志一貫
초 지 일 관

初 처음 초 志 뜻 지 一 한 일 貫 꿸 관
처음의 뜻을 변치 않고 끝까지 지닌다는 말.

超轍絶塵
초 철 절 진

超 넘을 초 轍 바퀴자국 철 絶 끊을 절 塵 티끌 진
너무 빨리 달려 수레가 먼지 밖으로 벗어난다는 뜻.

草卉之臣
초 훼 지 신

草 풀 초 卉 풀 훼 之 갈 지 臣 신하 신
벼슬하지 않은 사람을 이름. [남사南史] =초모지신(草茅之
臣), 초망지신(草莽之臣)

燭刻場中
촉 각 장 중

燭 촛불 촉 刻 새길 각 場 마당 장 中 가운데 중
초에 금을 그어 시간을 제한하는 과장(科場) 안. 즉 시험
중이란 뜻. 또는 정해진 시간이 촉박함을 이름.

蜀犬吠日
촉 견 폐 일

蜀 나라이름 촉 犬 개 견 吠 짖을 폐 日 날 일
촉(蜀)지방의 개가 해를 보고 짖음. 식견이 좁아서 예삿
일을 보고도 크게 놀람을 비유하는 말. 또는 식견이 좁
은 사람이 현자를 헐뜯는 것을 지칭하는 말. [장자莊子]
=월견폐설(粤犬吠雪)
▶촉(蜀)나라는 워낙 높은 산에 싸여 있고, 운무가 드리워
해를 볼 수가 없기에 어쩌다 해가 나는 것을 보면 개가
놀라고 신기해서 짖는다는 말.

促襟見肘
촉 금 현 주

促 재촉할 촉 襟 옷깃 금 見 나타날 현 肘 팔꿈치 주
옷깃을 당기면 팔꿈치가 드러남. 생활이 극빈하여 여기
저기를 돌볼 여유가 없음을 비유하는 말.

觸目傷心
촉 목 상 심

觸 닿을 촉 目 눈 목 傷 상할 상 心 마음 심
눈이 닿는 곳마다 마음이 아픔.

燭不見跋
촉 불 현 발

燭 촛불 촉　不 아닐 불　見 나타날 현　跋 밟을 발
초의 밑둥이 아직 나타나지 않음. 밤이 깊지 않음을 의미함. 【예기禮記】

燭照數計
촉 조 수 계

燭 촛불 촉　照 비출 조　數 헤아릴 수　計 셀 계
촛불로 비추어 보고 수를 계산함. 일일이 직접 세어봄.

蜀中名將
촉 중 명 장

蜀 촉나라 촉　中 가운데 중　名 이름 명　將 장수 장
촉(蜀)의 뛰어난 장군. 천하에 뛰어난 인재를 이르는 말.

觸處逢敗
촉 처 봉 패

觸 닿을 촉　處 곳 처　逢 만날 봉　敗 패할 패
닿는 곳마다 낭패를 당함. =처처봉패(處處逢敗)

寸量銖稱
촌 량 수 칭

寸 마디 촌　量 헤아릴 량　銖 무게 수　稱 칭할 칭
한 치의 길이, 한 수의 무게도 재고 닮. 작은 일도 일일이 조사하고 알아본다는 말.
▶수(銖)는 양(兩)의 1/24.

寸馬豆人
촌 마 두 인

寸 마디 촌　馬 말 마　豆 콩 두　人 사람 인
말(馬)은 한 마디(寸)같이, 사람은 콩알같이 보임. 즉 먼 곳에 있는 인마(人馬)가 작게 보이는 것을 말함.

寸善尺魔
촌 선 척 마

寸 마디 촌　善 착할 선　尺 자 척　魔 마귀 마
좋은 일은 적고, 나쁜 일은 많다는 뜻.

寸陰若歲
촌 음 약 세

寸 마디 촌　陰 그늘 음　若 같을 약　歲 해 세
아주 짧은 시간도 한 해와 같다는 말. 기다리는 동안이 지루함을 이름. 또는 무척 초조한 기다림을 이름. =일각여삼추(一刻如三秋), 일일삼추(一日三秋)

寸田尺宅
촌 전 척 택

寸 마디 촌　田 밭 전　尺 자 척　宅 집 택
미간과 안면. 조그만 땅뙈기. 적은 재산. 【맹자孟子】
▶촌전(寸田)은 눈썹 사이(眉間). 척택(尺宅)은 안면(顏面).

寸進尺退
촌 진 척 퇴

寸 마디 촌　進 나아갈 진　尺 자 척　退 물러날 퇴
한 치 나아가고 한 자 물러섬. 얻는 것은 적고 잃는 것은 많다는 말. 【노자老子】

寸鐵殺人
촌 철 살 인
寸마디 촌　鐵쇠 철　殺죽일 살　人사람 인
조그만 쇠토막으로 사람을 죽이는 것과 같이 짤막한 경
구(警句)로 사람의 마음을 사로잡는 것을 이름. [한림옥로
翰林玉露]

寸草春暉
촌 초 춘 휘
寸마디 촌　草풀 초　春봄 춘　暉빛 휘
어린 풀싹에게 따뜻한 햇볕은 어버이의 자식에 대한 애
정과 같음. 즉 자식이 어버이의 애정에 조금도 보답하지
못함을 비유하는 말. =춘초지심(春草之心)

村村乞食
촌 촌 걸 식
村마을 촌　乞구걸할 걸　食먹을 식
이 마을 저 마을 다니면서 얻어먹음.

總角之好
총 각 지 호
總거느릴 총　角뿔 각　之갈 지　好좋을 호
어릴 때부터 친한 벗을 이름.
▶총각은 머리를 좌우로 갈라서 올려 뿔같이 만든 모양으
로, 관례 전의 머리 모양을 말함.

叢輕折軸
총 경 절 축
叢모일 총　輕가벼울 경　折부러질 절　軸굴대 축
가벼운 물건도 많이 모이면 수레의 축을 부러뜨림. 작은
것도 많이 모이면 큰 힘이 됨을 비유하는 말. [한서漢書]
=군경절축(群輕折軸)

蔥嶺之教
총 령 지 교
蔥파 총　嶺고개 령　之갈 지　教가르칠 교
불교를 달리 일컫는 말.
▶총령(蔥嶺)은 인도에 있는 산으로, 석가가 이 산에서 수
행한 데서 유래함.

聰明叡智
총 명 예 지
聰귀 밝을 총　明밝을 명　叡통달할 예　智지혜 지
총명과 예지. 성인의 사덕(四德)을 이름. [역경易經]
▶묻지 않는 것이 없음(聰), 보지 않는 것이 없음(明), 통하
지 않는 것이 없음(叡), 모르는 것이 없음(智).

聰不用盡
총 불 용 진
聰귀 밝을 총　不아닐 불　用쓸 용　盡다할 진
총명을 다 쓰지 않음. 자기의 총명을 다 내보이지 않아
야 한다는 말.

寵辱不驚
총 욕 불 경
寵총애할총 辱욕될욕 不아닐불 驚놀랄경
사랑받든 곤욕을 당하든 조금도 마음에 두지 아니함. [당서唐書]

葱竹之教
총 죽 지 교
葱파총 竹대죽 之갈지 教가르칠교
파로 피리를 만들어 불고, 죽마를 타고 놀던 어릴 적 친구. [삼국지三國志]

冢中枯骨
총 중 고 골
冢무덤총 中가운데중 枯마를고 骨뼈골
무덤 속 해골. 무능한 인간을 비유하는 말. 또는 여윈 사람을 조롱하는 말.

摧枯拉朽
최 고 납 후
摧꺾을최 枯마를고 拉잡을납 朽썩을후
마른 나무를 꺾고 썩은 나무를 부러뜨림. 일이 아주 수월함을 비유하는 말. [송사宋史]

綷以藻詠
최 이 조 영
綷오색비단최 以써이 藻오색빛말조 詠읊을영
오색 비단, 오색 무늬의 말(藻)과 같이 아름다운 소리로 읊음. [춘추좌씨전春秋左氏傳]

榱題數尺
최 제 수 척
榱서까래최 題제목제 數헤아릴수 尺자척
서까래 끝이 수척이나 됨. 즉 넓고 큰 저택. [맹자孟子]
▶최제(榱題): 서까래 끝.

椎輕釘聳
추 경 정 용
椎망치추 輕가벼울경 釘못정 聳솟을용
망치가 가벼우면 못이 솟음. 즉 윗사람이 위엄이 없으면 아랫사람이 말을 듣지 않음. =퇴경정용(槌輕釘聳)

秋高馬肥
추 고 마 비
秋가을추 高높을고 馬말마 肥살찔비
가을 하늘은 높고 말은 살이 찜. =천고마비(天高馬肥)

抽戈而揮
추 과 이 휘
抽뺄추 戈창과 而말이을이 揮휘두를휘
창을 빼들고 휘두름. [양원제梁元帝의 격문檄文]

推己及人
추 기 급 인
推미룰추 己몸기 及미칠급 人사람인
자기의 처지를 미루어 남의 처지를 헤아림. [논어論語]

錐刀之末
추 도 지 말
錐송곳추 刀칼도 之갈지 末끝말
송곳이나 칼의 끝. 지극히 작은 일. 사소한 이익. [춘추좌씨전春秋左氏傳] = 추도지리(錐刀之利)

秋燈挑盡
추 등 도 진

秋 가을 추　燈 등불 등　挑 휠 도　盡 다할 진
가을에 등불이 다하도록 등심을 돋우다. 【백거이白居易의 장
한가長恨歌】

▶추등도진 미성면(---- 未成眠): 가을에 등불을 다 돋우
고 밝혀도 잠을 못 이루네.

鄒魯遺風
추 로 유 풍

鄒 고을이름 추　魯 노나라 로　遺 남길 유　風 바람 풍
공자와 맹자의 유풍. 【양서梁書】= 추로지향(鄒魯之鄉)

▶추(鄒)는 맹자, 노(魯)는 공자가 태어난 나라.

麤服亂頭
추 복 난 두

麤 거칠 추　服 옷 복　亂 어지러울 란(난)　頭 머리 두
거친 옷에 헝클어진 머리. 꾸미지 않은 용모를 비유하는
말. 【세설신어世說新語】

秋霜烈日
추 상 열 일

秋 가을 추　霜 서리 상　烈 매울 렬(열)　日 날 일
가을의 찬 서리와 여름의 뜨거운 햇볕. 형벌이나 법령이
몹시 엄하고 가혹함을 비유하는 말. 【신감申鑑】

趨翔閑雅
추 상 한 아

趨 달릴 추　翔 날 상　閑 한가할 한　雅 아담할 아
행동거지가 단정하고 품위가 있음. 【여씨춘추呂氏春秋】

▶추상(趨翔): 행동거지(行動擧止).

秋收冬藏
추 수 동 장

秋 가을 추　收 거둘 수　冬 겨울 동　藏 갈무리할 장
가을에 거두어 겨울에 갈무리함. 【천자문千字文】

秋夜如歲
추 야 여 세

秋 가을 추　夜 밤 야　如 같을 여　歲 해 세
가을 밤이 지루하고 길어 한 해와 같이 느껴진다는 말.
=추야여년(秋夜如年)

秋夜長長
추 야 장 장

秋 가을 추　夜 밤 야　長 길 장
가을 밤이 길고 긺.

麤言細語
추 언 세 어

麤 거칠 추　言 말씀 언　細 가늘 세　語 말씀 어
거친 말과 세세한 말.

惆然不嗛
추 연 불 겸

惆 실심할 추　然 그러할 연　不 아닐 불　嗛 모자랄 겸
슬퍼하고 한탄하여도 마음이 흡족하지 않음. 【송사宋史】

ㅊ

推演聖德
추 연 성 덕
推밀추 演멀리흐를연 聖성스러울성 德큰덕
성덕(聖德)이 멀리까지 스며 흐름. 【순자荀子】

趨炎附熱
추 염 부 열
趨달릴추 炎불꽃염 附붙을부=赴나아갈부 熱
더울열
불꽃을 좇아 열을 붙임. 권세와 이익이 있는 자에게 달
려가고 아부하여 출세를 꾀하는 것을 이름. 【한서漢書】
▶염(炎)과 열(熱)은 권세가 강대함을 말함.

芻蕘之說
추 요 지 설
芻꼴추 蕘땔나무요 之갈지 說말씀설
꼴꾼과 나무꾼의 말씨. 고루하고 야비한 말씨. 【맹자孟子】

追友江南
추 우 강 남
追따를추 友벗우 江큰내강 南남녘남
친구 따라 강남 감.
▶강남(江南)은 양자강 남쪽.

秋月寒江
추 월 한 강
秋가을추 月달월 寒찰한 江큰내강
가을 달과 서늘한 강물.

麤而翹之
추 이 교 지
麤거칠추 而말이을이 翹들출교 之갈지
허물을 들추어 임금에게 간언함.

墜茵落溷
추 인 낙 혼
墜떨어질추 茵요인 落떨어질락(낙) 溷=圂뒷
간혼
한 나무에 피었던 꽃이 바람에 날리어 요 위에 떨어지기
도 하고 뒷간에 떨어지기도 함. 한 부모 밑에서 난 자식
이 잘 되기도 하고 못 되기도 한다는 말. 【남사南史】

鄒人之子
추 인 지 자
鄒고을이름추 人사람인 之갈지 子아들자
추(鄒)지방 사람의 아들. 맹자(孟子)를 말함.

僦載煩費
추 재 번 비
僦빌릴추 載실을재=車수래거 煩번거로울번
費쓸비
많은 비용을 들여 수레를 빌려서 보냄.

推舟於陸
추 주 어 륙
推미룰추 舟배주 於어조사어 陸뭍륙
배를 육지로 밀어올림. 고집으로 무리를 행하려 함을 비
유하는 말. 【장자莊子】 =추주어륙(趨舟於陸)

麤枝大葉
추 지 대 엽

麤거칠추 枝가지지 大큰대 葉잎사귀엽

거친 가지와 큰 잎. 즉 세세한 데 구애되지 않고 자유롭게 써 내려간 문장을 말함.

推此可知
추 차 가 지

推밀추 此이차 可옳을가 知알지

이 일을 미루어 다른 것을 알 수가 있음.

錐處囊中
추 처 낭 중

錐송곳추 處곳처 囊주머니낭 中가운데중

송곳이 자루 속에 있으면 그 끝이 저절로 바깥으로 나옴. 사람이 능력과 지식이 뛰어나면 숨어 있어도 저절로 알려진다는 말.=낭중지추(囊中之錐) 【사기史記】

捶笞臏脚
추 태 빈 각

捶종아리칠추 笞볼기태 臏종지뼈빈 脚다리각

종아리, 볼기, 종지뼈, 다리를 치는 형벌.

秋風過耳
추 풍 과 이

秋가을추 風바람풍 過지날과 耳귀이

가을바람이 귓전을 스쳐감. 전혀 들은 척하지 않음. 【오월춘추吳越春秋】

秋風落葉
추 풍 낙 엽

秋가을추 風바람풍 落떨어질락(낙) 葉잎사귀엽

가을 바람에 떨어지는 낙엽. 세력이 시들어 힘없이 추락하는 것을 이름. 【사기史記】

秋毫不犯
추 호 불 범

秋가을추 毫가는털호 不아닐불 犯범할범

청렴하여 남의 것을 조금도 범하지 않음. 【한서漢書】

秋毫之末
추 호 지 말

秋가을추 毫가는털호 之갈지 末끝말

가을철에 새로 난, 가는 터럭과 같이 미세한 것을 말함.

抽黃對白
추 황 대 백

抽뽑을추 黃누를황 對대할대 白흰백

황, 백 등 아름다운 여러 색깔을 배합함. 즉 교묘한 문구를 써서 사륙병려체(四六駢儷體)의 글을 지음.
▶사륙병려체(四六駢儷體): 4자, 6자의 대구(對句)를 많이 써서 화려함과 미감이 뛰어난 문체.

追悔莫及
추 회 막 급

追좇을추 悔뉘우칠회 莫말막 及미칠급

일이 끝난 뒤에 후회해도 소용이 없다는 말.

逐鷄望籬
축 계 망 리
逐쫓을축 鷄닭계 望바랄망 籬울타리리
닭 쫓던 개 울타리 쳐다보기. 힘써 하던 일이 실패하거나, 남에게 아주 뒤떨어져 주저앉은 채 민망해 하는 모습을 비유하는 말.

舳艫相銜
축 로 상 함
舳고물축 艫뱃머리로 相서로상 銜물함
배의 뒷부분과 앞부분이 서로 맞닿음. 즉 배가 잇닿아 있는 모양. [삼국지三國志]

舳艫千里
축 로 천 리
舳고물축 艫뱃머리로 千일천천 里마을리
많은 배가 끝없이 이어진 모양. [소식蘇軾의 적벽부赤壁賦]

縮地補天
축 지 보 천
縮줄일축 地땅지 補기울보 天하늘천
땅을 줄이고 하늘을 기움. 천자가 천하를 개혁하는 것을 이름. [구당서舊唐書]

春宮衙門
춘 궁 아 문
春봄춘 宮궁궐궁 衙마을아 門문문
예조(禮曹)를 다르게 부르는 말.
▶예조는 국가의 외교와 제(祭)와 예(禮)를 맡았다.

春蘭秋菊
춘 난 추 국
春봄춘 蘭난초난 秋가을추 菊국화국
봄 난초와 가을 국화. 어느 것이나 훌륭하여 버리기가 어려움. 미인에게 각각 특징이 있어 우열을 가리기 어려울 때 쓰는 말이 됨. =난형난제(難兄難弟)

春戴陽日
춘 대 양 일
春봄춘 戴일대 陽볕양 日날일
봄날의 해를 이고 있는 것같이 따뜻함.

春渡桃源
춘 도 도 원
春봄춘 渡건널도 桃복숭아도 源물근원원
봄날 복숭아 꽃이 뜬 물줄기를 건너다. [상곤常袞의 부賦]

春露秋霜
춘 로 추 상
春봄춘 露이슬로 秋가을추 霜서리상
봄의 이슬, 가을의 서리. 즉 은택(恩澤)과 위엄(威嚴)을 비유.

春苗萎悴
춘 묘 위 췌
春봄춘 苗싹묘 萎마를위 悴파리할췌
봄에 돋는 싹이 마르고 초췌함. [위서魏書]

ㅊ

春誦夏絃
춘 송 하 현

春봄춘 誦욀송 夏여름하 絃줄현
봄엔 가악(歌樂)의 편장(篇章)을 읊고, 여름엔 거문고를
가지고 시장(詩章)을 음절에 맞춰 탐. 즉 철에 따라 공부
하는 과목을 바꿈. [소식蘇軾의 춘야春夜]

春樹暮雲
춘 수 모 운

春봄춘 樹나무수 暮저물모 雲구름운
봄철에 돋는 나뭇잎을 바라보고 저무는 날의 구름을 바
라봄. 먼 곳에 있는 친구를 그리워하는 마음을 형용.

春蛙秋蟬
춘 와 추 선

春봄춘 蛙개구리와 秋가을추 蟬매미선
봄에 우는 개구리, 가을에 우는 매미. 즉 귀찮고 쓸데없
는 간언을 비꼬는 말. 또는 쓸데없는 언론을 비유하는
말. [진서晉書]

春王正月
춘 왕 정 월

春봄춘 王임금왕 正바를정 月달월
봄의 정월. 춘정월(春正月)을 말함. [춘추春秋]
▶왕(王)은 주왕(周王)의 천하임을 나타내는 말.

春蚓秋蛇
춘 인 추 사

春봄춘 蚓지렁이인 秋가을추 蛇뱀사
봄의 지렁이와 가을의 뱀. 획에 힘이 없고 꼬불꼬불 뒤
틀린 졸필을 이름. [진서晉書]

春日遲遲
춘 일 지 지

春봄춘 日날일 遲더딜지
봄날이 길고 길어 저무는 것도 더딤.

春蟊之股
춘 종 지 고

春봄춘 蟊메뚜기종 之길지 股넓적다리고
봄 메뚜기의 넓적다리. 살이 찌지 않은 보잘것없는 다리
를 비유하는 말.

春秋時代
춘 추 시 대

春봄춘 秋가을추 時때시 代대신할대
주(周)나라가 동쪽으로 수도를 옮기고 진(晉)이 한(韓),
위(魏), 조(趙)로 분열되기까지의 기간. 즉 『춘추(春秋)』
에 기재되어 있는 시대.
▶『춘추(春秋)』는 공자(孔子)가 엮은 역사서.

春秋戰國
춘 추 전 국

春봄춘 秋가을추 戰싸울전 國나라국
주(周)의 평왕(平王) 이후부터를 춘추시대라 하고, 위열
왕(威烈王)부터 진(秦)나라 시황(始皇)이 중국을 통일할
때까지(BC 402~BC 221)의 기간을 전국시대라고 함.

ㅊ

春秋筆法
춘 추 필 법
春봄춘 秋가을추 筆붓필 法법법
정실(情實)이나 주관, 권력의 힘에 영향을 받지 않고 대의명분을 밝히는 준엄한 사필(史筆)의 논법을 이름.

春雉自鳴
춘 치 자 명
春봄춘 雉꿩치 自스스로자 鳴울명
봄 꿩이 스스로 울어 죽음을 자초하는 것같이 제 허물을 제가 드러냄으로써 남이 알아차리게 됨을 이름.

春風滿面
춘 풍 만 면
春봄춘 風바람풍 滿가득할만 面낯면
얼굴에 봄바람이 가득함. 얼굴에 기쁨과 화기가 가득하다는 말.＝득의만면(得意滿面)

春風秋雨
춘 풍 추 우
春봄춘 風바람풍 秋가을추 雨비우
봄바람과 가을비. 즉 덧없이 지나가는 세월을 이름.

春風和氣
춘 풍 화 기
春봄춘 風바람풍 和화할화 氣기운기
봄바람의 화창한 기운. [슌오지句五志]

春寒老健
춘 한 노 건
春봄춘 寒찰한 老늙을로(노) 健굳셀건
봄 추위와 노인의 건강. 오래 가지 않아 믿지 못함을 비유하는 말. [논어論語]

春享大祭
춘 향 대 제
春봄춘 享누릴향 大큰대 祭제사제
초봄에 종묘(宗廟)와 사직(社稷)에 올리는 큰 제사.

春花秋實
춘 화 추 실
春봄춘 花꽃화 秋가을추 實열매실
봄의 꽃과 가을의 열매. 문질(文質)이 뛰어남을 말함.

出告反面
출 곡 반 면
出날출 告뵙고청할곡 反되돌릴반 面낯면
나갈 때 아뢰고, 돌아와서 부모님을 뵙고 아룀. ＝출필곡반필면(出必告 反必面) [예기禮記]

出谷遷喬
출 곡 천 교
出날출 谷골곡 遷옮길천 喬높을교
새가 골짜기에서 나와 높은 나뭇가지에 옮겨 앉음. 하찮은 집안에서 출세한 사람이 나옴을 비유. [시경詩經]

出口入耳
출 구 입 이
出날출 口입구 入들입 耳귀이
말하는 입과 듣는 귀. 즉 말하는 이와 듣는 사람 외에는 아무도 없으므로 비밀이 지켜짐을 이르는 말. [춘추좌씨전春秋左氏傳]

出山泉濁
출 산 천 탁
出 날출 山 뫼산 泉 샘천 濁 흐릴탁
샘물이 산을 벗어나면 흐려짐. =출산천수탁(出山泉水濁)

出我袴下
출 아 고 하
出 날출 我 나아 袴 바지고 下 아래하
내 바지 가랑이 밑으로 기어가라. [사기史記]
▶한(漢)의 장군 한신(韓信)이 어렸을 때 동네 불량배의 가
랑이 밑을 기었다는 고사에서 온 말.

出言有章
출 언 유 장
出 날출 言 말씀언 有 있을유 章 글장
하는 말이 아름답고 훌륭함. [시경詩經]

出爾反爾
출 이 반 이
出 날출 爾 너이 反 되돌릴반
자신이 행한 일은 자기가 결과를 받음. 선악이나 화복은
자초하는 일임을 나타내는 말. [맹자孟子]
▶출호이자 반호이자(出乎爾者 反乎爾者): 너에게서 나간 것
은 너에게로 돌아온다.

出一頭地
출 일 두 지
出 날출 一 한일 頭 머리두 地 땅지
학문의 수준이 아주 뛰어남. [구당서舊唐書]

出將入相
출 장 입 상
出 날출 將 장수장 入 들입 相 도울상
나가서는 장수, 들어와서는 재상. 문무(文武)를 다 갖추
어 장상(將相)의 벼슬을 모두 지내는 것을 이름.

出處語默
출 처 어 묵
出 날출 處 곳처 語 말씀어 默 잠잠할묵
나아가서는 벼슬자리에 있다가 들어와서는 침묵함. [역
경易經]

黜陟幽明
출 척 유 명
黜 물리칠축 陟 오를척 幽 그윽할유 明 밝을명
관원의 근무 성적이 좋은 자는 승진, 공적이 없는 자는
내쫓음. [서경書經]
▶명(明)은 공적이 있음. 유(幽)는 공적이 없음.

出涕沱苦
출 체 타 고
出 날출 涕 눈물체 沱 비쏟아질타 苦 괴로울고
괴로움에 흘리는 눈물이 비오듯 흐름. [역경易經]

衝口而生
충 구 이 생
衝 찌를충 口 입구 而 말이을이 生 날생
생각지도 않은 말이 순간적으로 나오는 것을 이름.

衷其衵服
충 기 일 복
衷속충 其그기 衵속곳일 服입을복
옷 속에 받쳐 입는 옷.

充閭之慶
충 려 지 경
充가득할충 閭마을문려 之갈지 慶경사경
집에 손님이 가득 모인 경사. 또는 사내아이 낳은 것을
축하하는 모임. [춘추좌씨전春秋左氏傳]

衝目之杖
충 목 지 장
衝찌를충 目눈목 之갈지 杖지팡이장
남의 눈을 찌를 막대기. 남에게 해를 끼치고자 하는 악
한 마음을 이르는 말.

蟲臂鼠肝
충 비 서 간
蟲벌레충 臂팔비 鼠쥐서 肝간간
벌레의 팔과 쥐의 간. 아주 작은 것을 형용하는 말. [장자
莊子]

忠言逆耳
충 언 역 이
忠충성충 言말씀언 逆거스를역 耳귀이
충고하는 말(바른 말)은 귀에 거슬림. [공자가어孔子家語]

沖和之氣
충 화 지 기
沖빌충 和화할화 之갈지 氣기운기
천지에 조화로운 기운.

忠孝兩全
충 효 양 전
忠충성충 孝효도효 兩두량(양) 全온전할전
충성과 효도의 두 가지를 온전히 함. [전국책戰國策]

揣摩臆測
췌 마 억 측
揣헤아릴췌 摩만질마 臆가슴억 測잴측
지레짐작이나 손으로 쓰다듬듯이 이리저리 생각하고
결론을 내리는 것. 즉 남의 마음을 자기 마음대로 추측
하는 일. [노자老子]

揣而銳之
췌 이 예 지
揣헤아릴췌 而말이을이 銳날카로울예 之갈지
단련하여 날카롭게 만듦. [노자老子]

贅澤三昧
췌 택 삼 매
贅혹췌 澤못택 三석삼 昧새벽매
분에 넘치는 사치에 빠짐. [유양잡조酉陽雜組]
▶췌택(贅澤): 사치. 삼매(三昧): 푹 빠짐.

炊臼之夢
취 구 지 몽
炊불땔취 臼절구구 之갈지 夢꿈몽
절구에 밥을 짓는 꿈. 즉 아내를 잃음.

炊金饌玉 炊불땔취 金쇠금 饌반찬찬 玉구슬옥
취 금 찬 옥　황금으로 밥을 짓고, 주옥으로 반찬을 만듦. 값 비싸고 사치스런 음식이란 뜻으로, 주인의 환대에 감사하는 말로 씀.

取其所長 取취할취 其그기 所바소 長길장
취 기 소 장　그 사람의 장점을 취하여 자기의 것으로 함. [대학大學]

取厲取鍛 取취할취 厲갈려 鍛불릴단
취 려 취 단　굵은 돌, 잔 돌을 주워 모음. [시경詩經]
　▶여기서 단(鍛)은 '잔 돌'이라는 뜻으로 쓰임.

聚斂積實 聚모을취 斂거둘렴 積쌓을적 實열매실
취 렴 적 실　실적을 모아 거두어들임. [임춘林椿의 공방전孔方傳]

聚斂之臣 聚모을취 斂거둘렴 之갈지 臣신하신
취 렴 지 신　세금을 가혹하게 거두는 신하. [대학大學]

吹毛求疵 吹불취 毛털모 求구할구 疵흠자
취 모 구 자　털을 불어 헤치고 숨겨진 흠(흉터)을 찾아냄. 억지로 남의 조그만한 흠집을 들추어내는 것을 말함. =취모멱자 (吹毛覓疵)

吹毛覓疵 吹불취 毛털모 覓찾을멱 疵흠자
취 모 멱 자　털을 불어 숨겨진 흠을 찾아냄. [한비자韓非子]

取捨選擇 取취할취 捨버릴사 選가릴선 擇가릴택
취 사 선 택　취할 것은 취하고, 버릴 것은 버려서 골라잡음.

聚沙而雨 聚모을취 沙모래사 而말이을이 雨비우
취 사 이 우　모래를 모아 놓았는데 비가 옴. 즉 흙이 아니면 나무가 자랄 수 없듯이, 일은 그 일을 감당할 수 있는 사람에게 맡겨야 한다는 말. [설원說苑]

醉生夢死 醉취할취 生날생 夢꿈몽 死죽을사
취 생 몽 사　술에 취한 것같이 흐리멍텅하게 꿈꾸듯 인생을 살아감.

ㅊ

取善補仁
취 선 보 인
取 취할 취　善 착할 선　補 도울 보　仁 어질 인
다른 사람의 선행을 취하여 자기의 인덕(仁德)으로 기름. 【구양수歐陽脩의 글】

醉翁之意
취 옹 지 의
醉 취할 취　翁 어르신네 옹　之 갈 지　意 뜻 의
술 취한 늙은이의 뜻. 즉 다른 뜻이 있음. 【사기史記】

取而代之
취 이 대 지
取 취할 취　而 말이을 이　代 대신할 대　之 갈 지
다른 사람을 물리치고 자기가 그를 대신함.

取而不貪
취 이 불 탐
取 취할 취　而 말이을 이　不 아닐 불　貪 탐할 탐
취할 것은 취하나 탐하지는 않음. 【춘추좌씨전春秋左氏傳】

醉者全神
취 자 전 신
醉 취할 취　者 사람 자　全 온전할 전　神 귀신 신
술에 몹시 취한 사람은 사사로운 뜻이 없어 오히려 정신이 건전하다는 말. 【열자列子】

聚塵成山
취 진 성 산
聚 모을 취　塵 티끌 진　成 이룰 성　山 뫼 산
티끌 모아 태산. 【한시외전韓詩外傳】

取轄投井
취 할 투 정
取 취할 취　轄 비녀장 할　投 던질 투　井 우물 정
수레의 비녀장을 빼어 우물에 던짐. 손님이 못 떠나게 적극 만류하는 것을 이름. 【한서漢書】

側目重足
측 목 중 족
側 곁 측　目 눈 목　重 거듭 중　足 발 족
바로 보지 못하고 다리를 포갬. 두려워 어찌 할 바를 모르는 것을 말함. 【설원說苑】

側席而臥
측 석 이 와
側 곁 측　席 자리 석　而 말이을 이　臥 누울 와
바르게 앉지 못하고 비스듬히 누움. 마음속에 근심이 있어서 앉은 자세가 바르지 못함을 이르는 말. 【설원說苑】

惻隱之心
측 은 지 심
惻 슬퍼할 측　隱 숨을 은　之 갈 지　心 마음 심
불쌍히 여기는 마음. 사단(四端)의 하나. 【맹자孟子】
▶측은지심 인지단야(———— 仁之端也): 남을 불쌍히 여기는 마음이 인의 실마리이다.

層層侍下
층 층 시 하
層 층 층　侍 모실 시　下 아래 하
부모와 조부모, 또 그 이상의 어른들이 살아 있어 윗어른을 층층으로 모시고 사는 것을 이름. 【역경易經】

雉膏不食
치 고 불 식

雉 꿩 치 膏 기름 고 不 아닐 불 食 먹을 식
맛있는 꿩 기름이 먹히지 않음. 재덕이 뛰어나도 임금에게 받아들여져 쓰이지 않음을 비유하는 말. [역경易經]

庤乃錢鎛
치 내 조 박

庤 갖출 치 乃 이에 내 錢 가래 조 鎛 호미 박
가래와 호미를 갖춤. 즉 농사지을 준비를 함. [시경詩經]
▶금아중인 치내조박(今我衆人 ----): 지금 나의 모든 사람에게 명하여 가래와 호미를 갖추게 하라.

治亂之機
치 란 지 기

治 다스릴 치 亂 어지러울 란 之 어조사 지 機 기미 기
다스려지고 어지러워지는 기미. [회남자淮南子]

治亂興亡
치 란 흥 망

治 다스릴 치 亂 어지러울 란 興 일 흥 亡 망할 망
나라가 잘 다스려지고 어지러워지고, 흥하고 망함. [여씨춘추呂氏春秋] =흥망성쇠(興亡盛衰)

致利除害
치 리 제 해

致 보낼 치 利 이로울 리 除 없앨 제 害 해할 해
이로움을 보내면 해로움도 없어짐. [한서漢書]

緇林杏壇
치 림 행 단

緇 검은 비단 치 林 수풀 림 杏 살구 행 壇 제터 단
검은 비단을 친 듯한 숲과 살구나무가 있는 단. 학문을 교수하는 곳이란 뜻.
▶공자가 치림(緇林)에서 놀고 행단(杏壇)에서 쉬었다는 고사에서 온 말.

鴟目虎吻
치 목 호 문

鴟 솔개 치 目 눈 목 虎 범 호 吻 입술 문
솔개의 눈과 범의 입술. 잔인하고 탐욕스러운 용모를 형용한 말.

齒髮不長
치 발 부 장

齒 이 치 髮 터럭 발 不 아닐 부 長 길 장
젖니를 다 갈지 않고 머리털은 더벅머리. 아직 나이가 어린 것을 비유하는 말. =구상유치(口尙乳齒)

齒髮不及
치 발 불 급

齒 이 치 髮 터럭 발 不 아닐 불 及 미칠 급
이와 머리털이 미치지 못함. 나이가 아직 어림. =치발부장(齒髮不長)

致喪三年
치 상 삼 년
致보낼치 喪죽을상 三석삼 年해년
3년상을 지냄. [예기禮記]

置身無知
치 신 무 지
置둘치 身몸신 無없을무 知알지
부끄럽거나 두려워 몸 둘 바를 모름.

齒如瓠犀
치 여 호 서
齒이치 如같을여 瓠박호 犀박씨서
이가 박씨같이 희고 아름다움. 미인의 예쁜 치아를 이르는 말. [시경]

寘于叢棘
치 우 총 극
寘=置둘치 于어조사우 叢모일총 棘가시극
가시덤불 속에다 내버려둠. [역경易經]

鴟義姦宄
치 의 간 귀
鴟솔개치 義옳을의 姦간사할간 宄도둑귀
위세를 방자하게 부리는 것을 의(義)로 생각하는 자는 간사한 도둑과 같음. [서경書經]
▶치의(鴟義): 옳치 못한 의(義). =불의(不義)

緇衣羔裘
치 의 고 구
緇검은옷치 衣옷의 羔염소고 裘갖옷구
검은 옷과 염소가죽 옷. 검소한 차림을 말함. [논어論語]

癡人說夢
치 인 설 몽
癡=痴어리석을치 人사람인 說말씀설 夢꿈몽
어리석은 사람의 꿈같이 허황된 말. [냉재야화冷齋夜話]

癡者多笑
치 자 다 소
癡=痴어리석을치 者사람자 多많을다 笑웃을소
어리석은 사람은 웃기를 잘함. 아무 일도 아닌 일에도 잘 웃는 사람을 비웃는 말.

稚子候門
치 자 후 문
稚어릴치 子아들자 候기후후 門문문
어린아이가 대문에서 기다림. [도연명陶淵明의 귀거래사歸去來辭]

置酒高會
치 주 고 회
置둘치 酒술주 高높을고 會모일회
주연을 성대하게 베푸는 것. [한서漢書]

置之度外
치 지 도 외
置둘치 之갈지 度법도도 外밖외
마음에 두지 않음. 도외시(度外視)함. [후한서後漢書]

置錐之地
치 추 지 지
置둘 치 錐송곳 추 之갈 지 地땅 지
송곳 끝을 박을 정도의 지극히 좁은 땅. [장자莊子] =입추지지(立錐之地)

齒敝舌存
치 폐 설 존
齒이 치 敝헤질 폐 舌혀 설 存있을 존
딱딱하던 이는 빠져도 부드러운 혀는 남아 있음. 즉 강(强)한 자는 없어져도 유(柔)한 자는 끝까지 살아남음을 비유한 말. [설원說苑]

齒革羽毛
치 혁 우 모
齒어금니 치 革가죽 혁 羽깃 우 毛털 모
우(禹)임금 때 변방 종족이 바치던 상아, 가죽, 깃, 털을 말함. [서경書經]

鴟梟群翔
치 효 군 상
鴟솔개 치 梟올빼미 효 群무리 군 翔날개 상
솔개와 올빼미가 무리 지어 낢. 사나운 인간이 들끓는 것을 비유하는 말. [한서漢書]

親結其縭
친 결 기 리
親어버이 친 結맺을 결 其그 기 縭차는 수건 리
친히 차는 수건을 채워 줌. [시경詩經]
▶이(縭)는 차는 수건으로, 시집가는 딸에게 친정어머니가 채워 주었다.

親不因媒
친 불 인 매
親친할 친 不아닐 불 因인할 인 媒중매 매
중매하는 사람이 없어도 가까운 부부 사이의 정이 있음. [한시외전韓詩外傳]

七去之惡
칠 거 지 악
七일곱 칠 去버릴 거 之갈 지 惡악할 악
옛 유교의 도덕에서 아내를 내쫓는 일곱 가지의 사유. [대대례기大戴禮記]
▶①부모에 순종치 않음(不順父母). ②자식을 못 낳음(無子), ③음탕함(淫行), ④질투함(嫉妬), ⑤고질병(惡疾), ⑥말이 많음(多言), ⑦홈침(竊盜).

七難八苦
칠 난 팔 고
七일곱 칠 難어려울 난 八여덟 팔 苦괴로울 고
여러 가지 고난.

漆身爲厲
칠 신 위 려
漆 옻 칠 身 몸 신 爲 할 위 厲 갈 려, 문둥병 라
변장하려고 온갖 애를 씀. 【사기史記】
▶전국시대 조(趙)의 예양(豫讓)이 원수를 갚기 위해 숯을 먹고 옻칠을 하는 등 온갖 변장을 위해 애쓴 고사에서 온 말.

漆身呑炭
칠 신 탄 탄
漆 옻 칠 身 몸 신 呑 삼킬 탄 炭 숯 탄
몸에 옻칠을 하고 숯을 삼킴. 은인의 원수를 갚기 위해 몸을 가장하고 숨기며 어려운 고생을 함. 【전국책戰國策】
=칠신지려(漆身之厲)

漆室之憂
칠 실 지 우
漆 옻 칠 室 집 실 之 갈 지 憂 근심 우
제 신분에 맞지 않는 근심과 걱정을 이름. 【회남자淮南子】
▶노(魯)나라 칠실 마을의 한 여인이 나랏일을 근심하다가 결국 목을 매어 죽은 고사에서 온 말.

七言古詩
칠 언 고 시
七 일곱 칠 言 말씀 언 古 예 고 詩 시 시
한시(漢詩)의 한 문체. 구마다 일곱 자로 된 한시. =칠언배율(七言排律), 칠언율시(七言律詩), 칠언절구(七言絶句)

漆者不畵
칠 자 불 화
漆 옻 칠 者 사람 자 不 아닐 불 畵 그림 화
옻칠을 하는 사람은 그림을 그리지 않음. 즉 한 사람이 두 가지 일을 하지 못한다는 말. 【회남자淮南子】

七顚八起
칠 전 팔 기
七 일곱 칠 顚 넘어질 전 八 여덟 팔 起 일어날 기
일곱 번 넘어져도 여덟 번 일어남. 수없는 실패와 고생에도 굴하지 않고 꾸준히 노력하는 것을 비유. 【당서唐書】

七顚八倒
칠 전 팔 도
七 일곱 칠 顚 넘어질 전 八 여덟 팔 倒 넘어질 도
일곱 번 넘어지고, 여덟 번 꺼꾸러짐. 험한 고난을 많이 겪음을 이름. 【삼국지三國志】 =칠전팔도(七轉八倒)

七縱七擒
칠 종 칠 금
七 일곱 칠 縱 세로 종 七 일곱 칠 擒 잡을 금
일곱 번 놓아 주고, 일곱 번 잡음. 즉 마음대로 잡았다 놓아 주었다 함. 【삼국지三國志】
▶제갈량(諸葛亮)이 남만을 정벌할 때, 맹획(孟獲)을 일곱 번 놓아 주고 일곱 번 사로잡았다는 고사에서 온 말.

ㅊ

七花八裂
칠 화 팔 렬
七 일곱 칠 花 꽃 화 八 여덟 팔 裂 찢을 렬
불교 용어. 산산 조각남. 여러 갈래로 찢어짐.

枕經藉書
침 경 자 서
枕 베개 침 經 경서 경 藉 깔개 자 書 글 서
경서(經書)를 베개로 하고 시서(詩書)를 깔개로 삼음. 독
서에 깊이 빠져드는 것을 말함. [진서晉書]

枕戈待旦
침 과 대 단
枕 베개 침 戈 창 과 待 기다릴 대 旦 아침 단
창을 베고 자면서 아침이 되기를 기다림. 항상 싸울 태
세를 갖추고 경계를 늦추지 않는 모양.

枕流漱石
침 류 수 석
枕 베개 침 流 흐를 류 漱 양치질할 수 石 돌 석
흐르는 물을 베개로 하고 돌로 양치질을 함. 남에게 지
기를 몹시 싫어해 억지로라도 말을 꾸며대고 주장하는
행동을 말함.
▶진(晉)나라 손초(孫楚)가 "은거하여 돌을 베개로 하고 흐
르는 물로 양치질을 한다."고 해야 될 말을 "흐르는 물을
베개로 하고 돌로 양치질을 한다."고 잘못 말했다. 왕제
(王濟)가 이를 나무라자, "물을 베개 삼는다고 한 것은 귀
를 씻기 위함이요, 돌로는 양치질을 하기 위함이라."고 교
묘하게 변명했다는 고사에서 온 말.

浸微浸滅
침 미 침 멸
浸 적실 침 微 작을 미 滅 멸망할 멸
점차 쇠약해져 망함. 점점 국력이 쇠해서 멸망함을 이
름. =침미침소(浸微浸消)

寢不安席
침 불 안 석
寢 잠잘 침 不 아닐 불 安 편안 안 席 자리 석
걱정과 근심이 많아 편하게 잘 수가 없음. [사기史記]

沈船破釜
침 선 파 부
沈 잠길 침 船 배 선 破 깰 파 釜 솥 부
배를 가라앉히고 솥을 깨뜨림. 목숨을 걸고 싸우겠다는
군은 결의. [사기史記]
▶초(楚)의 항우(項羽)가 군사들과 강을 다 건너고 나서, 타
고 건넌 배를 가라앉히고 솥을 깨뜨려 필사의 각오로 항
전할 것을 결의했다는 고사에서 비롯된 말.

針小棒大
침 소 봉 대
針 바늘 침 小 작을 소 棒 몽둥이 봉 大 큰 대
바늘같이 작은 일을 몽둥이같이 키워서 말함. 지나치게
과장하는 것을 이름. [장자莊子]

沈魚落雁
침 어 낙 안

沈 잠길 침　魚 물고기 어　落 떨어질 락(낙)　雁 기러기 안

물고기가 숨고 기러기가 떨어짐. 미인을 형용해 이르는 말. 〔장자莊子〕

▶여희(麗姬)와 모장(毛嬙)이 나타남을 보고 물고기와 기러기가 놀랐다는 고사에서 온 말.

寢牛起馬
침 우 기 마

寢 잠잘 침　牛 소 우　起 일어날 기　馬 말 마

소는 눕기를 좋아하고, 말은 서 있기를 좋아함. 사람에 따라서 취미가 제각기 다른 것을 비유하는 말.

浸潤之讒
침 윤 지 참

浸 적실 침　潤 윤택할 윤　之 갈 지　讒 참소할 참

물이 점차 스며들듯 조금씩 헐뜯어 곧이듣게 하는 참소의 말. 〔한서漢書〕

湛恩龐鴻
침 은 방 홍

湛 잠길 침　恩 은혜 은　龐 클 방　鴻 클 홍

깊이 잠긴 은혜가 크고도 큼. 〔예기禮記〕

沈竈産蛙
침 조 산 와

沈 잠길 침　竈 부엌 조　産 낳을 산　蛙=蛙 개구리 와

부엌이 물에 잠기어 개구리가 생김. 큰 홍수를 형용하는 말. 〔국어國語〕

▶춘추시대 진(晉)의 지백(智伯)이 조양자(趙襄子)의 성을 수공(水孔)하여 성 안의 인가가 오랫동안 물에 잠겨 개구리가 들끓게 됐다는 고사에서 온 말.

浸彼稻田
침 피 도 전

浸 담글 침　彼 저 피　稻 벼 도　田 밭 전

논에 물이 가득 담김. 〔시경詩經〕

稱病不朝
칭 병 부 조

稱 일컬을 칭　病 병들 병　不 아닐 부　朝 조정 조

신하가 병을 핑계로 조정에 나아가지 않음. 〔한서漢書〕

秤薪而爨
칭 신 이 찬

秤 저울 칭　薪 섶 신　而 말이을 이　爨 불 땔 찬

땔나무를 저울에 달아서 땜. 사소한 일에 마음을 써서 큰일을 이루지 못함을 이름. 〔회남자淮南子〕

快刀亂麻
쾌 도 난 마

快 쾌할 쾌　刀 칼 도　亂 어지러울 란(난)　麻 삼 마

잘 드는 칼로 헝클어진 삼을 단번에 잘라냄. 일 처리가 신속하고 시원스러운 것을 말함. 〔북제서北齊書〕

快犢破車 快 쾌할 쾌 犢 송아지 독 破 깰 파 車 수레 거
쾌 독 파 거 　성질이 거센 송아지는 제가 끄는 수레를 깨뜨리나 자라
면 장쾌한 일을 해낼 소가 된다는 말. 난폭한 소년도 장
래 큰일을 할 젊은이로 성장할 수 있음을 비유하는 말.
　【진서晉書】

快意當前 快 쾌할 쾌 意 뜻 의 當 마땅 당 前 앞 전
쾌 의 당 전 　우선 현재를 즐기고 봄.

快人快事 快 쾌할 쾌 人 사람 인 事 일 사
쾌 인 쾌 사 　씩씩한 사람의 시원한 일 처리.

他弓莫挽 他 다를 타 弓 활 궁 莫 말 막 挽 당길 만
타 궁 막 만 　남의 활을 당기지 말라. 자기 할 바를 지키고 자기와 관
계되지 않은 일에 참견치 말라는 말.

墮其術中 墮 떨어질 타 其 그 기 術 꾀 술 中 가운데 중
타 기 술 중 　남의 간사한 꾀에 빠짐.

他力本願 他 다를 타 力 힘 력 本 근본 본 願 원할 원
타 력 본 원 　아미타여래가 중생을 제도하려고 세운 발원(發願)에 의
지하여 성불(成佛)하는 일. 즉 타인에 의하여 일을 성취
하려는 것을 말함. 【당서唐書】

唾面自乾 唾 침 타 面 낯 면 自 스스로 자 乾 마를 건
타 면 자 건 　낯에 뱉은 침을 닦으면 상대의 뜻을 거스르게 되니 저
절로 마르게 놓아둠. 즉 처세에는 인내가 필요하다는
말. 【후한서後漢書】

他山之石 他=它 다를 타 山 뫼 산 之 갈 지 石 돌 석
타 산 지 석 　남의 산에 나는 돌도 제 옥을 가는 데는 소용이 됨. 즉 하
찮은 타인의 행동도 자기의 도를 닦는 데는 반성과 본보
기가 됨. 【시경詩經】=반면교사(反面教師)
　▶타산지석 가이위착(---- 可以爲錯): 다른 산의 돌이 이
　　곳 돌을 가는 숫돌이 되네.

唾手可得 唾 침 타 手 손 수 可 옳을 가 得 얻을 득
타 수 가 득 　손에 침을 뱉듯 쉽게 얻음. 쉽게 일을 성사시킨다는 말.

661

他人所視
타 인 소 시
他 다를 타 人 사람 인 所 바 소 視 볼 시
타인이 보는 바라 함부로 할 수가 없음.

他人鼾睡
타 인 한 수
他 다를 타 人 사람 인 鼾 코골 한 睡 졸 수
남이 코고는 소리. 즉 자기에게 방해가 되어 마음에 거
슬리는 일. [송사宋史]

沱潛旣道
타 잠 기 도
沱 물이름 타 潛 물이름 잠 旣 이미 기 道=導 인도
할 도
타수(沱水)와 잠수(潛水)의 물길을 터서 잘 인도함. [서경
書經]

打草驚蛇
타 초 경 사
打 칠 타 草 풀 초 驚 놀랄 경 蛇 뱀 사
풀을 두드려 뱀을 놀라게 함. 한 사람을 징계하여 다른
사람을 경계토록 함. [유양잡조酉陽雜俎]

他鄕故知
타 향 고 지
他 다를 타 鄕 시골 향 故 예 고 知 알 지
외로운 타향에서 고향의 벗을 만남.

託孤寄命
탁 고 기 명
託 맡길 탁 孤 외로울 고 寄 부칠 기 命 목숨 명
어린 임금을 세우고 국정을 통괄함. 또는 어린 임금을
의탁하고 국정을 맡김. [삼국지三國志]

踔厲風發
탁 려 풍 발
踔 멀 탁 厲 갈 려 風 바람 풍 發 필 발
도도하고 힘찬 웅변을 형용하는 말.
▶탁려(踔厲): 문장의 이론이 엄격하고 정연함. 풍발(風發):
바람같이 세참.

擢髮難數
탁 발 난 수
擢 뽑을 탁 髮 터럭 발 難 어려울 난 數 헤아릴 수
수를 헤아리지 못할 정도로 많다는 말.

卓上空論
탁 상 공 론
卓 탁자 탁 上 위 상 空 빌 공 論 논의할 론
실천할 수 없는 허황된 이론.

擢昇宰相
탁 승 재 상
擢 뽑을 탁 昇 오를 승 宰 재상 재 相 도울 상
재상자리에 뽑아 올림. 즉 발탁 승진한 재상을 이름. [구
당서舊唐書]

卓乎難及
탁 호 난 급
卓높을탁 乎어조사호 難어려울난 及미칠급
아주 뛰어나 미칠 수가 없음.

呑刀刮腸
탄 도 괄 장
呑삼킬탄 刀칼도 刮쪼갤괄 腸창자장
칼을 삼키어 창자를 도려냄. 즉 잘못을 뉘우치고 새 사
람이 됨. 〔남사南史〕

嘽緩慢易
탄 완 만 이
嘽헐떡일탄 緩느릴완 慢게으를만 易쉬울이
누그러지고 늘어져 풀린 모양. 〔사기史記〕

呑牛之氣
탄 우 지 기
呑삼킬탄 牛소우 之갈지 氣기운기
소를 삼킬 것 같은 기상. 〔열자列子〕

呑舟之魚
탄 주 지 어
呑삼킬탄 舟배주 之갈지 魚물고기어
배를 삼킬 만한 큰 물고기. 즉 큰 인물.

彈指之間
탄 지 지 간
彈튕길탄 指손가락지 之갈지 間사이간
손가락을 튕기는 사이. 아주 빠른 세월을 이르는 말.

坦坦大路
탄 탄 대 로
坦평평할탄 大큰대 路길로
평탄하고 넓은 큰길. 어려움과 괴로움이 없이 장래가 확
트인 것을 비유하는 말.

彈絃吹竹
탄 현 취 죽
彈튕길탄 絃악기줄현 吹불취 竹대죽
악기를 연주함. 현악기를 튕기고 관악기를 붊.

呑花臥酒
탄 화 와 주
呑삼킬탄 花꽃화 臥누울와 酒술주
꽃을 삼키고 술과 함께 뒹굶. 꽃과 술을 좋아하는 풍류
의 기질을 비유하는 말. 〔사기史記〕 =악월담풍(握月擔風)

彈丸之地
탄 환 지 지
彈탄알탄 丸알환 之갈지 地땅지
탄환같이 아주 작은 땅. 극히 좁은 토지. 〔전국책戰國策〕

脫帽露頂
탈 모 노 정
脫벗을탈 帽모자모 露드러날로(노) 頂꼭대기정
모자를 벗어 정수리를 드러냄. 예의에 구애받지 않음을
이르는 말.

ㅌ

脫兎之勢
탈 토 지 세

脫 벗을 탈 兎 토끼 토 之 갈 지 勢 기세 세
맹렬하게 뛰어 달아나는 토끼의 기세. 동작이 민첩하고
신속한 것을 비유하는 말. [손자孫子]

貪多務得
탐 다 무 득

貪 탐할 탐 多 많을 다 務 힘쓸 무 得 얻을 득
많은 지식을 얻고자 노력함. 또는 욕심이 끝이 없음.

探卵之患
탐 란 지 환

探 찾을 탐 卵 알 란 之 갈 지 患 근심 환
어미새가 집을 나가면서 알을 잃을까 걱정함. 즉 거처를
습격당할까, 내막이 드러날까 걱정한다는 뜻. [장자莊子]

探驪獲珠
탐 려 획 주

探 찾을 탐 驪 검을 려 獲 얻을 획 珠 구슬 주
흑룡의 턱 밑을 더듬어 여의주를 얻음. 위험을 무릅쓰고
큰 이득을 얻음을 비유. =탐려득주(探驪得珠)

貪夫殉財
탐 부 순 재

貪 탐할 탐 夫 어조사 부 殉=侚 따라죽을 순 財 재
물 재
욕심 때문에 목숨을 잃음.=탐자순재(貪者殉財)

探賾索隱
탐 색 색 은

探 찾을 탐 賾 깊숙할 색 索 찾을 색 隱 숨을 은
깊숙한 곳에 숨어 있는 것을 찾아냄. [역경易經]

貪財黷貨
탐 재 독 화

貪 탐할 탐 財 재물 재 黷 더럽혀질 독 貨 돈 화
재물과 금전을 탐하느라 더럽혀진 사람. [사기史記]

探前趹後
탐 전 계 후

探 찾을 탐 前 앞 전 趹 밟을 계, 달릴 결 後 뒤 후
뒤를 박차고 앞으로 내달림.
▶계(趹): 말이 뒷발로 땅을 차는 것.

探花蜂蝶
탐 화 봉 접

探 찾을 탐 花 꽃 화 蜂 벌 봉 蝶 나비 접
꽃을 찾는 벌과 나비. 여색에 빠진 사람을 이르는 말.
=탐향봉접(探香蜂蝶)

蕩倚衝冒
탕 의 충 모

蕩 방탕할 탕 倚 의지할 의 衝 찌를 충 冒 무릅쓸 모
제멋대로 기대고 부딪쳐 나감. 즉 과감히 밀어붙임.

湯之盤銘
탕 지 반 명

湯 탕임금 탕 之 갈 지 盤 소반 반 銘 새길 명
탕(湯)임금이 소반에 새긴 글. [대학大學]
▶구일신 일일신 우일신(苟日新 日日新 又日新): 진실로 날로
새로워지면 나날이 새로워지고 또 날로 새로워진다.

蕩滌敍用
탕 척 서 용
蕩 쓸어낼 탕 滌 씻을 척 敍 차례 서 用 쓸 용
죄를 씻어주고 다시 벼슬자리에 올려 씀.

蕩蕩平平
탕 탕 평 평
蕩 방탕할 탕 平 평평할 평
어느 편에도 치우치지 않음.

湯鑊之罪
탕 확 지 죄
湯 끓일 탕 鑊 가마솥 확 之 갈 지 罪 허물 죄
가마솥에 삶아 죽일 만한 중한 죄. [사기史記]

太剛則折
태 강 즉 절
太 클 태 剛 굳셀 강 則 곧 즉 折 꺾일 절
너무 곧고 강하면 꺾임.

泰極否來
태 극 비 래
泰 클 태 極 다할 극 否 막힐 비 來 올 래
편안함이 다하면 재난이 옴. [당서唐書]

泰山北斗
태 산 북 두
泰 클 태 山 뫼 산 北 북녘 북 斗 말 두
태산과 북두칠성. 당(唐)의 문인(文人) 한유(韓愈)를 일
컬음. 모든 사람이 우러르고 존경하는 인물. [당서唐書]

泰山巖巖
태 산 암 암
泰 클 태 山 뫼 산 巖 바위 암
태산의 높고 험한 모양. 인품이 뛰어나고 의지가 굳은
것을 비유. [시경詩經]

泰山壓卵
태 산 압 란
泰 클 태 山 뫼 산 壓 누를 압 卵 알 란
태산의 무게로 알을 눌러 깸. 즉 매우 쉬운 일. [진서晉書]

泰山梁木
태 산 양 목
泰 클 태 山 뫼 산 梁 들보 량(양) 木 나무 목
태산에서 베어낸 들보. 즉 뛰어난 현인.

泰山峻嶺
태 산 준 령
泰 클 태 山 뫼 산 峻 높을 준 嶺 고개 령
큰 산에 있는 높고 험한 고개.

泰山之安
태 산 지 안
泰 클 태 山 뫼 산 之 갈 지 安 편안 안
태산과 같이 안정되고 편안함.

泰山鴻毛
태 산 홍 모
泰 클 태 山 뫼 산 鴻 기러기 홍 毛 털 모
태산같이 장중하고, 기러기의 털같이 가벼움. [보임안서報
任安書]

ㅌ

太上老君
태 상 노 군
太클태 上위상 老늙을로(노) 君임금군
도가(道家)에서 노자(老子)를 높여 부르는 칭호. [한서漢書]

太阿倒持
태 아 도 지
太클태 阿언덕아 倒거꾸로도 持가질지
천자가 대권을 빼앗기는 것은 태아(太阿)라는 보검(寶劍)을 거꾸로 쥐고 상대에게 주는 것과 같음. [한서漢書]

太液芙蓉
태 액 부 용
太클태 液진액 芙연꽃부 蓉연꽃용
당(唐)의 왕궁에서 대명관 뒤에 있던 태액이란 연못의 연꽃. 현종(玄宗)이 사랑했던 양귀비(楊貴妃)의 미모를 형용한 말. [백거이白居易의 시詩]

泰而不驕
태 이 불 교
泰클태 而말이을이 不아닐불 驕교만할교
군자의 태도가 태연하나 교만하지 아니함. [논어論語]

太倉稊米
태 창 제 미
太클태 倉창고창 稊돌피제 米쌀미
나라의 큰 창고 안에 있는 돌피. 아주 작고 하찮은 것을 비유하는 말. [장자莊子] =창해일속(滄海一粟)
▶태창(太倉): 나라의 쌀 창고.

太平無象
태 평 무 상
太클태 平평평할평 無없을무 象코끼리상
세상이 태평할 때는 아무런 현상이 나타나지 않음.

太皇太后
태 황 태 후
太클태 皇임금황 后임금후
임금의 조모.

澤及枯骨
택 급 고 골
澤은혜택 及미칠급 枯마를고 骨뼈골
은택(恩澤)이 해골에게까지 미침.
▶주(周)나라 무왕(武王)이 이름 모를 해골에게도 예를 다하여 장사를 지내 주었다는 고사에서 나온 말.

澤被蒼生
택 피 창 생
澤은혜택 被입을피 蒼푸를창 生날생
은택이 만민에게 미침.

兔角龜毛
토 각 귀 모
兔토끼토 角뿔각 龜거북귀 毛털모
토끼 뿔과 거북의 털. 즉 이 세상에 존재하지 않는 것.

吐剛茹柔
토 강 여 유
吐 토할 토　剛 굳셀 강　茹 먹을 여　柔 부드러울 유
딱딱한 것은 뱉고, 부드러운 것은 먹음. 강자는 두려워하고 약자는 업신여긴다는 말.

土階茅茨
토 계 모 자
土 흙 토　階 계단 계　茅 띠풀 모　茨 가시나무 자
흙 계단과 띠풀로 이은 집. 소박한 거처를 이름. 【여씨춘추呂氏春秋】

▶모자(茅茨): 띠풀로 잇고 나서 끝을 자르지 않은 처마.

土階三等
토 계 삼 등
土 흙 토　階 섬돌 계　三 석 삼　等 등급 등
흙으로 된 계단이 세 개밖에 되지 않음. 위정자가 근검절약에 솔선해야 한다는 말.

吐故納新
토 고 납 신
吐 토할 토　故 예 고　納 들일 납　新 새 신
낡은 공기는 토하고, 신선한 공기는 받아들임. 도가(道家)의 심신 수련법. 【장자莊子】

土廣民稀
토 광 민 희
土 흙 토　廣 넓을 광　民 백성 민　稀 드물 희
땅은 넓으나 사는 백성은 드묾. 【후한서後漢書】

兔起鶻落
토 기 골 락
兔 토끼 토　起 일어설 기　鶻 송골매 골　落 떨어질 락
토끼가 일어서고 송골매가 내리꽂히듯 필세가 힘참을 표현하는 말.

兔起鳧擧
토 기 부 거
兔 토끼 토　起 일어설 기　鳧 오리 부　擧 들 거
토끼가 달리고 물오리가 날아오름. 즉 매우 빠르고 힘참. 【여씨춘추呂氏春秋】

吐氣揚眉
토 기 양 미
吐 토할 토　氣 기운 기　揚 날릴 양　眉 눈썹 미
눈썹을 치켜뜨며 기염을 토함. 바라던 일이 이루어져 의기양양한 모습을 이름.

兔羅雉罹
토 라 치 리
兔 토끼 토　羅 그물 라　雉 꿩 치　罹 걸릴 리
토끼 잡으려고 처놓은 그물에 꿩이 걸려듦. 소인은 꾀를 써서 죄에서 벗어나고 오히려 군자가 화를 당하는 것을 비유하는 말.

土木形骸
토 목 형 해
土 흙 토　木 나무 목　形 모양 형　骸 뼈 해
외모를 꾸미지 않고 생긴 그대로 둠. 화장을 하지 않은 얼굴을 말함. 【예기禮記】

E

667

土無二王
토 무 이 왕

土 흙 토 無 없을 무 二 두 이 王 임금 왕
한 나라에 두 임금이 있을 수 없음. [열자列子]

討門不入
토 문 불 입

討 칠 토 門 문 문 不 아닐 불 入 들 입
공무에 바빠 자기 집 문 앞을 지나가면서도 들어가지 못
한다는 말. [한서漢書]

土美養禾
토 미 양 화

土 흙 토 美 아름다울 미 養 기를 양 禾 벼 화
고운 흙에 벼가 잘 자람. 어진 임금이 인재를 잘 기름을
비유하는 말. [한서漢書]

土崩瓦解
토 붕 와 해

土 흙 토 崩 무너질 붕 瓦 기와 와 解 풀 해
흙더미가 무너지고 기왓장이 깨짐. 어떤 사물이 것잡을
수 없이 무너져 내리는 것을 이름. [사기史記]

吐瀉癨亂
토 사 곽 란

吐 토할 토 瀉 쏟을 사 癨 곽란 곽 亂 어지러울 란
토하고 설사하여 배가 몹시 아픈 위급한 증세.

兎死狗烹
토 사 구 팽

兎 토끼 토 死 죽을 사 狗 개 구 烹 삶을 팽
토끼를 다 잡고 나니 토끼를 몰아주던 개가 필요없어져
삶아 먹히게 된다는 말. [사기史記] =조진궁장(鳥盡弓藏)
▶한(漢)나라가 중국을 통일한 후 한나라 개국의 공신이자
명장인 한신(韓信)이 유방(劉邦)에게 역적으로 몰려 처형될
때 남긴 유명한 말이다.

兎死狐悲
토 사 호 비

兎 토끼 토 死 죽을 사 狐 여우 호 悲 슬플 비
토끼가 죽으니 여우가 슬퍼함. 동류끼리 서로 동정함을
뜻하는 말. [사기史記]

吐握之勞
토 악 지 로

吐 토할 토 握 잡을 악 之 갈 지 勞 힘쓸 로
식사하던 것을 토하고, 감던 머리를 쥐는 노고. 즉 현사
를 얻으려고 애쓰는 것을 말함. [사기史記]

土壤細流
토 양 세 류

土 흙 토 壤 흙덩이 양 細 가늘 세 流 흐를 류
작은 흙덩이와 작은 냇물. [전국책戰國策]

兎營三窟
토 영 삼 굴

兎 토끼 토 營 경영할 영 三 석 삼 窟 굴 굴
토끼는 위험을 피하기 위해 세 개의 굴을 팜. 자신의 안
전을 위해서는 몇 가지 방책을 짜 대비해야 한다는 말.
[주서周書] =교토삼굴(狡兎三窟)

土牛木馬
토 우 목 마

土 흙 토 牛 소 우 木 나무 목 馬 말 마
흙으로 만든 소, 나무로 만든 말. 겉모양은 좋으나 쓸모가 없는 것을 말함. 가문은 좋으나 쓸 만한 재능이 없는 인간을 비유하는 말.

土積成山
토 적 성 산

土 흙 토 積 쌓을 적 成 이룰 성 山 뫼 산
흙을 쌓으면 큰 산이 되듯 적은 양도 쌓이면 크게 된다는 말. 【설원說苑】 =진합태산(塵合泰山)

兎走烏飛
토 주 오 비

兎 토끼 토 走 달릴 주 烏 까마귀 오 飛 날 비
토끼같이 달리고 까마귀같이 날아가는 세월을 이름.
=월주일비(月走日飛)
▶토끼는 달, 까마귀는 해를 상징함.

土地墝埆
토 지 척 각

土 흙 토 地 땅 지 墝 척박할 척 埆 메마를 각
토지가 척박하고 메마름.

吐盡肝膽
토 진 간 담

吐 토할 토 盡 다할 진 肝 간 간 膽 쓸개 담
간과 쓸개를 다 토함. 자기가 아는 내용을 숨김없이 다 털어놓는다는 말.

吐哺握髮
토 포 악 발

吐 토할 토 哺 먹을 포 握 잡을 악 髮 터럭 발
먹던 음식을 뱉고 머리칼을 움켜쥠. 즉 주공이 현사를 얻으려고 애쓴 것을 말함. 【한시외전韓詩外傳】 =토포착발(吐哺捉髮)
▶식사하던 음식을 토하고, 머리를 감다가도 현사(賢士)가 찾아오면 머리털을 움켜쥐고 맞이한 주공(周公)의 고사에서 온 말.

土豪劣紳
토 호 열 신

土 흙 토 豪 호걸 호 劣 용렬할 열 紳 큰 띠 신
관료와 손잡고 횡포(橫暴)를 부리는 지방의 토호.

洞開獄門
통 개 옥 문

洞 밝을 통 開 열 개 獄 옥 옥 門 문 문
죄의 경중을 가리지 않고 은사(恩赦)로써 죄인을 다 풀어줌을 이르는 말.

通功易事
통 공 역 사

通 통할 통 功 공 공 易 바꿀 역 事 일 사
일을 서로 융통해서 편리하게 함. 【맹자孟子】

ㅌ

通宵不寐
통 소 불 매
通통할통 宵밤소 不아닐불 寐잠잘매
밤이 다 새도록 잠을 못 이룸.

痛心疾首
통 심 질 수
痛아플통 心마음심 疾병질 首머리수
마음과 머리가 아픔. 즉 몹시 걱정을 한다는 말. [춘추좌씨전春秋左氏傳]

痛癢相關
통 양 상 관
痛아플통 癢가려울양 相서로상 關빗장관
아픔과 가려움은 서로 관계가 있다는 말. 이해(利害)가 일치되는 가까운 사이를 이름.

痛飮黃龍
통 음 황 룡
痛아플통 飮마실음 黃누를황 龍용룡
적의 소굴에 들어가 실컷 술을 마심. 적을 여지없이 쳐부수고 즐긴다는 말.
▶황룡(黃龍)은 적 소굴의 중심.

通天之數
통 천 지 수
通통할통 天하늘천 之갈지 數운수수
하늘에 통하는 운수. 아주 좋은 운수를 이름.

痛抱西河
통 포 서 하
痛아플통 抱안을포 西서녘서 河물하
자식을 잃은 슬픔을 비유하는 말.
▶공자의 제자인 자하(子夏)가 서하에서 사람들을 가르치고 있을 때, 그의 아들이 죽었다는 소식을 듣고 너무 슬퍼하여 눈이 멀었다는 고사에서 온 말.

堆金積玉
퇴 금 적 옥
堆언덕퇴 金쇠금 積쌓을적 玉구슬옥
금과 옥을 언덕과 같이 쌓음. 재물이 아주 많음.

退藏於密
퇴 장 어 밀
退물러날퇴 藏감출장 於어조사어 密빽빽할밀
물러가 비밀리에 감춤. 물러가 깊숙이 숨음. [역경易經]

頹墮委靡
퇴 타 위 미
頹무너질퇴 墮떨어질타 委맡길위 靡쓰러질미
기력과 형체가 점차 쇠퇴하여 이지러진다는 말. [춘추좌씨전春秋左氏傳]

退避三舍
퇴 피 삼 사
退물러날퇴 避피할피 三석삼 舍집사
90리를 후퇴하여 감히 싸우기를 피함. 멀찌감치 물러나거나 굴복함. [춘추좌씨전春秋左氏傳]
▶일사(一舍)는 30리.

偸鷄摸狗
투 계 모 구

偸 훔칠 투　鷄 닭 계　摸 찾을 모　狗 개 구
닭을 훔치고 지키는 개를 찾음. 즉 옳지 않은 행위를 말함. =투계색구(偸鷄索狗)

投瓜得瓊
투 과 득 경

投 던질 투　瓜 모과 과　得 얻을 득　瓊 옥 경
모과를 던져 주고 훌륭한 옥을 얻음. 하찮은 선물을 하고 훌륭한 답례를 돌려받음. [시경詩經]

投桃報李
투 도 보 리

投 던질 투　桃 복숭아 도　報 갚을 보　李 오얏 리
복숭아를 보내니 오얏으로 갚아 줌. 내가 남에게 덕을 베풀면 남도 내게 덕으로 갚아 준다는 말. [시경詩經]

投袂而起
투 메 이 기

投 던질 투　袂 소매 메　而 말이을 이　起 일어날 기
소매를 떨치고 일어남. 분기(奮起)하는 모양. [춘추좌씨전春秋左氏傳]

投鼠恐器
투 서 공 기

投 던질 투　鼠 쥐 서　恐 두려울 공　器 그릇 기
쥐를 잡자고 무얼 던지고 싶으나 그릇을 깰까 겁이 남. 임금 옆의 간신을 제거하고 싶으나 임금에게 누가 될까 걱정이라는 뜻. [한서漢書] =투서기기(投鼠忌器)

投鞭斷流
투 편 단 류

投 던질 투　鞭 채찍 편　斷 끊을 단　流 흐를 류
채찍으로 흐르는 강을 막음. 즉 강을 건너는 기병(騎兵)의 수가 매우 많음을 비유하는 말. [진서晉書]

投筆從戎
투 필 종 융

投 던질 투　筆 붓 필　從 따를 종　戎 병장기 융
붓을 던지고 전쟁터에 나아감. [후한서後漢書]

投閑置散
투 한 치 산

投 던질 투　閑 한가할 한　置 둘 치　散 흩을 산
한산한 자리에 몸을 둠. 즉 요직에 있지 않음.

妬賢嫉能
투 현 질 능

妬 투기할 투　賢 어질 현　嫉 시기할 질　能 능할 능
어질고 유능한 사람을 시기하고 미워함.

特立獨行
특 립 독 행

特 홀로 특　立 설 립　獨 홀로 독　行 갈 행
홀로 서고 홀로 감. 즉 남에게 굴복하거나 따라하지 않고, 자기 소신껏 행하고 주관을 관철해 나감. [예기禮記]

ㅌ

破觚斲雕
파 고 착 조

破 깰 파 觚 술잔 고 斲 깎을 착 雕 새길 조
모난 것은 둥글게, 복잡한 것은 간단하게 함. 즉 가혹한
형벌을 없애고 복잡한 규칙을 고침. 【사기史記】

破瓜之年
파 과 지 년

破 깰 파 瓜 오이 과 之 갈 지 年 해 년
여자 나이 16세를 말함. 과(瓜)자를 파자(破字)하면 八자
가 둘임. 즉 八+八은 十六.

灞橋驢上
파 교 여 상

灞 강이름 파 橋 다리 교 驢 나귀 려(여) 上 위 상
파교를 건너는 나귀의 등. 즉 시상(詩想)을 얻기에 아주
좋은 곳.
▶파교(灞橋): 장안(長安) 동쪽에 있는 파수(灞水)에 놓인
다리.

破器相接
파 기 상 접

破 깰 파 器 그릇 기 相 서로 상 接 이을 접
깨진 그릇을 붙이려고 함. 이미 틀어진 일을 바로잡으려
고 공연히 헛수고만 하는 것을 이름.

婆羅門行
파 라 문 행

婆 할미 파 羅 그물 라 門 문 문 行 갈 행
중의 거칠고 건방진 행동.
▶파라문(婆羅門 브라만 Braman): 인도 사성(四姓) 중 가장
지위가 높은 승족.

波羅密多
파 라 밀 다

波 물결 파 羅 비단 라 密 빽빽할 밀 多 많을 다
범어 파라밀타(Paramilta)의 음역. 생과 사의 지경을 벗어
나 피안(彼岸)에 도달하는 일. 즉 큰 깨달음을 말함.

爬羅剔抉
파 라 척 결

爬 긁을 파 羅 그물 라 剔 뼈를 바를 척 抉 도려낼 결
긁어서 발라내듯 남의 비밀이나 결점을 파헤침. 또는 숨
은 인재를 널리 찾아 등용함. =취발색자(吹髮索疵)

波瀾曲折
파 란 곡 절

波 물결 파 瀾 물결 란 曲 굽을 곡 折 꺾을 절
일상생활에서 일어나는 많은 어려움과 변화.

波瀾萬杖
파 란 만 장

波 물결 파 瀾 물결 란 萬 일만 만 杖 지팡이 장
일의 기복이 심해 종잡을 수 없다는 말.

波瀾不驚
파 란 불 경

波 물결 파 瀾 물결 란 不 아닐 불 驚 놀랄 경
물결이 일지 않아 수면이 잔잔함.

波瀾重疊
파 란 중 첩
波 물결 파　瀾 물결 란　重 거듭 중　疊 겹쳐질 첩
일의 진행에 온갖 난관이 거듭되어 어려움이 많음.

破廉恥漢
파 렴 치 한
破 깰 파　廉 청렴할 렴　恥 부끄러울 치　漢 사내 한
염치가 없어 부끄러움을 모르는 사람. [관자管子]

笆籬邊物
파 리 변 물
笆 가시대 파　籬 울타리 리　邊 가 변　物 만물 물
가시대 울타리 주변의 물건같이 쓸모가 없는 물건.

跛立箕坐
파 립 기 좌
跛 절름발이 파　立 설 립　箕 키 기　坐 앉을 좌
무례한 태도와 행동, 거만한 자세를 말함.
▶파립(跛立): 한쪽 발로 서는 것. 기좌(箕坐): 두 다리를 뻗
고 가랑이를 벌리고 앉는 것.

破壁飛去
파 벽 비 거
破 깰 파　壁 벽 벽　飛 날 비　去 갈 거
벽을 깨고 날아감. 작은 일로 전체가 활기를 띤다는 의
미로 사용. =화룡점정(畵龍點睛)
▶양(梁)나라 화가 장승요(張僧繇)가 금릉 안락사의 벽에
용을 그린 다음 마지막으로 눈동자를 그렸더니, 용이 벽
을 깨고 하늘로 날아올랐다는 고사에서 온 말. 즉 사물
의 긴요한 곳을 찾아 해결하여 일을 완성한다는 말.

破釜沈船
파 부 침 선
破 깰 파　釜 솥 부　沈 가라앉을 침　船 배 선
솥을 깨뜨리고 병선을 가라앉힘. 즉 필사의 각오로 싸울
것을 결의함. [사기史記] =파부침주(破釜沈舟)
▶진(秦)나라를 치기 위해 군사를 일으킨 항우(項羽)가 거
록(鉅鹿)의 싸움에서 타고 온 배를 가라앉히고 쓰고 있
던 솥을 깨부쉈다는 고사에서 나온 말.

破邪顯正
파 사 현 정
破 깰 파　邪 거짓 사　顯 나타날 현　正 바를 정
사도(邪道)를 깨뜨리고 정법(正法)을 나타냄. 그릇된 것
을 올바르게 바로잡는다는 말. [사기史記]

播時百穀
파 시 백 곡
播 뿌릴 파　時 때 시　百 일백 백　穀 곡식 곡
때 맞춰 모든 곡식의 씨앗을 뿌림.

破顔大笑
파 안 대 소
破 깰 파　顔 얼굴 안　大 큰 대　笑 웃을 소
얼굴 모양을 깨뜨리며 크게 웃음.

把酒臨風
파 주 임 풍

把잡을파 酒술주 臨임할림(임) 風바람풍
술잔을 잡고 불어오는 바람을 맞음. 잔을 잡고 자연의
아름다움을 즐김. [범중엄范仲淹]

破竹之勢
파 죽 지 세

破깰파 竹대죽 之갈지 勢권세세
대나무가 쪼개어지듯 단호하고 맹렬한 기세. 대적할 상
대가 없음을 말함. [진서晉書]

皤皤國老
파 파 국 로

皤흴파 國나라국 老늙을로
나라 안에서 제일 늙어 머리가 세고 센 노인.
▶파파(皤皤): 머리가 허옇게 센 모양.

阪上走丸
판 상 주 환

阪비탈판 上위상 走달릴주 丸알환
비탈진 판 위에서 공을 굴림. 즉 세에 편승하여 수월하
게 일하는 것을 비유하는 말. [한서漢書]

判妻入子
판 처 입 자

判판단할판 妻아내처 入들입 子아들자
이혼한 여자가 재가할 때 전 남편과의 사이에서 난 자식
을 데려오는 것.

販賤賣貴
판 천 매 귀

販살판 賤천할천 賣팔매 貴귀할귀
헐값에 사서 비쌀 때 팖.

八年風塵
팔 년 풍 진

八여덟팔 年해년 風바람풍 塵티끌진
한(漢)의 고조(高祖)인 유방(劉邦)이 초(楚)의 항우(項羽)
와 8년간이나 싸우면서 모진 고난을 겪은 것을 말함.
=팔년병화(八年兵火)

八面不知
팔 면 부 지

八여덟팔 面낯면 不아닐부 知알지
여러 모에서 살펴보아도 도무지 알 수가 없음.

八面玲瓏
팔 면 영 롱

八여덟팔 面낯면 玲옥소리영 瓏옥소리롱
사방팔방이 맑고 깨끗함. =팔방미인(八方美人)

八面六臂
팔 면 육 비

八여덟팔 面낯면 六여섯육 臂팔비
여덟 개의 얼굴과 여섯 개의 팔. 즉 어떤 경우를 당해도
잘 해결함. 무슨 일이나 잘 처리한다는 말.

ㅍ

674

八熱地獄
팔 열 지 옥
八 여덟 팔 熱 더울 열 地 땅 지 獄 옥 옥
불교에서 말하는 여덟 가지 극열(極熱)의 지옥.
▶등활(等活), 흑승(黑繩), 중합(衆合), 규환(叫喚), 대규(大叫), 초열(焦熱), 대초열(大焦熱), 무간(無間).

八字打開
팔 자 타 개
八 여덟 팔 字 글자 자 打 칠 타 開 열 개
여덟 팔 자 모양으로 확 열어젖힘. 즉 명확하게 해명하여 밝히는 것을 이름.

八條之敎
팔 조 지 교
八 여덟 팔 條 가지 조 之 갈 지 敎 가르칠 교
고대의 여덟 가지 금법. 살인(殺人), 상해(傷害), 투도(偸盜), 금간(禁姦) 등. 【후한서後漢書】

八寒地獄
팔 한 지 옥
八 여덟 팔 寒 찰 한 地 땅 지 獄 옥 옥
심한 추위로 고통을 받는 여덟 개의 극한지옥(極寒地獄).
▶알부타, 이랄부타, 알차타, 확확파, 호호파, 올발라, 발특마, 마하발특마.

敗軍之將
패 군 지 장
敗 패할 패 軍 군사 군 之 갈 지 將 장수 장
싸움에 패한 장수. 【사기史記】
▶패군지장 불가이언용(敗軍之將 不可以言勇) 망국대부 부도국존도모(亡國大夫 不道國存圖謀): 싸움에 패한 장수는 싸움에 대해 말할 자격이 없고, 나라를 망친 대부는 나라를 다시 일으키는 것을 말하지 않는다.

敗亡衰微
패 망 쇠 미
敗 패할 패 亡 망할 망 衰 쇠할 쇠 微 가늘 미
패하여 쇠약해짐.

霈然之恩
패 연 지 은
霈 비 쏟아질 패 然 그러할 연 之 갈 지 恩 은혜 은
비가 쏟아지듯 계속 내려지는 은혜. 【자치통감資治通鑑】

霸王之器
패 왕 지 기
霸 으뜸 패 王 임금 왕 之 갈 지 器 그릇 기
패왕의 기량. 패왕이 될 만한 인품. 【예기禮記】

霸王之輔
패 왕 지 보
霸 으뜸 패 王 임금 왕 之 갈 지 輔 도울 보
패자나 왕자를 돕는 일, 또는 돕는 사람. 【대학大學】

立

悖入悖出
패 입 패 출
悖어그러질 패　入들 입　出날 출
어긋난 짓을 해서 들어온 재물은 어긋나게 나간다는
말. [대학大學]

貝胄朱綅
패 주 주 침
貝조개 패　胄갑옷 주　朱붉을 주　綅붉은실 침
조개 장식의 갑옷을 붉은 실로 꿰맴. [시경詩經]

佩瓢捉風
패 표 착 풍
佩찰 패　瓢표주박 표　捉잡을 착　風바람 풍
표주박을 찬 채 바람을 잡으려 함. 성사가 안 될 줄 뻔히
알면서 헛수고하는 것을 이름. [순오지旬五志] =패원호포풍
(佩圓瓠捕風)

烹頭耳熟
팽 두 이 숙
烹삶을 팽　頭머리 두　耳귀 이　熟익을 숙
머리를 삶으면 귀가 익는 것같이, 중요한 부분을 잘 처
리하면 다른 부분은 저절로 해결된다는 뜻. [열선전列仙傳]

彭祖之壽
팽 조 지 수
彭성 팽　祖조상 조　之갈 지　壽목숨 수
팽조의 수명. 오래 사는 것을 말함.
▶신선인 팽조는 요(堯)임금 때부터 은(殷)나라 말년까지
800세를 살았다고 한다.

偏苦之役
편 고 지 역
偏치우칠 편　苦쓸 고　之갈 지　役부릴 역
남보다 괴로움을 더 겪으며 하는 일. [풍몽룡馮夢龍]

蝙蝠之役
편 복 지 역
蝙박쥐 편　蝠박쥐 복　之갈 지　役부릴 역
박쥐가 새와 짐승의 두 가지 구실을 교묘히 하면서 살아
감을 이르는 말. 기회만 엿보고 이익만 탐하며 사는 인
간을 비유.

便不占盡
편 부 점 진
便편할 편　不아닐 부　占차지할 점　盡다할 진
이익을 모두 다 차지하지 말라.

片言折獄
편 언 절 옥
片조각 편　言말씀 언　折꺾을 절　獄옥 옥
한쪽 편 말만 듣고 송사(訟事)를 결정함. [논어論語]

片言隻字
편 언 척 자
片조각 편　言말씀 언　隻외짝 척　字글자 자
짧은 말과 글을 말함. [춘추좌씨전春秋左氏傳]

676

鞭作官刑
편 작 관 형

鞭 회초리 편　作 지을 작　官 벼슬 관　刑 형벌 형
회초리로 관청의 형벌을 삼음. [서경書經]

扁鵲請除
편 작 청 제

扁 두루 편　鵲 까치 작　請 청할 청　除 덜 제
편작이 병을 낫게 함. [전국책戰國策]
▶편작(扁鵲): 춘추전국시대의 명의.

鞭長莫及
편 장 막 급

鞭 채찍 편　長 길 장　莫 말 막　及 미칠 급
채찍이 길어도 말의 배에는 미치지 못함. 세력이 아무리
강해도 미치지 못하는 곳이 있음을 비유하는 말. [춘추좌
씨전春秋左氏傳]

偏聽生姦
편 청 생 간

偏 치우칠 편　聽 들을 청　生 날 생　姦 간사할 간
한쪽 말만 들으면 불공평한 결과를 가져옴.

偏聽則暗
편 청 즉 암

偏 치우칠 편　聽 들을 청　則 곧 즉　暗 어두울 암
한쪽 말만 들으면 어두워짐. [위징魏徵의 글]
▶편청즉암 양청즉명(---- 兩聽卽明): 한쪽 말만 들으면 어
둡고 양쪽 말을 들으면 밝아진다.

平氣虛心
평 기 허 심

平 평평할 평　氣 기운 기　虛 빌 허　心 마음 심
마음이 평온하여 거리끼는 일이 없음. [장자莊子]

平旦之氣
평 단 지 기

平 평평할 평　旦 아침 단　之 갈 지　氣 기운 기
이른 아침의 맑은 정기. [맹자孟子]
▶평단(平旦): 새벽 동이 틀 무렵.

平隴望蜀
평 롱 망 촉

平 평평할 평　隴 땅이름 롱　望 바랄 망　蜀 촉나라 촉
농(隴) 땅을 평정하고, 촉 땅을 바람. 사람의 욕심이 끝
이 없음을 비유하는 말. [후한서後漢書] =득롱망촉(得隴望
蜀)

平明之治
평 명 지 치

平 평평할 평　明 밝을 명　之 갈 지　治 다스릴 치
공평하고 밝은 정치.

平沙落雁
평 사 낙 안

平 평평할 평　沙 모래 사　落 떨어질 락(낙)　雁 기러
기 안
평평한 모래에 조용히 내려앉은 기러기. 잘 쓴 글씨를
이르는 말. [등왕각서滕王閣序]

萍水相逢
평 수 상 봉

萍 부평초 평　水 물 수　相 서로 상　逢 만날 봉
부평초가 물에서 서로 만남. 나그네끼리 우연히 서로 알게 되는 것을 말함.

平原督郵
평 원 독 우

平 평평할 평　原 근원 원　督 살필 독　郵 역참 우
나쁜 술을 말함. 【세설신어世說新語】

▶진(晉)나라 환온(桓溫)의 하리(下吏)가 좋은 술을 청주종사(靑州從事)라 하고, 질이 나쁜 술을 평원독우(平原督郵)라 한 고사에서 나온 말.

平允之士
평 윤 지 사

平 평평할 평　允 진실로 윤　之 갈 지　士 선비 사
공평 성실하고 진실한 선비. 또는 공평하고 사심이 없는 재판관. 【송사宋史】

平易近人
평 이 근 인

平 평평할 평　易 쉬울 이　近 가까울 근　人 사람 인
정치를 수월하게 하여 백성에게 친근함. 【사기史記】

平章百姓
평 장 백 성

平 평평할 평　章 밝을 장　百 일백 백　姓 성 성
백성을 고르고 밝게 다스림. 【서경書經】

萍蹤靡定
평 종 미 정

萍 부평초 평　蹤 발꿈치 종　靡 아닐 미　定 정할 정
부평초처럼 사방으로 떠돌아다니어 한 곳에 정주하지 않음. 【동언해東諺解】

平地落傷
평 지 낙 상

平 평평할 평　地 땅 지　落 떨어질 락(낙)　傷 상할 상
평지에서 넘어짐. 갑자기 당하는 불행.

平地波瀾
평 지 파 란

平 평평할 평　地 땅 지　波 물결 파　瀾 물결 란
평온한 자리에서 뜻밖에 일어나는 다툼. 【악부시집樂府詩集】 =평지풍파(平地風波)

廢格沮誹
폐 격 저 비

廢 폐할 폐　格 격식 격　沮 막을 저　誹 헐뜯을 비
일을 못하도록 훼방하고 헐뜯음. 【중용中庸】

閉門造車
폐 문 조 거

閉 닫을 폐　門 문 문　造 만들 조　車 수레 거
문을 닫아 걸고 수레를 만듦. 남의 경험과 정보를 조금도 참고하지 않고 일하는 편협한 행동을 말함.

ㅍ

678

肺腑之言
폐 부 지 언

肺 허파 폐　腑 창자 부　之 갈 지　言 말씀 언
마음속 깊은 곳에서 우러나오는 참된 말. 즉 깊은 뜻이
담긴 말.

蔽月羞花
폐 월 수 화

蔽 가릴 폐　月 달 월　羞 부끄러워할 수　花 꽃 화
달이 숨고 꽃도 부끄러워하는 미인의 자태를 이름. [태현
경太玄經] =침어낙안(沈魚落雁)

敝衣裏玉
폐 의 이 옥

敝 해질 폐　衣 옷 의　裏 속 리(이)　玉 구슬 옥
해진 옷으로 옥을 감춤. 즉 겉모양은 형편없으나 내용은
아주 훌륭함. [예기禮記]

閉而不通
폐 이 불 통

閉 닫을 폐　而 말이을 이　不 아닐 불　通 통할 통
닫혀서 통하지 않음.

斃而後已
폐 이 후 이

斃 죽을 폐　而 말이을 이　後 뒤 후　已 그칠 이
죽을 때까지 그치지 않고 힘씀. [예기禮記] =사이후이(死而
後已)

吠日之怪
폐 일 지 괴

吠 짖을 폐　日 날 일　之 갈 지　怪 괴이할 괴
촉(蜀) 지방은 해 보는 날이 드물어 개가 해를 보면 괴상
하게 여겨 짖는다는 말. 신기한 것을 보고 놀람을 비유.
=촉견폐일(蜀犬吠日)

弊絶風淸
폐 절 풍 청

弊 폐단 폐　絶 끊을 절　風 바람 풍　淸 맑을 청
폐단이 없어지고 풍습이 깨끗해짐. 나라가 잘 다스려짐
을 비유하는 말. [문선文選]

廢撤不遲
폐 철 부 지

廢 폐할 폐　撤 거둘 철　不 아닐 부　遲 더딜 지
옛것을 폐하고 거두는 데 지체하지 않음. [시경詩經]

弊帚千金
폐 추 천 금

弊 해질 폐　帚 몽당비 추　千 일천 천　金 쇠 금
해진 몽당비를 천금같이 여김. 즉 제 것은 무엇이든 다
좋다고 여김을 비꼬는 말.

廢寢忘餐
폐 침 망 찬

廢 폐할 폐　寢 잠잘 침　忘 잊을 망　餐 먹을 찬
침식을 잊고 하는 일에 몰두함.

ㅍ

敝袍破笠
폐 포 파 립
敝 해질 폐 袍 핫옷 포 破 깰 파 笠 삿갓 립
해진 옷과 부서진 갓. 허름하고 구차한 차림새를 말
함. [잠부론潛夫論] =폐의파관(敝衣破冠)

吠形吠聲
폐 형 폐 성
吠 짖을 폐 形 형상 형 聲 소리 성
한 마리의 개가 형체를 보고 짖으면 다른 개는 그 소리
를 따라서 짖는다는 말. 즉 한 사람이 거짓을 전하면 뭇
사람들이 믿고 덩달아 따라한다는 뜻. [잠부론潛夫論]

閉戶先生
폐 호 선 생
閉 닫을 폐 戶 지게 호 先 먼저 선 生 날 생
집 안에서 문을 닫고 책만 읽는 사람.

抱關擊柝
포 관 격 탁
抱 안을 포 關 빗장 관 擊 칠 격 柝 딱따기 탁
관문을 지키고 야경을 도는 사람. [맹자孟子]

抱衾與裯
포 금 여 주
抱 안을 포 衾 이불 금 與 더불 여 裯 홑이불 주
이부자리를 안고 돎. [시경詩經]

鋪錦列繡
포 금 열 수
鋪 펼 포 錦 비단 금 列 벌릴 렬(열) 繡 수놓을 수
비단을 펴고 수를 늘어놓은 것같이 아름다운 문장을 말
함. [남사南史]

抱德煬和
포 덕 양 화
抱 안을 포 德 큰 덕 煬 쬘 양, 쇠 녹일 양 和 화할 화
덕을 간직하고 마음속의 화기를 기름. [장자莊子]

鋪敦淮濆
포 돈 회 분
鋪 펼 포=伐 칠 벌 敦 진 칠 돈 淮 물이름 회 濆 뿜
을 분
회수가에서 적을 성내어 침. [시경詩經]

炮烙之刑
포 락 지 형
炮 통째 구울 포 烙 지질 락 之 갈 지 刑 형벌 형
불에 통째로 굽거나 달군 쇠로 지지는 형벌. 은(殷)나라
주왕(紂王)이 행한 극악한 형벌. [사기史記]

泡沫夢幻
포 말 몽 환
泡 거품 포 沫 거품 말 夢 꿈 몽 幻 홀릴 환
물거품과 같고 꿈과 같은 인생의 환상. 세상살이의 덧없
음을 비유하는 말.

飽聞厭道
포 문 염 도
飽 배부를 포 聞 들을 문 厭 싫을 염 道 말할 도
실컷 듣고 싫도록 말함. [한류韓流의 글文]

布帆無恙
포 범 무 양

布 베 포 帆 돛 범 無 없을 무 恙 근심 양
뱃길이 무사함. 항해 길이 무사함을 비는 말. [진서晉書]

抱璧有罪
포 벽 유 죄

抱 안을 포 璧 구슬 벽 有 있을 유 罪 허물 죄
값진 물건을 가지고 있어 죄가 없이도 화를 당함.

炰鼈膾鯉
포 별 회 리

炰 구울 포 鼈 자라 별 膾 회 회 鯉 잉어 리
자라 구이와 잉어 회. 진귀한 음식을 이름. [시경詩經]

炮鳳烹龍
포 봉 팽 룡

炮 통째 구을 포 鳳 봉황 봉 烹 삶을 팽 龍 용 룡
구운 봉황 고기와 삶은 용의 고기. 성대한 요리를 말함.

包羞忍恥
포 수 인 치

包 쌀 포 羞 부끄러울 수 忍 참을 인 恥 부끄러울 치
수치스러운 일을 참고 부끄러움을 견딘다는 말.

飽食暖衣
포 식 난 의

飽 배부를 포 食 먹을 식 暖 따뜻할 난 衣 옷 의
배불리 먹고 따뜻한 옷을 입음. 즉 안락한 생활을 함. [맹자孟子]

抱薪救火
포 신 구 화

抱 안을 포 薪 섶 신 救 구원할 구 火 불 화
섶을 안고 불을 끔. 재난을 구하려다가 오히려 더 큰 화를 불러일으킨다는 말. [사기史記]

鮑魚之肆
포 어 지 사

鮑 절인 고기 포 魚 물고기 어 之 갈 지 肆 펼 사
건어물을 파는 상점. 소인배들이 모여드는 곳을 비유. [공자가어孔子家語]

砲煙彈雨
포 연 탄 우

砲 대포 포 煙 연기 연 彈 탄알 탄 雨 비 우
포의 연기와 비오듯 쏟아지는 탄알. 격렬한 전투를 형용하는 말.

抱甕灌畦
포 옹 관 휴

抱 안을 포 甕 독 옹 灌 물댈 관 畦 밭두둑 휴
항아리를 안고 논밭에 물을 댐. 현실에 안주하여 발전하고자 하는 생각을 갖지 않음. 즉 보수적인 생각을 비유하는 말. [세설신어世說新語]

蒲柳之姿
포 류 지 자

蒲 부들 포 柳 버들 류 之 갈 지 姿 맵시 자
갯버들과 같이 연약한 몸을 이름. [세설신어世說新語] =포류지질(蒲柳之質)
▶포류(蒲柳): 갯버들.

褒衣博帶
포 의 박 대
褒 기릴 포 衣 옷 의 博 넓을 박 帶 띠 대
옷자락이 넓고 띠가 넓은 옷. 선비의 옷차림을 말함. [한서漢書]

布衣之極
포 의 지 극
布 베 포 衣 옷 의 之 갈 지 極 다할 극
평민으로는 최고로 출세한 자리.

布衣之友
포 의 지 우
布 베 포 衣 옷 의 之 갈 지 友 벗 우
귀천을 떠나 참된 우정으로 맺은 친구.

布衣之位
포 의 지 위
布 베 포 衣 옷 의 之 갈 지 位 자리 위
아무 벼슬도 하지 않는 신분. [사기史記]

抱殘守缺
포 잔 수 결
抱 안을 포 殘 남을 잔 守 지킬 수 缺 이지러질 결
몇 권 남지 않은 책이나 떨어진 책을 소중히 간직함.

鋪張揚厲
포 장 양 려
鋪 펼 포 張 베풀 장 揚 떨칠 양 厲 갈 려
극진히 칭찬함. [춘추좌씨전春秋左氏傳]

包藏禍心
포 장 화 심
包 쌀 포 藏 감출 장 禍 재앙 화 心 마음 심
남을 해할 마음을 감추고 있음. [회남자淮南子]

鋪在頰好
포 재 협 호
鋪 펼 포, 가게 포 在 있을 재 頰 빰 협 好 좋을 호
보조개가 뺨에 있으면 예쁨. 즉 있을 자리에 있어야 제
값을 인정받는다는 말. [역대시어歷代詩語]
▶포재협호 재상즉추(---- 在顙則醜): 보조개가 뺨에 있으
면 예쁘나, 이마에 있으면 흉하다.

抛甎引玉
포 전 인 옥
抛 던질 포 甎 벽돌 전 引 끌 인 玉 구슬 옥
벽돌을 던지고 옥을 받음. 즉 조언을 듣기 위해 자기의
미숙한 견해를 먼저 밝힐 때 겸손을 표해서 하는 말.

庖丁解牛
포 정 해 우
庖 부엌 포 丁 장정 정 解 풀 해 牛 소 우
포정이 소의 뼈와 살을 발라냄. 기술의 정교함을 일컫는
말. [장자莊子]
▶포정(庖丁)은 옛날 유명한 요리사 이름.

炮之燔之
포 지 번 지
炮 통째 구울 포 之 갈 지 燔 사를 번
통째로 굽고 썰어서도 구움. [사기史記]

暴殄天物
포 진 천 물
暴 사나울 포 殄 다할 진 天 하늘 천 物 만물 물
하늘의 물건을 함부로 다루어 못쓰게 됨. [삼국지三國志]

捕捉未獲
포 착 미 획
捕 사로잡을 포 捉 잡을 착 未 아닐 미 獲 잡을 획
사로잡으려 했으나 잡지 못함.

抱炭希凉
포 탄 희 량
抱 안을 포 炭 숯 탄 希 바랄 희 凉 서늘할 량
숯불을 안고 시원하기를 바람. 하고 있는 행동과 바라는
바가 다름. [삼국지三國志]

抱痛西河
포 통 서 하
抱 안을 포 痛 아플 통 西 서녘 서 河 물 하
자식을 잃고 슬퍼함. =상명지통(喪明之痛)
▶공자의 제자 자하(子夏)가 서하에서 아들을 잃고 너무 상
심하여 실명했다는 고사에서 나온 말.

蒲鞭之罰
포 편 지 벌
蒲 부들 포 鞭 매 편 之 갈 지 罰 벌줄 벌
부들 채찍으로 매질함. 형식적인 벌일 뿐 실제로는 고통
이 느껴지지 않는 벌을 이름. [후한서後漢書] =포편지벌(浦
鞭之罰)

蒲鞭之政
포 편 지 정
蒲 부들 포 鞭 매 편 之 갈 지 政 다스릴 정
관후(寬厚)한 정치. 즉 부드러운 정치. [송남잡지宋南雜識]

捕風捉影
포 풍 착 영
捕 잡을 포 風 바람 풍 捉 잡을 착 影 그림자 영
바람을 잡고 그림자를 붙들듯 허황한 말과 행동.

暴虎馮河
포 호 빙 하
暴 사나울 포 虎 범 호 馮 도섭할 빙 河 물 하
호랑이를 맨손으로 때려잡고, 황하를 걸어서 건넘. 즉
혈기와 용기만 믿고 무모한 행동을 함. [논어論語]

咆虎陷浦
포 호 함 포
咆 으르렁거릴 포 虎 범 호 陷 빠질 함 浦 물가 포
개펄에 빠진 범이 으르렁거림. 큰소리는 치나 아무 실효
가 없는 것을 이름. [한비자韓非子]

輻輳幷臻
폭 주 병 진
輻 너비 폭 輳 모일 주 幷 나란할 병 臻 이를 진
수레의 바퀴살이 바퀴통을 향해 모이듯, 여러 사람이 한
곳으로 모여듦.

表裏不同
표 리 부 동
表 겉 표 裏 속 리 不 아닐 부 同 한가지 동
겉과 속이 다른 것. 즉 속이 음흉함. =구밀복검(口蜜腹劍)

ㅍ

豹死留皮
표 사 유 피

豹 표범 표　死 죽을 사　留 남길 유　皮 가죽 피
표범은 죽으면 가죽을 남김. 【신오대사新五代史】

▶표사유피 인사유명(----人死留名): 표범이 죽으면 가죽을
　남기고 사람이 죽으면 이름을 남긴다.

熛至風起
표 지 풍 기

熛 불똥 표　至 이를 지　風 바람 풍　起 일어날 기
불똥이 날고 바람이 일어남. 불이 바람같이 빨리 번지는
것을 이름. 【사기史記】

彪彪湅湅
표 표 간 간

彪 범 표　湅 물 빨리 흐를 간
물이 빠르고 세차게 흐르는 모양.

品竹彈絲
픔 죽 탄 사

品 물건 품　竹 대 죽　彈 튀길 탄　絲 실 사
피리를 불고 거문고를 탐. 즉 관현악기를 연주함.

風擧雲搖
풍 거 운 요

風 바람 풍　擧 일으킬 거　雲 구름 운　搖 흔들 요
바람을 일으키고 구름이 흔들림. 마음이 이리저리 흔들
리는 것을 이름.

風光明媚
풍 광 명 미

風 바람 풍　光 빛 광　明 밝을 명　媚=美 아름다울 미
풍치(風致)가 환하고 아름다움.

豊筋多力
풍 근 다 력

豊 풍년 풍　筋 힘줄 근　多 많을 다　力 힘 력
글씨의 획이 굵고 힘참.

風紀紊亂
풍 기 문 란

風 바람 풍　紀 벼리 기　紊 얽힐 문　亂 어지러울 란
풍속에 기율이 서 있지 않아 어지러움.

豊年化者
풍 년 화 자

豊 풍년 풍　年 해 년　化 될 화　者 사람 자
풍년의 거지. 여러 사람이 모두 이익을 볼 때에 혼자 이
익에서 제외되는 것을 이름.

▶화자(化者=化子): 거지.

風流警拔
풍 류 경 발

風 바람 풍　流 흐를 류　警 경계할 경　拔 뽑을 발
기풍이 고상하고 영민함. 【북제서北齊書】

風流雲散
풍 류 운 산

風 바람 풍　流 흐를 류　雲 구름 운　散 흩어질 산
바람이 불어 구름이 흩어지듯 자취도 없이 사라짐.

風流罪過
풍 류 죄 과
風바람 풍 流흐를 류 罪허물 죄 過허물 과
법률상 허물이 되지 않는 풍류의 죄. 【북제서北齊書】

風林火山
풍 림 화 산
風바람 풍 林수풀 림 火불 화 山뫼 산
바람처럼 빠르게, 숲처럼 고요하게, 불처럼 맹렬하게,
산처럼 묵직하게. 즉 주위 정세에 신속히 적응해서 행동
하고 임기응변의 계기를 잡아 승리를 거두라는 말. 【손자
孫子】

風磨雨洗
풍 마 우 세
風바람 풍 磨갈 마 雨비 우 洗씻을 세
비바람에 갈리고 씻김. 오랫동안 자연의 침식을 받음.

風木之悲
풍 목 지 비
風바람 풍 木나무 목 之갈 지 悲슬플 비
바람 앞에 선 나무처럼 외롭고 슬픔. 부모가 돌아가셔서
효도할 길이 없는 슬픔을 이름. =풍수지탄(風樹之嘆)

風伯雨師
풍 백 우 사
風바람 풍 伯맏 백 雨비 우 師스승 사
바람과 비를 내리는 신. 【사기史記】

風旛之論
풍 번 지 론
風바람 풍 旛깃대 번 之갈 지 論의논할 론
기(旗)가 바람에 움직이듯 결론이 나지 않는 논쟁. 【염철론
鹽鐵論】

風不鳴枝
풍 불 명 지
風바람 풍 不아닐 불 鳴울 명 枝가지 지
바람도 나뭇가지를 울리지 않음. 나라가 태평함을 비유
하는 말. 【논형論衡】 =풍불명조(風不鳴條)

風飛雹散
풍 비 박 산
風바람 풍 飛날 비 雹우박 박 散흩어질 산
바람이 불어 우박이 흩어짐. 즉 사방으로 흩어짐.

風霜之任
풍 상 지 임
風바람 풍 霜서리 상 之갈 지 任맡길 임
남의 사정을 보아 줄 수 없는 임무. 사법관의 냉엄한 임
무를 이름.

風霜之節
풍 상 지 절
風바람 풍 霜서리 상 之갈 지 節마디 절
서릿바람같이 준엄한 절조.

ㅍ

685

風聲鶴唳 風바람 풍 聲소리 성 鶴학 학 唳울 려
풍 성 학 려　바람소리와 학의 울음소리. 조그만 소리에도 놀라서 떠
는 것을 이름. 【한시외전韓詩外傳】

▶진왕(秦王) 부견(符堅)이 비수(淝水)에서 크게 패하고 퇴
각하면서 바람소리와 학의 울음소리만 들려도 적군이 쫓
아오는 게 아닌가 놀랐다는 고사에서 온 말.

諷誦言語 諷욀 풍 誦욀 송 言말씀 언 語말씀 어
풍 송 언 어　외고 있는 그대로를 말로 지껄임. 【주례周禮】

風樹之嘆 風바람 풍 樹나무 수 之갈 지 嘆한탄할 탄
풍 수 지 탄　부모가 돌아가시어 봉양할 길이 없음을 한탄함. 【한시외전
韓詩外傳】 =풍목지비(風木之悲)

風岸孤峭 風바람 풍 岸언덕 안 孤외로울 고 峭가파를 초
풍 안 고 초　인품이 엄격하고 성정이 과격하여, 남과 떨어져 고독하
게 지냄을 이름.

風魚之災 風바람 풍 魚물고기 어 之갈 지 災재앙 재
풍 어 지 재　해상에서 당한 재난을 이름. 【한유韓愈의 글文】

風雨對牀 風바람 풍 雨비 우 對대할 대 牀평상 상
풍 우 대 상　비바람이 치는 밤에 침상을 함께하여 잠. 형제가 서로
만남을 비유하는 말. 【시경詩經】

風雨同舟 風바람 풍 雨비 우 同한가지 동 舟배 주
풍 우 동 주　비바람 속에서 같은 배를 탐. =동고동락(同苦同樂)

風雨凄凄 風바람 풍 雨비 우 凄찰 처
풍 우 처 처　비바람이 몰아쳐 뼛속까지 추위가 스며듦. 난세를 비유
하는 말. 【시경詩經】

風雲竝興 風바람 풍 雲구름 운 竝아우를 병 興일 흥
풍 운 병 흥　바람과 구름이 함께 일어남. 【소문素問】

風雲月露 風바람 풍 雲구름 운 月달 월 露이슬 로
풍 운 월 로　세도(世道)나 인심(人心)에 도움되는 것이 없는 음풍영
월(吟風詠月)의 시문(詩文)을 말함. 【수서隋書】

風雲才子 風바람 풍 雲구름 운 才재주 재 子아들 자
풍 운 재 자 난세를 당해 위험을 무릅쓰고 공을 세우는 사람. 또는 앞길이 유망한 젊은이를 지칭하는 말. =풍운아(風雲兒)

風雲之器 風바람 풍 雲구름 운 之갈 지 器그릇 기
풍 운 지 기 난세에 공을 세울 만한 기량이 되는 사람.

風雲之路 風바람 풍 雲구름 운 之갈 지 路길 로
풍 운 지 로 갈 길이 험하고 먼 것을 이름. [역경易經]

風雲之志 風바람 풍 雲구름 운 之갈 지 志뜻 지
풍 운 지 지 영웅호걸이 어진 임금이나 때를 만나 능력을 발휘하고 공명을 세우려는 뜻.

風月主人 風바람 풍 月달 월 主주인 주 人사람 인
풍 월 주 인 청풍명월을 즐기는 사람.

風淫末疾 風바람 풍 淫음탕할 음 末끝 말 疾병들 질
풍 음 말 질 풍운이 음산해 끝에 가서는 병이 듦. [춘추좌씨전春秋左氏傳]

風前燈火 風바람 풍 前앞 전 燈등불 등 火불 화
풍 전 등 화 바람 앞의 등불. 매우 위태로운 상황을 이름.

風前細柳 風바람 풍 前앞 전 細가늘 세 柳버들 류
풍 전 세 류 바람 앞에 나부끼는 버들의 가녀린 가지.

風調雨順 風바람 풍 調고를 조 雨비 우 順순할 순
풍 조 우 순 기후가 순조로워 오곡이 잘된다는 말. [통속편通俗編]

風櫛雨沐 風바람 풍 櫛빗 즐 雨비 우 沐목욕할 목
풍 즐 우 목 바람에 빗질하고 비에 목욕함. 객지에서 심한 고생과 어려움을 겪고 살아감을 이름. [원사元史]

風塵之變 風바람 풍 塵티끌 진 之갈 지 變변할 변
풍 진 지 변 전쟁의 어려움을 당함. 즉 병란을 이름. [진서晉書]

風塵之言 風바람 풍 塵티끌 진 之갈 지 言말씀 언
풍 진 지 언 거짓말로 남을 참소(讒訴)함. [위서魏書]

ㅍ

風塵之志 風바람풍 塵티끌진 之갈지 志뜻지
풍 진 지 지 관로(官路)로 나아가려는 뜻. 벼슬살이를 하고픈 뜻. [진서晉書]

風餐露宿 風바람풍 餐먹을찬 露이슬로(노) 宿잘숙
풍 찬 노 숙 바람을 먹고 이슬 속에서 잠을 잠. 큰일을 하려는 사람들이 겪는 고생을 이르는 말. [대당서역기大唐西域記]

風燭殘年 風바람풍 燭촛불촉 殘남을잔 年해년
풍 촉 잔 년 바람 앞의 촛불같이 얼마 남지 않은 여생.

豊取刻與 豊풍년풍 取취할취 刻쪼갤각 與줄여
풍 취 각 여 많이 차지하고 조금만 나누어 줌. 욕심이 많고 인색함을 이르는 말. [순자荀子]

風馳電掣 風바람풍 馳달릴치 電번개전 掣끌체
풍 치 전 체 바람이 달리고 번개가 치듯 매우 빠른 것을 이름.

風歎虎視 風바람풍 歎읊을탄 虎범호 視볼시
풍 탄 호 시 읊는 듯한 바람소리에 호랑이가 노려봄. [조식曹植의 시詩]

風波之民 風바람풍 波물결파 之갈지 民백성민
풍 파 지 민 바람 부는 날의 물결같이 흔들리기 쉬운 백성의 마음. [장자莊子]

風飆電激 風바람풍 飆나부낄표 電번개전 激격할격
풍 표 전 격 폭풍이 불고 번개치듯 기세가 맹렬함. [후한서後漢書]

風寒並興 風바람풍 寒찰한 並=竝아우를병 興일흥
풍 한 병 흥 바람과 추위가 함께 일어남.

風寒暑濕 風바람풍 寒찰한 暑더울서 濕젖을습
풍 한 서 습 바람, 추위, 더위, 습기. 병의 원인이 되는 것들을 이름.

風行霜烈 風바람풍 行갈행 霜서리상 烈매울렬
풍 행 상 렬 바람같이 빠르고 서리같이 혹독함. [후한서後漢書] =풍표전격 (風飄電激)

風行天上
풍 행 천 상

風 바람 풍 行 갈 행 天 하늘 천 上 위 상
하늘에서 바람이 분다. 이것은 소축괘(小畜卦)로서, 인간을 선화(善化)하고 미화(美化)한다는 괘. [역경易經]

風行草偃
풍 행 초 언

風 바람 풍 行 갈 행 草 풀 초 偃 누울 언
바람이 불면 풀이 눕는 것같이 임금이 너그러운 덕으로 백성을 교화함. [맹자孟子] [주서周書] =풍행초미(風行草靡)

豊亨豫大
풍 형 예 대

豊 풍년 풍 亨 형통할 형 豫 즐길 예 大 큰 대
세상이 태평하여 백성이 즐거움을 누림. [송사宋史]
▶풍(豊)과 형(亨)은 주역의 괘(卦) 이름.

風鬟雨鬢
풍 환 우 빈

風 바람 풍 鬟 쪽진머리 환 雨 비 우 鬢 살쩍 빈
바람에 빗질하고 비에 목욕한다는 뜻으로, 객지에서 풍우에 시달리며 고생함을 이름. =풍즐우목(風櫛雨沐)

被褐懷玉
피 갈 회 옥

被 입을 피 褐 베옷 갈 懷 품을 회 玉 구슬 옥
겉에는 굵은 베옷을 입고 옥을 품고 있음. 현인이 지와 덕을 갖추고 있으나 겉으로 드러내지 않음을 비유하는 말. [노자老子]

避坎落井
피 감 낙 정

避 피할 피 坎 구덩이 감 落 떨어질 락(낙) 井 우물 정
구덩이를 피하려다 우물에 빠짐. 작은 위험은 피했으나 더 큰 피해를 본다는 말. =피갱낙정(避坑落井)

被堅執兵
피 견 집 병

被 입을 피 堅 굳을 견 執 잡을 집 兵 군사 병
단단한 옷을 입고 병기를 손에 잡음. [한서漢書]

被堅執銳
피 견 집 예

被 입을 피 堅 굳을 견 執 잡을 집 銳 날카로울 예
단단한 갑옷을 입고 날카로운 무기로 무장함. [전국책戰國策]

皮骨相接
피 골 상 접

皮 가죽 피 骨 뼈 골 相 서로 상 接 닿을 접
살갗과 뼈가 맞닿을 정도로 몹시 여윈 것을 이름.

皮裏陽秋
피 리 양 추

皮 가죽 피 裏 속 리 陽 볕 양 秋 가을 추
사람은 누구나 속셈과 분별력이 있다는 말. [진서晉書]
=피리춘추(皮裏春秋)
▶피리(皮裏): 피부의 안, 즉 심중(心中). 양추(陽秋)=춘추(春秋).

689

被髮徒跣　被 입을 피　髮 터럭 발　徒 맨발 도　跣 맨발 선
피 발 도 선　부모상을 당하여 여자가 머리를 풀고 버선을 벗어 맨발
이 된 모양을 이름. 【맹자孟子】

被髮文身　被 입을 피　髮 터럭 발　文 무늬 문　身 몸 신
피 발 문 신　머리카락을 늘어뜨리고 몸에 문신을 함. 【회남자淮南子】

被髮纓冠　被 입을 피　髮 터럭 발　纓 갓끈 영　冠 갓 관
피 발 영 관　머리가 흐트러진 채 갓끈을 맴. 몹시 허둥대는 모양을
형용. 【맹자孟子】

被髮左衽　被 입을 피　髮 터럭 발　左 왼 좌　衽 옷깃 임
피 발 좌 임　머리를 흐트러뜨리고 옷깃을 왼쪽으로 여밈. 야만인의
풍속을 이름. 【논어論語】

皮相之士　皮 가죽 피　相 서로 상　之 갈 지　士 선비 사
피 상 지 사　겉만 보고 속은 살피지 않는 사람. 【한시외전韓詩外傳】

彼黍離離　彼 저 피　黍 기장 서　離 떠날 리(이)
피 서 이 리　기장만 무성함. 나라가 망한 것을 슬퍼한다는 뜻. 【시경詩
經】 ＝서리지탄(黍離之歎)
▶이리(離離): 무성한 모양.

避實擊虛　避 피할 피　實 열매 실　擊 칠 격　虛 빌 허
피 실 격 허　적을 공격할 때는 방비가 견고한 곳을 피하고, 허술한
곳을 침. 【손자병법孫子兵法】

彼誘其名　彼 저 피　誘 속일 유　其 그 기　名 이름 명
피 유 기 명　그 이름을 속이지 말라. 【순자荀子】

皮肉無關　皮 가죽 피　肉 고기 육　無 없을 무　關 빗장 관
피 육 무 관　서로가 아무 상관이 없음.

皮肉之見　皮 가죽 피　肉 고기 육　之 갈 지　見 볼 견
피 육 지 견　가죽과 살만 보고 그 안의 뼈를 못 보았다는 뜻으로, 천
박한 깨달음을 비유하는 말. ＝피부지견(皮膚之見)

避獐逢虎　避 피할 피　獐 ＝麞 노루 장　逢 만날 봉　虎 범 호
피 장 봉 호　노루를 피하려다 범을 만남. 즉 작은 해를 피하려다 큰
화를 당함.

彼哉彼哉
피 재 피 재
彼 저 피　哉 어조사 재
"저것이구나, 저것이야!" 사람을 업신여겨 지칭하는 태도. [논어論語]

被底鴛鴦
피 저 원 앙
被 입을 피　底 밑 저　鴛 원앙 원　鴦 원앙 앙
이불 밑의 원앙새. 즉 이불 속의 남녀, 부부를 말함. [개원천보유사開元天寶遺事]

彼衆我寡
피 중 아 과
彼 저 피　衆 무리 중　我 나 아　寡 적을 과
저 편은 많고 내 편은 적음. 즉 적군은 많고 아군은 적음. [춘추좌씨전春秋左氏傳]

披枝傷心
피 지 상 심
披 찢을 피　枝 가지 지　傷 상할 상　心 가운데 심
가지를 찢으면 나무의 속이 상처를 입음. 잘 크는 나무는 곁가지를 칠 때 속에 상처를 입지 않도록 조심해야 한다는 말. [이익李瀷의 성호사설 星湖僿說]

彼稷之苗
피 직 지 묘
彼 저 피　稷 피 직　之 갈 지　苗 싹 묘
저기 피 싹이 돋음. [시경詩經]
▶피서이이 피직지묘(彼黍離離 ----): 저기 기장 잎은 늘어지고, 피도 싹이 돋는구나.

彼出於此
피 출 어 차
彼 저 피　出 날 출　於 어조사 어　此 이 차
'저것'이란 개념은 '이것'이 있기 때문에 생김. 개념이란 상대적 관계에 의해 생겨나는 것이라는 말. [장자莊子]

筆頭生花
필 두 생 화
筆 붓 필　頭 머리 두　生 날 생　花 꽃 화
글 재주가 뛰어남을 이르는 말.
▶당(唐)의 이백(李白)이 어렸을 때 붓끝에 꽃이 핀 꿈을 꾸고 나서부터 글 재주가 크게 진보했다는 고사에서 온 말.

筆力扛鼎
필 력 강 정
筆 붓 필　力 힘 력　扛 들 강　鼎 솥 정
문장의 기운참이 무거운 솥이라도 들어올릴 만함.

筆力勁駿
필 력 경 준
筆 붓 필　力 힘 력　勁 굳셀 경　駿 준마 준
필력이 굳세고 뛰어남. [남사南史]

筆力縱橫
필 력 종 횡
筆 붓 필　力 힘 력　縱 세로 종　橫 가로 횡
시문(詩文)을 자유자재로 짓는 것을 이름.

匹馬單槍
필 마 단 창
匹 짝 필　馬 말 마　單 홀 단　槍 창 창
한 필의 말과 한 자루의 창. 아주 간략하게 무장한 것을
이름. =필마단기(匹馬單騎)

匹夫之勇
필 부 지 용
匹 짝 필　夫 지아비 부　之 갈 지　勇 용기 용
한 사나이의 하찮은 용기. 혈기만 믿고 함부로 뽐내는
소인의 용기를 이름. 〔사기史記〕

匹夫匹婦
필 부 필 부
匹 짝 필　夫 지아비 부　婦 아내 부
평범한 남녀를 말함. 보통 사람. 〔맹자孟子〕 =갑남을녀(甲
男乙女), 초동급부(樵童汲婦)

觱沸檻泉
필 비 함 천
觱 용솟음칠 필　沸 샘솟을 비　檻 샘솟을 함　泉 샘 천
솟아오르는 샘물. 〔시경詩經〕

　▶필비함천 유기심의(---- 維基深矣): 솟아오르는 샘물이
　깊기도 하다.

必死則生
필 사 즉 생
必 반드시 필　死 죽을 사　則=卽 곧 즉　生 날 생
죽을 각오로 싸우면 삶. 위기에 처한 나라를 구하려는
충신의 각오.

　▶필사즉생 필생즉사(----必生則死): 죽기로 싸우면 반드
　시 살고, 살려고 비겁하게 굴면 반드시 죽는다.

筆輸如流
필 수 여 류
筆 붓 필　輸 실어낼 수　如 같을 여　流 흐를 류
문장을 물 흐르듯 써 내려감.

必有曲折
필 유 곡 절
必 반드시 필　有 있을 유　曲 굽을 곡　折 꺾을 절
반드시 어떤 까닭이 있음. =필유사단(必有事端)

必絶其謀
필 절 기 모
必 반드시 필　絶 끊을 절　其 그 기　謀 꾀할 모
그가 꾀하는 바를 반드시 단절시켜야 함. 〔전국책戰國策〕

偪屨著綦
핍 구 착 기
偪 행전 핍　屨 신 구　著 신을 착　綦 비단 기
행전(行纏)을 매고 신을 신고 신끈을 맴. 〔예기禮記〕

夏葛冬裘
하 갈 동 구
夏 여름 하　葛 칡 갈　冬 겨울 동　裘 갖옷 구
여름엔 시원한 갈옷, 겨울엔 따뜻한 갖옷. 즉 철에 맞는
옷차림.

下官不職
하 관 부 직
下 아래 하　官 벼슬 관　不 아닐 부　職 직책 직
관리가 그 직책을 감당하지 못함을 말함. [사기史記]

下氣怡聲
하 기 이 성
下 아래 하　氣 기운 기　怡 기쁠 이　聲 소리 성
기(氣)를 낮추고 음성을 부드럽게 함. 자식이 부모를 섬기는 태도를 말함. [예기禮記]

下堂迎之
하 당 영 지
下 아래 하　堂 집 당　迎 맞을 영　之 갈 지
반가운 마음에 마당에 내려와서 손님을 맞음.

下堂之憂
하 당 지 우
下 아래 하　堂 집 당　之 갈 지　憂 근심 우
높은 데서 떨어져서 다칠까 걱정함.

何待明年
하 대 명 년
何 어찌 하　待 기다릴 대　明 밝을 명　年 해 년
어찌 다음해까지 기다리겠는가?

河圖洛書
하 도 낙 서
河 물 하　圖 그림 도　洛 물락(낙)　書 글 서
황하에서 하도(河圖), 낙수에서 신구(神龜)가 나옴. 성군이나 명군이 나타날 징조를 말함. [역경易經]
▶하도(河圖)는 복희씨(伏羲氏) 때 황하에서 용마(龍馬)가 가지고 나온 그림이며, 낙서(洛書)는 우왕(禹王)이 홍수를 다스릴 때 낙수에서 나온 신구(神龜)의 등에 새겨진 글. 복희씨는 하도(河圖)를 바탕으로 주역(周易)의 팔괘(八卦)를 만들고, 우왕은 천하를 다스리는 법인 홍범(洪範)을 정했다. 이때 도서관(圖書館)이라는 말이 생김.

河東獅吼
하 동 사 후
河 물 하　東 동녘 동　獅 사자 사　吼 울 후
황하(黃河)의 동안(東岸)에서 사자가 으르렁거림. 사나운 아내를 일컫는 말.
▶소식(蘇軾)의 친구 진조(陳慥)의 아내인 하동 유씨(柳氏)가 성질이 사나워 손님 앞에서도 남편에게 욕설을 마구 퍼부었다는 고사에서 나온 말.

河東三鳳
하 동 삼 봉
河 물 하　東 동녘 동　三 석 삼　鳳 봉황 봉
형제가 모두 어진 것을 말함. 남의 형제를 칭찬하는 말.
▶당(唐) 하동의 설수(薛收)와 조카 원경(元敬), 족형(族兄)인 덕음(德音)을 이르는 말. 셋이 어질기로 이름이 남.

ㅎ

河梁之別
하 량 지 별

河물하 梁나무다리량 之갈지 別헤어질별
다리 위에서 사람을 전송하고 이별함.

夏爐冬扇
하 로 동 선

夏여름하 爐화로로 冬겨울동 扇부채선
여름 화로와 겨울 부채. 아무 쓸모가 없는 물건, 또는 버려진 신세를 이름. [논형論衡]

何福不除
하 복 부 제

何어찌하 福복복 不아닐부 除덜제=備갖출비
어떤 복이든 갖추지 않은 것이 없음.

河汾門下
하 분 문 하

河물하 汾클분 門문문 下아래하
수(隋)나라 말 왕통(王通)이 인재 양성을 위해 세운 화분 지방 학교의 문하생. 즉 좋은 학교 시설과 훌륭한 교사가 있어야 훌륭한 인재를 기를 수 있음을 강조한 말.
▶왕통(王通)이 기른 인재는 후에 당(唐)나라 정치와 학문에 크게 이름을 떨친 인물이 많았다.

河不出圖
하 불 출 도

河물하 不아닐불 出날출 圖그림도
성대(聖代)에는 황하에 용마가 나타나 역(易)의 괘(卦)를 보였으나, 오늘날은 난세가 되어 그런 신기한 상서(祥瑞)가 나타나지 않는다고 탄식한 공자의 말. [논어論語]

下石上臺
하 석 상 대

下아래하 石돌석 上위상 臺돈대대
아랫돌을 빼서 위를 굄. 임시변통으로 이리저리 둘러맞춤. =미봉책(彌縫策)

夏扇冬曆
하 선 동 력

夏여름하 扇부채선 冬겨울동 曆책력력
여름의 부채와 겨울의 책력. 선사하는 물건이 철에 맞음을 이르는 말. [춘추좌씨전春秋左氏傳]

下詔褒讚
하 소 포 찬

下아래하 詔소개할소 褒기릴포 讚기릴찬
아랫사람을 소개하고 기리어 칭찬함.

河魚腹疾
하 어 복 질

河물하 魚물고기어 腹배복 疾병질
황하 물고기의 배가 먼저 썩음. 물고기는 배부터 썩기 때문에 나온 말로 나라의 내부가 부패한 것을 비유. [삼국지三國志] =하어지질(河魚之疾)

下愚不移
하 우 불 이
下 아래 하 愚 어리석을 우 不 아닐 불 移 옮길 이
아주 어리석은 사람은 아무리 가르쳐도 달라지지 않는
다는 말. [논어論語]

下愚下移
하 우 하 이
下 아래 하 愚 어리석을 우 下 아래 하 移 옮길 이
어리석은 기질은 쉽게 변화시킬 수가 없음. 즉 교육의
가능성에도 한계가 있다는 말.

夏月飛霜
하 월 비 상
夏 여름 하 月 달 월 飛 날 비 霜 서리 상
여름에 서리가 날림. 큰 재난을 말함.

下意上達
하 의 상 달
下 아래 하 意 뜻 의 上 위 상 達 통할 달
아랫사람의 뜻이 윗사람에게 잘 전달됨. [춘추좌씨전春秋左
氏傳] =하정상달(下情上達)

夏以長楙
하 이 장 무
夏 여름 하 以 써 이 長 자랄 장 楙 무성할 무
여름에는 (식물들이) 무성하게 자라남. [한서漢書]

何敵不摧
하 적 불 최
何 어찌 하 敵 원수 적 不 아닐 불 摧 꺾을 최
어떤 적인들 꺾지 못하랴! [당서唐書]

河清難俟
하 청 난 사
河 물 하 淸 맑을 청 難 어려울 난 俟 기다릴 사
황하가 맑아지기를 기다리기가 어려움. 너무 시간이 많
이 걸려서 성사 여부를 판단하기 어려울 때 하는 말. [춘
추좌씨전春秋左氏傳] =백년하청(百年河淸)

河清海晏
하 청 해 안
河 물 하 淸 맑을 청 海 바다 해 晏 편안할 안
황하가 맑아지고 바다가 잔잔함. 성군이 나타나서 세상
이 태평해짐을 비유하는 말.

夏蟲疑冰
하 충 의 빙
夏 여름 하 蟲 벌레 충 疑 의심의 冰 얼음 빙
여름에만 사는 벌레는 얼음이 있다는 것을 의심함. 견문
이 좁은 사람이 공연히 의심할 때 쓰는 말.

下筆成章
하 필 성 장
下 아래 하 筆 붓 필 成 이룰 성 章 글 장
붓만 대면 문장이 됨. 글재주가 아주 뛰어남을 이름. [삼
국지三國志] =하필성초(下筆成草), 수필입성(授筆立成)

ㅎ

下學上達
하 학 상 달

下 아래 하 學 배울 학 上 위 상 達 통달할 달
아래로 인간의 도리를 배우고 위로 하늘의 도리에 통함. 또는 쉬운 것을 배우고 깊은 학문으로 나아간다는 뜻. [장자莊子]

河漢之言
하 한 지 언

河 물 하 漢 한수 한 之 갈 지 言 말씀 언
멀고 먼 하늘에 있는 것같이 까마득하고 막연한 말. 즉 상식으로 생각하기 힘든 부풀린 말. [장자莊子] =횡설수설 (橫說竪說)

下化衆生
하 화 중 생

下 아래 하 化 될 화 衆 무리 중 生 날 생
불교 용어. 보살이 중생을 교화하여 널리 제도(濟度)하는 것을 이름.

學貫天人
학 관 천 인

學 배울 학 貫 뚫을 관 天 하늘 천 人 사람 인
학문을 하여 하늘의 이치와 사람의 도리를 꿰뚫어 앎. [진서晉書]

鶯鳩笑鵬
학 구 소 붕

鶯 때까치 학 鳩 비둘기 구 笑 웃을 소 鵬 대붕 붕
때까치와 비둘기가 큰 붕새를 비웃음. 소인의 식견으로 오히려 대인을 비웃는다는 말.

學老於年
학 로 어 년

學 배울 학 老 늙을 로 於 어조사 어 年 해 년
나이에 비해 학문이 노숙함. [송사宋史]

學德未暮
학 덕 미 모

學 배울 학 德 큰 덕 未 아닐 미 暮 저물 모
학덕이 쇠하지 않음을 이름.

鶴立鷄群
학 립 계 군

鶴 학 학 立 설 립 鷄 닭 계 群 무리 군
학이 닭 무리 가운데 우뚝 서 있음. 영웅 호걸은 범인(凡人)들과 같이 있어도 두각(頭角)을 나타낸다는 말. [진서晉書] =군계일학(群鷄一鶴)

鶴立企佇
학 립 기 저

鶴 학 학 立 설 립 企 발돋움할 기 佇 기다릴 저
학처럼 발돋움하고 서서 기다림. [삼국지三國志] =학수고대(鶴首苦待)

鶴鳴之嘆
학 명 지 탄

鶴 학 학 鳴 울 명 之 갈 지 嘆 탄식할 탄
벼슬을 하여 큰 뜻을 펴지 못하고 초야에 묻혀 사는 것을 한탄함. [후한서後漢書]

ㅎ

學問習熟
학 문 습 숙
學 배울 학　問 물을 문　習 익힐 습　熟 익을 숙
배우고 묻고 익히어서 확실히 알게 함.

鶴髮童顔
학 발 동 안
鶴 학 학　髮 터럭 발　童 아이 동　顔 얼굴 안
머리는 백발이나 얼굴은 아이와 같이 윤기가 돈다는, 전
설 속에 나오는 신선의 모습.

學步邯鄲
학 보 한 단
學 배울 학　步 걸음 보　邯 땅이름 한　鄲 땅이름 단
한단(邯鄲)에서 걸음을 배움. 근본을 잊고 남의 흉내를
내는 어리석음을 경계하는 말. 제 것을 두고 남의 것을
본뜨려다가 제 것까지 망친다는 뜻. 【장자莊子】 =한단학보
(邯鄲學步), 한단지보(邯鄲之步)
▶연(燕)나라 소년이 조(趙)나라의 서울 한단(邯鄲)에 가서
그 나라 보행법을 배우다가 자기 나라 보행법까지 잊었다
는 고사에서 온 말.

學不可已
학 불 가 이
學 배울 학　不 아닐 불　可 옳을 가　已 그만둘 이
학문은 잠시도 멈춰서는 안 된다는 말.

鶴首苦待
학 수 고 대
鶴 학 학　首 머리 수　苦 쓸 고　待 기다릴 대
학같이 목을 길게 빼고 기다림. 몹시 기다린다는 말.

學如不及
학 여 불 급
學 배울 학　如 같을 여　不 아닐 불　及 미칠 급
학문은 앞서 가는 사람을 따라잡을 마음으로 끊임없이
노력해야 한다는 말. 【논어論語】 =학불가지(學不可止)

學如穿井
학 여 천 정
學 배울 학　如 같을 여　穿 뚫을 천　井 우물 정
학문은 우물을 파는 것과 같음. 할수록 더욱 어려워지는
것을 말함.

學于古訓
학 우 고 훈
學 배울 학　于 어조사 우　古 예 고　訓 가르칠 훈
옛 가르침을 배움. 【서경書經】
▶학우고훈 내유획(---- 乃有獲): 옛 가르침을 배우면 얻는
점이 있으리라.

學而時習
학 이 시 습
學 배울 학　而 말이을 이　時 때 시　習 익힐 습
배우고 때때로 익힘. 【논어論語】

ㅎ

學而知之
학 이 지 지 　　學 배울 학　而 말이을 이　知 알 지　之 갈 지
배워서 앎. [논어論語]

學者三多
학 자 삼 다 　　學 배울 학　者 사람 자　三 석 삼　多 많을 다
학자가 되려면 독서(讀書), 지론(持論), 저술(著述)이 많
아야 한다는 말. [소학小學]

學者罷老
학 자 파 로 　　學 배울 학　者 사람 자　罷 물러갈 파　老 늙을 로
배우고자 하는 사람에게는 늙음도 물러감. [한서漢書]

鶴汀鳧渚
학 정 부 저 　　鶴 학 학　汀 물가 정　鳧 오리 부　渚 물가 저
학과 오리가 노니는 물가의 고요한 경치를 이름.

學淺行薄
학 천 행 박 　　學 배울 학　淺 얕을 천　行 행할 행　薄 엷을 박
배운 것이 얕아 행동하는 것이 엷음. [장자莊子]

涸轍鮒魚
학 철 부 어 　　涸 마를 학　轍 바퀴자국 철　鮒 붕어 부　魚 물고기 어
수레바퀴 자국에 괸 물 속의 붕어. 지극히 위급한 지경
에 다다른 사람을 비유. [장자莊子] =철부지어(轍鮒之魚),
학철지부(涸轍之鮒)

漢江投石
한 강 투 석 　　漢 한수 한　江 큰내 강　投 던질 투　石 돌 석
한강에 돌 던지기. 즉 하는 일이 미약하여 전혀 효과가
없음. 아무리 애를 써도 뜻을 이루기 어렵다는 말.

寒氣總至
한 기 총 지 　　寒 찰 한　氣 기운 기　總 모두 총　至 이를 지
찬 기운이 사방 팔방에서 모여듦.

寒暖燥濕
한 난 조 습 　　寒 찰 한　暖 따뜻할 난　燥 마를 조　濕 젖을 습
차고, 따뜻하며, 마르고, 습한 기후의 변화를 이름.

邯鄲之夢
한 단 지 몽 　　邯 땅이름 한　鄲 땅이름 단　之 갈 지　夢 꿈 몽
인간의 한평생이 한바탕 허무한 꿈과 같다는 말. [침중기
沈中記] =노생지몽(盧生之夢), 일취지몽(一炊之夢)
▶노생(盧生)이 한단(邯鄲)에서 도사 여옹(呂翁)이 주는 베
개를 베고 잠든 동안에 부귀영화의 꿈을 꾸었다는 고사
에서 온 말. 즉 인생의 영고성쇠는 한 토막 꿈에 지나지
않음을 말함.

邯鄲之步
한 단 지 보

邯 땅이름 한　鄲 땅이름 단　之 갈 지　步 걸음 보
근본을 잊고 남의 흉내를 내는 어리석음을 경계하는 말.

閑談屑話
한 담 설 화

閑 한가할 한　談 말씀 담　屑 가루 설　話 말씀 화
심심풀이로 나누는 자질구레한 이야기. =한담객설(閑談客說)

攔瀆盜賊
한 두 도 적

攔 성낼 한　瀆 구멍 두　盜 도적 도　賊 도적 적
도적을 철저히 막고 지킴. [관자管子]
▶한두(攔瀆): 막고 지킴. 또는 혹독하게 수사하여 범인을 잡음.

韓盧逐塊
한 로 축 괴

韓 나라 한　盧 나라 로　逐 쫓을 축　塊 흙덩이 괴
한로(명견의 이름)가 흙덩이를 쫓음. 필요없는 데다 정신과 힘을 쏟는 것을 이름. [사기史記]

汗流浹背
한 류 협 배

汗 땀 한　流 흐를 류　浹 젖을 협　背 등 배
땀이 흘러 등이 흥건할 정도로 두려움에 떠는 것을 이름. [후한서後漢書] =한출첨배(汗出沾背)

汗馬之勞
한 마 지 로

汗 땀 한　馬 말 마　之 갈 지　勞 힘쓸 로
말을 달려 싸움터에서 이긴 공로. 또는 운반하는 데 애쓴 공로. [전국책戰國策]

寒不敢襲
한 불 감 습

寒 찰 한　不 아닐 불　敢 감히 감　襲 껴입을 습
추워도 감히 옷을 껴입지 않음. [예기禮記]
▶한불감습 양불감소(---- 癢不敢搔): 추워도 감히 껴입지 않고, 가려워도 보기 상스럽게 긁지 않는다.

限死決斷
한 사 결 단

限 한정할 한　死 죽을 사　決 결단할 결　斷 끊을 단
죽음을 각오하고 결단함.

漢承堯運
한 승 요 운

漢 나라이름 한　承 이을 승　堯 요임금 요　運 운 운
한(漢)나라는 요(堯)임금의 운(運)을 이었음. [한서漢書]

寒往暑來
한 왕 서 래

寒 찰 한　往 갈 왕　暑 더울 서　來 올 래
추위가 가고 더위가 옴. 세월이 흘러감을 이름. [역경易經]
=한래서왕(寒來暑往)

ㅎ

699

汗牛充棟
한 우 충 동

汗 땀한 牛 소우 充 채울 충 棟 용마루 동
수레에 실으면 마소가 끄느라 땀을 흘리고, 쌓으면 용마루에 닿을 정도로 장서(藏書)가 많다는 말.

閒雲孤鶴
한 운 고 학

閒 한가할 한 雲 구름 운 孤 외로울 고 鶴 학 학
한가롭게 떠 있는 구름과 외로운 학 한 마리. 번거로운 세속을 떠나 한가한 모양을 이름. =한운야학(閑雲野鶴)

閑雲野鶴
한 운 야 학

閑 한가할 한 雲 구름 운 野 들 야 鶴 학 학
한가로이 흐르는 구름과 들에서 자유로이 노니는 학. 세속에 구애되지 않는 은자들의 자유로운 마음을 이름.

韓柳李杜
한 류 이 두

韓 나라 한 柳 버들 류 李 오얏 리(이) 杜 막을 두
당(唐)나라 시대 유명한 문학가 네 사람. 한유(韓愈), 유종원(柳宗元), 이백(李白), 두보(杜甫)를 말함.

閑人勿入
한 인 물 입

閑 막을 한 人 사람 인 勿 말 물 入 들 입
일 없이는 들어오지 말라는 출입금지의 문구.

恨入骨髓
한 입 골 수

恨 한 한 入 들 입 骨 뼈 골 髓 골수 수
원한이 골수에 사무침.

恨紫愁紅
한 자 수 홍

恨 한 한 紫 자줏빛 자 愁 근심 수 紅 붉을 홍
한을 품은 자줏빛, 수심에 젖은 붉은 빛. 꽃의 애련한 빛깔을 표현하는 말.

汗出沾背
한 출 첨 배

汗 땀 한 出 날 출 沾 적실 첨 背 등 배
식은땀이 등을 적심. 두렵고 부끄러운 마음을 이름. 【사기 史記】 =한류협배(汗流浹背)
▶한(漢)나라 문제(文帝)가 재상 주발(周勃)에게 1년간의 수입과 지출을 묻자 주발(周勃)이 등에 식은땀을 흘리며 대답하지 못했다는 고사에서 나온 말.

澣濯縫紉
한 탁 봉 인

澣 빨 한 濯 빨 탁 縫 꿰맬 봉 紉 실을 꿸 인
의복을 깨끗이 빨고 터진 곳을 꿰맴.

韓海蘇潮
한 해 소 조

韓 나라 한 海 바다 해 蘇 깨어날 소 潮 조수 조
한유(韓愈)의 글은 바다와 같이 넓고, 소식(蘇軾)의 글은 물결이 있어 조수와 같다고 평한 말.

ㅎ

漢虹燭錠
한 홍 촉 정

漢 한나라 한　虹 무지개 홍　燭 비칠 촉　錠 제기이름 정

한(漢)나라의 찬란한 빛이 제기에 어리어 더욱 빛이 남. [박고도博古圖]

閑話休題
한 화 휴 제

閑 한가할 한　話 말씀 화　休 쉴 휴　題 제목 제

쓸데없는 말은 그만두고, 화제를 돌릴 때 쓰는 말. =한화휴제(閒話休題)

割股啖腹
할 고 담 복

割 벨 할　股 넓적다리 고　啖 먹을 담　腹 배 복

넓적다리 살을 베어 배에 먹임. 결국 자기에게 손해가 됨을 이르는 말. [정관정요貞觀政要] =할육충복(割肉充腹)

割半之痛
할 반 지 통

割 벨 할　半 반 반　之 갈 지　痛 아플 통

반쪽을 베어내는 아픔. 형제자매가 죽은 슬픔을 이름.

割席分坐
할 석 분 좌

割 벨 할　席 자리 석　分 나눌 분　坐 앉을 좌

자리를 잘라 앉은 곳을 나눔. 친구 사이에 교분을 끊고 함께 앉지 않는다는 말.

割恩斷情
할 은 단 정

割 벨 할　恩 은혜 은　斷 끊을 단　情 뜻 정

은정(恩情)을 끊음.

含甘吮滋
함 감 연 자

含 머금을 함　甘 달 감　吮 빨 연　滋 맛있는 음식 자

단것을 머금기 위해 맛있는 것을 빰. 제 이익을 위해 유력자에 빌붙는 것을 이름.

函蓋相應
함 개 상 응

函 상자 함　蓋 덮을 개　相 서로 상　應 응할 응

상자와 상자의 뚜껑이 서로 잘 맞음. 두 사람의 마음이 잘 맞아 한 덩어리가 됨. [전국책戰國策]

函谷鷄鳴
함 곡 계 명

函 함 함　谷 골 곡　鷄 닭 계　鳴 울 명

함곡관의 닭 울음소리. 하찮은 재주도 요긴하게 쓰일 때가 있음을 이름. [전국책戰國策] =계명구도(鷄鳴狗盜)

▶전국시대에 맹상군(孟嘗君)이 진(秦)나라에서 도망칠 때, 함곡관에 이르러 일행 중에 닭 울음 흉내를 잘 내는 사람의 덕으로 무사히 탈출하였다는 고사에서 나온 말.

ㅎ

含垢納汚
함 구 납 오
含머금을함 垢때구 納들일납 汚더러울오
수치를 참고 더러움을 받아들임. 치욕을 참고 견딤.

緘口無言
함 구 무 언
緘봉할함 口입구 無없을무 言말씀언
입을 다물고 말하지 않음. =함구물설(緘口勿說)

銜橛之變
함 궐 지 변
銜재갈함 橛말뚝궐 之갈지 變변할변
말이 날뛰어 묶은 말뚝이 넘어지고 재갈이 벗겨지는 변
고를 이름.

含怒日久
함 노 일 구
含머금을함 怒성낼노 日날일 久오랠구
날이 갈수록 분한 마음이 더해짐. 【전국책戰國策】

銜膽栖冰
함 담 서 빙
銜입에물함 膽쓸개담 栖깃들서 冰얼음빙
쓸개를 물고 얼음 위에서 거처함. 원수를 갚기 위해 온
갖 고생을 무릅씀. 【진서晉書】 =와신상담(臥薪嘗膽)

含德之厚
함 덕 지 후
含머금을함 德큰덕 之갈지 厚두터울후
속에 두터운 덕을 머금고 있음. 【노자老子】

銜蘆而翔
함 로 이 상
銜입에물함 蘆갈대로 而말이을이 翔날상
갈대를 물고 높이 날아오름. 물가의 청정한 정취를 형용
한 말.

銜尾相隨
함 미 상 수
銜재갈함 尾꼬리미 相서로상 隨따를수
뒤따르는 말이 앞 말의 꼬리를 따름. 기마(騎馬)가 바싹
붙어 줄지어 가는 것을 이름. 【한서漢書】

銜璧輿櫬
함 벽 여 츤
銜재갈함 璧구슬벽 輿질여 櫬널츤
팔을 뒤로 묶고 바치는 구슬을 입에 물고, 죽음을 당해
도 좋다는 각오로 관(棺)을 메고 가는 항복의 예. 【춘추좌씨
전春秋左氏傳】

含憤蓄怨
함 분 축 원
含머금을함 憤분할분 蓄쌓을축 怨원망할원
분한 마음을 품고 원통한 마음을 쌓음.

ㅎ

702

含沙射影
함 사 사 영
含머금을 함 沙모래 사 射쏠 사 影그림자 영
함사역(含沙蜮)이 사람의 그림자를 쏨. 소인이 아무도 모르게 사람을 해치는 것을 말함.
▶함사역(含沙蜮)은 중국 남쪽에 있다는 괴물. 모래를 머금고 사람의 그림자를 쏘면, 그 사람은 틀림없이 병이 나서 죽는다고 함.

含笑入地
함 소 입 지
含머금을 함 笑웃을 소 入들 입 地땅 지
웃음을 머금고 땅속에 들어감. 즉 안심하고 죽음. 【후한서 後漢書】

銜哀致誠
함 애 치 성
銜머금을 함 哀슬플 애 致다할 치 誠정성 성
애통한 마음을 머금고 정성을 다함.

咸與惟新
함 여 유 신
咸다 함 與더불어 여 惟어조사 유 新새 신
다 함께 새롭게 나아감. 모두 새롭게 고침. 【서경書經】

含英咀華
함 영 저 화
含머금을 함 英꽃부리 영 咀씹을 저 華꽃 화
꽃을 머금고 씹음. 문장의 묘미를 잘 음미(吟味)해서 가슴 깊이 간직함을 이름. =영화함저(英華含咀)

咸有禎祥
함 유 정 상
咸다 함 有있을 유 禎상서로울 정 祥상서로울 상
모두에게 상서로운 조짐이 있음. 【시경詩經】

含飴弄孫
함 이 농 손
含머금을 함 飴엿 이 弄희롱할 롱(농) 孫손자 손
엿을 입에 물고 손자를 희롱함 【후한서後漢書】
▶후한(後漢)의 마황후(馬皇后)가 손자들과 벗할 뿐, 정사(政事)에 관여하지 않겠다고 한 고사에서 나온 말.
▶함이(含飴)는 엿을 입에 무는 것. 연로하여 치아가 없음을 이름.

陷之死地
함 지 사 지
陷빠질 함 之갈 지 死죽을 사 地땅 지
죽을 곳에 빠짐. 아주 위태로운 상황에 처함. 【사기史記】

含哺鼓腹
함 포 고 복
含머금을 함 哺먹을 포 鼓두드릴 고 腹배 복
실컷 먹고 배를 두드림. 【십팔사략十八史略】

頷下之珠
함 하 지 주
頷턱 함 下아래 하 之갈 지 珠구슬 주
용의 턱 밑에 있는 구슬. 얻기 어려운 귀중한 보물.

ㅎ

含血噴人
함 혈 분 인

含머금을 함 血피 혈 噴뿜을 분 人사람 인
피를 머금어 남에게 뿜음. 터무니없는 말로 남을 모함하
여 곤경에 빠지게 한다는 말. [통속편通俗編]

含和吐廷
함 화 토 정

含머금을 함 和화할 화 吐토할 토 廷조정 정
평온한 마음으로 조정에서 자기의 의견을 말함.

銜華佩實
함 화 패 실

銜머금을 함 華꽃 화 佩찰 패 實열매 실
꽃이 피고 열매가 맺힘. 즉 겉과 속이 함께 갖추어짐.

咸興差使
함 흥 차 사

咸다 함 興일 흥 差어긋날 차 使부릴 사
함흥으로 가 돌아오지 않는 사자. 심부름 가서 소식이
없거나 돌아오지 않음을 이르는 말.
▶조선 초 태조 이성계(李成桂)가 왕위를 선위하고 함흥에
은퇴했을 때, 태종(太宗)이 보낸 사자를 죽이거나 가두고
돌려보내지 않았던 일을 말함.

盍反其本
합 반 기 본

盍어찌 합 反되돌릴 반 其그 기 本근본 본
어찌 근본으로 돌아가 백성들이 살아갈 수 있는 일정한
재산을 지닐 수 있도록 해주지 않는가. [맹자孟子]

合本取利
합 본 취 리

合합할 합 本근본 본 取취할 취 利이로울 리
밑천을 한데 모아서 이익을 얻음.

合緣奇緣
합 연 기 연

合합할 합 緣인연 연 奇기이할 기 緣
부부가 결합하게 된 기이한 인연. =애연기연(愛緣奇緣)

合從連橫
합 종 연 횡

合합할 합 從세로 종 連잇닿을 련(연) 橫가로 횡
전국시대에 소진(蘇秦)이 주장한 합종설(合從說)과 장의
(張儀)가 주장한 연횡설(連橫說). 서로 상반된 외교술을
말함. [사기史記]
▶전국시대에는 제(齊), 초(楚), 조(趙), 위(魏), 한(韓), 연(燕)
의 6국과 진(秦)을 합한 7국이 강대했다. 소진(蘇秦)은 강
대한 진을 대항하는 길은 6국이 동맹하고 힘을 합쳐야
한다는 합종설(合從說)을 주장하였고, 장의(張儀)는 6
국이 진나라를 섬기는 것만이 안전한 길이라는 연횡설
(連橫說)로 맞서 소진의 합종설이 사실상 효력을 발휘할
수 없게 만들었다. 결국 중국은 진에 의해 통일이 되었다
(BC221년).

ㅎ

合從締交
합 종 체 교
合합할합 從좇을종 締맺을체=結맺을결 交사
귈교
종적(從的)으로 모아 사귐을 맺음. [전국책戰國策]

合浦珠還
합 포 주 환
合합할합 浦물가포 珠구슬주 還돌아올환
지방관리의 선정을 일컬음. 선정이 베풀어져 흩어졌던
백성이 본래의 생업으로 돌아옴을 이름. [후한서後漢書]
▶합포(合浦)에서 구슬이 생산되는데 탐욕이 많은 태수가
왔을 때는 나지 않다가, 맹상(孟嘗)이라는 청백리가 부임
하자 구슬이 다시 났다는 고사에서 나온 말.

項領之功
항 령 지 공
項높을항=大큰대 領거느릴령=頸목경 之갈지
功공공
가장 큰 공. [남사南史]

亢龍有悔
항 룡 유 회
亢높을항 龍용룡 有있을유 悔뉘우칠회
높은 자리에 있는 자가 조심하여 행동치 않으면 실패하
기 쉽다는 말. [역경易經]

抗美援朝
항 미 원 조
抗막을항 美아름다울미 援도울원 朝아침조
한국전쟁 당시 미국에 대항하여 조선을 돕는다는 중국
의 참전 구호.
▶미(美):미국. 조(朝): 조선, 즉 북한을 이름.

項背相望
항 배 상 망
項목항 背등배 相서로상 望바랄망
서로 목과 등을 바라봄. 왕래가 빈번함을 이르는 말.

抗疏極論
항 소 극 론
抗막을항 疏항소할소 極다할극 論논할론
임금에게 항의하는 상소를 올려서 시비를 극론함.

行伍出身
항 오 출 신
行항렬항 伍다섯사람오 出날출 身몸신
미천한 병졸에서 출세하여 높은 지위에 오름을 말함.
▶고대의 군제에서 항(行)은 25인, 오(伍)는 5인을 말함.

項羽壯士
항 우 장 사
項목항 羽깃우 壯굳셀장 士선비사
항우(項羽)와 같이 기운이 센 장사. 웬만한 일에 끄떡 않
는 꿋꿋한 사람을 이름.

降者不殺
항 자 불 살
降항복할항 者사람자 不아닐불 殺죽일살
항복하는 자는 죽이지 않음.

項莊舞劍
항 장 무 검
項목항 莊풍성할장 舞춤출무 劍칼검
항장이 칼춤을 춤. 실제 목적이 다른 데 있음을 비유하는 말. 【사기史記】
▶항장(項莊)은 항우(項羽)의 사촌.

杭絶浮渚
항 절 부 저
杭배항 絶건널절 浮뜰부 渚물가저
배를 타고 강을 건너 물가에 이름. 【사기史記】

抗塵走俗
항 진 주 속
抗겨룰항 塵티끌진 走달릴주 俗풍속속
속세에서 분주히 돌아다님. 【남부신서南部新書】

沆瀣一氣
항 해 일 기
沆넓을항 瀣이슬기운해 一한일 氣기운기
함께 일을 꾸밈. 결탁해서 나쁜 짓을 하는 것을 이름.
▶당(唐)나라 희종 때 최항(崔沆)과 최해(崔瀣)가 벼락 출세를 했는데, 사제 간이었던 둘이 의기투합하였다고 비웃으면서 생긴 말.

海枯見底
해 고 견 저
海바다해 枯마를고 見볼견 底밑저
바다도 마르면 밑을 볼 수가 있으나, 사람의 마음은 어떤 방법으로도 볼 수 없다는 말.

海枯石爛
해 고 석 란
海바다해 枯마를고 石돌석 爛문드러질란
바다가 마르고 돌이 문드러짐. 끝내 그 시기가 오지 않음을 비유하는 말. 【한담설화閒談屑話】 =해고견저(海枯見底)

害群之馬
해 군 지 마
害해칠해 群무리군 之갈지 馬말마
무리에 해를 끼치는 말. 집단이나 조직에 해를 끼치는 사악한 존재를 말함. 【장자莊子】

海內無雙
해 내 무 쌍
海바다해 內안내 無없을무 雙쌍쌍
천하에 둘도 없음. 나라 안에서 비길 만한 사람이 없음. 【사기史記】 =천하제일(天下第一)

偕老同穴
해 로 동 혈
偕함께해 老늙을로 同한가지동 穴구멍혈
부부가 함께 늙어 무덤까지 같이함. 【시경詩經】

706

蟹網俱失
해 망 구 실

蟹게 해　網그물 망　俱함께 구　失잃을 실
게와 그물을 함께 잃음. 더 많은 이익을 보려다가 밑천까지 잃어 큰 손해를 본다는 말. =해광구실(蟹筐俱失)

海不揚波
해 불 양 파

海바다 해　不아닐 불　揚날릴 양　波물결 파
바다에 파도가 일지 않음. 임금이 어질어 천하가 태평함을 비유. [한시외전韓詩外傳]

海不波溢
해 불 파 일

海바다 해　不아닐 불　波물결 파　溢넘칠 일
바다에 파도와 해일이 일지 않고 잔잔함. 어진 임금 덕택에 천하가 태평함. =해불양파(海不揚波)

海誓山盟
해 서 산 맹

海바다 해　誓맹세할 서　山뫼 산　盟맹세할 맹
바다와 산처럼 영원히 변하지 않는 굳은 맹세.

海市蜃樓
해 시 신 루

海바다 해　市저자 시　蜃무명조개 신　樓다락 루
바다에 나타나는 신기루. 믿을 수 없는 공허한 환상을 말함. [사기史記]

亥豕之訛
해 시 지 와

亥돼지 해　豕돼지 시　之갈 지　訛그릇될 와
亥(해)를 豕(시)로 잘못 읽음. 문자의 오독(誤讀)과 오기(誤記)를 말함. [공자가어孔子家語] = 노어지오(魯魚之誤)
▶亥(해)는 豕(시)와, 己(기)는 三(삼)과 비슷하므로 己亥(기해)를 三豕(삼시)로 오기했다는 고사에서 온 말.

解顔而笑
해 안 이 소

解풀 해　顔얼굴 안　而말이을 이　笑웃을 소
긴장된 얼굴이 풀어지며 웃음. [열자列子]

海翁好鷗
해 옹 호 구

海바다 해　翁늙은이 옹　好좋을 호　鷗갈매기 구
바다 노인이 갈매기를 좋아함. 가까이 대하던 갈매기도 잡으려 하면 잡히지 않음. 즉 야심을 알아차리면 누구도 접근하지 않음. [사기史記]

解衣推食
해 의 추 식

解풀 해　衣옷 의　推밀 추　食밥 식
제 옷을 벗어 남에게 입히고 음식을 권함. 남에게 지나친 은혜를 베푸는 것, 또는 지나치게 중용(重用)하는 것을 말함. [사기史記]

ㅎ

解衣抱火
해 의 포 화
解풀해 衣옷의 抱안을포 火불화
옷을 벗고 불을 안음. 즉 화를 스스로 자초함. [자치통감自治通鑑]

孩提之童
해 제 지 동
孩어린아이해 提들제 之갈지 童아이동
안을 수 있는 어린아이를 이름. [맹자孟子]

海千山千
해 천 산 천
海바다해 千일천천 山뫼산
바다에서 천 년, 산에서 천 년을 지낸 뱀은 마침내 용이 된다는 말. 교활하고 노회(老獪)한 자, 보통 수단으로 다스릴 수 없는 악당을 뜻함. [후한서後漢書]

欬唾成珠
해 타 성 주
欬기침해 唾침타 成이룰성 珠구슬주
기침과 침이 구슬이 됨. 권세 있는 사람의 말이 잘 통하는 것을 이름. 또는 시문이 뛰어남을 이름. [한서漢書]

解弦更張
해 현 경 장
解풀해 弦줄현 更고칠경 張베풀장
거문고 줄을 풀어 다시 맴. 즉 정치를 개혁함. [한서漢書]

海闊魚躍
해 활 어 약
海바다해 闊넓을활 魚물고기어 躍뛸약
바다는 넓어 물고기가 뛰어놀도록 내버려둠. 즉 도량이 한없이 넓어서 작은 일에 구애되지 않음.

行慶施惠
행 경 시 혜
行행할행 慶경사경 施베풀시 惠은혜혜
좋은 일을 행하여 은혜를 베풀어 줌.

行動擧止
행 동 거 지
行갈행 動움직일동 擧들거 止멈출지
모든 동작과 행동.

行同能偶
행 동 능 우
行갈행 同한가지동 能능할능 偶짝우
행적이 같고 재능이 비슷함. [한서漢書]

行路之人
행 로 지 인
行갈행 路길로 之갈지 人사람인
자기와는 아무런 상관이 없는 길 가는 사람.

幸反爲禍
행 반 위 화
幸다행행 反되돌릴반 爲될위 禍재앙화
행복이 도리어 화(禍)가 됨. [논어論語]

行不由徑
행 불 유 경
行갈행 不아닐불 由말미암을유 徑지름길경
지름길로 가지 않음. 행동이 공명정대함. [논어論語]

708

行不踰方 行 행할 행 不 아닐 불 踰 넘을 유 方 모 방
행 불 유 방 하는 행동이 도를 넘지 아니함. 〔논어論語〕

行常帶經 行 다닐 행 常 늘 상 帶 띠 대 經 경서 경
행 상 대 경 외출할 때 늘 경서를 끼고 다님. 학문에 열성을 다하는
모습. 〔사기史記〕

幸生則死 幸 다행 행 生 살 생 則 곧 즉 死 죽을 사
행 생 즉 사 요행으로 살려고 하면 죽음. 〔습유기拾遺記〕

行尸走肉 行 다닐 행 尸 주검 시 走 달릴 주 肉 고기 육
행 시 주 육 걸어다니는 시체와 달려가는 고깃덩어리. 불학무식한
인간을 비방하는 말.

幸用之士 幸 다행 행 用 쓸 용 之 갈 지 士 선비 사
행 용 지 사 형기(刑期)를 마치고 군대에 징용된 사람. 또는 나라에
봉직하면서 전과를 면제받기 바라는 사람.

行雲流水 行 갈 행 雲 구름 운 流 흐를 류(유) 水 물 수
행 운 유 수 떠가는 구름과 흐르는 물. 시시각각으로 흐르고 변화하
는 세태를 말함. 〔송사宋史〕

倖而得免 倖 요행 행 而 말이을 이 得 얻을 득 免 면할 면
행 이 득 면 불행한 일을 요행으로 면함.

行而不流 行 행할 행 而 말이을 이 不 아닐 불 流 흐를 류
행 이 불 류 하는 대로 두어도 방종하지 않음. 〔춘추좌씨전春秋左氏傳〕
▶유(流)는 '방종(放縱)하다'의 뜻.

幸災樂禍 幸 다행 행 災 재앙 재 樂 좋아할 요 禍 재앙 화
행 재 요 화 남의 불행이나 재난을 좋아함. 남의 불행을 좋아하는 이
기적인 태도를 나무라는 말. 〔안씨가훈顏氏家訓〕

行住坐臥 行 다닐 행 住 살 주 坐 앉을 좌 臥 누울 와
행 주 좌 와 다니고 머물고, 앉고 누움. 생활하면서 행하는 모든 움
직임을 통틀어 이르는 말.

鄕曲之譽 鄕 고을 향 曲 굽을 곡 之 갈 지 譽 기릴 예
향 곡 지 예 한 고을의 명예. =향곡지예(鄕谷之譽)

ㅎ

向南雪北
향 남 설 북
向 향할 향　南 남녘 남　雪 눈 설　北 북녘 북
향산의 남쪽, 설산의 북쪽. 부처님이 거처하는 곳을 이름. [전등록傳燈錄]

鄉黨尚齒
향 당 상 치
鄉 고을 향　黨 무리 당　尚 숭상할 상　齒 이 치
향당(鄉黨)에서는 나이가 많은 사람을 숭상함. [맹자孟子]

向北處造
향 북 처 조
向 향할 향　北 북녘 북　處 곳 처　造 지을 조
공자의 집 벽 속에서 나온 고문(古文). 진(秦)나라 이전에 씌어진 책이라 하나 위조품이란 뜻이며, 납득할 근거가 없음을 말할 때 쓰는 비유.

響不辭聲
향 불 사 성
響 울릴 향　不 아닐 불　辭 사양할 사　聲 소리 성
울림은 소리를 사양하지 않음. 공을 세우면 명예는 자연히 따르기 마련이라는 말. [설원說苑]

向陽花木
향 양 화 목
向 향할 향　陽 볕 양　花 꽃 화　木 나무 목
볕을 받는 꽃나무. 입신출세하기 쉬운 환경을 갖춘 사람을 가리키는 말.

向隅之嘆
향 우 지 탄
向 향할 향　隅 모퉁이 우　之 갈 지　嘆 탄식할 탄
남들은 다 좋아서 즐기나 자기만 구석에서 한탄함. 즉 자기만 좋은 기회를 못 만났음을 한탄함.

鄉飲酒禮
향 음 주 례
鄉 고을 향　飲 마실 음　酒 술 주　禮 예절 례
온 고을의 유생들이 모여, 학덕과 연륜이 있는 이를 주빈으로 모시고 예를 지키며 음주하던 잔치를 말함.

向火乞兒
향 화 걸 아
向 향할 향　火 불 화　乞 빌 걸　兒 아이 아
불을 쬐는 거지. 세상의 이익을 탐해 모여드는 소인을 비유. [개원천보유사開元天寶遺事]

噓枯吹生
허 고 취 생
噓 불 허　枯 마를 고　吹 불 취　生 날 생
죽은 것에 숨길을 불어넣어 살리려고 함. 실제와 동떨어진 공허한 이론을 비유하는 말.

虛氣平心
허 기 평 심
虛 빌 허　氣 기운 기　平 평평할 평　心 마음 심
감정을 가라앉혀 마음을 고요히 함. [관자管子]

虛名無實
허 명 무 실
虛 빌 허　名 이름 명　無 없을 무　實 열매 실
이름뿐이고 실상이 없음. =유명무실(有名無實)

虛無恬淡
허 무 염 담
虛 빌 허　無 없을 무　恬 편안할 념(염)　淡 맑을 담
사심이 없고 사물에 얽매이지 아니함. [장자莊子]

虛實相配
허 실 상 배
虛 빌 허　實 열매 실　相 서로 상　配 짝 배
허와 실이 서로 조화를 이루는 한시 짓는 원리. 즉 허구와 실제가 적절한 균형을 이루어야 훌륭한 작품이 된다는 이론. [장자莊子]

虛室生白
허 실 생 백
虛 빌 허　室 집 실　生 날 생　白 흰 백
방을 열어젖히면 저절로 광선이 들어와 환하게 됨. 즉 무념무상(無念無想)의 경지에 이르면 저절로 진리에 도달할 수 있다는 말. [장자莊子]

虛心坦懷
허 심 탄 회
虛 빌 허　心 마음 심　坦 평탄할 탄　懷 품을 회
마음을 비우고 털어놓고 이야기함.
▶탄회(坦懷)는 진솔한 마음을 나타냄.

虛心平意
허 심 평 의
虛 빌 허　心 마음 심　平 평평할 평　意 뜻 의
마음에 두지 않고 조용히 있음. [관자管子]

虛延歲月
허 연 세 월
虛 빌 허　延 끌 연　歲 해 세　月 달 월
헛되게 세월만 보냄. [포박자抱朴子]

虛往實歸
허 왕 실 귀
虛 빌 허　往 갈 왕　實 열매 실　歸 돌아갈 귀
마음을 비우고 사물을 대하면 사물의 이치를 깨달아서 마음에 가득 채운 채 돌아올 수 있다는 말. [장자莊子]

許由挂瓢
허 유 궤 표
許 허락할 허　由 말미암을 유　挂 걸 괘　瓢 표주박 표
허유(許由)가 표주박을 걸다. 속세의 번거로움을 기피한다는 뜻.
▶요(堯)임금이 허유(許由)에게 왕 자리를 물려주려 하자, 허유는 이를 사양하고 기산(箕山)에서 은거하며 산채(山菜)로 연명했다. 그릇이 없어 손으로 물을 떠마시는 걸 본 나무꾼이 표주박을 주자 이를 사용하고는 나뭇가지에 걸어 두었는데, 표주박이 바람에 달그락거리자 시끄럽다고 그마저 내버렸다는 고사에서 온 말.

ㅎ

711

虛張聲勢 虛빌허 張베풀장 聲소리성 勢권세세
허 장 성 세 헛되이 명성과 위세를 떨침. 실속은 없으면서 허세만 부
리는 것을 이름.

虛虛實實 虛빌허 實열매실
허 허 실 실 적의 실을 피하고 허를 찌름. 계략과 기량을 다해 싸움.

獻曝之忱 獻드릴헌 曝쬘폭 之갈지 忱정성침
헌 폭 지 침 햇볕을 선물로 바치는 정성. 선물을 줄 때 쓰는 말.

軒軒丈夫 軒껄껄웃는모양헌 丈어른장 夫사내부
헌 헌 장 부 외모가 준수하고 성격이 활달한 장부.

險阻艱難 險험할험 阻험할조 艱어려울간 難어려울난
험 조 간 난 험한 일도 많고 어려운 일도 많음. [춘추좌씨전春秋左氏傳]

險詖陰賊 險음흉할험 詖교활할피 陰그늘음 賊도적적
험 피 음 적 음흉하고 교활하여 안 보이는 데서는 도둑 같은 짓을 함.

革圖易慮 革고칠혁 圖규칙도 易바꿀역 慮생각려
혁 도 역 려 규칙을 고치고, 생각을 바꿈. [후한서後漢書]

赫如渥赭 赫붉을혁 如같을여 渥짙을악 赭붉은흙자
혁 여 악 자 얼굴이 붉게 상기되어 흙빛과 같이 됨.

赫赫之功 赫빛날혁 之갈지 功공공
혁 혁 지 공 훌륭하고 뛰어난 공적. [순자荀子]

赫赫之光 赫빛날혁 之갈지 光빛광
혁 혁 지 광 눈부시게 빛나는 빛. 대단한 위세를 비유.

絃歌不輟 絃줄현 歌노래가 不아닐불 輟그칠철
현 가 불 철 거문고 타고 노래하는 것을 그치지 않음. 어려움을 당해
도 학문을 계속함을 이르는 말. [장자莊子]
▶공자(孔子)가 진(陳), 채(蔡), 광(匡)에서 횡액을 당했을 때
도 현가(絃歌)를 계속했다는 고사에서 온 말.

712

懸隔千里
현 격 천 리

懸=縣 고을 현　隔 틈 격　千 일천 천　里 마을 리
천 리나 되는 거리에 있는 고을. 멀리 떨어져 있음을 이름. [장자莊子]

懸軍孤鬪
현 군 고 투

懸 동떨어질 현　軍 군사 군　孤 외로울 고　鬪 싸울 투
본대를 떠나 적진 깊이 들어가서 외롭게 싸우는 군대를 말함. [초국선현전楚國先賢傳] =고군분투(孤軍奮鬪)

玄德升聞
현 덕 승 문

玄 검을 현　德 큰 덕　升=陞 오를 승　聞 들을 문
몰래 숨어서 행하는 덕행이 임금에게까지 알려짐. [서경書經]

▶현덕승문 내명이위(---- 乃命以位): 숨어서 하는 덕행이 위에까지 알려지니, 드디어 벼슬을 명하게 되었다.

懸頭刺股
현 두 자 고

懸 매달 현　頭 머리 두　刺 찌를 자　股 허벅지 고
상투를 대들보에 달아매고 허벅다리를 찔러 잠을 깨우며 열심히 공부에 매진하는 모양. [전국책戰國策]

▶초(楚)나라 손경(孫敬)이 새끼줄로 상투를 대들보에 걸어매고, 전국시대 소진(蘇秦)이 송곳으로 허벅지를 찔러 졸음을 깨워 가며 학문에 정진했다는 고사에서 온 말.

賢母良妻
현 모 양 처

賢 어질 현　母 어미 모　良 어질 량(양)　妻 아내 처
어진 어머니이면서 착한 아내.

玄默之化
현 묵 지 화

玄 검을 현　默 잠잠할 묵　之 갈 지　化 될 화
타이르지 않아도 덕에 감화되어 착하게 됨. 무언(無言)의 감화를 이름.

顯微無間
현 미 무 간

顯 나타날 현　微 가늘 미　無 없을 무　間 사이 간
드러난 것과 숨은 것에 아무 구별이 없음. [회남자淮南子]

蜎飛蠕動
현 비 연 동

蜎 장구벌레 현　飛 날 비　蠕 꿈틀거릴 연　動 움직일 동
장구벌레가 꿈틀거리며 헤엄치는 모양.

賢聖在德
현 성 재 덕

賢 어질 현　聖 성인 성　在 있을 재　德 큰 덕
성현이 성인인 까닭은 용모가 아니라 그가 지닌 덕에 있음. [공총자孔叢子]

ㅎ

懸鶉百結
현 순 백 결

懸 매달 현　鶉 메추라기 순　百 일백 백　結 맺을 결
여러 번 기운 낡은 옷.
▶현순(懸鶉): 옷이 해져 너덜너덜한 것이 메추리의 꽁지깃
　이 빠진 것과 같다는 의미.

懸崖勒馬
현 애 늑 마

懸 매달 현　崖 낭떠러지 애　勒 굴레 륵(늑)　馬 말 마
깎아지른 절벽을 만나서야 말고삐를 죔.

懸崖撤手
현 애 철 수

懸 매달 현　崖 낭떠러지 애　撤 거둘 철　手 손 수
절벽에서 손을 놓는 신앙심 실험을 말함.
▶선가(禪家) 수도(修道)의 3단계: ①처음10년-경전공부(經
　典工夫), ②만행(萬行)-주유천하(周遊天下), ③현애철수
　(懸崖撤手).

衒玉賈石
현 옥 고 석

衒 자랑할 현　玉 구슬 옥　賈 팔 고　石 돌 석
옥을 보이고는 돌을 팖. 겉과 속이 다른 속임수를 비유
하는 말. 또는 거짓 선전으로 이익을 챙기는 것을 이
름. 【당서唐書】 =현옥고석(懸玉賈石)

懸腕直筆
현 완 직 필

懸 매달 현　腕 팔 완　直 곧을 직　筆 붓 필
팔을 들고 붓을 수직으로 해서 쓰는 필법.

睍睆黃鳥
현 완 황 조

睍 아름다운 모양 현　睆 추파 던질 완　黃 누를 황　鳥
새 조
아름다운 꾀꼬리. 【시경詩經】
▶현완황조 재호기음(---- 載好其音): 아름다운 꾀꼬리가
　고운 목소리로 지저귀네.

鞙靷鞅靽
현 인 앙 반

鞙 말 뱃대끈 현　靷 가슴걸이 인　鞅 가슴걸이 앙　靽
밀치끈 반
말에 매어 쓰는 여러 가지 가죽 끈들과 장식 도구들. 【춘
추좌씨전春秋左氏傳】

玄酒在室
현 주 재 실

玄 검을 현　酒 술 주　在 있을 재　室 집 실
물을 실내에 진설하여 제사를 지냄. 【예기禮記】
▶현주(玄酒): 물을 말함. 고대에는 술이 아니라 물로 제사
　를 지냈다.

玄之又玄
현 지 우 현 　玄 심오할 현　之 갈 지　又 또 우
도(道)가 크고도 넓음을 이름. [노자老子]

縣次續食
현 차 속 식 　縣 고을 현　次 버금 차　續 이을 속　食 먹을 식
지나가는 길의 각 고을에서 차례로 음식을 공급하는 일
을 이름. [한서漢書]

玄圃積玉
현 포 적 옥 　玄 검을 현　圃 밭 포　積 쌓을 적　玉 구슬 옥
현포에 쌓인 옥. 시문이 아름답고 뛰어나게 훌륭함을 비
유. [진서晉書]
▶현포(玄圃): 검은 흙의 밭. 눈에 잘 띄지 않는 곳.

翾風廻雪
현 풍 회 설 　翾 날 현　風 바람 풍　廻 돌 회　雪 눈 설
날리는 바람과 흩날리는 눈. 춤추는 모양을 이름.

懸河之辯
현 하 지 변 　懸 매달 현　河 큰물 하　之 갈 지　辯 말잘할 변
흐르는 물과 같이 거침없이 말을 잘함. [진서晉書] =현하
구변(懸河口辯), 현하웅변(懸河雄辯)

舷舷相摩
현 현 상 마 　舷 뱃전 현　相 서로 상　摩 문지를 마
뱃전과 뱃전이 서로 스침. 수전(水戰)이 치열함을 비유
하는 말.

賢賢易色
현 현 이 색 　賢 어질 현　易 쉬울 이　色 빛 색
어진 이를 중히 여기고 색을 가벼이 여김. [논어論語]

炫煌于道
현 황 우 도 　炫 빛날 현　煌 빛날 황　于 어조사 우　道 길 도
밝고 환하게 길을 비춤. [사기史記]

穴居野處
혈 거 야 처 　穴 구멍 혈　居 살 거　野 들 야　處 곳 처
동굴이나 들에서 사는 것. 상고시대(上古時代) 인류의 생
활을 말함.

血去惕出
혈 거 척 출 　血 피 혈　去 갈 거　惕 두려워할 척　出 날 출
상처가 아물어, 두려운 위험에서 벗어남. [역경易經]
▶혈거(血去): 상처가 아묾. 척출(惕出): 두려움에서 벗어남.

絜矩之道
혈 구 지 도 　絜 헤아릴 혈　矩 법도 구　之 갈 지　道 길 도
입장과 처지를 생각해서 남을 헤아리는 도리. [대학大學]

ㅎ

血流漂杵
혈 류 표 저
血 피 혈　流 흐를 류　漂 뜰 표　杵 절굿공이 저
피가 흘러 절굿공이를 띄움. 전쟁이 참혹하여 전사자가 많음을 비유하는 말. [서경書經]

血脈貫通
혈 맥 관 통
血 피 혈　脈 맥 맥　貫 뚫을 관　通 통할 통
혈맥이 잘 통함. 문장이 주제에 잘 통함. =혈맥상통(血脈相通)

血脈相通
혈 맥 상 통
血 피 혈　脈 맥 맥　相 서로 상　通 통할 통
혈맥이 서로 통함. 의기가 통하는 사이를 말함. [대학大學]

血怨骨讐
혈 원 골 수
血 피 혈　怨 원망할 원　骨 뼈 골　讐 원수 수
원한이 피와 골수에 사무친 원수.

孑孑孤蹤
혈 혈 고 종
孑 외로울 혈　孤 외로울 고　蹤 발꿈치 종
객지에 있는 나그네의 외로운 처지.

孑孑單身
혈 혈 단 신
孑 외로울 혈　單 홑 단　身 몸 신
아무 의지할 곳 없는 홀몸 신세. =혈혈무의(孑孑無依)

孑孑無依
혈 혈 무 의
孑 외로울 혈　無 없을 무　依 의지할 의
외로이 의지할 데가 없음.

脅肩諂笑
협 견 첨 소
脅 웅크릴 협　肩 어깨 견　諂 아첨할 첨　笑 웃을 소
어깨를 웅크리고 아첨하는 웃음을 웃음. 몹시 아양 떨며 아첨하는 모양. [맹자孟子] =협견참소(脅肩讒笑)

協同調和
협 동 조 화
協 화할할 협　同 한가지 동　調 고를 조　和 화할 화
힘을 모으고 서로 어울림. =협조(協調)

頰上添毫
협 상 첨 호
頰 뺨 협　上 위 상　添 더할 첨　毫 터럭 호
초상(肖像)을 그리는데 뺨 위에 털을 보탬. 문장이 입신의 경지에 이른 사람을 평하는 말. [진서晉書]

形格勢禁
형 격 세 금
形 형상 형　格 바로잡을 격　勢 권세 세　禁 금할 금
형세가 나빠 행동이 마음대로 안 됨. 행동의 자유를 구속하는 것을 이름. [사기史記]

荊棘生焉
형 극 생 언

荊 가시 형 棘 가시 극 生 날 생 焉 어찌 언
가시가 돋아남. 땅이 매우 황폐함을 이르는 말. [노자老子]
▶사지소처 형극생언(師之所處 ----): 군사가 있는 곳엔 가시가 돋아난다.

形單影隻
형 단 영 척

形 형상 형 單 홑 단 影 그림자 영 隻 외짝 척
형체도 하나, 그림자도 하나. 의지할 곳 없는 외로운 신세를 이름.

衡紞紘綖
형 담 굉 연

衡 저울대 형 紞 귀막이 끈 담 紘 끈 굉 綖 면류관 싸개 연
옆으로 늘어뜨린 귀막이 끈과 갓끈의 줄을 말함. 엄숙하게 차려입은 대신의 모습을 형용. [예기禮記]

兄亡弟及
형 망 제 급

兄 형 형 亡 죽을 망 弟 아우 제 及 미칠 급
장남이 아들 없이 죽으면 동생이 후사(後嗣)를 잇는 일. [한비자韓非子]

形名參同
형 명 참 동

形 형상 형 名 이름 명 參 참가할 참 同 한가지 동
신하를 평가할 시, 언행일치를 기준으로 평가해야 함을 강조한 말.
▶형(形)은 행한 실적, 명(名)은 말과 소문.

形貌昳麗
형 모 일 려

形 모양 형 貌 모양 모 昳 뛰어날 일 麗 고울 려
형상과 모양이 뛰어나게 아름다움. [전국책戰國策]

刑不厭輕
형 불 염 경

刑 형벌 형 不 아닐 불 厭 싫을 염 輕 가벼울 경
형벌은 가벼울수록 좋다는 말. [남사南史]

兄肥弟瘦
형 비 제 수

兄 형 형 肥 살찔 비 弟 아우 제 瘦 파리할 수
형이 살찌면 동생이 수척해짐. 형은 동생 대신, 동생은 형 대신 서로 돕는 일. [남사南史]
▶제(齊)나라의 예맹(倪萌)이 적미적(赤眉賊)에게 잡혀간 형 대신에 자기를 잡아가라고 한 고사에서 온 말.

螢雪之功
형 설 지 공

螢 반딧불 형 雪 눈 설 之 갈 지 功 공 공
반딧불과 눈(雪) 빛으로 글을 읽어 이룬 공. [몽구蒙求]
▶진(晉)나라 차윤(車胤)과 손강(孫康)이 여름엔 반딧불로 겨울엔 눈(雪)에 반사된 빛으로 책을 읽으며 가난한 시절 어렵게 공부한 고사에서 온 말.

ㅎ

形勢之途
형 세 지 도
形 형상 형　勢 권세 세　之 갈 지　途 길 도
권세 있는 사람이 있는 곳, 또는 지위. 【열자列子】

形勝之國
형 승 지 국
形 형상 형　勝 이길 승　之 갈 지　國 나라 국
지세가 승리하기에 유리한 위치에 있는 나라. 【사기史記】

形息名彰
형 식 명 창
形 모양 형　息 쉴 식　名 이름 명　彰 드러날 창
형체가 그친 후 이름이 드러남. 즉 죽은 뒤에 이름이
남. 【여씨춘추呂氏春秋】

形影相弔
형 영 상 조
形 형상 형　影 그림자 영　相 서로 상　弔 조상할 조
몸과 그림자가 서로 불쌍히 여김. 의지할 곳 없는 고독
한 신세를 비유하는 말. =형영상련(形影相憐)

兄友弟恭
형 우 제 공
兄 형 형　友 벗 우　弟 아우 제　恭 공손할 공
형제 간에 서로가 우애가 있음.

兄弟手足
형 제 수 족
兄 형 형　弟 아우 제　手 손 수　足 발 족
형제는 서로 수족과 같아 떨어질 수가 없음. 【장자莊子】

兄弟之國
형 제 지 국
兄 형 형　弟 아우 제　之 갈 지　國 나라 국
조상이 서로 형제가 되는 나라. 사이가 아주 좋은 나
라. 【사기史記】

刑措不用
형 조 불 용
刑 형벌 형　措 둘 조　不 아닐 불　用 쓸 용
형법을 두고도 쓰지 않음. 나라가 잘 다스려져 벌줄 사
람이 없다는 말.

螢窓雪案
형 창 설 안
螢 반딧불 형　窓 창문 창　雪 눈 설　案 책상 안
반딧불 비치는 창문, 눈(雪)빛 비치는 책상. 고학(苦學)
을 비유하는 말. =형설지공(螢雪之功)

荊釵布裙
형 채 포 군
荊 가시 형　釵 비녀 채　布 베 포　裙 치마 군
가시나무 비녀와 무명치마. 즉 여자의 초라한 차림. 【열녀
전列女傳】=맹광형채(孟光荊釵)
▶후한(後漢) 양홍(梁鴻)의 처인 맹광(孟光)의 고사.

荊妻豚兒
형 처 돈 아
荊 가시 형　妻 아내 처　豚 돼지 돈　兒 아이 아
가시나무 비녀를 꽂은 아내와 돼지 같은 아이들. 자기의
처자를 낮추어서 하는 말. =우처우식(愚妻愚息)

形骸之外
형 해 지 외
形 형상 형　骸 뼈 해　之 갈 지　外 밖 외
형해의 바깥. 즉 외형을 말함.

形形色色
형 형 색 색
形 형상 형　色 빛 색
모양, 색깔, 종류가 다른 여러 가지.

迥闊泳沫
형 활 영 말
迥 멀 형　闊 트일 활　泳 헤엄칠 영　沫 거품 말
탁 트인 먼 곳으로부터 떠오는 거품들.

槥車相望
혜 거 상 망
槥 널 혜　車 수레 거　相 서로 상　望 바라볼 망
작은 관을 실은 수레 행렬이 잇닿음. 전사자가 많은 것
을 비유하는 말. [한서漢書]

譆髁無任
혜 과 무 임
譆 욕보일 혜　髁 넓적다리 뼈 과　無 없을 무　任 견
딜 임
자기에게 돌아오는 치욕을 참을 길이 없음.

蕙心紈質
혜 심 환 질
蕙 혜초 혜　心 마음 심　紈 흰 비단 환　質 바탕 질
미인의 마음과 자태가 아울러 아름다움을 형용한 말. [춘
추좌씨전春秋左氏傳]

惠然肯來
혜 연 긍 래
惠 은혜 혜　然 그러할 연　肯 옳게 여길 긍　來 올 래
좋다고 여겨서 옴. 사모하여 옴.

慧人無信
혜 인 무 신
慧 교활할 혜　人 사람 인　無 없을 무　信 믿을 신
교활한 사람은 믿음이 안 감. [전국책戰國策]

蹊田奪牛
혜 전 탈 우
蹊 지날 혜　田 밭 전　奪 빼앗을 탈　牛 소 우
소를 몰고 밭을 질러갔다고 그 소를 빼앗음. 죄보다 벌
이 지나치게 무거운 것을 말함. [춘추좌씨전春秋左氏傳]

狐假虎威
호 가 호 위
狐 여우 호　假 거짓 가　虎 범 호　威 위엄 위
여우가 범의 위세를 등에 업고 다른 짐승 앞에서 거들먹
거림. 즉 남의 권세를 빌려 위세를 부림. [전국책戰國策]

ㅎ

互角之勢 互 서로 호 角 뿔 각 之 갈 지 勢 권세 세
호 각 지 세 소가 서로 뿔을 맞대고 싸우는 형세. 즉 우열을 가리기
어려운 형세.

虎踞龍盤 虎 범 호 踞 웅크릴 거 龍 용 룡(용) 盤 서릴 반
호 거 용 반 범이 웅크리고 용이 서림. 웅장한 산세를 이르는 말. [춘
추좌씨전春秋左氏傳]

豪傑競逐 豪 호걸 호 傑 뛰어날 걸 競 다툴 경 逐 쫓을 축
호 걸 경 축 호걸들이 다투어 뒤를 쫓음. [후한서後漢書]

呼庚呼癸 呼 부를 호 庚 일곱째 천간 경 癸 열째 천간 계
호 경 호 계 경성(庚星)은 곡식을 주관하는 서쪽에 있는 별. 계성(癸
星)은 물을 주관하는 북쪽에 있는 별. 즉 양식을 구하는
은어(隱語). [춘추좌씨전春秋左氏傳]

胡考之寧 胡 수염 호 考 살필 고 之 갈 지 寧 편안할 녕
호 고 지 녕 돌아가신 아버님을 편안케 해 드림. [시경詩經]
▶호고(胡考)=선고(先考): 돌아가신 아버지.

縞冠素緋 縞 명주 호 冠 갓 관 素 흴 소 緋 비단 비
호 관 소 비 호관과 소비. 즉 상중(喪中)이라는 말.
▶호관(縞冠): 백색의 소관(素冠). 3년상을 치르는 경우, 두
번째 기일에 지내는 대상제(大祥祭) 때 소비(素緋)와 함께
착용하는 관.

狐裘羔袖 狐 여우 호 裘 갖옷 구 羔 염소 고 袖 소매 수
호 구 고 수 여우 갖옷의 소매를 염소 가죽으로 닮. 다 좋으나 부족
한 데가 조금 있다는 말. [춘추좌씨전春秋左氏傳]

狐裘蒙戎 狐 여우 호 裘 갖옷 구 蒙 입을 몽 戎 오랑캐 융
호 구 몽 융 여우 갖옷이 헤져 누더기가 되었다는 말. 예의와 법도를
잊어서 나라가 어지러워짐을 말함. [시경詩經]

虎口餘生 虎 범 호 口 입 구 餘 남을 여 生 날 생
호 구 여 생 호랑이 입에서 살아남음. 위험한 데서 간신히 벗어남을
비유하는 말.

虎口之厄
호 구 지 액
虎범호 口입구 之갈지 厄=阨재앙액
범의 입을 마주 대한 것같이 매우 위험한 일.

豪奴悍婢
호 노 한 비
豪호걸호 奴남자종노 悍사나울한 婢여자종비
호걸스런 종과 사나운 계집종. [소순蘇洵의 고조론高祖論]

虎頭蛇尾
호 두 사 미
虎범호 頭머리두 蛇뱀사 尾꼬리미
범의 머리에 뱀의 꼬리. 시작은 대단하나 끝은 희미
함. [사기史記] =용두사미(龍頭蛇尾) [벽암집碧巖集]

虎狼之國
호 랑 지 국
虎범호 狼이리랑 之갈지 國나라국
범과 이리의 나라. 전국시대 7웅 가운데 강대국이었던
진(秦)을 말함.

虎狼之心
호 랑 지 심
虎범호 狼이리랑 之갈지 心마음심
범과 이리 같은 마음. 사납고 난폭한 마음. [설원說苑]

號令如山
호 령 여 산
號부르짖을호 令하여금령 如같을여 山뫼산
호령이 산과 같아 한 번 내린 호령은 취소할 수 없음. [송
사宋史]

號令如汗
호 령 여 한
號부르짖을호 令하여금령 如같을여 汗땀한
흘러나온 땀과 같이 호령은 되돌리고 취소할 수 없
음. [한서漢書]

壺裏乾坤
호 리 건 곤
壺항아리호 裏속리 乾하늘건 坤땅건
항아리 속의 하늘과 땅. 항시 술에 취해 있음을 비유.

毫末之利
호 말 지 리
毫가는털호 末끝말 之갈지 利이로울리
털끝만큼의 아주 작은 이익.

毫末之差
호 말 지 차
毫가는털호 末끝말 之갈지 差어긋날차
털끝만큼의 아주 작은 차이. [전국책戰國策]

毫毛斧柯
호 모 부 가
毫가는털호 毛터럭모 斧도끼부 柯도끼자루가
수목은 가는 털 같을 때 뽑지 않으면 나중엔 도끼를 사
용해야 한다는 말. 화의 뿌리는 자라기 전에 뽑아 버려
야 한다는 말. [일주서逸周書]

好問則裕
호 문 즉 유
好좋을호 問물을문 則곧즉 裕넉넉할유
묻기를 좋아하면 학식이 넉넉해짐.

虎尾難放
호 미 난 방
虎범호 尾꼬리미 難어려울난 放놓을방
잡은 호랑이 꼬리는 놓기가 어려움. 이러지도 못하고 저러지도 못하는 몹시 난처한 상태를 말함. [서경書經] =기호지세(騎虎之勢)

虎尾春氷
호 미 춘 빙
虎범호 尾꼬리미 春봄춘 氷얼음빙
범의 꼬리와 봄철의 얼음판. 매우 위험함을 이르는 말. [서경書經]

濠濮閒想
호 복 한 상
濠해자호 濮강이름복 閒한가할한 想생각상
속세를 떠나 자연에 사는 한가하고 편안한 심경을 말함. [세설신어世說新語]
▶장자(莊子)가 호량(濠梁) 위에서 고기가 노는 것을 보고 즐기고, 복수(濮水)에서 낚시질을 할 때 초왕(楚王)의 부름을 거절한 고사에서 나온 말.

毫分縷析
호 분 누 석
毫가는털호 分나눌분 縷실루(누) 析쪼갤석
터럭을 나누고 실을 쪼갬. 매우 작고 잘게 분석하는 것을 이름. [후한서後漢書]

虎賁之士
호 분 지 사
虎범호 賁노할분 之갈지 士군사사
호랑이같이 노한 사나운 군사. [사기史記]

毫不介意
호 불 개 의
毫가는털호 不아닐불 介낄개 意뜻의
조금도 개의치 않음.

呼不給吸
호 불 급 흡
呼부를호 不아닐불 給줄급 吸빨흡
숨을 내쉬고는 들이쉬지 못함. 사물이 너무나 급히 변해서 미처 대응할 겨를이 없음을 이르는 말.

胡不遄死
호 불 천 사
胡=何어찌호 不아닐불 遄빠를천 死죽을사
어찌 빨리 죽지 않겠는가. [시경詩經]
▶인간무례 호불천사(人間無禮 ----): 사람이 예의가 없다면 어찌 빨리 죽지 않을 것인가.

胡思難想
호 사 난 상
胡=何 어찌 호　思 생각 사　難 어려울 난　想 생각 상
까닭을 알 수 없는 생각. 또는 이것저것 쓸데없는 생각. [주자전서朱子全書]

好事多魔
호 사 다 마
好 좋을 호　事 일 사　多 많을 다　魔 마귀 마
좋은 일에는 이를 해치려는 일도 있기 마련이라는 말. [초사楚辭]

狐死首丘
호 사 수 구
狐 여우 호　死 죽을 사　首 머리 수　丘 언덕 구
여우가 죽을 때는 제가 살던 언덕 쪽으로 머리를 두고 죽음. 자기의 근본을 잊지 않음을 비유하는 말. [예기禮記]
=수구초심(首丘初心)

虎死留皮
호 사 유 피
虎 범 호　死 죽을 사　留 남길 유　皮 가죽 피
범은 죽어 가죽을 남김. =표사유피(豹死留皮)

好色惑心
호 색 혹 심
好 좋을 호　色 빛 색　惑 미혹할 혹　心 마음 심
여색을 좋아하여 마음이 현혹됨. [서경書經]

好生之德
호 생 지 덕
好 좋을 호　生 살 생　之 갈 지　德 큰 덕
남의 목숨을 아끼어 살상을 꺼리는 덕. 죽을 목숨을 살려주는 덕. [서경書經]

好生好報
호 생 호 보
好 좋을 호　生 살 생　報 갚을 보
착하게 살면 좋은 보답을 받음.

扈聖功臣
호 성 공 신
扈 따를 호　聖 성인 성　功 공 공　臣 신하 신
전란시에 임금을 모신 공신. =호종공신(扈從功臣)

虎嘯風生
호 소 풍 생
虎 범 호　嘯 휘파람 소　風 바람 풍　生 날 생
범이 울고 바람이 일어남. 영웅이 때를 만나 떨쳐 일어남을 이르는 말. [북사北史]

壺殮食餓
호 손 사 아
壺 항아리 호　殮 밥 손　食 먹일 사　餓 주릴 아
항아리의 음식(국에 만 밥)으로 주린 사람을 먹임. 남을 도우면 남도 나에게 도움을 줌.

ㅎ

723

猢猻入袋
호 손 입 대

猢 원숭이 호 猻 원숭이 손 入 들 입 袋 자루 대
원숭이가 자루에 들어감. 야인(野人)이 관직에 들어가
여러 가지로 구속을 받게 되는 것을 비유하는 말.

虎視眈眈
호 시 탐 탐

虎 범 호 視 볼 시 眈 노려볼 탐
호랑이가 두 눈을 부릅뜨고 먹이를 노려보고 있는 모양.
야망을 이룰 기회를 노리고 정세를 관망하는 것을 이
름. 〔역경易經〕

胡言亂語
호 언 난 어

胡 되 호 言 말씀 언 亂 어지러울 란(난) 語 말씀 어
얼토당토 않는 말을 함. 터무니 없는 말을 지껄임.

豪如悍僕
호 여 한 복

豪 호걸 호 如 같을 여 悍 사나울 한 僕 종 복
호방하고 사나운 성질의 종.

浩然之氣
호 연 지 기

浩 클 호 然 그러할 연 之 갈 지 氣 기운 기
천지간에 가득 차 있는 지대(至大), 지강(至剛)의 원기(原
氣). 맹자(孟子)가 처음으로 주장한 말. 〔맹자孟子〕

號曰百萬
호 왈 백 만

號 부르짖을 호 曰 가로 왈 百 일백 백 萬 일만 만
백만이라고 부르짖음. 실상보다 과장하여 떠벌리는 것
을 이름. =허장성세(虛張聲勢)

好竽鼓瑟
호 우 고 슬

好 좋을 호 竽 피리 우 鼓 두드릴 고 瑟 큰 거문고 슬
피리 소리를 좋아하는데 거문고를 탐. 즉 상대가 좋아하
는 바에 상응치 못함. 구하는 방법이 틀린 것을 비유. 〔장
자莊子〕

▶제(齊)나라 왕은 피리 소리를 좋아하는데, 제나라에서 벼
슬을 하고자 하는 사람이 궁전문 앞에서 3년 동안이나
거문고를 연주했으나 벼슬을 못한 고사에서 온 말.

呼牛呼馬
호 우 호 마

呼 부를 호 牛 소 우 馬 말 마
소라 부르든지 말이라 하든지. 남의 평판에는 상관 않고
대응도 하지 않음. 〔장자莊子〕

胡越一家
호 월 일 가

胡 오랑캐 호 越 나라이름 월 一 한 일 家 집 가
북방의 호(胡)와 남방의 월(越)이 한집안이 됨. 즉 사해
가 하나로 통일됨. 〔서언고사書言故事〕

胡越之意
호 월 지 의

胡 오랑캐 호　越 나라이름 월　之 갈 지　意 뜻 의
북쪽과 남쪽에 위치하고 있는 호(胡)나라와 월(越)나라
는 거리가 멀어 서로를 알지 못한다는 말. 서로 마음이
전혀 맞지 않음을 비유하는 말. =호월지격(胡越之隔)

好爲人師
호 위 인 사

好 좋을 호　爲 할 위　人 사람 인　師 스승 사
남의 스승되기를 좋아함. 조금 아는 것을 과시하기 위해
남 앞에 나서서 가르치기를 좋아하는 사람. [맹자孟子]
▶인지환 재호위인사(人之患 在好爲人師): 사람에게 미움을
　사는 일은 남의 스승되기를 좋아함에 있다.

狐濡其尾
호 유 기 미

狐 여우 호　濡 적실 유　其 그 기　尾 꼬리 미
여우가 꼬리만 적시고 강을 건너지는 못함. 시작은 쉽게
하나 마무리를 잘하기는 어려움을 비유. [역경易經]
▶여우는 머리가 가볍고 꼬리가 무겁기 때문에 꼬리를 등
　에 얹고 냇물을 건너는 습성이 있는데, 도중에 꼬리가 물
　에 빠져 건너지 못했다는 고사에서 온 말.

互有長短
호 유 장 단

互 서로 호　有 있을 유　長 길 장　短 짧을 단
서로 장점과 단점이 있음. [시경詩經]

縞衣綦巾
호 의 기 건

縞 명주 호　衣 옷 의　綦 연둣빛 비단 기　巾 수건 건
흰빛과 연둣빛의 여복. 즉 주(周)시대의 천한 여자의 차
림. 자기 아내를 겸손하게 일컫는 말.

好衣好食
호 의 호 식

好 좋을 호　衣 옷 의　食 먹을 식
잘 입고 잘 먹음.

虎前乞肉
호 전 걸 육

虎 범 호　前 앞 전　乞 빌 걸　肉 고기 육
호랑이에게서 고기를 구걸함. 어림도 없는 일을 말
함. [순오지旬五志]

護疾忌醫
호 질 기 의

護 보호할 호　疾 병질　忌 꺼릴 기　醫 의원 의
병을 기르며 의원을 꺼림. 과실이 있으면서 충언(忠言)
을 꺼리는 것을 비유.

虎擲龍拏
호 척 용 나

虎 범 호　擲 던질 척　龍 용 룡(용)　拏 잡을 나
범이 던지고 용이 잡음. 즉 범과 용이 마주 잡고 싸움. 영
웅끼리의 다툼을 말함.

ㅎ

昊天罔極
호 천 망 극
昊 하늘 호　天 하늘 천　罔 없을 망　極 다할 극
부모의 은혜가 하늘 같아서 끝이 없음. [시경詩經]

昊天不弔
호 천 부 조
昊 하늘 호　天 하늘 천　不 아닐 부　弔 조상할 조
하늘이 불쌍히 여기지 않음. [시경詩經]

戶樞不蠹
호 추 불 두
戶 문 호　樞 지도리 추　不 아닐 불　蠹 좀 두
문 지도리는 좀을 먹지 아니함. 사람도 활동하면 탈이
없음을 비유. [여씨춘추呂氏春秋]
▶유수불부 호추불두(流水不腐 ----): 흐르는 물은 썩지
않고, 문 지도리는 좀이 먹지 않는다.

虎聚磨牙
호 취 마 아
虎 범 호　聚 모일 취　磨 갈 마　牙 어금니 아
호랑이들이 모여서 어금니를 갊. 사나운 무리가 모여 남
을 해칠 궁리를 한다는 말. [역림易林]

滹沱冰凝
호 타 빙 응
滹 물이름 호　沱 물이름 타　冰 얼 빙　凝 엉킬 응
호타하(滹沱河)의 물이 얼어서 쉽게 건넘. 뜻하지 않은
행운을 이름. [후한서後漢書]
▶후한(後漢) 광무제(光武帝)가 적 왕랑(王郎)에게 쫓길 때
왕패(王霸)가 먼저 호타하(滹沱河)를 정찰하고 와서는 군
대의 사기 저하를 우려하여 거짓말로 호타가 얼어 있
어 쉽게 건널 수 있다고 말해 버렸다. 그 뒤 호타하에 이
르니 뜻밖에 강물이 얼어 있어서 쉽게 적을 피했다는 고
사에서 온 말.

呼風喚雨
호 풍 환 우
呼 부를 호　風 바람 풍　喚 부를 환　雨 비 우
바람을 부르고 비를 내리게 함. [상서고실尚書故實]

好學近知
호 학 근 지
好 좋을 호　學 배울 학　近 가까울 근　知 알 지
배움을 좋아하면 지혜로움에 가까워짐. [중용中庸]

戶限爲穿
호 한 위 천
戶 문 호　限 문지방 한　爲 할 위　穿 뚫을 천
문턱이 다 닳음. 사람들의 출입이 빈번하다는 말. [삼국지
三國志]

湖海之士
호 해 지 사
湖 호수 호　海 바다 해　之 갈 지　士 선비 사
야처(野處)에 있으나 호기(豪氣)가 있는 사람.
▶호해(湖海)는 민간인, 재야(在野)의 인사(人士).

호

726

好行小慧
호 행 소 혜
好좋을 호 行갈 행 小작을 소 慧지혜 혜
얄팍하고 얕은 꾀를 쓰기 좋아함. [논어論語]

皓皓白髮
호 호 백 발
皓흴 호 白흰 백 髮터럭 발
머리가 새하얗게 센 노인.

惑世誣民
혹 세 무 민
惑미혹할 혹 世세상 세 誣속일 무 民백성 민
세상을 어지럽히고 사람들을 미혹하여 속임.

惑出惑處
혹 출 혹 처
惑=或혹 혹 出날 출 處곳 처
혹은 벼슬하여 세상에 나아가고 혹은 은퇴하여 집에 있음.

渾金璞玉
혼 금 박 옥
渾흐릴 혼 金쇠 금 璞옥돌 박 玉구슬 옥
원광에서 캐낸 다듬지 않은 옥. 그 사람이 가지고 있는 좋은 바탕을 말함. [진서晉書]

魂飛魄散
혼 비 백 산
魂넋 혼 飛날 비 魄넋 백 散흩어질 산
몹시 놀라거나 지쳐서 정신을 잃음. =혼불부신(魂不附身)

魂昇魄降
혼 승 백 강
魂넋 혼 昇오를 승 魄넋 백 降내릴 강
죽은 사람의 영혼은 하늘로 오르고, 시체는 땅속으로 내려감. [여씨춘추呂氏春秋]

昏於小利
혼 어 소 리
昏어두울 혼 於어조사 어 小작을 소 利이로울 리
작은 이익에 눈이 어두움.

混認瞞贓
혼 인 만 장
混섞일 혼 認인정할 인 瞞속일 만 贓장물 장
혼란을 틈타 남의 물건을 자기의 소유로 하여 부당한 이득을 취하는 행위를 말함.

昏定晨省
혼 정 신 성
昏어두울 혼 定정할 정 晨새벽 신 省살필 성
저녁에는 부모의 잠자리를 살피고, 아침엔 문안을 드림. 부모에게 극진히 효도하는 모양. [예기禮記]

渾渾沌沌
혼 혼 돈 돈
渾흐릴 혼 沌엉길 돈
천지가 열리지 않고, 음양이 구분되지 않은 상태.

囫圇吞棗
홀 륜 탄 조
囫 온전할 혼 圇 완전할 륜 吞 삼킬 탄 棗 대추 조
대추를 통채로 삼키듯 일을 소홀히 함. 즉 임시방편으로
우물쭈물 처리함.

忽如過隙
홀 여 과 극
忽 갑자기 홀 如 같을 여 過 지날 과 隙 틈 극
홀연히 틈을 지나가듯 세월이 빨리 지나감을 이름. [한시
외전韓詩外傳]

弘舸連舳
홍 가 연 축
弘 넓을 홍 舸 배 가 連 잇닿을 련(연) 舳 고물 축
넓고 큰 배의 선미(船尾)가 이어져 있음. 크고 넓은 배가
많이 정박한 모양.

鴻鵠將至
홍 곡 장 지
鴻 기러기 홍 鵠 고니 곡 將 장차 장 至 이를 지
글을 배우면서도 기러기나 고니가 오면 잡을 궁리를 함.
마음이 엉뚱한 곳에 가 있어 배움이 옳지 않음을 비유하
는 말. [맹자孟子]

鴻鵠之志
홍 곡 지 지
鴻 기러기 홍 鵠 고니 곡 之 갈 지 志 뜻 지
기러기와 고니의 뜻. 품고 있는 큰 뜻. 영웅호걸의 기상
을 이름. [사기史記]

紅男綠女
홍 남 녹 녀
紅 붉을 홍 男 사내 남 綠 초록 록(녹) 女 계집 녀
붉은 옷을 입은 남자와 초록 옷을 입은 여자. 즉 젊은 남
녀를 이름. [한서漢書]

鴻絧縷獵
홍 동 처 렵
鴻 기러기 홍 絧 베 이름 동 縷 무늬 처 獵 사냥할
렵
베 무늬의 큰 기러기를 사냥함.

紅燈綠酒
홍 등 녹 주
紅 붉은 홍 燈 등불 등 綠 푸를 록(녹) 酒 술 주
붉은 등과 푸른 술. 화류계(花柳界)를 가리키는 말. [근사
록近思錄]

紅螺蚜光
홍 라 아 광
紅 붉을 홍 螺 소라 라 蚜 진딧물 아 光 빛깔 광
붉고 아름다운 소라에 진딧물이 끼어 빛깔을 냄. 귀중한
물건에 하찮은 것이 기생함을 비유. [황정견문黃庭堅文]

ㅎ

紅爐點雪
홍 로 점 설

紅붉을홍 爐화로로 點점점 雪눈설
붉은 화로 위에 한 점의 눈덩이. 뜨거운 화로의 눈이 곧 녹아 없어지듯 의혹이나 사욕이 없어진다는 뜻으로, 큰 힘 앞에 맥을 못추는 작은 힘을 말함. [사기史記]

鴻門之會
홍 문 지 회

鴻기러기홍 門문문 之갈지 會모일회
한(漢)의 유방(劉邦)과 초(楚)의 항우(項羽)가 홍문(鴻門)에서 회견한 일. [사기史記]
▶항우는 범증(范增)의 권유로 유방을 죽이려 했으나, 유방은 장량(張良)의 계략으로 번쾌(樊噲)를 데리고 무사히 도망칠 수 있었다. 이때 유방을 놓친 것이 항우가 망하는 계기가 되었다.

洪範九疇
홍 범 구 주

洪넓을홍 範법범 九아홉구 疇이랑주
요순(堯舜) 이래의 사상을 우(禹)가 집대성한 천하의 대법. 즉 정치와 도덕의 바탕이 되는 아홉 가지 법칙. [서경書經]

紅粉靑蛾
홍 분 청 아

紅붉을홍 粉가루분 靑푸를청 蛾나방아
연지와 분을 바르고, 푸른색으로 나방 같은 눈썹을 그림. 즉 화장하는 모습을 형용.

紅葉良媒
홍 엽 양 매

紅붉을홍 葉잎사귀엽 良어질량(양) 媒중매매
단풍잎에 시를 써서 중매 역할을 함. [태평광기太平廣記]
▶당(唐) 희종(僖宗) 때 우우(于祐)가 어구(御溝)에서 시를 쓴 단풍잎을 주워 보고, 다른 단풍잎에 회답의 시를 써서 냇물에 띄운 것이 인연이 되어 궁녀 한부인(韓夫人)을 만났다고 한다.

弘益人間
홍 익 인 간

弘넓을홍 益더할익 人사람인 間사이간
널리 인간 세계를 이롭게 함. 단군의 개국 이념. [삼국유사三國遺事]

鴻漸之翼
홍 점 지 익

鴻기러기홍 漸점점점 之갈지 翼날개익
차츰 높은 자리에 오를 재기가 있다는 말. 또는 큰 사업을 할 수 있는 기량이 있다는 말. [한서漢書]

ㅎ

729

泓涵演迤
홍 함 연 이
泓 깊을 홍　涵 젖을 함　演 멀리 흐를 연　迤 굽을 이
깊게 채운 물이 굽어서 멀리 흐름. 학문의 세계가 깊음을 이르는 말.

禍家餘生
화 가 여 생
禍 재앙 화　家 집 가　餘 남을 여　生 날 생
죄와 화를 입은 집안의 자손.

和羹鹽梅
화 갱 염 매
和 화할 화　羹 국 갱　鹽 소금 염　梅 매실 매
재상이 임금을 도와서 정치를 잘해 나가는 것을 비유하는 말. [서경書經]

　▶화갱(和羹): 여러 양념으로 간을 맞춘 국. 염매(鹽梅): 소금에 절인 매실로, 간을 맞출 때 사용하는 음식 재료.

華菅茅束
화 관 모 속
華 빛날 화　菅 골풀 관　茅 띠 모　束 묶을 속
골풀로 거적자리를 짤 때에는 띠풀로 묶어 짜야 함. 부부가 서로 떨어져서는 안 됨을 비유. [시경詩經]

和光同塵
화 광 동 진
和 화할 화　光 빛 광　同 한가지 동　塵 티끌 진
자기의 빛을 감추고 세속을 따르는 것. 부처가 중생을 구제하기 위해 본색을 숨기고 인간계에 나타남을 이르는 말. [노자老子]

禍起蕭墙
화 기 소 장
禍 재앙 화　起 일어날 기　蕭 쓸쓸할 소　墙 담장 장
화가 담장 안에서 생김. 내분이나 내란이 일어남을 이르는 말. [논어論語]

和同相賣
화 동 상 매
和 화할 화　同 한가지 동　相 서로 상　賣 팔 매
서로가 합의하여 남에게 팔아넘기는 일.

和同相誘
화 동 상 유
和 화할 화　同 한가지 동　相 서로 상　誘 꾈 유
남녀가 서로 짜고 집을 나감. [장구령張九齡]

華落色衰
화 락 색 쇠
華 빛날 화　落 떨어질 락　色 빛 색　衰 쇠약할 쇠
영화로움이 떨어지고 빛이 쇠해짐. 세력을 잃은 모습을 비유. [시경詩經]

禍亂不作
화 란 부 작
禍 재앙 화　亂 어지러울 란　不 아닐 부　作 지을 작
재앙과 어지러움이 일어나지 않음.

ㅎ

貨賂賢賤
화 뢰 현 천
貨 재화 화　賂 뇌물줄 뢰　賢 어질 현　賤 천할 천
뇌물은 현명한 이를 천히 여김. 【수형기水衡記】
▶화뢰현천 덕행소귀(---- 德行所貴): 돈과 뇌물은 현명한
　이를 천히 여기고, 덕행은 현명한 이를 귀히 여긴다.

畵龍點睛
화 룡 점 정
畵 그림 화　龍 용 룡　點 점 점　睛 눈동자 정
용을 그리고 마지막으로 눈동자를 그림. 사물의 가장 중
요한 부분을 마무리함. 또는 문장의 주제를 살리는 데
역점을 둠. 【수형기水衡記】
▶양(梁)의 장승요(張僧繇)가 용을 다 그리고 눈동자에 점
　을 찍자 용이 살아서 하늘로 올랐다는 고사에서 온 말.

驊䯀開道
화 류 개 도
驊 준마 화　䯀=駵 월따말 류　開 열 개　道 길 도
준마인 화류(驊駵)가 길을 엶. 전도가 유망함을 이름.
▶화류(驊駵)는 주(周)나라 무왕(武王)이 천하를 주유할 때
　탔다는 여덟 마리의 준마 중 하나.

貨無大小
화 무 대 소
貨 재화 화　無 없을 무　大 큰 대　小 작을 소
물건은 크기에 따라 평가되지 아니함.
▶화무대소 결자편귀(---- 缺者便貴): 물건은 크기가 아니
　라 모자람에 따라 싸고 비싸진다.

化民成俗
화 민 성 속
化 될 화　民 백성 민　成 이룰 성　俗 풍속 속
백성을 교화하여 좋은 풍속을 이룸. 【예기禮記】

畵餠充饑
화 병 충 기
畵 그림 화　餠 떡 병　充 채울 충　饑 주릴 기
그림에 있는 떡으로 허기를 채움. 즉 허황한 말로 자기
를 위안함. 또는 허황되고 실속이 없음. 【춘추좌씨전春秋左氏
傳】 =화중지병(畵中之餠)

禍福無門
화 복 무 문
禍 재앙 화　福 복 복　無 없을 무　門 문 문
화나 복이 오는 길에는 문이 따로 없음. 재앙이나 복은
닦아온 소행의 산물이라는 말. 【전국책戰國策】
▶화복무문 유인소소(---- 惟人所召): 화복은 운명이 아니
　라, 오직 사람이 불러들이는 것이다.

禍福相貫
화 복 상 관
禍 재앙 화　福 복 복　相 서로 상　貫 꿸 관
화와 복은 서로 통하여 한쪽으로 치우쳐 있지 않음. 【전국
책戰國策】

ㅎ

禍福所倚
화 복 소 의
禍 재앙 화 福 복 복 所 바 소 倚 의지할 의
화나 복은 의지하는 바에 따라 돌고 돌아 끝이 없음.
=화복상의(禍福相倚), 화복의복(禍福倚伏)

禍福由己
화 복 유 기
禍 재앙 화 福 복 복 由 말미암을 유 己 자기 기
화와 복은 자기로 말미암아 일어남. = 화복동문(禍福同門)

禍福懈惰
화 복 해 타
禍 재앙 화 福 복 복 懈 게으를 해 惰 게으를 타
화나 복은 게으르냐 게으르지 않으냐에서 생김.

禍不單行
화 부 단 행
禍 재앙 화 不 아닐 부 單 홑 단 行 갈 행
화는 단번에 그치지 않고 연달아 일어남. 불행이 겹치는
경우를 이름.

華不再揚
화 부 재 양
華 빛날 화 不 아닐 부 再 두 재 揚 떨칠 양
한번 떨어진 꽃은 다시 올라붙을 수 없음. 흘러간 세월
은 다시 오지 않음을 비유하는 말.

畵蛇添足
화 사 첨 족
畵 그림 화 蛇 뱀 사 添 더할 첨 足 발 족
뱀에 발을 보태어 그림. 쓸데없는 짓을 하여 오히려 실
패하는 것을 말함. =사족(蛇足) 【전국책戰國策】

禍生於忽
화 생 어 홀
禍 재앙 화 生 날 생 於 어조사 어 忽 소홀할 홀
화는 소홀한 데서 생김. 【설원說苑】 =화생섬섬(禍生纖纖)

禾黍油油
화 서 유 유
禾 벼 화 黍 기장 서 油 기름 유
벼와 기장이 기름지고 무성하게 자라는 모양. 【사기史記】

華胥之國
화 서 지 국
華 빛날 화 胥 서로 서 之 갈 지 國 나라 국
매우 잘 다스려진 나라. 【열자列子】 =화서지몽(華胥之夢)
▶황제(皇帝)가 낮잠을 자다가 꿈에 화서(華胥)라는 나라에
서 태평한 광경을 보았다는 고사에서 온 말.

火燒眉毛
화 소 미 모
火 불 화 燒 탈 소 眉 눈썹 미 毛 털 모
불이 눈썹을 태움. 즉 일이 아주 급박함. 【오등회원五燈會元】
=초미지급(焦眉之急)

火樹銀花
화 수 은 화

火 불 화　樹 나무 수　銀 은 은　花 꽃 화
번쩍번쩍 빛나는 불. [남사南史]

華實相稱
화 실 상 칭

華 빛날 화　實 열매 실　相 서로 상　稱 일컬을 칭
화려함과 성실함을 모두 갖춤. 전인적인 인간을 말함.
▶화(華)는 사장(詞章), 실(實)은 조행(操行).

和氏之璧
화 씨 지 벽

和 화할 화　氏 성씨 씨　之 갈 지　璧 구슬 벽
천하에서 제일 가는 구슬. 화주(和珠)라고도 함. [태평광기
太平廣記] [한비자韓非子]
▶초(楚)나라 옥의 감정인인 변화(卞和)가 초산(楚山)에서
얻은 옥돌 원석을 여왕(厲王)에게 바쳤으나 돌로 판정이
내려져 임금을 속였다는 죄로 한쪽 다리를 잘렸다. 문왕
(文王)이 즉위하자 변화는 원석을 안고 밤낮 사흘을 소리
내어 울었다. 문왕이 그 까닭을 묻자, 다리 잘린 것이 슬
퍼서가 아니라, 보배 구슬이 돌로 불리고 곧은 선비가 속
이는 사람이 된 것이 슬퍼 우는 것이라고 답했다. 문왕은
석공에게 원석을 다듬게 하여 천하에 둘도 없는 보물을
얻게 되었다.

化若偃草
화 약 언 초

化 될 화　若 같을 약　偃 누울 언　草 풀 초
풀이 바람 부는 대로 쏠리어 눕는 것같이 백성이 어진
군주에게 교화되는 것을 말함. [맹자孟子]
▶군자지덕풍야(君子之德風也), 소인지덕초야(小人之德草
也), 초상지풍필언(草尙之風必偃): 군자의 덕은 바람이요,
소인의 덕은 풀이니, 풀은 바람이 불면 반드시 눕게 되느
니라.

花樣不同
화 양 부 동

花 꽃 화　樣 모양 양　不 아닐 부　同 한가지 동
꽃 모양이 같지 않음. 문장이 남과 같지 않음을 비유하
는 말.

和如琴瑟
화 여 금 슬

和 화할 화　如 같을 여　琴 거문고 금　瑟 비파 슬
거문고와 비파같이 잘 어울림. 부부 사이가 아주 좋음을
이름. [시경詩經]

ㅎ

禍與福隣
화 여 복 린
禍 재앙 화 與 더불어 여 福 복 복 隣 이웃 린
화와 복은 서로 이웃해 있음. 즉 복이 있으면 화가, 화가
있으면 복이 있다는 말. [순자荀子]

華屋山丘
화 옥 산 구
華 빛날 화 屋 집 옥 山 뫼 산 丘 언덕 구
화려했던 집이 사라져 언덕으로 변함. 죽음과 함께 부귀
공명도 헛되이 사라짐을 이름. =상전벽해(桑田碧海)

火旺之節
화 왕 지 절
火 불 화 旺 왕성할 왕 之 갈 지 節 마디 절
오행(五行)에서 화기(火氣)가 왕성한 계절. 즉 여름.

花容月態
화 용 월 태
花 꽃 화 容 용모 용 月 달 월 態 태도 태
꽃처럼 예쁜 얼굴과 달처럼 고운 자태. 아름다운 여자의
용모와 태도를 이름.

和而不同
화 이 부 동
和 화할 화 而 말이을 이 不 아닐 부 同 한가지 동
화합하나 아첨하거나 동조하지는 않음. [논어論語]

華而不實
화 이 불 실
華 빛날 화 而 말이을 이 不 아닐 불 實 열매 실
말은 번지르르하나 실행이 따르지 못함. [춘추좌씨전春秋左
氏傳]

花田衝火
화 전 충 화
花 꽃 화 田 밭 전 衝 찌를 충 火 불 화
꽃밭에 불을 지름. 젊은이의 앞길을 가로막음을 비유하
는 말. [수오지旬五志]

華亭鶴唳
화 정 학 려
華 빛날 화 亭 정자 정 鶴 학 학 唳 울려, 새소리 려
화정(華亭)의 학 울음소리. 고향에 다시 못 가는 슬픔을
비유. [진서晉書]

▶진(晉)의 육기(陸機)가 살해당할 때, 고향인 화정(華亭)에
서 학의 울음소리를 다시 들을 수 없다며 탄식한 말.

華藻繁縟
화 조 번 욕
華 빛날 화 藻 무늬 조 繁 번성할 번 縟 꾸밀 욕
화려하게 잘 꾸며진 아름다운 문장을 비유하는 말.

花朝月夕
화 조 월 석
花 꽃 화 朝 아침 조 月 달 월 夕 저녁 석
꽃피는 아침, 달 뜨는 저녁. 봄 아침과 가을 저녁의 아름
다움을 이르는 말. [석씨요람釋氏要覽]

ㅎ

734

禍從口生
화 종 구 생
禍 재앙 화　從 따를 종　口 입 구　生 날 생
화는 말을 삼가지 않아서 일어남. =화생구출(禍生口出)

花中君子
화 중 군 자
花 꽃 화　中 가운데 중　君 임금 군　子 아들 자
꽃 중의 군자. 연꽃을 말함.

花中神仙
화 중 신 선
花 꽃 화　中 가운데 중　神 귀신 신　仙 신선 선
꽃 중의 신선. 해당화(海棠花)를 말함.

畵中之餠
화 중 지 병
畵 그림 화　中 가운데 중　之 갈 지　餠 떡 병
그림 속의 떡. 실제로 사용되거나 보탬이 될 수 없는 것
을 이름.

畵脂鏤冰
화 지 누 빙
畵 그림 화　脂 기름 지　鏤 새길 루(누)　冰 얼음 빙
기름에다 그림을 그리고 얼음에 조각함. 수고만 하고 아
무런 보람이 없는 것을 말함. 또는 외관만 있고 실질이
없음을 이르는 말. [염철론鹽鐵論]

華燭洞房
화 촉 동 방
華 빛날 화　燭 촛불 촉　洞 마을 동　房 방 방
결혼 첫날밤에 신랑 신부가 자는 방.

和衷協同
화 충 협 동
和 화할 화　衷 속마음 충　協 화할 협　同 한가지 동
마음속에서 우러나 협동함.

貨取勢求
화 취 세 구
貨 재화 화　取 취할 취　勢 권세 세　求 구할 구
재물로 벼슬을 사고 세력에 붙어 출세함.

華夏蠻貊
화 하 만 맥
華 빛날 화　夏 여름 하　蠻 오랑캐 만　貊 오랑캐 맥
중국 대륙. 중화민족과 주변의 모든 오랑캐 민족을 말
함. [서경書經]

畵虎類狗
화 호 유 구
畵 그림 화　虎 범 호　類 무리 류(유)　狗 개 구
범을 그린 것이 개 모양이 됨. 잘나지도 못했으면서 호
걸인 체하다가 망신만 당하는 것을 비유. [후한서後漢書]

=화룡유구(畵龍類狗)

穫之挃挃
확 지 질 질
穫 거둘 확　之 갈 지　挃 벼 베는 소리 질
거두어들이기 위해 벼 베는 소리. [시경詩經]

▶질질(挃挃): 서걱서걱 벼 베는 소리.

ㅎ

735

鑊烹之刑
확 팽 지 형
鑊 가마솥 확　亨=烹 삶을 팽　之 갈 지　刑 형벌 형
가마솥에 삶아 죽이는 형벌. [한서漢書]

確乎不動
확 호 부 동
確 굳을 확　乎 어조사 호　不 아닐 부　動 움직일 동
굳고 튼튼하여 움직이지 않음. =확고부동(確固不動)

換骨奪胎
환 골 탈 태
換 바꿀 환　骨 뼈 골　奪 빼앗을 탈　胎 아이 밸 태
뼈를 바꾸고 태를 빼앗음. 즉 고인(古人)의 시문을 고치고 새 사상을 보태 제 작품으로 바꿈. 고인의 글에 제 글을 보태 제 작품으로 꾸밈. [냉재야화冷齋夜話]
▶환골(換骨)은 고인의 시를 바꿈. 탈태(奪胎)는 고시(古詩)의 뜻을 바꾸는 것.

鰥寡獨孤
환 과 독 고
鰥 홀아비 환　寡 홀어미 과　獨 홀로 독　孤 외로울 고
홀아비, 과부, 자식 없는 노인, 부모 없는 고아. 맹자가 말한 네 종류의 궁민(窮民)으로, 의지할 곳 없어 외로운 처지에 있는 사람을 이름. [맹자孟子]

還歸本宗
환 귀 본 종
還 돌아올 환　歸 돌아올 귀　本 근본 본　宗 마루 종
양자로 갔던 사람이 생가에 손이 없어 되돌아옴.

還歸本主
환 귀 본 주
還 돌아올 환　歸 돌아올 귀　本 근본 본　主 주인 주
물건을 본 주인에게 되돌려줌.

環堵蕭然
환 도 소 연
環 고리 환　堵 담 도　蕭 쓸쓸할 소　然 그러할 연
가난한 집안의 쓸쓸한 모양. [논어論語] =불폐풍일(不蔽風日)

患得患失
환 득 환 실
患 근심 환　得 얻을 득　失 잃을 실
없으면 얻기 위해 걱정하고, 얻고 나서는 잃을까 걱정함. [논어論語]

換父易祖
환 부 역 조
換 바꿀 환　父 아비 부　易 바꿀 역　祖 조상 조
아버지를 바꾸고, 조상을 바꾸는 것. 자기의 지체를 높이기 위해, 부정한 수단으로 지체가 높고 부유하나 절손된 집의 대를 이어 아버지나 조상으로 받드는 일.

歡如平昔
환 여 평 석
歡 기쁠 환　如 같을 여　平 평평할 평　昔 옛 석
원망과 한을 생각지 않고 옛정을 되찾음.

渙然氷釋
환 연 빙 석
渙 흩어질 환   然 그러할 연   氷 얼음 빙   釋 풀 석
얼음이 녹듯 의혹이 풀리어 흩어짐.

圜鑿方枘
환 착 방 예
圜 둥글 환(원)   鑿 뚫을 착   方 모 방   枘 자루 예
둥근 구멍에 네모난 자루 꽂기. 일이 서로 맞지 않음을
비유.

歡天喜地
환 천 희 지
歡 기쁠 환   天 하늘 천   喜 기쁠 희   地 땅 지
대단히 크게 기뻐함. 【수호전水湖傳】

豁達大度
활 달 대 도
豁 넓을 활   達 통달할 달   大 큰 대   度 법도 도
넓고 큰 도량. 【대동신어大同新語】

活剝生吞
활 박 생 탄
活 살 활   剝 벗길 박   生 날 생   吞 삼킬 탄
껍질을 벗기고 산 채로 삼킴. 남의 시문을 그대로 도용
함을 말함.

活潑潑地
활 발 발 지
活 살 활   潑 물 뿌릴 발   地 땅 지
물고기가 뛰는 것같이 힘과 활기가 넘치는 모양.
▶이때 지(地)는 접미사(接尾辭).

活殺自在
활 살 자 재
活 살 활   殺 죽일 살   自 스스로 자   在 있을 재
살리고 죽이는 것을 제 마음대로 함. 즉 제멋대로 날뜀.

豁然開朗
활 연 개 랑
豁 뚫린 골 활   然 그러할 연   開 열 개   朗 밝을 랑
눈앞이 밝게 확 트임. 학문이나 생각하던 일을 갑자기
깨달아 환하게 밝아짐을 비유하는 말. 【도화원기桃花源記】

豁然貫通
활 연 관 통
豁 넓을 활   然 그러할 연   貫 뚫을 관   通 통할 통
환하게 도를 꿰뚫음.

豁然大悟
활 연 대 오
豁 넓을 활   然 그러할 연   大 큰 대   悟 깨달을 오
불교 용어. 마음이 활짝 열려 크게 깨달음.

活人積德
활 인 적 덕
活 살 활   人 사람 인   積 쌓을 적   德 큰 덕
사람 목숨을 살리어 은덕을 쌓음.

惶恐無地
황 공 무 지
惶 두려울 황   恐 두려울 공   無 없을 무   地 땅 지
두려워서 몸 둘 곳이 없음.

荒唐無稽
황 당 무 계
荒 거칠 황　唐 허풍 당　無 없을 무　稽 상고할 계
하는 말이 허황되고 두서가 없음. [장자莊子]
▶황당(荒唐): 언행이 거칠고 줏대가 없어 취할 만한 것이
없음. 무계(無稽): 유례를 찾아볼 수 없음.

荒唐之言
황 당 지 언
荒 거칠 황　唐 허풍 당　之 갈 지　言 말씀 언
허황하고 터무니없는 말. [장자莊子]

荒亡之行
황 망 지 행
荒 거칠 황　亡 망할 망　之 갈 지　行 갈 행
유흥에 정신이 팔려 생활을 돌보지 않음. 즉 환락에 빠
져 나라와 몸을 망침. [맹자孟子]

黃面老子
황 면 노 자
黃 누를 황　面 낯 면　老 늙을 로(노)　子 아들 자
누런 얼굴의 노자. 석가여래의 별칭.

滉洋自恣
황 양 자 자
滉 깊을 황　洋 큰 바다 양　自 스스로 자　恣 마음대
로 자
물이 깊고 넓음과 같이 학식이 깊고 넓어 응용을 자유자
재로 함.

荒淫無道
황 음 무 도
荒 거칠 황　淫 음란할 음　無 없을 무　道 길 도
주색에 빠져 사람의 도리를 잃어버림.

黃雀伺蟬
황 작 사 선
黃 누를 황　雀 참새 작　伺 엿볼 사　蟬 매미 선
사마귀는 매미를 노리고, 참새는 사마귀를 노림. 즉 뒤
에서 위험이 닥칠 줄을 모르고 제 앞의 이익만 살핌.

黃雀銜環
황 작 함 환
黃 누를 황　雀 참새 작　銜 입에 물 함　環 구슬 환
입에 구슬을 문 참새.
▶어린 참새가 목숨을 구해 준 은혜에 보답하고자 구슬을
물어다 준 고사에서 온 말.

皇天后土
황 천 후 토
皇 임금 황　天 하늘 천　后 임금 후　土 흙 토
하늘과 땅의 모든 신. 천지에 있는 모든 신.

荒誕無稽
황 탄 무 계
荒 거칠 황　誕 거짓 탄　無 없을 무　稽 상고할 계
언행이 허황해, 믿거나 종잡을 수가 없음. =황당무계(荒
唐無稽)

恍惚難測
황 홀 난 측
恍 황홀할 황　惚 황홀할 홀　難 어려울 난　測 헤아
릴 측
황홀하고 눈이 부셔 헤아리기 어려움.

遑遑急急
황 황 급 급
遑 허둥거릴 황　急 급할 급
몹시 허둥대고 급한 모양.

會稽之恥
회 계 지 치
會 모일 회　稽 상고할 계　之 갈 지　恥 부끄러울 치
회계산의 치욕. 패전하여 받은, 잊을 수 없는 수치. [사기
史記]
▶춘추전국시대 월왕(越王) 구천(句踐)이 오왕(吳王) 부차
(夫差)에게 회계산 싸움에서 패전한 후, 그 치욕을 잊지
않으려고 와신상담(臥薪嘗膽)하여 훗날 복수했다는 고
사에서 온 말.

廻光返照
회 광 반 조
廻=回 돌 회　光 빛 광　返 돌이킬 반　照 비출 조
빛을 돌려서 되비춤. 언어나 문자에 의하지 않고, 자신
을 반성하여 자기의 심정과 성품을 비춰 보는 것을 말
함. [임제록臨濟錄]

懷瑾垂紫
회 근 수 자
懷 품을 회　瑾 구슬 근　垂 드리울 수　紫 자줏빛 자
황금의 인(印=瑾)을 품고, 자줏빛 인끈을 늘어뜨림. 높은
벼슬에 오르는 것을 말함.

懷瑾握瑜
회 근 악 유
懷 품을 회　瑾 아름다운 옥 근　握 잡을 악　瑜 아름다
운 옥 유
근(瑾)을 품고 있으면서 유(瑜)도 움켜쥐고 있음. 즉 많
은 미덕을 지니고 있음. [초사楚辭]

誨盜誨淫
회 도 회 음
誨 가르칠 회　盜 도둑 도　淫 음란할 음
도둑질을 가르치고 음탕한 짓을 가르침. 귀중품을 허술
히 간수함은 도둑을 불러들임이요, 여자가 지나치게 몸
단장을 함은 음탕한 사나이를 불러들이는 결과가 된다
는 말. [역경易經]

回祿之災
회 록 지 재
回 돌아올 회　祿 복 록　之 갈 지　災 재앙 재
회록의 재앙. 화재를 말함. [춘추좌씨전春秋左氏傳]
▶회록(回祿)은 불의 신.

739

ㅎ

賄賂公行
회 뢰 공 행
賄 뇌물 회　賂 뇌물 뢰　公 공변될 공　行 갈 행
부정한 금품을 주고 받음이 세상에서 공공연히 자행되는 것을 말함.

賄賂竝行
회 뢰 병 행
賄 줄 회　賂 뇌물 뢰　竝 아우를 병　行 갈 행
뇌물 주는 것을 아울러 행함.

灰滅之咎
회 멸 지 구
灰 재 회　滅 멸할 멸　之 갈 지　咎 허물 구
멸족을 당하는 무서운 형벌. 【후한서後漢書】
▶회멸(灰滅): 타서 없어진다는 뜻.

懷璧有罪
회 벽 유 죄
懷 품을 회　璧 구슬 벽　有 있을 유　罪 허물 죄
보옥을 가진 죄. 즉 재물을 가져 재앙을 당함. 남보다 뛰어난 재능이 있어 시기의 대상이 됨을 비유. 【춘추좌씨전春秋左氏傳】 =회옥기죄(懷玉其罪)

繪事後素
회 사 후 소
繪 그림 회　事 일 사　後 뒤 후　素 바탕 소
세상의 모든 일은 바탕이 있고 나서 가능하다는 말. 좋은 바탕을 먼저 기른 후에 문식(文飾)을 더해야 한다는 뜻. 【논어論語】

懷刺不適
회 자 부 적
懷 품을 회　刺 명함 자　不 아닐 부　適 맞을 적
명함을 꼭 품고 다녔으나 만나지 못함. 존경할 만한 사람을 만나지 못했거나 만날 수 없는 경우를 가리킴.

膾炙人口
회 자 인 구
膾 회 회　炙 구울 자　人 사람 인　口 입 구
잘게 썬 구운 고기같이 사람들의 입에 오르내림. 즉 좋은 평판이 많은 사람들의 입에 오르내림. 【맹자孟子】

會者定離
회 자 정 리
會 모일 회　者 사람 자　定 정할 정　離 떠날 리
사람은 누구나 만나면 반드시 헤어짐. 인생의 무상함을 일컫는 말. 【법화경法華經】
▶회자정리 거자필반(---- 去者必返): 만난 사람은 반드시 헤어지게 되고, 떠난 사람은 반드시 돌아온다.

詼嘲譏刺
회 조 기 자
詼 조롱할 회　嘲 비웃을 조　譏 나무랄 기　刺 찌를 자
조롱하고 비웃으며 찌르듯 아프게 나무람. 즉 상대를 몹시 비웃고 꾸짖음. 【송사宋史】

ㅎ

懷中寶者
회 중 보 자

懷품을회 中가운데중 寶보배보 者사람자
보물을 품고 있는 사람. [전국책戰國策]

▶회중보자 불이야행(---- 不以夜行): 보물을 품고 있는 사람은 밤에 나다니지 않는다

恢拓境宇
회 척 경 우

恢넓을회 拓확장할척 境지경경 宇집우
집의 경계를 넓히어 확장함. [후한서後漢書]

回天之力
회 천 지 력

回돌이킬회 天하늘천 之갈지 力힘력
하늘을 되돌리는 힘. 즉 임금의 마음을 되돌리는 힘. 또는 세상을 변화시키는 역량. [당서唐書]

回黃轉綠
회 황 전 록

回돌아올회 黃누를황 轉돌전 綠푸를록
누렇게 낙엽졌던 초목이 봄을 맞아 초록색으로 바뀜. [역경易經]

獲匪其醜
획 비 기 추

獲잡을획 匪=非아닐비 其그기 醜추할추
잡은 것이 송사리 같은 작은 도둑이 아님.

▶추(醜)=추악(醜惡): 송사리 같은 작은 도둑.

橫目之民
횡 목 지 민

橫가로횡 目눈목 之갈지 民백성민
인류(人類)를 이름. 사람의 눈이 가로로 뜨인 데서 나온 말. [장자莊子]

橫槊賦詩
횡 삭 부 시

橫가로횡 槊창삭 賦시가지을부 詩시시
겨드랑이에 창을 끼고 시를 지음. 영웅이 진중에서 풍류를 즐기는 것을 이름. [소식蘇軾의 적벽부赤壁賦]

▶위(魏)나라 조조(曹操)가 오(吳)나라를 칠 때 적벽(赤壁)에서 시를 지은 고사에서 나온 말.

橫說竪說
횡 설 수 설

橫가로횡 說말씀설 竪=豎세울수
말을 조리없이 되는 대로 지껄여대는 것. [한서漢書]

橫草之功
횡 초 지 공

橫가로횡 草풀초 之갈지 功공공
풀을 옆으로 쓰러뜨리듯 적을 쓰러뜨린 공로. 또는 전쟁에 나가 풀을 가르며 싸운 공로. [한서漢書]

橫行公子
횡 행 공 자

橫가로횡 行갈행 公공변될공 子아들자
옆으로만 가는 게를 일컫는 말.

ㅎ

肴芳酒濃
효 방 주 농
肴 안주 효　芳 꽃다울 방　酒 술 주　濃 짙을 농
술 안주가 맛있고 술맛이 진함. [이백李白의 연집서 讌集序]
▶효방주농 야적금창(---- 夜寂琴暢): 술 안주는 맛있고 술
맛은 진한데, 고요한 밤 거문고 소리만 높네.

梟愛其子
효 애 기 자
梟 올빼미 효　愛 사랑 애　其 그 기　子 아들 자
올빼미는 자기의 새끼를 사랑하지만 새끼가 자라면 어
미를 잡아먹음. 은혜를 원수로 갚는 것을 비유. [여씨춘추呂
氏春秋]

孝子不匱
효 자 불 궤
孝 효도 효　子 아들 자　不 아닐 불　匱 함 궤
자식의 효성이 지극하여 다함이 없음. 부모에게 지극
한 효성을 행하면 이의 감화로 효자가 대를 잇는다는
말. [순자荀子]

孝子愛日
효 자 애 일
孝 효도 효　子 아들 자　愛 사랑 애　日 날 일
효자는 날을 아낌. 효자가 오래도록 부모를 섬기고자 하
는 마음을 이르는 말.

曉風殘月
효 풍 잔 월
曉 새벽 효　風 바람 풍　殘 남을 잔　月 달 월
새벽 바람과 지는 달.

斅學相長
효 학 상 장
斅 가르칠 효　學 배울 학　相 서로 상　長 길 장
가르치는 일과 배우는 일은 서로 도움이 된다는 말. [예기
禮記] = 교학상장(教學相長)

驍驍牡馬
효 효 모 마
驍 날랠 효　牡 수컷 모　馬 말 마
날래고 기운이 왕성한 수말. [시경詩經]

後顧之憂
후 고 지 우
後 뒤 후　顧 돌아볼 고　之 갈 지　憂 근심 우
마음에 걸리는 뒷걱정. [사기史記]

後來居上
후 래 거 상
後 뒤 후　來 올 래　居 살 거　上 위 상
뒤에 온 것이 위에 앉음. 나중에 발탁된 사람이 윗자리
에 앉음을 일컫는 말. [사기史記]

厚貌深情
후 모 심 정
厚 두터울 후　貌 모양 모　深 깊을 심　情 뜻 정
두터운 외모에 숨겨진 깊은 뜻. 즉 본심을 깊이 간직해
서 여간해서는 드러내지 아니함. [장자莊子]

朽木難雕
후 목 난 조
朽 썩을 후　木 나무 목　難 어려울 난　雕=彫 새길 조
썩은 나무에는 조각할 수 없음. 가르칠 가치가 없는 사람을 이름. [논어論語]
▶공자가 제자인 재여(宰予)가 낮잠 자는 것을 보고 게으름을 나무란 말이다.

朽木糞牆
후 목 분 장
朽 썩을 후　木 나무 목　糞 똥 분　牆 담 장
조각할 수 없는 썩은 나무, 흙칼질을 할 수 없는 썩은 담장. 마음이 게을러 배우고자 하는 노력이 없는 사람은 가르칠 수 없다는 말. [논어論語]

侯門如海
후 문 여 해
侯 제후 후　門 문 문　如 같을 여　海 바다 해
제후의 문전이 바다와 같음. 사람이 바다와 같이 많이 모여듦.

後生可畏
후 생 가 외
後 뒤 후　生 날 생　可 옳을 가　畏 두려울 외
뒤에 태어나는 사람이 두렵다. [논어論語]

厚生利用
후 생 이 용
厚 두터울 후　生 날 생　利 이로울 리(이)　用 쓸 용
백성의 생활을 넉넉하고 편리하게 함. [춘추좌씨전春秋左氏傳]

喉舌之臣
후 설 지 신
喉 목구멍 후　舌 혀 설　之 갈 지　臣 신하 신
목구멍이나 혀의 역할을 하는 신하. 왕명의 출납이나 정부의 중요 언론을 맡은 승지(承旨)를 일컬음. [시경詩經]

後身外己
후 신 외 기
後 뒤 후　身 몸 신　外 밖 외　己 몸 기
자기의 일은 뒤로 돌리고 남을 위해 힘을 다함을 이르는 말. [안씨가훈顏氏家訓]

厚顏無恥
후 안 무 치
厚 두터울 후　顏 얼굴 안　無 없을 무　恥 부끄러울 치
얼굴이 두꺼워 부끄러움이 없음. [서경書經]

厚往薄來
후 왕 박 래
厚 두터울 후　往 갈 왕　薄 엷을 박　來 올 래
제후가 영지로 돌아갈 때는 후하게 선물을 주고, 내조(來朝)할 때는 공물(貢物)을 적게 바치도록 함. 황제가 제후를 회유하는 방법을 말함.

ㅎ

後者處上
후 자 처 상
後뒤후 者사람자 處곳처 上위상
남에게 앞을 양보하는 사람이 도리어 남의 위에 있게
됨. 【문중자文仲子】

後凋之節
후 조 지 절
後뒤후 凋시들조 之갈지 節마디절
어려움을 참고 지조를 굳게 지킴. 다른 나무는 다 시들
어도 시들지 않는 송백(松柏)을 말함. 【논어論語】

後進領袖
후 진 영 수
後뒤후 進나아갈진 領거느릴령(영) 袖소매수
후진 중에서 가장 빼어난 사람.

後悔莫及
후 회 막 급
後뒤후 悔뉘우칠회 莫말막 及미칠급
뒤에 뉘우쳐도 이미 이루어진 일은 어쩔 수 없음.

後悔噬臍
후 회 서 제
後뒤후 悔뉘우칠회 噬깨물서 臍배꼽제
일이 끝난 뒤에 뉘우쳐도 소용이 없음.
▶서제(噬臍)는 배꼽을 문다는 뜻. 사향노루가 잡히고 나서
향내 나는 배꼽 때문이라며 배꼽을 물어뜯어도 이미 소
용이 없다는 말에서 비롯됨.

熏腐之餘
훈 부 지 여
熏불길훈 腐썩을부 之갈지 餘남을여
환관(宦官)을 말함. 일명 고자대감. 또는 거세한 나머지
란 뜻.
▶훈부(熏腐): 남자를 거세(去勢)함. 즉 궁형(宮刑)에 처함.

纁裳緇袘
훈 상 치 이
纁분홍빛훈 裳치마상 緇검을치 袘옷선이
분홍 치마와 검은 비단의 옷깃. 【의례儀禮】

薰然慈仁
훈 연 자 인
薰향풀훈 然그러할연 慈사랑자 仁어질인
인자하고 어질기가 향풀과 같음.

葷酒山門
훈 주 산 문
葷훈채훈 酒술주 山뫼산 門문문
매운 채소를 먹거나 술 기운을 띤 사람은 절 문에 출입
해선 안 됨.

ㅎ

744

壎箎相和
훈 지 상 화
壎 질나발 훈　箎 피리 지　相 서로 상　和 화할 화
훈(壎)과 지(箎)의 소리가 조화를 이룸. 형제가 화합함을
비유. [시경詩經]

▶훈(壎): 흙을 구워 만든 나발. 부르짖는 소리를 냄. 지(箎):
대나무로 만든 피리. 어린아이의 울음소리를 닮았음.

焄蒿悽愴
훈 호 처 창
焄 김 쐴 훈　蒿 쑥 호, 짚고　悽 슬퍼할 처　愴 슬플 창
연기가 서려 올라 기분을 오싹하게 함. 귀기(鬼氣)가 서
림을 형용하는 말. [예기禮記] =훈고처창(焄藁悽愴)

毁家黜送
훼 가 출 송
毁 헐 훼　家 집 가　黜 내칠 출　送 보낼 송
동네의 풍기를 어지럽힌 자의 집을 헐고, 다른 곳으로
내쫓음. =훼가출동(毁家黜洞)

卉木繁榮
훼 목 번 영
卉 풀 훼　木 나무 목　繁 번성할 번　榮 영화 영
풀과 나무가 크게 무성함. [도연명陶淵明의 시詩]

毁不滅性
훼 불 멸 성
毁 헐 훼　不 아닐 불　滅 멸할 멸　性 성품 성
부모의 상을 당해 너무 슬퍼하여 몹시 여위었으나 생명
을 잃을 정도는 아님. [효경孝經]

虺蛇入夢
훼 사 입 몽
虺 살무사 훼　蛇 뱀 사　入 들 입　夢 꿈 몽
살무사나 뱀의 꿈을 꿈. 살무사나 뱀은 음성이라 딸을
낳을 태몽으로 풀이함.

毁譽褒貶
훼 예 포 폄
毁 헐 훼　譽 기릴 예　褒 기릴 포　貶 낮출 폄
칭찬과 비방. 기림과 깎아내림. [운산잡기雲山雜記]

喙長三尺
훼 장 삼 척
喙 부리 훼　長 길 장　三 석 삼　尺 자 척
부리가 석 자. 말만 번지르르하고 일은 잘못 처리하는
사람. 또는 드러난 허물을 감출 수 없다는 뜻으로 쓰
임. [당서唐書]

毁瘠骨立
훼 척 골 립
毁 헐 훼　瘠 여윌 척　骨 뼈 골　立 설 립
몸이 여위어 뼈만 남음.

諱之秘之
휘 지 비 지
諱 꺼릴 휘　之 갈 지　秘 감출 비
자꾸 입에 오르내리는 것이 꺼려져 우물쭈물 감추고 얼
버무려 넘긴다는 말.

携手同歸
휴 수 동 귀
携 끌 휴 手 손 수 同 한가지 동 歸 돌아갈 귀
손을 잡아끌고 함께 돌아감.

休戚相關
휴 척 상 관
休 기쁠 휴 戚 슬퍼할 척 相 서로 상 關 관계할 관
기쁨과 슬픔에 서로 관계함. 즉 생사고락을 함께함. [전국책戰國策]

遹觀厥成
휼 관 궐 성
遹 이에 휼 觀 볼 관 厥 그 궐 成 이룰 성
이에 그 이룸을 보게 될 것이다. [시경詩經]

▶휼구궐령 휼관궐성(遹求厥寧 ----): 세상의 편안함을 구하시어, 이에 그 이룸을 보게 되리라.

卹儋凍餒
휼 담 동 뇌
卹 진휼 휼 儋 참담할 담 凍 얼 동 餒 주릴 뇌
추위에 떨고 굶주리는 것을 참담히 여겨 진휼(賑恤)함. [송사宋史]

鷸蚌之爭
휼 방 지 쟁
鷸 도요새 휼 蚌 방합 방 之 갈 지 爭 다툴 쟁
도요새와 방합의 다툼. 둘이 서로 다투다가 어부에게 모두 잡히는 몸이 됨. 즉 제3자에게 이익을 빼앗김을 비유하는 말. [전국책戰國策] =휼방상지(鷸蚌相持), 어부지리(漁夫之利), 방휼지세(蚌鷸之勢)

胸渴腹脹
흉 갈 복 창
胸 가슴 흉 渴 목마를 갈 腹 배 복 脹 배부를 창
가슴은 마르고 배는 부름. 정신은 황폐하나 살만 찌는 것을 이름. [소문素問]

胸詈腹詛
흉 리 복 저
胸=匈 가슴 흉 詈 꾸짖을 리 腹 배 복 詛 저주할 저
가슴으로 꾸짖고 배로 저주함. 즉 마음속 깊이 비난한다는 말.

洶湧澎湃
흉 용 팽 배
洶 물살 세찰 흉 湧=涌 물 솟을 용 澎 물소리 팽 湃 물결칠 배
물살이 세차게 샘솟아 크게 이는 모양. [사마상여司馬相如의 부賦]

▶팽배(澎湃): 큰 물결이 서로 부딪쳐 솟구치는 것.

胸有成竹
흉 유 성 죽
胸 가슴 흉 有 있을 유 成 이룰 성 竹 대나무 죽
어떤 문제가 닥쳤을 때 마음속에 이미 해결 방법이 세워져 있다는 말. [후한서後漢書]

ㅎ

凶賊殄破
흉 적 진 파

凶 흉할 흉　賊 도적 적　殄=盡 다할 진　破 깰 파
흉한 도적을 모조리 격파함.

胸中無量
흉 중 무 량

胸 가슴 흉　中 가운데 중　無 없을 무　量 헤아릴 량
가슴속에 헤아릴 것이 없음. 즉 배우지 못한 사람을 말함. [오씨림하우담吳氏林下偶譚] =흉중무묵(胸中無墨)

胸中鱗甲
흉 중 인 갑

胸 가슴 흉　中 가운데 중　鱗 비늘 린(인)　甲 갑옷 갑
가슴속에 갑옷과 투구를 갖춤. 남과 다툴 음험한 마음을 가진 사람을 말함. [송사宋史]
▶인갑(鱗甲): 마음이 음침하여 남에게 속을 터놓지 않음을 비유.

黑白分明
흑 백 분 명

黑 검을 흑　白 흰 백　分 나눌 분　明 밝을 명
시비와 선악이 분명함. [춘추번로春秋繁露]

黑衣宰相
흑 의 재 상

黑 검을 흑　衣 옷 의　宰 재상 재　相 서로 상
승려의 몸으로 정권에 참여함. 송(宋)나라의 혜림도인(慧琳道人)을 말함. [자치통감資治通鑑]

欣求淨土
흔 구 정 토

欣 기쁠 흔　求 구할 구　淨 깨끗할 정　土 흙 토
극락 왕생하기를 흔쾌히 원함.

欣想盛德
흔 상 성 덕

欣 기쁠 흔　想 생각 상　盛 성할 성　德 큰 덕
번성하는 덕을 기뻐하고 생각함. [진서晉書]

掀天動地
흔 천 동 지

掀 치켜들 흔　天 하늘 천　動 움직일 동　地 땅 지
하늘을 뒤흔들고, 땅을 움직임. 천지가 뒤집힐 듯 크게 기세를 떨친다는 말. =흔동일세(掀動一世)

欣欣向榮
흔 흔 향 영

欣 기쁠 흔　向 향할 향　榮 영화 영
초목이 무성하게 자람. 하는 일이나 사업이 날로 발전하고 융성함. [도연명陶淵明의 귀거래사歸去來辭]

欣喜雀躍
흔 희 작 약

欣 기쁠 흔　喜 기쁠 희　雀 참새 작　躍 뛸 약
참새처럼 뛰며 기뻐함.

訖今不改
흘 금 불 개

訖 이를 흘　今 이제 금　不 아닐 불　改 고칠 개
지금까지 고쳐지지 않음. =지금불개(至今不改)

흥

欽明文思
흠 명 문 사
欽공경할흠 明밝을명 文글문 思생각사
요(堯)임금의 덕을 칭송한 말. 즉 심신을 삼가고, 도리에
밝으며, 문장이 빛나고, 생각이 깊음. [한서漢書]

欽恤之典
흠 휼 지 전
欽공경할흠 恤불쌍할휼 之갈지 典법전
죄수를 신중히 심의하라는 은전(恩典).

興亡盛衰
흥 망 성 쇠
興일흥 亡망할망 盛성할성 衰쇠할쇠
흥하고 망하고 성하고 쇠함. [왕발王勃의 글文]

興盡悲來
흥 진 비 래
興일흥 盡다할진 悲슬플비 來올래
즐거움이 다하면 슬픈 일이 옴. 반의어: 고진감래(苦盡甘
來)

喜怒哀樂
희 노 애 락
喜기쁠희 怒성낼노 哀슬플애 樂즐거울락
기쁨, 노여움, 슬픔, 즐거움. 즉 사람의 온갖 감정.

喜賞怒刑
희 상 노 형
喜기쁠희 賞상줄상 怒성낼노 刑형벌형
기쁘면 상을 주고, 성나면 벌을 내림. 즉 상벌을 마음 내
키는 대로 줌.

戲綵娛親
희 채 오 친
戲놀희 綵비단채 娛즐길오 親어버이친
오색 비단 옷을 입고 어버이를 즐겁게 함. =노래지희(老
萊之戲), 반의지희(斑衣之戲)
▶중국의 노래자(老萊子)가 일흔 살에 색동옷을 입고 어버
  이 앞에서 어린애같이 춤을 춰서 어버이를 즐겁게 한 고
  사에서 나온 말.

羲皇上人
희 황 상 인
羲복희씨희 皇임금황 上위상 人사람인
복희씨(伏羲氏) 시대의 태고 때 사람. 또는 세상 일을 잊
고 안일하게 살아가는 사람을 말함. [진서晉書]

熙熙壤壤
희 희 양 양
熙밝을희 壤흙덩이양
여러 사람이 시끄럽게 왕래하는 모양. 왕래가 잦음을 이
름. [사기史記]
▶희희(熙熙)는 왕래가 잦은 모양, 화락(和樂)한 모양.

흥

詰屈聱牙
힐 굴 오 아

詰 물을 힐　屈 굽을 굴　聱 듣지않을 오　牙 어금니 아

글 뜻과 음이 어려워, 읽고 이해하기가 매우 어려운 문장을 이름. = 길굴오아(佶屈聱牙)

▶힐굴(詰屈)=길굴(佶屈): 굽혀 펴지지 않음. 오아(聱牙): 문구가 까다로워 이해하기가 어려움. 오(聱): 말이 들리지 않음. 아(牙): 잇바디(치열)가 고르지 못해, 상하가 맞지 않음.

도서명	저자	발행년도
四書三經 全書(全七卷)		1971
論語集註		1955
孟子集註		1954
荀子	鄭長澈 譯解	1977
古文眞寶(前 後集)		1979
老子	金學主 譯解	1977
列子	金學主 譯解	1979
莊子	안동준 역주	1992
韓非子(上下卷)	盧在昱 曺康煥譯解	1994
淮南子(劉 安)(上中下卷)	安吉煥 編譯	2001
荀子	鄭長澈 譯解	1992
墨子	權五奭 譯解	1994
戰國策	李相玉 譯	2000
史記講讀(司馬遷)	陳起煥 譯	1992
春秋左氏傳(上中下卷)	文璇奎 譯著	1985
禮記(上中下卷)	李相玉 譯著	1985
孫子 吳子	金學主 譯	1999
東洋 故事成語	弘新社編輯部編	1980
三國志 故事成語辭典	陳起煥 編	2001

其他 諸子百家書, 東文選, 한국 漢詩集, 漢韓字典(李家源,張三植字典
民衆. 東亞字典), 中文辭典 等

안두규(安斗奎)

1939년생.

경북 예천군 풍양 초등 졸업, 풍양 중학교 졸업.

안동사범학교 졸업.

중등교원자격검정(음악, 국어).

초중등 교사 31년(풍양초, 대구 수성초 근무, 풍기중, 영주여중, 영주공고, 봉화
서벽중, 예천 가은중/산북중, 영주중 등 다수 학교에서 음악교사로 근무).

중고등 교감 교장 11년. 예천 감천중고등학교 교장 퇴임(2002. 2월).

한학 독습(30년 이상).

주요 활동: 한문 강의, 영주/예천 신문에 '생각하는 삶' 연재, 노인대학 강의
영주시 삼락회(퇴직 교사 모임) 회장(2017~).

저서: 삶의 지혜(2002), 생각하는 삶(2007)

안종창(安鍾昌)

1968년생.

경북 영주시 영주 동부초등, 영주중학교, 영광고등학교 졸업.

고려대학교 정경대학 경제학과 졸업(1994. 2월).

데이콤, 하나로통신(현 SK브로드밴드) 근무(1996. 1월 ~ 2010. 8월).

서울시립대 도시행정대학원 석사수료.

세종대 인터넷소프트웨어학과, 공학석사(회사 지원 프로그램, 2002. 8월).

한양대학교 일반대학원 정보기술경영학과, 공학박사(2007. 8월).

한양대학교 공과대학 정보시스템학과 교수로 재직(2010. 9월~).

관심분야와 논문: 지식경영, 정보시스템 관련 연구 중으로 10여 편의 논문 발표.

30편 이상의 논문을 국외 저명학술지와 국내 학술지에 게재.